콥트어 문법:
사히드 방언

토마스 O. 램딘 지음

이판열 옮김

콥트어 문법:
사히드 방언

지은이 토마스 O. 램딘
옮긴이 이판열
편집 이영욱, 조덕근

발행처 감은사
발행인 이영욱
전화 070-8614-2206
팩스 050-7091-2206
주소 서울시 강동구 암사동 아리수로 66, 401호
이메일 editor@gameun.co.kr

종이책
초판1쇄 2022.08.16.
ISBN 9791190389570
정가 39,000원

전자책
전자책1쇄 2022.08.16.
ISBN 9791190389624
정가 29,000원

Introduction to Sahidic Coptic

Thomas O. Lambdin

Thomas O. Lambdin
Introduction to Sahidic Coptic

이 책, 『콥트어 문법: 사히드 방언』은 *Introduction to Sahidic Coptic*의 문법과 강독 부분(원서 1-208쪽)을 한국어로 번역한 것입니다. 어휘집(Glossary, 원서 209-358쪽)은 『콥트어 사전: 사히드 방언』이라는 제목으로 별도로 출간됩니다.

| 목차 |

추천사

서상근 목사(신학 박사, 제자들교회)

토마스 램딘은 존스 홉킨스 대학에서 고대근동학을 전공했으며, 저명한 고고학자 올브라이트(William F. Albright)의 지도 아래 고대 셈어와 이집트어 차용 관계를 정리하여 학위를 받았습니다. 이후 1964년 하버드 대학에서 셈족어학과 부교수로 임명됐고, 1983년 하버드 대학에서 은퇴한 후 사망할 때까지 명예교수로 재직했습니다. 그는 대학교에서 콥트어도 가르쳤는데, 20년 간 학생들에게 강의한 사히드 콥트어 교재를 정리하여 『사히드 콥트어 입문』(*Introduction to Sahidic Coptic*: 이 책은 본서 『콥트어 문법』 및 『콥트어 사전』으로 나뉘어 한국어로 출간됩니다—편집자)을 출판하게 됐습니다.

콥트어는 2세기경부터 이집트에서 사용된 문자로, 상형문자, 신관문자에 이어 민간인들에게 보편화된 알파벳 문자입니다. 형태론적으로는 헬라어에서 차용된 알파벳에 6개의 자음을 추가해 사용했기에 헬라어에 익숙한 독자는 조금만 노력하면 콥트어를 발음할 수 있습니다. 또한 콥트어는 대략 6개의 방언이 있으며, 이 중 사히드 콥트어는 나일강 일대에서 많이 사용됐는데, 사막 교부로 알려진 안토니우스의 서신들, 파코미우스 수도원에서 사용된 칠십인역과 수도원 규율 문서들, 그리고 1945년 이집트 키나 주의 도시 나그 함마디(Nag Hammadi)에서 발견된 13편의 파피루스 사본들 중 10편이 사히드 방언으로 기록됐을 만큼 당시에 널리 사용되던 대표적인 방언이었습니다.

사히드 콥트어 문법책이 한국어로 번역됐다는 것은 실천에 비해 이론이 상대적으로 약한 한국의 신학에 새로운 도구가 추가된다고 평가할 수 있겠습니다. 한국에서는 히브리어, 헬라어 원문은 물론이고, 성경이나 교회사에서 중요성을 보이는 아람어, 라틴어, 그리고 콥트어에 있어서도 관심이 적거나 낯설어 하기에, 콥트어 문법책이 출판된다면 이 분야에 새로운 관심을 불러일으킬 이유와 가능성을 제공할 것입니다. 특히 사히드 콥트어를 공부한다는 것은 도마 복음서를 비롯한 4세기 이집트 지역의 영지주의적 흐름을 파악하는 데 중요합니다. 그 시기는 교회 밖에서 시작된 영지주의가 교회로 흘러 들어와 신학적 지류로 정착되는 과도기이기 때문입니다. 따라서 이 책의 출판은 성경 해석, 교회사, 기독교 사상 등 여러 분야에 복음과 같은 소식이 될 것이라고 생각합니다.

역자는 학구열이 대단하고 특히 원문에 많은 관심을 가지고 있었습니다. 일신상의 이유로 신학을 중단했지만, 학구열이 꺾이지 않았습니다. 독학으로 관심 분야를 연구하던 중 한국에 콥트어에 관한 서적이 부족하다는 사실을 발견하고, 이 분야에서 저명한 램딘의 문법책을 구하여 공부하며, 또 그 내용을 직접 번역하며 오늘의 결과물을 내게 됐습니다. 20년 축적된 토마스 램딘의 실력과 교육 현장에서 사용될 만큼 잘 짜여진 구성은 콥트어를 공부하고자 하는 신학자, 목사, 신학생들에게 좋은 길라잡이가 될 것이라 생각합니다. 이 책이 한국의 신학적 토양을 한 단계 양질화시키는 좋은 배양토 역할을 하게 되길 기대합니다.

조덕근 목사(예염교회)

마침내 하나님의 말씀을 향한 순수한 열정의 긴 여정 가운데 신실한 하나님의 종에 의해서, 말할 수 없이 치밀하고 한없이 성실한 학자 램딘 선생님의 콥트어 문법서와 사전이 번역되어 나오게 됐습니다. 콥트어 성경은 신약성경의 초기 번역본들 가운데 중요한 위치를 점하고 있어 성경 본문 비평에 있어서 반드시 알아야 할 사본이지만 우리나라에서는 소홀히 여겨지고 있습니다. 이제 이 문법서와 사전이 있음으로 해서 성경 말씀과 초기기독교 문헌들을 놓고 벌어지는 논의들을 무시하거나 풍문으로만 듣는 것이 아니라, 우리의 언어 감성으로 직접 읽고 번역하고 해석하며 공부할 수 있는 또 하나의 길이 열리게 됨을 기쁘게 생각합니다. 특히 콥트어로 기록되어 있는 『도마복음』을 비롯한 나그함마디 문서를 직접 읽고, 초기 교회의 신학 사상을 깊이 연구할 수 있는 좋은 방편이 될 것입니다.

콥트어 문법서로 여전히 가장 권위가 있고 표준이라고 할 수 있는 이 책을, 꼼꼼한 역자가 본서 이외에 발간된 여러 문법서를 비교 검토하여 이 책의 번역에 반영했습니다. 본 번역서가 널리 활용되어 성경 말씀에 대한 더욱 심도 있는 이해가 이루어지고 이를 통해 한국 교회가 더욱 새로워지기를 기대합니다.

여는 글

이 책은 대학 수준의 콥트어의 사히드 방언을 20년 간 교수하는 동안 점진적으로 발전된 '초급 레슨 시리즈'의 증보판이다. 각 레슨은 언어의 기본 문법과 어휘를 단계별로 소개하기 위해 신중하게 고안됐다. 레슨의 내용 및 프레젠테이션 방식은 온전히 실용적인 교육학적 고려 사항에 의해 결정됐다; 이 책은 과학적인 참고 문법서가 되기 위한 의도는 전혀 없다. '강독 선집'Reading Selections에는 간단하지 않은 자료의 전환을 용이하게 하도록 설계된 어휘 목록이 제공된다. 이것과 각 레슨을 완전히 숙달하게 되면, 학생들은 평균적인 난이도의 사히드어 텍스트를 어려움 없이 읽을 수 있는 수준이 될 것이다. 문법의 기본적인 사항에 대해 강조했기에, 평균적인 초급 학생들의 요구에 직접 관련이 없는 많은 기술적 언어 자료는 생략했다. 음운론에 대한 상세한 연구, 사히드 방언과 다른 콥트어 방언들 사이의 관계, 또는 고대 이집트에서 콥트어의 역사적 발전 과정에 관심이 있는 사람들은 참고 문헌에 인용된 이러한 주제들에 대한 표준적인 저술들을 참조할 수 있다.

학생들에게 여기에서 공부한 것보다 더 유용하게 사용될 어휘 사전을 제공하기 위해 특별한 노력을 기울였다. 어휘 사전은 현재 본문에서 사용된 단어들을 다루는 것 외에도, 대부분의 관련 구절과 관용구를 포함하는 사히드어 신약성경의 전체 어휘와 기타 성경에 관련된 문학 작품들의 어휘를 풍부하게 포함하도록 의도했다. 어휘 사전에서 의도적으로 제외된 것은 그것들의 정확한 의미에 대한 단서를 거의 제공하지 않는 기술적인 문서에만 나오는 식물, 선박, 기구, 약물 및 동물 이름과 같은 전문적인 성격의 단어들이다; 쉐누테Shenute의[1] 특수한 어휘 사용을 포함하려는 노력도 하지 않았다. 이러한 항목들에 대해서는 학습에 필수 불가결한 크럼W. E. Crum의 『콥트어 사전』*A Coptic Dictionary*과 월메M. Wilmet의 『사히드어 신약성경 용어 사전』*Concordance du nouveau testament sahidique*을 함께 참고해야 한다. 이 사전들은 이 책에 수록된 어휘 사전의 주요 전거다.

내가 이 일을 하도록 격려하고 원고의 많은 부분에 도움이 되는 논평을 해준 나의 동료인 하버드대학 신학부 로마 가톨릭 신학연구 분야의 찰스 촌시 스틸만Charles Chauncey Stillman 연구 교수인 조지 맥래George W. MacRae에게 진심으로 감사드린다. 출판을 위한 최종본을 탁월한 기술로 준비하고 보살핌을 준 캐리 보스비Cary A. Bosbee와 이 저술의 착수와 출판에 기여한 머서대학교Mercer University 출판부 소장인 왓슨 밀스Watson E. Mills에게도 감사를 드린다.

1982년 6월

토마스 O. 램딘Thomas O. Lambdin

매사추세츠주Mass., 케임브리지Cambridge에서

1. 360~450년경. 이집트의 남부 소학(Sohag) 근처의 백색 수도원(White Monastery)의 원장이다—옮긴이.

| 약어표 |

adv.	부사, adverb
adj.	형용사, adjective
aux.	조동사, auxiliary verb
conj.	접속사, conjunctive
cpd.	복합어, compound
f.	여성, feminine
f.pl.	여성 복수, feminine plural
f.s.	여성 단수, feminine singular
idem	전술한 바와 같음
inf.	부정사, infinitive
intr.	자동사, intransitive
lit.	문자적으로, literally
m.f	남성 및 여성, masculine and feminine
m.s.	남성 단수, masculine singular
n.f.	여성 명사, noun feminine
n.m.	남성 명사, noun masculine
p.c.	후접 분사, participium conjunctivum (= proclitic participle)
pl.	복수, plural
prep.	전치사, preposition
Q	상태동사, qualitative(= stative)
q.v.	~을 보라, quod vide
reflex.	재귀용법, reflexive
tr.	타동사, transitive
vb.	동사, verb
±	뒤에 단어가 있거나 또는 없이

서문

이집트의 정치적 통일은 주전 30세기가 시작될 무렵에 멤피스에서 첫 번째 왕조가 수립되면서 이루어졌다. 곧이어 기록들에 쓰이는 상형문자가 나타났으며, 그것의 필기체 파생물인 신관 문자 및 민중 문자와 함께 주후 2세기 말까지 이집트어를 기록하는 유일한 매체로 남아 있었다. 그 당시 알렉산드리아를 중심으로 교회의 전도자들은 국가를 기독교화하는 것을 원활하게 하기 위해 성경을 그리스어에서 이집트어로 번역하는 작업에 착수했다. 그 과정에서 그들은 3천 년 된 상형 문자 체계를 포기했는데, 그것은 아마도 '이교도' 관련성만큼이나 그것의 복잡함과 불완전함 때문이었을 것이다. 대신 그들은 그리스어 알파벳의 수정된 형태를 채택하기로 결정했다. 이 새로운 형태의 이집트어는 아랍어 '꿉띠'qubṭî에서 유래된 현대 용어인 콥트어로 알려져 있는데, 그 자체는 그리스어 단어 "이집트인"[ai]gupti[os](Αἰγύπτιος—옮긴이)의 변형이다.

주전 332년 알렉산더 대왕에 의한 이집트 정복 이후 프톨레미 치하에서 그리스어를 사용하는 행정 체계는 하(북부) 이집트의 철저한 그리스화로 이끌었다. 이집트어-그리스어 2개 국어 상용bilingualism은 분명히 델타 지역에서 흔했고, 이 시기에 그리스의 기술, 법률 및 상업 전문용어가 구어 이집트어로 많이 도입되었을 가능성이 있다. 이집트어를 그리스어 알파벳으로 표기하려는 거칠고 체계적이지 못한 시도가 주전 3세기 초에 이루어졌다. 당시 성경의 콥트어 번역자들이 그리스어 알파벳을 채택했을 뿐만 아니라, 그리스어로부터의 많은 차용어를 가지고 토착민의 어휘를 풍부하게 보충한 것은 자연스러운 일이었다. 어떤 콥트어 문서의 그리스어 어휘는 콥트어보다 훨씬 더 많다.

방언의 차이에 대한 증거는 일찍이 주전 3천 년경에 발견된다. 그러나 상형문자 문서의 일반적인 보수성과 오랜 기간 동안(예, 중 이집트, 신新 이집트) 특정 형태의 언어를 표준화하려는 관행은, 아스완에서 지중해까지 나일강을 따라 1,200km를 지나가면서 구어체로 존재했음이 틀림없는 중대한 방언의 다양성을 모호하게 만드는 경향이 있다. 각각의 방언은 우리가 콥트어 시대로 올라가서 그리스어 알파벳으로 기록된 언어를 볼 때 먼저 알아볼 수 있다. 방언이 사용되었던 정확한 지리적 위치는 여전히 학술적인 논쟁의 여지가 있지만, 독자들은 문학적 목적을 위해 방언들의 이름과 대략적인 시대 범위를 잘 알고 있어야 한다.

이 책에서 다루어진 사히드 방언Sahidic은 위에서 언급한 성경의 공식적인 번역을 위해 선택된 방언이었다. 지리적 위치에 대한 서로 상반되는 증거가 있다: 아랍어 '앗-싸이드'*as-sa'id*에서 유래한 사히드라는 이름은 상(남부) 이집트 남부에 위치한다(그래서 테베어Thebaic라고도 함). 하지만 언어학적인 고려사항들은 멤피스와 동부 델타 인근의 북부 지역을 지지한다. 그래서 두 위치가 모두 올바르다는 가능성을 배제할 수는 없다. 테베Thebes와 멤피스는 오랜 역사를 통해 번갈아 가며 이집트의 수도로 바뀌었고 종교(사제), 건축 및 상업 활동의 주요 중심지였다는 사실은, 이 두 지역에서 '도시' 방언의 발달을 이끌어낼 수 있었고 그 사이에 놓여있던 '지방' 지역의 방언들과는 상당히 구별될 수 있었다.

주후 4세기 무렵 사히드 방언은 표준적인 문학 방언으로 확고하게 자리잡게 되었고, 10세기 무렵 소멸될 때까지 이 지위를 유지했다. 사히드 방언으로 남아있는 문서들은 신약성경과 구약성경의 상당 부분 외에 교회 관련 문헌의 많은 자료와 세속 문헌의 일부 잔재가 포함되는데 거의 대부분이 그리스어에서 번역된 것이다. 토착 저술로는 이집트 수도원 제도의 창시자인 파코미우스Pachomius(300년경), 상 이집트의 백색 수도원의 관리자인 쉐누테Shenute(400년경), 쉐누테의 제자 베사Besa의 저술만 있다. 언어를 그리스어에 필적할 만한 문학적 수단으로 만들기 위해 노력한 쉐누테의 콥트어 저술은 종종 사히드 방언 문헌의 '고전'으로 불린다. 그러나 번역 문학의 언어를 기반으로 더욱 넓게 연구된 그것의 구문의 복잡성과 특이한 어휘 사용법은 본서의 저술 범위를 넘어선다.

보하이르 방언Bohairic은 표준 문학 방언으로서 사히드 방언을 대체했다. 보하이르 방언 문서들은 9세기 초부터 사용된 것으로 증명되었지만, 이 방언은 11세기에 콥트 교회의 공용어로 채택되기 전까지는 널리 사용된 것 같지는 않다. 대부분의 보하이르 방언 문서들은 이 시기 이후부터 나오고, 그것들 중 다수가 사히드 방언 원문으로부터 옮겼다. 보하이르 방언이라는 용어는 아랍어 '알-부하이라흐'*al-buḥairah*("하 이집트")에서 유래한다. 일반적으로 보하이르 방언은 알렉산드리아와 니트리아를 포함하는 서 델타의 방언인 것으로 추정된다. 이 방언에 대하여 멤피스 방언Memphitic이라는 명칭도 사용됐다.

파이윰 방언Fayyumic은 그 이름이 시사하듯이 파이윰 분지 부근에 있는 중中 이집트의 북부 방언이었다. 4세기에서 11세기에 이르는 문서에서 잘 증명되었지만, 사히드 방언의 지위는 얻지 못한 것 같다.

아크밈 방언Achmimic은 대체로 중 이집트의 남부의 아크밈(파노폴리스) 지역에 위치했고, 3세기부터 5세기까지의 짧은 문학적 기간을 누렸다.

하위아크밈 방언Subachmimic(리코폴리탄 방언[Lycopolitan]—옮긴이)의 잠정적인 위치는 아크밈과 테베 사이에 있으며, 4-5세기에 마니교 및 영지주의 문서의 번역을 위해 널리 사용됐다. 이교적인 자료와의 연관성이 아마도 문학적인 방언으로서의 이른 종말에 많은 관련이 있었을 것이다. 나그 함마디 문서들은 하위아크밈 방언(리코폴리탄 방언) 또는 다양한 방면으로 하위아크밈 방언의 영향을 받은 변형 사히드 방언으로 기록되어 있다.

독자들은 방언들에 대한 좀더 자세한 정보를 위해 참고 문헌에서 인용한 워렐Worrell, 베르고트Vergote, 칼Kahle 그리고 틸Till의 저술을 참조해야 한다.

주후 641년 아랍의 이집트 정복과 그 후의 본토 기독교인들에 대한 탄압이 아랍어에 유리하게 되면서 이집트어가 점차 소멸되는 결과를 낳았다. 우리는 이 과정이 얼마나 오래 걸렸는지 확인할 수는 없지만, 콥트어는 15세기에 토착 언어가 되는 것이 중단됐다라고 가정해도 무방하다. 그리하여 4천 년 이상 지속적으로 쓰인 기록이 끝나게 됐다.

콥트어 알파벳, 발음, 그리스어 단어의 철자

콥트어의 사히드 방언은 이집트 상형 문자의 마지막 단계의 민중 문자로부터 차용한 여섯 문자를[1] 보충한 그리스 알파벳으로 쓰였다. 그들의 전통적인 필사에 쓰인 모든 알파벳 문자는 아래와 같다.

알파벳	현대 명칭	영어 음가	한국어 음가	알파벳	현대 명칭	영어 음가	한국어 음가
ⲁ	alpha	a	ㅏ	ⲡ	pi	p	ㅍ
ⲃ	beta	v, b	ㅂ	ⲣ	ro	r	ㄹ
ⲅ	gamma	g	ㄱ	ⲥ	sigma	s	ㅅ
ⲇ	delta	d	ㄷ	ⲧ	tau	t	ㅌ
ⲉ	epsilon	e	ㅔ	ⲩ	upsilon	u	ㅜ
ⲍ	zeta	z	ㅈ	ⲫ	phi	ph	ㅍㅎ
ⲏ	eta	ē	ㅔ	ⲭ	khi	kh	ㅋㅎ
ⲑ	theta	th	ㅌㅎ	ⲯ	psi	ps	ㅍㅅ
ⲓ	iota	i	ㅣ	ⲱ	omega	ō	ㅗ
ⲕ	kappa	k	ㅋ	ϣ	shai	š, (sh)	쉬
ⲗ	lambda	l	ㄹㄹ	ϥ	fai	f	ㅍ
ⲙ	mu	m	ㅁ	ϩ	hore(h)	h	ㅎ
ⲛ	nu	n	ㄴ	ϫ	djandja	ğ, (tʃ)	ㅊ
ⲝ	ksi	ks	ㅋㅅ	ϭ	kyima	č, (k^{y})	ㄲ + ^{y}
ⲟ	omicron	o	ㅗ	ϯ	ti	ti	티

1. 보하이르 방언은 ϧ(카이)를 포함하여 일곱 문자다—옮긴이.

이 단락은 그리스어 발음이 아닌 **콥트어 알파벳의 발음**에 대해 다룬다.

a. 자음

ⲃ[beta]는 분명하게 영어 *voice*의 *v* 발음이 난다. 그러나 일반적으로 간단하게 *back*의 *b*로 읽는다.

ⲅ[gamma]는 아주 작은 세트의 형태로 k의 위치변이음位置變異音, positional variant으로만 나타난다. *good*의 *g*처럼 발음된다.

ⲇ[delta]와 ⲍ[zeta]는 표준 사히드어 철자법에서 거의 나타나지 않는다. ⲍ는 일부 단어들에서 ⲥ 대신에 나타난다. 예, ⲁⲛⲍⲏⲃⲉ → ⲁⲛⲥⲏ-ⲃⲉ(학교). ⲇ는 *dog*의 *d*, 그리고 ⲍ는 *zoo*의 *z*로 발음된다.

ⲫ[phi], ⲑ[theta], ⲭ[khi]는 콥트어의 사히드어 단어에서 두 자음의 조합으로만 나타난다: ⲫ = ⲡ + ϩ(ph), ⲑ = ⲧ + ϩ(th), ⲭ = ⲕ + ϩ(kh). ⲑ[theta]는 상당히 자주 나온다. 예, ⲡⲉⲑⲟⲟⲩ(사악한) ← ⲡⲉⲧϩⲟⲟⲩ. ⲫ와 ⲭ는 드물게 나오므로 여기서는 사용할 필요가 없다. ⲫ는 *f*로, ⲑ는 (*thin*의) *th*로, 그리고 ⲭ는 (독일어 *ich*나 *ach*의) *ch*로 발음되는 일반적인 그리스어 발음과는 달리, 콥트인들은 그리스어 단어의 이 글자들에 대해 다른 발음을 사용한 것으로 보인다.

ⲕ[kappa], ⲡ[pi], ⲧ[tau]는 영어에서 대기음帶氣音이 없는 *k, p, t*이다. 이를테면, 그것들은 *kin, pin, top*의 대기음 소리보다 *skin*의 *k*, *spin*의 *p*, *stop*의 *t*와 좀 더 닮았다.

ⲗ[lambda], ⲙ[mu], ⲛ[nu]는 거의 *l, m, n*과 같다.

ⲝ[ksi]는 ⲕ + ⲥ(ks)의 단순한 조합이며 드물게 사용됐다. 예, ⲝⲟⲩⲣ(반지).

ⲣ[ro]는 일반적으로 *road*의 *r*처럼 발음됐다. 실제 발음은 알 수 없다.

ⲥ[sigma]는 *see*의 *s*와 같다.

ⲯ[psi]는 ⲡ + ⲥ(ps)의 단순한 조합이며 드물게 사용됐다. 예, ⲯⲓⲧⲉ[psite](9, 아홉).

ϣ[shai]는 *shall*의 *sh*이다.

ϥ[fai]는 *foot*의 *f*이다.

ϩ[hore(h)]는 아마도 *hope*의 *h*일 것이다.

ϫ[janja]는 일반적으로 *judge*의 *j*처럼[2] 발음된다. 실제 발음은 *tune* [tʸuːn]에서의 [tʸ]에[3] 가까웠을 것이다.

ϭ[kʸima]는 아마도 *cue*[kʸuː], *cute*[kʸuːt]의 [kʸ]에 가까웠을 것이다.

ϯ[ti]는 단지 ⲧ + ⲓ라는 그래픽 기호일 뿐이지만, 이 일련의 소리를 철자하는 일반적인 방법이었다. 예, ϯⲙⲉ[time](마을).

b. 단순 모음

ⲁ[alpha]는 *father*의 *a*와 같다. 예, ⲁϥ[af][4](고기)

ⲉ[epsilon]은 *jet*의 *e*와 같다. 예, ϩⲉⲛ[hen](어떤, 몇)

ⲏ[eta]는 *hate*의 *a*와 같다. 예, ⲙⲏⲧ[mēt](10, 십)

ⲓ[iota]는 *machine*의 *i*와 같다. 이 모음은 첫 위치에 항상 ⲉⲓ로 사용된다. 예, ⲉⲓⲛⲉ[íne](가져오다), ⲉⲓⲥ[is](보다). 철자 ⲓ가 단어의 속에서나 마지막에 오는 경우에 ⲓ와 ⲉⲓ를 번갈아 쓰지만 ⲓ가 선호된다.

ⲟ[omicron]은 *fog, dog*의 *o*와 같다. 예, ⲧⲟⲡ[top](가장자리, 경계)

---

2. 레이턴(Layton)은 발음기호를 [č]로 표시하고 'church의 ch'로 발음한다고 한다(Layton, *Coptic in 20 Lessons*, §4). 옮긴이는 레이턴을 따라 한국어에서의 음가를 [ㅊ]로 읽는다—옮긴이.

3. 각 괄호는 표준 발음기호에서 음성학적 발음을 가리키는 데 사용된다. 이것들을 관례적인 표기와 혼동하면 안 된다.

4. 일부 단어의 발음기호는 알파벳의 음가를 기준으로 한 음역으로 옮겼다—옮긴이.

ⲩ[upsilon]은 콥트어 단어에서 단순 모음으로는 나타나지 않는다.

ⲟⲩ는 *food*의 *oo*같이, 일반적으로 [u](우) 모음으로 쓰인다. 예, **ⲛⲟⲩⲃ** [nub](금).

ⲱ[omega]는 *hope*의 *o*와 같다. 예, **ϩⲱⲡ**[hōp](감추다)

c. 반모음과 이중 모음

영어의 *yet*와 *wet*의 *y*와 *w* 자음은, *beet*와 *boot*의 모음 [i]와 [u]와 같은 소리이기 때문에 종종 반모음으로 간주된다. 콥트어 모음 **ⲉⲓ**(**ⲓ**)와 **ⲟⲩ**도 같은 방식으로 자음의 기능을 할 수 있다. 예를 들면, **ⲉⲓⲱⲧ**[yōt](아버지), **ⲟⲩⲟⲡ**[wop](순수하게 되다).

반모음 **ⲉⲓ**(**ⲓ**)와 **ⲟⲩ**는 선행하는 단순 모음과 결합하여 다양한 이중 모음을 만든다. 다수의 이중 모음은 하나 이상의 철자를 가진다. 독자는 레슨에 쓰인 철자를 따라야 한다. 이중 모음은 위에서 주어진 단순 모음의 음가로, 경우에 따라 마지막 (종성으로서의) *y*나 *w*를 사용하여 신중하게 발음해야 한다.

1) a 계열

· **ⲁⲓ**[ay], **ⲁⲉⲓ**[ay]: **ⲥⲁⲉⲓⲛ**[sayn](의사), **ⲁⲓⲡⲱⲧ**[aypōt](내가 달렸다)

· **ⲁⲩ**[aw](드물게 **ⲁⲟⲩ**[aw]): **ⲛⲁⲩ**[naw](보다), **ⲁⲩⲡⲱⲧ**[awpōt](그들이 달렸다)

2) ε, e 계열

· **ⲉⲓ**[εy](흔하지 않게 **ⲉⲉⲓ**[εy]): **ⲡⲉⲓⲣⲱⲙⲉ**[pεyrōmε](이 남자). 문법에 대한 지식이 **ⲉⲓ** = [i]와 **ⲉⲓ** = [εy] 사이를 정확하게 분별하는 것에 필요하지만, 심각한 문제는 아니다: 통상적으로 사히드어 철자법 **ⲉⲓ**는 **ⲉ**

+ **ı**의 음가를 가진다. (1) 지시 형용사에서 **ⲡⲉⲓ-**, **ⲧⲉⲓ-**, **ⲛⲉⲓ-**(레슨 5), (2) **ⲉⲓ-**, **ⲛⲉⲓ-**, **ⲙⲉⲓ-** 형태의 1인칭 동사 접두사에서(레슨 21 및 이후), 그리고 **ⲉⲓⲉ**[εyε]와 같이 몇 개의 독립된 단어에서(레슨 29).

· **ⲉⲩ**[εw](드물게 **ⲉⲟⲩ**[εw]): **ⲉⲩϣⲁϫⲉ**[εwšačε](그들이 말하던 동안에).

· **ⲏⲓ**[ēy]: **ⲡⲏⲓ**[pēy](그 집).

· **ⲏⲩ**[ēw](드물게 **ⲏⲟⲩ**): **ⲧⲏⲩ**[tēw](바람).

3) y 계열

· **ⲓⲉⲓ**[yi], **ⲉⲓⲉⲓ**[yi]는 아주 드물고, [iy]가 아니라 [yi]이다. 예, **ϩⲓⲉ-ⲓⲃ**[hyib](어린 양).

· **ⲓⲟⲩ**[iw]는 드물다: **ⲥⲓⲟⲩ**[siw](별).

4) o 계열

· **ⲟⲉⲓ**[oy], **ⲟⲓ**[oy]: **ⲟⲩⲟⲉⲓⲛ**[woyn](빛).

· **ⲟⲟⲩ**[ow]: **ⲙⲟⲟⲩ**[mow](물), **ⲙⲟⲟⲩⲧ**[mowt](죽은).

· **ⲱⲓ**[ōy]: **ⲉϫⲱⲓ**[εčōy](나에게). 마지막 위치에 오는 것을 제외하고는 드물다.

· **ⲱⲟⲩ**[ōw]: **ⲧⲱⲟⲩⲛ**[tōwn](일어서다), **ⲉϫⲱⲟⲩ**[εčōw](그들에게)

5) u 계열

· **ⲟⲩⲓ**[uy]는 드물게 나타난다: **ⲛⲟⲩⲓ**[nuy](나의 것); 어떤 단어에서는 [wi]로, 예, **ⲕⲟⲩⲓ**[kwi](작은).

· **ⲟⲩⲟⲩ**[uw]는 드물게 나타난다; **ⲙⲟⲩⲟⲩⲧ**[muwt](죽이다), **ⲛⲟⲩ-ⲟⲩ**[nuw](그들의 것).

d. 중복 모음

어떤 동일한 단순 모음이 중복된 모음(-ⲁⲁ-, -ⲉⲉ- 등)은 일반적으로 성문聲門 폐쇄음(성문에서 공기 흐름을 완전하게 아주 짧게 멈추는 것)의 존재에 대한 표시로 이해하면 된다. 관례적으로 발음기호는 ʾ로 표시한다. 이를테면, ⲙⲁⲁⲃ[maʾab](삼십), ⲥⲉⲉⲡⲉ[seʾepe](나머지), ϣⲟⲟⲡ[šoʾop](존재하다). 강세는 첫 모음에 있다: 성문 폐쇄 후의 모음은 아마도 아주 짧게 지속됐을 것이다.

이중 모음에서도 모음 중복이 나타난다. 예, ⲙⲁⲁⲩ[maʾaw](어머니), ⲙⲉⲉⲩⲉ[méʾewe](생각하다). ⲟⲟⲩ를 읽을 때, [ow]인지 [oʾow]인지를 아는 확실한 방법은 없다.

e. 음절 구분과 윗선('서프랄리니어 스트로크')

사히드어 철자법의 가장 독특한 특징 중 하나는 어떤 자음이나 자음군 위에 짧은 스트로크(윗선)가 있는 것이다. 이 '서프랄리니어 스트로크' Supralinear Stroke(앞으로 '윗선'으로 표기한다—옮긴이)는 한 음절을 나타내지만, 이 음절이 구어에서 실제 소리가 어떠했는지에 대해서는 콥트어 학자들 사이에 약간의 이견이 있다. 윗선이 ⲛ과 같은 유성 자음 위에 써지면, 그 자음은 아마 음절 중에서 가장 공명하는 부분으로서 모음의 기능을 한다는 것을 의미했을 것이다. 영어의 *button*과 *sudden*의 마지막에 있는 *n*(음성학적으로 [-tn̩]과 [-dn̩])과 정확히 같다. 이를테면, ϣⲛ̄ⲧ(나를 찾다)는 [šn̩t](= [šᵉnt]—옮긴이)로, ⲛ̄ⲧ(나를 데려가다)는 [n̩t](= [ᵉnt]—옮긴이)로 발음됐다. 이러한 음절 발음을 가질 수 있는 유성 자음은 ⲃ, ⲗ, ⲙ, ⲛ 그리고 ⲣ이고, 기억하기 좋게 '블렘너blemner 자음'으로 알려져 있다. 그것들이 모두 지속음이라는 것에 주의해야 한다. 이것은 발음이 될 동안의 자음들은 원하는 대로 길게 늘여 발음할 수 있다(ⲃ는 b가 아니라 v임을 기억해야 한다). 다음의 예를 보라.

> ⲧⲛ̄ⲥⲱⲧⲙ̄[t^{e}nsot^{e}m] 우리가 듣다
>
> ⲧⲃ̄ⲧ[t^{e}bt] 물고기
>
> ϣⲧⲟⲣⲧⲣ̄[štort^{e}r] 방해하다
>
> ⲕⲣⲙ̄ⲣⲙ̄[kr^{e}mr^{e}m] 중얼거리다

자음 위의 윗선은, 윗선이 놓인 자음 바로 앞에서 짧은 ⲉ[^{e}]나, 혹은 [ə] ('above'의 첫 모음)처럼 발음될 수 있다. 예, ⲥⲡ̄ⲥⲱⲡϥ̄[s^{e}psōp^{e}f](그에게 탄원하다). 이 발음은 편의상 블렘너 자음들과 함께 사용될 수 있다.

많은 비표준 문서에서 모음 ⲉ는 윗선을 쓰는 대신에 (그리고 반대로도) 종종 사용됐는데, 후접어 요소들과 처음의 연속 자음에서 가장 빈번하게 사용됐다. 예, ⲥⲉⲡⲥⲱⲡϥ̄ = ⲥⲡ̄ⲥⲱⲡϥ̄, ϩⲉⲙ ⲡⲏⲓ = ϩⲙ̄ ⲡⲏⲓ. 표준 철자 ⲉ는 윗선을 가진 블렘너 자음에 선행하는 자음일 때만 규칙적으로 윗선 대신으로 사용된다. 따라서 ⲙⲟⲕⲙⲉⲕ와 ⲛⲟϭⲛⲉϭ는, ⲥⲟⲡⲥⲡ̄와 ⲥⲟⲗⲥⲗ̄과 같은 패턴의 단어이다. 이 관례는 부적절한 분절을 방지하는 것으로 채택했을 수 있다: ⲙⲟⲕⲙⲕ는 [mokm̩k] 또는 [mokm^{e}k]로 읽을 수 있다. 주된 예외는 실제로 다른 분절이 요구되는 단어들이다: ϣⲟⲙⲛ̄ⲧ [šom^{e}nt](3, 셋), ⲧⲱⲙⲛ̄ⲧ[tōm^{e}nt](일어나다, 생기다). 이 단어들에서의 ⲛ̄은 순음[脣音] ⲙ에서 치음[齒音] ⲧ로 갈 때의 침입 이동음[intrusive glide]이다; 이전의 형태는 ϣⲟⲙⲧ̄와 ⲧⲱⲙⲧ̄이었다. 이 관례는 마지막 자음이 블렘너이기도 한 경우는 똑같이 적용되지는 않는다: ⲛⲁϩⲙⲛ̄[nahm^{e}n](우리를 해방시키다). 특정한 동사의 접두사(예, ⲛ̄ⲧⲉⲣϥ̄-, ⲛ̄ⲧⲉⲣⲉϥ-; ⲙⲁⲣϥ̄-, ⲙⲁⲣⲉϥ-)의 쓰기에서 나타나는 ⲉ와 윗선 사이의 대부분의 변화는 이 규칙의 일관성 없는 적용의 결과일 수 있다.

ⲧⲱⲟⲩⲛ(생기다, 발생하다)과 ⲥⲟⲟⲩⲛ̄(알다)의 형태는 레슨에서 표준

화했다. 강독 선집은 텍스트 자료의 철자법을 따랐다.

f. 강세

콥트어는 주로 접두파생법Prefixation을 사용하는 매우 복합적인 언어이다. 모든 접두사 요소들은 후접어인데 그것은 길이에 상관없이 순서에서 마지막에 있는 단어에 강세가 없이 묶인다. 예, **ϩⲚ̄ ⲦⲈϤⲘⲚ̄ⲦⲀⲦⲦⲀⲔⲞ** = **ϩⲚ̄-ⲦⲈ-Ϥ-ⲘⲚ̄Ⲧ-ⲀⲦ-ⲦⲀⲔⲞ́** (그의 불멸성으로).

레슨의 과정에서 접두사로 지정된 요소는 후접어로 고려되어야 한다. 위에서 예로 든 **ϩⲚ̄**과 같은 모든 단순 전치사들은 원래 후접어이지만, 명료함을 위해 이 책에서는 별도의 단어로 쓰였다.

주 강세는 복합어에서 마지막에 있는 단어에 있다. 다음의 규칙을 지속적으로 적용하면 독자는 아주 드문 경우를 제외하고는 올바른 강세를 적용할 수 있다.

(1) 강세는 언제나 단어의 마지막 두 음절 중 하나에 있다.

(2) 모음 **Ⲏ**, **Ⲟ**과 **Ⲱ**는 항상 강세를 둔다.

(3) 마지막 단순 모음 **-Ⲁ**와, 단순 모음 **-ⲈⲒ**, **-Ⲓ**는 항상 강세를 둔다.

(4) 마지막 **-ⲞⲨ**는 다음을 제외하고 강세를 둔다.

  a. 3인칭 복수 접미사가 붙은 대명사일 때(문법 지식은 이것을 명확하게 할 것이다).

  b. 다음 단어들 **ⲠⲀϩⲞⲨ**(뒤), **ⲤⲠⲞⲦⲞⲨ**(입술), **ⲤⲀϩⲞⲨ**(저주), **ⲢⲀⲤⲞⲨ**(꿈)

(5) 마지막 **-Ⲉ**는 레슨 15에서 소개된 형용사를 제외하고 강세를 두지 않는다. 예, **ⲤⲀⲂⲈ́**(현명한), **ⲂⲖ̄ⲖⲈ́**(눈이 먼) 등. 그리고 **ⲂⲈⲔⲈ́**(임금, 품삯), **ⲘⲚ̄ⲦⲢⲈ́**(목격자), **ⲔⲚ̄ⲦⲈ́**(무화과), **ⲚⲀⲘⲈ́**(진심으로)와 같은 다수의

단어.

(6) 윗선을 둔 자음으로 표시된 마지막 음절은 단어가 단음절이 아닌 한 절대 강세를 두지 않는다.

g. 동화(同化, assimilation)

우리의 현재의 목적을 위해, 동화는 다른 음과의 근접으로 인한 음의 변화로 간단히 정의될 수 있으며, 일반적으로 음성 호환성이 더 커진다. 접두사 요소(예, 전치사, 불변화사, 관사)의 마지막 **N̄**은 **ⲡ**와 **ⲙ** 앞에서 규칙적으로 **M̄**으로 동화된다. 다음의 예를 보라.

> **ϩN̄ ⲠⲎⲒ → ϩM̄ ⲠⲎⲒ** 집에서
>
> **N̄ⲘⲀⲈⲒⲚ → M̄ⲘⲀⲈⲒⲚ** 그 징조

자음 -**N**의 동화도 나타나지만 표준은 아니다. 예, **ⲦⲈⲚⲠⲒⲤⲦⲒⲤ**(우리의 믿음) 대신에 **ⲦⲈⲘⲠⲒⲤⲦⲒⲤ**. 일부 텍스트에서 몇 가지 문법적인 기능을 가진 불변화사 **N̄**은 **B**, **λ**, **ρ**로 완전히 동화된다. 예, **N̄ⲂⲢ̄ⲢⲈ** → **B̄ⲂⲢ̄ⲢⲈ**(그 젊은이들), **N̄ⲢⲰⲘⲈ** → **Ⲣ̄ⲢⲰⲘⲈ**(그 사람들). 이것은 표준으로 간주되지는 않지만 드물지도 않다. 우리는 강독 선집에 있는 『솔로몬의 지혜』에서 수많은 예를 볼 수 있을 것이다.

윗선의 발음이 어떻든 간에 -**ⲁ**-와 교대하는 철자법은 종종 마지막 -**ϩ** 앞에서 나타난다. 예, **ⲰⲚⲀϩ** = **ⲰⲚϩ̄**(살다). 이것은 **ϩ**의 후음 특성인 동화를 보여준다.

특정한 단어 패턴에서 -**ⲱ**-와 -**ⲟⲩ**- 사이의 교대 사용은 콥트어의 이전 단계의 동화의 결과다. **M**와 **N** 뒤에서 **ⲱ**는 **ⲟⲩ**로 교대됐다. 이를테면, **ⲘⲞⲨϩ**, **ⲚⲞⲨϪⲈ**, **ⲘⲞⲨⲞⲨⲦ** 그리고 **ⲚⲞⲨⲔ** 같은 단어들은 원래 각각 **ⲔⲰⲦ**, **ⲔⲰⲦⲈ**, **ⲦⲰⲞⲨⲚ** 그리고 **ⲦⲰⲔ**와 같은 모음을 가지고 있었다.

그리스어 단어의 철자

콥트어에서 그리스어 단어의 철자는 대개 일치하도록 옮겼다. 특정한 유형의 오류가 가끔 나타나는데 이는 고전 철자법과 현대 발음의 차이에서 비롯되어 부분적으로 발생한다. 그리고 이것들은 표준 그리스어 사전을 참조할 때 반드시 고려해야 한다. 이것들 중 가장 빈번한 것은 다음과 같은 문자 사이의 혼동이다. (1) **ⲏ**와 **ⲩ**; (2) **ⲉ**와 **ⲁⲓ**; (3) **ⲓ**와 **ⲏ**; (4) **ⲟ**와 **ⲱ**; (5) **ⲅ**와 **ⲕ**; (6) **ⲓ**와 **ⲉⲓ**; (7) **ⲏ**와 **ⲉ**; (8) **ⲧ**와 **ⲇ**; (9) 첫 **ϩ**와 '없음'. 이 모든 것들은 강독 선집에서 선별한 다음의 단어들이 분명히 보여준다.

ⲃⲩⲙⲁ = **ⲃⲏⲙⲁ**	(βῆμα)
ⲥⲡⲩⲗⲏⲟⲛ = **ⲥⲡⲏⲗⲁⲓⲟⲛ**	(σπήλαιον)
ⲡⲉⲣⲓⲭⲟⲣⲟⲥ = **ⲡⲉⲣⲓⲭⲱⲣⲟⲥ**	(περίχωρος)
ⲟⲣⲕⲁⲛⲟⲛ = **ⲟⲣⲅⲁⲛⲟⲛ**	(ὄργανον)
ⲡⲉⲣⲉⲓⲉⲣⲕⲁⲍⲉ = **ⲡⲉⲣⲓⲉⲣⲅⲁⲍⲉ**	(περιεργάζε-)
ϯⲥⲧⲁⲍⲉ = **ⲇⲓⲥⲧⲁⲍⲉ**	(διστάζε-)
ⲉⲑⲣⲓⲟⲛ = **ⲁⲓⲑⲣⲓⲟⲛ**	(αἴθριον)
ⲕⲩⲣⲓⲥⲥⲁⲓ = **ⲕⲏⲣⲩⲥⲥⲉ**	(κηρύσσε-)
ϩⲩⲇⲱⲛⲏ = **ϩⲏⲇⲟⲛⲏ**	(ἡδονή)
ⲡⲓⲑⲉ = **ⲡⲉⲓⲑⲉ**	(πείθε-)
ⲉⲥⲩⲭⲁⲍⲉ = **ϩⲏⲥⲩⲭⲁⲍⲉ**	(ἡσυχάζε-)
ϩⲉⲗⲡⲓⲍⲉ = **ⲉⲗⲡⲓⲍⲉ**	(ἐλπίζε-)

레슨 1
명사의 성과 수, 정관사, 전치사

1.1 성(Gender). 콥트어에서는 남성과 여성의 두 가지의 문법적인 성gender이 있다. 의미상 남성적인 성질을 나타내는 명사는 대개 남성이고 여성적인 성질을 나타내는 명사는 대개 여성이다. 다른 그 외의 명사의 성은 일반적으로 그것의 형태나 의미로부터 성별을 추정할 수 없으며, 반드시 각 명사의 성에 대해 익혀야 한다.

남성		여성	
ⲉⲓⲱⲧ	아버지	ⲙⲁⲁⲩ	어머니
ⲕⲁϩ	대지, 땅	ⲡⲉ	하늘, 창공
ϩⲟⲟⲩ	날, 낮	ⲟⲩϣⲏ	밤

남성과 여성 형태 사이의 형식적인 관계가 있는 명사에는 몇 개의 쌍이 있다.

남성		여성	
ⲥⲟⲛ	형제	ⲥⲱⲛⲉ	자매
ϣⲏⲣⲉ	소년, 아들	ϣⲉⲉⲣⲉ	소녀, 딸
ϩⲗ̄ⲗⲟ	노인	ϩⲗ̄ⲗⲱ	노파
ⲟⲩϩⲟⲣ	수캐	ⲟⲩϩⲱⲣⲉ	암캐

이것들은 뒤에 나오는 레슨 어휘에서 언급할 것이다. 여기에 관련된

어원 파생 과정은 레슨의 콥트어에서 더 이상 건설적인 것이 아니다. 그러한 쌍들은 임의대로 형성될 수 없다.

1.2 수(Numbers): 단수와 복수. 비교적 적은 수의 명사만이 뚜렷한 복수 형태를 유지하고 있다.

단수		복수	
ЄΙѠΤ	아버지	ЄΙΟΤЄ	아버지들
CON	형제	CNHY	형제들
ϪΟΙ	배	ЄϪΗΥ	배들

복수는 관사의 형태가 다르므로 명백하게 구성되며(아래를 보라), 명사 그 자체는 변화되지 않고 남아있다. 일반적으로 사용되는 복수형은 레슨의 어휘에서 단수형과 함께 주어질 것이다. 그것들의 형성법에 대한 일관된 패턴이 없으므로 나오는 대로 익혀야 한다.

1.3 정관사. 정관사는 다음과 같은 형태를 가지고 있다.

남성 단수	Π, ΠЄ
여성 단수	Τ, ΤЄ
공통 복수	N̄, NЄ

이것들은 명사에 직접 붙는다.

ΡѠΜЄ 남자	ΠΡѠΜЄ 그 남자	N̄ΡѠΜЄ 그 남자들
ϬΙϪ 손	ΤϬΙϪ 그 손	N̄ϬΙϪ 그 손들

복수 관사 N̄은 Π와 Μ 앞에서 M̄으로 나타난다(앞의 '동화' 항목을 참

조하라).

ⲡⲉ 하늘	ⲧⲡⲉ 그 하늘	ⲙ̄ⲡⲏⲩⲉ 그 하늘들
ⲙⲁⲉⲓⲛ 징조	ⲡⲙⲁⲉⲓⲛ 그 징조	ⲙ̄ⲙⲁⲉⲓⲛ 그 징조들

모음으로 시작하는 명사 앞에는 ⲛ̄ 또는 ⲛ 둘 중 하나가 복수 관사로 나타난다.

ⲉϫⲏⲩ 배들	ⲛ̄ⲉϫⲏⲩ, ⲛⲉϫⲏⲩ 그 배들

첫 음에 윗선supralinear stroke이 있는 자음 앞에는 몇 가지 형태가 가능하다.

ⲙ̄ⲧⲟⲛ, ⲉⲙⲧⲟⲛ 휴식	ⲡⲉⲙⲧⲟⲛ, ⲡⲙ̄ⲧⲟⲛ, ⲡⲉⲙ̄ⲧⲟⲛ 그 휴식
ⲛ̄ⲕⲁ, ⲉⲛⲕⲁ 물건	ⲛⲉⲛⲕⲁ, ⲛⲛ̄ⲕⲁ, ⲛ̄ⲛ̄ⲕⲁ 그 물건들

풀러형fuller form인 ⲡⲉ-, ⲧⲉ-, ⲛⲉ-는 두 자음으로 시작되는 명사 앞에 규칙적으로 사용된다.

ⲕⲗⲟⲙ 왕관	ⲡⲉⲕⲗⲟⲙ 그 왕관	ⲛⲉⲕⲗⲟⲙ 그 왕관들
ⲥϩⲓⲙⲉ 여자	ⲧⲉⲥϩⲓⲙⲉ 그 여자	ⲛⲉϩⲓⲟⲙⲉ 그 여자들

ⲟⲩ와 (ⲉ)ⲓ는 특정한 초기 상황에서 자음의 음가(각각 *w* 와 *y*)를 가지는 것에 주의하라.

ⲟⲩϩⲟⲣ 개	ⲡⲉⲩϩⲟⲣ [pewhor] 그 개	ⲛⲉⲩϩⲟⲟⲣ 그 개들
ϩⲓⲏ 길	ⲧⲉϩⲓⲏ [tehyē] 그 길	ⲛⲉϩⲓⲟⲟⲩⲉ 그 길들

또한 풀러형은 시간의 기간을 나타내는 특정한 명사와 함께 사용된다.

ⲡⲉⲟⲩⲟⲉⲓϣ 그 시간

ⲡⲉϩⲟⲟⲩ 그 날

> **ⲧⲉⲣⲟⲙⲡⲉ** 그 해
>
> **ⲧⲉⲩϣⲏ** 그 밤(√ **ⲟⲩϣⲏ**)
>
> **ⲡⲉⲩⲛⲟⲩ** 그 순간, 그 때(√ **ⲟⲩⲛⲟⲩ**)

ⲟⲩⲛⲟⲩ와 **ⲟⲩϣⲏ**는 위의 두 자음 규칙에 해당된다는 점에 주의하라.

1.4 전치사. 콥트어의 전치사는 그것이 지배하는 단어에 대해 (강세가 없고 결합된) 후접어이다. 많은 텍스트에서 거의 모든 전치사는 뒤따르는 단어와 함께 한 덩어리로 쓴다. 그러나 **ϩⲓⲡϫⲟⲓ**(그 배 위에), **ⲉⲡⲏⲓ**(그 집으로)라는 어구에서는 모든 전치사들이 **ϩⲓ ⲡϫⲟⲓ**, **ⲉ ⲡⲏⲓ**와 같이 나누어진 단어로 쓰일 것이다. 이어지는 **ⲟⲩ**-에 합자合字, ligatured 철자법(**ⲉⲩ**-처럼)일 때의 전치사 **ⲉ**(~로, ~을 위하여)의 경우에만 예외가 만들어질 수 있다.

전치사 **ⲙⲛ̄**은 두 명사를 결합할 때의 접속사 "~와, 그리고"로 사용된다. 예, **ⲡⲣⲱⲙⲉ ⲙⲛ̄ ⲧⲉⲥϩⲓⲙⲉ** 그 남자와 그 여자.

전치사구 또는 장소의 부사(예, **ⲙ̄ⲙⲁⲩ**[거기에])가 뒤에 오는 한정명사는 콥트어에서는 완전한 술어(문장)를 구성한다.

> **ⲡⲣⲱⲙⲉ ϩⲓ ⲡϫⲟⲓ.** 그 사람이 그 배 위에 있다.
>
> **ⲧⲉⲥϩⲓⲙⲉ ϩⲙ̄ ⲡⲏⲓ.** 그 여자는 그 집 안에 있다.
>
> **ⲛⲉϫⲏⲩ ⲙ̄ⲙⲁⲩ.** 그 배들은 거기에 있다.

이런 유형의 문장에서는 영어의 is / are(이다, 있다)와 명백한 동등성은 없다. 우리는 이러한 유형의 문장을 부사 술어 문장sentences with adverbial predicates 이라고 표현할 것이다.

어휘 1

여기 레슨에서 모든 명사는 분리점을 사용하여 명사와 구분된 정관사와 함께 주어질 것이다. 이 방법은 명사의 성별과 관사의 올바른 형태를 명확하게 한 눈에 알아볼 수 있게 한다. 공간을 줄이기 위해 단어의 정의에 관사는 포함되지 않는다. **Ⲡ**와 **Ⲙ** 앞에서 마지막 **Ⲛ̄**이 **Ⲙ̄**으로 규칙적으로 동화(예를 들어, 전치사 **ϨⲚ̄**이 **ϨⲘ̄**으로)되는 전치사 및 불변화사에 주의해야 한다.

Ⲡ.ⲢⲰⲘⲈ 남자, 사람, 인간

ⲦⲈ.ⲤϨⲒⲘⲈ (pl. **ⲚⲈ.ϨⲒⲞⲘⲈ**) 여자, 아내

Ⲡ.ϨⲖ̄ⲖⲞ 노인(m.), 수도사

ⲐⲖ̄ⲖⲰ (= **Ⲧ.ϨⲖ̄ⲖⲰ**) 노파

Ⲡ.ϪⲰⲰⲘⲈ 책, 두루마리, 문서

Ⲡ.ⲰⲚⲈ 돌

ⲦⲈ.ϨⲒⲎ (pl. **ⲚⲈ·ϨⲒⲞⲞⲨⲈ**) 길, 여정

Ⲉ ~로; ~을 위하여

Ⲡ.ⲦⲞⲞⲨ 산, 수도원

Ⲡ.ⲎⲒ 집

Ⲡ.ⲚⲞⲨⲂ 금

ϨⲚ̄ (= **ϨⲘ̄**) ~안에

ϨⲀ ~아래에

ϨⲒ ~위에

ϨⲒϪⲚ̄ (= **ϨⲒϪⲘ̄**) ~위로

ⲘⲚ̄ ~와 함께; 그리고

연습문제 1

A. 1. ϩⲓ ⲧⲉϩⲓⲏ

2. ϩⲓ ⲡⲧⲟⲟⲩ

3. ϩⲛ̄ ⲧⲉϩⲓⲏ

4. ϩⲙ̄ ⲡⲏⲓ

5. ϩⲁ ⲡⲏⲓ

6. ϩⲁ ⲡⲱⲛⲉ

7. ϩⲓ ⲡϫⲱⲱⲙⲉ

8. ⲙⲛ̄ ⲡⲣⲱⲙⲉ

9. ⲙⲛ̄ ⲧⲉⲥϩⲓⲙⲉ

10. ϩⲓϫⲙ̄ ⲛⲉϩⲓⲟⲟⲩⲉ

11. ϩⲁ ⲛ̄ⲏⲓ

12. ϩⲓϫⲛ̄ ⲛ̄ⲧⲟⲟⲩ

13. ϩⲛ̄ ⲛ̄ⲏⲓ

14. ⲙⲛ̄ ⲛⲉϩⲓⲟⲙⲉ

15. ϩⲓ ⲡⲛⲟⲩⲃ

16. ⲡⲛⲟⲩⲃ ⲙⲛ̄ ⲛ̄ϫⲱⲱⲙⲉ

17. ⲡϩⲗ̄ⲗⲟ ⲙⲛ̄ ⲑⲗ̄ⲗⲱ

18. ⲡⲣⲱⲙⲉ ⲙⲛ̄ ⲧⲉⲥϩⲓⲙⲉ

19. ⲛ̄ⲣⲱⲙⲉ ⲙⲛ̄ ⲛⲉϩⲓⲟⲙⲉ

20. ⲛ̄ϩⲗ̄ⲗⲟ ⲙⲛ̄ ⲛ̄ϩⲗ̄ⲗⲱ

B. 1. ⲡⲱⲛⲉ ϩⲓϫⲛ̄ ⲧⲉϩⲓⲏ.

2. ⲛ̄ϩⲗ̄ⲗⲟ ϩⲓ ⲧⲉϩⲓⲏ.

3. ⲛ̄ϩⲗ̄ⲗⲱ ϩⲙ̄ ⲡⲏⲓ.

4. ⲡⲛⲟⲩⲃ ϩⲁ ⲡⲱⲛⲉ.

5. ⲡϫⲱⲱⲙⲉ ϩⲓ ⲡⲱⲛⲉ.

6. ⲡⲏⲓ ϩⲓϫⲙ̅ ⲡⲧⲟⲟⲩ.

7. ⲛ̅ⲣⲱⲙⲉ ϩⲓϫⲙ̅ ⲡⲧⲟⲟⲩ.

8. ⲧⲉⲥϩⲓⲙⲉ ⲙⲛ̅ ⲡⲣⲱⲙⲉ.

9. ⲛ̅ϫⲱⲱⲙⲉ ϩⲙ̅ ⲡⲏⲓ.

레슨 2
부정관사, 비한정 명사, 속격

2.1 부정관사. 남성 명사든 여성 명사든 부정관사 단수는 **ⲟⲩ**, 복수는 **ϩⲉⲛ**으로 명사 앞에 직접 붙는다.

단수 ⲟⲩ-		복수 ϩⲉⲛ-	
ⲟⲩϫⲟⲓ	한 배	**ϩⲉⲛⲉϫⲏⲩ**	배들, 몇 배들
ⲟⲩⲣⲱⲙⲉ	한 사람	**ϩⲉⲛⲣⲱⲙⲉ**	사람들, 몇 사람들
ⲟⲩϩⲓⲏ	한 길	**ϩⲉⲛϩⲓⲟⲟⲩⲉ**	길들, 몇 길들

부정관사의 복수는 "몇", "얼마의"로 번역되거나 문맥에 따라 생략될 수 있다. 부정관사의 복수는 자주 **ϩⲛ̄**(몇)으로도 쓰였는데, 전치사 **ϩⲛ̄**(안에)과 혼동되기 쉽다. 레슨의 연습문제에서는 항상 그 둘 사이를 구별할 것이지만, 강독 선집 항목의 일부분에서는 출처의 철자법을 그대로 지켰다.

콥트어 관사의 사용법은 한정과 비한정 둘 다 모두 영어의 관사 사용법과 밀접하게 일치하기 때문에, 일반적인 관련성에 대한 예외는 다음 레슨에서 적절한 때에 언급할 것이다. 관사의 생략에 대한 참조는 각별한 주의를 필요로 한다. 현재의 레슨에서는 물질의 불특정 양을 지정하는 비한정 명사는 영어에서는 사용하지 않는 관사가 콥트어에서는 부정관사(**ⲟⲩ-**, **ϩⲉⲛ-**)가 필요하다는 점에 주의하라.

ⲟⲩⲙⲟⲟⲩ 물 **ϩⲉⲛⲟⲉⲓⲕ** 빵 **ϩⲉⲛⲧⲃⲧ** 고기

여기서 단수 관사와 복수 관사의 선택은 사전에 따른다. 즉, 명사의 사전적 의미를 따른다. 그러한 명사가 한정적이고 구체적이라면 당연히 정관사가 나타난다. 예, **ⲡⲙⲟⲟⲩ, ⲡⲟⲉⲓⲕ, ⲡⲁϥ**.

ⲙⲉ(진실, 진리)같은 추상명사는 종종 영어에서는 쓰이지 않는 관사의 두 종류(**ⲟⲩⲙⲉ, ⲧⲙⲉ**)가 모두 나타난다.

2.2 **비한정 명사**는 **ⲟⲩⲛ̄-**이나 그것의 부정으로 도입되지 않는 한 부사 술어와 함께 문장의 주어로 사용할 수 없다.

> **ⲟⲩⲛ̄-ⲟⲩϩⲗ̄ⲗⲟ ϩⲓ ⲧⲉϩⲓⲏ.**
>
> 한 수도사가 그 길 위에 있다.A monk is on the road.

ⲟⲩⲛ̄-은 실제로 존재의 술어("~[들]이 있다"there is, there are)이며, 위의 문장은 "길 위에 한 수도사가 있다"There is a monk on the road로도 번역될 수 있다.

ⲟⲩⲛ̄-의 부정은 **ⲙⲛ̄-**(**ⲙ̄ⲙⲛ̄-**도 사용)이다. 일반적으로 콥트어의 부정문에서 부정관사는 생략된다.

> **ⲙⲛ̄-ϩⲗ̄ⲗⲟ ϩⲓ ⲧⲉϩⲓⲏ.** 수도사가 그 길 위에 없다.
>
> **ⲙⲛ̄-ⲣⲱⲙⲉ ϩⲙ̄ ⲡⲏⲓ.** 사람이 그 집에 없다.

ⲟⲩⲛ̄-과 **ⲙⲛ̄-**은 한정 명사 앞에서는 사용되지 않는다.

ⲡⲣⲱⲙⲉ ϩⲙ̄ ⲡⲏⲓ라는 문장은 **ⲁⲛ**을 추가하여 부정문으로 만든다.

> **ⲡⲣⲱⲙⲉ ϩⲙ̄ ⲡⲏⲓ ⲁⲛ.** 그 사람은 그 집 안에 없다.

2.3 두 명사 사이의 **속격 (또는 소유격)** 관계는 전치사 **ⲛ̄**(~의)으로 표현한다.

> **ⲡⲏⲓ ⲙ̄ ⲡⲣⲱⲙⲉ** 그 사람의 집

ⲧϣⲉⲉⲣⲉ ⲛ̄ ⲧⲉⲥϩⲓⲙⲉ 그 여자의 딸

그러나 첫 번째 명사가 비한정인 경우 전치사는 **ⲛ̄** 대신에 **ⲛ̄ⲧⲉ**를 사용한다.

ⲟⲩϫⲱⲱⲙⲉ ⲛ̄ⲧⲉ ⲡϩⲗ̄ⲗⲟ 그 수도사[노인]의 한 책

ⲟⲩϩⲙ̄ϩⲁⲗ ⲛ̄ⲧⲉ ⲡⲣ̄ⲣⲟ 그 왕의 한 종

어휘 2

ⲡ.ϩⲙ̄ϩⲁⲗ (f. **ⲧ.ϩⲙ̄ϩⲁⲗ** = **ⲑⲙ̄ϩⲁⲗ**) 노예, 종

ⲡ.ⲣⲣⲟ (pl. **ⲛ.ⲣ̄ⲣⲱⲟⲩ**) 왕

ⲧ.ⲣ̄ⲣⲱ 여왕

ⲡ.ϫⲟⲓ (pl. **ⲛ.ⲉϫⲏⲩ**) 배

ⲧⲉ.ⲙⲣⲱ (pl. **ⲛ̄.ⲙ̄ⲣⲟⲟⲩⲉ**) 항구

ⲡ.ⲙⲟⲟⲩ 물

ⲛ̄ⲧⲉ ~의

ⲟⲩⲛ̄- ~이 있다

ⲙⲛ̄-, **ⲙ̄ⲙⲛ̄** ~이 없다

ⲡ.ⲉⲓⲉⲣⲟ 강

ⲡ.ⲧⲃ̄ⲧ 물고기

ⲡ.ⲣⲁⲛ 이름

ⲡ.ⲟⲩⲟⲉⲓⲛ 빛

ⲧ.ⲡⲉ (pl. **ⲙ̄.ⲡⲏⲩⲉ**) 하늘, 창공

ⲛ̄ (= **ⲙ̄**) ~의

ⲉⲧⲃⲉ prep. ~에 대하여,~ 때문에, ~을 위해서

ⲁⲛ ~아니다, ~이 없다

연습문제 2

A. 1. **ϩⲓϫⲙ̄ ⲡϫⲟⲓ**

2. **ϩⲁ ⲧⲡⲉ**

3. **ϩⲛ̄ ⲙ̄ⲡⲏⲩⲉ**

4. **ⲉⲧⲃⲉ ⲡⲣ̄ⲣⲟ**

5. **ⲙⲛ̄ ⲑⲙ̄ϩⲁⲗ**

6. **ϩⲛ̄ ⲧⲉⲙⲣⲱ**

7. **ϩⲓ ⲡⲉⲓⲉⲣⲟ**

8. **ⲉⲧⲃⲉ ⲡⲛⲟⲩⲃ**

9. **ϩⲛ̄ ⲛⲉⲙⲣⲟⲟⲩⲉ**

10. **ϩⲁ ⲡϫⲟⲓ**

11. ⲉⲧⲃⲉ ϩⲉⲛⲣ̄ⲣⲱⲟⲩ

12. ϩⲉⲛⲣⲱⲙⲉ ⲙⲛ̄ ϩⲉⲛϩⲓⲟⲙⲉ

13. ϩⲉⲛⲧⲟⲟⲩ ⲙⲛ̄ ϩⲉⲛϩⲓⲟⲟⲩⲉ

14. ϩⲁ ⲟⲩⲱⲛⲉ

15. ϩⲓϫⲛ̄ ⲟⲩⲧⲟⲟⲩ

16. ϩⲛ̄ ⲟⲩⲧⲃ̄ⲧ

17. ϩⲓ ϩⲉⲛⲏⲓ

18. ⲙⲛ̄ ⲟⲩϩⲗ̄ⲗⲱ

19. ⲉⲧⲃⲉ ⲟⲩϫⲱⲱⲙⲉ

20. ⲉⲧⲃⲉ ⲡⲟⲩⲟⲉⲓⲛ

B. 1. ⲛ̄ⲧⲃ̄ⲧ ⲙ̄ ⲡⲉⲓⲉⲣⲟ

2. ⲛⲉϫⲏⲩ ⲛ̄ ⲛ̄ⲣⲱⲙⲉ

3. ⲛ̄ⲏⲓ ⲙ̄ ⲡⲣ̄ⲣⲟ

4. ⲡⲣⲁⲛ ⲙ̄ ⲡϩⲗ̄ⲗⲟ

5. ⲡⲟⲩⲟⲉⲓⲛ ⲛ̄ ⲧⲡⲉ

6. ⲡⲙⲟⲟⲩ ⲛ̄ ⲧⲉⲙⲣⲱ

7. ⲡⲣⲁⲛ ⲛ̄ ⲧⲣ̄ⲣⲱ

8. ⲛ̄ϫⲱⲱⲙⲉ ⲙ̄ ⲡϩⲗ̄ⲗⲟ

9. ⲡⲙⲟⲟⲩ ⲙ̄ ⲡⲉⲓⲉⲣⲟ

10. ϩⲉⲛⲱⲛⲉ ⲛ̄ⲧⲉ ⲡⲧⲟⲟⲩ

11. ⲟⲩϩⲙ̄ϩⲁⲗ ⲛ̄ⲧⲉ ⲡⲣ̄ⲣⲟ

12. ⲧⲉⲥϩⲓⲙⲉ ⲙ̄ ⲡϩⲙ̄ϩⲁⲗ

C. 1. ⲟⲩⲛ̄-ⲟⲩⲟⲩⲟⲉⲓⲛ ϩⲛ̄ ⲙ̄ⲡⲏⲩⲉ.

2. ⲙⲛ̄-ⲧⲃ̄ⲧ ϩⲛ̄ ⲧⲉⲙⲣⲱ.

3. ⲙⲛ̄-ⲙⲟⲟⲩ ϩⲙ̄ ⲡⲉⲓⲉⲣⲟ.

4. ⲟⲩⲛ̄-ⲟⲩϩⲗ̄ⲗⲟ ϩⲓ ⲧⲉϩⲓⲏ.

5. ⲟⲩⲛ̄-ϩⲉⲛⲱⲛⲉ ϩⲛ̄ ⲧⲉⲙⲣⲱ.

6. ⲙⲛ̄-ⲏⲓ ϩⲓϫⲙ̄ ⲡⲧⲟⲟⲩ.

7. ⲛⲉϫⲏⲩ ϩⲓ ⲡⲉⲓⲉⲣⲟ ⲁⲛ.

8. ⲙⲛ̄-ϫⲟⲓ ϩⲓ ⲡⲉⲓⲉⲣⲟ.

9. ⲛ̄ϫⲱⲱⲙⲉ ϩⲓϫⲙ̄ ⲡϫⲟⲓ ⲁⲛ.

10. ⲙⲛ̄-ⲛⲟⲩⲃ ϩⲙ̄ ⲡⲏⲓ ⲙ̄ ⲡϩⲙ̄ϩⲁⲗ.

레슨 3
관계절, 그리스어 명사

3.1 관계절. 뒤에 나오는 레슨에서 보겠지만, 콥트어의 관계절은 관련된 술어의 유형에 따라 다양한 형태가 나타난다. 지금 레슨에서 우리는 부사 술어 문장에 관련된 관계절만을 고려할 것이다. 변환에 주의하라.

> **ⲡⲣⲱⲙⲉ ϩⲙ̄ ⲡⲏⲓ.** 그 사람은 집 안에 있다
>
> → (**ⲡⲣⲱⲙⲉ**) **ⲉⲧ ϩⲙ̄ ⲡⲏⲓ** 집 안에 있는 (그 사람)

여기서 '관계대명사 **ⲉⲧ**'는 관계절의 주어로서 기능하며, 수나 성에 대해 굴절된다.

> **ⲧⲉⲥϩⲓⲙⲉ ⲉⲧ ϩⲓ ⲧⲉϩⲓⲏ** 길 위에 있는 그 여자
>
> **ⲛ̄ϩⲗ̄ⲗⲟ ⲉⲧ ϩⲛ̄ ⲑⲉⲛⲉⲉⲧⲉ** 수도원 안에 있는 그 수도사들

부정문은 **ⲁⲛ**을 사용한다.

> **ⲛ̄ϩⲗ̄ⲗⲟ ⲉⲧ ϩⲛ̄ ⲑⲉⲛⲉⲉⲧⲉ ⲁⲛ** 수도원에 없는 그 수도사들

관계절은 비한정 명사를 수식하는 데 사용할 수 없다. 이것은 콥트어의 '중요한 일반 규칙'이다.

모든 관계대명사는 정관사의 적절한 형태를 접두사로 붙임으로 명사의 자격으로 변환되는 명사구로 바꿀 수 있다.

> **ⲡⲉⲧ ϩⲙ̄ ⲡⲏⲓ** 집 안에 있는 그 사람[것]
>
> **ⲧⲉⲧ ⲙⲛ̄ ⲡϣⲏⲣⲉ** 남자 아이와 함께 있는 그 여자[것]

ⲚⲈⲦ ϨⲒ ⲠϪⲞⲒ 배 위에 있는 그[것]들

이러한 구문은 문맥에 따라 사람이나 물건을 지칭할 수 있다.

관계절 ⲈⲦ ⲘⲘⲀⲨ(저기에 있는 누구/무엇)는 원칭 지시 대명사 'that'(저)을 나타내는 데 사용한다.

ⲠⲢⲰⲘⲈ ⲈⲦ ⲘⲘⲀⲨ 저 사람that man

ⲚⲈϪⲎⲨ ⲈⲦ ⲘⲘⲀⲨ 저 배들those ships

3.2 그리스어 명사. 전형적인 콥트어 텍스트는 많은 그리스어 차용어를 포함하고 있다. 그리스어 남성 명사와 여성 명사는 콥트어에서 그 성별을 유지하고, 중성 명사는 남성으로 취급한다.

ὁ ἄγγελος	ⲠⲀⲄⲄⲈⲖⲞⲤ 천사
ἡ ἐπιστολή	ⲦⲈⲠⲒⲤⲦⲞⲖⲎ 편지
ἡ ψυχή	ⲦⲈⲮⲨⲬⲎ (영)혼, 마음
τὸ πνεῦμα	ⲠⲈⲠⲚⲈⲨⲘⲀ 영
τὸ δῶρον	ⲠⲆⲰⲢⲞⲚ 선물

그리스어 명사는 그리스어의 주격 단수 형태로 나타나며 대개 어떤 식으로든 굴절되지 않는다. 그렇지만 가끔 그리스어 명사에 콥트어의 복수형 어미(-ⲞⲞⲨⲈ)가 추가된다.

ⲚⲈⲠⲒⲤⲦⲞⲖⲞⲞⲨⲈ 그 편지들

ⲚⲈⲮⲨⲬⲞⲞⲨⲈ 그 영혼들

그리스어 명사 ἡ θάλασσα(그 바다)는 Ⲧ.ϨⲀⲖⲀⲤⲤⲀ(= ⲐⲀⲖⲀⲤⲤⲀ—옮긴이)로 차용됐다. 정관사 Ⲧ에 Ϩ를 더하여 Ⲑ로 취해졌다. "한(어떤) 바다"

는 ⲟⲩϩⲁⲗⲁⲥⲥⲁ이다.

그리스어 명사에서 첫 번째 글자 χ, φ, θ, ψ, ξ는 정관사(서문 참조)를 붙일 때 두 개의 자음으로 고려한다.

ⲧⲉ.ⲭⲱⲣⲁ 그 나라

ⲧⲉ.ⲯⲩⲭⲏ 그 영혼

ⲡⲉ.ⲫⲓⲗⲟⲥⲟⲫⲟⲥ 그 현자

ⲧⲉ.ⲑⲩⲥⲓⲁ 그 제물

어휘 3

ⲡ.ϯⲙⲉ (pl. ⲛⲉ.ⲧⲙⲉ) (큰) 마을

ⲡ.ⲣⲟ (pl. ⲛ̄.ⲣⲱⲟⲩ) 문, 성문

ⲡ.ϫⲟⲉⲓⲥ (pl. ⲛ̄.ϫⲓⲥⲟⲟⲩⲉ) 주인, (관사와 함께) 주님

ⲡ.ⲛⲟⲩⲧⲉ 신, (관사와 함께) 하나님

ⲡⲉ.ⲕⲣⲟ (pl. ⲛⲉ.ⲕⲣⲱⲟⲩ) 바닷가, 강가, 둑, 땅 끝

ⲡ.ⲕⲁⲕⲉ 어두움

ⲡ.ϣⲏⲣⲉ 아들, 소년, 아이

ⲧ.ϣⲉⲉⲣⲉ 딸, 소녀

ⲙ̄ⲙⲁⲩ adv. 거기(에), 그 장소에서

ϩⲓⲣⲛ̄ (= ϩⲓⲣⲙ̄) prep. 입에(서), 입구에

ⲛⲁϩⲣⲛ̄ (= ⲛⲁϩⲣⲙ̄), ⲛ̄ⲛⲁϩⲣⲛ̄ ~의 면전에서, 앞에

그리스어 명사

ⲑⲁⲗⲁⲥⲥⲁ (ἡ θάλασσα) 바다

ⲧⲡⲟⲗⲓⲥ (ἡ πόλις) 도시

ⲧ.ⲉⲡⲓⲥⲧⲟⲗⲏ (ἡ ἐπιστολή) 편지

ⲡ.ⲁⲅⲅⲉⲗⲟⲥ (ὁ ἄγγελος) 천사, 사자

ⲡ.ⲧⲁⲫⲟⲥ (ὁ τάφος) 무덤

ⲡ.ⲙⲁⲑⲏⲧⲏⲥ (ὁ μαθητής) 제자, 문하생

ⲧ.ⲉⲕⲕⲗⲏⲥⲓⲁ (ἡ ἐκκλησία) 교회

고유 명사

ⲡⲁⲩⲗⲟⲥ (Παῦλος) 바울

ⲓⲏⲥⲟⲩⲥ (’Ιησοῦς) 예수; 콥트어 문헌에서는 대개 약자로 적는다: **ⲓ̅ⲥ̅**, **ⲓ̅ⲏ̅ⲥ̅**.

연습문제 3

A. 1. **ϩⲓⲣⲛ̄ ⲧⲉⲕⲕⲗⲏⲥⲓⲁ**

2. **ⲛ̄ⲛⲁϩⲣⲙ̄ ⲡⲣ̄ⲣⲟ**

3. **ϩⲙ̄ ⲡⲧⲁⲫⲟⲥ**

4. **ⲙⲛ̄ ⲙ̄ⲙⲁⲑⲏⲧⲏⲥ**

5. **ⲡⲣⲟ ⲙ̄ ⲡⲏⲓ**

6. ⲡϫⲟⲉⲓⲥ ⲙ̅ ⲡϫⲟⲓ

7. ⲛ̅ϫⲓⲥⲟⲟⲩⲉ ⲛ̅ ⲛⲉϫⲏⲩ

8. ⲧϣⲉⲉⲣⲉ ⲙ̅ ⲡϩⲙ̅ϩⲁⲗ

9. ϩⲓⲣⲙ̅ ⲡⲣⲟ ⲙ̅ ⲡⲏⲓ

10. ⲟⲩⲉⲕⲕⲗⲏⲥⲓⲁ ⲛ̅ⲧⲉ ⲡϯⲙⲉ

11. ⲟⲩⲉⲡⲓⲥⲧⲟⲗⲏ ⲛ̅ⲧⲉ ⲡⲁⲩⲗⲟⲥ

12. ⲙ̅ⲙⲁⲑⲏⲧⲏⲥ ⲛ̅ ⲓ̅ⲥ̅

13. ϩⲙ̅ ⲡⲣⲁⲛ ⲙ̅ ⲡϫⲟⲉⲓⲥ

14. ⲛⲁϩⲣⲙ̅ ⲡⲛⲟⲩⲧⲉ

15. ⲡⲉⲕⲣⲟ ⲙ̅ ⲡⲉⲓⲉⲣⲟ

16. ϩⲓϫⲙ̅ ⲡⲉⲕⲣⲟ ⲛ̅ ⲑⲁⲗⲁⲥⲥⲁ

17. ϩⲛ̅ ⲟⲩⲕⲁⲕⲉ

18. ϩⲓⲣⲙ̅ ⲡⲣⲟ ⲙ̅ ⲡⲧⲁⲫⲟⲥ

19. ⲛ̄ϫⲱⲱⲙⲉ ⲙ̄ ⲡⲙⲁⲑⲏⲧⲏⲥ

20. ⲛ̄ⲣⲱⲙⲉ ⲛ̄ ⲛⲉⲧⲙⲉ

B. 1. ⲡⲱⲛⲉ ⲉⲧ ϩⲛ̄ ⲧⲉⲙⲣⲱ

2. ⲙ̄ⲙⲁⲑⲏⲧⲏⲥ ⲉⲧ ⲙⲛ̄ ⲓ̅ⲥ̅

3. ⲡⲕⲁⲕⲉ ⲉⲧ ϩⲓϫⲛ̄ ⲧⲡⲟⲗⲓⲥ

4. ⲛ̄ⲉⲕⲕⲗⲏⲥⲓⲁ ⲉⲧ ϩⲛ̄ ⲧⲡⲟⲗⲓⲥ

5. ⲡⲟⲩⲟⲉⲓⲛ ⲉⲧ ϩⲛ̄ ⲙ̄ⲡⲏⲩⲉ

6. ⲛ̄ⲧⲃ̄ⲧ ⲉⲧ ϩⲛ̄ ⲑⲁⲗⲁⲥⲥⲁ

7. ⲡϩⲙ̄ϩⲁⲗ ⲉⲧ ⲛ̄ⲛⲁϩⲣⲙ̄ ⲡϫⲟⲉⲓⲥ

8. ⲡⲙⲟⲟⲩ ⲉⲧ ϩⲙ̄ ⲡⲉⲓⲉⲣⲟ

9. ⲛ̄ⲁⲅⲅⲉⲗⲟⲥ ⲉⲧ ϩⲛ̄ ⲙ̄ⲡⲏⲩⲉ

10. ⲛ̄ϩⲗ̄ⲗⲟ ⲉⲧ ϩⲙ̄ ⲡⲧⲟⲟⲩ

11. N̄ⲣⲱⲙⲉ N̄ ⲧⲡⲟⲗⲓⲥ ⲉⲧ ⲘⲘⲁⲩ

12. ⲚⲈⲦⲘⲈ ⲈⲦ ⲘⲘⲁⲩ

13. ⲘⲘⲁⲑⲏⲧⲏⲥ Ⲙ̄ ⲡⲣⲱⲙⲉ ⲉⲧ Ⲙ̄ⲙⲁⲩ

14. N̄ϣⲏⲣⲉ Ⲙ̄ ⲡϩⲘ̄ϩⲁⲗ ⲉⲧ Ⲙ̄ⲙⲁⲩ

15. ⲛⲉϫⲏⲩ ⲉⲧ ϩⲓϫⲘ̄ ⲡⲉⲕⲣⲟ Ⲙ̄ ⲡⲉⲓⲉⲣⲟ

C. 1. ⲡⲛⲟⲩⲧⲉ ϩN̄ ⲧⲡⲉ.

2. ⲘN̄-ⲉⲕⲕⲗⲏⲥⲓⲁ ϩⲘ̄ ⲡϯⲙⲉ ⲉⲧ Ⲙ̄ⲙⲁⲩ.

3. ⲟⲩN̄-ⲟⲩⲁⲅⲅⲉⲗⲟⲥ ϩⲓⲣⲘ̄ ⲡⲣⲟ Ⲙ̄ ⲡⲧⲁⲫⲟⲥ.

4. N̄ⲉⲡⲓⲥⲧⲟⲗⲏ ⲘN̄ N̄ϫⲱⲱⲙⲉ.

5. ⲘN̄-ϫⲱⲱⲙⲉ Ⲙ̄ⲙⲁⲩ.

6. ⲟⲩN̄-ⲟⲩⲙⲁⲑⲏⲧⲏⲥ N̄ⲧⲉ ⲡⲁⲩⲗⲟⲥ ϩⲓⲣⲘ̄ ⲡⲣⲟ.

7. ⲘN̄-ⲟⲩⲟⲉⲓⲛ ϩⲘ̄ ⲡⲕⲁⲕⲉ.

8. ⲡϫⲟⲉⲓⲥ ⲙ̄ ⲡⲏⲓ ϩⲙ̄ ⲡⲏⲓ ⲁⲛ.

9. ⲡϫⲟⲓ ϩⲓϫⲙ̄ ⲡⲉⲓⲉⲣⲟ ⲁⲛ.

10. ⲛ̄ϣⲏⲣⲉ ⲙ̄ ⲡϯⲙⲉ ϩⲓ ⲧⲉϩⲓⲏ.

11. ⲟⲩⲛ̄-ϩⲉⲛⲧⲁⲫⲟⲥ ϩⲛ̄ ⲛⲉⲕⲣⲱⲟⲩ ⲉⲧ ⲙ̄ⲙⲁⲩ.

12. ⲟⲩⲛ̄-ⲟⲩⲕⲁⲕⲉ ϩⲓϫⲛ̄ ⲧⲡⲟⲗⲓⲥ.

레슨 4
소유격 대명사, 근칭 지시 대명사(1), 대명사 -ⲕⲉ-

4.1 소유격 대명사(Pronominal possession)는 정관사와 명사 사이에 적절한 대명사의 결합 형태를 삽입하여 나타낸다. 관사에 대명사를 더한 한 덩어리의 형태로 익히는 것이 최선이다.

		남성 명사		여성 명사	
단수	1 공통	ⲡⲁⲉⲓⲱⲧ	나의 아버지	ⲧⲁⲙⲁⲁⲩ	나의 어머니
	2 남성	ⲡⲉⲕⲉⲓⲱⲧ	너의 아버지	ⲧⲉⲕⲙⲁⲁⲩ	너의 어머니
	2 여성	ⲡⲟⲩⲉⲓⲱⲧ	너의 아버지	ⲧⲟⲩⲙⲁⲁⲩ	너의 어머니
	3 남성	ⲡⲉϥⲉⲓⲱⲧ	그의 아버지	ⲧⲉϥⲙⲁⲁⲩ	그의 어머니
	3 여성	ⲡⲉⲥⲉⲓⲱⲧ	그녀의 아버지	ⲧⲉⲥⲙⲁⲁⲩ	그녀의 어머니
복수	1 공통	ⲡⲉⲛⲉⲓⲱⲧ	우리의아버지	ⲧⲉⲛⲙⲁⲁⲩ	우리의 어머니
	2 공통	ⲡⲉⲧⲛ̄ⲉⲓⲱⲧ	너희의 아버지	ⲧⲉⲧⲛ̄ⲙⲁⲁⲩ	너희의 어머니
	3 공통	ⲡⲉⲩⲉⲓⲱⲧ	그들의 아버지	ⲧⲉⲩⲙⲁⲁⲩ	그들의 어머니

		복수 명사(나의 형제들 등)	
단수	1 공통	ⲛⲁⲥⲛⲏⲩ	나의 형제들
	2 남성	ⲛⲉⲕⲥⲛⲏⲩ	너의 형제들
	2 여성	ⲛⲟⲩⲥⲛⲏⲩ	너의 형제들
	3 남성	ⲛⲉϥⲥⲛⲏⲩ	그의 형제들
	3 여성	ⲛⲉⲥⲥⲛⲏⲩ	그녀의 형제들
복수	1 공통	ⲛⲉⲛⲥⲛⲏⲩ	우리의 형제들
	2 공통	ⲛⲉⲧⲛ̄ⲥⲛⲏⲩ	너희의 형제들
	3 공통	ⲛⲉⲩⲥⲛⲏⲩ	그들의 형제들

2인칭과 3인칭 단수에는 성의 구별이 있지만 복수는 구분이 없다는

점에 주의하라. 이것은 콥트어에서 모든 대명사 어형 변화의 특징이다. '공통'이라는 용어는 성의 구분이 없는 형태 또는 범주를 나타낸다.

4.2 근칭 지시 대명사(this)는 명사 앞에 직접 접두사로 붙는 형태로 표현한다.

남성 단수는 **ⲡⲉⲓ-**, 여성 단수는 **ⲧⲉⲓ-**, 공통 복수는 **ⲛⲉⲓ-**.

ⲡⲉⲓⲣⲱⲙⲉ 이 남자

ⲧⲉⲓⲥϩⲓⲙⲉ 이 여자

ⲛⲉⲓⲥⲛⲏⲩ 이 형제들

'지시 형용사를 가진 명사'의 뒤에 소유격은 일반적으로 **ⲛ̄ⲧⲉ**로 표시한다.

ⲡⲉⲓϫⲱⲱⲙⲉ ⲛ̄ⲧⲉ ⲡⲁⲥⲟⲛ 나의 형제의 이 책

4.3 대명사 요소(pronominal element) -ⲕⲉ-는 관사와 명사 사이에 삽입되어 "다른"other을 나타낸다.

ⲡⲕⲉⲣⲱⲙⲉ 그 다른 사람

ⲛ̄ⲕⲉⲣⲱⲙⲉ 그 다른 사람들

부정관사는 단수에서 생략되지만 복수에서는 생략되지 않는다.

ⲕⲉⲣⲱⲙⲉ (어떤/한) 다른 사람

ϩⲉⲛⲕⲉⲣⲱⲙⲉ (몇) 다른 사람들

-ⲕⲉ-는 지시 대명사나 소유격 접두사의 뒤에서도 사용된다.

ⲡⲉⲓⲕⲉⲣⲱⲙⲉ 이 다른 사람

ⲡⲁⲕⲉϫⲟⲓ 나의 다른 배

이 용법에서 -**ⲕⲉ**-는 수나 성에 따라 굴절되지 않는다.

어휘 4

ⲡ.ⲥⲟⲛ (pl. **ⲛⲉ.ⲥⲛⲏⲩ**) 형제; 종종 형제 수도자

ⲧ.ⲥⲱⲛⲉ 자매

ⲡ.ⲉⲓⲱⲧ 아버지; pl. **ⲛ̄.ⲉⲓⲟⲧⲉ** 부모, 조상

ⲧ.ⲙⲁⲁⲩ 어머니

ⲡ.ⲛⲟⲃⲉ 죄

ⲡ.ⲏⲣⲡ̄ 포도주

ⲡ.ⲟⲉⲓⲕ 빵; 빵의 덩어리나 조각

ⲡ.ⲙⲁ 장소; **ⲙ̄ ⲡⲉⲓⲙⲁ** 여기, 이 장소[곳]에

ⲛ̄ⲥⲁ prep. ~의 뒤에

ⲛ̄ (= **ⲙ̄**) prep. ~안에; **ϩⲛ̄**과 거의 뜻이 같다.

ϩⲁϩⲧⲛ̄ (= **ϩⲁϩⲧⲙ̄**), **ϩⲁⲧⲛ̄** prep. ~와 가까이, ~와 함께, ~곁에

그리스어 명사

ⲡ.ⲕⲟⲥⲙⲟⲥ (ὁ κόσμος) 세상

ϯⲣⲏⲛⲏ (ἡ εἰρήνη) 평화

ⲡ.ⲉⲡⲓⲥⲕⲟⲡⲟⲥ (ὁ ἐπίσκοπος) 주교, 감독

ⲡ.ⲙⲟⲛⲁⲭⲟⲥ (ὁ μοναχός) 수도사

ⲧ.ⲉⲛⲧⲟⲗⲏ (ἡ ἐντολή) 명령, 계명

ⲧ.ⲁⲅⲟⲣⲁ (ἡ ἀγορά) 아고라(집회), 토론회, 시장

연습문제 4

A. 1. **ⲛ̄ⲥⲁ ⲛⲉϥⲙⲁⲑⲏⲧⲏⲥ**

2. **ⲛⲁϩⲣⲙ̄ ⲡⲉⲩϫⲟⲉⲓⲥ**

3. **ϩⲓⲣⲙ̄ ⲡⲉϥⲧⲁⲫⲟⲥ**

4. **ⲙⲛ̄ ⲧⲉϥϣⲉⲉⲣⲉ**

5. **ⲛ̄ⲥⲁ ⲡⲉⲥϣⲏⲣⲉ**

6. **ⲛ̄ⲛⲁϩⲣⲙ̄ ⲡⲉⲛϫⲟⲉⲓⲥ**

7. **ϩⲓ ⲧⲉⲩⲉⲕⲕⲗⲏⲥⲓⲁ**

8. **ⲉⲧⲃⲉ ⲡⲉⲧⲛ̄ϯⲙⲉ**

9. **ϩⲛ̄ ⲧⲟⲩⲡⲟⲗⲓⲥ**

10. **ϩⲙ̄ ⲡⲉⲓⲕⲟⲥⲙⲟⲥ**

11. ⲙⲛ̄ ⲡⲉⲓⲏⲣⲡ̄

12. ⲙⲛ̄ ⲛⲉϥⲥⲛⲏⲩ

13. ⲉⲧⲃⲉ ⲧⲉⲛⲥⲱⲛⲉ

14. ϩⲙ̄ ⲡⲕⲉⲏⲓ

15. ϩⲛ̄ ⲕⲉⲙⲁ

B. 1. ⲛ̄ⲉⲛⲧⲟⲗⲏ ⲛ̄ ⲛⲉⲛⲉⲓⲟⲧⲉ

2. ⲡⲣⲁⲛ ⲙ̄ ⲡⲁⲉⲓⲱⲧ

3. ⲡⲣⲟ ⲙ̄ ⲡⲉⲕⲏⲓ

4. ⲡⲣⲟ ⲙ̄ ⲡⲕⲉⲏⲓ

5. ⲉⲧⲃⲉ ⲛⲉⲛⲛⲟⲃⲉ

6. ϩⲁϩⲧⲙ̄ ⲡⲉⲛⲏⲓ

7. ϩⲛ̄ ⲟⲩⲉⲓⲣⲏⲛⲏ

8. Ⲛ̄ⲚⲀϨⲢⲘ̄ ⲠⲈⲚⲈⲠⲒⲤⲔⲞⲠⲞⲤ

9. ⲦⲘⲀⲀⲨ Ⲛ̄ Ⲓ̅Ⲥ̅

10. ⲠⲎⲢⲠ̄ Ⲛ̄ ⲚⲈⲒⲘⲞⲚⲀⲬⲞⲤ

11. ⲠⲚⲞⲨⲂ Ⲙ̄ ⲠⲈⲨϪⲞⲈⲒⲤ

12. ⲠⲢⲀⲚ Ⲛ̄ ⲦⲈⲦⲚ̄ⲘⲀⲀⲨ

13. ⲎⲀϨⲦⲚ̄ ⲦⲈⲔⲈⲔⲔⲖⲎⲤⲒⲀ

14. ϨⲀϨⲦⲚ̄ ⲚⲈⲒⲦⲘⲈ

15. ϨⲀ ⲚⲞⲨⲚⲞⲂⲈ

16. ⲘⲚ̄ ⲚⲈⲦ Ⲙ̄ ⲠϮⲘⲈ

17. ⲦⲈⲒⲈⲠⲒⲤⲦⲞⲖⲎ Ⲛ̄ⲦⲈ ⲠⲀⲨⲖⲞⲤ

18. ⲠⲈⲒϪⲞⲒ Ⲛ̄ⲦⲈ ⲠⲈⲚϪⲞⲈⲒⲤ

19. ϨⲚ̄ ⲦⲀⲄⲞⲢⲀ Ⲛ̄ ⲦⲠⲞⲖⲒⲤ

C. 1. ⲡⲉⲛϫⲟⲉⲓⲥ ϩⲓ ⲡϫⲟⲓ ⲁⲛ.

2. ⲙⲛ̄-ⲏⲣⲡ̄ ⲙ̄ ⲡⲉⲓⲙⲁ.

3. ⲟⲩⲛ̄-ⲟⲩϩⲗ̄ⲗⲟ ϩⲓⲣⲛ̄ ⲧⲉⲕⲕⲗⲏⲥⲓⲁ.

4. ⲙⲛ̄-ⲉⲓⲣⲏⲛⲏ ϩⲙ̄ ⲡⲉⲓⲕⲟⲥⲙⲟⲥ.

5. ⲡⲁⲉⲓⲱⲧ ⲙⲛ̄ ⲧⲁⲙⲁⲁⲩ ϩⲙ̄ ⲡⲏⲓ.

6. ⲟⲩⲛ̄-ϩⲉⲛⲟⲉⲓⲕ ⲙ̄ⲙⲁⲩ.

7. ⲡⲉⲛⲥⲟⲛ ϩⲓ ⲡⲉⲕⲣⲟ ⲛ̄ ⲑⲁⲗⲁⲥⲥⲁ.

8. ⲟⲩⲛ̄-ⲟⲩϫⲟⲓ ϩⲁϩⲧⲙ̄ ⲡⲉⲕⲣⲟ.

9. ⲟⲩⲛ̄-ⲟⲩϩⲗ̄ⲗⲱ ϩⲓⲣⲙ̄ ⲡⲣⲟ ⲙ̄ ⲡⲉϥⲏⲓ.

10. ⲛⲉⲛⲥⲛⲏⲩ ϩⲓϫⲙ̄ ⲡⲧⲟⲟⲩ.

11. ⲡⲟⲩⲥⲟⲛ ϩⲙ̄ ⲡⲧⲁⲫⲟⲥ ⲁⲛ.

12. ⲡⲉⲧⲛ̄ⲉⲓⲱⲧ ϩⲓ ⲡⲁϫⲟⲓ.

13. ⲡⲉⲛϫⲟⲓ ϩⲛ̄ ⲧⲉⲙⲣⲱ.

14. ⲡⲉϥϫⲱⲱⲙⲉ ϩⲓ ⲡⲱⲛⲉ ⲉⲧ ⲙ̄ⲙⲁⲩ.

15. ⲙⲛ̄-ϩⲓⲏ ⲙ̄ ⲡⲙⲁ ⲉⲧ ⲙ̄ⲙⲁⲩ.

레슨 5
명사 술어 문장, 근칭 지시 대명사(2)

5.1 명사 술어 문장. 비동사문의 두 번째 유형은 다음 예시로 설명된다.

> **ⲡⲁⲉⲓⲱⲧ ⲡⲉ.** 그는 나의 아버지다. / 나의 아버지다.
>
> **ⲧⲁⲙⲁⲁⲩ ⲧⲉ.** 그녀는 나의 어머니다. / 나의 어머니다.
>
> **ⲛⲁⲥⲛⲏⲩ ⲛⲉ.** 그들은 나의 형제들이다. / 나의 형제들이다.
>
> **ⲟⲩⲣⲱⲙⲉ ⲡⲉ.** 그는 남자다. /남자다.
>
> **ⲟⲩⲥϩⲓⲙⲉ ⲧⲉ.** 그녀는 여자다. /여자다.
>
> **ϩⲉⲛⲉϫⲏⲩ ⲛⲉ.** 그것들은 배들이다. /배들이다.

대명사 주어는 **ⲡⲉ**(남성 단수), **ⲧⲉ**(여성 단수), **ⲛⲉ**(복수)로 나타낸다. 이것의 선택은 대개 서술 명사의 성과 수를 따른다. 위와 같은 간단한 두 요소 문장two-member sentence은 술어만으로 대답이 충분하고 문맥에서 주어가 이해되는 “저 사람은 누구인가?”, “이것들은 무엇인가?”라는 질문에 대한 응답을 제외하고는 비교적 드물다. 소유격구(句)와 같은 술어의 한정어는 선택적으로 대명사 주어 뒤에 올 수 있다.

> **ⲡϣⲏⲣⲉ ⲡⲉ ⲙ̄ ⲡⲟⲩⲏⲏⲃ.** 그는 그 사제의 아들이다.

명사 주어가 기본 술어에 추가되어 **ⲡⲉ**, **ⲧⲉ**, **ⲛⲉ**가 사실상 계사의 상태로 축소되는 세 요소 문장three-member sentence을 생성할 수 있다. 술어가 비한정인 경우 거의 대부분 ‘술어 + **ⲡⲉ**’이며, 주어는 문장의 앞이나 뒤에 위치한다.

> ⲟⲩⲥⲁϩ ⲡⲉ ⲡⲁⲉⲓⲱⲧ. } 나의 아버지는 선생이시다.
> ⲡⲁⲉⲓⲱⲧ ⲟⲩⲥⲁϩ ⲡⲉ.

주어와 술어가 모두 한정이면 ⲡⲉ, ⲧⲉ, ⲛⲉ의 일반적인 위치는 그 둘 사이에 있다.

> ⲡⲉⲓⲣⲱⲙⲉ ⲡⲉ ⲡⲉⲛⲥⲁϩ. 이 사람은 우리의 선생님이다.

이 경우의 주어와 술어의 식별은 문맥상의 근거만으로 이루어진다. 보기 드문 순서인 ⲡⲉⲓⲣⲱⲙⲉ ⲡⲉⲛⲥⲁϩ ⲡⲉ는 진眞주어에 대한 강조에 있다: "그 사람으로 말하자면, 그는 우리의 선생님이다."

주어와 술어의 수와 성에서 불일치가 있는 경우, 계사 ⲡⲉ, ⲧⲉ, ⲛⲉ는 일반적으로 바로 앞에 있는 명사의 수와 성을 따른다.

위의 모든 문장은 술어 앞이나 ⲁⲛ + ⲡⲉ, ⲧⲉ, ⲛⲉ 앞에서, ⲛ̄(= ⲙ̄)의 배치에 의해 부정문이 된다.

> ⲙ̄ ⲡⲁⲉⲓⲱⲧ ⲁⲛ ⲡⲉ. (그는) 나의 아버지가 아니다.
> ⲡⲁⲉⲓⲱⲧ ⲛ̄ ⲟⲩⲥⲁϩ ⲁⲛ ⲡⲉ. 나의 아버지는 선생님이 아니다.
> ⲙ̄ ⲡⲉⲛⲥⲁϩ ⲁⲛ ⲡⲉ ⲡⲉⲓⲣⲱⲙⲉ. 이 사람은 우리의 선생님이 아니다.

주어와 술어가 둘 다 한정된 경우에 부정된 명사 요소는 정의상 술어인 것에 주의하라.

명사 술어 문장은 ⲉⲧⲉ가 있는 관계절로 변환된다. 우리는 잠시 ⲉⲧⲉ가 관계절의 주어로서 기능하는 절로 제한하여 학습할 것이다.

> ⲡⲣⲱⲙⲉ ⲉⲧⲉ ⲟⲩⲥⲁϩ ⲡⲉ 선생님인 그 사람the man who is a teacher
> ⲡⲣⲱⲙⲉ ⲉⲧⲉ ⲛ̄ ⲟⲩⲥⲁϩ ⲁⲛ ⲡⲉ 선생님이 아닌 그 사람

ⲉⲧⲉ ⲡⲁⲓ ⲡⲉ라는 문구는 한국어의 "즉, 곧, 다시 말해, 말하자면"과 같이 설명 자료로 도입하기 위해 자주 사용된다.

> ⲡⲉⲛⲥⲱⲧⲏⲣ ⲉⲧⲉ ⲡⲁⲓ ⲡⲉ ⲓ̅ⲥ̅ ⲡⲉⲭ̅ⲥ̅
>
> 우리의 구원자, 곧 예수 그리스도

5.2 **근칭 지시 대명사**(this, these)는 ⲡⲁⲓ(남성 단수), ⲧⲁⲓ(여성 단수), ⲛⲁⲓ(복수)이다. 이것들은 자주 명사 술어 문장에서 주어로 사용된다.

> ⲛⲁⲓ ⲛⲉ ⲛⲉϥϣⲁϫⲉ. 이것들은 그의 말(씀)이다.
>
> ⲡⲁⲓ ⲡⲉ ⲡⲁϫⲟⲓ. 이것은 나의 배다.
>
> ⲧⲁⲓ ⲟⲩϩⲙ̅ϩⲁⲗ ⲧⲉ. = ⲟⲩϩⲙ̅ϩⲁⲗ ⲧⲉ ⲧⲁⲓ. 이 사람은 하녀다.

어휘 5

> ⲡ.ⲥⲁϩ 선생, 스승; 율법학자
>
> ⲡ.ⲟⲩⲏⲏⲃ 사제(기독교 또는 다른 쪽)
>
> ⲡ.ϩⲁⲙϣⲉ (pl. ⲛ̅.ϩⲁⲙϣⲏⲩⲉ) 목수
>
> ⲡ.ⲉⲣⲡⲉ, ⲡ.ⲣ̅ⲡⲉ (pl. ⲛ̅.ⲣ̅ⲡⲏⲩⲉ) 신전, 사원
>
> ⲡ.ⲙⲏⲏϣⲉ 군중, 인파
>
> ⲡ.ϩⲁⲓ 남편, 신랑
>
> ⲧ.ϭⲟⲙ 힘, 능력
>
> ⲧ.ⲙⲏⲧⲉ 중간, 중앙; ⲛ̅/ϩⲛ̅ ⲧⲙⲏⲧⲉ ⲛ̅ ~의 중간에
>
> ⲡ.ϭⲁⲙⲟⲩⲗ (f. ⲧ.ϭⲁⲙⲁⲩⲗⲉ) 낙타
>
> ⲙⲉϣⲁⲕ adv. 아마, 어쩌면

그리스어 명사

ⲡⲉ.ⲭⲣⲓⲥⲧⲟⲥ (ὁ Χριστός) 그리스도; 고정적으로 **ⲭ̅ⲥ̅**로 축약.

ⲡ.ⲉⲩⲁⲅⲅⲉⲗⲓⲟⲛ (τὸ εὐαγγέλιον) 복음

ⲧ.ⲡⲁⲣⲑⲉⲛⲟⲥ (ἡ παρθένος) 처녀; 젊은 여자

ⲧ.ⲟⲣⲓⲛⲏ (ἡ ὀρεινή) 산골, 산지

ⲡ.ⲁⲥⲡⲁⲥⲙⲟⲥ (ὁ ἀσπασμός) 인사

ⲡ.ⲥⲱⲧⲏⲣ (ὁ σωτήρ) 구원자, 구속자; 때때로 **ⲥ̅ⲱ̅ⲣ̅**로 축약.

고유 명사

ⲉⲗⲓⲥⲁⲃⲉⲧ 엘리사벳

ⲍⲁⲭⲁⲣⲓⲁⲥ 사가랴(즈카르야)

ⲙⲁⲣⲓⲁ 마리아

ⲓⲱϩⲁⲛⲛⲏⲥ 요한

ⲓⲱⲥⲏⲫ 요셉

연습문제 5

A. 1. **ⲟⲩϩⲙ̅ϩⲁⲗ ⲧⲉ ⲛ̅ⲧⲉ ⲧⲁⲙⲁⲁⲩ.**

2. **ⲟⲩⲧⲃ̅ⲧ ⲡⲉ.**

3. **ⲟⲩϫⲱⲱⲙⲉ ⲡⲉ ⲛ̅ⲧⲉ ⲡⲉⲕⲥⲟⲛ.**

4. **ⲟⲩⲡⲁⲣⲑⲉⲛⲟⲥ ⲧⲉ.**

5. **ϩⲉⲛⲟⲩⲏⲏⲃ ⲛⲉ.**

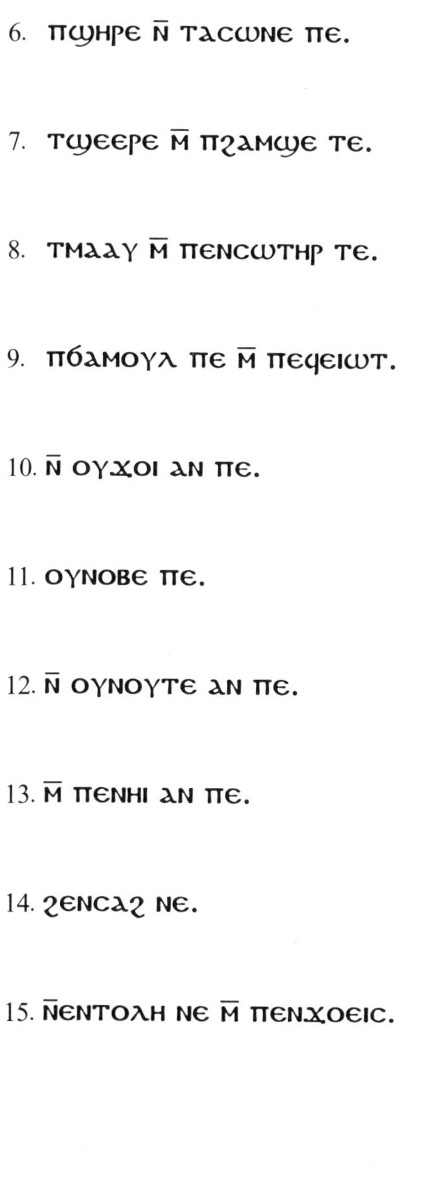

6. ⲡϣⲏⲣⲉ ⲛ̄ ⲧⲁⲥⲱⲛⲉ ⲡⲉ.

7. ⲧϣⲉⲉⲣⲉ ⲙ̄ ⲡϩⲁⲙϣⲉ ⲧⲉ.

8. ⲧⲙⲁⲁⲩ ⲙ̄ ⲡⲉⲛⲥⲱⲧⲏⲣ ⲧⲉ.

9. ⲡϭⲁⲙⲟⲩⲗ ⲡⲉ ⲙ̄ ⲡⲉϥⲉⲓⲱⲧ.

10. ⲛ̄ ⲟⲩϫⲟⲓ ⲁⲛ ⲡⲉ.

11. ⲟⲩⲛⲟⲃⲉ ⲡⲉ.

12. ⲛ̄ ⲟⲩⲛⲟⲩⲧⲉ ⲁⲛ ⲡⲉ.

13. ⲙ̄ ⲡⲉⲛⲏⲓ ⲁⲛ ⲡⲉ.

14. ϩⲉⲛⲥⲁϩ ⲛⲉ.

15. ⲛ̄ⲉⲛⲧⲟⲗⲏ ⲛⲉ ⲙ̄ ⲡⲉⲛϫⲟⲉⲓⲥ.

B. 1. ⲧⲁⲓ ⲧⲉ ⲧϭⲟⲙ ⲙ̄ ⲡⲛⲟⲩⲧⲉ.

2. ⲡⲁⲓ ⲙ̄ ⲡⲉⲥϩⲁⲓ ⲁⲛ ⲡⲉ.

3. ⲟⲩϭⲁⲙⲁⲩⲗⲉ ⲧⲉ ⲧⲁⲓ.

4. ⲛⲁⲓ ⲛⲉ ⲛ̄ϣⲁϫⲉ ⲙ̄ ⲡⲉⲩⲁⲅⲅⲉⲗⲓⲟⲛ.

5. ⲡⲉⲩϯⲙⲉ ϩⲛ̄ ⲧⲟⲣⲓⲛⲏ.

6. ⲡⲉϥⲏⲓ ⲛ̄ ⲧⲙⲏⲧⲉ ⲛ̄ ⲧⲡⲟⲗⲓⲥ.

7. ⲡⲁⲉⲓⲱⲧ ⲟⲩϩⲁⲙϣⲉ ⲡⲉ.

8. ⲡⲉϥϣⲏⲣⲉ ⲟⲩⲟⲩⲏⲏⲃ ⲡⲉ.

9. ϩⲉⲛⲟⲩⲏⲏⲃ ⲛⲉ ⲛⲉϥⲥⲛⲏⲩ.

10. ⲙⲉϣⲁⲕ ⲡⲉⲥϩⲁⲓ ⲡⲉ.

11. ⲡⲟⲩϩⲁⲓ ϩⲓⲣⲙ̄ ⲡⲣⲟ.

12. ⲡⲉⲥⲣⲁⲛ ⲡⲉ ⲉⲗⲓⲥⲁⲃⲉⲧ.

13. ⲉⲗⲓⲥⲁⲃⲉⲧ ⲧⲙⲁⲁⲩ ⲧⲉ ⲛ̄ ⲓⲱϩⲁⲛⲛⲏⲥ.

14. ⲓⲱϩⲁⲛⲛⲏⲥ ⲡⲉ ⲡϣⲏⲣⲉ ⲛ̄ ⲍⲁⲭⲁⲣⲓⲁⲥ.

15. ⲡⲁⲣⲁⲛ ⲛ̄ ⲓⲱⲥⲏⲫ ⲁⲛ ⲡⲉ.

16. ⲡⲉⲧⲛ̄ϩⲏⲓ ϩⲁϩⲧⲙ̄ ⲡⲉⲣⲡⲉ.

17. ⲙⲉϣⲁⲕ ⲡⲉⲓⲣⲱⲙⲉ ⲡⲉ ⲡⲉⲭ̅ⲥ̅.

18. ⲡⲁⲓ ⲡⲉ ⲡⲁⲥⲡⲁⲥⲙⲟⲥ ⲙ̄ ⲙⲁⲣⲓⲁ.

19. ⲙⲁⲣⲓⲁ ⲟⲩⲡⲁⲣⲑⲉⲛⲟⲥ ⲧⲉ.

20. ⲟⲩⲛ̄-ⲟⲩⲙⲏⲏϣⲉ ⲛ̄ ⲧⲙⲏⲧⲉ ⲛ̄ ⲧⲁⲅⲟⲣⲁ.

21. ⲙⲛ̄-ⲉⲓⲣⲏⲛⲏ ⲙ̄ ⲡⲉⲓⲙⲁ.

22. ⲟⲩⲛ̄-ϩⲉⲛⲧⲙⲉ ϩⲛ̄ ⲧⲟⲣⲓⲛⲏ.

23. ⲙⲉϣⲁⲕ ⲟⲩⲛ̄-ⲟⲩⲥⲁϩ ϩⲙ̄ ⲡϯⲙⲉ.

24. ⲛⲁⲓ ⲛⲉ ⲛⲉⲛⲛⲟⲃⲉ.

25. ϩⲉⲛⲟⲉⲓⲕ ⲛⲉ ⲛⲁⲓ.

C. 1. ⲛⲉⲧⲙⲉ ⲉⲧ ⲛ̄ⲥⲁ ⲡⲧⲟⲟⲩ

2. ⲡⲣⲱⲙⲉ ⲉⲧⲉ ⲟⲩⲉⲡⲓⲥⲕⲟⲡⲟⲥ ⲡⲉ

3. ⲛⲉⲓϣⲁϫⲉ ⲉⲧⲉ ⲡⲉⲥⲁⲥⲡⲁⲥⲙⲟⲥ ⲛⲉ

4. ⲡⲙⲏⲏϣⲉ ⲉⲧ ϩⲓϫⲙ̅ ⲡⲉⲕⲣⲟ

5. ⲧϩⲗ̅ⲗⲱ ⲉⲧⲉ ⲟⲩⲡⲁⲣⲑⲉⲛⲟⲥ ⲧⲉ

6. ⲛⲉϩⲓⲟⲟⲩⲉ ⲉⲧ ϩⲛ̅ ⲧⲟⲣⲓⲛⲏ

7. ⲛⲉϫⲏⲩ ⲉⲧ ϩⲛ̅ ⲧⲙⲏⲧⲉ ⲛ̅ ⲑⲁⲗⲁⲥⲥⲁ

8. ⲡⲉⲭ̅ⲥ̅, ⲉⲧⲉ ⲡⲁⲓ ⲡⲉ ⲡⲉⲛⲥⲱⲧⲏⲣ

9. ⲡⲉⲣⲡⲉ, ⲉⲧⲉ ⲡⲁⲓ ⲡⲉ ⲡⲏⲓ ⲙ̅ ⲡϫⲟⲉⲓⲥ

10. ⲡⲉⲓϫⲱⲱⲙⲉ, ⲉⲧⲉ ⲡⲁⲓ ⲡⲉ ⲡⲉⲩⲁⲅⲅⲉⲗⲓⲟⲛ

레슨 6
독립 인칭 대명사, 의문 대명사

6.1 독립 인칭 대명사(The independent personal pronouns)

	단수		복수	
1인칭	ⲁⲚⲞⲔ	나	ⲁⲚⲞⲚ	우리
2인칭(남)	Ⲛ̄ⲦⲞⲔ	너	Ⲛ̄ⲦⲰⲦⲚ̄	너희
2인칭(여)	Ⲛ̄ⲦⲞ	너		
3인칭(남)	Ⲛ̄ⲦⲞϤ	그, 이것(남)	Ⲛ̄ⲦⲞⲞⲨ	그들
3인칭(여)	Ⲛ̄ⲦⲞⲤ	그녀, 이것(여)		

이 대명사들은 ⲡⲉ, ⲧⲉ, ⲛⲉ를 가진 문장에서 자주 나타난다. 두 요소 문장에서 술어로 사용될 때 성과 수에 관계없이 ⲡⲉ가 뒤이어 온다.

> ⲁⲛⲟⲕ ⲡⲉ. 나다.It is I.
>
> ⲛ̄ⲧⲟⲥ ⲡⲉ. 그녀다.It is she.
>
> ⲁⲛⲟⲛ ⲡⲉ. 우리다.It is we.

세 요소 문장에서는 통상적으로 주어 또는 술어 위치에 나올 수 있다.

> ⲛ̄ⲧⲟϥ ⲡⲉ ⲡⲉⲭ︦ⲥ︦. 그는 그리스도이다.
>
> ⲛ̄ⲧⲟϥ ⲟⲩⲛⲟⲩⲧⲉ ⲡⲉ. 그는 신이다.
>
> ⲛⲉϥϩⲙ̄ϩⲁⲗ ⲛⲉ ⲁⲛⲟⲛ. 우리는 그의 종들이다.

비한정 명사 술어 문장에서 ⲡⲉ가 없는 특별한 구문이 1인칭, 2인칭 대명사와 함께 사용된다. 부정문은 ⲁⲛ을 별도로 사용한다.

> ⲁⲛⲟⲕ ⲟⲩϩⲁⲙϣⲉ (ⲁⲛ) 나는 목수다. (아니다).
>
> ⲁⲛⲟⲛ ϩⲉⲛⲟⲩⲏⲏⲃ. 우리는 사제들이다.

이 구문에서는 대명사의 축약된 후접어 형태가 매우 자주 사용된다.

	단수		복수	
1인칭	ⲁⲛⲅ̄-	나	ⲁⲛ-	우리
2인칭(남)	ⲛ̄ⲧⲕ̄-	너	ⲛ̄ⲧⲉⲧⲛ̄-	너희
2인칭(여)	ⲛ̄ⲧⲉ-	너		

아래와 같이 사용된다.

> ⲁⲛⲅ̄-ⲟⲩⲁⲅⲅⲉⲗⲟⲥ (ⲁⲛ) 나는 천사다. (아니다.)
>
> ⲛ̄ⲧⲕ̄-ⲟⲩϩⲁⲙϣⲉ. 너(남)는 목수다.
>
> ⲛ̄ⲧⲉⲧⲛ̄-ϩⲉⲛⲙⲁⲑⲏⲧⲏⲥ. 너희는 제자들이다.

3인칭 남성 형태 ⲛ̄ⲧϥ̄-도 나타나지만 아주 드물다. 1인칭 및 2인칭의 축약 형태의 대명사가 한정 술어와 함께 사용될 수 있지만, 이 구문은 다소 드물다.

> ⲁⲛⲅ̄-ⲑⲙ̄ϩⲁⲗ ⲙ̄ ⲡϫⲟⲉⲓⲥ. 나는 주님의 여종이다.

6.2 의문 대명사

> ⲛⲓⲙ 누구?who?
>
> ⲁϣ 무엇?what?
>
> ⲟⲩ 무엇?what?

이 대명사들은 문장에서 **ⲡⲉ, ⲧⲉ, ⲛⲉ**와 함께 사용된다.

> **ⲛⲓⲙ ⲡⲉ?** (그는) 누구인가?Who is it?
>
> **ⲁϣ ⲡⲉ?** 그것은 무엇인가?What is it?
>
> **ⲛⲓⲙ ⲡⲉ ⲡⲉⲓⲣⲱⲙⲉ?** 이 사람은 누구인가?Who is this man?
>
> **ⲛⲓⲙ ⲡⲉ ⲡⲉⲕⲣⲁⲛ?** (관용어) 너의 이름은 무엇인가?
>
> **ⲟⲩ ⲡⲉ ⲡⲁⲓ?** 이것은 무엇인가?What is this?
>
> **ⲟⲩ ⲛⲉ ⲛⲁⲓ?** 이것들은 무엇인가?What are these?

의문 대명사는 일반적으로 문장의 처음에 온다. 계사의 수와 성의 선택은 이해되거나표현된 주어에 따라 달라진다. 대명사 **ⲟⲩ**는 부정관사와 함께 발견된다.

> **ⲟⲩⲟⲩ ⲡⲉ?** 그것은 무엇인가?What is it?
>
> **ϩⲉⲛⲟⲩ ⲛⲉ?** 그[것]들은 무엇인가?What are they?

주어가 1인칭이나 2인칭의 인칭 대명사인 경우, **ⲛⲓⲙ**이나 **ⲟⲩ** 앞에 일반 형태나 후접어 형태로 올 수 있다.

> **ⲛ̄ⲧⲕ̄-ⲛⲓⲙ?** 너는 누구인가?Who are you?
>
> **ⲛ̄ⲧⲟⲕ ⲟⲩⲟⲩ?** 너는 무엇인가?What are you?

인칭 대명사는 강조를 위해 반복할 수 있다.

> **ⲁⲛⲅ̄-ⲛⲓⲙ ⲁⲛⲟⲕ?** 나는 누구인가?

ⲛⲓⲙ은 일반적인 소유격 구문에도 사용될 수 있는 것에 주의하라.

> **ⲡϣⲏⲣⲉ ⲛ̄ ⲛⲓⲙ?** 누구의 아들인가?

어휘 6

ⲡ.ϣⲱⲥ (pl. **ⲛ̄.ϣⲟⲟⲥ**) 양치기

ⲡ.ⲙⲁⲉⲓⲛ 징조, 상징; 기적, 놀라움

ⲧ.ⲥⲱϣⲉ 들(판), 넓은 땅

ⲡ.ⲉⲟⲟⲩ 영광, 명예

ⲛ.ⲉⲥⲟⲟⲩ 양들(pl.)

ⲧ.ⲥⲏϥⲉ 검, 칼

그리스어 명사

ⲡ.ⲗⲁⲟⲥ (ὁ λαός) 백성, 사람들

ⲡ.ⲥⲩⲅⲅⲉⲛⲏⲥ (ὁ συγγενής) 친척(대개는 복수)

ⲡ.ⲛⲟⲙⲟⲥ (ὁ νόμος) 법, 율법

ⲡ.ϩⲏⲅⲉⲙⲱⲛ (ὁ ἡγεμών) 관리자, 권위를 가진 자

고유 명사

ⲧ.ⲥⲩⲣⲓⲁ 시리아(관사에 주의)

ⲧ.ⲅⲁⲗⲓⲗⲁⲓⲁ 갈릴리(갈릴래아)(관사에 주의)

ϯⲟⲩⲇⲁⲓⲁ 유대(**ⲓⲟⲩⲇⲁⲓⲁ**; 관사에 주의)

ⲡ.ⲓⲥⲣⲁⲏⲗ 이스라엘. 대개는 **ⲡⲓⲏ̄ⲗ̄**으로 축약(백성을 의미할 때는 관사를 사용)

연습문제 6

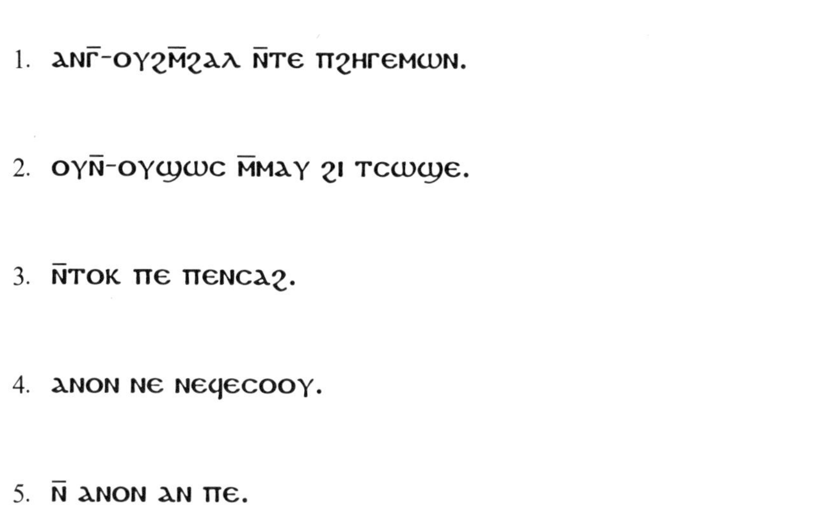

1. ⲁⲛⲅ̅-ⲟⲩϩⲙ̅ϩⲁⲗ ⲛ̅ⲧⲉ ⲡϩⲏⲅⲉⲙⲱⲛ.

2. ⲟⲩⲛ̅-ⲟⲩϣⲱⲥ ⲙ̅ⲙⲁⲩ ϩⲓ ⲧⲥⲱϣⲉ.

3. ⲛ̅ⲧⲟⲕ ⲡⲉ ⲡⲉⲛⲥⲁϩ.

4. ⲁⲛⲟⲛ ⲛⲉ ⲛⲉϥⲉⲥⲟⲟⲩ.

5. ⲛ̅ ⲁⲛⲟⲛ ⲁⲛ ⲡⲉ.

6. ⲛ̅ⲧⲟϥ ⲡⲉ ⲡⲉⲟⲟⲩ ⲙ̅ ⲡⲉϥⲗⲁⲟⲥ.

7. ⲛ̅ⲧⲉ-ⲛⲓⲙ ⲛ̅ⲧⲟ?

8. ⲁⲛⲅ̅-ⲟⲩⲁⲅⲅⲉⲗⲟⲥ ⲛ̅ⲧⲉ ⲡⲛⲟⲩⲧⲉ.

9. ⲟⲩⲛ̅-ⲟⲩⲥⲏϥⲉ ⲙ̅ⲙⲁⲩ.

10. ⲟⲩ ⲡⲉ ⲡⲉⲓⲙⲁⲉⲓⲛ?

11. ⲛ̅ⲧⲟϥ ⲡⲉ ⲡⲟⲩϩⲁⲓ.

12. ⲡⲁⲓ ⲡⲉ ⲡⲛⲟⲙⲟⲥ ⲙ̅ ⲡⲛⲟⲩⲧⲉ.

13. ⲟⲩⲟⲩ ⲡⲉ ⲡⲉⲩⲁⲅⲅⲉⲗⲓⲟⲛ?

14. ⲡⲓⲏ̅ⲗ̅ ⲡⲉ ⲡⲉϥⲗⲁⲟⲥ.

15. ⲛ̄ⲧⲟ́ⲟⲩ ⲡⲉ.

16. ⲛⲓⲙ ⲛⲉ? ⲛⲉⲥⲥⲩⲅⲅⲉⲛⲏⲥ ⲛⲉ.

17. ⲛ̄ⲧⲟ ⲧⲉ ⲧⲁⲥϩⲓⲙⲉ.

18. ⲛ̄ ⲟⲩⲱⲛⲉ ⲁⲛ ⲡⲉ.

19. ⲁⲛⲟⲕ ⲡⲉ ⲓⲱⲥⲏⲫ.

20. ⲡⲉⲟⲟⲩ ⲙ̄ ⲡϫⲟⲉⲓⲥ ϩⲓϫⲙ̄ ⲡⲉⲓⲣⲱⲙⲉ.

21. ⲁϣ ⲡⲉ ⲡⲁⲓ? ⲟⲩⲙⲁⲉⲓⲛ ⲡⲉ.

22. ⲙⲉϣⲁⲕ ⲛ̄ⲧⲟϥ ⲡⲉ ⲡⲉⲭ̅ⲥ̅.

23. ⲟⲩϯⲙⲉ ⲛ̄ⲧⲉ ⲧⲅⲁⲗⲓⲗⲁⲓⲁ ⲡⲉ.

24. ⲡⲉⲣⲡⲉ ⲛ̄ ⲛⲓⲙ ⲡⲉ ⲡⲁⲓ?

25. ⲡⲉⲓϫⲱⲱⲙⲉ ⲟⲩⲉⲩⲁⲅⲅⲉⲗⲓⲟⲛ ⲡⲉ.

26. ⲚⲦⲰⲦⲚ̄ ⲠⲈ.

27. ⲀϢ ⲦⲈ ⲦⲈϨⲒⲎ?

28. ⲞⲨⲚ̄-ⲞⲨϨⲎⲄⲈⲘⲰⲚ ϨⲚ̄ ⲦⲤⲨⲢⲒⲀ.

29. ⲀϢ ⲦⲈ ⲦⲈⲒϬⲞⲘ?

30. Ⲛ̄ⲦⲈⲦⲚ̄-ϨⲈⲚⲞⲨⲎⲎⲂ.

31. ⲐⲀ̄ⲖⲰ Ⲛ̄ⲚⲀϨⲢⲘ̄ ⲠϨⲎⲄⲈⲘⲰⲚ.

32. ⲘⲚ̄-ϯⲘⲈ ϨⲚ̄ ⲦⲞⲢⲒⲚⲎ ⲈⲦ Ⲙ̄ⲘⲀⲨ.

33. ⲠⲀⲒ ⲠⲈ ⲠⲚⲞⲘⲞⲤ Ⲙ̄ ⲠⲢ̄ⲢⲞ.

34. ⲞⲨⲚ̄-ϨⲈⲚϢⲞⲞⲤ ϨⲒ ⲠⲦⲞⲞⲨ.

35. ⲠⲈⲒⲞⲨⲞⲈⲒⲚ ⲞⲨⲘⲀⲈⲒⲚ ⲠⲈ.

36. Ⲛ̄ⲦⲞⲤ ⲞⲨⲠⲀⲢⲐⲈⲚⲞⲤ ⲦⲈ.

37. Ⲛ̄ϬⲀⲘⲞⲨⲖ Ⲛ̄ ⲚⲒⲘ ⲚⲈ?

38. ⲒⲰϨⲀⲚⲚⲎⲤ Ⲙ̄ ⲠⲈⲬ̄Ⲥ̄ ⲀⲚ ⲠⲈ.

39. ⲡⲕⲉⲣⲱⲙⲉ ⲡⲁⲥⲩⲅⲅⲉⲛⲏⲥ ⲡⲉ.

40. ⲛ̅ⲧⲟϥ ⲡⲉ ⲡϣⲏⲣⲉ ⲙ̅ ⲡϩⲁⲙϣⲉ.

41. ⲁϣ ⲡⲉ ⲡⲕⲁⲕⲉ ⲉⲧ ϩⲓϫⲛ̅ ⲧⲡⲟⲗⲓⲥ?

42. ⲛ̅ⲧⲟⲟⲩ ⲛⲁⲥⲛⲏⲩ ⲛⲉ.

43. ⲛⲁⲓ ⲛⲉ ⲛ̅ϣⲁϫⲉ ⲙ̅ ⲡⲉⲧⲛ̅ⲛⲟⲙⲟⲥ.

44. ⲛ̅ⲕⲉⲉⲥⲟⲟⲩ ϩⲛ̅ ⲧⲥⲱϣⲉ.

45. ⲛⲓⲙ ⲡⲉ ⲡⲣⲁⲛ ⲙ̅ ⲡϩⲏⲅⲉⲛⲱⲛ?

46. ⲧⲁⲓ ⲧⲉ ⲧⲁⲥⲏϥⲉ.

47. ⲟⲩⲙⲁⲉⲓⲛ ⲛ̅ⲧⲉ ⲧⲉϥϭⲟⲙ ⲡⲉ.

48. ⲛⲓⲙ ⲧⲉ ⲧⲙⲁⲁⲩ ⲛ̅ ⲓⲱϩⲁⲛⲛⲏⲥ?

레슨 7
제1 완료형, 전치사 ⲉ, ϣⲁ, ⲉϫⲛ̄

7.1 제1 완료형(The First Perfect). 콥트어에서 동사 굴절[verbal inflection]은 전적으로 그런 것은 아니고, 일반적으로 '동사 접두사 + 주어(명사/대명사) + 동사'(예, 'ⲁ+ ⲓ + ⲃⲱⲕ'—옮긴이)의 형태다. 부정사는 동사의 기본 어휘 형태이며 모든 동사 활용에서 나타날 수 있다. 이것의 사용법과 추가 어형 변화[modification]는 다음 레슨에서 다룰 것이다. '제1 완료형'으로 알려진 동사 활용은 서술적 과거 시제를 묘사하는 데 아주 적합하고, 문맥에 따라 영어의 과거시제(단순 과거[preterite]: 내가 썼다[I wrote], 내가 울었다, 내가 앉았다) 또는, 영어의 현재완료(나는 막 썼다[I have written])에 해당한다.

	단수		복수	
1인칭	ⲁⲓⲃⲱⲕ	내가 갔다	ⲁⲛⲃⲱⲕ	우리가 갔다
2인칭(남)	ⲁⲕⲃⲱⲕ	네가 갔다	ⲁⲧⲉⲧⲛ̄ⲃⲱⲕ	너희가 갔다
2인칭(여)	ⲁⲣⲃⲱⲕ	네가 갔다		
3인칭(남)	ⲁϥⲃⲱⲕ	그가 갔다	ⲁⲩⲃⲱⲕ	그들이 갔다
3인칭(여)	ⲁⲥⲃⲱⲕ	그녀가 갔다		

대명사 요소는 대부분 레슨 4의 소유격 접두사에 나와서 친숙하다. 1인칭에서 단수 ⲓ는 대부분의 동사 체계에서 표준이다(ⲡⲁⲉⲓⲱⲧ의 -ⲁ-와 대조하라). 2인칭 여성의 대명사 요소는 여러 변화를 보여주는데, 도입되는 각 활용에 대해 세심하게 주의해야 한다. ⲁⲣⲉⲃⲱⲕ와 ⲁⲃⲱⲕ도 '제1 완료형'에서 확인된다.

주어가 명사이면 동사 접두사는 **ⲁ**-이다:

> **ⲁ-ⲡⲣⲱⲙⲉ ⲃⲱⲕ** 그 사람은 갔다

명사 주어가 동사구에서 사용될 수 있는 두 가지 다른 방법이 있다.

(1) 명사 주어가 동사 단위 앞에 오고, 제1 완료형에서 여전히 대명사가 필요하다.

> **ⲡⲣⲱⲙⲉ ⲁϥⲃⲱⲕ** 그 사람은 갔다
>
> **ⲧⲉⲥϩⲓⲙⲉ ⲁⲥⲃⲱⲕ** 그 여자는 갔다

(2) 명사 주어가 **ⲛ̄ϭⲓ** 요소로 도입된 대명사 주어와 함께 동사 단위 뒤에 올 수 있다.

> **ⲁϥⲃⲱⲕ ⲛ̄ϭⲓ ⲡⲣⲱⲙⲉ** 그 사람은 갔다
>
> **ⲁⲥⲃⲱⲕ ⲛ̄ϭⲓ ⲧⲉⲥϩⲓⲙⲉ** 그 여자는 갔다

모든 구문은 공통적이며 주어에 부여된 강조에서만 다르다. 동사 접두사 뒤에 부정관사가 올 때, **ⲁ-ⲟⲩ** …는 다음과 같이 **ⲁⲩ** …로 철자될 수 있다.

> **ⲁ-ⲟⲩϩⲗ̄ⲗⲟ ⲃⲱⲕ** 또는 **ⲁⲩϩⲗ̄ⲗⲟ ⲃⲱⲕ** 한 수도사가 갔다

7.2 전치사 ⲉ, ϣⲁ, ⲉϫⲛ̄은 동작 동사 뒤에 자주 사용된다.

(1) **ⲉ**는 (장소나 사람) "~로"to, "~쪽으로"toward의 동작을 나타내며, 드물게 "위로"onto, "안으로"into의 동작을 나타내기도 한다.

> **ⲁϥⲃⲱⲕ ⲉ ⲡⲉⲕⲣⲟ.** 그는 그 바닷가로 갔다.
>
> **ⲁⲩⲡⲱⲧ ⲉ ⲧⲉⲕⲕⲗⲏⲥⲓⲁ.** 그들은 그 교회로 달려갔다.
>
> **ⲁⲩⲁⲗⲉ ⲉ ⲡϫⲟⲓ.** 그들은 배 위에[또는 안에] 탔다.

그 외에 전치사 ⲉ는 일반적인 참조 의미로 자주 나오고, 지나가면서 언급될 다른 뉘앙스(~에게to, ~위하여for, ~에 관해in regard to)도 가진다.

(2) ϣⲁ는 "~(에게)로"to, "~까지"up to의 동작을 나타낸다. 장소보다 사람에게 더 자주 사용된다.

> **ⲁϥⲡⲱⲧ ϣⲁ ⲡⲉϥⲉⲓⲱⲧ.** 그는 그의 아버지에게로 달렸다.
>
> **ⲁⲛⲃⲱⲕ ϣⲁ ⲡⲉⲡⲓⲥⲕⲟⲡⲟⲥ.** 우리는 그 감독[주교]에게 갔다.

(3) ⲉϫⲛ̄은 "~위로"on to, "~위에"on의 동작을 나타낸다.

> **ⲁϥⲁⲗⲉ ⲉϫⲙ̄ ⲡⲉⲓⲱ.** 그는 당나귀 [위]에 올라탔다.
>
> **ⲁⲥϩⲉ ⲉϫⲙ̄ ⲡⲕⲁϩ.** 그녀는 땅 위에 넘어졌다.

ⲉϫⲛ̄은 '~위로'의 동작을 적절하게 나타내고, ϩⲓϫⲛ̄(~위에)은 고정된 위치를 나타낸다. 이 둘은 때때로 교환되기도 한다. 가끔 나오는 쌍인 ϩⲓⲣⲛ̄(~의 입구에서at the entrance of)과 ⲉⲣⲛ̄(~의 입구로to the entrance of)이 같은 대조를 보인다.

이미 소개한 전치사들 중 일부는 동작 동사들과 함께 자유롭게 나타나기도 한다.

> **ϩⲓ, ϩⲓϫⲛ̄** ~의 수면/지면 위에, ~의 수면/지면을 따라
>
> **ⲛ̄ⲥⲁ** ~의 뒤에, ~을 따라
>
> **ⲙⲛ̄** 함께, 더불어
>
> **ϩⲛ̄** (한정된 구역) 내에
>
> **ⲛ̄ⲛⲁϩⲣⲛ̄** ~의 면전에서
>
> **ϩⲁϩⲧⲛ̄** ~위로, 가까이

전치사 **ⲛ̄ⲥⲁ**는 종종 "~의 뒤를 따라가다" 또는 "추적하다", "추월을 시도하다"에서 "~의 뒤"라는 의미가 있다. 독자는 동사와 함께 전치사를 사용하는 것에 각별한 주의를 기울여야 한다. 이러한 조합은 때로는 매우 관용적이며 예측할 수 없기 때문이다.

어휘 7

ⲃⲱⲕ 가다

ⲙⲟⲟϣⲉ 걷다, 걸어가다

ⲉⲓ 오다; **ⲉⲓ ⲛ̄ⲥⲁ** 뒤따라 오다, 가지러 오다

ⲁⲗⲉ 위로 가다, 오르다(위에, 위로: **ⲉ**); 올라타다(동물: **ⲉϫⲛ̄**)

ⲡⲱⲧ 달리다, 도망가다; **ⲡⲱⲧ ⲛ̄ⲥⲁ** 쫓다

ϣⲗⲏⲗ 기도하다(무엇을 위해: **ⲉ, ⲉⲧⲃⲉ, ⲉϫⲛ̄, ϩⲁ**; 누군가를 위해: **ⲉ**)

ⲣⲓⲙⲉ 울다 (누군가를 위해: **ⲉ, ⲉϫⲛ̄**)

ϩⲙⲟⲟⲥ 앉다(~에: **ⲉ**)

ⲡ.ⲉⲓⲱ (pl. **ⲛ.ⲉⲟⲟⲩ**) 당나귀

ⲡⲉ.ϩⲧⲟ (f. **ⲧⲉ.ϩⲧⲱⲣⲉ**; pl. **ⲛⲉ.ϩⲧⲱⲱⲣ**) 말馬

ⲛ̄ϭⲓ 주어 표시(레슨을 보라)

ⲉⲧⲃⲉ ⲟⲩ 왜?

* 레슨에서 주어진 전치사는 **ⲉ, ⲉϫⲛ̄, ϣⲁ, ϩⲓⲣⲛ̄, ⲉⲣⲛ̄**이 있다.

그리스어 명사

ⲡⲉ.ⲑⲣⲟⲛⲟⲥ (ὁ θρόνος) 왕위, 왕좌

ⲧⲉ.ⲧⲣⲁⲡⲉⲍⲁ (ὁ τράπεζα) 식탁, 상

연습문제 7

1. ⲁ-ⲛⲉⲥⲛⲏⲩ ⲃⲱⲕ ⲉ ⲧⲡⲟⲗⲓⲥ.
2. ⲡϣⲏⲣⲉ ⲁϥⲉⲓ ⲉ ⲡⲉⲛⲏⲓ.
3. ⲁⲥⲃⲱⲕ ⲛ̄ϭⲓ ⲧⲉϥⲥⲱⲛⲉ ⲉⲣⲙ̄ ⲡⲣⲟ ⲛ̄ ⲧⲉⲕⲕⲗⲏⲥⲓⲁ.
4. ⲁⲩⲉⲓ ⲛ̄ⲥⲁ ⲛⲉⲩϣⲏⲣⲉ.
5. ⲁ-ⲧⲉϥⲙⲁⲁⲩ ⲙⲟⲟϣⲉ ⲉ ⲡⲧⲁⲫⲟⲥ.
6. ⲁ-ⲛⲉϥⲙⲁⲑⲏⲧⲏⲥ ⲁⲗⲉ ⲉ ⲡϫⲟⲓ.
7. ⲁϥⲃⲱⲕ ϣⲁ ⲕⲉⲥⲟⲛ.
8. ⲁⲛⲉⲓ ⲉⲣⲙ̄ ⲡⲉϥⲏⲓ.
9. ⲁϥⲙⲟⲟϣⲉ ⲛ̄ϭⲓ ⲓ̅ⲥ̅ ⲉϫⲙ̄ ⲡⲉⲕⲣⲟ ⲛ̄ ⲑⲁⲗⲁⲥⲥⲁ.
10. ⲙ̄ⲙⲟⲛⲁⲭⲟⲥ ⲁⲩⲁⲗⲉ ⲉ ⲡⲧⲟⲟⲩ.

11. ⲁ-ⲛⲉϥⲙⲁⲑⲏⲧⲏⲥ ⲡⲱⲧ ⲉ ⲕⲉⲙⲁ.

12. ⲁϥϣⲗⲏⲗ ⲉⲧⲃⲉ ⲛⲉϥϣⲏⲣⲉ.

13. ⲉⲧⲃⲉ ⲟⲩ ⲁⲧⲉⲧⲛ̄ⲡⲱⲧ ⲉϫⲛ̄ ⲧⲉϩⲓⲏ?

14. ⲁⲛⲙⲟⲟϣⲉ ⲙⲛ̄ ⲛⲉⲛϩⲓⲟⲙⲉ ⲉ ⲡϯⲙⲉ.

15. ⲁⲩϩⲗ̄ⲗⲟ ⲃⲱⲕ ϣⲁ ⲡⲉⲡⲓⲥⲕⲟⲡⲟⲥ.

16. ⲁϥϣⲗⲏⲗ ⲉⲧⲃⲉ ⲛⲉⲛⲛⲟⲃⲉ.

17. ⲁⲥⲉⲓ ⲛ̄ϭⲓ ⲑⲙ̄ϩⲁⲗ ⲛ̄ⲛⲁϩⲣⲙ̄ ⲡⲉⲥϫⲟⲉⲓⲥ.

18. ⲁϥⲁⲗⲉ ⲛ̄ϭⲓ ⲡⲉⲛϫⲟⲉⲓⲥ ⲉ ⲧⲙⲉ.

19. ⲉⲧⲃⲉ ⲟⲩ ⲁⲕⲡⲱⲧ ⲛ̄ⲥⲁ ⲡⲁⲉⲓⲱⲧ?

20. ⲉⲧⲃⲉ ⲟⲩ ⲁⲣⲣⲓⲙⲉ ⲉⲧⲃⲉ ⲛ̄ⲣⲱⲙⲉ ⲉⲧ ⲙ̄ⲙⲁⲩ?

21. ⲁϥϩⲙⲟⲟⲥ ⲉϫⲙ̄ ⲡⲉⲕⲣⲟ ⲙ̄ ⲡⲉⲓⲉⲣⲟ.

22. ⲁ-ⲑⲗ̄ⲗⲱ ⲣⲓⲙⲉ ⲉ ⲡⲉⲥϣⲏⲣⲉ.

23. ⲁⲩϩⲙⲟⲟⲥ ⲙⲛ̄ ⲛⲉⲩⲥⲛⲏⲩ.

24. ⲁⲓⲙⲟⲟϣⲉ ϩⲓ ⲧⲉϩⲓⲏ ⲙⲛ̄ ⲧⲁϣⲉⲉⲣⲉ.

25. ⲁⲩⲃⲱⲕ ϩⲓ ⲧⲉϩⲓⲏ ⲉⲧ ⲙ̄ⲙⲁⲩ ⲉ ⲧⲡⲟⲗⲓⲥ.

26. ⲁ-ⲡⲉϥϩⲧⲟ ⲡⲱⲧ ϣⲁ ⲧⲉϩⲧⲱⲣⲉ.

27. ⲁϥⲁⲗⲉ ⲉϫⲙ̄ ⲡⲉϥϩⲧⲟ ⲛ̄ϭⲓ ⲡⲉⲡⲓⲥⲕⲟⲡⲟⲥ.

28. ⲧⲉϥⲙⲁⲁⲩ ⲁⲥⲉⲓ ϣⲁ ⲡⲣ̄ⲣⲟ ⲛ̄ ⲧⲡⲟⲗⲓⲥ.

29. ⲁⲛϣⲗⲏⲗ ϩⲁ ⲛⲉⲛⲥⲛⲏⲩ ⲉⲧ ϩⲙ̄ ⲡⲧⲟⲟⲩ.

30. ⲁⲓⲣⲓⲙⲉ ⲉϫⲙ̄ ⲛⲁⲛⲟⲃⲉ.

31. ⲁ-ⲡⲣ̄ⲣⲟ ϩⲙⲟⲟⲥ ⲉϫⲙ̄ ⲡⲉϥⲑⲣⲟⲛⲟⲥ.

32. ⲁ-ⲡⲙⲁⲑⲏⲧⲏⲥ ϩⲙⲟⲟⲥ ϩⲓⲣⲙ̄ ⲡⲣⲟ ⲙ̄ ⲡⲏⲓ.

33. ⲁⲩⲡⲱⲧ ⲛ̄ϭⲓ ⲛ̄ϣⲏⲣⲉ ϩⲓ ⲧⲉϩⲓⲏ ⲉ ⲧⲉⲙⲣⲱ.

34. ⲁ-ⲡⲉⲓⲱ ⲙⲟⲟϣⲉ ⲛ̄ⲥⲁ ⲡⲉϥϫⲟⲉⲓⲥ.

35. ⲁⲛⲁⲗⲉ ⲉϫⲙ̄ ⲛⲉⲛⲉⲟⲟⲩ.

36. ⲁⲩϩⲙⲟⲟⲥ ⲉ ⲧⲉⲧⲣⲁⲡⲉⲍⲁ ⲛ̄ϭⲓ ⲧⲉϥⲥϩⲓⲙⲉ ⲙⲛ̄ ⲛⲉϥϣⲉⲉⲣⲉ.

37. ⲁ-ϩⲉⲛⲣⲱⲙⲉ ⲉⲓ ϩⲁϩⲧⲛ̄ ⲧⲉⲕⲕⲗⲏⲥⲓⲁ.

38. ⲉⲧⲃⲉ ⲟⲩ ⲁⲕⲙⲟⲟϣⲉ ⲛ̄ⲥⲁ ⲡⲉⲓⲱ ϩⲓϫⲛ̄ ⲧⲉϩⲓⲏ?

39. ⲁ-ⲓ̅ⲥ̅ ϩⲙⲟⲟⲥ ϩⲁϩⲧⲛ̄ ⲛⲉϥⲙⲁⲑⲏⲧⲏⲥ.

40. ⲁⲩⲙⲟⲟϣⲉ ⲛ̄ϭⲓ ⲛ̄ϣⲟⲟⲥ ⲛ̄ⲥⲁ ⲛⲉⲩⲉⲥⲟⲟⲩ.

41. ⲁ-ⲡϭⲁⲙⲟⲩⲗ ⲡⲱⲧ ⲉ ⲧⲥⲱϣⲉ.

42. ⲁⲛϣⲗⲏⲗ ⲉ ⲟⲩⲙⲁⲉⲓⲛ.

43. ⲁ-ⲡⲗⲁⲟⲥ ⲛ̄ ⲧⲡⲟⲗⲓⲥ ⲉⲓ ϣⲁ ⲡϩⲏⲅⲉⲙⲱⲛ ⲛ̄ ϯⲟⲩⲇⲁⲓⲁ.

44. ⲁ-ⲧϣⲉⲉⲣⲉ ϩⲙⲟⲟⲥ ⲙⲛ̄ ⲛⲉⲥⲥⲩⲅⲅⲉⲛⲏⲥ.

45. ⲁϥⲃⲱⲕ ⲛ̄ϭⲓ ⲡϩⲏⲅⲉⲙⲱⲛ ⲉ ⲧⲥⲩⲣⲓⲁ.

46. ⲡⲁⲓ ⲡⲉ ⲡⲛⲟⲩⲧⲉ ⲙ̄ ⲡⲓⲏⲗ.

레슨 8
방향 부사, 절의 연결(ⲁⲩⲱ), 남성 단수 명사로서의 기본형 부정사

8.1 방향 부사. 콥트어는 "up, down, in, out, over, along"(위로, 아래로, 안으로, 밖으로, 위쪽에, ~을 따라)과 같은 유형의 영어 부사와 매우 밀접하게 일치하는 방향 부사 그룹을 가지고 있다. 영어의 대응어와 마찬가지로 동작 동사에서 보이는 '방향적 의미'가 모든 실제적 목적을 위한 기본 의미(예, 위로 가다[to go up], 아래로 내려가다, 안으로 달려가다)이지만, 확장된 사용(예, 입을 다물다[to shut up], 진정되다, 숙고하다)은 똑같이 일반적 의미이다. 콥트어의 방향 부사는 형식적으로 정관사와 함께 또는 정관사 없이 '전치사 ⲉ + 명사'로 구성된다. 문제의 명사 대부분은 이러한 특정 표현 외에는 거의 만나지 않으며, 이후 레슨에서 더 자세히 다룰 것이다. 이러한 부사들은 꽤 자주 나오므로, 다른 편집자들의 관행을 따라 한 덩어리로 쓸 것이다. 다음의 8가지 부사는 가장 중요하다:

ⲉⲃⲟⲗ 밖[바깥]으로	**ⲉⲑⲏ** 앞(쪽)으로
ⲉϩⲟⲩⲛ 안으로	**ⲉⲡⲁϩⲟⲩ** 뒤로, 뒤쪽으로
ⲉϩⲣⲁⲓ 위로, 아래로	**ⲉⲧⲡⲉ** 위(쪽으)로
ⲉⲡⲉⲥⲏⲧ 아래로	**ⲉⲡϣⲱⲓ** 위(쪽으)로

부사는 아래와 같이 단독으로 사용할 수 있다.

ⲁϥⲃⲱⲕ ⲉⲃⲟⲗ. 그는 떠나 갔다.[He went away.]

ⲁϥⲉⲓ ⲉϩⲟⲩⲛ. 그는 들어 왔다.[He came in.]

ⲁϥⲡⲱⲧ ⲉⲡⲁϩⲟⲩ. 그는 되돌아 뛰었다.He ran back.

그러나 이것들은 아주 빈번하게 복합 전치사구를 형성하기 위해 단순 전치사와 결합한다. 이것들 중에서 가장 자주 사용되는 것은 아래와 같다.

ⲉⲃⲟⲗ ⲉ ~의 밖[바깥]으로, 떠나

ⲉⲃⲟⲗ ϩⲛ̄ ~의 밖[바깥]으로, ~로부터

ⲉⲃⲟⲗ ⲙ̄ⲙⲟ⸗ ~의 밖[바깥]으로, ~로부터

ⲉⲃⲟⲗ ϩⲓ ~에서 떨어져, ~에서 벗어나, ~에서 떠나

ⲉⲃⲟⲗ ϩⲓⲧⲛ̄ (1) ~로부터 떨어져(사람); (2) ~를 지나, ~지나 밖으로(장소); (3) ~의 작용[주선]으로(사람이나 사물)

ⲉϩⲟⲩⲛ ⲉ ~안으로, ~안쪽으로, ~속으로, ~(쪽)으로

ⲉϩⲣⲁⲓ ⲉ ~위로, ~아래로

ⲉϩⲣⲁⲓ ⲉϫⲛ̄ ~위로, ~아래로

ⲉⲡⲉⲥⲏⲧ ⲉ ~아래로

ⲉⲡⲉⲥⲏⲧ ⲉϫⲛ̄ ~아래로

ⲉⲡⲁϩⲟⲩ ⲉ ~뒤로

ⲉⲑⲏ ⲉ ~을 향해, ~쪽으로

동작 동사와 함께 사용될 때, 이러한 대부분의 복합어의 의미는 일반적으로 자명自明하지만, 다른 동사와 함께 사용할 때는 주의를 기울여야 한다. 관용적이고 예측할 수 없는 의미를 확인하기 위해 항상 사전을 펼쳐보아야 한다.

8.2 제1 완료형 절은 접속사 ⲁⲩⲱ(그리고)로 통합하거나, 접속사 없이 서로 연결될 수 있다(문법 용어로 "접속사 생략"asyndeton이라고 부른다).

ⲁϥϩⲙⲟⲟⲥ ⲁⲩⲱ ⲁϥⲣⲓⲙⲉ. = ⲁϥϩⲙⲟⲟⲥ, ⲁϥⲣⲓⲙⲉ.

그는 앉아서 울었다.

8.3 많은 **기본형 부정사**는 남성 단수 명사로 사용된다. 이 용법은 지금부터 레슨의 어휘에서는 더 이상 정보가 없이 남성 명사(n.m.)로 언급될 것이다. 어휘 7에 있는 기본형 부정사는 명사를 나타내기도 한다.

ⲡ.ⲡⲱⲧ 달아나기, 도망

ⲡⲉ.ϣⲗⲏⲗ 기도하기, 기도

ⲡ.ⲣⲓⲙⲉ 울기

어휘 8

ϣⲁϫⲉ 말하다, 이야기하다(~에게, ~와 함께: **ⲉ, ⲙⲛ̄**; ~에 대하여: **ⲉ, ϩⲁ, ⲉⲧⲃⲉ**; 반대하여 **ⲛ̄ⲥⲁ, ⲟⲩⲃⲉ**; n.m. 연설; 문제, 일

ⲧⲱⲟⲩⲛ 일어나다, 오르다(**ⲉⲃⲟⲗ ϩⲓ, ⲉⲃⲟⲗ ϩⲛ̄** ~로부터); 솟아오르다, 항거하다(~에 대항하여: **ⲉ, ⲉϫⲛ̄, ⲉϩⲣⲁⲓ ⲉϫⲛ̄**)

ⲧ.ⲣⲓ (수도사의) 독방

ⲡ.ϩⲱⲃ (pl. **ⲛⲉ.ϩⲃⲏⲩⲉ**) 일, 노동, 작업; 물건, 물질, 행사

ⲣⲁⲕⲟⲧⲉ 알렉산드리아

ϩⲓⲧⲛ̄ prep. ~을 통하여, ~에 의하여, ~의 주선으로

ⲟⲩⲃⲉ prep. ~에 대항하여, 반대하여

ⲁⲩⲱ conj. 그리고

그리스어 명사

ⲡ.ⲃⲏⲙⲁ (ὁ βῆμα) 연단, 재판석, 심판석

* 주의: 동사와 전치사구의 예측하기 어려운 조합만 레슨의 어휘에서 주어질 것이다. 연습문제에서 다른 조합은 관련된 개별 단어의 의미로부터 분명하게 알 수 있을 것이다.

연습문제 8

A. 1. ϩⲓⲧⲛ̄ ⲛⲉⲕϣⲗⲏⲗ

2. ⲟⲩⲃⲉ ⲛⲉⲛⲥⲛⲏⲩ

3. ⲉⲃⲟⲗ ϩⲓⲧⲛ̄ ⲧⲉⲓϩⲓⲏ

4. ⲉⲃⲟⲗ ⲉ ⲡⲉⲓⲉⲣⲟ

5. ⲉⲃⲟⲗ ϩⲛ̄ ⲧⲡⲟⲗⲓⲥ

6. ⲉⲃⲟⲗ ϩⲓ ⲧⲉⲧⲣⲁⲡⲉⲍⲁ

7. ⲉⲧⲃⲉ ⲡⲉϥϩⲱⲃ

8. ⲟⲩⲃⲉ ⲛⲉⲧⲛ̄ϣⲁϫⲉ

9. ϩⲓⲧⲛ̄ ⲛⲉϥϣⲁϫⲉ

10. ⲉϩⲟⲩⲛ ⲉ ⲣⲁⲕⲟⲧⲉ

11. ⲉϩⲣⲁⲓ ⲉ ⲡⲃⲏⲙⲁ

12. ⲉϩⲣⲁⲓ ⲉϫⲙ̄ ⲡⲧⲟⲟⲩ

13. ⲉϩⲟⲩⲛ ⲉ ⲧⲁⲣⲓ

14. ϩⲁ ⲛⲉⲓϩⲃⲏⲩⲉ

15. ϣⲁ ⲛⲉϥⲙⲁⲑⲏⲧⲏⲥ

16. ϩⲓⲣⲛ̄ ⲧⲉϥⲣⲓ

17. ⲉⲧⲃⲉ ⲡⲟⲩⲣⲓⲙⲉ

18. ϩⲙ̄ ⲡⲉϥⲡⲱⲧ

19. ⲉⲡⲉⲥⲏⲧ ⲉ ⲑⲁⲗⲁⲥⲥⲁ

20. ⲉⲡⲉⲥⲏⲧ ⲉ ⲡⲙⲟⲟⲩ

21. ⲉⲡⲁϩⲟⲩ ⲉ ⲡⲉⲩϯⲙⲉ

22. ⲉⲑⲏ ⲉ ⲛ̄ⲧⲟⲟⲩ

23. ⲉⲃⲟⲗ ϩⲓ ⲡⲃⲏⲙⲁ

24. ⲉϩⲣⲁⲓ ⲉϫⲙ̄ ⲡⲉϩⲧⲟ

25. ⲉⲃⲟⲗ ϩⲓⲧⲙ̄ ⲡⲣⲟ ⲙ̄ ⲡⲏⲓ

26. ⲉⲃⲟⲗ ϩⲙ̄ ⲡⲉⲓⲙⲁ

27. ⲟⲩⲃⲉ ⲡⲣⲁⲛ ⲙ̄ ⲡⲣ̄ⲣⲟ

28. ⲉⲃⲟⲗ ϩⲓⲧⲙ̄ ⲡϫⲟⲉⲓⲥ

29. ⲉⲧⲃⲉ ⲡⲉⲧⲛ̄ⲡⲱⲧ

B. 1. ⲁⲩⲧⲱⲟⲩⲛ, ⲁⲩⲡⲱⲧ ⲉⲃⲟⲗ.

2. ⲁⲛⲉⲓ ⲉϩⲟⲩⲛ, ⲁⲛϩⲙⲟⲟⲥ.

3. ⲁϥⲃⲱⲕ ⲉⲡⲁϩⲟⲩ ⲉ ⲡⲉϥϯⲙⲉ.

4. ⲁϥϩⲙⲟⲟⲥ ⲁⲩⲱ ⲁϥϣⲁϫⲉ ⲙⲛ̄ ⲛ̄ⲣⲱⲙⲉ.

5. ⲁⲓⲧⲱⲟⲩⲛ ⲉⲃⲟⲗ ϩⲓ ⲧⲉⲧⲣⲁⲡⲉⲍⲁ.

6. ⲁⲛⲙⲟⲟϣⲉ ⲉϩⲟⲩⲛ ⲉ ⲣⲁⲕⲟⲧⲉ.

7. ⲡⲕⲉⲣⲱⲙⲉ ⲁϥⲁⲗⲉ ⲉϩⲣⲁⲓ ⲉϫⲙ̄ ⲡⲉⲓⲱ.

8. ⲉⲧⲃⲉ ⲟⲩ ⲁⲣⲡⲱⲧ ⲉⲃⲟⲗ ϩⲙ̄ ⲡⲟⲩⲏⲓ?

9. ⲁ-ⲡϩⲗ̄ⲗⲟ ⲃⲱⲕ ⲉϩⲟⲩⲛ ⲉ ⲧⲉϥⲣⲓ.

10. ⲉⲧⲃⲉ ⲟⲩ ⲁⲧⲉⲧⲛ̄ϣⲁϫⲉ ⲛ̄ⲥⲁ ⲡⲉⲛϫⲟⲉⲓⲥ?

11. ⲁⲓϩⲙⲟⲟⲥ ϩⲁϩⲧⲙ̄ ⲡⲁⲉⲓⲱⲧ.

12. ⲁⲩϣⲁϫⲉ ϩⲁ ⲡⲉⲩⲏⲣⲡ̄.

13. ⲟⲩⲛ̄-ϩⲉⲛⲉⲟⲟⲩ ⲙⲛ̄ ϩⲉⲛϩⲧⲱⲱⲣ ⲙ̄ⲙⲁⲩ.

14. ⲁϥⲉⲓ ⲉⲡⲉⲥⲏⲧ ⲉⲃⲟⲗ ϩⲓ ⲡⲃⲏⲙⲁ.

15. ⲁⲩⲧⲱⲟⲩⲛ ⲛ̄ϭⲓ ⲛ̄ⲣⲱⲙⲉ ⲉϩⲣⲁⲓ ⲉϫⲙ̄ ⲡⲣ̄ⲣⲟ.

16. ⲁⲓϣⲁϫⲉ ⲉⲧⲃⲉ ⲛⲁⲛⲟⲃⲉ.

17. ⲁ-ⲛⲉϩⲓⲟⲙⲉ ⲙⲟⲟϣⲉ ⲉⲡⲉⲥⲏⲧ ⲉ ⲡⲉⲕⲣⲟ.

18. ⲁⲛⲃⲱⲕ ⲉϩⲣⲁⲓ ⲉ ⲛⲉⲛⲧⲙⲉ.

19. ⲁⲥⲡⲱⲧ ⲉⲃⲟⲗ ϩⲓⲧⲛ̄ ⲛ̄ⲣⲱⲙⲉ ⲉⲧ ⲙ̄ⲙⲁⲩ.

20. ⲁⲛⲃⲱⲕ ⲉϩⲟⲩⲛ ⲛ̄ⲛⲁϩⲣⲙ̄ ⲡⲉⲡⲓⲥⲕⲟⲡⲟⲥ.

21. ⲉⲧⲃⲉ ⲟⲩ ⲁⲕⲃⲱⲕ ⲉⲡⲁϩⲟⲩ ⲉ ⲧⲁⲅⲟⲣⲁ?

22. ⲁϥⲃⲱⲕ ⲉⲃⲟⲗ ϩⲙ̄ ⲡⲉⲓⲕⲟⲥⲙⲟⲥ.

23. ⲁⲥϣⲁϫⲉ ⲙⲛ̄ ⲧⲉⲥⲙⲁⲁⲩ ⲉⲧⲃⲉ ⲛⲉⲥϣⲏⲣⲉ.

24. ⲁⲩⲁⲗⲉ ⲛ̄ϭⲓ ⲛ̄ⲣⲱⲙⲉ ⲉϩⲣⲁⲓ ⲉϫⲛ̄ ⲛⲉⲩϩⲧⲱⲱⲣ.

25. ⲁⲩϣⲁϫⲉ ⲉ ⲡⲟⲉⲓⲕ ⲙⲛ̄ ⲛ̄ⲧⲃ̄ⲧ.

26. ⲁⲩϣⲁϫⲉ ⲟⲩⲃⲉ ⲛⲉϥⲉⲛⲧⲟⲗⲏ.

27. ⲁϥⲧⲱⲟⲩⲛ ⲉⲃⲟⲗ ϩⲓ ⲡⲉⲑⲣⲟⲛⲟⲥ.

28. ⲁⲛⲙⲟⲟϣⲉ ⲉⲑⲏ ϩⲙ̄ ⲡⲕⲁⲕⲉ.

29. ⲁϥⲁⲗⲉ ⲉϩⲣⲁⲓ ⲉ ⲡⲃⲏⲙⲁ.

30. ⲁϥϣⲁϫⲉ ⲉⲧⲃⲉ ⲛⲉϩⲃⲏⲩⲉ ⲙ̄ ⲡⲙⲟⲛⲁⲭⲟⲥ.

레슨 9
대명사 접미형 전치사

9.1 대명사 접미형 전치사(Prepositions with pronominal suffixes). 전치사의 대명사 목적어는 대명사 접미사가 붙은 형태로 표현한다. 전치사 자체는 각각의 전치사와 함께 익혀야 되는 대명사 접미형 형태를 취한다. 예를 들어, 전치사 ⲉ는 대명사 접미사 앞에서 ⲉⲣⲟ⸗가 된다. ⸗표시는 콥트어 문법에서 사용되는 관례로, 대명사 접미사가 추가되는 형식을 가리킨다. 지금까지 소개된 대명사 접미형은 다음과 같다.

ⲛ̄	ⲙ̄ⲙⲟ⸗	ϩⲓⲧⲛ̄	ϩⲓⲧⲟⲟⲧ⸗
ϩⲛ̄	ⲛ̄ϩⲏⲧ⸗	ⲛ̄ⲥⲁ	ⲛ̄ⲥⲱ⸗
ϩⲁ	ϩⲁⲣⲟ⸗	ϩⲓⲣⲛ̄	ϩⲓⲣⲱ⸗
ϩⲓ	ϩⲓⲱ(ⲱ)⸗	ⲉⲣⲛ̄	ⲉⲣⲱ⸗
ⲙⲛ̄	ⲛⲙ̄ⲙⲁ⸗	ⲛⲁϩⲣⲛ̄	ⲛⲁϩⲣⲁ⸗
ϣⲁ	ϣⲁⲣⲟ⸗	ϩⲁϩⲧⲛ̄	ϩⲁϩⲧⲏ⸗
ⲉ	ⲉⲣⲟ⸗	ⲟⲩⲃⲉ	ⲟⲩⲃⲏ⸗
ϩⲓϫⲛ̄	ϩⲓϫⲱ⸗	ⲉⲧⲃⲉ	ⲉⲧⲃⲏⲏⲧ⸗
ⲉϫⲛ̄	ⲉϫⲱ⸗		

대명사 접미형이 보여주는 다양함 때문에 처음에는 혼란스러울 수 있으나 다음 설명이 도움을 줄 수 있을 것이다.

(1) ⲉⲣⲟ⸗와 ϩⲁⲣⲟ⸗에서 마지막 음절 -ⲣⲟ⸗는 전치사의 원래 부분이다. 그것은 정상적인 명사형 형태에서 상실됐다. ϣⲁⲣⲟ⸗는 이것들과 유사하

다.

(2) ⲛ̄ϩⲏⲧ⸗ 및 ϩⲓⲱ⸗는 합성어다. ⲛ̄ ϩⲏⲧ⸗(~의 배[belly] 안에), ϩⲓ ⲱ(ⲱ)⸗(~의 뒤에). 명사형 형태인 ϩⲛ̄은 원래 "내부"를 뜻하는 명사이다(비교, ⲉϩⲟⲩⲛ의 ϩⲟⲩⲛ); ϩⲓ는 단순 전치사다.

(3) ϩⲓϫⲱ⸗ 및 ⲉϫⲱ⸗는 명사 ϫⲱ⸗(머리, 꼭대기)에 ϩⲓ와 ⲉ를 더한 것이다; 명사는 소유격 ⲛ̄을 포함하는 ϩⲓϫⲛ̄ 및 ⲉϫⲛ̄에서 -ϫ-로 축소된다.

(4) ϩⲓⲣⲱ⸗ 및 ⲉⲣⲱ⸗는 명사 ⲣⲱ⸗(입, 문)에 ϩⲓ와 ⲉ를 더한 것이다; 후자는 소유격 ⲛ̄을 가진 ϩⲓⲣⲛ̄ 및 ⲉⲣⲛ̄에서 ⲣ로 축소된다.

(5) ϩⲓⲧⲟⲟⲧ⸗는 ϩⲓ에 명사 ⲧⲟⲟⲧ⸗(손)를 더한 것이다; 후자는 소유격 ⲛ̄을 가진 ϩⲓⲧⲛ̄에서 -ⲧ-로 축소된다.

(6) ⲛⲁϩⲣⲁ⸗는 명사 ϩⲣⲁ⸗(얼굴)를 포함하고 있다. 처음의 요소는 불분명하다. ⲛⲁϩⲣⲛ̄에는 소유격 ⲛ̄도 포함한다.

(7) ϩⲁϩⲧⲏ⸗는 ϩⲁ에 명사 ϩⲧⲏ⸗(심장, 가슴)를 더하여 구성되어 있으며, 소유격 ⲛ̄을 가진 ϩⲁϩⲧⲛ̄에서 -ϩⲧ-로 축소된다.

이 표현에 포함된 명사는 이후의 레슨에서 다룰 것이다.

이러한 전치사들의 대표적인 굴절은 아래와 같다.

	단수		복수	
1인칭	ⲉⲣⲟⲓ	나에게 /나를	ⲉⲣⲟⲛ	우리에게
2인칭(남)	ⲉⲣⲟⲕ	너에게	ⲉⲣⲱⲧⲛ̄	너희에게
2인칭(여)	ⲉⲣⲟ	너에게		
3인칭(남)	ⲉⲣⲟϥ	그에게	ⲉⲣⲟⲟⲩ	그들에게
3인칭(여)	ⲉⲣⲟⲥ	그녀에게		

	단수		복수	
1인칭	ⲛ̄ⲙ̄ⲙⲁⲓ	나와 함께	ⲛ̄ⲙ̄ⲙⲁⲛ	우리와 함께
2인칭(남)	ⲛ̄ⲙ̄ⲙⲁⲕ	너와 함께	ⲛ̄ⲙ̄ⲙⲏⲧⲛ̄	너희와 함께
2인칭(여)	ⲛ̄ⲙ̄ⲙⲉ	너와 함께		
3인칭(남)	ⲛ̄ⲙ̄ⲙⲁϥ	그와 함께	ⲛ̄ⲙ̄ⲙⲁⲩ	그들과 함께
3인칭(여)	ⲛ̄ⲙ̄ⲙⲁⲥ	그녀와 함께		

	단수		복수	
1인칭	ⲛ̄ϩⲏⲧ	내 안에	ⲛ̄ϩⲏⲧⲛ̄	우리 안에
2인칭(남)	ⲛ̄ϩⲏⲧⲕ̄	너 안에	ⲛ̄ϩⲏⲧ-ⲧⲏⲩⲧⲛ̄	너희 안에
2인칭(여)	ⲛ̄ϩⲏⲧⲉ	너 안에		
3인칭(남)	ⲛ̄ϩⲏⲧϥ̄	그 안에	ⲛ̄ϩⲏⲧⲟⲩ	그들 안에
3인칭(여)	ⲛ̄ϩⲏⲧⲥ̄	그녀 안에		

	단수		복수	
1인칭	ⲟⲩⲃⲏⲓ	나를 대항하여	ⲟⲩⲃⲏⲛ	우리를 대항하여
2인칭(남)	ⲟⲩⲃⲏⲕ	너를 대항하여	ⲟⲩⲃⲉ-ⲧⲏⲩⲧⲛ̄	너희를 대항하여
2인칭(여)	[ⲟⲩⲃⲏⲧⲉ]	너를 대항하여		
3인칭(남)	ⲟⲩⲃⲏϥ	그를 대항하여	ⲟⲩⲃⲏⲩ	그들을 대항하여
3인칭(여)	ⲟⲩⲃⲏⲥ	그녀를 대항하여		

	단수		복수	
1인칭	ⲉⲧⲃⲏⲏⲧ	나 때문에	ⲉⲧⲃⲏⲏⲧⲛ̄	우리 때문에
2인칭(남)	ⲉⲧⲃⲏⲏⲧⲕ̄	너 때문에	ⲉⲧⲃⲉ-ⲧⲏⲩⲧⲛ̄	너희 때문에
2인칭(여)	ⲉⲧⲃⲏⲏⲧⲉ	너 때문에		
3인칭(남)	ⲉⲧⲃⲏⲏⲧϥ̄	그 때문에	ⲉⲧⲃⲏⲏⲧⲟⲩ	그들 때문에
3인칭(여)	ⲉⲧⲃⲏⲏⲧⲥ̄	그녀 때문에		

ϩⲓ의 대명사 접미형은 ϩⲓⲱ⸗와 ϩⲓⲱⲱ⸗로 나타난다. 대표적인 형태는 다음과 같다.

	단수		복수	
1인칭	ϩⲓⲱⲱⲧ	나에게on me	ϩⲓⲱⲱⲛ, ϩⲓⲱⲛ	우리에게
2인칭(남)	ϩⲓⲱⲱⲕ, ϩⲓⲱⲕ	너에게	ϩⲓ-ⲧⲏⲩⲧⲛ̄	너희에게
2인칭(여)	ϩⲓⲱⲱⲧⲉ	너에게		
3인칭(남)	ϩⲓⲱⲱϥ, ϩⲓⲱϥ	그에게	ϩⲓⲱⲟⲩ	그들에게
3인칭(여)	ϩⲓⲱⲱⲥ, ϩⲓⲱⲥ	그녀에게		

접미사가 붙는 대명사형에 대한 전반적인 다음 세부 사항은 향후 참고를 위해 유의해야 한다.

(1) 1인칭 단수 접미사는 단모음 뒤에는 ⲓ로, -ⲧ⸗ 뒤에는 아무것도 없이, 그 외는 ⲧ로 나타난다.

(2) 2인칭 여성 단수의 접미사는 -ⲁ⸗ 이 외의 단모음 뒤에는 아무것도 없이, 단일 -ⲁ⸗ 대신에 -ⲉ로, -ⲧ⸗ 뒤에는 -ⲉ로, 그 외는 -ⲧⲉ로 나타난다.

(3) 2인칭 복수의 접미사는, 단일 -ⲟ⸗, -ⲁ⸗, -ⲱ⸗ 뒤에는 -ⲧⲛ̄으로 나타나고, -ⲟ⸗는 -ⲱ⸗로, -ⲁ⸗는 -ⲏ⸗로 변경된다. -ⲧ⸗ 뒤에는 -ⲧⲏⲩⲧⲛ̄을 사용한다. 그 외에 -ⲧⲏⲩⲧⲛ̄은 ϩⲁϩⲧⲛ̄-ⲧⲏⲩⲧⲛ̄에서와 같이 일반적으로 전치사 또는 다른 형태의 명사형에 추가된다.

어휘 9

ϣⲱⲡⲉ 생기다; 일어나다, 발생하다; 벌어지다; ϣⲱⲡⲉ ⲙ̄ⲙⲟ⸗ 생기다, (사람에게) ~이 발생하다; ⲁⲥϣⲱⲡⲉ ~한 일이 일어났다.

(ⲁⲥϣⲱⲡⲉ ⲁϥⲉⲓ ϣⲁⲣⲟⲛ '그가 우리에게 온 일이 일어났다'에서 와 같이 주동사가 뒤에 온다.)

ⲙⲟⲩ 죽다, 사라지다(~의, ~로부터: **ⲉⲧⲃⲉ, ϩⲁ**); m.s. 죽음, 죽음의 방식

ϩⲉ 실패하다; **ϩⲉ ⲉ** ~에 실패하다; 찾다, 발견하다, 우연히 ~을 발견하다; **ϩⲉ ⲉⲃⲟⲗ** 소멸되다, 잃어버리다, 사라지다

ⲛ̄ⲕⲟⲧⲕ̄ 눕다, 자다; (자주) 죽음의 완곡한 말

ϩⲱⲛ ~쪽으로 가다, 접근하다(사람이나 물건: **ⲉ, ⲉϩⲟⲩⲛ ⲉ**)

ϩⲓⲥⲉ 지치게 되다, 소모되다, 곤란하다, 고통받다; n.m. 노동, 수고; 피로, 고통

ϩⲕⲟ 굶주리다; n.m. 굶주림, 기근

ⲡ.ⲕⲁϩ 대지, 땅

ⲡ.ϣⲁ 축제, 축일

ⲡⲉ.ϩⲟⲟⲩ 하루, 날; **ⲙ̄ ⲡⲟⲟⲩ** adv. 요즘, 오늘에(**ϩ**의 손실에 주의); **ϣⲁ ⲡⲟⲟⲩ** 오늘날 까지, 지금까지

ⲡⲉ.ϭⲗⲟϭ 침대

ⲙⲛ̄ⲛ̄ⲥⲁ (= **ⲙⲛ̄ⲛ̄ⲥⲱ⸗**) prep. ~의 뒤에(시간); **ⲙⲛ̄ⲛ̄ⲥⲱⲥ** adv. 그 후, 뒤에

그리스어 명사

ⲇⲉ (δέ) (1) 후치 접속사; 그러나, 그렇지만 (2) 빈번히 새로운 주어나 주제 소개의 표시로서 번역 대응어가 없다.

ⲧ.ⲥⲩⲛⲁⲅⲱⲅⲏ (ἡ συναγωγή) 회당

연습문제 9

다음의 전치사구를 번역하라. 명사 목적어를 적절한 대명사 접미사로 바꾸어라. 예, **ⲉⲧⲃⲉ ⲡⲉⲓϩⲱⲃ** → **ⲉⲧⲃⲏⲏⲧ⸗ϥ**

A. 1. **ⲉϫⲙ̄ ⲡⲕⲁϩ**

2. **ⲟⲩⲃⲉ ⲡⲉⲩϫⲟⲉⲓⲥ**

3. **ϩⲓ ⲡⲉϥϭⲗⲟϭ**

4. **ϩⲓⲣⲙ̄ ⲡⲧⲁⲫⲟⲥ**

5. **ⲙⲛ̄ⲛ̄ⲥⲁ ⲡⲉϥⲙⲟⲩ**

6. **ⲛⲁϩⲣⲙ̄ ⲡⲛⲟⲩⲧⲉ**

7. **ϩⲛ̄ ⲛ̄ⲉⲓⲉⲣⲟ**

8. **ϩⲓⲧⲛ̄ ⲛⲉⲓϩⲓⲥⲉ**

9. **ⲉ ⲛ̄ⲧⲃ̄ⲧ**

10. **ⲉⲧⲃⲉ ⲡⲉⲩϩⲕⲟ**

11. ⲉ ⲡⲉⲥⲣⲁⲛ

12. ϣⲁ ⲛⲉϥϩⲙ̅ϩⲁⲗ

13. ϩⲓϫⲙ̅ ⲡⲕⲁϩ

14. ⲛ̅ⲥⲁ ⲡⲉϥϣⲏⲣⲉ

15. ϩⲓⲧⲙ̅ ⲡⲉϩⲕⲟ

16. ϩⲁ ⲡⲁϭⲗⲟϭ

17. ⲙⲛ̅ⲛ̅ⲥⲁ ⲡⲉⲛⲡⲱⲧ

18. ϩⲛ̅ ⲡⲉϥⲣⲓ

19. ϩⲓϫⲙ̅ ⲡⲉⲕϫⲟⲓ

20. ϩⲁ ⲛⲉⲧⲛ̅ϩⲓⲥⲉ

21. ⲉⲧⲃⲉ ⲛ̅ϣⲁ

22. ϩⲓⲣⲛ̅ ⲧⲉⲕⲕⲗⲏⲥⲓⲁ

23. ϣⲁ ⲧϩⲗ̅ⲗⲱ

24. ⲞⲨⲂⲈ ⲚⲀϢⲀϪⲈ

25. ⲚⲀϨⲢⲚ̄ ⲦⲈϤⲘⲀⲀⲨ

26. ϨⲒⲦⲘ̄ ⲠⲞⲨⲞⲈⲒⲚ

27. ϨⲀϨⲦⲚ̄ ⲦⲈⲘⲢⲰ

28. ⲈϪⲘ̄ ⲠⲂⲎⲘⲀ

29. Ⲙ̄ ⲠⲘⲞⲞⲨ

30. ⲘⲚ̄Ⲛ̄ⲤⲀ ⲠϢⲀ ⲈⲦ Ⲙ̄ⲘⲀⲨ

B. 1. ⲈⲂⲞⲖ ϨⲒⲰⲰⲚ

2. ⲚⲘ̄ⲘⲀⲒ

3. ⲈⲂⲞⲖ Ⲛ̄ϨⲎⲦ-ⲦⲎⲨⲦⲚ̄

4. ⲞⲨⲂⲎⲒ

5. ⲈⲦⲂⲎⲎⲦⲚ̄

6. ϩⲁϩⲧⲏⲛ

7. ⲉϩⲣⲁⲓ ⲉϫⲱⲛ

8. ⲟⲩⲃⲉ-ⲧⲏⲩⲧⲛ̄

9. ⲛⲙ̄ⲙⲏⲧⲛ̄

10. ⲉⲡⲉⲥⲏⲧ ⲉϫⲱⲓ

11. ⲛ̄ⲛⲁϩⲣⲁⲓ

12. ⲉⲧⲃⲏⲏⲧⲕ̄

13. ⲛⲁϩⲣⲉ

14. ϩⲓⲱⲕ

15. ⲛⲙ̄ⲙⲁⲛ

C. 1. ⲁ-ⲡⲙⲟⲩ ϣⲱⲡⲉ ϩⲙ̄ ⲡⲕⲟⲥⲙⲟⲥ ⲉⲃⲟⲗ ϩⲓⲧⲛ̄ ⲛⲉⲛⲛⲟⲃⲉ.

2. ⲙⲛ̄ⲛ̄ⲥⲁ ⲛⲁⲓ ⲇⲉ ⲁϥⲙⲟⲩ ⲛ̄ϭⲓ ⲡⲣ̄ⲣⲟ ⲉⲧ ⲙ̄ⲙⲁⲩ.

3. ⲁ-ⲡϣⲏⲣⲉ ϩⲉ ⲉⲡⲉⲥⲏⲧ ⲉϫⲙ̄ ⲡⲕⲁϩ.

4. ⲉⲧⲃⲉ ⲟⲩ ⲁ-ⲛⲉⲓϩⲓⲥⲉ ϣⲱⲡⲉ ⲙ̄ⲙⲟⲓ?

5. ⲁϥⲛ̄ⲕⲟⲧⲕ̄ ⲉϫⲙ̄ ⲡⲉϭⲗⲟϭ, ⲁϥⲣⲓⲙⲉ.

6. ⲁ-ⲛ̄ⲣⲱⲙⲉ ϩⲱⲛ ⲉϩⲟⲩⲛ ⲉ ⲡϯⲙⲉ ⲉⲧ ϩⲓϫⲙ̄ ⲡⲧⲟⲟⲩ ⲉⲧ ⲙ̄ⲙⲁⲩ.

7. ⲙⲛ̄ⲛ̄ⲥⲱⲥ ⲇⲉ ⲁⲩϩⲉ ⲉ ⲡⲉⲩϣⲏⲣⲉ ϩⲛ̄ ⲧⲥⲩⲛⲁⲅⲱⲅⲏ.

8. ⲁⲩⲙⲟⲩ ⲛ̄ϭⲓ ⲛ̄ⲣⲱⲙⲉ ⲛ̄ ⲧⲉⲓⲡⲟⲗⲓⲥ ϩⲁ ⲟⲩϩⲕⲟ.

9. ⲁ-ⲟⲩϣⲁ ϣⲱⲡⲉ ⲙ̄ ⲡⲉⲓⲙⲁ ⲙ̄ ⲡⲉϩⲟⲟⲩ ⲉⲧ ⲙ̄ⲙⲁⲩ.

10. ⲁⲛϩⲓⲥⲉ ϩⲓⲧⲙ̄ ⲡⲉϩⲕⲟ ⲁⲩⲱ ⲁⲛⲧⲱⲟⲩⲛ, ⲁⲛⲃⲱⲕ ⲉ ⲕⲉϯⲙⲉ.

11. ⲁϥϣⲁϫⲉ ⲛⲙ̄ⲙⲁⲛ ⲉⲧⲃⲉ ⲛ̄ϫⲱⲱⲙⲉ ⲉⲧ ϩⲛ̄ ⲧⲡⲟⲗⲓⲥ.

12. ⲁⲓϩⲓⲥⲉ, ⲁⲓⲛ̄ⲕⲟⲧⲕ̄, ⲁⲓϣⲗⲏⲗ ⲉ ⲡⲛⲟⲩⲧⲉ ⲉⲧⲃⲉ ⲛⲉⲓϣⲁϫⲉ.

13. ⲁϥϩⲱⲛ ⲉϩⲟⲩⲛ ⲛ̄ϭⲓ ⲡⲉϩⲟⲟⲩ ⲙ̄ ⲡϣⲁ.

14. ⲁ-ⲡϩⲗ̄ⲗⲟ ⲙⲟⲩ ϩⲓⲣⲙ̄ ⲡⲣⲟ ⲛ̄ ⲧⲉϥⲣⲓ.

15. ⲁⲩϩⲕⲟ ⲁⲩⲱ ⲁⲩⲉⲓ ⲉⲡⲁϩⲟⲩ ⲉ ⲡϯⲙⲉ.

16. ⲙⲛ̄ⲛ̄ⲥⲱⲥ ⲇⲉ ⲁ-ⲧⲉⲛⲡⲟⲗⲓⲥ ϩⲉ ⲉⲃⲟⲗ ϩⲓⲧⲟⲟⲧϥ̄.

17. ⲁϥⲧⲱⲟⲩⲛ ⲛ̄ϭⲓ ⲡϣⲏⲣⲉ ⲉⲃⲟⲗ ϩⲓ ⲡⲕⲁϩ, ⲁϥⲡⲱⲧ ϣⲁ ⲡⲉϥⲉⲓⲱⲧ.

18. ⲙⲛ̄ⲛ̄ⲥⲁ ⲛⲉⲓϣⲁϫⲉ ⲁ-ⲡⲉⲛϫⲟⲉⲓⲥ ⲛ̄ⲕⲟⲧⲕ̄.

19. ⲁⲥϣⲱⲡⲉ ⲇⲉ ⲁⲥϩⲉ ⲉ ⲡⲛⲟⲩⲃ ϩⲁ ⲡⲉϭⲗⲟϭ.

20. ⲁ-ⲛⲉϫⲏⲩ ϩⲱⲛ ⲉϩⲟⲩⲛ ⲉ ⲧⲉⲙⲣⲱ.

레슨 10
직접 목적어, 간접 목적어, 제1 완료형의 부정문, 명사와 조합된 전치사

10.1 직접 목적어. 타동사의 직접 목적어는 일반적으로 전치사 **ⲛ̄(ⲙ̄, ⲙ̄ⲙⲟ⸗)**으로 도입된다.

> **ⲁϥⲕⲱⲧ ⲛ̄ ⲟⲩⲏⲓ.** 그는 한 집을 지었다.
>
> **ⲁϥⲕⲱⲧ ⲙ̄ⲙⲟϥ.** 그는 그것을 지었다.

많은 동사들, 특별히 지각을 나타내는 동사들은 **ⲉ**를 사용한다.

> **ⲁⲛⲥⲱⲧⲙ̄ ⲉ ⲡⲉϥϩⲣⲟⲟⲩ.** 우리는 그의 음성을 들었다.
>
> **ⲁⲛⲥⲱⲧⲙ̄ ⲉⲣⲟϥ.** 우리는 그것을 들었다.

간혹 다른 전치사가 이 기능을 떠맡는다. 예, **ⲛ̄ⲥⲁ(ⲛ̄ⲥⲱ⸗)**.

> **ⲁϥϣⲓⲛⲉ ⲛ̄ⲥⲁ ⲧⲉϥⲥϩⲓⲙⲉ.** 그는 그의 아내를 찾았다.
>
> **ⲁϥϣⲓⲛⲉ ⲛ̄ⲥⲱⲥ.** 그는 그녀를 찾았다.

각 타동사에 대한 적절한 전치사는 동사가 소개될 때 레슨의 어휘에서 주어질 것이다.

10.2 간접 목적어(여격). 간접 목적어가 존재하는 경우는 전치사 **ⲛ̄**(**ⲛⲁ⸗**, §9.1에서 **ⲛ̄ⲙ̄ⲙⲁ⸗**처럼 굴절된)으로 도입된다.

> **ⲁⲓϯ ⲙ̄ ⲡϫⲱⲱⲙⲉ ⲙ̄ ⲡⲣⲱⲙⲉ.** 나는 그 책을 그 사람에게 주었다.
>
> **ⲁⲓϯ ⲛⲁϥ ⲙ̄ ⲡϫⲱⲱⲙⲉ.** 나는 그에게 그 책을 주었다.

ⲁⲓϯ ⲙ̄ⲙⲟϥ ⲛⲁϥ. 나는 그것을 그에게 주었다.

가장 빈번한 직접 목적어와 간접 목적어 마커의 명사형이 같은 것은 유감스러운 일이다(ⲛ̄, ⲡ와 ⲙ 앞에서는 ⲙ̄). 일반적으로 직접 목적어가 명사형이고 간접 목적어가 대명사 접미형이 아닌 한, 직접 목적어는 간접 목적어보다 선행한다. 후자의 경우 어느 쪽이든 순서가 다 올바르지만 간접 목적어를 먼저 배치하는 것을 선호한다. 전치사 ⲉ(ⲉⲣⲟ⸗)도 종종 그리스어와 영어에서 간접 목적어(여격)로 간주하는 것을 표시한다.

10.3 제1 완료형(First Perfect)**의 부정문.** (ⲙ̄ⲡⲉ-, ⲙ̄ⲡ⸗) 제1 완료형의 부정문의 형태는 긍정문의 형태와 형식상의 관련이 없다.

	단수	
1인칭	ⲙ̄ⲡⲓⲃⲱⲕ	나는 가지 않았다.
2인칭(남)	ⲙ̄ⲡⲉⲕⲃⲱⲕ	너는 가지 않았다
2인칭(여)	ⲙ̄ⲡⲉⲃⲱⲕ	너는 가지 않았다
3인칭(남)	ⲙ̄ⲡⲉϥⲃⲱⲕ	그는 가지 않았다
3인칭(여)	ⲙ̄ⲡⲉⲥⲃⲱⲕ	그녀는 가지 않았다
	복수	
1인칭	ⲙ̄ⲡⲉⲛⲃⲱⲕ	우리는 가지 않았다
2인칭(공통)	ⲙ̄ⲡⲉⲧⲛ̄ⲃⲱⲕ	너희는 가지 않았다
3인칭(공통)	ⲙ̄ⲡⲟⲩⲃⲱⲕ	그들은 가지 않았다

명사 주어와 함께: ⲙ̄ⲡⲉ-ⲡⲣⲱⲙⲉ ⲃⲱⲕ(그 사람은 가지 않았다). ⲙ̄ⲡⲕ̄-, ⲙ̄ⲡϥ̄-, ⲙ̄ⲡⲛ̄-과 같은 변형 철자는 흔하지 않다.

10.4 레슨 9에서 언급된 것처럼 많은 전치사는 **명사와 조합된 단순 전**

치사로 구성되어 있다. 이러한 표현에 나타나는 명사는 소유를 나타내는 대명사 접미사를 취하는 특별한 그룹에 속한다. 우리는 이후의 레슨에서 이것들 중 더 중요한 것을 개별적으로 다루겠지만, 지금은 **ⲧⲱⲣⲉ**(손)의 대명사 접미형인 **ⲧⲟⲟⲧ⸗**에 주목하라. 절대 형태 **ⲧⲱⲣⲉ**는 "손잡이, 도구, 삽"이라는 특별한 의미와, 일부 복합 언어 표현에서만 살아남는다(어휘 사전 참조); "손"이라는 의미는 **ϭⲓϫ**로 대체됐다. **ϩⲓⲧⲟⲟⲧ⸗**, **ⲉⲧⲟⲟⲧ⸗**, **ⲛ̄ⲧⲟⲟⲧ⸗**와 같은 **ⲧⲟⲟⲧ⸗**와 조합된 전치사는 종종 실제 명사 목적어 앞에 선행하는 대명사 목적어를 가진 구문을 사용하며, 후자는 불변화사 **ⲛ̄** (**ⲙ̄**)으로 도입된다.

> **ϩⲓⲧⲟⲟⲧϥ̄ ⲙ̄ ⲡⲣ̄ⲣⲟ** 왕(의 주선)에 의해
>
> **ⲉⲧⲟⲟⲧⲟⲩ ⲛ̄ ⲛⲉϥⲥⲛⲏⲩ** 그의 형제들(의 손)에게
>
> **ⲛ̄ⲧⲟⲟⲧⲥ̄ ⲛ̄ ⲧⲉϥⲥϩⲓⲙⲉ** 그의 아내(의 손으)로부터

이와 같은 구문은 지금까지 소개된 다른 전치사에서도 가끔 발견된다.

어휘 10

> **ⲕⲱⲧ** 건축하다, 세우다 (**ⲙ̄ⲙⲟ⸗**)
>
> **ⲛⲁⲩ** 보다, 쳐다보다(**ⲉ**)
>
> **ⲥⲱⲧⲙ̄** 듣다, 귀를 기울이다(**ⲉ**); 따르다(**ⲛⲁ⸗**, **ⲛ̄ⲥⲁ**).
>
> **ϣⲓⲛⲉ** 구하다, 찾다, 안부를 묻다(**ⲛ̄ⲥⲁ**); 방문하다(**ⲉ**); 인사하다(**ⲉ**).
>
> **ϭⲓⲛⲉ** 발견하다(**ⲙ̄ⲙⲟ⸗**)
>
> **ϯ** 주다(**ⲙ̄ⲙⲟ⸗**); 맡기다(**ⲙ̄ⲙⲟ⸗**; ~에게: **ⲉⲧⲛ̄**); **ϯ ⲟⲩⲃⲉ**, **ϯ ⲙⲛ̄** 싸우다;

ϯ M̄MO⸗ ЄBOλ 팔다(~에게: Є, Nλ⸗).

ϪI 가지다, 받다(M̄MO⸗).

ϤI 들어올리다, 가지다, 견디다, 옮기다(M̄MO⸗); ϤI MN̄ ~에 동의하다; ϤI ϨA 견디다, 용인하다.

TЄ.ϢTHN 옷, 튜닉

T.ϨOЄITЄ, Π.ϨOЄITЄ 옷, 망토

ΠЄ.ϨPOOY 소리, 목소리.

N̄TN̄ (N̄TOOT⸗) ~에 의해, ~로부터; 매우 다양한 표현으로 사용됐으며, '받는 동사, 인정하는 동사, 듣는 동사'와[1] 함께 매우 자주 사용됐다. 분리 개념separative notion이 동사 관용구에 들어있다; 따라서 다른 동사와 함께 '(존재의) 가까이에, ~의해, ~와 함께, ~의 손 안에'의 의미가 있다.

ЄTN̄ (ЄTOOY⸗) ~에게; '맡기는 동사, 주는 동사, 이양하는 동사, 전가하는 동사'와 함께 빈번히 사용됐다.

연습문제 10

1. ΑϤϮ NΑI N̄ OYϢTHN.

2. ΑIϮ NΑϤ M̄ ΠΑϪOI ЄBOλ.

3. ΑIϮ M̄ ΠNOYB ЄTOOTϤ̄.

---

1. 받는 것에 관련된 동사, 인정에 관련된 동사, 듣는 것에 관련된 동사—옮긴이.

4. ⲁⲛϯ ⲙⲛ̄ ⲛ̄ⲣⲱⲙⲉ ⲉⲧ ⲙ̄ⲙⲁⲩ.

5. ⲁⲩϯ ⲟⲩⲃⲏⲛ.

6. ⲁϥϯ ⲙ̄ ⲡⲛⲟⲩⲃ ⲙ̄ ⲡⲉϥϣⲏⲣⲉ.

7. ⲁⲩϥⲓ ⲙ̄ ⲡⲱⲛⲉ ⲉⲃⲟⲗ ϩⲓⲣⲱϥ.

8. ⲁϥϥⲓ ⲙ̄ ⲡⲉϥϣⲏⲣⲉ ⲉϩⲣⲁⲓ.

9. ⲙ̄ⲡⲉⲛϥⲓ ⲛⲙ̄ⲙⲁⲩ.

10. ⲁϥϥⲓ ⲙ̄ ⲡⲉϥϭⲗⲟϭ, ⲁϥⲃⲱⲕ ⲉⲃⲟⲗ.

11. ⲁⲩⲕⲱⲧ ⲛ̄ ⲟⲩⲣ̄ⲡⲉ ⲙ̄ⲙⲁⲩ.

12. ⲙ̄ⲡⲟⲩⲥⲱⲧⲙ̄ ⲛ̄ⲥⲁ ⲡⲉⲩϫⲟⲉⲓⲥ.

13. ⲁⲓⲥⲱⲧⲙ̄ ⲉ ⲡⲉϩⲣⲟⲟⲩ ⲙ̄ ⲡⲟⲩⲏⲏⲃ.

14. ⲙ̄ⲡⲓⲥⲱⲧⲙ̄ ⲉⲧⲃⲉ ⲡⲉⲥⲙⲟⲩ.

15. ⲁⲛⲛⲁⲩ ⲉⲩϫⲟⲓ ⲙ̄ⲙⲁⲩ.

16. ⲁⲩϣⲓⲛⲉ ⲛ̄ⲥⲱⲓ ϩⲛ̄ ⲧⲁⲅⲟⲣⲁ.

17. ⲁⲛϭⲓⲛⲉ ⲙ̅ⲙⲟϥ ⲉϫⲙ̅ ⲡⲉⲕⲣⲟ ⲙⲛ̅ ⲡⲉⲛⲥⲁϩ.

18. ⲁⲓϣⲓⲛⲉ ⲉⲣⲟϥ ϩⲛ̅ ⲧⲉϥⲣⲓ.

19. ⲁϥⲛⲁⲩ ⲉⲩⲁⲅⲅⲉⲗⲟⲥ.

20. ⲁⲓϫⲓ ⲙ̅ⲙⲟⲟⲩ ⲛ̅ⲧⲟⲟⲧϥ̅ ⲙ̅ ⲡⲁⲉⲓⲱⲧ.

21. ⲁⲩϫⲓ ⲙ̅ⲙⲟϥ ⲛ̅ⲧⲟⲟⲧ.

22. ⲁⲛϯ ⲙ̅ⲙⲟⲥ ⲉⲧⲟⲟⲧⲉ.

23. ⲁϥϭⲓⲛⲉ ⲙ̅ⲙⲟϥ ϩⲁ ⲡⲉϥϭⲗⲟϭ.

24. ⲡⲉϥⲉⲓⲱⲧ ⲇⲉ ⲙ̅ⲡⲉϥⲃⲱⲕ ⲉϩⲟⲩⲛ.

25. ⲉⲧⲃⲉ ⲟⲩ ⲙ̅ⲡⲉⲧⲛ̅ⲛ̅ⲕⲟⲧⲕ̅?

26. ⲁⲛϥⲓ ϩⲁ ⲛ̅ϩⲓⲥⲉ ⲉⲧ ⲙ̅ⲙⲁⲩ.

27. ⲙ̅ⲡⲉⲥϩⲱⲛ ⲉϩⲟⲩⲛ ⲉ ⲡⲧⲁⲫⲟⲥ.

28. ⲙ̅ⲡⲓϯ ⲙ̅ ⲡϩⲟⲉⲓⲧⲉ ⲉⲃⲟⲗ.

29. ⲙ̅ⲡⲓϯ ⲛⲉ ⲛ̅ ⲧⲉⲓϣⲧⲏⲛ.

30. ⲉⲧⲃⲉ ⲟⲩ ⲙ̄ⲡⲉⲉⲓ ϣⲁⲣⲟⲓ?

31. ⲙ̄ⲡⲉⲛϣⲁϫⲉ ⲛⲙ̄ⲙⲁⲩ.

32. ⲉⲧⲃⲉ ⲟⲩ ⲁⲩϯ ⲛⲙ̄ⲙⲏⲧⲛ̄?

33. ⲙ̄ⲡⲉϥϩⲉ ⲉⲣⲟⲛ ⲙ̄ⲙⲁⲩ.

34. ⲙ̄ⲡⲟⲩⲁⲗⲉ ⲉ ⲡⲉⲩϫⲟⲓ.

35. ⲙ̄ⲡⲉⲧⲛ̄ϫⲓ ⲛ̄ ⲛⲉⲓⲉⲛⲧⲟⲗⲏ ⲛ̄ⲧⲟⲟⲧⲟⲩ ⲛ̄ ⲛⲉⲧⲛ̄ⲉⲓⲟⲧⲉ.

36. ⲙ̄ⲡⲉϥⲧⲱⲟⲩⲛ ⲉⲃⲟⲗ ϩⲓ ⲡⲕⲁϩ.

37. ⲁϥⲥⲱⲧⲙ̄ ⲉ ⲛⲉⲩϩⲣⲟⲟⲩ, ⲁϥⲡⲱⲧ ⲉⲃⲟⲗ.

38. ⲁⲩϥⲓ ⲛ̄ϭⲓ ⲡⲙⲏⲏϣⲉ ⲙⲛ̄ ⲡⲉⲡⲓⲥⲕⲟⲡⲟⲥ.

39. ⲙ̄ⲡⲉⲛⲥⲱⲧⲙ̄ ⲉ ⲛⲉϥϣⲁϫⲉ.

40. ⲁϥϫⲓ ⲙ̄ ⲡⲁϩⲟⲉⲓⲧⲉ.

41. ⲙ̄ⲡⲉ-ⲡⲉϥⲙⲁⲑⲏⲧⲏⲥ ⲥⲱⲧⲙ̄ ⲛⲁϥ.

42. ⲙ̄ⲡⲉ-ⲡⲁϣⲏⲣⲉ ⲉⲓ ⲉⲡⲁϩⲟⲩ.

43. ⲁⲓⲥⲱⲧⲙ̄ ⲉⲧⲃⲉ ⲛⲁⲓ ⲛ̄ⲧⲟⲟⲧϥ̄ ⲙ̄ ⲡⲁⲥⲟⲛ.

44. ⲁϥϯ ⲛ̄ ⲧⲉϥⲙⲁⲁⲩ ⲉⲧⲟⲟⲧⲟⲩ ⲛ̄ ⲛⲉϥⲙⲁⲑⲏⲧⲏⲥ.

45. ⲁⲩϭⲓⲛⲉ ⲙ̄ⲙⲟϥ ⲛ̄ ⲧⲙⲏⲧⲉ ⲙ̄ ⲡⲙⲏⲏϣⲉ.

46. ⲁ-ⲡϩⲁⲙϣⲉ ⲕⲱⲧ ⲛⲁⲛ ⲛ̄ ⲟⲩⲏⲓ ⲙ̄ⲙⲁⲩ.

47. ⲙⲉϣⲁⲕ ⲁ-ⲡⲟⲩϩⲁⲓ ⲙⲟⲩ.

48. ⲁⲓⲛⲁⲩ ⲉ ⲡⲉⲟⲟⲩ ⲙ̄ ⲡϫⲟⲉⲓⲥ ⲙⲛ̄ ⲧⲉϥϭⲟⲙ.

49. ⲁⲩⲡⲱⲧ ⲛⲙ̄ⲙⲁⲛ ⲉ ⲧⲟⲣⲓⲛⲏ.

50. ⲁϥϣⲁϫⲉ ⲛⲙ̄ⲙⲁⲓ ⲉⲧⲃⲉ ⲡⲉⲩⲁⲅⲅⲉⲗⲓⲟⲛ.

레슨 11
부정사(1), 패턴 ⲭⲓ 부정사

11.1 부정사(infinitive)의 형태.[1] 많은 타동사의 명사형 혹은 대명사 접미형 목적어는 다음과 같이 전치사 목적어 마커를 사용하지 않고 부정사 뒤에 직접 접미사로 붙을 수 있다.

> **ⲁⲓϭⲓⲛⲉ ⲙ̄ ⲡⲁⲉⲓⲱⲧ.** → **ⲁⲓϭⲛ̄-ⲡⲁⲉⲓⲱⲧ.** 나는 나의 아버지를 찾았다.
>
> **ⲁⲓϭⲓⲛⲉ ⲙ̄ⲙⲟϥ.** → **ⲁⲓϭⲛ̄ⲧϥ̄.** 나는 그를 찾았다.

이 구문을 허용하는 부정사에는 세 가지의 독특한 형태가 있다:

(1) 기본(절대) 사전형(**ϭⲓⲛⲉ**)
(2) 명사형(**ϭⲛ̄-**; 단일 하이픈을 사용하는 관례에 주의하라.)
(3) 인칭대명사 접미형(**ϭⲛ̄ⲧ⸗**)

일부 패턴의 부정사의 경우에 이 세 가지 형태는 어느 정도 예측할 수 있지만, 그 외에 많은 불규칙도 있다. 우리는 이후의 레슨에서 가장 중요한 패턴을 개별적으로 다룰 것이다. 주어진 부정사에 접미사로 붙는 대명사의 형태는 §9.1에서 주어진 전치사의 대명사 접미형에서 접미사로 붙은 것과 거의 같다. 다른 예들은 필요에 따라 주어질 것이다.

---

1. 본서에서 말하는 부정사(infinitive)에는 기본형, 명사형, 인칭대명사 접미형의 세 가지 형태가 있다. 본서에서 '인칭대명사 접미형'은 '대명사 접미형'으로 표기됐다—옮긴이.

11.2 패턴 ϫⲓ 유형의 부정사. 이 패턴의 부정사는 일부 불규칙성을 보여주지만, 이러한 동사 중 세 가지(ϥⲓ, ϯ, ϫⲓ)는 특히 빈번하게 나오므로 그 형태를 반드시 익혀야 한다.

기본형 (normal)	명사형 (prenominal)	대명사 접미형 (prepronominal)	뜻
ϯ	ϯ-	ⲧⲁⲁ⸗	주다
ϫⲓ	ϫⲓ-	ϫⲓⲧ⸗	받다, 가지다
ϥⲓ	ϥⲓ-	ϥⲓⲧ⸗	높이다, (들어) 올리다, 옮기다
ϣⲓ	ϣⲓ-	ϣⲓⲧ⸗	재다, 측정하다.

동사 ⲥⲓ(만족하다) 및 ⲉⲓ(오다)는 자동사이므로 직접 목적어를 취하지 않는다. ϥⲓ, ϣⲓ, ⲥⲓ는 ϥⲉⲓ, ϣⲉⲓ, ⲥⲉⲓ로도 쓸 수 있으나, ϯ를 대신하는 ⲧⲉⲓ는 드물다. 아래의 동사에는 다음과 같이 목적격 대명사가 붙는다.

	단수		복수	
1인칭	ϫⲓⲧ	나를 받다	ϫⲓⲧⲛ̄	우리를 받다
2인칭(남)	ϫⲓⲧⲕ̄	너를 받다	ϫⲓ-ⲧⲏⲩⲧⲛ̄	너희를 받다
2인칭(여)	ϫⲓⲧⲉ	너를 받다		
3인칭(남)	ϫⲓⲧϥ̄	그를 받다	ϫⲓⲧⲟⲩ	그를 받다
3인칭(여)	ϫⲓⲧⲥ̄	그녀를 받다		

	단수		복수	
1인칭	ⲧⲁⲁⲧ	나를 주다	ⲧⲁⲁⲛ	우리를 주다
2인칭(남)	ⲧⲁⲁⲕ	너를 주다	ϯ-ⲧⲏⲩⲧⲛ̄	너희를 주다
2인칭(여)	ⲧⲁⲁⲧⲉ	너를 주다		
3인칭(남)	ⲧⲁⲁϥ	그를 주다	ⲧⲁⲁⲩ	그를 주다
3인칭(여)	ⲧⲁⲁⲥ	그녀를 주다		

ⲧⲏⲩⲧⲛ̄(2인칭 복수)은 부정사의 명사형에 붙는다는 것에 주의하라;

대명사 접미형인 ϫⲓⲧ-ⲧⲏⲩⲧⲛ̄도 나타난다.

어휘 11

ϣⲓ, ϣⲓ-, ϣⲓⲧ⸗ 재다, 측정하다 (ⲙ̄ⲙⲟ⸗); 재어서 나누다; n.m. 치수, 무게, 정도; 중용/절제

ⲥⲓ 충족되다, 채워지다(~으로: ⲙ̄ⲙⲟ⸗)

ⲕⲱ (1) 놓다, 두다, 배치하다, 마련하다(ⲙ̄ⲙⲟ⸗); (2) 떠나다, 버리다(ⲙ̄ⲙⲟ⸗); ⲕⲱ ⲙ̄ⲙⲟ⸗ ⲛ̄ⲥⲁ 떠나다, 버리다, 포기하다; ⲕⲱ ⲙ̄ⲙⲟ⸗ ⲛⲁ⸗ ⲉⲃⲟⲗ 용서하다(사람: ⲛⲁ⸗; 사물: ⲙ̄ⲙⲟ⸗)

ⲉⲓⲛⲉ 데려오다(ⲙ̄ⲙⲟ⸗; 사람에게: ⲛⲁ⸗, ϣⲁ); ⲉⲓⲛⲉ ⲉⲃⲟⲗ 공표하다

ⲧⲛ̄ⲛⲟⲟⲩ 보내다(ⲙ̄ⲙⲟ⸗; 사람에게: ⲛⲁ⸗, ⲉ); ⲧⲛ̄ⲛⲟⲟⲩ ⲛ̄ⲥⲁ ~을 부르러 보내다

ⲙⲉ 사랑하다, 좋아하다, 마음에 들다(ⲙ̄ⲙⲟ⸗).

ⲙⲓⲥⲉ 낳다(아이를: ⲙ̄ⲙⲟ⸗); n.m. 출산; 자식, 자손, 새끼, 태어난 것.

ϣⲱⲛⲉ 병이 나다, 아프게 되다; n.m. 병, 질병

ⲣⲁϣⲉ 기뻐하다(~을, ~위에: ⲉ, ⲉϫⲛ̄, ⲉϩⲣⲁⲓ ⲉϫⲛ̄); n.m. 기쁨, 즐거움

ⲧⲉ.ⲩϣⲏ 밤 (ⲟⲩϣⲏ).

ⲡ.ϩⲁⲧ 은, 돈, 동전.

ⲡⲉ.ϣⲃⲏⲣ, ⲧⲉ.ϣⲃⲉⲉⲣⲉ (pl. ⲛⲉ.ϣⲃⲉⲉⲣ) 친구, 동료

ⲉⲙⲁⲧⲉ adv. 아주, 매우, 대단히; ⲙ̄ⲙⲁⲧⲉ도 마찬가지

연습문제 11

A. 1. ⲁⲩⲧⲁⲁⲧ ⲉⲧⲟⲟⲧⲉ.

2. ⲁⲛϣⲓⲧⲥ̄ ⲛⲁⲩ.

3. ⲁⲓϫⲓⲧϥ̄ ⲛ̄ⲧⲟⲟⲧⲟⲩ.

4. ⲁⲧⲉⲧⲛ̄ⲧⲁⲁϥ ⲛⲁⲛ.

5. ⲁⲩϫⲓⲧⲟⲩ ⲉⲃⲟⲗ ⲛ̄ϩⲏⲧⲥ̄.

6. ⲁⲕϥⲓⲧ ⲉϩⲣⲁⲓ.

7. ⲁⲓϣⲓⲧⲟⲩ ⲛⲏⲧⲛ̄.

8. ⲁⲓⲧⲁⲁⲩ ⲛⲁⲥ.

9. ⲁϥϥⲓ-ⲧⲏⲩⲧⲛ̄ ⲉⲃⲟⲗ.

10. ⲁⲩⲧⲁⲁⲧⲉ ⲉⲧⲟⲟⲧ.

B. 명사 목적어를 적절한 대명사 목적어로 대체하여 번역하라.

1. ⲁⲓϯ-ⲡⲟⲉⲓⲕ ⲛⲁⲥ. (→ ⲁⲓⲧⲁⲁϥ ⲛⲁⲥ)

2. ⲙ̄ⲡⲉϥϯ-ⲡϩⲁⲧ ⲛⲁⲓ.

3. ⲁⲛϯ-ⲛ̄ϫⲱⲱⲙⲉ ⲉⲧⲟⲟⲧϥ̄.

4. ⲁϥϯ-ⲡⲉϥⲏⲓ ⲛⲁⲩ ⲉⲃⲟⲗ.

5. ⲁⲥϯ-ⲧⲉϣⲧⲏⲛ ⲛⲁⲛ.

6. ⲁⲛϫⲓ-ⲡⲛⲟⲩⲃ ⲛ̄ⲧⲟⲟⲧⲟⲩ.

7. ⲁⲧⲉⲧⲛ̄ϫⲓ-ⲧⲉⲓⲉⲓⲣⲏⲛⲏ ⲉⲃⲟⲗ ϩⲓⲧⲟⲟⲧϥ̄.

8. ⲁⲩϣⲓ-ⲧⲉϩⲓⲏ.

9. ⲁⲓϣⲓ-ⲡⲟⲉⲓⲕ ⲛⲁⲩ.

10. ⲁⲕϣⲓ-ⲡϩⲁⲧ ⲛⲁⲓ.

11. ⲁϥϥⲓ-ⲡⲱⲛⲉ ⲉⲃⲟⲗ.

12. ⲁϥϥⲓ-ⲡⲛⲟⲩⲃ, ⲁϥⲡⲱⲧ ⲉⲃⲟⲗ.

13. ⲁⲥϣⲓ ⲛⲁⲓ ⲙ̄ ⲡⲏⲣⲡ̄.

14. ⲁⲣⲭⲓ-ⲡϩⲟⲉⲓⲧⲉ ⲉⲃⲟⲗ ϩⲙ̄ ⲡⲁⲏⲓ.

C. 1. ⲡϣⲏⲣⲉ ⲉⲧ ⲛ̄ⲥⲱϥ

2. ⲡⲙⲟⲟⲩ ⲉⲧ ⲛ̄ϩⲏⲧϥ̄

3. ⲡⲉϣⲃⲏⲣ ⲉⲧ ⲛⲙ̄ⲙⲁϥ

4. ⲛⲉⲧ ϩⲛ̄ ⲧⲥⲩⲛⲁⲅⲱⲅⲏ

5. ⲧⲁⲥⲱⲛⲉ ⲙⲛ̄ ⲧⲉⲥϣⲃⲉⲉⲣⲉ

6. ⲡⲛⲟⲩⲃ ⲙⲛ̄ ⲡϩⲁⲧ

7. ⲡⲉϩⲟⲟⲩ ⲙⲛ̄ ⲧⲉⲩϣⲏ

8. ϩⲁ ⲡⲉⲓϣⲱⲛⲉ

9. ⲉ ⲡⲉⲓϣⲓ

10. ⲡϣⲓ ⲙ̄ ⲡⲉⲓⲱⲛⲉ

11. ⲡϣⲱⲥ ⲙⲛ̄ ⲛⲉϥϣⲃⲉⲉⲣ

12. ⲙⲛ̄ⲛ̄ⲥⲁ ⲡⲉⲥⲙⲓⲥⲉ

13. ⲧⲉϣⲧⲏⲛ ⲉⲧ ϩⲓϫⲙ̄ ⲡⲉϭⲗⲟϭ

14. ⲡϣⲱⲛⲉ ⲉⲧ ϩⲛ̄ ⲛⲉⲥⲟⲟⲩ

15. ⲛ̄ⲧⲟⲟⲧϥ̄ ⲙ̄ ⲡⲉϥⲉⲓⲱⲧ

16. ⲡϣⲓ ⲙ̄ ⲡϩⲁⲧ

17. ⲡϩⲟⲉⲓⲧⲉ ⲙ̄ ⲡⲁϣⲃⲏⲣ

18. ⲟⲩⲙⲓⲥⲉ ⲛ̄ⲧⲉ ⲡⲉϥⲏⲓ

19. ⲉⲧⲟⲟⲧⲟⲩ ⲛ̄ ⲛⲁϣⲃⲉⲉⲣ

20. ⲡⲉϩⲣⲟⲟⲩ ⲛ̄ ⲧⲁⲙⲁⲁⲩ

21. ϩⲙ̄ ⲡⲕⲁⲕⲉ ⲛ̄ ⲧⲉⲩϣⲏ

22. ⲟⲩⲃⲉ ⲛⲉⲩϣⲁϫⲉ

23. ϩⲓⲧⲟⲟⲧϥ̄ ⲙ̄ ⲡϫⲟⲉⲓⲥ

24. ⲙⲛ̄ⲛ̄ⲥⲁ ⲡϣⲁ ⲉⲧ ⲙ̄ⲙⲁⲩ

25. ⲡⲣⲁⲛ ⲙ̄ ⲡⲉⲓϣⲱⲛⲉ

26. ⲛ̄ⲣⲱⲙⲉ ⲉⲧ ϩⲁϩⲧⲏϥ

27. ϩⲛ̄ ϩⲉⲛⲙⲁⲉⲓⲛ

28. ϩⲛ̄ ⲟⲩⲥⲏϥⲉ

D. 1. ⲁⲥϣⲱⲛⲉ ⲛ̄ϭⲓ ⲧⲉϥⲥϩⲓⲙⲉ ⲉⲙⲁⲧⲉ.

2. ⲁⲓⲕⲱ ⲙ̄ ⲡⲛⲟⲩⲃ ⲙⲛ̄ ⲡϩⲁⲧ ⲉϫⲛ̄ ⲧⲉⲧⲣⲁⲡⲉⲍⲁ.

3. ⲁⲛⲕⲱ ⲛ̄ ⲛⲉⲛϣⲃⲉⲉⲣ ⲛ̄ⲥⲱⲛ ϩⲙ̄ ⲡϯⲙⲉ, ⲁⲛⲃⲱⲕ ⲉⲑⲏ ⲉ ⲡⲧⲟⲟⲩ.

4. ⲙⲛ̄ⲛ̄ⲥⲱⲥ ⲇⲉ ⲁϥϣⲱⲛⲉ ⲛ̄ϭⲓ ⲡϩⲗ̄ⲗⲟ, ⲁϥⲙⲟⲩ.

5. ⲁϥⲣⲁϣⲉ ⲉⲙⲁⲧⲉ ⲛⲙ̄ⲙⲁⲓ ⲉϫⲙ̄ ⲡⲙⲟⲩ ⲙ̄ ⲡⲣ̄ⲣⲟ.

6. ⲁϥⲙⲉ ⲛ̄ ⲧⲉⲥϩⲓⲙⲉ ⲉⲧ ⲙ̄ⲙⲁⲩ ⲉⲙⲁⲧⲉ.

7. ⲁ-ⲡⲛⲟⲩⲧⲉ ⲧⲛ̄ⲛⲟⲟⲩ ⲙ̄ ⲡⲉϥⲛⲟⲙⲟⲥ ⲉⲣⲟⲟⲩ.

8. ⲁϥⲧⲛ̄ⲛⲟⲟⲩ ⲛ̄ϭⲓ ⲡⲉⲡⲓⲥⲕⲟⲡⲟⲥ ⲛ̄ⲥⲁ ⲡⲙⲟⲛⲁⲭⲟⲥ.

9. ⲁⲓϣⲓ ⲛⲁⲩ ⲙ̄ ⲡⲟⲉⲓⲕ ⲙⲛ̄ ⲡⲏⲣⲡ̄.

10. ⲛ̄ⲣⲱⲙⲉ ⲁⲩϣⲓ ⲛ̄ ⲧⲥⲱϣⲉ.

11. ⲙⲛ̄-ϣⲓ ϩⲛ̄ ⲛⲉϥϣⲁϫⲉ.

12. ⲁⲩⲥⲓ, ⲁⲩⲧⲱⲟⲩⲛ ⲉⲃⲟⲗ ϩⲓ ⲧⲉⲧⲣⲁⲡⲉⲍⲁ, ⲁⲩⲃⲱⲕ ⲉⲃⲟⲗ.

13. ⲁϥⲧⲛ̄ⲛⲟⲟⲩ ⲛ̄ ⲛⲉϩⲓⲟⲙⲉ ⲙⲛ̄ ⲛⲉⲩϣⲏⲣⲉ ⲉⲃⲟⲗ ϩⲙ̄ ⲡϯⲙⲉ.

14. ⲉⲧⲃⲉ ⲟⲩ ⲙ̄ⲡⲉ-ⲡⲛⲟⲩⲧⲉ ⲕⲱ ⲛⲏⲧⲛ̄ ⲛ̄ ⲛⲉⲧⲛ̄ⲛⲟⲃⲉ ⲉⲃⲟⲗ?

15. ⲁⲛⲥⲓ ⲛ̄ ⲛⲉϥϣⲁϫⲉ ⲁⲩⲱ ⲁⲛⲧⲛ̄ⲛⲟⲟⲩ ⲙ̄ⲙⲟϥ ⲉⲃⲟⲗ.

16. ⲁⲛⲣⲁϣⲉ ⲉϩⲣⲁⲓ ⲉϫⲛ̄ ⲛ̄ϣⲁϫⲉ ⲙ̄ ⲡⲉⲛϫⲟⲉⲓⲥ.

17. ⲁϥⲉⲓⲛⲉ ⲙ̄ ⲡⲉϥϣⲏⲣⲉ ⲉⲣⲛ̄ ⲧⲣⲓ ⲙ̄ ⲡⲙⲟⲛⲁⲭⲟⲥ.

18. ⲁϥⲉⲓⲛⲉ ⲙ̄ ⲡϩⲁⲧ ϣⲁⲣⲟⲛ ϩⲛ̄ ⲧⲉⲩϣⲏ.

19. ⲁⲥⲙⲓⲥⲉ ⲙ̄ ⲡⲉⲥϣⲏⲣⲉ ⲙ̄ ⲡϯⲙⲉ ⲉⲧ ⲙ̄ⲙⲁⲩ.

20. ⲙ̄ⲡⲉⲥⲙⲓⲥⲉ ⲙ̄ⲙⲟϥ ⲙ̄ ⲡⲉⲓⲙⲁ.

21. ⲁ-ⲡϩⲙ̄ϩⲁⲗ ⲙⲉ ⲛ̄ ⲧϣⲉⲉⲣⲉ ⲙ̄ ⲡⲉϥϫⲟⲉⲓⲥ.

22. ⲉⲧⲃⲉ ⲟⲩ ⲙ̄ⲡⲉⲉⲓⲛⲉ ⲛⲁⲓ ⲙ̄ ⲡϫⲱⲱⲙⲉ?

23. ⲁⲩⲉⲓⲛⲉ ⲛ̄ ⲛⲉϥⲉⲛⲧⲟⲗⲏ ⲉⲃⲟⲗ.

24. ⲁⲩⲉⲓⲛⲉ ⲙ̄ⲙⲟⲓ ⲛⲁϩⲣⲁϥ.

25. ⲉⲧⲃⲉ ⲟⲩ ⲁⲕⲧⲛ̄ⲛⲟⲟⲩ ⲛ̄ⲥⲱⲓ?

레슨 12
제1 완료형 관계절, ⲉⲧⲉ 형식, 명사구, 부정사(2), 직접 인용 ϫⲉ

12.1 제1 완료형 관계절 형태. 제1 완료형이 관계절에 사용되면, 관계대명사와 결합하여 단일 단위가 된다.

	단수		복수	
1인칭	ⲉⲛⲧⲁⲓⲥⲱⲧⲙ̄	내가 들었던 which I heard	ⲉⲛⲧⲁⲛⲥⲱⲧⲙ̄	우리가 들었던
2인칭(남)	ⲉⲛⲧⲁⲕⲥⲱⲧⲙ̄	네가 들었던	ⲉⲛⲧⲁⲧⲉⲧⲛ̄ⲥⲱⲧⲙ̄	너희가 들었던
2인칭(여)	ⲉⲛⲧⲁⲣⲉⲥⲱⲧⲙ̄	네가 들었던		
3인칭(남)	ⲉⲛⲧⲁϥⲥⲱⲧⲙ̄	그가 들었던	ⲉⲛⲧⲁⲩⲥⲱⲧⲙ̄	그들이 들었던
3인칭(여)	ⲉⲛⲧⲁⲥⲥⲱⲧⲙ̄	그녀가 들었던		

ⲉⲛⲧⲁ-ⲡⲣⲱⲙⲉ ⲥⲱⲧⲙ̄ 그 사람이 들었던

이러한 형식은 ⲛ̄ⲧⲁⲓ-, ⲛ̄ⲧⲁⲕ- 등과 같이 매우 흔하게 시작하는 ⲉⲛ-을 ⲛ̄으로 표기한다. 앞에 있는 어형변화표paradigm에서의 관계대명사 ⲉⲛⲧ-와 §3.1에서 소개된 ⲉⲧ는 전치사 또는 직접 목적어 마커가 바로 앞에 올 수 없다. 관계절 내의 관계 대명사의 실제 구문론의 기능은 반드시 재생 대명사resumptive pronoun로 표현되어야 한다. 일반적인 구문은 "콥트어화한 영어"의 몇 가지의 예를 보면 가장 명백하게 이해된다.

일반적인 영어 구문		콥트어화한 영어
the man who went 떠난 그 사람	→	the man who *he* went (그는) 떠난 그 사람 **ⲡⲣⲱⲙⲉ ⲉⲛⲧⲁϥⲃⲱⲕ**
the man whom I saw 내가 본 그 사람	→	the man who I saw *him* 내가 (그를) 본 그 사람 **ⲡⲣⲱⲙⲉ ⲉⲛⲧⲁⲓⲛⲁⲩ ⲉⲣⲟϥ**
the man to whom I gave the money 내가 그 돈을 준 그 사람	→	the man who I gave the money to him 내가 (그에게) 그 돈을 준 그 사람 **ⲡⲣⲱⲙⲉ ⲉⲛⲧⲁⲓϯ-ⲡϩⲁⲧ ⲛⲁϥ**
the boat into which we climbed 우리가 탄 그 배	→	the boat which we climbed *into it* 우리가 (그것에) 탄 그 배 **ⲡϫⲟⲓ ⲉⲛⲧⲁⲛⲁⲗⲉ ⲉⲣⲟϥ**
the sound which they heard 그들이 들은 그 소리	→	the sound which they heard it 그들이 (그것을) 들은 그 소리 **ⲡⲉϩⲣⲟⲟⲩ ⲉⲛⲧⲁⲩⲥⲱⲧⲙ̄ ⲉⲣⲟϥ**

이러한 재생 대명사의 사용은 나중에 언급될 몇몇 경우를 제외하고는 모든 콥트어에서 요구된다. **ⲉⲧ**와 유사한 구문은 레슨 19에서 다루어질 것이다.

관계절이 두 개 이상의 동사를 포함하는 경우에는 관계 대명사를 반복할 필요가 없다.

> **ⲡⲣⲱⲙⲉ ⲉⲛⲧⲁϥⲧⲱⲟⲩⲛ ⲁⲩⲱ ⲁϥⲃⲱⲕ ⲉⲃⲟⲗ**
>
> 일어나 떠난 그 사람

12.2 관계 대명사는 제1 완료형의 부정문 앞에서 **ⲉⲧⲉ 형식**을 가지고 있다.

> **ⲡⲣⲱⲙⲉ ⲉⲧⲉ ⲙ̄ⲡⲉϥⲡⲱⲧ ⲉⲃⲟⲗ** 도망가지 않은 그 사람
>
> **ⲛ̄ϫⲱⲱⲙⲉ ⲉⲧⲉ ⲙ̄ⲡⲉϥϭⲓⲛⲉ ⲙ̄ⲙⲟⲟⲩ** 그가 찾지 못한 그 책들

12.3 §3.1에서 언급한 바와 같이 콥트어의 모든 관계절은 적절한 형식의 정관사를 접두사로 붙여서 명사구로 바꿀 수 있고, 재생 대명사가 필요하다. 다음의 예들을 신중히 검토해보라.

the one who (or : he who) went (떠난 그 사람)	ⲡⲉⲛⲧⲁϥⲃⲱⲕ
the one (m.) whom they sent (그들을 보낸 그 사람[남])	ⲡⲉⲛⲧⲁⲩⲧⲛ̄ⲛⲟⲟⲩ ⲙ̄ⲙⲟϥ
the one (m.) to whom I gave the money (내가 그 돈을 준 그 사람[남])	ⲡⲉⲛⲧⲁⲓϯ-ⲡϩⲁⲧ ⲛⲁϥ
that (m.) which I took from you (내가 너에게 받은 것[남])	ⲡⲉⲛⲧⲁⲓϫⲓⲧϥ̄ ⲛ̄ⲧⲟⲟⲧⲕ̄
those who took it (m.) (그것[남]을 가진 사람들)	ⲛⲉⲛⲧⲁⲩϫⲓⲧϥ̄
the one (f.) whom they entrusted to us (그들이 우리에게 맡긴 그 사람[여])	ⲧⲉⲛⲧⲁⲩⲧⲁⲁⲥ ⲉⲧⲟⲟⲧⲛ̄

12.4 부정사(계속). §11.2에서 다루었던 동사를 제외하고, 자음+모음(개음절—옮긴이) 패턴의 단음절 부정사는 비교적 드물고, 어떤 종류의 통일된 부류로도 구성되지 않는다. 그러나 이 동사들 중 일부는 매우 중요하므로 이 형식은 반드시 익혀야 한다.

ⲥⲱ	ⲥⲉ-	ⲥⲟⲟ⸗	마시다
ⲕⲱ	ⲕⲁ-	ⲕⲁⲁ⸗	놓다, 두다
ⲉⲓⲱ	ⲉⲓⲁ-	ⲉⲓⲁⲁ⸗	씻다
ϫⲱ	ϫⲉ-	ϫⲟⲟ⸗	말하다
ⲙⲉ	ⲙⲉⲣⲉ-	ⲙⲉⲣⲓⲧ⸗	매우 좋아하다, 사랑하다

이 유형의 일부 동사는 자동사이며 직접 목적어를 취하지 않는다. 예: **ⲙⲟⲩ**(죽다), **ⲛⲁ**(동정심을 느끼다), **ϣⲁ**([태양 등이] 떠오르다), **ϩⲉ**(떨어지다), **ϭⲱ**(남다).

12.5 직접 인용을 도입하는 경우, 동사 **ϫⲱ** "말하다"는 '가목적어'dummy object(it: **ⲙ̄ⲙⲟⲥ**, **-ⲥ**)가 필요하고 이어 접속사 **ϫⲉ**가 뒤따른다.

> **ⲁϥϫⲟⲟⲥ ϫⲉ ⲙ̄ⲡⲓⲛⲁⲩ ⲉⲣⲟϥ.**
>
> 그가 말했다, "나는 그를 본 적이 없다."

이 특정한 동사를 가진 대체 목적어 형식 **ϫⲱ ⲙ̄ⲙⲟⲥ**는 제1 완료형에서는 허용되지 않는다.[1] 물론 **ϫⲱ**는 이것 외에는 실제적인 직접 목적어를 가질 수 있다.

> **ⲙ̄ⲡⲓϫⲉ-ⲛⲁⲓ** 나는 이런 것들을 말하지 않았다.

어휘 12

> **ⲥⲱ, ⲥⲉ-, ⲥⲟⲟ⸗** 마시다 (**ⲙ̄ⲙⲟ⸗**); 종종 **ⲉⲃⲟⲗ ϩⲛ̄**과 함께 부분적인 의미로, ~을 조금 마시다; n.m. 음주, 음료
>
> **ⲉⲓⲱ, ⲉⲓⲁ-, ⲉⲓⲁⲁ⸗** 씻다(**ⲙ̄ⲙⲟ⸗**); + **ⲉⲃⲟⲗ** 전술한 바와 같음.
>
> **ϫⲱ, ϫⲉ-, ϫⲟⲟ⸗** 말하다(**ⲙ̄ⲙⲟ⸗**).
>
> **ⲛⲁ** 측은하게 여기다to have pity, ~을 불쌍히 여기다(~을: **ⲛⲁ⸗**, **ϩⲁ**); 불쌍하게

1. 예, **ⲁϥ-ϫⲟⲟ-ⲥ ϫⲉ-ϯ-ϣⲱⲛⲉ** 그는 "나는 아프다"라고 말했다. (Layton, *Coptic in 20 Lessons*, §148)—옮긴이.

여기다; n.m. 은혜, 동정심, 자선.

ⲱ 또는 ⲱⲱ 임신하다, 아이를 가지다(ⲘⲘⲞ⸗).

ϣⲁ 떠오르다(태양 등이); n.m. 상승

ϭⲱ 멈추다, 중단되다, 끝나다; 미루다, 지체하다; ϭⲱ ⲉ ~을 기다리다 또는;

ϭⲱ ⲙⲛ̄ ~와 함께 기다리다, ~와 함께 머물다

ⲡ.ϩⲟ 얼굴

ⲧ.ⲟⲩⲉⲣⲏⲧⲉ 발

ⲡ.ⲣⲏ 태양

ⲡ.ⲁⲡⲟⲧ (pl. ⲛ.ⲁⲡⲏⲧ) 잔

ⲡ.ϥⲱ 머리카락

ⲡ.ⲙⲁⲁϫⲉ 귀

ⲡ.ⲉⲣⲱⲧⲉ, ⲧ.ⲉⲣⲱⲧⲉ 우유

ϫⲉ conj. 직접 인용문 도입

연습문제 12

A. 1. ⲡϣⲁ ⲉⲛⲧⲁϥϣⲱⲡⲉ ⲙ̄ⲙⲁⲩ

2. ⲡⲉⲑⲣⲟⲛⲟⲥ ⲉⲛⲧⲁϥϩⲙⲟⲟⲥ ⲉϫⲱϥ

3. ⲡⲉⲓⲱ ⲉⲛⲧⲁⲓⲁⲗⲉ ⲉϫⲱϥ

4. ⲡϩⲁⲧ ⲛ̄ⲧⲁⲓⲧⲁⲁϥ ⲛⲉ

5. ⲛⲉϩⲧⲱⲱⲣ ⲉⲛⲧⲁⲛϫⲓⲧⲟⲩ ⲛ̄ⲧⲟⲟⲧⲕ̄

6. ⲛ̄ϣⲏⲣⲉ ⲉⲛⲧⲁⲩⲙⲟⲟϣⲉ ⲛ̄ⲥⲱϥ

7. ⲧϣⲉⲉⲣⲉ ⲉⲛⲧⲁⲥϣⲱⲛⲉ

8. ⲡⲏⲣⲡ̄ ⲉⲛⲧⲁ-ⲡϩⲗ̄ⲗⲟ ⲥⲟⲟϥ

9. ⲧⲉϣⲧⲏⲛ ⲉⲛⲧⲁⲥⲉⲓⲁⲁⲥ

10. ⲛ̄ϣⲁϫⲉ ⲉⲛⲧⲁϥϫⲟⲟⲩ

11. ⲛ̄ⲣⲱⲙⲉ ⲉⲛⲧⲁⲛⲛⲁ ϩⲁⲣⲟⲟⲩ

12. ⲧⲉⲥϩⲓⲙⲉ ⲉⲛⲧⲁⲥⲥⲱ ⲁⲩⲱ ⲁⲥⲙⲓⲥⲉ

13. ⲡⲙⲁ ⲉⲛⲧⲁ-ⲙ̄ⲙⲟⲛⲁⲭⲟⲥ ϭⲱ ⲛ̄ϩⲏⲧϥ̄

14. ⲡⲉϣⲃⲏⲣ ⲉⲛⲧⲁⲩϭⲱ ⲉⲣⲟϥ

15. ⲡϩⲗ̄ⲗⲟ ⲉⲛⲧⲁⲧⲉⲧⲛ̄ϭⲱ ⲉⲣⲟϥ

16. ⲡⲉϩⲧⲟ ⲉⲛⲧⲁⲕⲧⲁⲁϥ ⲛⲁⲓ ⲉⲃⲟⲗ

17. ⲡϫⲱⲱⲙⲉ ⲉⲛⲧⲁⲣⲕⲁⲁϥ ⲉϫⲛ̄ ⲧⲉⲧⲣⲁⲡⲉⲍⲁ

18. ⲡⲁⲡⲟⲧ ⲛ̄ⲧⲁⲓⲥⲱ ⲉⲃⲟⲗ ⲛ̄ϩⲏⲧϥ̄

19. ⲧⲉⲣⲱⲧⲉ ⲛ̄ⲧⲁϥⲥⲱ ⲉⲃⲟⲗ ⲛ̄ϩⲏⲧⲥ̄

20. ⲛⲉϣⲃⲉⲉⲣ ⲛ̄ⲧⲁⲛⲕⲁⲁⲩ ⲛ̄ⲥⲱⲛ

21. ⲡϣⲁϫⲉ ⲉⲛⲧⲁϥⲣⲁϣⲉ ⲉϫⲱϥ

22. ⲧⲉⲥϩⲓⲙⲉ ⲉⲛⲧⲁⲥⲉⲓⲁ-ⲛⲉϥⲟⲩⲉⲣⲏⲧⲉ

23. ⲡⲥⲱ ⲉⲛⲧⲁⲓⲥⲓ ⲙ̄ⲙⲟϥ

24. ⲡϩⲁⲧ ⲉⲛⲧⲁ-ⲡⲉⲛϫⲟⲉⲓⲥ ϣⲓⲧϥ̄ ⲛⲏⲧⲛ̄

25. ⲡⲣⲱⲙⲉ ⲛ̄ⲧⲁⲕⲕⲱ ⲛⲁϥ ⲛ̄ ⲛⲉϥⲛⲟⲃⲉ ⲉⲃⲟⲗ

26. ⲛ̄ⲣⲱⲙⲉ ⲉⲛⲧⲁⲩⲉⲓ ϣⲁⲣⲟⲕ ϩⲛ̄ ⲧⲉⲩϣⲏ

27. ⲛⲉⲥⲛⲏⲩ ⲉⲛⲧⲁϥⲙⲉⲣⲓⲧⲟⲩ

28. ⲡⲣⲱⲙⲉ ⲉⲛⲧⲁⲕⲛⲁⲩ ⲉ ⲡⲉϥϩⲟ

29. ⲛ̄ⲣⲱⲙⲉ ⲉⲛⲧⲁ-ⲡⲉⲡⲓⲥⲕⲟⲡⲟⲥ ϣⲗⲏⲗ ⲉϫⲱⲟⲩ

30. ⲡⲙⲁⲑⲏⲧⲏⲥ ⲉⲛⲧⲁⲩⲡⲱⲧ ⲛ̄ⲥⲱϥ

B. 1. ⲚⲈⲚⲦⲀⲨϬⲰ ϨⲚ̄ ⲠϯⲘⲈ ⲈⲦ Ⲙ̄ⲘⲀⲨ

2. ⲠⲈⲚⲦⲀϤⲤⲰ ⲈⲂⲞⲖ ϨⲘ̄ ⲠⲈⲒⲀⲠⲞⲦ

3. ⲠⲈⲚⲦⲀϤⲚⲀ ⲚⲀⲒ ⲀⲨⲰ ⲀϤϯ ⲚⲀⲒ Ⲛ̄ ⲞⲨⲞⲈⲒⲔ

4. ⲠⲈⲚⲦⲀϤϪⲈ-ⲚⲈⲒϢⲀϪⲈ

5. ⲦⲈⲚⲦⲀⲤⲰ Ⲙ̄ⲘⲞⲒ

6. ⲚⲈⲚⲦⲀⲚϬⲰ ⲈⲢⲞⲞⲨ

7. ⲠⲈⲚⲦⲀϤⲤⲈ-ⲠⲈⲢⲰⲦⲈ

8. ⲚⲈⲚⲦⲀⲨⲂⲰⲔ ⲈⲂⲞⲖ Ⲉ ⲦⲠⲞⲖⲒⲤ

9. ⲚⲈⲚⲦⲀⲨϨⲰⲚ ⲈϨⲞⲨⲚ ⲈⲢⲘ̄ ⲠⲈϤⲎⲒ

10. ⲠⲈⲚⲦⲀϤⲦⲚ̄ⲚⲞⲞⲨ Ⲙ̄ⲘⲞⲒ ϢⲀⲢⲰⲦⲚ̄

11. ⲦⲈⲚⲦⲀϤⲘⲈⲢⲒⲦⲤ̄

12. ⲚⲈⲚⲦⲀⲨⲈⲒⲀ-ⲚⲈⲨϨⲞⲈⲒⲦⲈ

13. ⲚⲈⲦⲈ Ⲙ̄ⲠⲞⲨⲤⲰⲦⲘ̄ Ⲉ ⲠϢⲀϪⲈ

14. ⲡⲉⲛⲧⲁⲓϫⲟⲟϥ ⲛⲏⲧⲛ̄

15. ⲛⲉⲧⲉ ⲙ̄ⲡⲉϥⲧⲛ̄ⲛⲟⲟⲩ ⲙ̄ⲙⲟⲟⲩ

16. ⲛⲉⲧⲉ ⲙ̄ⲡⲟⲩⲉⲓⲛⲉ ⲙ̄ⲙⲟⲟⲩ ⲉⲃⲟⲗ

C. 1. ⲁⲥⲉⲓⲱ ⲙ̄ ⲡⲉϥϩⲟ ⲙⲛ̄ ⲛⲉϥⲙⲁⲁϫⲉ.

2. ⲁϥϫⲟⲟⲥ ϫⲉ ⲙ̄ⲡⲓⲛⲁⲩ ⲉⲣⲟϥ.

3. ⲙⲛ̄ⲛ̄ⲥⲁ ⲛⲁⲓ ⲇⲉ ⲁⲥⲱ ⲛ̄ϭⲓ ⲧⲉⲥϩⲓⲙⲉ.

4. ⲁϥⲣⲓⲙⲉ ⲉⲧⲃⲉ ⲛⲉϥϣⲃⲉⲉⲣ ⲉⲛⲧⲁⲩⲙⲟⲩ ϩⲓ ⲧⲉϩⲓⲏ.

5. ⲡϩⲗ̄ⲗⲟ ⲇⲉ ⲙ̄ⲡⲉϥⲥⲱ ⲉⲃⲟⲗ ϩⲙ̄ ⲡⲏⲣⲡ̄.

6. ⲙⲛ̄ⲛ̄ⲥⲁ ⲡϣⲁ ⲙ̄ ⲡⲣⲏ ⲁⲛⲃⲱⲕ ⲉⲃⲟⲗ.

7. ⲁ-ⲧϣⲉⲉⲣⲉ ⲉⲓⲱ ⲙ̄ ⲡⲉⲥϥⲱ ϩⲙ̄ ⲡⲙⲟⲟⲩ ⲙ̄ ⲡⲉⲓⲉⲣⲟ.

8. ⲁ-ⲡⲣⲏ ⲉⲓ ⲉϩⲣⲁⲓ ⲉϫⲙ̄ ⲡⲧⲟⲟⲩ.

9. ⲉⲧⲃⲉ ⲟⲩ ⲙ̄ⲡⲉⲧⲛ̄ⲉⲓⲁ-ⲛⲉⲧⲛ̄ϩⲟ?

10. ⲁⲩϫⲟⲟⲥ ⲛⲁⲛ ϫⲉ ⲙ̄ⲡⲉⲛϫⲓⲧϥ̄.

11. ⲁⲛϭⲱ ⲛⲙ̄ⲙⲁⲩ ϩⲛ̄ ⲧⲉⲩϣⲏ ⲉⲧ ⲙ̄ⲙⲁⲩ.

12. ⲁϥϣⲁϫⲉ ⲛⲙ̄ⲙⲁⲛ ⲉⲧⲃⲉ ⲛⲉϥⲥⲛⲏⲩ ⲉⲧⲉ ⲙ̄ⲡⲟⲩⲉⲓ ⲛⲙ̄ⲙⲁϥ.

13. ⲁ-ⲡⲣⲏ ϣⲁ ⲁⲩⲱ ⲁⲛⲧⲱⲟⲩⲛ, ⲁⲛⲃⲱⲕ ⲉⲃⲟⲗ.

14. ⲁⲓⲥⲱⲧⲙ̄ ⲉ ⲛⲉⲓϣⲁϫⲉ ϩⲛ̄ ⲛⲁⲙⲁⲁϫⲉ.

레슨 13
시간절, ⲡⲉ, ⲧⲉ, ⲛⲉ 관계절, 전치사 ⲉ, 수동태, 부정사(3)

13.1 시간절(Temporal = 예보절). (ⲛ̄ⲧⲉⲣⲉ-, ⲛ̄ⲧⲉⲣ[ⲉ]≠) "~했을 때, ~한 뒤에, ~한 후, ~하고서(는)" When, After.

종속절에서 시간을 나타내는temporal 표현(영어에서, 단순과거나 과거완료 동사와 함께 "when", "after")을 하기 위해 특별한 동사 활용이 사용된다.

> **ⲛ̄ⲧⲉⲣⲓⲛⲁⲩ ⲉⲣⲟϥ, ⲁⲓⲡⲱⲧ ϣⲁⲣⲟϥ.**
>
> 내가 그를 보았을 때(본 뒤에), 나는 그에게 달려갔다.
>
> **ⲛ̄ⲧⲉⲣⲉϥϫⲱⲕ ⲙ̄ ⲡⲉϥϩⲱⲃ ⲉⲃⲟⲗ, ⲁϥⲃⲱⲕ ⲉⲃⲟⲗ.**
>
> 그가 그의 일을 마쳤을 때(마친 후에), 그는 떠났다.

시간절 활용Temporal Conjugation이라고 불리는 이 형식의 완전한 굴절은 다음과 같다.

	단수		복수	
1인칭	ⲛ̄ⲧⲉⲣⲓⲥⲱⲧⲙ̄	내가 들은 후	ⲛ̄ⲧⲉⲣⲛ̄ⲥⲱⲧⲙ̄	우리가 들은 후
2인(남)	ⲛ̄ⲧⲉⲣⲉⲕⲥⲱⲧⲙ̄	네가 들은 후	ⲛ̄ⲧⲉⲣⲉⲧⲛ̄ⲥⲱⲧⲙ̄	너희가 들은 후
2인(여)	ⲛ̄ⲧⲉⲣⲉⲥⲱⲧⲙ̄	네가 들은 후		
3인(남)	ⲛ̄ⲧⲉⲣⲉϥⲥⲱⲧⲙ̄	그가 들은 후	ⲛ̄ⲧⲉⲣⲟⲩⲥⲱⲧⲙ̄	그들이 들은 후
3인(여)	ⲛ̄ⲧⲉⲣⲉⲥⲥⲱⲧⲙ̄	그녀가 들은 후		

ⲛ̄ⲧⲉⲣⲉ-ⲡⲣⲱⲙⲉ ⲥⲱⲧⲙ̄ 그 사람이 들었을 때

ⲛ̄ⲧⲉⲣⲉⲓ-, ⲛ̄ⲧⲉⲣⲕ̄-, ⲛ̄ⲧⲉⲣϥ̄-와 같은 대체 표기가 흔하게 사용된다.

시간절의 부정형은 부정사에 -ⲧⲙ̄-을 접두사로 붙인다.

> ⲛ̄ⲧⲉⲣⲓⲧⲙ̄ϭⲓⲛⲉ ⲙ̄ⲙⲟϥ 내가 그를 찾지 못했을 때

명사 주어인 경우 -ⲧⲙ̄-은 일반적으로 동사 접두사와 함께 남아있다.

> ⲛ̄ⲧⲉⲣⲉⲧⲙ̄-ⲡⲣⲱⲙⲉ ⲟⲩⲱϣⲃ̄ 그 사람이 대답하지 않았을 때

시간절은 일반적으로 주절 앞에 있지만, 주절 뒤에 오는 것도 드물지 않다.

> ⲛ̄ⲧⲉⲣⲓⲥⲱⲧⲙ̄ ⲉ ⲛⲉϥϣⲁϫⲉ, ⲁⲓⲣⲓⲙⲉ.
>
> = ⲁⲓⲣⲓⲙⲉ ⲛ̄ⲧⲉⲣⲓⲥⲱⲧⲙ̄ ⲉ ⲛⲉϥϣⲁϫⲉ.
>
> 내가 그의 말을 들은 후 나는 울었다.

시간절이 두 번째 동사로 이어지는 경우, 시간절 접두사는 반복되지 않으며 제1 완료형이 사용된다.

> ⲛ̄ⲧⲉⲣⲓⲥⲱⲧⲙ̄ ⲉ ⲡⲉϥϩⲣⲟⲟⲩ ⲁⲩⲱ ⲁⲓⲛⲁⲩ ⲉ ⲡⲉϥϩⲟ...
>
> 내가 그의 목소리를 듣고 그의 얼굴을 보았을 때 …

13.2 ⲡⲉ, ⲧⲉ, ⲛⲉ를 가진 관계절. 다음의 두 문장을 대조해보라.

> ⲁ-ⲡⲁⲉⲓⲱⲧ ⲕⲁⲁⲧ ⲙ̄ⲙⲁⲩ.
>
> 나의 아버지는 거기서 나를 두고 떠났다.My father left me there.
>
> ⲡⲁⲉⲓⲱⲧ ⲡⲉ ⲉⲛⲧⲁϥⲕⲁⲁⲧ ⲙ̄ⲙⲁⲩ.
>
> 거기서 나를 두고 떠난 사람은 나의 아버지였다.It was my father who left me there.

영어에서 분열문("it was ... that/who ...")의 한 종류로 알려진 위의 두

번째 문장은 행위자로서의 주어("그 누구도 아닌 바로 나의 아버지")를 선발하는 반면, 첫 번째 문장은 특별한 강조 없이 단지 과거의 행동을 묘사할 뿐이다. 영어 분열문에 대한 콥트어 대응문은 동사의 관계사가 뒤따르는 **ⲡⲉ, ⲧⲉ, ⲛⲉ**를 사용한다. **ⲡⲉ, ⲧⲉ, ⲛⲉ**는 일반적으로 관계사 형태와 결합하여 **ⲡⲉⲛⲧⲁⲓ-, ⲡⲉⲛⲧⲁⲕ-** 등을 생성한다.

ⲡⲁⲉⲓⲱⲧ ⲡⲉⲛⲧⲁϥⲕⲁⲁⲧ ⲙ̄ⲙⲁⲩ. 이 형식은 정관사에 관계사 형태를 더하여 구성된 명사화한 관계절(§12.3) **ⲡⲉⲛⲧⲁⲓⲥⲱⲧⲙ̄** 등과 혼동하지 않아야 한다. 아래를 대조해 보라.

> (1) **ⲡⲁⲉⲓⲱⲧ ⲡⲉⲛⲧⲁϥⲕⲁⲁⲧ ⲙ̄ⲙⲁⲩ.**
>
> 거기서 나를 두고 떠난 나의 아버지였다.It was my father who left me there.
>
> (2) **ⲡⲁⲉⲓⲱⲧ ⲡⲉ ⲡⲉⲛⲧⲁϥⲕⲁⲁⲧ ⲙ̄ⲙⲁⲩ.**
>
> 나의 아버지는 거기서 나를 두고 떠난 사람이다.My father is the one who left me there.

두 번째 문장은 일반적인 **ⲡⲉ**문장이다: **ⲡⲁⲉⲓⲱⲧ**는 주어고, **ⲡⲉⲛⲧⲁϥⲕⲁⲁⲧ ⲙ̄ⲙⲁⲩ**는 술어다.

ⲡⲉ를 가진 분열문은 의문 대명사를 즐겨 사용한다.

> **ⲛⲓⲙ ⲡⲉⲛⲧⲁϥⲧⲛ̄ⲛⲟⲟⲩ ⲙ̄ⲙⲟⲕ?**
>
> 누가 너를 보냈나? 또는 너를 보낸 사람은 누구인가?
>
> **ⲟⲩ ⲡⲉⲛⲧⲁⲕⲧⲁⲁϥ ⲛⲁⲩ?**
>
> 너는 그들에게 무엇을 보냈나? 또는 네가 그들에게 보낸 것은 무엇인가?

이 경우 영어의 분열문 패턴("~한 사람은 누구인가?"who was it that)은 위에서 주어진 것과 약간 다르다는 것에 주의하라.

13.3 전치사 ⲉ는 목적을 표현하기 위해 부정사 앞에 사용된다.

> ⲁⲓⲉⲓ ⲉ ϣⲁϫⲉ ⲚⲘ̄ⲘⲀⲔ. 나는 너와 이야기하기 위해 왔다.

위의 구문에서 부정사의 주어는 일반적으로 본동사의 주어와 같지만 다음과 같이 약간의 모호함도 나타난다.

> ⲁϥⲦⲚ̄ⲚⲞⲞⲨ Ⲙ̄ⲘⲞⲒ ⲉ ϣⲁϫⲉ ⲚⲘ̄ⲘⲀⲔ.
>
> 그는 너와 이야기하기 위해 나를 보냈다.

13.4 콥트어는 실제 **수동태** 동사 활용은 없다. 수동태는 비한정 의미의 "능동형 3인칭 복수"를 사용하여 표현된다.

> ⲁⲨⲦⲚ̄ⲚⲞⲞⲨ Ⲙ̄ⲘⲞⲒ ϣⲁⲣⲞⲔ. 나는 너에게 보내어졌다.

그런 표현들이 분명 수동적인 의미로 받아들여져야 하는 경우:

(1) 대명사 "그들(they)"에 대한 명확한 참조가 없을 때

(2) 아래와 같이 대개 ⲈⲂⲞⲖ ϨⲒⲦⲚ̄을 사용하여 행위자가 추가된 경우

> ⲁⲨⲦⲚ̄ⲚⲞⲞⲨ Ⲙ̄ⲘⲞⲒ ⲈⲂⲞⲖ ϨⲒⲦⲘ̄ ⲠⲢ̄ⲢⲞ. 나는 왕에 의해 보내졌다.

13.5 부정사(계속). ⲔⲰⲦ 패턴의 타동사형 부정사는 다음의 형태를 가진다.

ⲔⲰⲦ	ⲔⲈⲦ-	ⲔⲞⲦ⸗	건축하다, 세우다
ϪⲰⲔ	ϪⲈⲔ-	ϪⲞⲔ⸗	마치다
ϨⲰⲠ	ϨⲈⲠ-	ϨⲞⲠ⸗	감추다, 숨기다
ⲰⲠ	ⲈⲠ-	ⲞⲠ⸗	세다, 계산하다

이 패턴의 타동사는 상당히 흔하다.

어휘 13

ϫⲱⲕ ± ⲉⲃⲟⲗ 마치다(**ⲙ̄ⲙⲟ⸗**); n.m. 끝, 완성

ϩⲱⲡ 감추다(**ⲙ̄ⲙⲟ⸗**)

ⲱⲡ 세다(**ⲙ̄ⲙⲟ⸗**); 존경하다, 중하게 여기다(**ⲙ̄ⲙⲟ⸗**); ~에 돌리다(사람이나 사물: **ⲙ̄ⲙⲟ⸗**; ~에게: **ⲉ**), ~로 간주하다

ⲃⲱⲗ, ⲃⲉⲗ-, ⲃⲟⲗ⸗ (1) 느슨하게 하다, 풀다(**ⲙ̄ⲙⲟ⸗**); (2) 해석하다, 설명하다(**ⲙ̄ⲙⲟ⸗**); **ⲃⲱⲗ ⲉⲃⲟⲗ** = (1)의 뜻과 함께: 무효로 만들다, 취소하다(**ⲙ̄ⲙⲟ⸗**)

ⲧⲱⲙ, ⲧⲉⲙ-, ⲧⲟⲙ⸗ 닫다, 덮다(**ⲙ̄ⲙⲟ⸗**).

ⲟⲩⲱⲙ, ⲟⲩⲉⲙ-, ⲟⲩⲟⲙ⸗ 먹다(**ⲙ̄ⲙⲟ⸗**; 부분사partitive: **ⲉⲃⲟⲗ ϩⲛ̄**); **ⲟⲩⲱⲙ ⲛ̄ⲥⲁ** ~을 갉아먹다

ϣⲱⲡ, ϣⲉⲡ-, ϣⲟⲡ⸗ (1) 받다, 받아 주다(**ⲙ̄ⲙⲟ⸗**; ~로부터: **ⲛ̄ⲧⲛ̄**); (2) 사다(**ⲙ̄ⲙⲟ⸗**; ~의 값으로: **ϩⲁ**).

ⲟⲩⲱⲛ 열다(**ⲙ̄ⲙⲟ⸗, ⲉ**).

ⲡ.ⲁϥ 고기, 살(사람이나 동물); 고기 조각

ⲡⲉ.ⲩϩⲟⲣ (f. **ⲧⲉ.ⲩϩⲱⲣⲉ** ; pl. **ⲛⲉ.ⲩϩⲟⲟⲣ**) 개(√**ⲟⲩϩⲟⲣ**)

ⲡ.ⲃⲁⲗ 눈

ⲡ.ⲛⲁⲩ 시간, 시각

ⲡ.ⲛⲟⲩϩ 밧줄

그리스어 명사

ⲧⲉ.ⲭⲏⲣⲁ (ἡ χήρα) 과부

ⲡ.ⲟⲣⲫⲁⲛⲟⲥ (ἡ ὀρφανός) 고아

ⲧ.ⲥⲁⲣⲝ (ἡ σάρξ) 살

ⲧ.ⲡⲩⲗⲏ (ἡ πύλη) 문

고유명사

ⲇⲁⲩⲉⲓⲇ 다윗(Δαυίδ; 가끔 ⲇ̅ⲁ̅ⲇ̅로 축약된다).

ⲑⲓⲉⲣⲟⲩⲥⲁⲗⲏⲙ 예루살렘(Ἰερουσαλήμ; 정관사와 함께), 자주 ⲑⲓ̅ⲗ̅ⲏ̅ⲙ̅
으로 축약된다.

연습문제 13

A. 1. ⲡⲁⲡⲟⲧ ⲉⲛⲧⲁⲓϣⲟⲡϥ̅ ⲛ̅ⲧⲟⲟⲧϥ̅

2. ⲡⲃⲏⲙⲁ ⲉⲛⲧⲁϥⲧⲱⲟⲩⲛ ⲉⲃⲟⲗ ϩⲓⲱⲱϥ

3. ⲡϩⲱⲃ ⲉⲛⲧⲁϥϫⲱⲕ ⲙ̅ⲙⲟϥ ⲉⲃⲟⲗ

4. ⲡⲏⲓ ⲉⲛⲧⲁⲩⲕⲟⲧϥ̅ ⲙ̅ⲙⲁⲩ

5. ⲡⲛⲟⲩⲃ ⲉⲛⲧⲁⲛϩⲟⲡϥ̅ ϩⲁ ⲡⲱⲛⲉ

6. ⲡⲱⲛⲉ ⲉⲛⲧⲁϥϩⲉ ⲉⲡⲉⲥⲏⲧ ⲉϫⲛ̅ ⲛⲁⲟⲩⲉⲣⲏⲧⲉ

7. ⲧⲡⲩⲗⲏ ⲉⲛⲧⲁⲩⲃⲱⲕ ⲉⲃⲟⲗ ϩⲓⲧⲟⲟⲧⲥ̅

8. ⲡϩⲱⲃ ⲉⲛⲧⲁⲕϣⲁϫⲉ ϩⲁⲣⲟϥ

9. ⲧⲉⲭⲏⲣⲁ ⲉⲛⲧⲁⲓϯ ⲛⲁⲥ ⲙ̅ ⲡϩⲁⲧ

10. ⲡϩⲗ̅ⲗⲟ ⲉⲛⲧⲁⲩϩⲱⲛ ⲉϩⲟⲩⲛ ⲉ ⲧⲉϥⲣⲓ

B. 1. ⲁⲓⲃⲱⲕ ⲉ ⲣⲁⲕⲟⲧⲉ ⲉ ⲛⲁⲩ ⲉ ⲡⲁⲉⲓⲱⲧ.

2. ⲁⲩⲉⲓ ⲉ ϣⲁϫⲉ ⲛⲙ̅ⲙⲁⲓ.

3. ⲁϥⲃⲱⲕ ⲉ ⲡⲉⲓⲉⲣⲟ ⲉ ⲉⲓⲁ-ⲛⲉϥϩⲟⲉⲓⲧⲉ ⲉⲃⲟⲗ.

4. ⲁⲓϩⲙⲟⲟⲥ ⲉ ⲥⲱ ⲛ̅ ⲧⲉⲣⲱⲧⲉ ⲁⲩⲱ ⲉ ⲟⲩⲱⲙ ⲙ̅ ⲡⲁϥ.

5. ⲁⲩⲧⲛ̅ⲛⲟⲟⲩ ⲙ̅ⲙⲟⲓ ⲉ ⲉⲓⲛⲉ ⲛⲁⲕ ⲙ̅ ⲡⲉⲓϫⲱⲱⲙⲉ.

6. ⲁϥⲉⲓⲛⲉ ⲛ̅ ⲟⲩⲙⲟⲟⲩ ⲉ ⲉⲓⲁ-ⲛⲉϥⲟⲩⲉⲣⲏⲧⲉ ⲙ̅ⲙⲟϥ.

7. ⲁϥⲧⲱⲟⲩⲛ ⲉ ⲃⲱⲕ ⲉⲡⲁϩⲟⲩ ⲉ ⲑⲓ̅ⲗ̅ⲏ̅ⲙ̅.

8. ⲛⲓⲙ ⲡⲉⲛⲧⲁϥϫⲱⲕ ⲉⲃⲟⲗ ⲙ̅ ⲡⲉⲓϩⲱⲃ?

9. ⲛⲓⲙ ⲡⲉⲛⲧⲁⲩϩⲟⲡϥ̅ ⲛⲙ̅ ⲡⲏⲓ?

10. ⲛⲉⲓⲉⲛⲧⲟⲗⲟⲟⲩⲉ ⲛⲉⲛⲧⲁⲩⲃⲟⲗⲟⲩ ⲉⲃⲟⲗ.

11. ⲧⲉⲭⲏⲣⲁ ⲧⲉ ⲛ̄ⲧⲁⲩϯ ⲛⲁⲥ ⲙ̄ ⲡⲟⲉⲓⲕ.

12. ⲛⲓⲙ ⲡⲉⲛⲧⲁϥⲃⲱⲗ ⲛⲏⲧⲛ̄ ⲙ̄ ⲡϫⲱⲱⲙⲉ?

13. ⲛ̄ⲧⲟϥ ⲡⲉⲛⲧⲁϥⲧⲱⲙ ⲛ̄ ⲧⲡⲩⲗⲏ.

14. ⲛⲁⲓ ⲛⲉ ⲉⲛⲧⲁⲓϣⲟⲡϥ̄ ⲛ̄ⲧⲟⲟⲧⲟⲩ.

15. ⲛⲉⲩϩⲟⲟⲣ ⲛⲉ ⲉⲛⲧⲁⲩⲟⲩⲟⲙϥ̄.

16. ⲡⲉⲭⲣⲓⲥⲧⲟⲥ ⲡⲉⲛⲧⲁϥⲟⲩⲱⲛ ⲛ̄ ⲛⲃⲁⲗ.

17. ⲛⲓⲙ ⲛⲉⲛⲧⲁⲩⲟⲡⲟⲩ ⲉ ⲡϯⲙⲉ ⲉⲧ ⲙ̄ⲙⲁⲩ?

18. ⲡⲥⲁϩ ⲡⲉⲛⲧⲁϥⲧⲁⲁⲩ ⲛⲁⲓ.

19. ⲡⲉⲓⲁⲥⲡⲁⲥⲙⲟⲥ ⲡⲉⲛⲧⲁ-ⲡⲁⲅⲅⲉⲗⲟⲥ ϫⲟⲟϥ ⲛⲁⲥ.

20. ⲟⲩ ⲡⲉⲛⲧⲁⲕϣⲟⲡϥ̄ ϩⲛ̄ ⲧⲁⲅⲟⲣⲁ?

21. ⲡⲉⲓⲣ̄ⲡⲉ ⲡⲉ ⲛ̄ⲧⲁⲩⲕⲟⲧϥ̄ ⲛ̄ϭⲓ ⲛⲉⲛⲉⲓⲟⲧⲉ.

22. ⲡⲉⲓⲣⲱⲙⲉ ⲡⲉⲛⲧⲁⲥϣⲁϫⲉ ⲛⲙ̄ⲙⲁϥ.

C. 1. ⲛ̄ⲧⲉⲣⲉ-ⲡⲙⲟⲛⲁⲭⲟⲥ ϫⲱⲕ ⲙ̄ ⲡⲉϥϩⲱⲃ ⲉⲃⲟⲗ, ⲁϥⲧⲱⲟⲩⲛ, ⲁϥⲃⲱⲕ ⲉⲃⲟⲗ.

2. ⲁⲛϭⲱ ⲛⲙ̄ⲙⲁϥ ϣⲁ ⲡϣⲁ ⲙ̄ ⲡⲣⲏ.

3. ⲛ̄ⲧⲉⲣⲉ-ⲡⲣⲏ ϣⲁ, ⲁⲛⲁⲗⲉ ⲉϫⲛ̄ ⲛⲉⲛϩⲧⲱⲱⲣ ⲁⲩⲱ ⲁⲛⲡⲱⲧ ⲛ̄ⲥⲱϥ.

4. ⲁⲩⲟⲡϥ̄ ⲉ ⲡⲏⲓ ⲛ̄ ⲇⲁⲩⲉⲓⲇ.

5. ⲛ̄ⲧⲉⲣⲉⲥⲥⲱⲧⲙ̄ ⲉ ⲛⲁⲓ, ⲁⲥϫⲓ-ⲡⲉⲥϣⲏⲣⲉ, ⲁⲥϩⲟⲡϥ̄.

6. ⲁⲩⲧⲱⲙ ⲛ̄ϭⲓ ⲛ̄ⲣⲱⲙⲉ ⲛ̄ ⲙ̄ⲡⲩⲗⲏ ⲛ̄ ⲧⲡⲟⲗⲓⲥ.

7. ⲛ̄ⲧⲉⲣⲓⲉⲡ-ⲡϩⲁⲧ, ⲁⲓⲧⲁⲁϥ ⲛⲁⲩ.

8. ⲙ̄ⲡⲟⲩⲱⲡ ⲛ̄ ⲛ̄ϣⲁϫⲉ ⲙ̄ ⲡⲉⲛϫⲟⲉⲓⲥ.

9. ⲁⲥϣⲱⲡⲉ ⲇⲉ ⲛ̄ⲧⲉⲣⲟⲩⲟⲩⲱⲛ ⲛ̄ ⲧⲡⲩⲗⲏ ⲛ̄ ⲧⲡⲟⲗⲓⲥ, ⲁ-ⲡⲗⲁⲟⲥ ⲡⲱⲧ ⲉⲃⲟⲗ ϩⲓⲧⲟⲟⲧⲥ̄.

10. ⲛ̄ⲧⲉⲣⲓⲃⲱⲕ, ⲁⲓϫⲓ ⲙ̄ ⲡⲛⲟⲩϩ ⲛⲙ̄ⲙⲁⲓ.

11. ⲛ̄ⲧⲉⲣⲛ̄ⲥⲱⲧⲙ̄ ⲉ ⲛ̄ϣⲁϫⲉ ⲉⲛⲧⲁϥϫⲟⲟⲩ, ⲁⲛⲣⲁϣⲉ ⲉⲙⲁⲧⲉ.

12. ⲁϥⲟⲡⲛ̄ ⲉ ⲡⲗⲁⲟⲥ ⲛ̄ ⲑⲓ̅ⲗ̅ⲏ̅ⲙ̅.

13. ⲛ̄ⲧⲉⲣⲟⲩⲧⲙ̄ϭⲓⲛⲉ ⲛ̄ ⲛ̄ϫⲱⲱⲙⲉ ⲉⲛⲧⲁⲛϩⲟⲡⲟⲩ ϩⲙ̄ ⲡⲏⲓ, ⲁⲩⲃⲱⲕ ⲉⲃⲟⲗ.

14. ⲁ-ⲛⲉⲩϩⲟⲟⲣ ⲟⲩⲱⲙ ⲙ̄ ⲡⲁϥ.

15. ⲛ̄ⲧⲉⲣⲉϥϩⲉ ⲉⲣⲟⲟⲩ, ⲁϥⲃⲱⲗ ⲉⲃⲟⲗ ⲛ̄ ⲛⲉⲩⲛⲟⲩϩ.

16. ⲛ̄ⲧⲉⲣⲓⲛⲁⲩ ⲉⲣⲟϥ, ⲁⲓⲛⲁ ϩⲁⲣⲟϥ.

17. ⲛ̄ⲧⲉⲣⲉϥϫⲱⲕ ⲉⲃⲟⲗ ⲛ̄ ⲛⲉⲓϣⲁϫⲉ, ⲁϥⲧⲱⲙ ⲛ̄ ⲛⲉϥⲃⲁⲗ, ⲁϥⲙⲟⲩ.

18. ⲛ̄ⲧⲉⲣⲉϥⲛⲁⲩ ⲉⲣⲟⲟⲩ, ⲁϥϫⲟⲟⲥ ⲛⲁⲩ ϫⲉ ⲉⲧⲃⲉ ⲟⲩ ⲁⲧⲉⲧⲛ̄ⲉⲓ ⲉ ⲡⲉⲓⲙⲁ?

19. ⲁ-ⲡⲉⲩϩⲟⲣ ⲟⲩⲱⲙ ⲛ̄ⲥⲁ ⲧⲥⲁⲣⲝ ⲙ̄ ⲡⲉⲓⲱ.

20. ⲁⲥϣⲱⲡⲉ ⲇⲉ ⲛ̄ⲧⲉⲣⲉ-ⲡⲛⲁⲩ ⲙ̄ ⲡⲉⲥⲙⲓⲥⲉ ϩⲱⲛ ⲉϩⲟⲩⲛ, ⲁⲥⲃⲱⲕ ⲉ ⲡⲏⲓ ⲛ̄ ⲧⲉⲥⲙⲁⲁⲩ.

21. ⲛ̄ⲧⲉⲣⲟⲩⲛⲁⲩ ⲉ ⲡⲟⲩⲟⲉⲓⲛ ⲙ̄ ⲡⲉϥϩⲟ ⲁⲩⲱ ⲁⲩⲥⲱⲧⲙ̄ ⲉ ⲛⲉϥϣⲁϫⲉ, ⲁⲩϩⲉ ⲉ ⲡⲕⲁϩ, ⲁⲩϩⲉⲡ-ⲛⲉⲩϩⲟ.

22. ⲉⲧⲃⲉ ⲟⲩ ⲁⲧⲉⲧⲛ̄ⲃⲱⲗ ⲉⲃⲟⲗ ⲛ̄ ⲛⲉⲛⲧⲟⲗⲏ ⲛ̄ ⲛⲉⲧⲛ̄ⲉⲓⲟⲧⲉ?

23. ⲛ̄ⲧⲉⲣⲉⲥⲧⲙ̄ϩⲉ ⲉ ⲧⲉⲥϣⲉⲉⲣⲉ ⲙ̄ⲙⲁⲩ, ⲁⲥⲣⲓⲙⲉ.

24. ⲛ̄ⲧⲉⲣⲉϥⲧⲙ̄ⲟⲩⲱⲛ ⲙ̄ ⲡⲣⲟ ⲛ̄ ⲧⲉϥⲣⲓ, ⲁⲓⲃⲱⲕ ⲉⲃⲟⲗ.

레슨 14
제2 완료형, 의문대명사와 의문부사, 부정사(4)

14.1 제2 완료형(second perfect: **ⲚⲦⲀ⸗, ⲚⲦⲀ-**). 이후의 레슨에서 보겠지만, 콥트어에서 각 "제1" 시제는 "제2" 시제라고 불리는 대응어를 가지고 있는데, 이 사용법은 동사가 아닌 문장의 일부 요소, 보통 부사구를 특별히 강조한다. 다음을 대조해보라.

제1 완료형	**ⲁ-ⲡⲁⲓ ϣⲱⲡⲉ ⲉⲧⲃⲏⲏⲧⲕ̄.** 이 일은 너 때문에 일어났다This happened because of you.
제2 완료형	**ⲚⲦⲀ-ⲡⲁⲓ ϣⲱⲡⲉ ⲉⲧⲃⲏⲏⲧⲕ̄.** 이 일이 일어난 것은 바로 너 때문이었다It was because of you that this happened.

번역에서 알 수 있듯이 영어에서 분열문은 콥트어 문장을 제2 시제 형태로 표현하기 위한 편리한 방법이다. 아래에 언급하는 특별한 용도를 제외하고, 제2 시제의 사용은 필수적인 것은 아니지만 작가가 강조하기 위해 선택한 내용에 달려있다.

제2 완료형은 제1 완료형의 관계절과 같은 굴절/활용 형태를 갖지만, 대개 첫 **ⲉ**가 없다: **ⲚⲦⲀⲒⲤⲰⲦⲘ̄, ⲚⲦⲀⲔⲤⲰⲦⲘ̄** 등.

의문대명사 또는 의문부사가 포함된 구가 동사 뒤에 올 때, 제2 시제가 규칙적으로 사용되지만 예외가 드물지는 않다.

> **ⲚⲦⲀⲔⲦⲚ̄ⲚⲞⲞⲨ Ⲙ̄ⲘⲞϤ ⲈⲦⲂⲈ ⲞⲨ?** 너는 왜 그를 보냈나?
>
> **ⲚⲦⲀϤⲈⲒⲚⲈ Ⲛ̄ ⲦⲈⲒⲈⲠⲒⲤⲦⲞⲖⲎ Ⲉ ⲚⲒⲘ?** 그는 이 편지를 누구에게 가져다 주었나?

그러나 의문구가 처음에 오면, 대개 **ⲉⲧⲃⲉ ⲟⲩ**의 경우처럼 제1 시제가 사용된다.

> **ⲉⲧⲃⲉ ⲟⲩ ⲁⲕⲧⲛ̄ⲛⲟⲟⲩ ⲙ̄ⲙⲟϥ?** 왜 너는 그를 보냈나?

14.2 의문대명사, 의문부사의 기타 언급. 의문대명사 **ⲛⲓⲙ**(누구?)과 **ⲟⲩ**(무엇?)는 동사의 주어나 목적어로, 그리고 전치사의 목적어로 사용될 수 있다. 동사의 주어로 사용될 때의 동사는 일반적으로 제2 시제 형태이다.

> **ⲛ̄ⲧⲁ-ⲟⲩ ϣⲱⲡⲉ?** 무슨 일이 일어났나?
>
> **ⲛⲧⲁ-ⲛⲓⲙ ⲃⲱⲕ ⲉϩⲟⲩⲛ?** 누가 들어갔나?

목적어 사용의 예로서, 다시 제2 시제와 함께 통상적으로:

> **ⲛ̄ⲧⲁⲕⲛⲁⲩ ⲉ ⲛⲓⲙ?** 너는 누구를 보았나?
>
> **ⲛ̄ⲧⲁⲕⲧⲁⲁϥ ⲛ̄ ⲛⲓⲙ?** 너는 누구에게 주었나?
>
> **ⲛ̄ⲧⲁϥⲕⲁ-ⲟⲩ ⲙ̄ⲙⲁⲩ?** 그는 거기에서 무엇을 두었나?

§13.2에서 소개된 구문은 앞의 것보다 훨씬 더 자주 사용된다: **ⲛⲓⲙ ⲡⲉⲛⲧⲁϥⲃⲱⲕ ⲉϩⲟⲩⲛ? ⲛⲓⲙ ⲡⲉⲛⲧⲁⲕⲛⲁⲩ ⲉⲣⲟϥ?**

의문부사 **ⲧⲱⲛ**(어디에?), **ⲉ ⲧⲱⲛ**(어디로?), **ⲉⲃⲟⲗ ⲧⲱⲛ**(어디로부터?), 그리고 **ⲧⲛ̄ⲛⲁⲩ**(또는 **ⲧⲛⲁⲩ** 언제?)는 제2 시제와 함께 동사 다음의 위치에 통상적으로 나타난다.

> **ⲛ̄ⲧⲁ-ⲡⲉⲕⲉⲓⲱⲧ ⲃⲱⲕ ⲉ ⲧⲱⲛ?** 너의 아버지는 어디에 가셨나?
>
> **ⲛ̄ⲧⲁⲩⲙⲟⲩ ⲧⲛ̄ⲛⲁⲩ?** 그들은 언제 죽었나?

14.3 부정사(계속). **ⲕⲱⲧ** 타입의 부정사에서 **ⲱ**는, 첫 자음이 **ⲙ**이나

N일 때 OY로 변경된다.

MOYP	MEP-	MOP⸗	묶다
MOYN	—	—	남다remain

대명사 접미형의 O는 통상적으로 어간 마지막 ϩ와 (일반적으로) ϣ 앞에서 ⲁ로 교체된다.

OYⲰϨ	OYEϨ-	OYⲀϨ⸗	두다, 놓다
OYⲰϢ	OYEϢ-	OYⲀϢ⸗	원하다, 바라다
MOYϨ	MEϨ-	MⲀϨ⸗	채우다

어휘 14

MOYP, MEP-, MOP⸗ 묶다, 매다(누군가를: M̄MO⸗ 또는 접미사; ~으로 M̄MO⸗, ϨN̄; ~에게: E, EϪN̄, EϨOYN E)

NOYϪE (또는 NOYϪ), NEϪ- NOϪ⸗ 던지다, 버리다(M̄MO⸗; ~에, ~로: E); NOYϪE EBOⲖ 버리다, 던지다, 포기하다; NOYϪE EПECHT 떨어뜨리다

OYⲰϨ, OYEϨ-, OYⲀϨ⸗ (1) 두다, 놓다(M̄MO⸗); OYⲰϨ EϪN̄ ~에 더하다, 증가시키다; (2) 자동사: 정착하다, 살다, 거주하다(~에: ϨN̄; ~와 함께: MN̄)

OYⲰϢ, OYEϢ-, OYⲀϢ⸗ 원하다, 바라다(M̄MO⸗); n.m. 소원, 욕망; M̄ ПEϤOYⲰϢ 그 자신의 의지로, 그가 원하는 대로. OYEϢ- 다른 부정사와 함께 결합될 수도 있다: OYEϢ-EI 오기를 바라다, OYEϢ-CⲰTM̄ 듣고 싶어하다

ⲙⲟⲩϩ, ⲙⲉϩ-, ⲙⲁϩ⸗ ± ⲉⲃⲟⲗ (1) 채우다(~으로: **ⲙ̄ⲙⲟ⸗** 또는 접미사; ~와 함께: **ⲙ̄ⲙⲟ⸗, ϩⲛ̄, ⲉⲃⲟⲗ ϩⲛ̄**); (2) intr. 가득 채우다, 넉넉하게 하다 (~의, ~으로: **ⲙ̄ⲙⲟ⸗**). **ⲙ̄ⲙⲟ⸗** 뒤의 비한정 명사는 일반적으로 관사가 없다.

ϯ ⲙ̄ⲙⲟ⸗ ϩⲓ 걸다(옷을: **ⲙ̄ⲙⲟ⸗**), 입다

ⲡⲉ.ⲥⲛⲁⲩϩ 묶는 것; 줄, 속박

ⲡⲉ.ϣⲧⲉⲕⲟ (pl. **ⲛⲉ.ϣⲧⲉⲕⲱⲟⲩ**) 감옥

ⲧ.ⲣ̄ⲙⲉⲓⲏ (pl. **ⲛ̄.ⲣ̄ⲙⲉⲓⲟⲟⲩⲉ**) 눈물

ⲧ.ϭⲓϫ 손

ⲧⲱⲛ adv. 어디? **ⲉ ⲧⲱⲛ** 어디로? **ⲉⲃⲟⲗ ⲧⲱⲛ** 어디로부터?

ⲧⲛ̄ⲛⲁⲩ, ⲧⲛⲁⲩ adv. 언제?

ⲡⲉ.ⲥⲭⲏⲙⲁ (τὸ σχῆμα) 옷차림; 수도복; **ⲙⲟⲩⲣ ⲙ̄ⲙⲟ⸗ ⲙ̄ ⲡⲉⲥⲭⲏⲙⲁ** 수도복 옷차림을 하다, 수도사로 받아들이다

연습문제 14

1. **ⲙ̄ⲡⲟⲩⲟⲩⲱϣ ⲉ ϩⲱⲛ ⲉϩⲟⲩⲛ ⲉⲣⲟⲛ.**

2. **ⲛ̄ⲧⲁ-ⲡⲉⲕⲉⲓⲱⲧ ⲙⲟⲩ ⲧⲛ̄ⲛⲁⲩ?**

3. **ⲁⲥϣⲱⲡⲉ ⲇⲉ ⲛ̄ⲧⲉⲣⲓϫⲱⲕ ⲉⲃⲟⲗ ⲙ̄ ⲡⲁϩⲱⲃ, ⲁⲓⲧⲱⲟⲩⲛ, ⲁⲓⲃⲱⲕ ⲉⲃⲟⲗ.**

4. **ⲛⲓⲙ ⲡⲉⲛⲧⲁⲩⲛⲟϫϥ̄ ⲉ ⲡⲉϣⲧⲉⲕⲟ? ⲡⲉⲛⲥⲁϩ ⲡⲉ.**

5. ⲁ-ⲙ̅ⲡⲏⲩⲉ ⲙⲟⲩϩ ⲛ̅ ⲟⲩⲟⲉⲓⲛ.

6. ⲛ̅ⲧⲁϥⲉⲓ ⲉϩⲟⲩⲛ ⲉ ⲡⲉⲓⲕⲟⲥⲙⲟⲥ ⲙ̅ ⲡⲉϥⲟⲩⲱϣ.

7. ⲁⲓⲃⲱⲗ ⲉⲃⲟⲗ ⲛ̅ ⲛⲉⲥⲛⲁⲩϩ ⲉⲛⲧⲁⲩⲙⲉⲣ-ⲡⲣⲱⲙⲉ ⲛ̅ϩⲏⲧⲟⲩ.

8. ⲛ̅ⲧⲁⲕϯ ⲙ̅ ⲡⲉⲥⲭⲏⲙⲁ ϩⲓⲱⲱⲕ ⲧⲛ̅ⲛⲁⲩ?

9. ⲛⲁⲓ ⲛⲉ ⲛ̅ϣⲁϫⲉ ⲉⲛⲧⲁⲩϣⲱⲡⲉ ⲙ̅ ⲡⲉϩⲟⲟⲩ ⲉⲧ ⲙ̅ⲙⲁⲩ.

10. ⲛⲧⲁⲕⲟⲩⲱϩ ϩⲛ̅ ⲧⲉⲓⲡⲟⲗⲓⲥ ⲧⲛⲁⲩ?

11. ⲁⲥϣⲱⲡⲉ ⲇⲉ ⲛ̅ⲧⲉⲣⲉⲥϩⲉ ⲉⲣⲟϥ, ⲁⲥϥⲓⲧϥ̅, ⲁⲥⲃⲱⲕ ⲉⲃⲟⲗ ⲛⲙ̅ⲙⲁϥ.

12. ⲛ̅ⲧⲁⲣϩⲟⲡⲟⲩ ⲧⲱⲛ?

13. ⲁⲩⲙⲟⲣⲧ̅ ⲛ̅ ⲛⲁⲟⲩⲉⲣⲏⲧⲉ ⲙⲛ̅ ⲛⲁϭⲓϫ ⲁⲩⲱ ⲁⲩⲕⲁⲁⲧ ⲙ̅ⲙⲁⲩ ϩⲓ ⲡⲉⲕⲣⲟ.

14. ⲛⲓⲙ ⲡⲉⲛⲧⲁⲧⲉⲧⲛ̅ϣⲉⲡ-ⲛⲁⲓ ⲛ̅ⲧⲟⲟⲧϥ̅?

15. ⲡⲁⲓ ⲡⲉ ⲡⲙⲟⲩ ⲉⲛⲧⲁϥⲟⲩⲁϣϥ̅.

16. ⲙ̅ⲡⲉϥⲟⲩⲱϩ ⲉϫⲙ̅ ⲡϩⲁⲧ ⲉⲛⲧⲁϥⲧⲁⲁϥ ⲛⲁⲩ.

17. ⲙⲛ̄ⲛ̄ⲥⲁ ⲛⲁⲓ ⲇⲉ ⲁϥⲙⲟⲩϩ ⲛ̄ ⲣⲁϣⲉ.

18. ⲁ-ⲧⲉⲕⲕⲗⲏⲥⲓⲁ ⲙⲟⲩϩ ⲛ̄ ⲛⲉϩⲣⲟⲟⲩ ⲙ̄ ⲡⲙⲏⲏϣⲉ.

19. ⲛ̄ⲧⲁ-ⲛⲓⲙ ⲕⲁⲁϥ ϩⲙ̄ ⲡⲉϣⲧⲉⲕⲟ?

20. ⲛ̄ⲧⲁⲧⲉⲧⲛ̄ⲛⲉϫ-ⲛⲉⲓϩⲟⲉⲓⲧⲉ ⲉⲃⲟⲗ ⲉⲧⲃⲉ ⲟⲩ?

21. ⲁ-ⲛ̄ⲣⲱⲙⲉ ⲙⲟⲩⲣ ⲙ̄ ⲡⲙⲟⲛⲁⲭⲟⲥ ⲉ ⲡⲉϩⲧⲟ.

22. ⲁ-ⲛⲉϥⲃⲁⲗ ⲙⲟⲩϩ ⲛ̄ ⲣⲙ̄ⲉⲓⲏ.

23. ⲛ̄ⲧⲁϥⲟⲩⲱϣ ⲉ ⲛⲁⲩ ⲉ ⲛⲓⲙ?

24. ⲛ̄ⲧⲁ-ⲛⲉⲧⲛ̄ⲉⲓⲟⲧⲉ ϩⲉ ⲉⲃⲟⲗ ⲉⲧⲃⲉ ⲛⲉⲩⲛⲟⲃⲉ.

25. ⲙⲛ̄ⲛ̄ⲥⲱⲥ ⲇⲉ ⲁⲛⲉⲓ ⲉϩⲟⲩⲛ ⲉ ⲧⲥⲩⲛⲁⲅⲱⲅⲏ.

26. ⲁ-ⲡⲉⲩϫⲟⲓ ⲙⲟⲩϩ ⲙ̄ ⲙⲟⲟⲩ.

27. ⲟⲩ ⲡⲉⲛⲧⲁⲕⲟⲩⲟⲙϥ̄ ⲙ̄ ⲡⲟⲟⲩ?

28 ⲛ̄ⲧⲉⲣⲓⲧⲱⲙ ⲙ̄ ⲡⲣⲟ, ⲁⲓϩⲙⲟⲟⲥ ⲁⲩⲱ ⲁⲓⲱⲡ ⲙ̄ ⲡϩⲁⲧ ⲉⲛⲧⲁⲩⲧⲁⲁϥ ⲛⲁⲓ.

29. ⲁ-ⲛⲉⲩϩⲟⲟⲣ ⲟⲩⲱⲙ ⲛ̄ⲥⲁ ⲛⲉϥⲟⲩⲉⲣⲏⲧⲉ.

30. ⲡⲁⲓ ⲡⲉ ⲡⲱⲛⲉ ⲉⲛⲧⲁⲩⲛⲟϫϥ̄ ⲉⲃⲟⲗ.

31. ⲛ̄ⲧⲁ-ⲡϣⲁ ϣⲱⲡⲉ ⲧⲛ̄ⲛⲁⲩ?

32. ⲛⲓⲙ ⲡⲉⲛⲧⲁϥⲃⲱⲗ ⲉⲃⲟⲗ ⲛ̄ ⲛⲉⲓⲥⲛⲁⲩϩ?

33. ⲁ-ⲡⲉⲡⲓⲥⲕⲟⲡⲟⲥ ⲙⲟⲣⲛ̄ ⲛ̄ ⲛⲉⲥⲭⲏⲙⲁ.

34. ⲛ̄ⲧⲁⲛⲕⲁ-ⲡⲉⲛϯⲙⲉ ⲛ̄ⲥⲱⲛ ⲉⲧⲃⲉ ⲡⲉϩⲕⲟ.

35. ⲛⲓⲙ ⲡⲉⲛⲧⲁϥⲟⲩⲁϩⲕ̄ ϩⲙ̄ ⲡⲉⲓⲙⲁ?

36. ⲁⲥⲟⲩⲉϩ-ⲧⲉⲥϣⲉⲉⲣⲉ ⲉϫⲙ̄ ⲡⲉϭⲗⲟϭ.

37. ⲁ-ⲛⲉϥϣⲁϫⲉ ⲙⲁϩⲟⲩ ⲛ̄ ⲣⲁϣⲉ.

38. ⲛ̄ⲧⲁ-ⲛⲉⲓϩⲓⲥⲉ ϩⲉ ⲉϫⲱⲛ ⲉⲧⲃⲉ ⲟⲩ?

39. ⲛ̄ⲧⲁⲩⲟⲩⲱⲛ ⲛ̄ ⲧⲡⲩⲗⲏ ⲛ̄ ⲧⲡⲟⲗⲓⲥ ⲧⲛ̄ⲛⲁⲩ?

40. ⲟⲩ ⲡⲉⲛⲧⲁϥϣⲱⲡⲉ ⲙ̄ⲙⲟⲕ ϩⲓⲣⲛ̄ ⲧⲡⲩⲗⲏ?

41. ⲁⲓⲛⲟⲩϫⲉ ⲙ̄ ⲡⲛⲟⲩϩ ⲉⲡⲉⲥⲏⲧ ⲉ ⲡⲕⲁϩ.

42. ⲙ̅ⲡⲟⲩⲟⲩⲉϣ-ⲥⲱⲧⲙ̅ ⲉ ⲛⲁϣⲁϫⲉ.

43. ⲙ̅ⲡⲓⲛⲁⲩ ⲉ ⲧⲉⲭⲏⲣⲁ ϣⲁ ⲡⲟⲟⲩ.

44. ⲁⲓⲟⲩⲱϣ ⲉ ⲛ̅ⲕⲟⲧⲕ̅.

레슨 15
형용사, 서술 형용사(1), 기수(1)

15.1 형용사. 콥트어에서 문법적 범주로서의 형용사의 존재에 대해 약간의 논쟁이 있지만, 그럼에도 불구하고 이 레슨에서 다루는 단어에 대한 이 명칭을 유지하는 것이 편리하다. 대부분의 한정 형용사는 그것이 수식하는 명사 앞이나 뒤에 올 수 있으며, 연결 불변화사 **N̄(M̄)**으로 명사에 연결된다. 명사와 형용사는 가까운 단위를 형성한다. 모든 관사, 소유 형용사, 지시사는 전체 단위 앞에 온다.

> **ⲟⲩⲛⲟϭ ⲙ̄ ⲡⲟⲗⲓⲥ / ⲟⲩⲡⲟⲗⲓⲥ ⲛ̄ ⲛⲟϭ** 한 큰 도시
>
> **ⲡⲁⲙⲉⲣⲓⲧ ⲛ̄ ϣⲏⲣⲉ / ⲡⲁϣⲏⲣⲉ ⲙ̄ ⲙⲉⲣⲓⲧ** 사랑하는 나의 아들
>
> **ⲡⲥⲁⲃⲉ ⲛ̄ ⲣⲱⲙⲉ / ⲡⲣⲱⲙⲉ ⲛ̄ ⲥⲁⲃⲉ** 그 현명한 사람

이러한 예들은 일반적인 한정 형용사 구문을 보여준다. 그러나 특정한 형용사 그룹에는 몇 가지 제약이 있다.

(1) 많은 형용사는 해당 구문에서 명사 앞에 오는 뚜렷한 선호도를 보여준다. **ⲛⲟϭ**(위대한), **ⲕⲟⲩⲓ**(작은), **ϣⲏⲙ**(작은), **ϣⲟⲣⲡ̄**(처음의), **ϩⲁⲉ**(마지막의), **ⲙⲉⲣⲓⲧ**(사랑하는)가 있다.

(2) 일부 형용사는 연결사 **ⲛ̄** 없이 명사 뒤에 사용될 수 있다. **ⲁⲥ**(나이든), **ⲛⲟϭ**(위대한), **ⲕⲟⲩⲓ**(작은), **ϣⲏⲙ**(작은), **ⲟⲩⲱⲧ**(하나인), **ⲟⲩⲱⲃϣ̄**(흰)가 있다. 몇 가지 고정된 표현을 제외하고, 이 구문은 표준 사히드어에서 드물며 모범으로 삼아서는 안 된다.

일부 형용사는 독특한 여성형과 복수형이 있다.

	여성	복수	뜻
ⲕⲁⲙⲉ	ⲕⲁⲙⲏ	——	검은
ϩⲁⲉ	ϩⲁⲏ	ϩⲁⲉⲉⲩ(ⲉ)	마지막의
ⲥⲁⲃⲉ	ⲥⲁⲃⲏ	ⲥⲁⲃⲉⲉⲩ(ⲉ)	현명한
ϭⲁⲗⲉ	——	ϭⲁⲗⲉⲉⲩ(ⲉ)	서투른
ⲙⲉⲣⲓⲧ	——	ⲙⲉⲣⲁⲧⲉ	가장 사랑하는
ϣⲟⲣⲡ̄	ϣⲟⲣⲡⲉ	——	처음의
ϩⲟⲩⲉⲓⲧ	ϩⲟⲩⲉⲓⲧⲉ	ϩⲟⲩⲁⲧⲉ	처음의
ϣⲙ̄ⲙⲟ	ϣⲙ̄ⲙⲱ	ϣⲙ̄ⲙⲟⲓ	다른, 외국의

복수형에 나오는 -ⲉⲉⲩⲉ는 -ⲉⲉⲩ로도 나타난다. 여성형은 여성 명사의 단수와 복수에 사용된다. 복수형은 명사구로 사용되는 용법에서 주로 나타난다: ⲛ̄ⲥⲁⲃⲉⲉⲩⲉ 현명한 자들, ⲛ̄ϩⲟⲩⲁⲧⲉ 어른들, 유력한 자들.

그리스어 형용사는 (1) 그리스어 남성 단수 형태로 성과 수를 가진 명사와 함께 나타날 수 있다.

> ⲡⲣⲱⲙⲉ ⲛ̄ ⲁⲅⲁⲑⲟⲥ 그 선한 사람[남자](ἀγαθός)
>
> ⲧⲉⲥϩⲓⲙⲉ ⲛ̄ ⲁⲅⲁⲑⲟⲥ 그 선한 여자(ἀγαθός)

또는 (2) 한정 명사가 여성인 경우는 그리스어 여성 단수 형태로 나타난다.

> ⲧⲉⲥϩⲓⲙⲉ ⲛ̄ ⲁⲅⲁⲑⲏ 그 선한 여자(ἀγαθή)

또는 (3) 사람이 아닌 경우는 어느 한쪽 성을 가진 명사와 함께 그리스어 중성 형태로 나타난다.

> ⲧⲉⲯⲩⲭⲏ ⲛ̄ ⲧⲉⲗⲉⲓⲟⲛ 그 완전한 영(τέλειον)

그리스어에서 명사로 사용되는 중성 형용사는 콥트어에서 남성으로 취급한다.

> **ⲡⲁⲅⲁⲑⲟⲛ** 좋은 것, 선한 것(τὸ ἀγαθόν)

한 명사가 하나 이상의 형용사로 다양한 순서로 수식될 수 있다.

> **ⲡⲣⲱⲙⲉ ⲛ̄ ϩⲏⲕⲉ ⲛ̄ ⲇⲓⲕⲁⲓⲟⲥ** 사람, 가난한, 의로운
>
> **ⲡⲛⲟϭ ⲛ̄ ⲣ̄ⲣⲟ ⲛ̄ ⲇⲓⲕⲁⲓⲟⲥ** 위대한, 왕, 의로운

모든 콥트어 형용사는 적합한 관사의 형태를 접두사로 붙임으로 명사구(~한 사람, ~한 것)로 사용될 수 있다.

> **ⲡⲉⲃⲓⲏⲛ** 그 가난한 사람 **ⲛⲉⲃⲓⲏⲛ** 그 가난한 자들
>
> **ⲡⲉⲓϩⲏⲕⲉ** 이 가난한 사람 **ⲧⲉⲓϩⲏⲕⲉ** 이 가난한 여자
>
> **ⲟⲩⲥⲁⲃⲉ** 한 현명한 사람 **ϩⲉⲛⲥⲁⲃⲉⲉⲩⲉ** 현명한 사람들

속격 구문에서 첫 명사 뒤에 형용사구가 오면, 속격에서 **ⲛ̄** 대신 **ⲛ̄ⲧⲉ**가 선택적으로 사용될 수 있다.

> **ⲡϣⲏⲣⲉ ⲛ̄ ϭⲁⲗⲉ ⲛ̄ⲧⲉ ⲡⲣⲱⲙⲉ** 그 사람의 다리를 저는 그 아이

15.2 술어로서의 형용사는 명사 술어와 동일하게 취급된다. 부정관사의 필수적인 사용에 주의하라.

> **ⲟⲩⲁⲅⲁⲑⲟⲥ ⲡⲉ.** 그는 선하다.
>
> **ⲛ̄ ϩⲉⲛⲁⲅⲁⲑⲟⲥ ⲁⲛ ⲛⲉ.** 그들은 선하지 않다.
>
> **ⲡⲣⲱⲙⲉ ⲟⲩⲁⲅⲁⲑⲟⲥ ⲡⲉ.** 그 사람은 선하다.
>
> **ⲛ̄ⲣⲱⲙⲉ ϩⲉⲛⲇⲓⲕⲁⲓⲟⲥ ⲛⲉ.** 그 사람들은 의롭다.
>
> **ⲟⲩⲛⲟϭ ⲧⲉ ⲧⲉⲓⲡⲟⲗⲓⲥ.** 이 도시는 크다.

15.3 기수. 하나(1)에서 다섯(5)까지는 다음과 같다.

	남성	여성
하나(1)	ⲟⲩⲁ	ⲟⲩⲉⲓ
둘(2)	ⲥⲛⲁⲩ	ⲥⲛ̄ⲧⲉ
셋(3)	ϣⲟⲙⲛ̄ⲧ	ϣⲟⲙⲧⲉ
넷(4)	ϥⲧⲟⲟⲩ	ϥⲧⲟⲉ, ϥⲧⲟ
다섯(5)	ϯⲟⲩ	ϯⲉ, ϯ

'셋'(3) 이상의 숫자는 형용사적 **ⲛ̄**이 명사 앞에 나온다. 명사는 단수형이며,[1] 관사가 있는 경우는 정관사이다.

> **ϣⲟⲙⲛ̄ⲧ ⲛ̄ ϫⲟⲓ** 세 척의 배
>
> **ⲡϣⲟⲙⲛ̄ⲧ ⲛ̄ ⲣ̄ⲣⲟ** 그 세 왕
>
> **ⲧⲉⲓϣⲟⲙⲧⲉ ⲛ̄ ⲣⲟⲙⲡⲉ** 이 삼 년간these three years

비한정적 표현에서는 부정관사가 없음에 주의하라.

숫자 '하나'(1)는 동일한 방법으로 이해되지만, 연결사 **ⲛ̄**은 생략될 수 있다.

> **(ⲡ)ⲟⲩⲁ ⲣⲱⲙⲉ = (ⲡ)ⲟⲩⲁ ⲛ̄ ⲣⲱⲙⲉ** (그) 한 사람(the) one man

숫자 '둘'(2)은 명사 뒤에 오는데 마찬가지로 단수이며 **ⲛ̄**은 사용되지 않는다.

> **ⲥⲟⲛ ⲥⲛⲁⲩ, ⲡⲥⲟⲛ ⲥⲛⲁⲩ** 두 형제, 그 두 형제.
>
> **ⲥⲱⲛⲉ ⲥⲛ̄ⲧⲉ, ⲧⲥⲱⲛⲉ ⲥⲛ̄ⲧⲉ** 두 자매, 그 두 자매.

---

1. 영어에서는 three kings처럼 명사에 복수 어미 's'가 붙지만, 한국어에서 '세 왕'처럼 명사에 복수 어미 '들'(즉, '세 왕들')을 붙이지 않는 것처럼 콥트어에서도 그러하다—옮긴이.

어휘 15

ⲛⲟϭ 큰, 위대한, 중요한.

ⲕⲟⲩⲓ 작은, 적은; 양에서도: 조금(예, **ⲟⲩⲕⲟⲩⲓ ⲛ̄ ⲟⲉⲓⲕ** 빵 조금); 복수와 함께: 얼마의, 몇(예, **ϩⲉⲛⲕⲟⲩⲓ ⲛ̄ ϫⲱⲱⲙⲉ** 몇 권의 책)

ⲙⲉⲣⲓⲧ (pl. **ⲙⲉⲣⲁⲧⲉ**) (대단히) 사랑하는

ⲥⲁⲃⲉ (f. **ⲥⲁⲃⲏ**; pl. **ⲥⲁⲃⲉⲉⲩⲉ**) 현명한

ϭⲁⲗⲉ (pl. **ϭⲁⲗⲉⲉⲩⲉ**) 불구의, 지체장애의

ϩⲏⲕⲉ 가난한

ⲉⲃⲓⲏⲛ 가난한, 비참한, 절망적인

ⲧⲉ.ⲣⲟⲙⲡⲉ (pl. **ⲛ̄.ⲣⲙ̄ⲡⲟⲟⲩⲉ**) 해年;(**ⲛ̄**) **ⲧⲣⲟⲙⲡⲉ** 올해; **ⲛ̄ ⲟⲩⲣⲟⲙⲡⲉ** 일 년 동안; **ⲛ̄ ϣⲟⲙⲧⲉ ⲛ̄ ⲣⲟⲙⲡⲉ** 삼 년 동안

ⲡ.ⲉⲃⲟⲧ (pl. **ⲛ.ⲉⲃⲁⲧⲉ, ⲛ.ⲉⲃⲉⲧⲉ**) 달月

ⲡ.ϣⲏⲣⲉ ϣⲏⲙ 작은 아이(잦은 고정된 표현).

ⲡⲱϩ 도착하다, 이루다(**ⲉ, ϣⲁ**).

그리스어 형용사

ⲁⲅⲁⲑⲟⲥ (ἀγαθός) 좋은, 선한

ⲇⲓⲕⲁⲓⲟⲥ (δίκαιος) 올바른, 옳은, 의로운

ⲡⲓⲥⲧⲟⲥ (πιστός) 독실한, 진정한, 신앙심이 있는

ⲁⲡⲓⲥⲧⲟⲥ (ἄπιστος) 회의적인, 신앙심이 없는

ⲡⲟⲛⲏⲣⲟⲥ (πονηρός) 나쁜, 사악한

연습문제 15

A. 1. ⲟⲩⲭⲏⲣⲁ ⲛ̄ ϩⲏⲕⲉ

2. ⲧⲉⲓⲛⲟϭ ⲙ̄ ⲡⲩⲗⲏ

3. ⲟⲩϩⲙ̄ϩⲁⲗ ⲙ̄ ⲡⲓⲥⲧⲟⲥ

4. ⲟⲩⲣ̄ⲣⲟ ⲛ̄ ⲇⲓⲕⲁⲓⲟⲥ

5. ⲡⲉⲓⲗⲁⲟⲥ ⲛ̄ ⲁⲡⲓⲥⲧⲟⲥ

6. ⲑⲙ̄ϩⲁⲗ ⲙ̄ ⲡⲟⲛⲏⲣⲁ

7. ⲟⲩⲛⲟϭ ⲛ̄ ϩⲏⲅⲉⲙⲱⲛ

8. ⲡⲉⲛⲙⲉⲣⲓⲧ ⲛ̄ ⲉⲓⲱⲧ

9. ⲡⲕⲟⲩⲓ ⲛ̄ ⲧⲃ̄ⲧ

10. ⲟⲩϭⲁⲗⲉ ⲛ̄ ϩⲏⲕⲉ

11. ⲟⲩⲕⲟⲩⲓ ⲛ̄ ⲁϥ

12. ⲟⲩϩⲗ̄ⲗⲱ ⲛ̄ ⲥⲁⲃⲏ

13. ⲛⲉϥⲙⲁⲑⲏⲧⲏⲥ ⲙ̄ ⲡⲓⲥⲧⲟⲥ

14. ⲡⲉϩⲧⲟ ⲛ̄ ϭⲁⲗⲉ

15. ϩⲉⲛϩⲓⲟⲙⲉ ⲛ̄ ⲉⲃⲓⲏⲛ

16. ⲡⲇⲓⲕⲁⲓⲟⲥ ⲛ̄ ⲣⲱⲙⲉ

17. ⲧⲁⲙⲉⲣⲓⲧ ⲙ̄ ⲙⲁⲁⲩ

18. ⲟⲩⲕⲟⲩⲓ ⲛ̄ ϣⲧⲉⲕⲟ

19. ⲛⲉϩⲃⲏⲩⲉ ⲙ̄ ⲡⲟⲛⲏⲣⲟⲛ

20. ⲛ̄ϣⲁϫⲉ ⲛ̄ ⲛ̄ⲥⲁⲃⲉⲉⲩⲉ

21. ⲡⲉⲓⲛⲟϭ ⲛ̄ ⲛⲟⲙⲟⲥ

22. ⲡⲥⲁⲃⲉ ⲛ̄ ⲇⲓⲕⲁⲓⲟⲥ

23. ⲙ̄ⲡⲁⲣⲑⲉⲛⲟⲥ ⲛ̄ ⲥⲁⲃⲏ

24. ⲛⲉⲛⲙⲉⲣⲁⲧⲉ ⲛ̄ ϣⲏⲣⲉ

25. ⲡⲙⲏⲏϣⲉ ⲛ̄ ⲁⲡⲓⲥⲧⲟⲥ

26. ⲡⲉϥϣⲏⲣⲉ ⲛ̄ ϭⲁⲗⲉ

27. ⲛ̄ⲣⲙ̄ⲙⲉⲓⲟⲟⲩⲉ ⲛ̄ ⲛ̄ϩⲏⲕⲉ

28. ⲙ̄ⲡⲟⲛⲏⲣⲟⲥ ⲙⲛ̄ ⲛ̄ⲁⲅⲁⲑⲟⲥ

29. ⲟⲩⲉⲃⲓⲏⲛ ⲛ̄ ⲟⲣⲫⲁⲛⲟⲥ

30. ⲧⲉⲥϩⲓⲙⲉ ⲙ̄ ⲡⲓⲥⲧⲟⲥ

B. 1. ϣⲟⲙⲛ̄ⲧ ⲛ̄ ϫⲟⲓ

2. ϣⲟⲙⲧⲉ ⲛ̄ ϣⲧⲏⲛ

3. ⲡⲉⲓϣⲟⲙⲛ̄ⲧ ⲛ̄ ϩⲟⲟⲩ

4. ϥⲧⲟⲟⲩ ⲛ̄ ϩⲟⲉⲓⲧⲉ

5. ⲡⲉϥⲧⲟⲟⲩ ⲛ̄ ⲧⲟⲟⲩ

6. ϥⲧⲟⲉ ⲛ̄ ⲭⲏⲣⲁ

7. ⲧⲉⲓϥⲧⲟⲉ ⲛ̄ ⲉⲛⲧⲟⲗⲏ

8. ⲟⲩⲁ ⲙ̄ ⲙⲟⲛⲁⲭⲟⲥ

9. ⲟⲩⲉⲓ ⲙ̄ ⲡⲩⲗⲏ

10. ⲥⲛⲁⲩϩ ⲥⲛⲁⲩ

11. ⲡⲉϥⲃⲁⲗ ⲥⲛⲁⲩ

12. ⲣⲟⲙⲡⲉ ⲥⲛ̄ⲧⲉ

13. ⲉⲃⲟⲧ ⲥⲛⲁⲩ

14. ⲡⲉⲓϯⲟⲩ ⲛ̄ ⲉⲃⲟⲧ

15. ϯⲟⲩ ⲛ̄ ⲕⲟⲩⲓ ⲛ̄ ϫⲟⲓ

16. ϯⲟⲩ ⲛ̄ ⲣⲱⲙⲉ ⲛ̄ ⲁⲅⲁⲑⲟⲥ

17. ⲥϩⲓⲙⲉ ⲥⲛ̄ⲧⲉ ⲛ̄ ⲁⲅⲁⲑⲟⲥ

18. ⲡⲣ̄ⲣⲟ ⲥⲛⲁⲩ

C. 1. ⲛ̄ⲧⲁⲕⲡⲱϩ ⲉ ⲧⲉⲓⲡⲟⲗⲓⲥ ⲧⲛ̄ⲛⲁⲩ?

2. ⲁⲩⲕⲱⲧ ⲛ̄ ⲟⲩⲕⲟⲩⲓ ⲙ̄ ⲡⲟⲗⲓⲥ ⲙ̄ⲙⲁⲩ.

3. ⲁⲛⲟⲩⲱϩ ⲙ̄ⲙⲁⲩ ⲛ̄ ϥⲧⲟⲉ ⲛ̄ ⲣⲟⲙⲡⲉ.

4. ⲛ̄ⲧⲁⲣϯ ⲛⲙ̄ⲙⲁϥ ⲉⲧⲃⲉ ⲟⲩ?

5. ⲟⲩ ⲡⲉ ⲡⲣⲁⲛ ⲙ̄ ⲡϯⲙⲉ ⲉⲛⲧⲁⲧⲉⲧⲛ̄ⲡⲱϩ ⲉⲣⲟϥ ⲛ̄ ⲧⲉⲩϣⲏ ⲉⲧ ⲙ̄ⲙⲁⲩ?

6. ⲛⲓⲙ ⲡⲉⲛⲧⲁϥϣⲓⲛⲉ ⲛ̄ⲥⲱⲓ?

7. ⲡⲁⲓ ⲡⲉ ⲡⲉϩⲣⲟⲟⲩ ⲙ̄ ⲡⲉⲛⲙⲉⲣⲓⲧ ⲛ̄ ϣⲏⲣⲉ.

8. ⲁⲓϯ ⲙ̄ ⲡϩⲁⲧ ⲛ̄ ⲛⲉⲃⲓⲏⲛ.

9. ⲙ̄ⲡⲓⲟⲩⲱϣ ⲉ ϣⲁϫⲉ ⲙⲛ̄ ⲡϭⲁⲗⲉ ⲉⲧ ⲙ̄ⲙⲁⲩ.

10. ⲟⲩ ⲡⲉ ⲡϣⲓ ⲉⲛⲧⲁϥⲡⲱϩ ⲉⲣⲟϥ ⲛ̄ϭⲓ ⲡⲉⲓϩⲗ̄ⲗⲟ ⲛ̄ ⲇⲓⲕⲁⲓⲟⲥ?

11. ⲛ̄ⲧⲁⲕⲛⲟϫⲟⲩ ⲉⲃⲟⲗ ⲧⲱⲛ?

12. ⲁⲓϭⲱ ϩⲙ̄ ⲡⲉⲩϯⲙⲉ ⲛ̄ ⲟⲩⲣⲟⲙⲡⲉ.

레슨 16
의문 대명사, NIM, 비한정 대명사, THP⸗, 기수(2)

16.1 의문대명사 ⲁϣ, ⲟⲩ, ⲛⲓⲙ은 형용사로 사용할 수 있다. 이 사용법은 특정한 관용어로 가장 빈번하게 사용되며, 그 중 가장 중요한 것은 다음과 같다.

1) **ⲁϣ ⲙ̄ ⲛⲓⲙⲉ** 어떤 종류?: 이 구는 다음과 같이 한정 용법으로 사용된다.

> **ⲟⲩⲁϣ ⲙ̄ ⲛⲓⲙⲉ ⲛ̄ ϫⲟⲓ?** 어떤 종류의 배?

또는 서술 용법으로 사용한다(부정관사의 필수적인 사용에 주의하라).

> **ⲟⲩⲁϣ ⲙ̄ ⲙⲓⲛⲉ ⲡⲉ ⲡⲉⲓⲣⲱⲙⲉ?** 이 사람은 어떤 부류인가?

2) **ⲁϣ ⲛ̄ ϩⲉ** (~의) 어떤 종류? **ⲛ̄ ⲁϣ ⲛ̄ ϩⲉ** 어떤 방법으로? 어떻게?

> **ⲟⲩⲁϣ ⲛ̄ ϩⲉ ⲡⲉ ⲡⲉⲓⲙⲁⲉⲓⲛ?** 이 징조는 어떤 종류인가?
>
> **ⲛ̄ ⲁϣ ⲛ̄ ϩⲉ ⲁⲕϭⲓⲛⲉ ⲙ̄ⲙⲟϥ?** 너는 그를 어떻게 찾았나?

3) **ϩⲛ̄ ⲁϣ ⲛ̄ ⲟⲩⲟⲉⲓϣ?** 몇 시에?

ⲟⲩ와 **ⲛⲓⲙ**의 유사한 방식의 사용은 드물다. 예: **ⲛⲓⲙ ⲛ̄ ⲣⲱⲙⲉ?**(어떤 사람?) **ⲟⲩ ⲙ̄ ⲙⲓⲛⲉ?**(어떤 종류?). 특정한 문맥에서 이와 같거나 유사한 표현은 비한정의 값을 가질 수 있다.

> **ⲛⲓⲙ ⲛ̄ ⲣⲱⲙⲉ** 아무개 /이러이러한 사람

> ⲁϣ ⲛ̄ ϯⲙⲉ 어딘가에 있는 마을
>
> ⲟⲩ ⲙⲛ̄ ⲟⲩ 이런저런

16.2 "모든"은 관사가 없는 단수 명사 뒤에서 **ⲛⲓⲙ**(의문 대명사 **ⲛⲓⲙ**[누구?]과 같은 단어가 아님)으로 표현한다. 예, **ⲣⲱⲙⲉ ⲛⲓⲙ** 모든 사람, 모든 남자; **ϩⲱⲃ ⲛⲓⲙ** 모든 것; **ϯⲙⲉ ⲛⲓⲙ** 모든 마을. 대명사의 재생再生, pronominal resumption은 일반적으로 복수형이다.

> ϣⲁϫⲉ ⲛⲓⲙ ⲉⲛⲧⲁⲛⲥⲱⲧⲙ̄ ⲉⲣⲟⲟⲩ 우리가 들은 모든 것[말씀]
>
> ϩⲱⲃ ⲛⲓⲙ ⲙ̄ ⲡⲟⲛⲏⲣⲟⲛ ⲉⲛⲧⲁϥⲉⲓⲣⲉ ⲙ̄ⲙⲟⲟⲩ 그가 한 모든 악한 일

그러나 단수형의 재생도 드물지 않다.

16.3 **비한정 대명사**는 **ⲟⲩⲟⲛ**(누구도, 아무도), **ⲗⲁⲁⲩ**(아무도, 아무것도)이다. 이것은 "아무도 … 않다, 아무것도 … 아니다"라는 부정적인 맥락에서 가장 자주 나온다.

> ⲙ̄ⲡⲓⲛⲁⲩ ⲉ ⲟⲩⲟⲛ ⲙ̄ⲙⲁⲩ. 나는 거기서 아무도 보지 않았다.
>
> ⲙ̄ⲡⲉϥϯ-ⲗⲁⲁⲩ ⲛⲁⲓ. 그는 나에게 아무것도 주지 않았다.

ⲗⲁⲁⲩ는 부정관사와 함께 나오기도 한다. 예, **ⲟⲩⲗⲁⲁⲩ**.

ⲗⲁⲁⲩ는 자주 형용사적으로 사용된다.

> ⲙ̄ⲡⲉ-ⲗⲁⲁⲩ ⲛ̄ ⲣⲱⲙⲉ ⲛⲁⲩ ⲉⲣⲟⲓ. 어떤 사람도 나를 보지 못했다.
>
> ⲙ̄ⲡⲓϣⲉⲡ-ⲗⲁⲁⲩ ⲛ̄ ϫⲱⲱⲙⲉ ⲛ̄ⲧⲟⲟⲧϥ̄.
>
> 나는 그에게서 어떤 책도 받지 않았다.

(ⲟⲩ)ⲗⲁⲁⲩ 혹은 (ⲟⲩ)ⲗⲁⲁⲩ로 시작하는 구가 타동사의 직접 목적어(즉, ⲙ̄ⲙⲟ⸗를 가진 목적어)인 경우, 명사형 부정사의 사용은 제1 완료형과 그것의 부정문에서 의무적이다. 따라서 ⲙ̄ⲡⲓϣⲱⲡ ⲛ̄ ⲗⲁⲁⲩ . . .는 위 문장에서 허용되지 않는다.

명사 술어로서 ⲗⲁⲁⲩ는 형식적으로 부정이 관련되지 않은 경우에도 "아무것도 아니다"를 의미한다. 부정관사는 의무적이다.

> ⲁⲛⲅ̄-ⲟⲩⲗⲁⲁⲩ. 나는 아무것도 아니다.
>
> ϩⲉⲛⲗⲁⲁⲩ ⲛⲉ ⲛⲉⲩⲛⲟⲩⲧⲉ. 그들의 신들은 아무것도 아니다.

ⲛ̄ ⲗⲁⲁⲩ와 ⲗⲁⲁⲩ는 단독으로 "전혀 (~가 아니다 /~하지 않다)"라는 의미로 부사적으로 쓸 수 있다.

> ⲙ̄ⲡⲓϣⲁϫⲉ ⲛ̄ⲙ̄ⲙⲁϥ (ⲛ̄) ⲗⲁⲁⲩ. 나는 그와 전혀 이야기하지 않았다.

다음 표현에도 주의하라.

> ⲟⲩⲟⲛ ⲛⲓⲙ 모든 사람, 모두

16.4 "모든, (~의) 전부"는 앞의 명사 또는 대명사와 동격으로 사용되는 ⲧⲏⲣ⸗로 표현된다. 재생 접미사가 필요하다.

> ⲛ̄ⲣⲱⲙⲉ ⲧⲏⲣⲟⲩ 모든 그 사람들 (문자적으로: 그 사람들+그들 모두)
>
> ⲡⲕⲟⲥⲙⲟⲥ ⲧⲏⲣϥ̄ 온 세상(문자적으로: 그 세상+모든)
>
> ⲁⲩⲉⲓ ⲉϩⲟⲩⲛ ⲧⲏⲣⲟⲩ. 그들 모두가 들어왔다.

대명사 접미사는 전치사 및 부정사에 사용되는 것과 동일하다. 2인칭 복수형은 ⲧⲏⲣⲧⲛ̄이다. 3인칭 복수형 ⲧⲏⲣⲟⲩ는 2인칭 복수형 참조에도 사용될 수 있다.

16.5 기수. '여섯'(6)에서 '열'(10)까지의 숫자.

	남성	여성
여섯(6)	**ⲥⲟⲟⲩ**	**ⲥⲟ, ⲥⲟⲉ**
일곱(7)	**ⲥⲁϣϥ̄**	**ⲥⲁϣϥⲉ**
여덟(8)	**ϣⲙⲟⲩⲛ**	**ϣⲙⲟⲩⲛⲉ**
아홉(9)	**ⲯⲓⲧ, ⲯⲓⲥ**	**ⲯⲓⲧⲉ, ⲯⲓⲥⲉ**
열(10)	**ⲙⲏⲧ**	**ⲙⲏⲧⲉ**

이것들은 §15.3의 '셋'(3)에서 '다섯'(5)까지의 숫자처럼 사용된다.

숫자가 있는 부분의 표현은 전치사 **ⲛ̄(ⲙ̄ⲙⲟ⸗)**을 사용한다.

> **ⲟⲩⲁ ⲛ̄ ⲛ̄ⲣⲱⲙⲉ** 그 사람들 중 하나
>
> **ϣⲟⲙⲛ̄ⲧ ⲛ̄ ⲛⲉϫⲏⲩ** 그 배들 중 셋
>
> **ϣⲟⲙⲛ̄ⲧ ⲙ̄ⲙⲟⲟⲩ** 그들 중 셋

숫자 '하나'(1) **ⲟⲩⲁ**(여성, **ⲟⲩⲉⲓ**)는 비한정 대명사로도 사용된다: 어떤 하나, 어떤 남자(또는 여자)

> **ⲁ-ⲟⲩⲁ ⲃⲱⲕ ϣⲁ ⲡⲁⲣⲭⲓⲉⲡⲓⲥⲕⲟⲡⲟⲥ.**
>
> 어떤(=한) 남자가 대주교에게 갔다.

어휘 16

> **ⲑⲉ (ⲧ.ϩⲉ)** 방식, 방법.
>
> **ⲛ̄ ⲑⲉ ⲛ̄** prep. ~처럼, ~의 방식으로; 대명사 접미사와 함께: **ⲛ̄ ⲧⲁϩⲉ** 나처럼, 내가 하는 것처럼. **ⲛ̄ ⲧⲉⲓϩⲉ** 이 방식으로, 이와 같이

Ⲧ.ⲘⲒⲚⲈ 종류, 성격, 유형, 종種; **ⲀϢ Ⲙ̄ ⲘⲒⲚⲈ** 어떤 종류의?; **Ⲛ̄ ⲦⲈⲒⲘⲒⲚⲈ** 이 종류의, 이러한

ⲠⲈ.ⲞⲨⲞⲈⲒϢ 시간, 때. **Ⲛ̄ ⲞⲨⲞⲈⲒϢ ⲚⲒⲘ** 모든 때, 항상; **Ⲛ ⲞⲨⲞⲨ-ⲞⲈⲒϢ** 한때, 어떤 때(과거에); **Ⲙ̄ ⲠⲈⲞⲨⲞⲈⲒϢ** 이때에/그때에

ⲠⲈ.ⲘⲦⲞ ⲈⲂⲞⲖ 면전. **Ⲙ̄ ⲠⲈⲘⲦⲞ ⲈⲂⲞⲖ Ⲛ̄** ~의 면전에서; 대명사 접미사와 함께: **Ⲙ̄ ⲠⲀⲘ̄ⲦⲞ ⲈⲂⲞⲖ** 내 앞에서

그리스어 단어와 인명

ⲦⲈ.ⲬⲰⲢⲀ (ἡ χώρα) 땅, 토지, 나라

Ⲧ.ⲈⲢⲎⲘⲞⲤ (ἡ ἔρημος) 사막, 황야

Ⲡ.ⲔⲀⲢⲠⲞⲤ (ὁ καρπός) 과일, 열매

Ⲡ.ⲀⲢⲬⲒⲈⲢⲈⲨⲤ (ὁ ἀρχιερεύς) 대사제, 대제사장.

ⲘⲰⲨⲤⲎⲤ (Μωϋσῆς) 모세

Ⲡ.ⲀⲢⲬⲒⲈⲠⲒⲤⲔⲞⲠⲞⲤ (ὁ ἀρχιεπίσκοπος) 대주교, 대감독

연습문제 16

A. 1. **ϨⲞⲈⲒⲚⲈ Ⲛ̄ ⲦⲈⲒⲘⲒⲚⲈ**

2. **ⲤⲞⲞⲨ Ⲛ̄ ⲈⲤⲞⲞⲨ**

3. **ⲠϨⲀⲦ ⲦⲎⲢϤ̄**

4. **ⲞⲨⲀ Ⲛ̄ Ⲛ̄ϬⲀⲖⲈⲈⲨⲈ**

5. ⲟⲩⲁϣ ⲙ̄ ⲙⲓⲛⲉ ⲛ̄ ⲉⲟⲟⲩ?

6. ⲛ̄ ⲥⲁϣϥ̄ ⲛ̄ ϩⲟⲟⲩ

7. ⲧⲉⲩϣⲏ ⲧⲏⲣⲥ̄

8. ϩⲱⲃ ⲛⲓⲙ ⲉⲛⲧⲁⲓϣⲟⲡⲟⲩ

9. ⲟⲩⲥⲏϥⲉ ⲛ̄ ⲧⲉⲓⲙⲓⲛⲉ

10. ⲛⲉⲧⲙⲉ ⲧⲏⲣⲟⲩ ⲛ̄ⲧⲉ ⲧⲥⲩⲣⲓⲁ

11. ⲙ̄ ⲡⲉⲙⲧⲟ ⲉⲃⲟⲗ ⲙ̄ ⲡⲁⲣⲭⲓⲉⲣⲉⲩⲥ

12. ⲛ̄ ⲑⲉ ⲛ̄ ⲟⲩⲛⲟϭ ⲛ̄ ⲥⲁⲃⲉ

13. ⲡⲁϩⲁⲧ ⲧⲏⲣϥ̄

14. ⲣⲱⲙⲉ ⲛⲓⲙ ⲉⲛⲧⲁϥⲛⲁⲩ ⲉⲣⲟⲟⲩ

15. ϣⲟⲙⲧⲉ ⲙ̄ ⲙⲓⲛⲉ

16. ⲟⲩⲟⲛ ⲛⲓⲙ ⲉⲧ ϩⲛ̄ ⲧⲥⲩⲛⲁⲅⲱⲅⲏ

17. ⲡⲛⲟⲙⲟⲥ ⲙ̄ ⲙⲱⲩⲥⲏⲥ ⲧⲏⲣϥ̄

18. ⲥⲟⲉ ⲛ̄ ⲥⲱϣⲉ

19. ⲧⲉⲓⲙⲏⲧⲉ ⲛ̄ ⲉⲛⲧⲟⲗⲏ

20. ⲛⲉⲭⲱⲣⲁ ⲧⲏⲣⲟⲩ ⲛ̄ⲧⲉ ⲡⲉⲓⲕⲟⲥⲙⲟⲥ

21. ⲛ̄ ⲥⲁϣϥⲉ ⲛ̄ ⲣⲟⲙⲡⲉ

22. ⲛ̄ ⲑⲉ ⲛ̄ ⲟⲩϩⲙ̄ϩⲁⲗ ⲙ̄ ⲡⲓⲥⲧⲟⲥ

23. ⲁⲛⲟⲛ ⲧⲏⲣⲛ̄

24. ⲛ̄ϩⲏⲕⲉ ⲛ̄ ⲧⲡⲟⲗⲓⲥ ⲧⲏⲣⲟⲩ

25. ϩⲛ̄ ⲗⲁⲁⲩ ⲙ̄ ⲙⲁ

26. ϣⲙⲟⲩⲛ ⲛ̄ ⲛⲟϭ ⲛ̄ ϫⲟⲓ

27. ⲟⲩⲁ ⲙ̄ⲙⲟⲟⲩ

28. ϣⲁϫⲉ ⲛⲓⲙ ⲉⲛⲧⲁϥϫⲟⲟⲩ

29. ⲟⲩⲁϣ ⲙ̄ ⲙⲓⲛⲉ ⲛ̄ ϣⲱⲛⲉ?

30. ϣⲱⲥ ⲥⲛⲁⲩ

31. ϩⲓϫⲛ̄ ⲗⲁⲁⲩ ⲛ̄ ϩⲓⲏ

32. ⲙ̄ ⲡⲉϥⲙ̄ⲧⲟ ⲉⲃⲟⲗ

33. ⲗⲁⲁⲩ ⲛ̄ ⲕⲁⲣⲡⲟⲥ

34. ϥⲧⲟⲟⲩ ⲙ̄ ⲙⲁⲉⲓⲛ

35. ⲉ ⲁϣ ⲛ̄ ϣⲓ?

36. ϩⲛ̄ ⲧⲉϥⲭⲱⲣⲁ ⲁⲩⲱ ϩⲙ̄ ⲡⲉϥϯⲙⲉ

37. ⲛ̄ ϣⲙⲟⲩⲛ ⲛ̄ ⲉⲃⲟⲧ

38. ϩⲛ̄ ⲟⲩⲛⲟϭ ⲛ̄ ⲣⲁϣⲉ

39. ⲟⲩⲁⲣⲭⲓⲉⲣⲉⲩⲥ ⲙ̄ ⲡⲟⲛⲏⲣⲟⲥ

40. ⲛⲉⲛϣⲃⲉⲉⲣ ⲧⲏⲣⲟⲩ

B. 1. ⲙ̄ⲡⲓⲕⲁ-ⲗⲁⲁⲩ ⲉϫⲛ̄ ⲧⲉⲧⲣⲁⲡⲉⲍⲁ.

2. ⲟⲩⲛ̄-ϩⲟⲉⲓⲛⲉ ⲛ̄ ⲧⲉⲓⲙⲓⲛⲉ ϩⲙ̄ ⲡⲟⲗⲓⲥ ⲛⲓⲙ.

3. ⲛ̄ⲧⲁⲕϭⲓⲛⲉ ⲙ̄ ⲡⲉⲕϩⲁⲡ ⲛ̄ ⲁϣ ⲛ̄ ϩⲉ?

4. ⲟⲩⲁϣ ⲙ̄ ⲙⲓⲛⲉ ⲡⲉ ⲡⲉⲓϫⲱⲱⲙⲉ?

5. ϩⲛ̄ ⲁϣ ⲛ̄ ⲟⲩⲟⲉⲓϣ ⲁⲥⲙⲓⲥⲉ ⲙ̄ ⲡⲉⲥϣⲏⲣⲉ?

6. ⲁⲛⲅ̄-ⲛⲓⲙ ⲁⲛⲟⲕ? ⲁⲛⲅ̄-ⲟⲩⲗⲁⲁⲩ.

7. ⲙ̄ⲡⲉϥϯ-ⲟⲩⲗⲁⲁⲩ ⲛⲁⲓ.

8. ⲁⲛⲕⲁ-ⲟⲩⲟⲛ ⲛⲓⲙ ⲛ̄ⲥⲱⲛ.

9. ϩⲉⲛⲗⲁⲁⲩ ⲛⲉ ⲛⲉⲩϣⲁϫⲉ ⲙ̄ ⲡⲟⲛⲏⲣⲟⲛ.

10. ⲁ-ⲟⲩⲁ ⲉⲓ ϣⲁⲣⲟϥ ϩⲛ̄ ⲧⲉⲩϣⲏ.

11. ⲁⲥϭⲱ ⲙⲛ̄ ⲟⲩⲁ ⲛ̄ ⲛⲉⲥ-ⲥⲩⲅⲅⲉⲛⲏⲥ.

12. ⲉⲧⲃⲉ ⲟⲩ ⲛ̄ⲧⲁⲣⲉⲓⲣⲉ ⲛ̄ ⲧⲉⲓϩⲉ?

13. ⲛ̄ ⲟⲩⲟⲩⲟⲉⲓϣ ⲁ-ⲡⲁⲣⲭⲓⲉⲡⲓⲥⲕⲟⲡⲟⲥ ⲉⲓ ⲉ ⲡⲉⲛⲧⲟⲟⲩ.

14. ⲁⲩⲉⲓⲛⲉ ⲙ̄ ⲡⲉⲯⲓⲧ ⲛ̄ ⲣⲱⲙⲉ ⲉϩⲟⲩⲛ ⲉⲣⲟϥ.

15. ⲛ̄ⲧⲁⲩⲧⲛ̄ⲛⲟⲟⲩ ⲙ̄ⲙⲟⲓ ⲉ ⲡⲉⲓⲗⲁⲟⲥ ⲧⲏⲣϥ̄.

16. ⲙ̄ⲡⲓⲙⲉⲣⲉ-ⲗⲁⲁⲩ ⲙ̄ ⲡⲙⲁ ⲉⲧ ⲙ̄ⲙⲁⲩ.

17. ⲁ-ϩⲟⲉⲓⲛⲉ ϣⲱⲛⲉ ⲉⲙⲁⲧⲉ ⲙ̄ ⲡⲉⲟⲩⲟⲉⲓϣ.

18. ⲙ̄ⲡⲉϥϯ-ⲗⲁⲁⲩ ⲛ̄ ⲟⲉⲓⲕ ⲛⲁⲛ.

19. ϩⲛ̄ ⲁϣ ⲛ̄ ⲟⲩⲟⲉⲓϣ ⲁⲧⲉⲧⲛ̄ⲡⲱϩ ⲉ ⲡⲉⲓⲙⲁ?

20. ⲙⲛ̄-ⲗⲁⲁⲩ ⲛⲙ̄ⲙⲁϥ ⲙ̄ⲙⲁⲩ.

레슨 17
명령형, 호격, ⲙⲓⲥⲉ 유형의 부정사, 타동사

17.1 대부분의 동사의 **명령형**은 수와 성의 지시가 없는 기본형 부정사와 동일하다.

> **ⲙⲟⲟϣⲉ ⲛ̄ⲥⲱⲓ.** 내 뒤에서 걸어라.
>
> **ⲙⲉⲣ-ⲡϫⲟⲓ ⲉ ⲡⲱⲛⲉ.** 배를 그 바위에 묶어라.
>
> **ⲙⲉⲣⲉ-ⲡϫⲟⲉⲓⲥ.** 주님을 사랑하라.
>
> **ⲥⲱⲧⲙ̄ ⲉ ⲛⲁϣⲁϫⲉ.** 내 말을 들어라.

명령형의 부정은 접두사 **ⲙ̄ⲡⲣ̄-**를 사용한다.

> **ⲙ̄ⲡⲣ̄ϣⲁϫⲉ ⲛⲙ̄ⲙⲁⲩ.** 그들과 이야기하지 마라.
>
> **ⲙ̄ⲡⲣ̄ⲃⲱⲕ ⲉ ⲧⲡⲟⲗⲓⲥ.** 그 도시에 가지 마라.
>
> **ⲙ̄ⲡⲣ̄ⲛ̄ⲕⲟⲧⲕ̄ ⲙ̄ ⲡⲉⲓⲙⲁ.** 여기에 눕지 마라.

일부 동사는 **ⲁ-**가 접두사로 붙은 특별한 명령형을 가지고 있다.

> **ⲛⲁⲩ** : **ⲁⲛⲁⲩ** 보아라
>
> **ϫⲱ** : **ⲁϫⲓ-**, **ⲁϫⲓ⸗** 말하라
>
> **ⲟⲩⲱⲛ** : **ⲁⲩⲱⲛ** 열어라
>
> **ⲉⲓⲛⲉ** : **ⲁⲛⲓ-**, **ⲁⲛⲓ⸗** 데려오라, 가져오라
>
> **ⲉⲓⲣⲉ** : **ⲁⲣⲓⲣⲉ**, **ⲁⲣⲓ-**, **ⲁⲣⲓ⸗** 하라, 만들어라

동사 **ⲙⲁ**, **ⲙⲁ-**, **ⲙⲁⲧ⸗**(또는 **ⲙⲏⲉⲓ⸗**)는 **ϯ**의 명령형으로 사용되지만,

ϯ도 사용될 수 있다. **ⲉⲓ**(오다)의 명령형은 **ⲁⲙⲟⲩ**(남성형)로 표현하는데, 여기에는 독특한 여성형 **ⲁⲙⲏ**와 복수형 **ⲁⲙⲏⲉⲓⲧⲛ̄**이 있다.

17.2 **호격**은 정관사 또는 소유격 접두사와 함께 명사를 사용하여 표현한다: **ⲡⲣ̄ⲣⲟ**(왕이시여), **ⲡⲁϣⲏⲣⲉ**(내 아들아). 그리스어 호격 불변화사 **ⲱ** (그리스어 ὦ)도 사용될 수 있지만, 하느님의 칭호 앞에서는 사용할 수 없다.

17.3 강세가 있는 모음 **-ⲓ-**와 강세가 없는 마지막 **-ⲉ**가 있는 **ⲙⲓⲥⲉ** 유형의 부정사는 다음과 같은 명사형과 대명사 접미형을 가지고 있다.

ⲙⲓⲥⲉ	**ⲙⲉⲥ(ⲧ̄)-**	**ⲙⲁⲥⲧ⸗**	(아이를) 낳다
ⲉⲓϣⲉ	**ⲉϣⲧ̄-**	**ⲁϣⲧ⸗**	매달다, 걸다

이러한 동사들 중 많은 명사형은 마지막 **-ⲧ**가 있거나 혹은 없이 나타난다. 이 유형의 몇 가지 중요한 동사는 불규칙 변화가 있다.

ⲉⲓⲣⲉ	**ⲣ̄-**	**ⲁⲁ⸗**	하다, 만들다
ⲉⲓⲛⲉ	**ⲛ̄-**	**ⲛ̄ⲧ⸗**	데리고 오다, 가져 오다
ϣⲓⲛⲉ	**ϣⲛ̄-**	**ϣⲛ̄ⲧ⸗**	구하다, 알아 보다
ϭⲓⲛⲉ	**ϭⲛ̄**	**ϭⲛ̄ⲧ⸗**	찾다

ⲛ̄-, **ϣⲛ̄-**, 그리고 **ϭⲛ̄-**의 마지막 **ⲛ̄**은 이어지는 **ⲡ**나 **ⲙ** 앞에서 **ⲙ̄**으로 동화될 수 있다. **ⲛ̄ⲧ⸗**, **ϣⲛ̄ⲧ⸗**, **ϭⲛ̄ⲧ⸗**에서 음절 **ⲛ̄**은 단어에서 강세 모음인 점에 유의하라. **ⲣ̄-**는 종종 **ⲉⲣ-**로 쓰인다. 인칭 접미사는 다음 형태에 규칙적으로 붙는다: **ϭⲛ̄ⲧ**, **ϭⲛ̄ⲧⲕ̄**, **ϭⲛ̄ⲧⲉ**, **ϭⲛ̄ⲧϥ̄**, **ϭⲛ̄ⲧⲥ̄**, **ϭⲛ̄ⲧⲛ̄**, **ϭⲛ̄ⲧⲏⲩⲧⲛ̄**, **ϭⲛ̄ⲧⲟⲩ**. **ⲁⲁ⸗**는 §11.2의 **ⲧⲁⲁ⸗**처럼 굴절된다.

17.4 콥트어 동사를 '타동사'와 '자동사'라는 용어로 분류하는 것에는 모호함이 있다. **타동사**의 가장 엄격한 정의는 다음을 요구한다:

(1) 직접 목적어는 전치사 **ⲛ̄(ⲙ̄ⲙⲟ⸗)**으로 표시된다.

(2) 동사에 대해 일반적인 등가等價, **ⲕⲱⲧ ⲙ̄ⲙⲟϥ = ⲕⲟⲧϥ̄**가 증명된다. 즉, 동사에 명사형과 대명사 접미형이 있다.

덜 엄격한 정의는, 타동사는 위의 기준 중 둘 다 필요하지는 않고 어느 하나만 충족시킨다. 이것은 크럼W. E. Crum이 해당 분야의 표준 어휘 작업인 그의 저서 『콥트어 사전』*Coptic Dictionary*에서 채택한 대략적 입장이다. 이러한 기준 중 어느 하나라도 충족시키지 않는 동사는 '자동사'로 분류되거나, 분류되지 않은 채로 남겨져 있다.

본서에서 '타동사'(tr.)라는 명칭은 **ⲉ**나 **ⲛ̄ⲥⲁ**(예, **ⲥⲱⲧⲙ̄ ⲉ**, **ϣⲓⲛⲉ ⲛ̄ⲥⲁ**)를 가진 부정사의 의미와 정확히 일치하는 명사형과 대명사 접미형을 가지는 동사를 포함하는 것까지 확장된다. 따라서 **ⲥⲟⲧⲙⲉϥ = ⲥⲱⲧⲙ̄ ⲉⲣⲟϥ** 및 **ϣⲛ̄ⲧϥ̄ = ϣⲓⲛⲉ ⲛ̄ⲥⲱϥ**는 위의 기준 **ⲕⲱⲧ ⲙ̄ⲙⲟϥ = ⲕⲟⲧϥ̄**와 완전히 동일한 것으로 간주된다. **ⲁⲙⲁϩⲧⲉ**(붙잡다, 체포하다) 같은 동사는 명사형과 대명사 접미형이 없더라도 직접 목적어가 **ⲙ̄ⲙⲟ⸗**로 표시되기 때문에 '타동사'로 간주된다. 따라서 '타동사'라는 명칭을 더 확장하여, **ⲛⲁⲩ**와 **ⲉⲓⲙⲉ**(이해하다)같은 동사를 포함하는 것이 합리적인 것 같다. 앞의 두 단어는 일반적으로 **ⲉ**와 함께 목적어를 갖지만, 둘 다 명사형과 대명사 접미형이 없다. 다시 말해서, 전치사 **ⲉ**가 실제 전치사의 의미(~에 대하여)를 갖도록 요구하는 어휘적 대조가 없는 한, 우리는 일반적으로 **ⲉ**-목적어가 있는 동사를 본서의 어휘 사전에서 '타동사'로 분류했다. 그러나 일부 주관적인 면은 남아 있으며, '타동사'와 '자동사'라는 용어를 전적으로 버리려고 하는 크럼의 열망에 전적으로 공감할 수 있다.

어휘 17

ϩⲁⲣⲉϩ tr. 감시하다, 주시하다(**ⲉ**; ~로부터 **ⲉ, ⲉⲃⲟⲗ ϩⲛ̄**); 지키다, 관찰하다, 보호하다(**ⲉ**)

ⲉⲓⲙⲉ tr. 이해하다(**ⲉ**); 알다, 깨닫다(~을: **ϫⲉ**)

ϣⲙ̄ϣⲉ tr. 섬기다, 예배하다(**ⲛⲁ⸗**); n.m. 봉사, 예배

ⲙⲟⲩⲧⲉ tr. 부르다(**ⲉ, ⲉⲣⲟ⸗**), 호출하다, 지명하여 부르다. 다음 구문에 주의하라.

ⲁⲩⲙⲟⲩⲧⲉ ⲉⲣⲟϥ ϫⲉ ⲓⲱϩⲁⲛⲛⲏⲥ.

그들은 그를 요한이라고 불렀다.

ⲁⲩⲙⲟⲩⲧⲉ ⲉ ⲡⲉϥⲣⲁⲛ ϫⲉ ⲓⲱϩⲁⲛⲛⲏⲥ.

그들은 그의 이름을 요한이라고 불렀다.

ⲁⲩⲙⲟⲩⲧⲉ ⲉⲣⲟϥ ⲙ̄ ⲡⲣⲁⲛ ⲡⲉϥⲉⲓⲱⲧ.

그들은 그를 그의 아버지의 (이름을) 따서 불렀다.

ⲁⲙⲁϩⲧⲉ tr. 움켜잡다, 체포하다, 손아귀에 넣다, 포로로 잡다(**ⲙ̄ⲙⲟ⸗**); 암기하다

ⲡ.ϫⲁϫⲉ (pl. **ⲛ̄.ϫⲓϫⲉⲉⲩⲉ**) 적

ⲡ.ⲙⲁⲧⲟⲓ 병사

ⲧⲉ.ⲥⲃⲱ (pl. **ⲛⲉ.ⲥⲃⲟⲟⲩⲉ**) 가르침, 교훈, 교리

ⲡⲉ.ⲛⲕⲁ 물건, 것(대개); 재산, 소유물; **ⲛ̄ⲕⲁ ⲛⲓⲙ** 모든 것(만물)

ϫⲉ (1) conj. ~인 것that: 말하기·알기·인지 동사 뒤에서 명사절을 도입하고, (2) 특정 구문에서 고유 명사 또는 형용어구를 도입한다.

그리스어 단어

ⲡ.ⲇⲓⲁⲃⲟⲗⲟⲥ (ὁ διάβολος) 마귀

ⲧⲉ.ⲯⲩⲭⲏ (ἡ ψυχή) 혼

ⲡⲉ.ⲡⲛⲉⲩⲙⲁ (τὸ πνεῦμα) 영. 거의 언제나 축약된다. (ⲡⲉ.) ⲡⲛ̄ⲁ̄.

ⲧ.ⲡⲁⲣⲁⲃⲟⲗⲏ (ἡ παραβολή) 비유

ⲁⲕⲁⲑⲁⲣⲧⲟⲥ (ἀκάθαρτος) 더러운, 부정한

연습문제 17

A. 1. ⲡⲁⲡⲟⲧ ⲉⲛⲧⲁⲓϭⲛ̄ⲧϥ ⲙ̄ⲙⲁⲩ

2. ⲡⲛⲟⲙⲟⲥ ⲉⲛⲧⲁ-ⲡϫⲟⲉⲓⲥ ⲧⲁⲁϥ ⲙ̄ ⲙⲱⲩⲥⲏⲥ

3. ϩⲱⲃ ⲛⲓⲙ ⲉⲛⲧⲁⲩⲁⲁⲩ ⲛ̄ϭⲓ ⲙ̄ⲙⲁⲑⲏⲧⲏⲥ

4. ⲡϣⲏⲣⲉ ⲉⲛⲧⲁⲥⲙⲁⲥⲧϥ̄

5. ⲡⲉⲡⲛ̄ⲁ̄ ⲛ̄ ⲁⲕⲁⲑⲁⲣⲧⲟⲛ ⲉⲛⲧⲁϥⲛⲟϫϥ̄ ⲉⲃⲟⲗ

6. ⲡⲕⲁⲣⲡⲟⲥ ⲉⲛⲧⲁⲥⲛ̄ⲧϥ̄ ⲙ̄ ⲡⲉⲥϩⲁⲓ

7. ⲡϫⲁϫⲉ ⲉⲛⲧⲁ-ⲙ̄ⲙⲁⲧⲟⲓ ϣⲛ̄ⲧϥ̄

8. ⲡϩⲁⲧ ⲉⲧⲉ ⲙ̄ⲡⲉ-ⲙ̄ⲙⲁⲧⲟⲓ ϭⲛ̄ⲧϥ̄

9. ⲡⲉⲛⲧⲁⲥⲙⲁⲥⲧϥ̄ ⲉ ⲡⲉⲥϩⲁⲓ

10. ⲛⲉⲛⲧⲁⲩⲛ̅ⲧⲟⲩ ϣⲁⲣⲟⲛ

11. ⲡⲉⲛⲧⲁⲧⲉⲧⲛ̅ⲁⲁϥ

12. ⲛⲉⲛⲧⲁⲛϭⲛ̅ⲧⲟⲩ ⲙ̅ⲙⲁⲩ

B. 1. ⲥⲱⲧⲙ̅ ⲉ ⲧⲁⲥⲃⲱ.

2. ⲥⲉ-ⲧⲉⲣⲱⲧⲉ, ⲡⲁϣⲏⲣⲉ.

3. ⲛⲁ ⲛⲁⲓ, ⲡⲁϫⲟⲉⲓⲥ.

4. ⲙ̅ⲡⲣ̅ϫⲟⲟⲥ ⲛ̅ ⲗⲁⲁⲩ ⲛ̅ ⲣⲱⲙⲉ.

5. ϩⲁⲣⲉϩ ⲉ ⲛⲉⲓⲉⲛⲧⲟⲗⲏ ⲧⲏⲣⲟⲩ.

6. ϣⲙ̅ϣⲉ ⲙ̅ ⲡϫⲟⲉⲓⲥ ⲡⲉⲕⲛⲟⲩⲧⲉ.

7. ⲙ̅ⲡⲣ̅ϭⲱ ⲉⲣⲟⲓ.

8. ⲉⲓⲁ-ⲡⲉⲕϩⲟ.

9. ⲙ̅ⲡⲣ̅ⲃⲱⲕ ⲉ ⲧⲉⲣⲏⲙⲟⲥ.

10. ϩⲁⲣⲉϩ ⲉ ⲧⲁⲯⲩⲭⲏ, ⲡⲁϫⲟⲉⲓⲥ.

11. ⲙⲁ-ⲛ̄ⲕⲁ ⲛⲓⲙ ⲛ̄ ⲛⲉⲃⲓⲏⲛ.

12. ϭⲱ ⲛⲙ̄ⲙⲁⲓ ϩⲛ̄ ⲧⲉⲩϣⲏ.

13. ⲁⲛⲓ-ⲥⲟⲟⲩ ⲙ̄ ⲙⲁⲧⲟⲓ ⲛⲙ̄ⲙⲁⲕ.

14. ⲙ̄ⲡⲣ̄ϣⲙ̄ϣⲉ ⲙ̄ ⲡⲣ̄ⲣⲟ ⲙ̄ ⲡⲟⲛⲏⲣⲟⲥ ⲉⲧ ⲙ̄ⲙⲁⲩ.

15. ⲙⲉⲣ-ⲛⲉϥⲟⲩⲉⲣⲏⲧⲉ ϩⲛ̄ ⲛⲉⲓⲥⲛⲁⲩϩ.

16. ϫⲓⲧϥ̄ ϣⲁ ⲡⲁⲣⲭⲓⲉⲣⲉⲩⲥ.

17. ⲁⲙⲁϩⲧⲉ ⲙ̄ⲙⲟϥ.

18. ⲁⲛⲁⲩ ⲉ ⲡⲣⲏ ϩⲛ̄ ⲧⲡⲉ.

19. ⲙⲟⲩⲧⲉ ⲉ ⲡⲉⲕⲥⲟⲛ, ⲡϣⲏⲣⲉ.

20. ϩⲁⲣⲉϩ ⲉⲣⲟⲛ ⲉ ⲙ̄ⲙⲁⲧⲟⲓ.

21. ⲙ̄ⲡⲣ̄ϭⲱ ⲙ̄ ⲡⲁⲙⲧⲟ ⲉⲃⲟⲗ.

22. ϯ ⲛⲁϥ ⲛ̄ ⲟⲩⲕⲟⲩⲓ ⲙ̄ ⲙⲟⲟⲩ.

23. ⲁⲣⲓ-ⲡⲁⲓ ⲛ̄ ⲧⲁϩⲉ.

24. ⲁⲛⲓ-ⲙⲏⲧ ⲛ̄ ⲣⲱⲙⲉ ⲉ ⲡⲉⲓⲙⲁ.

25. ⲛ̄ ⲟⲩⲟⲉⲓϣ ⲛⲓⲙ ⲁⲣⲓⲣⲉ ⲛ̄ ⲧⲉϥϩⲉ.

26. ⲁⲙⲏⲉⲓⲧⲛ̄ ⲉϩⲟⲩⲛ ⲉ ⲡⲉϥⲣ̄ⲡⲉ.

27. ⲁⲙⲏ ϣⲁⲣⲟⲓ, ⲧⲁϣⲉⲉⲣⲉ.

28. ⲁⲩⲱⲛ ⲙ̄ ⲡⲣⲟ.

29. ⲙ̄ⲡⲣ̄ⲧⲉⲙ-ⲡⲣⲟ.

30. ϭⲱ ⲛⲙ̄ⲙⲁⲓ ⲛ̄ ϣⲙⲟⲩⲛ ⲛ̄ ⲉⲃⲟⲧ.

C. 1. ⲙ̄ⲡⲟⲩⲉⲓⲙⲉ ⲉ ⲙ̄ⲡⲁⲣⲁⲃⲟⲗⲏ ⲉⲛⲧⲁϥϫⲟⲟⲩ ⲛⲁⲩ.

2. ⲁⲩⲁⲙⲁϩⲧⲉ ⲙ̄ⲙⲟϥ ⲛ̄ϭⲓ ⲙ̄ⲙⲁⲧⲟⲓ, ⲁⲩⲙⲟⲣϥ̄, ⲁⲩⲛⲟϫϥ̄ ⲉ ⲡⲉϣⲧⲉⲕⲟ.

3. ⲙ̄ⲡⲟⲩⲉⲓⲙⲉ ⲛ̄ϭⲓ ⲡⲙⲏⲏϣⲉ ϫⲉ ⲛ̄ⲧⲟϥ ⲡⲉ ⲡⲉⲭⲣⲓⲥⲧⲟⲥ.

4. ⲛ̄ϣⲁϫⲉ ⲛⲉ ⲛⲁⲓ ⲙ̄ ⲡⲇⲓⲁⲃⲟⲗⲟⲥ. ⲙ̄ⲡⲣ̄ⲥⲱⲧⲙⲟⲩ.

5. ⲁϥⲉⲓⲙⲉ ⲙ̅ ⲡⲉⲟⲩⲟⲉⲓϣ ϫⲉ ⲁ-ⲡⲉϥⲉⲓⲱⲧ ⲙⲟⲩ.

6. ⲛⲓⲙ ⲡⲉⲛⲧⲁϥϩⲁⲣⲉϩ ⲉⲣⲱⲧⲛ̅ ⲉⲃⲟⲗ ϩⲛ̅ ⲛ̅ϫⲓϫⲉⲉⲩⲉ?

7. ⲛ̅ⲧⲉⲣⲉⲥⲱ, ⲁⲩⲛ̅ⲧⲥ̅ ⲡⲏⲓ ⲛ̅ ⲧⲉⲥⲥⲱⲛⲉ.

8. ⲁϥϫⲱⲕ ⲉⲃⲟⲗ ⲛ̅ ⲛⲉϩⲟⲟⲩ ⲙ̅ ⲡⲉϥϣⲙ̅ϣⲉ.

9. ⲁⲩⲙⲟⲩⲧⲉ ⲉⲣⲟⲓ ⲙ̅ ⲡⲣⲁⲛ ⲛ̅ ⲧⲁⲙⲁⲁⲩ.

10. ⲁⲩⲙⲟⲩⲧⲉ ⲉ ⲡⲣⲁⲛ ⲙ̅ ⲡϣⲏⲣⲉ ϫⲉ ⲓ̅ⲥ̅.

11. ⲁⲓϣⲙ̅ϣⲉ ⲛⲁϥ ⲛ̅ ⲥⲁϣϥⲉ ⲛ̅ ⲣⲟⲙⲡⲉ.

12. ⲟⲩⲗⲁⲁⲩ ⲡⲉ ϩⲱⲃ ⲛⲓⲙ ⲉⲛⲧⲁⲕⲁⲁⲩ.

13. ⲁ-ⲡⲇⲓⲁⲃⲟⲗⲟⲥ ⲛ̅ⲧϥ̅ ⲉ ⲧⲉⲣⲏⲙⲟⲥ.

14. ⲉⲧⲃⲉ ⲟⲩ ⲙ̅ⲡⲉⲧⲛ̅ⲉⲓⲙⲉ ⲉ ⲛⲁⲥⲃⲱ?

15. ⲁⲓⲁⲙⲁϩⲧⲉ ⲙ̅ ⲡϫⲱⲱⲙⲉ ⲧⲏⲣϥ̅.

16. ⲛ̅ⲧⲁⲕⲙⲟⲩⲧⲉ ⲉ ⲛⲓⲙ?

17. ⲛ̅ⲧⲁⲧⲉⲧⲛ̅ϭⲛ̅ⲧ ⲛ̅ ⲁϣ ⲛ̅ ϩⲉ?

18. **ⲛ̄ⲧⲁⲕϭⲙ̄-ⲡⲉⲓϫⲱⲱⲙⲉ ⲧⲱⲛ?**

19. **ⲟⲩⲁϣ ⲙ̄ ⲙⲓⲛⲉ ⲧⲉ ⲧⲉⲓⲥⲃⲱ?**

레슨 18
제1 현재형, 제1 미래형, 자동사, ⲔⲰⲦⲈ 유형의 부정사, 그리스어 동사

18.1 제1 현재형(The First Present)

	단수		복수	
1인칭	ϯⲣⲓⲙⲉ	나는 울고 있다 I am weeping	ⲧⲛ̄ⲣⲓⲙⲉ	우리는 울고 있다
2인칭(남)	ⲕⲣⲓⲙⲉ	너는 울고 있다	ⲧⲉⲧⲛ̄ⲣⲓⲙⲉ	너희는 울고 있다
2인칭(여)	ⲧⲉⲣⲓⲙⲉ	너는 울고 있다		
3인칭(남)	ϥⲣⲓⲙⲉ	그는 울고 있다	ⲥⲉⲣⲓⲙⲉ	그들은 울고 있다
3인칭(여)	ⲥⲣⲓⲙⲉ	그녀는 울고 있다		

ⲡⲣⲱⲙⲉ ⲣⲓⲙⲉ 그 사람이 울고 있다.
ⲟⲩⲛ̄-ⲟⲩⲣⲱⲙⲉ ⲣⲓⲙⲉ 한 사람이 울고 있다.

2인칭 여성 단수의 접두사는 ⲧⲉⲣ- 또는 ⲧⲣ̄-로도 나타난다. ⲟⲩⲛ̄은 비한정 명사 주어를 도입하기 위해 반드시 사용되어야 한다.

제1 현재형은 일반적으로 담화에서 진행중인 행동·활동 또는 과정을 표현한다. 따라서 일반적으로 이 형태를 사용하지 못하는 영어 동사(예, think, know, see, hear, understand, wish, hope, believe—여기에 해당하는 것이 단순 현재 시제다: ϯⲉⲓⲙⲉ "내가 이해한다", ϯⲛⲁⲩ "내가 본다" 등)를 제외하고는, 영어에서의 현재 진행형(~하고 있는 중이다)과 동등하다.

제1 현재형은 주어 대명사 앞에 ⲛ̄으로, 동사 뒤에 ⲁⲛ으로 부정문이 된다: ⲛ̄ϯⲣⲓⲙⲉ ⲁⲛ(나는 울고 있지 않다). 2인칭 ⲛ̄ⲕⲣⲓⲙⲉ ⲁⲛ은 일반적으로 ⲛⲅ̄ⲣⲓⲙⲉ ⲁⲛ으로 나타나는데, 선행하는 ⲛ̄에 동화되어 ⲕ가 ⲅ로 변하고 윗선이 이동했다. 유사한 윗선의 변화는 3인칭 단수에도 나타난다: **ⲛϥ̄ⲣⲓⲙⲉ ⲁⲛ, ⲛⲥ̄ⲣⲓⲙⲉ ⲁⲛ.** **ⲛ̄**은 명사 주어 앞에서 선택적이다: **(ⲙ̄) ⲡⲣⲱⲙⲉ ⲣⲓⲙⲉ ⲁⲛ.** 비한정 주어는 부정어 **ⲙⲛ̄**이 필요하다; **ⲁⲛ**이 사용되지 않는다: **ⲙⲛ̄-(ⲟⲩ)ⲣⲱⲙⲉ ⲣⲓⲙⲉ**(어떤 사람도/아무도 울고 있지 않다). 존재 술어의 부정[negative]의 경우와 마찬가지로, 부정이 특별한 것이 아니라 일반적인 것으로 느끼는 경우에는 일반적으로 부정관사는 생략된다.

부정사 **ⲃⲱⲕ**와 **ⲉⲓ**는 제1 현재형에서 사용되지 않는다.

유일하게 **ⲟⲩⲱϣ**(원하다, 사랑하다)를 제외하고, 부정사의 명사형과 대명사 접미형은 제1 현재형에서는 사용될 수 없다. 일부 복합 동사는 이 규칙의 예외이며, 다음의 레슨에서 고려될 것이다.

제1 현재형 및 그것의 부정문의 대명사 접두사는 부사 술어 앞에도 사용된다.

> **ϯϩⲙ̄ ⲡⲏⲓ** 나는 그 집 안에 있다.
>
> **ⲛ̄ⲥⲉϩⲙ̄ ⲡⲏⲓ ⲁⲛ** 그들은 그 집 안에 없다.

18.2 제1 미래형(Fut. I)은 부정사에 **ⲛⲁ-**를 접두사로 붙임으로 형성된다. 어형 변화는 그것의 부정을 포함하여 제1 현재형과 동일하다.

> **ϯⲛⲁⲣⲓⲙⲉ, ⲕⲛⲁⲣⲓⲙⲉ**... 부정 **ⲛ̄ϯⲛⲁⲣⲓⲙⲉ ⲁⲛ, ⲛⲅ̄ⲛⲁⲣⲓⲙⲉ ⲁⲛ**
>
> **ⲡⲣⲱⲙⲉ ⲛⲁⲣⲓⲙⲉ** **(ⲙ̄) ⲡⲣⲱⲙⲉ ⲛⲁⲣⲓⲙⲉ ⲁⲛ**
>
> **ⲟⲩⲛ̄-ⲟⲩⲣⲱⲙⲉ ⲛⲁⲣⲓⲙⲉ** **ⲙⲛ̄-ⲣⲱⲙⲉ ⲛⲁⲣⲓⲙⲉ**

제1 미래형은 영어의 단순한 미래(I shall write, I shall go) 또는 예정된/계획된 미래(I am going to write, going to go)에 해당한다. 2인칭 복수는 일반적으로 예상되는 **ⲧⲉⲧⲛ̄ⲛⲁ-**가 아니라 **ⲧⲉⲧⲛⲁ-**로 나타난다.

18.3. 콥트어 동사에 적용되는 **자동사**라는 용어는 추가 언급이 필요하다(참조, §17.4). 콥트어는 동작 동사(ⲉⲓ, ⲃⲱⲕ, ⲙⲟⲟϣⲉ)와 직접 목적어를 갖지 않는 활동을 나타내는 동사(ⲣⲓⲙⲉ, ⲛ̄ⲕⲟⲧⲕ̄ 등)와 같은 많은 자동사가 있으며, 그것의 분류에는 문제가 없다. 그러나 타동사이면서 자동사이기도 한 동사의 사용법에는 약간의 주의가 필요하다. 특정 상황에서 어떤 타동사는 자동사로도 사용할 수 있다: 문맥에서 이해되기 때문에 주어가 생략될 수도 있다. 또는 화자는 어떤 특정한 목적어를 참조하지 않고 동사의 행동을 서술하기를 원할 수 있다(예, '우리는 밭을 갈았다'와 대조적인 '우리는 하루 종일 갈았다'). 이 사용법은 영어와 마찬가지로 콥트어에서 아주 일반적이며 어휘나 어휘 사전에서 언급되지 않을 것이다. 그러나 아주 다른 유형의 자동사 용법이 있다. 다음을 비교해보라.

> (1) ⲛ̄ⲧⲉⲣⲉϥϫⲱⲕ ⲛ̄ ⲛⲉϥϩⲟⲟⲩ ⲉⲃⲟⲗ 그가 그의 생애를 마쳤을 때
>
> (2) ⲛ̄ⲧⲉⲣⲉ-ⲛⲉϥϩⲟⲟⲩ ϫⲱⲕ ⲉⲃⲟⲗ 그의 생애가 마쳐졌을 때

(1)은 ϫⲱⲕ ⲉⲃⲟⲗ의 통상적인 '능동 타동사' 사용법이다. (2)는 능동태에서 수동태(보다 일반적인 용어로, 중간 수동태medio-passive)로의 태voice의 변화를 포함한다. 이 중간 수동태 용법은 영어로 말하는 사람에게는 영어의 많은 동사에도 같은 모호함이 있기 때문에 문제가 되지 않는다: *he closed the door* 대 *the door closed,* 그리고 *he burned the paper* 대 *the paper burned.* 어휘와 어휘 사전에서 타동사의 의미가 먼저 주어진 동사 앞에 있는 'intr.'이라는 명칭은 항상 이 중간 수동태 용법을 참조해야 한다. 여기까지 소개된 타동사 중에서 다음은 중요한 중간 수동태 용법을 가지고 있다.

> ϫⲱⲕ ⲉⲃⲟⲗ intr. 완성되다, 끝나다, 이루어지다; 죽다
>
> ϩⲱⲡ intr. 숨다(스스로)

ⲂⲰⲖ ⲈⲂⲞⲖ intr. 녹다, 분산되다, 흩어지다; 풀어지다, 느슨해지다, 조각나다

ⲦⲰⲘ intr. 닫히다, 감기다(주어: 문, 눈, 입 등)

ⲞⲨⲰⲚ intr. 열리다

ⲞⲨⲰϨ intr. 정착하다, 거주하다; 내리다(~위에: ϨⲒⲜⲚ̄, ⲈⲠⲈⲤⲎⲦ ϨⲒⲜⲚ̄)

ⲘⲞⲨϨ intr. 채워지다, 가득하다(~으로: Ⲙ̄ⲘⲞ⸗)

18.4 -ⲱ-에 강세가 있고 마지막 -ⲉ에 강세가 없는 ⲕⲱⲧⲉ 유형의 부정사는 ⲕⲱⲧ 유형과 동일한 명사형과 대명사 접미형을 가지고 있다.

ⲔⲰⲦⲈ ⲔⲈⲦ- ⲔⲞⲦ⸗ 돌리다

첫 ⲛ(33쪽, '동화' 참조)으로 인해 -ⲱ- 대신에 -ⲟⲩ-를 가지는 ⲛⲟⲩϫⲉ (던지다)도 이 유형에 속한다. 어휘 14에서 언급된 부정사 ⲛⲟⲩϫ는 덜 빈번한 이형이다. -ⲱⲱ-와 마지막 -ⲉ를 가진 부정사는 이와 비슷한 형태를 가진다.

ϣⲱⲱϭⲉ ϣⲉⲉϭⲉ- ϣⲟⲟϭ⸗ 때리다, 해치다

18.5 **그리스어 동사**는 콥트어 문헌에서 자주 나온다. 이것들은 그리스어 명령형과 유사한 하나의 고정된 부정사 형태가 있으며 다른 콥트어 동사처럼 굴절된다.

ⲠⲒⲤⲦⲈⲨⲈ (πιστεύω) 믿다(ⲉ)

ⲈⲠⲒⲦⲒⲘⲀ (ἐπιτιμάω) 꾸짖다, 비난하다(ⲛⲁ⸗)

ⲠⲈⲒⲢⲀⲌⲈ (πειράζω) 유혹하다(Ⲙ̄ⲘⲞ⸗)

ⲚⲎⲤⲦⲈⲨⲈ (νηστεύω) 금식하다

ⲀⲢⲬⲒ (ἄρχω) 시작하다(+ ⲛ̄ + inf. : ~을 하기를 시작하다)

어휘 18

ⲕⲱⲧⲉ, ⲕⲉⲧ-, ⲕⲟⲧ⸗ tr. 돌리다, 전환하다(**ⲙ̄ⲙⲟ⸗**; 떨어져: **ⲉⲃⲟⲗ**; 뒤: **ⲉⲡⲁϩⲟⲩ**); intr. 회전하다, 돌다; 둘러싸다, 퍼지다(**ⲉ**); 어울리다(~와: **ⲙⲛ̄**)

ⲥϩⲁⲓ tr. 쓰다(**ⲙ̄ⲙⲟ⸗**; ~위에, ~에: **ⲉ, ⲉϫⲛ̄, ϩⲓ, ϩⲓϫⲛ̄, ϩⲛ̄**; ~에게: **ⲛⲁ⸗, ⲉ, ϣⲁ**); 기록하다; 그리다, 칠하다; n.m. 쓰기, 편지

ϭⲱϣⲧ̄ intr. 보다, 흘끗 보다(~을: **ⲉ, ⲉϫⲛ̄, ⲛ̄ⲥⲁ, ⲉϩⲟⲩⲛ ⲉ**); **ϭⲱϣⲧ̄ (ⲉⲃⲟⲗ) ϩⲏⲧ⸗** ~을 기대하다, ~을 예상하다, ~을 기다리다. 종종 **ⲉⲃⲟⲗ, ⲉϩⲟⲩⲛ, ⲉϩⲣⲁⲓ, ⲉⲡⲉⲥⲏⲧ**와 함께

ⲥⲟⲟⲩⲛ̄ tr. 알다(**ⲙ̄ⲙⲟ⸗**; ~에 대하여: **ⲉⲧⲃⲉ**; 어떻게: **ⲛ̄** + inf.; (~인 것)을: **ϫⲉ**); 알아보다, ~에 정통하다; n.m. 지식

ⲙⲉⲉⲩⲉ intr. 생각하다, 가정하다(~을: **ϫⲉ**; ~에 대하여: **ⲉ**); 숙고하다, 고려하다(종종 + **ⲉⲃⲟⲗ**); n.m. 생각, 마음

ⲕⲱⲧⲉ n.m. 이웃, 환경, 주변; **ⲙ̄ / ϩⲙ̄ ⲡⲕⲱⲧⲉ ⲛ̄** ~의 근처에, 가까이, 주변에; 대명사 목적어는 소유격 접두사로 표현한다: **ⲙ̄ ⲡⲉϥⲕⲱⲧⲉ** 그의 주변에

ϩⲏⲧ⸗ prep. 앞(쪽)으로, 앞에; 일부 동사와 함께, 위의 **ϭⲱϣⲧ̄**처럼 관용어적으로 쓰인다. 그리고 **ⲡⲱⲧ ⲉⲃⲟⲗ** (도망가다) (**ϩⲏⲧ⸗**: ~로부터); 선행 접미사가 필요하다

ⲉⲃⲟⲗ ϫⲉ, ⲉⲧⲃⲉ ϫⲉ conj. 왜냐하면

ⲡ.ϫⲁⲉⲓⲉ 사막, 황야

ⲧⲉ.ϭⲣⲟⲟⲙⲡⲉ, ⲡⲉ.ϭⲣⲟⲟⲙⲡⲉ 비둘기

ⲃⲗ̄ⲗⲉ (pl. **ⲃⲗ̄ⲗⲉⲉⲩ, ⲃⲗ̄ⲗⲉⲩⲉ**) adj. 시각장애의, 눈먼

* 그리고 위의 §18.5에서의 그리스어 동사들.

연습문제 18

1. ⲁ-ⲡⲉϥϩⲱⲃ ϫⲱⲕ ⲉⲃⲟⲗ.

2. ⲥⲉⲛⲁⲙⲟⲩϩ ⲛ̄ ⲣⲁϣⲉ ⲛ̄ϭⲓ ⲛⲉⲛⲯⲩⲭⲏ.

3. ⲛ̄ϯⲡⲓⲥⲧⲉⲩⲉ ⲉⲣⲟⲕ ⲁⲛ.

4. ϯⲛⲁϩⲱⲡ ϩⲙ̄ ⲡϫⲁⲉⲓⲉ.

5. ⲁ-ⲡⲇⲓⲁⲃⲟⲗⲟⲥ ⲡⲉⲓⲣⲁⲍⲉ ⲙ̄ⲙⲟϥ ⲛ̄ ⲥⲁϣϥ̄ ⲛ̄ ϩⲟⲟⲩ.

6. ⲡⲉⲡⲛ̄ⲁ̄ ⲛ̄ ⲁⲕⲁⲑⲁⲣⲧⲟⲛ ⲟⲩⲱϣ ⲁⲛ ⲉ ⲉⲓ ⲉⲃⲟⲗ.

7. ⲙ̄ ⲡⲉⲟⲩⲟⲉⲓϣ ⲡⲉⲓⲕⲟⲥⲙⲟⲥ ⲧⲏⲣϥ̄ ⲛⲁⲃⲱⲗ ⲉⲃⲟⲗ.

8. ⲁ-ⲡⲃⲗ̄ⲗⲉ ϫⲟⲟⲥ ϫⲉ ⲛⲁ ⲛⲁⲓ, ⲡⲁϫⲟⲉⲓⲥ.

9. ⲁ-ⲡⲛⲁⲩ ⲙ̄ ⲡⲉϥϣⲙ̄ϣⲉ ϫⲱⲕ ⲉⲃⲟⲗ.

10. ⲛ̄ⲧⲛ̄ⲛⲁⲟⲩⲱϩ ⲁⲛ ϩⲛ̄ ⲧⲉⲓⲭⲱⲣⲁ.

11. ϯⲙⲉⲉⲩⲉ ϫⲉ ⲛ̄ⲧⲟⲕ ⲟⲩⲇⲓⲕⲁⲓⲟⲥ ⲡⲉ.

12. ⲛ̄ⲃⲁⲗ ⲛ̄ ⲛ̄ⲃⲗ̄ⲗⲉⲩⲉ ⲛⲁⲟⲩⲱⲛ.

13. ⲕⲙⲉⲉⲩⲉ ϫⲉ ⲁⲛⲅ̄-ⲛⲓⲙ?

14. ⲉⲧⲃⲉ ⲟⲩ ⲧⲉⲧⲛ̄ⲕⲱⲧⲉ ⲙⲛ̄ ϩⲉⲛⲣⲱⲙⲉ ⲛ̄ ⲧⲉⲓⲙⲓⲛⲉ?

15. ⲁ-ⲛⲉϥⲥⲛⲁⲩϩ ⲃⲱⲗ ⲉⲃⲟⲗ ⲛ̄ ⲛⲉϥⲟⲩⲉⲣⲏⲧⲉ.

16. ⲁⲩϩⲱⲡ ⲛ̄ϭⲓ ⲛⲉⲥⲛⲏⲩ ⲉ ⲙ̄ⲙⲁⲧⲟⲓ ⲙ̄ ⲡⲣ̄ⲣⲟ.

17. ⲉⲧⲃⲉ ⲟⲩ ⲕⲉⲡⲓⲧⲓⲙⲁ ⲛⲁⲓ?

18. ⲛ̄ⲧⲉⲧⲛⲁⲉⲓⲙⲉ ⲁⲛ ⲉ ⲛⲉϥⲡⲁⲣⲁⲃⲟⲗⲏ.

19. ⲛ̄ⲥⲉⲛⲁⲡⲓⲥⲧⲉⲩⲉ ⲉ ⲛⲁϣⲁϫⲉ ⲁⲛ.

20. ⲛ̄ϫⲓϫⲉⲉⲩⲉ ⲛⲁⲕⲱⲧⲉ ⲉ ⲡⲉⲛϯⲙⲉ.

21. ⲁ-ⲧⲡⲉ ⲟⲩⲱⲛ, ⲁϥⲉⲓ ⲉⲃⲟⲗ ⲛ̄ϭⲓ ⲟⲩⲛⲟϭ ⲛ̄ ⲟⲩⲟⲉⲓⲛ.

22. ⲁ-ⲧⲉⲥϩⲓⲙⲉ ⲁⲣⲭⲉⲓ ⲛ̄ ⲣⲓⲙⲉ.

23. ⲙⲉϣⲁⲕ ⲥⲉⲛⲁⲕⲉⲧ-ⲧⲏⲩⲧⲛ̄ ⲉⲡⲁϩⲟⲩ.

24. ⲛ̄ϣⲟⲟⲥ ϩⲁⲣⲉϩ ⲉ ⲛⲉⲥⲟⲟⲩ ϩⲛ̄ ⲧⲥⲱϣⲉ.

25. ⲁ-ⲛⲉϥⲃⲁⲗ ⲧⲱⲙ ϩⲙ̄ ⲡⲙⲟⲩ.

26. ⲥⲉⲛⲁⲟⲩⲱϩ ϩⲙ̅ ⲡⲕⲱⲧⲉ ⲛ̅ ⲑⲓ̅ⲗ̅ⲏ̅ⲙ̅.

27. ϯⲛⲁⲛⲉϫ-ⲡⲁϥ ⲉ ⲛⲉⲩϩⲟⲟⲣ.

28. ⲧⲛ̅ⲛⲁⲙⲟⲩⲧⲉ ⲉⲣⲟϥ ⲙ̅ ⲡⲣⲁⲛ ⲙ̅ ⲡⲉϥⲉⲓⲱⲧ.

29. ⲁⲛϣⲉⲡ-ⲧⲉⲡⲓⲥⲧⲟⲗⲏ ⲉⲛⲧⲁⲕⲥϩⲁⲓ ⲙ̅ⲙⲟⲥ ⲛⲁⲛ.

30. ⲉⲧⲃⲉ ⲟⲩ ⲧⲉⲧⲛ̅ⲛⲏⲥⲧⲉⲩⲉ ⲛ̅ ⲟⲩⲟⲉⲓϣ ⲛⲓⲙ?

31. ⲁ-ⲛⲉⲥⲃⲁⲗ ⲙⲟⲩϩ ⲛ̅ ⲣⲙ̅ⲉⲓⲟⲟⲩⲉ.

32. ⲛ̅ⲥⲉϩⲓ ⲧⲉϩⲓⲏ ⲁⲛ.

33. ⲛ̅ⲧⲉⲣⲉϥⲥⲱⲧⲙ̅ ⲉ ⲡⲉϩⲣⲟⲟⲩ, ⲁϥϭⲱϣⲧ̅ ⲉⲃⲟⲗ.

34. ϯⲣⲓⲙⲉ ⲉⲃⲟⲗ ϫⲉ ⲁ-ⲡⲁⲥⲟⲛ ⲙⲟⲩ.

35. ⲁ-ⲧⲉϭⲣⲟⲟⲙⲡⲉ ⲟⲩⲱϩ ⲉϫⲙ̅ ⲡⲃⲏⲙⲁ.

36. ⲥⲉⲙⲉⲉⲩⲉ ϫⲉ ⲛ̅ⲧⲟϥ ⲡⲉ ⲡⲉⲭ̅ⲥ̅.

37. ⲛ̅ⲧⲉⲥⲟⲟⲩⲛ̅ ⲁⲛ ⲛ̅ ⲥϩⲁⲓ.

38. ⲉⲡⲓⲧⲓⲙⲁ ⲛⲁⲩ ⲉⲧⲃⲉ ⲛⲉⲩⲛⲟⲃⲉ.

39. ⲧⲛ̅ϭⲱϣⲧ̅ ⲉⲃⲟⲗ ϩⲏⲧϥ̅ ⲙ̅ ⲡⲉϩⲟⲟⲩ ⲉⲧ ⲙ̅ⲙⲁⲩ.

40. ⲙ̅ⲡⲉϥⲟⲩⲱϣ ⲉ ⲛⲏⲥⲧⲉⲩⲉ.

41. ⲁ-ⲡⲉⲡⲛ̅ⲁ̅ ⲉⲓ ⲉⲡⲉⲥⲏⲧ ⲉϫⲱϥ ⲛ̅ ⲑⲉ ⲛ̅ ⲟⲩϭⲣⲟⲟⲙⲡⲉ.

42. ⲛⲁⲓ ⲛⲉ ⲛ̅ϣⲁϫⲉ ⲉⲛⲧⲁϥⲥϩⲁⲓ ⲙ̅ⲙⲟⲟⲩ ϩⲙ̅ ⲡϫⲱⲱⲙⲉ.

43. ⲛ̅ⲧⲛ̅ⲥⲟⲟⲩⲛ̅ ⲁⲛ ⲛ̅ ⲛ̅ϣⲁϫⲉ ⲛ̅ ⲇⲁ̅ⲇ.

44. ϯⲥⲟⲟⲩⲛ̅ ϫⲉ ⲛ̅ⲧⲟⲕ ⲡⲉ ⲡϣⲏⲣⲉ ⲙ̅ ⲡⲛⲟⲩⲧⲉ.

45. ⲁⲩϩⲱⲛ ⲉϩⲟⲩⲛ ⲉ ⲧⲡⲩⲗⲏ ⲁⲩⲱ ⲁⲩⲧⲟⲙⲥ̅.

46. ⲛⲥ̅ϩⲙ̅ ⲡⲏⲓ ⲁⲛ.

47. ⲧⲛ̅ⲥⲟⲟⲩⲛ̅ ϫⲉ ⲟⲩⲛⲟϭ ⲧⲉ ⲧⲉϥⲥⲃⲱ.

48. ϯⲛⲁⲡⲱⲧ ⲉⲃⲟⲗ ϩⲏⲧⲟⲩ ⲉ ⲡϫⲁⲉⲓⲉ.

49. ⲁϥϩⲕⲟ ⲉⲙⲁⲧⲉ ⲉⲃⲟⲗ ϫⲉ ⲁϥⲛⲏⲥⲧⲉⲩⲉ ⲛ̅ ϣⲙⲟⲩⲛ ⲛ̅ ϩⲟⲟⲩ.

50. ⲉⲧⲃⲉ ⲟⲩ ⲧⲉⲓⲭⲏⲣⲁ ⲛ̅ ϩⲏⲕⲉ ⲙⲟⲟϣⲉ ⲛ̅ⲥⲱⲓ?

51. ⲁϥⲁⲣⲭⲓ ⲛ̄ ϣⲁϫⲉ ⲙⲛ̄ ⲡⲙⲏⲏϣⲉ.

52. ⲁϥⲕⲱⲧⲉ ⲛ̄ ⲛ̄ϩⲏⲕⲉ ⲉⲃⲟⲗ.

53. ϯⲥⲟⲟⲩⲛ̄ ⲙ̄ⲙⲟⲕ. ⲛ̄ⲧⲟⲕ ⲡⲉ ⲡⲇⲓⲁⲃⲟⲗⲟⲥ.

54. ⲉⲧⲃⲉ ⲟⲩ ⲕⲡⲉⲓⲣⲁⲍⲉ ⲙ̄ⲙⲟⲓ ⲛ̄ ⲧⲉⲓϩⲉ?

55. ⲛ̄ⲥⲉⲙ̄ ⲡⲉϥⲕⲱⲧⲉ ⲁⲛ.

56. ⲧⲉⲧⲛⲁⲥⲟⲟⲩⲛ̄ ϫⲉ ⲛ̄ⲧⲁⲓⲣ̄-ⲛⲁⲓ ⲉⲧⲃⲉ-ⲧⲏⲩⲧⲛ̄.

57. ϯⲛⲁⲱⲡ ⲛ̄ ⲛⲉϫⲏⲩ ⲉⲧ ϩⲛ̄ ⲧⲉⲙⲣⲱ.

58. ⲛ̄ⲧⲉⲣⲛ̄-ⲟⲩⲱϣ ⲉ ⲃⲱⲕ ⲉⲃⲟⲗ, ⲁⲩⲕⲟⲧⲛ̄ ⲉⲡⲁϩⲟⲩ ⲉ ⲡⲉⲛⲏⲓ.

레슨 19
제1 현재형과 제1 미래형의 관계절, 타동사의 재귀 용법, ⲥⲱⲧⲡ̄ 유형의 부정사

19.1 제1 현재형과 제1 미래형의 관계절 형식은 관계 대명사 ⲉⲧ, ⲉⲧⲉ를 사용한다. 관계 대명사가 관계절의 주어인 경우 추가적인 대명사 주어 요소가 필요하지 않다.

> ⲡⲣⲱⲙⲉ ⲉⲧ ⲣⲓⲙⲉ 울고 있는 그 사람the man who is weeping
>
> ⲛⲉⲧ ⲥⲱⲧⲙ̄ ⲉ ⲛⲁϣⲁϫⲉ 내 말을 듣는 사람들those who hear my words
>
> ⲙ̄ⲙⲁⲧⲟⲓ ⲉⲧ ⲛⲁⲁⲙⲁϩⲧⲉ ⲙ̄ⲙⲟϥ 그를 체포할 그 병사들
>
> ⲛ̄ⲣⲱⲙⲉ ⲉⲧ ⲛⲁⲉⲓⲛⲉ ⲙ̄ ⲡϩⲁⲧ 그 은을 가지고 올 그 사람들

관계 대명사가 관계절의 주어가 아닌 경우는 주어 명사 또는 대명사 그리고 재생 대명사가 필요하다. 관계 대명사는 다음과 같이 다양한 주어 요소와 결합한다.

	단수		복수	
1인칭	ⲉϯ	내가 ~하는 who/which I …	ⲉⲧⲛ̄	우리가 ~하는
2인칭(남)	ⲉⲧⲕ̄	네가 ~하는	ⲉⲧⲉⲧⲛ̄	너희가 ~하는
2인칭(여)	ⲉⲧⲉ(ⲣ)	네가 ~하는		
3인칭(남)	ⲉⲧϥ̄	그가 ~하는	ⲉⲧⲟⲩ (형태에 주의하라)	그들이 ~하는
3인칭(여)	ⲉⲧⲥ̄	그녀가 ~하는		

ⲉⲧⲉⲣⲉ-ⲡⲣⲱⲙⲉ 그 사람이 ~하는

다음의 예들을 주의 깊게 연구하라.

> ⲛ̄ϣⲁϫⲉ ⲉϯⲥϩⲁⲓ ⲙ̄ⲙⲟⲟⲩ 내가 쓰고 있는 말들
>
> ⲡⲣⲱⲙⲉ ⲉⲧⲕ̄ϣⲓⲛⲉ ⲛ̄ⲥⲱϥ 네가 찾고 있는 그 사람
>
> ⲧⲡⲟⲗⲓⲥ ⲉⲧⲟⲩⲟⲩⲱϩ ⲛ̄ϩⲏⲧⲥ̄ 그들이 정착하고 있는 그 도시
>
> ⲡϣⲏⲣⲉ ⲉⲧϥ̄ⲛⲁⲕⲁⲁϥ ⲛ̄ⲥⲱϥ 그가 두고 갈 그 아이
>
> ⲛⲉⲛⲧⲟⲗⲏ ⲉⲧϥ̄ⲛⲁⲧⲁⲁⲩ ⲛⲁⲛ 그가 우리에게 줄 계명들/율법들
>
> ⲡϩⲁⲧ ⲉⲧⲉⲣⲉ-ⲡⲉⲕⲉⲓⲱⲧ ⲛⲁⲧⲁⲁϥ ⲉⲧⲟⲟⲧⲕ̄
>
> 너의 아버지가 너에게 맡길 돈

관계절의 동사가 제1 현재형의 부정 또는 제1 미래형의 부정인 경우의 관계 대명사는 ⲉⲧⲉ이며, 모든 구문에서 주어뿐만 아니라 재생 대명사도 표현되어야 한다.

> ⲛ̄ⲣⲱⲙⲉ ⲉⲧⲉ ⲛ̄ⲥⲉⲥⲱⲧⲙ̄ ⲛⲁⲓ ⲁⲛ 나의 (말을) 듣지 않는 그 사람들
>
> ⲡⲣⲱⲙⲉ ⲉⲧⲉ ⲛϥ̄ⲛⲁⲥⲱⲧⲙ̄ ⲛⲁⲓ ⲁⲛ 나의 (말을) 듣지 않을 그 사람
>
> ⲛ̄ϣⲁϫⲉ ⲉⲧⲉ ⲛ̄ⲧⲛ̄ⲉⲓⲙⲉ ⲉⲣⲟⲟⲩ ⲁⲛ
>
> 우리가 이해하지 못하는 그 말(들)
>
> ⲛⲉⲧⲙⲉ ⲉⲧⲉ ⲛ̄ⲥⲉⲛⲁⲁⲙⲁϩⲧⲉ ⲙ̄ⲙⲟⲟⲩ ⲁⲛ
>
> 그들이 빼앗지 않을 그 마을들

19.2 타동사의 직접 목적어는 재귀reflexive의 의미로 사용할 수 있다.

> ⲁⲓⲛⲟϫⲧ̄ ⲉⲡⲉⲥⲏⲧ ⲉ ⲡⲕⲁϩ. 나는 스스로 (내 자신을) 땅에 던졌다.
>
> ⲁϥⲉⲓⲁⲁϥ ϩⲙ̄ ⲡⲙⲟⲟⲩ ⲙ̄ ⲡⲉⲓⲉⲣⲟ.
>
> 그는 스스로 (그 자신을) 그 강의 물에 씻었다.

일부 동사는 재귀 용법에서 특별한 의미를 가진다.

> ⲞⲨⲀϨ⸗ ⲚⲤⲀ ~의 다음에 자신을 두다, ~을 따라가다; (간단히) "따라가다"
>
> ⲔⲞⲦ⸗ (1) 돌아가다, 되돌아가다(~로: ⲈⲠⲀϨⲞⲨ Ⲉ, ⲈⲂⲞⲖ Ⲉ, ⲈⲂⲞⲖ ϢⲀ, ⲈϨⲞⲨⲚ Ⲉ, ⲈϨⲢⲀⲒ Ⲉ); (2) 행동을 반복하다: 보통 다음과 같이 병치하여, ⲀϤⲔⲞⲦϤ̄ ⲀϤⲢⲒⲘⲈ 그는 다시 울었다; 또는 Ⲉ + 부정사로 다음과 같이, ⲘⲠⲈⲚⲔⲞⲦⲚ̄ Ⲉ ⲚⲀⲨ ⲈⲢⲞⲤ 우리는 그녀를 다시 보지 못했다.

동사 ⲦⲰⲞⲨⲚ은 선택적으로 재귀용법 접미사와 함께 나타난다: ⲀϤ-ⲦⲰⲞⲨⲚϤ̄ = ⲀϤⲦⲰⲞⲨⲚ(그가 일어났다). 어간 마지막 -Ⲛ 다음에 2인칭 남성 단수 접미사 -Ⲕ는 종종 -Ⲅ로 나타난다: ⲀⲔⲦⲰⲞⲨⲚⲄ̄(네가 일어났다).

재귀 동사 ⲀϨⲈⲢⲀⲦ⸗(서다, 일어서다)는 실제로 ⲀϨⲈ(동사 ⲰϨⲈ[서다, 일어서다]의 형태)와 전치사 ⲈⲢⲀⲦ⸗(~의 아래에, 발치에)의 합성이다. ⲈⲢⲀⲦ⸗ 자체는 전치사 Ⲉ와 소유의 의미로 대명사 접미사를 취할 수 있는 명사의 작은 그룹에 속하는 명사 ⲢⲀⲦ⸗(발)로 구성되어있다: ⲢⲀⲦ(나의 발), ⲢⲀⲦⲔ̄(너의 발) 등.

19.3 ⲤⲰⲦⲠ̄ 유형의 부정사는 콥트어에서 가장 큰 동사 부류를 이루고 있으며 다음과 같은 명사형과 대명사 접미형을 가지고 있다.

> ⲤⲰⲦⲠ̄ ⲤⲈⲦⲠ̄ ⲤⲞⲦⲠ⸗

부정사의 마지막 자음이 '블렘너' 자음(Ⲃ, Ⲗ, Ⲙ, Ⲛ, Ⲣ—옮긴이)인 경우, 대명사 접미형은 일반적으로 접미사 -Ⲧ, -Ⲕ, -Ϥ, -Ⲥ 앞에서 -Ⲉ-로 쓰인다: ⲤⲞⲦⲘⲈϤ, ⲤⲞⲦⲘⲈⲦ, ⲤⲞⲦⲘⲈⲔ 등. 마지막 자음이 -Ϩ인 경우, 결합되지 않은 형태unbound form에서 -Ϩ̄와 -ⲀϨ를 교대로 쓸 수 있다: ⲞⲨⲰⲚϨ̄ 또는

ⲟⲩⲱⲛⲁϩ.

부정사의 두 번째 자음이 ϩ(드물게 ϣ)인 경우, 대명사 접미형은 -ⲟ- 대신에 -ⲁ-를 가질 수 있다.

ⲟⲩⲱϩⲙ̄	ⲟⲩⲉϩⲙ̄-	ⲟⲩⲁϩⲙ⸗	반복하다
ⲧⲱϩⲙ̄	ⲧⲉϩⲙ̄-	ⲧⲁϩⲙ⸗	초대하다

부정사가 ⲙ나 ⲛ로 시작하는 경우, -ⲱ-는 -ⲟⲩ-로 대체된다.

ⲙⲟⲩⲟⲩⲧ	ⲙⲉⲩⲧ-	ⲙⲟⲟⲩⲧ⸗	죽이다
ⲛⲟⲩϩⲙ̄	ⲛⲉϩⲙ̄-	ⲛⲁϩⲙ⸗	구하다

어휘 19

ϣⲓⲃⲉ, ϣⲃ̄(ⲧ)-, ϣⲃ̄ⲧ⸗ tr. 바꾸다, 변경하다(ⲙ̄ⲙⲟ⸗); intr. 및 reflex. 바뀌다, 변경되다(~로: ⲉ; ~방향으로: ϩⲛ̄; 형태로: ⲛ̄ ⲥⲙⲟⲧ)

ⲁϩⲉⲣⲁⲧ⸗ reflex. 서다, 일어서다(앞에서: ⲉ; ~에 대하여: ⲉ, ⲉϫⲙ̄, ⲟⲩⲃⲉ; ~와: ⲙⲛ̄)

ⲟⲩⲱⲛϩ̄, ⲟⲩⲉⲛϩ̄-, ⲟⲩⲟⲛϩ⸗ (종종 + ⲉⲃⲟⲗ) tr. 드러내다, 나타내다(ⲙ̄ⲙⲟ⸗; ~로: ⲛⲁ⸗, ⲉ); 나타내다, 자신을 드러내다; intr. 나타나다, 나타나게 되다

ϭⲱⲗⲡ̄, ϭⲉⲗⲡ̄-, ϭⲟⲗⲡ⸗ (종종 + ⲉⲃⲟⲗ) tr. 드러내다(ⲙ̄ⲙⲟ⸗; ~에: ⲉ, ⲛⲁ⸗) intr. 드러나게 되다, 알려지다, 분명해지다

ⲣⲱⲕϩ̄, ⲣⲉⲕϩ̄-, ⲣⲟⲕϩ⸗ tr. 태우다to burn(ⲙ̄ⲙⲟ⸗); intr. 타다

ⲡⲱϩⲧ̄, ⲡⲉϩⲧ̄-, ⲡⲁϩⲧ⸗ intr. 및 reflex. 절하다, 자신을 엎드리다

ⲡⲉ.ⲥⲙⲟⲧ 형태, 외관, 외모; 성격, 태도

ⲧⲉ.ⲥⲙⲏ 목소리, 소리

ⲡ.ⲕⲱϩⲧ̅ 불

ⲃⲣ̅ⲣⲉ adj. 새로운, 젊은; **ⲛ̅ ⲃⲣ̅ⲣⲉ** 최근에, 새로이

ⲁⲥ adj. 오래된, 낡은(사람에게는 사용하지 않는다)

그리스어 단어

ⲧⲉ.ⲅⲣⲁⲫⲏ (ἡ γραφή) 저술; 성경

ⲧ.ⲉⲝⲟⲩⲥⲓⲁ (ἡ ἐξουσία) 힘, 권위

ⲧ.ⲡⲓⲥⲧⲓⲥ (ἡ πίστις) 믿음, 신뢰

ⲡ.ⲙⲩⲥⲧⲏⲣⲓⲟⲛ (τὸ μυστήριον) 신비

연습문제 19

A. 1. **ⲡⲱⲛⲉ ⲉⲧⲟⲩⲙⲟⲩⲣ ⲙ̅ ⲡ.ϫⲟⲓ ⲉⲣⲟϥ**

2. **ⲡϫⲱⲱⲙⲉ ⲉϯⲟⲩⲁϣϥ̅**

3. **ⲡϩⲟⲉⲓⲧⲉ ⲉⲧϥ̅ϯ ⲙ̅ⲙⲟϥ ϩⲓⲱⲱϥ**

4. **ⲡⲉϣⲧⲉⲕⲟ ⲉⲧⲟⲩⲛⲁⲛⲟϫⲕ̅ ⲉⲣⲟϥ**

5. **ⲡⲙⲟⲟⲩ ⲉⲧ ⲙⲟⲩϩ ⲙ̅ ⲡⲉⲛϫⲟⲓ**

6. **ⲛ̅ⲣⲱⲙⲉ ⲉⲧ ⲛⲁⲡⲱⲧ ⲉ ⲡϫⲁⲉⲓⲉ**

7. ⲧⲉⲭⲱⲣⲁ ⲉⲧⲛ̄ⲛ̄ϩⲏⲧⲥ̄

8. ⲛⲉⲧ ⲛⲁⲟⲩⲁϩⲟⲩ ⲛ̄ⲥⲱϥ

9. ⲧⲉⲡⲓⲥⲧⲟⲗⲏ ⲉϯⲛⲁⲥϩⲁⲓ ⲙ̄ⲙⲟⲥ ϣⲁⲣⲟⲕ

10. ⲧⲉϩⲓⲏ ⲉⲧⲟⲩⲙⲟⲟϣⲉ ϩⲓⲱⲱⲥ

11. ⲡⲥⲁϩ ⲉⲧⲉ ⲛ̄ⲧⲉⲧⲛ̄ⲥⲟⲟⲩⲛ̄ ⲙ̄ⲙⲟϥ ⲁⲛ

12. ⲛⲉⲧ ⲛⲁⲁϩⲉⲣⲁⲧⲟⲩ ⲙ̄ ⲡⲉϥⲙ̄ⲧⲟ ⲉⲃⲟⲗ

13. ⲡⲥⲟⲛ ⲉⲧⲛ̄ⲛⲁⲙⲟⲣϥ̄ ⲙ̄ ⲡⲉⲥⲭⲏⲙⲁ

14. ⲡⲣ̄ⲣⲟ ⲉⲧⲛ̄ⲡⲱⲧ ⲉⲃⲟⲗ ϩⲏⲧϥ̄

15. ⲡⲉⲧ ⲟⲩⲱⲛ ⲛ̄ ⲛ̄ⲃⲁⲗ ⲛ̄ ⲛ̄ⲃⲗ̄ⲗⲉⲉⲩ

16. ⲛ̄ⲣⲱⲙⲉ ⲉⲧϥ̄ⲕⲱⲧⲉ ⲛⲙ̄ⲙⲁⲩ

17. ⲛ̄ϣⲁϫⲉ ⲉϯⲟⲩⲉϣ-ⲥⲟⲧⲙⲟⲩ

18. ⲧⲉⲝⲟⲩⲥⲓⲁ ⲉⲧⲉⲣⲉ-ⲡⲛⲟⲩⲧⲉ ⲛⲁⲧⲁⲁⲥ ⲛⲁϥ

19. ⲧⲡⲓⲥⲧⲓⲥ ⲉϯϭⲓⲛⲉ ⲙ̄ⲙⲟⲥ ϩⲛ̄ ⲧⲉⲓⲥϩⲓⲙⲉ

20. ⲧⲉϭⲣⲟⲟⲙⲡⲉ ⲉⲧⲕ̅ⲛⲁⲛⲁⲩ ⲉⲣⲟⲥ

21. ⲧⲉϣⲧⲏⲛ ⲉⲧⲉⲧⲛ̅ⲛⲟⲩϫⲉ ⲙ̅ⲙⲟⲥ ⲉⲃⲟⲗ

22. ⲛⲉⲧϥ̅ⲛⲁⲉⲡⲓⲧⲓⲙⲁ ⲛⲁⲩ

23. ⲡⲙⲩⲥⲧⲏⲣⲓⲟⲛ ⲉⲧϥ̅ⲛⲁϭⲟⲗⲡϥ̅ ⲛⲁⲛ ⲉⲃⲟⲗ

24. ⲡⲏⲓ ⲉⲧⲟⲩⲛⲁⲣⲟⲕϩϥ̅ ⲛ̅ϭⲓ ⲙ̅ⲙⲁⲧⲟⲓ

25. ⲡⲥⲁϩ ⲉϯⲛⲁⲟⲩⲁϩⲧ̅ ⲛ̅ⲥⲱϥ

26. ⲛ̅ϫⲓϫⲉⲉⲩⲉ ⲉⲧ ⲕⲱⲧⲉ ⲉ ⲧⲉⲛⲡⲟⲗⲓⲥ

27. ⲡⲃⲏⲙⲁ ⲉⲧϥ̅ⲛⲁⲁϩⲉⲣⲁⲧϥ̅ ϩⲓϫⲱϥ

28. ⲛⲉⲧ ⲡⲉⲓⲣⲁⲍⲉ ⲙ̅ⲙⲱⲧⲛ̅

29. ⲡⲕⲱϩⲧ̅ ⲉⲧⲉⲣⲉ-ⲡⲛⲟⲩⲧⲉ ⲛⲁⲛⲟϫϥ̅ ⲉϫⲙ̅ ⲡⲕⲁϩ

30. ⲡⲉⲥⲙⲏ ⲉⲧⲉⲣⲥⲱⲧⲙ̅ ⲉⲣⲟⲥ

31. ⲙ̅ⲙⲁⲧⲟⲓ ⲉⲧ ⲛⲁⲕⲟⲧⲕ̅ ⲉⲡⲁϩⲟⲩ

32. ⲡϩⲟⲉⲓⲧⲉ ⲛ̅ ⲃ̅ⲣⲣⲉ ⲉⲧⲥ̅ⲛⲁϣⲟⲡϥ̅

33. ⲛⲉⲧ ⲡⲱϩⲧ̄ ⲙ̄ⲙⲟⲟⲩ ⲛ̄ⲛⲁϩⲣⲁⲕ

34. ⲧⲉⲅⲣⲁⲫⲏ ⲉϯⲡⲓⲥⲧⲉⲩⲉ ⲉⲣⲟⲥ

35. ⲡϩⲁⲧ ⲉⲧⲉⲣⲉ-ⲡϣⲏⲣⲉ ⲛⲁϩⲉ ⲉⲣⲟϥ

36. ⲡⲣⲱⲙⲉ ⲉⲧ ϭⲱϣⲧ̄ ⲉϩⲟⲩⲛ ⲉⲣⲟⲛ

37. ⲡⲙⲁⲉⲓⲛ ⲉⲧⲟⲩⲛⲁⲟⲩⲟⲛϩϥ̄ ⲉⲃⲟⲗ

38. ⲧⲉⲥϩⲓⲙⲉ ⲉⲧϥ̄ⲙⲉ ⲙ̄ⲙⲟⲥ

39. ⲡⲉⲥⲙⲟⲧ ⲉⲧϥ̄ⲟⲩⲱⲛϩ̄ ⲙ̄ⲙⲟϥ ⲉⲃⲟⲗ ⲛ̄ϩⲏⲧϥ̄

40. ⲛⲉϩⲟⲟⲩ ⲉⲧⲉⲧⲛⲁ-ⲛⲏⲥⲧⲉⲩⲉ ⲛ̄ϩⲏⲧⲟⲩ

B. 1. ⲙ̄ⲡⲣ̄ϣⲃ̄-ⲗⲁⲁⲩ ⲛ̄ ⲛ̄ϣⲁϫⲉ ⲉⲧⲕ̄ⲛⲁϭⲛ̄ⲧⲟⲩ ϩⲙ̄ ⲡⲉⲓϫⲱⲱⲙⲉ.

2. ⲁⲩⲛⲟϭ ⲙ̄ ⲙⲩⲥⲧⲏⲣⲓⲟⲛ ⲟⲩⲱⲛϩ̄ ⲛⲏⲧⲛ̄

3. ⲙ̄ ⲡⲉϩⲟⲟⲩ ⲉⲧ ⲙ̄ⲙⲁⲩ ⲥⲉⲛⲁϭⲱⲗⲡ̄ ⲉⲃⲟⲗ ⲛ̄ϭⲓ ⲛ̄ϣⲁϫⲉ ⲙ̄ ⲡⲉⲛϫⲟⲉⲓⲥ.

4. ⲁϥϣⲃ̅ⲧϥ̅ ⲛ̅ϭⲓ ⲡⲇⲓⲁⲃⲟⲗⲟⲥ ϩⲙ̅ ⲡⲉⲥⲙⲟⲧ ⲛ̅ ⲟⲩⲁⲅⲅⲉⲗⲟⲥ ⲙ̅ ⲡⲟⲩⲟⲉⲓⲛ.

5. ⲁϥϩⲱⲛ ⲉϩⲟⲩⲛ ⲉ ⲡⲣ̅ⲣⲟ, ⲁϥⲡⲁϩⲧϥ̅, ⲁⲩⲱ ⲙ̅ⲡⲉϥϫⲉⲗⲁⲁⲩ ⲛ̅ ϣⲁϫⲉ.

6. ⲁϣ ⲧⲉ ⲧⲉⲓⲥⲙⲏ ⲉϯⲥⲱⲧⲙ̅ ⲉⲣⲟⲥ?

7. ⲁϩⲉⲣⲁⲧⲕ̅ ⲛⲙ̅ⲙⲁⲓ ⲟⲩⲃⲏϥ.

8. ⲁϥϯ ϩⲓⲱⲱϥ ⲛ̅ ⲧⲉϣⲧⲏⲛ ⲛ̅ ⲁⲥ ⲉⲛⲧⲁⲓⲛⲟϫⲥ̅ ⲉⲃⲟⲗ.

9. ⲛ̅ⲧⲁⲕϭⲓⲛⲉ ⲙ̅ ⲡⲉⲓϫⲱⲱⲙⲉ ⲛ̅ ⲁⲥ ⲧⲱⲛ?

10. ⲁⲩⲁϩⲉⲣⲁⲧⲟⲩ ⲙ̅ ⲡⲉⲙⲧⲟ ⲉⲃⲟⲗ ⲙ̅ ⲡⲛⲟϭ ⲛ̅ ⲣ̅ⲣⲟ.

11. ⲁϥϫⲟⲟⲥ ⲛ̅ϭⲓ ⲡϩⲗ̅ⲗⲟ ϫⲉ ⲧⲱⲟⲩⲛⲅ̅, ⲡⲁϣⲏⲣⲉ. ⲙ̅ⲡⲣ̅ⲡⲁϩⲧⲕ̅ ⲛ̅ ⲧⲉⲓϩⲉ.

12. ⲧⲉⲧⲛⲁⲛⲁⲩ ⲉ ⲛⲉⲧⲉ ⲙ̅ⲡⲉⲧⲛ̅ⲛⲁⲩ ⲉⲣⲟⲟⲩ ϣⲁ ⲡⲟⲟⲩ.

13. ⲥⲉⲛⲁⲣⲟⲕϩⲕ̅ ϩⲛ̅ ⲟⲩⲛⲟϭ ⲛ̅ ⲕⲱϩⲧ̅ ⲙ̅ ⲡⲉϩⲟⲟⲩ ⲉⲧ ⲙ̅ⲙⲁⲩ.

14. ⲁⲩⲧⲱⲟⲩⲛⲟⲩ, ⲁⲩⲕⲟⲧⲟⲩ ⲉϩⲣⲁⲓ ⲉ ⲡⲉⲩϯⲙⲉ.

15. ⲙ̄ⲡⲉϥⲕⲟⲧϥ̄ ⲉ ⲁⲗⲉ ⲉ ⲡⲉⲩϫⲟⲓ.

16. ⲙ̄ⲡⲣ̄ⲕⲟⲧⲕ̄ ⲉ ϣⲁϫⲉ ⲛ̄ ⲛⲁⲓ ⲛ̄ ⲗⲁⲁⲩ ⲛ̄ ⲣⲱⲙⲉ.

레슨 20
사역 부정사, 비인칭 표현, ⲡⲉϫⲉ-/ⲡⲉϫⲁ⸗ 용법, ⲥⲟⲗⲥⲗ̄/ϣⲧⲟⲣⲧⲣ̄ 유형의 부정사

20.1 사역 부정사: ⲧⲣⲉ⸗, ⲧⲣⲉ-(~하도록, ~하기를)

	단수		복수	
1인칭	ⲧⲣⲁⲥⲱⲧⲙ̄	내가 듣도록 (that I hear)	ⲧⲣⲉⲛⲥⲱⲧⲙ̄	우리가 듣도록
2인칭(남)	ⲧⲣⲉⲕⲥⲱⲧⲙ̄	네가 듣도록	ⲧⲣⲉⲧⲛ̄ⲥⲱⲧⲙ̄ 또는 ⲧⲣⲉⲧⲉⲧⲛ̄ⲥⲱⲧⲙ̄	너희가 듣도록
2인칭(여)	ⲧⲣⲉⲥⲱⲧⲙ̄	네가 듣도록		
3인칭(남)	ⲧⲣⲉϥⲥⲱⲧⲙ̄	그가 듣도록	ⲧⲣⲉⲩⲥⲱⲧⲙ̄	그들이 듣도록
3인칭(여)	ⲧⲣⲉⲥⲥⲱⲧⲙ̄	그녀가 듣도록		

ⲧⲣⲉ-ⲡⲣⲱⲙⲉ ⲥⲱⲧⲙ̄ 그 사람이 듣도록

부정문은 전체 표현 앞 또는 부정사 앞에 ⲧⲙ̄-을 사용한다.

ⲧⲙ̄ⲧⲣⲁⲥⲱⲧⲙ̄(내가 듣지 않도록) 또는 ⲧⲣⲁⲧⲙ̄ⲥⲱⲧⲙ̄

사역 부정사Causative Infinitive는 다음과 같은 방법으로 사용된다.

(1) 부정사의 주어가 본동사와 다를 때 소망 또는 명령 동사 뒤에 ⲉ와 함께 보완 부정사로 사용된다. 다음을 비교하라.

ϯⲟⲩⲱϣ ⲉ ϭⲱ ⲙ̄ ⲡⲉⲓⲙⲁ.

나는 원한다, 여기에 남아 있기를I want to remain here

ϯⲟⲩⲱϣ ⲉⲧⲣⲉⲕϭⲱ ⲙ̄ ⲡⲉⲓⲙⲁ.

나는 원한다, 여기에 네가 남아 있기를I want you to remain here

ⲧⲛ̄ⲟⲩⲱϣ ⲉ-ⲧⲙ̄ⲧⲣⲉⲕⲃⲱⲕ ⲉⲃⲟⲗ.

우리는 원한다, 네가 떠나가지 않기를.

그러나 주어를 바꾸지 않고 ϯⲟⲩⲱϣ ⲉⲧⲣⲁϭⲱ ⲙ̄ ⲡⲉⲓⲙⲁ라고 말하는 것도 틀리지는 않다

(2) ⲉ를 사용하는 일반적인 부정사와 마찬가지로 사역 부정사도 광범위한 결과나 목적의 표현에 사용된다. 종종 영어의 "for ... to ..."에 해당된다.

> ⲁ-ⲡⲉⲟⲩⲟⲉⲓϣ ϫⲱⲕ ⲉⲃⲟⲗ ⲉ-ⲧⲣⲉ⸗ⲛⲃⲱⲕ ⲉⲃⲟⲗ.
>
> 우리가 떠날 시간이 됐다(문자적으로, 성취됐다was fulfilled).
>
> ⲁϥϯ ⲛⲁϥ ⲛ̄ ⲧⲉⲝⲟⲩⲥⲓⲁ ⲉ-ⲧⲣⲉ⸗ϥⲛⲟⲩϫⲉ ⲉⲃⲟⲗ ⲛ̄ ϩⲉⲛⲡⲛ̄ⲁ ⲛ̄ ⲁⲕⲁⲑⲁⲣⲧⲟⲛ.
>
> 그가 그에게(그를 위하여) 더러운 영을 쫓아내는 힘을 주었다.

ⲉ를 가진 사역 부정사가 자주 사용되기 때문에 앞의 예와 같이 단일 단위로 적어야 할 것이다.

(3) 전치사 ϩⲛ̄ + 정관사 ⲡ-를 가진 사역 부정사는 시간절(~할 때)의 힘을 가진다.

> ϩⲙ̄ ⲡⲧⲣⲉϥⲙⲟⲟϣⲉ 그가 걷고 있을 때
>
> ϩⲙ̄ ⲡⲧⲣⲉ-ⲡⲟⲩⲏⲏⲃ ϣⲗⲏⲗ 사제가 기도할 때

이러한 "절의 시제"는 문맥에 따른다. 이것은 도입부의 ⲁⲥϣⲱⲡⲉ 뒤에 빈번하게 나타난다.

> ⲁⲥϣⲱⲡⲉ ⲇⲉ ϩⲙ̄ ⲡⲧⲣⲉϥϣⲙ̄ϣⲉ ϩⲙ̄ ⲡⲉⲣⲡⲉ...
>
> 그러나 이 일은 그가 성전에서 섬기고 있을 때 일어났다. …

(4) 전치사 ⲙⲛ̄ⲛ̄ⲥⲁ 뒤에서 관사가 없는 사역 부정사는 '~한 후에, ~한 뒤에'라는 시간절과 같다.

> ⲙⲛ̄ⲛ̄ⲥⲁ ⲧⲣⲁⲛⲁⲩ ⲉⲣⲟⲟⲩ 내가 그들을 본 이후로

> ⲘⲚ̄ⲚⲤⲀ ⲦⲢⲈ-ⲠⲈϤⲈⲒⲰⲦ ⲂⲰⲔ ⲈⲂⲞⲖ 그의 아버지가 떠난 뒤에 …

(5) 사역 부정사는 다음 단락에서 취급되는 비인칭 표현과 함께 자주 사용된다. 다른 사용법은 이후 레슨에서 다룰 것이다.

20.2 비인칭 표현. ⲀⲤϢⲰⲠⲈ의 비인칭 사용법은 어휘 9에서 소개됐다. 자주 나오는 몇 가지 다른 비인칭 표현이 있는데, 일부는 동사적이고 일부는 변칙적이다.

(1) ϨⲀⲠ̄Ⲥ (~할 필요가 있다, ~가 필요하다; 부정은, Ⲛ̄ ϨⲀⲠ̄Ⲥ ⲀⲚ) 다음에 사역 부정사가 나온다. 부정사의 주어는 전치사 Ⲉ로 예상할 수 있다; 번역할 수 없는 ⲠⲈ가 ϨⲀⲠ̄Ⲥ와 함께 나온다.

> ϨⲀⲠ̄Ⲥ (ⲠⲈ) ⲈⲦⲢⲈⲚⲠⲰⲦ ⲈⲂⲞⲖ. 우리가 도망갈 필요가 있다.
>
> ϨⲀⲠ̄Ⲥ (ⲠⲈ) ⲈⲢⲞⲒ ⲈⲦⲢⲀϢⲀϪⲈ ⲚⲘ̄ⲘⲀⲔ.
>
> 내가 너하고 이야기할 필요가 있다.

(2) ⲞⲨⲚ̄-(Ϣ)ϬⲞⲘ (~이 가능하다); 부정형은 ⲘⲚ̄-(Ϣ)ϬⲞⲘ (~이 가능하지 않다, 불가능하다). (이것을) 뒤따르는 부정사의 주어는 Ⲙ̄ⲘⲞ⸗와 함께, 또는 사역 부정사와 함께, 또는 둘 다 함께 도입될 수 있다.

> ⲘⲚ̄-ϢϬⲞⲘ Ⲉ ⲈⲒⲘⲈ Ⲉ ⲚⲈϤϢⲀϪⲈ.
>
> 그의 말을 이해하는 것은 불가능하다.
>
> ⲘⲚ̄-ϢϬⲞⲘ Ⲙ̄ⲘⲞⲚ Ⲉ ⲈⲒⲘⲈ. 우리가 이해하는 것은 불가능하다.
>
> = ⲘⲚ̄-ϢϬⲞⲘ (Ⲙ̄ⲘⲞⲚ) ⲈⲦⲢⲈⲚⲈⲒⲘⲈ.

(3) ϢϢⲈ (또는 ⲤϢⲈ) ~이 적합하다, 합당하다; 부정형은 Ⲛ̄ ϢϢⲈ ⲀⲚ 또는 ⲘⲈϢϢⲈ. 부정사의 주어는 전치사 Ⲉ(의 인칭 접미사)로 예상할 수 있다.

> ϣϣⲉ ⲉⲣⲟϥ ⲉ ⲃⲱⲕ ⲉϩⲟⲩⲛ.
>
> 그에게 합당하다. 들어가는 것은. (그가 들어가는 것이 합당하다.)
>
> ⲛ̄ ϣϣⲉ ⲉⲣⲱⲧⲛ̄ ⲁⲛ ⲉⲧⲣⲉⲧⲉⲧⲛ̄ϭⲱ ⲙ̄ ⲡⲉⲓⲙⲁ.
>
> 너희에게 합당하지 않다. 여기에 남는 것은.

관계절 형태 ⲡⲉⲧⲉ ϣϣⲉ(적절한 것what is proper), ⲛⲉⲧⲉ ϣϣⲉ(부정형은, ⲡⲉⲧⲉ/ⲛⲉⲧⲉ ⲙⲉϣϣⲉ)는 종종 명사구로 사용된다.

(4) ⲣ̄-ⲁⲛⲁ⸗(기뻐하다)는 주어 ⲥ- 및 목적격 접미사와 함께, 또는 인칭 주어 및 재귀 접미사와 함께 비인칭으로 사용된다. ⲁⲛⲁ⸗에 접미사가 필요하다; 접미사로 명사 목적어가 예상되며 ⲛ̄으로 도입된다.

다음의 예들을 연구하라.

> ⲁⲥⲣ̄-ⲁⲛⲁϥ ⲉⲧⲣⲉϥⲉⲓ ⲉϩⲟⲩⲛ ⲉ ⲡⲉⲓⲕⲟⲥⲙⲟⲥ.
>
> 그는 이 세상으로 (자진해서) 오는 것을, 기뻐했다.
>
> ⲁⲥⲣ̄-ⲁⲛⲁϥ ⲙ̄ ⲡⲙⲏⲏϣⲉ ⲉⲧⲣⲉⲩⲛⲁⲩ ⲉ ⲡⲁⲓ.
>
> 군중이 (그들을 위해) 이것을 보는 것을, 기뻐했다.
>
> ⲁⲓⲣ̄-ⲁⲛⲁⲓ ⲉⲧⲣⲁⲥⲱⲧⲙ̄ ⲉ ⲛⲉⲕϣⲁϫⲉ.
>
> 내가 당신의 말을 듣는 것을, 기뻐했다.

또한 부분적으로 동의어인 동사 ⲣ̄-ϩⲛⲁ⸗(~할 의사가 있다, 원하다, ~을 즐거워하다)는 단지 인칭 주어 및 재귀 접미사와 함께 사용되는 것에 주의하라.

> ⲁⲓⲣ̄-ϩⲛⲁⲓ ⲉⲧⲣⲁⲥϩⲁⲓ ⲛⲁⲕ ⲛ̄ ⲛⲉⲓϣⲁϫⲉ.
>
> 나는 이것들을 너에게 쓰기를 원했다.

ⲣ̄-ϩⲛⲁ⸗는 제1 현재형에서 쓰이지 않지만, ⲣ̄-ⲁⲛⲁ⸗는 이러한 제약이

없다.

20.3 주어가 뒤따르는 동사 **ⲡⲉϫⲉ-, ⲡⲉϫⲁ⸗**는 제1 완료형에서는 **ϫⲱ**와 의미가 같다. 그러나 **ϫⲉ**와 함께 사용되면 발언을 보고하는 데에만 사용된다.

> **ⲡⲉϫⲉ-ⲡϩⲗ̄ⲗⲟ ϫⲉ**... 그 노인이 말했다. "…"
>
> **ⲡⲉϫⲁϥ ⲛⲁⲓ ϫⲉ**... 그가 나에게 말했다. "…"

20.4 **ⲥⲟⲗⲥⲗ̄**(위로하다), **ϣⲧⲟⲣⲧⲣ̄**(뒤흔들다, 방해하다) 유형의 부정사는 다음과 같은 명사형과 대명사 접미형을 가지고 있다.

ⲥⲟⲗⲥⲗ̄	**ⲥⲗ̄ⲥⲗ̄-**	**ⲥⲗ̄ⲥⲱⲗ⸗**
ϣⲧⲟⲣⲧⲣ̄	**ϣⲧⲣ̄ⲧⲣ̄-**	**ϣⲧⲣ̄ⲧⲱⲣ⸗**

레슨 26에서 다루는 부정사를 제외하고, 나머지 유형의 타동사형 부정사는 어떤 의미있는 크기의 특정 부류를 구성하지 않는다.
지금까지의 레슨에서 다음과 같은 작은 유형의 동사가 나왔다.

ϣⲙ̄ϣⲉ	**ϣⲙ̄ϣⲉ-**	**ϣⲙ̄ϣⲏⲧ⸗**	대접하다
ⲥϩⲁⲓ	**ⲥⲉϩ-**	**ⲥϩⲁⲓ⸗**	쓰다
ⲥⲟⲟⲩⲛ̄	**ⲥⲟⲩⲛ̄-**	**ⲥⲟⲩⲱⲛ⸗**	알다
ⲧⲛ̄ⲛⲟⲟⲩ	**ⲧⲛ̄ⲛⲉⲩ-**	**ⲧⲛ̄ⲛⲟⲟⲩ⸗**	보내다

ⲥϩⲁⲓ⸗ 및 **ⲧⲛ̄ⲛⲟⲟⲩ⸗**처럼 부정사의 인칭형이 이중 모음으로 끝날 때, 3인칭 복수의 목적어 접미사는 규칙적으로 **-ⲥⲟⲩ**로 나타난다: **ⲥϩⲁⲓ-ⲥⲟⲩ**(그것들을 쓰다), **ⲧⲛ̄ⲛⲟⲟⲩⲥⲟⲩ**(그들을 보내다). 이 형식의 **-ⲥ-**는 종종 다른 접미사 앞에 나타나기도 한다. 예, **ⲥϩⲁⲓⲥϥ̄**(그것을 쓰다).

어휘 20

ⲥⲟⲗⲥⲗ̄, ⲥⲗ̄ⲥⲗ̄-, ⲥⲗ̄ⲥⲱⲗ⸗ tr. 위로하다, 달래다(**ⲙ̄ⲙⲟ⸗**); intr. 위로를 받다; n.m. 위로, 위안

ϣⲧⲟⲣⲧⲣ̄, ϣⲧⲣ̄ⲧⲣ̄-, ϣⲧⲣ̄ⲧⲱⲣ⸗ tr. 방해하다, 고생하다(**ⲙ̄ⲙⲟ⸗**), 뒤흔들다; intr. 방해를 받다, 괴로움을 당하다; n.m. 곤란, 방해

ⲥⲟⲡⲥⲡ̄, ⲥⲡ̄ⲥⲡ̄-, ⲥⲡ̄ⲥⲱⲡ⸗ tr. 호소하다, 간청하다(**ⲙ̄ⲙⲟ⸗**), 종종 **ⲉⲧⲣⲉ-**에 뒤이어. 결합되지 않은 명사형 형태 역시 **ⲥⲟⲡⲥ̄**와 **ⲥⲉⲡⲥ̄-**로 나타난다. n.m. 기도/빌기, 간청

ⲟⲩⲱϣⲃ̄, ⲟⲩⲉϣⲃ̄-, ⲟⲩⲟϣⲃ⸗ tr. ~에 대응하다(**ⲙ̄ⲙⲟ⸗, ⲛⲁ⸗**); 대답하다

ϫⲛⲟⲩ, ϫⲛⲉ-, ϫⲛⲟⲩ⸗ tr. 묻다, 질문하다(**ⲙ̄ⲙⲟ⸗**; ~을 위하여 **ⲉ**; ~에 대하여: **ⲉⲧⲃⲉ**)

ⲙⲟⲕⲙⲉⲕ, ⲙⲉⲕⲙⲟⲩⲕ⸗ intr. 또는 reflex. 생각하다, 숙고하다; n.m. 생각

ⲙⲟⲥⲧⲉ, ⲙⲉⲥⲧⲉ, ⲙⲉⲥⲧⲱ⸗ tr. 싫어하다

ⲕⲱ ⲙ̄ⲙⲟ⸗ ⲉ + inf.: (무엇을) 하는 것을 (누군가에게) 허락하다

그리스어 단어

ⲡ.ⲥⲱⲙⲁ (τὸ σῶμα) 몸

ⲡ.ⲡⲉⲓⲣⲁⲥⲙⲟⲥ (ὁ πειρασμός) 유혹

비인칭 표현, **ϩⲁⲡⲥ̄, ϣϣⲉ, ⲟⲩⲛ̄-(ϣ)ϭⲟⲙ, ⲙⲛ̄-(ϣ)ϭⲟⲙ.**

연습문제 20

A. 1. ⲙⲛ̄ⲛ̄ⲥⲁ ⲧⲣⲉ-ⲡϣⲏⲣⲉ ⲛ̄ ⲃⲣ̄ⲣⲉ ⲃⲱⲕ ⲉⲃⲟⲗ

2. ϩⲙ̄ ⲡⲧⲣⲉⲩϭⲱⲗⲡ̄ ⲉⲃⲟⲗ ⲛ̄ ⲛⲉⲓⲙⲩⲥⲧⲏⲣⲓⲟⲛ

3. ϩⲙ̄ ⲡⲧⲣⲉ-ⲡⲟⲩⲏⲏⲃ ⲁϩⲉⲣⲁⲧϥ̄ ϩⲓⲣⲙ̄ ⲡⲉⲣⲡⲉ

4. ⲙⲛ̄ⲛ̄ⲥⲁ ⲧⲣⲉⲥϩⲁⲓⲥⲟⲩ ϩⲓϫⲙ̄ ⲡϫⲱⲱⲙⲉ

5. ϩⲙ̄ ⲡⲧⲣⲉⲩⲛⲟⲩϫⲉ ⲙ̄ ⲡⲉϥⲥⲱⲙⲁ ⲉϫⲙ̄ ⲡⲕⲱϩⲧ̄

6. ⲙⲛ̄ⲛ̄ⲥⲁ ⲧⲣⲉⲛⲥⲗ̄ⲥⲱⲗⲟⲩ

7. ϩⲙ̄ ⲡⲧⲣⲉ-ⲡⲇⲓⲁⲃⲟⲗⲟⲥ ⲡⲉⲓⲣⲁⲍⲉ ⲙ̄ⲙⲟϥ ϩⲛ̄ ⲟⲩⲛⲟϭ ⲙ̄ ⲡⲉⲓⲣⲁⲥⲙⲟⲥ

8. ⲙⲛ̄ⲛ̄ⲥⲁ ⲧⲣⲉϥⲧⲛ̄ⲛⲟⲟⲩ ⲙ̄ ⲡⲉϥϣⲏⲣⲉ ⲙ̄ ⲙⲉⲣⲓⲧ ϣⲁⲣⲟⲛ

9. ⲙⲛ̄ⲛ̄ⲥⲁ ⲧⲣⲉϥⲟⲩⲟⲛϩϥ̄ ⲉⲃⲟⲗ ⲛ̄ ⲛⲉϥⲙⲁⲑⲏⲧⲏⲥ

10. ⲙⲛ̄ⲛ̄ⲥⲁ ⲧⲣⲁⲡⲁϩⲧ̄ ⲙ̄ ⲡⲉϥⲙ̄ⲧⲟ ⲉⲃⲟⲗ

11. ϩⲙ̄ ⲡⲧⲣⲉϥⲥⲱ ⲉⲃⲟⲗ ϩⲙ̄ ⲡⲁⲡⲟⲧ ⲛ̄ ⲁⲥ

12. ⲙⲛ̄ⲛ̄ⲥⲁ ⲧⲣⲉ-ⲙ̄ⲙⲁⲧⲟⲓ ⲣⲉⲕϩ̄-ⲛⲉⲛⲏⲓ

B. 1. ϩⲁⲡⲥ̄ ⲡⲉ ⲉⲣⲟⲛ ⲉⲧⲣⲉⲛⲣ̄-ⲡⲉⲧⲉ ϣϣⲉ ⲛ̄ ⲟⲩⲟⲉⲓϣ ⲛⲓⲙ.

2. ⲛⲁⲓ ⲛⲉ ⲛ̄ϣⲁϫⲉ ⲉⲧⲕ̄ⲛⲁⲥϩⲁⲓⲥⲟⲩ ⲛⲁϥ.

3. ⲡⲉϫⲉ-ⲡϩⲗ̄ⲗⲟ ϫⲉ ⲟⲩⲛⲟϭ ⲧⲉ ⲧⲉⲕⲡⲓⲥⲧⲓⲥ, ⲡⲁϣⲏⲣⲉ.

4. ϣϣⲉ ⲉⲧⲣⲉⲛϣⲙ̄ϣⲏⲧϥ̄ ⲛ̄ ⲟⲩⲟⲉⲓϣ ⲛⲓⲙ.

5. ϩⲁⲡⲥ̄ ⲉⲧⲣⲉⲛϭⲱ ⲙ̄ ⲡⲉⲓⲙⲁ ⲛ̄ ⲧⲣⲟⲙⲡⲉ.

6. ⲛ̄ⲧⲁϥⲧⲛ̄ⲛⲟⲟⲩⲧ ϣⲁⲣⲱⲧⲛ̄ ⲉⲧⲣⲁϣⲁϫⲉ ⲛⲙ̄ⲙⲏⲧⲛ̄.

7. ⲡⲉϫⲉ-ⲓ̅ⲥ̅ ⲛⲁϥ ϫⲉ ϯⲟⲩⲁϣϥ̄.

8. ⲁⲥϣⲱⲡⲉ ⲇⲉ ϩⲙ̄ ⲡⲧⲣⲉϥⲛⲁⲩ ⲉ ⲛⲁⲓ, ⲁϥⲡⲁϩⲧϥ̄,
ⲁϥϣⲧⲟⲣⲧⲣ̄.

9. ⲙⲛ̄-ϭⲟⲙ ⲙ̄ⲙⲟⲓ ⲉⲧⲣⲁϣⲙ̄ϣⲏⲧⲕ̄.

10. ϩⲁⲡⲥ̄ ⲉⲣⲟⲕ ⲡⲉ ⲉⲧⲣⲉⲕⲥⲗ̄ⲥⲗ̄-ⲧⲙⲁⲁⲩ ⲙ̄ ⲡϣⲏⲣⲉ.

11. ⲛⲓⲙ ⲡⲉⲛⲧⲁϥϯ ⲛⲁϥ ⲛ̄ ⲧⲉⲝⲟⲩⲥⲓⲁ ⲉⲧⲣⲉϥⲉⲓⲣⲉ ⲛ̄ ⲛⲉⲓϩⲃⲏⲩⲉ?

12. ⲛ̄ⲧⲉⲣⲉϥⲥⲱⲧⲙ̄ ⲉ ⲛⲁϣⲁϫⲉ, ⲁϥϣⲧⲟⲣⲧⲣ̄, ⲁϥⲙⲉⲕⲙⲟⲩⲕϥ̄.

13. ϯ-ⲟⲩⲱϣ ⲉⲧⲣⲉⲕϭⲱ ⲛⲙ̄ⲙⲁⲓ ⲛ̄ ϣⲟⲙⲛ̄ⲧ ⲛ̄ ⲉⲃⲟⲧ.

14. ϣϣⲉ ⲉⲧⲣⲉⲩⲥⲱⲧⲙ̄ ⲛ̄ⲥⲁ ⲛ̄ϣⲁϫⲉ ⲙ̄ ⲡⲉⲩϫⲟⲉⲓⲥ.

15. ⲟⲩⲛ̄-ϣϭⲟⲙ ⲙ̄ⲙⲟⲛ ⲉⲧⲣⲉⲛⲥⲗ̄ⲥⲱⲗϥ̄.

16. ⲛ̄ⲧⲁⲧⲉⲧⲛ̄ϩⲉ ⲉ ⲧⲉⲓⲅⲣⲁⲫⲏ ⲛ̄ ⲁⲥ ⲧⲱⲛ?

17. ⲛ̄ ϩⲁⲡⲥ̄ ⲁⲛ ⲉⲧⲣⲉⲛⲡⲱϩ ⲉ ⲡϯⲙⲉ ⲙ̄ ⲡⲟⲟⲩ.

18. ⲟⲩ ⲡⲉⲧⲟⲩⲛⲁⲁⲁϥ ϩⲙ̄ ⲡⲧⲣⲉⲩⲥⲱⲧⲙ̄ ⲉ ⲧⲉϥⲥⲙⲏ?

19. ⲁ-ⲧⲉϥⲥⲃⲱ ⲙ̄ ⲡⲟⲛⲏⲣⲟⲛ ϣⲧⲣ̄ⲧⲣ̄-ⲡⲁⲣⲭⲓⲉⲡⲓⲥⲕⲟⲡⲟⲥ ⲉⲙⲁⲧⲉ.

20. ⲁ-ϯⲟⲩ ⲛ̄ ⲕⲟⲩⲓ ⲛ̄ ϫⲟⲓ ⲉⲓ ⲉϩⲟⲩⲛ ⲉ ⲧⲉⲙⲣⲱ.

21. ⲥϣⲉ ⲉⲣⲟⲓ ⲉⲧⲣⲁϭⲱ ⲛⲙ̄ⲙⲉ.

22. ⲧⲛ̄ⲛⲁⲥⲡ̄ⲥⲱⲡϥ̄ ⲉⲧⲣⲉϥⲧⲛ̄ⲛⲟⲟⲩϥ̄ ⲉⲣⲟⲛ.

23. ⲙⲛ̄-ϣϭⲟⲙ ⲉ ⲥⲟⲗⲥⲗ̄ ⲛ̄ ⲛ̄ⲁⲡⲓⲥⲧⲟⲥ.

24. ⲁⲥϣⲱⲡⲉ ϩⲙ̄ ⲡⲧⲣⲉϥⲉⲓⲙⲉ ⲉ ⲛⲉⲩⲙⲟⲕⲙⲉⲕ, ⲁϥⲁⲣⲭⲓ ⲛ̄ ⲉⲡⲓⲧⲓⲙⲁ ⲛⲁⲩ.

25. ⲡⲉϫⲁⲓ ⲛⲁϥ ϫⲉ ⲛ̄ⲧⲕ̄-ⲟⲩⲇⲓⲕⲁⲓⲟⲥ.

26. ⲥⲉⲛⲁϫⲛⲟⲩϥ ⲉⲧⲃⲉ ⲧⲉⲝⲟⲩⲥⲓⲁ ⲉⲧϥ̄ⲛⲁⲧⲁⲁⲥ ⲛⲁⲩ.

27. ⲙⲉϣϣⲉ ⲉⲧⲣⲉⲩⲉⲓ ⲉϩⲟⲩⲛ ⲉ ⲡⲉⲣⲡⲉ ⲛ̄ ⲧⲉⲓϩⲉ.

28. ϯⲙⲟⲥⲧⲉ ⲙ̄ⲙⲟⲕ ⲙⲛ̄ ⲛⲉⲕϣⲁϫⲉ ⲙ̄ ⲡⲟⲛⲏⲣⲟⲛ.

29. ⲁⲩϫⲛⲉ-ⲟⲩϩⲗ̄ⲗⲟ ϫⲉ ⲁϣ ⲧⲉ ⲧⲡⲓⲥⲧⲓⲥ?

30. ⲁⲥϣⲱⲡⲉ ⲇⲉ ⲙⲛ̄ⲛ̄ⲥⲁ ⲧⲣⲉϥⲃⲱⲕ ⲉⲃⲟⲗ, ⲁⲩⲁⲣⲭⲓ ⲛ̄ ϣⲁϫⲉ ⲉⲧⲃⲉ ⲙ̄ⲙⲁⲉⲓⲛ ⲉⲛⲧⲁϥⲁⲁⲩ ⲛ̄ ⲧⲉⲩⲙⲏⲧⲉ.

31. ⲙ̄ⲡⲣ̄ⲙⲉⲥⲧⲉ-ⲗⲁⲁⲩ ⲛ̄ ⲣⲱⲙⲉ.

32. ⲁⲓⲥⲡ̄ⲥⲱⲡϥ̄ ⲉⲧⲣⲉϥⲟⲩⲱϣⲃ̄ ⲛⲁⲓ.

33. ⲙ̄ⲡⲉϥⲕⲱ ⲙ̄ⲙⲟⲟⲩ ⲉ ϫⲉ-ⲗⲁⲁⲩ ⲛ̄ ϣⲁϫⲉ.

34. ⲁⲩⲟⲩⲱϣⲃ̄ ⲛⲁϥ ⲛ̄ϭⲓ ⲡⲥⲟⲛ ⲥⲛⲁⲩ ϫⲉ ⲛ̄ⲧⲁⲛⲛⲁⲩ ⲉⲣⲟϥ ϩⲓ ⲧⲉϩⲓⲏ.

35. ⲧⲛ̄ⲛⲁϫⲛⲟⲩϥ ⲉⲧⲃⲉ ⲡⲉϥⲧⲟⲟⲩ ⲛ̄ ϫⲱⲱⲙⲉ ⲛ̄ⲧⲉ ⲡⲉⲩⲁⲅⲅⲉⲗⲓⲟⲛ.

레슨 21
미완료형, 상태동사(1), ϩⲚ̄ ⲞⲨ- 전치사구

21.1 미완료형(imperfect: 과거 진행형).

	단수		복수	
1인칭	ⲚⲈⲒⲔⲰⲦ	내가 짓고 있었다 I was building	ⲚⲈⲚⲔⲰⲦ	우리가 짓고 있었다
2인칭(남)	ⲚⲈⲔⲔⲰⲦ	네가 짓고 있었다	ⲚⲈⲦⲈⲦⲚ̄ⲔⲰⲦ	너희가 짓고 있었다
2인칭(여)	ⲚⲈⲢⲈⲔⲰⲦ	네가 짓고 있었다		
3인칭(남)	ⲚⲈϤⲔⲰⲦ	그가 짓고 있었다	ⲚⲈⲨⲔⲰⲦ	그들이 짓고 있었다
3인칭(여)	ⲚⲈⲤⲔⲰⲦ	그녀가 짓고 있었다		

ⲚⲈⲢⲈ-ⲠⲢⲰⲘⲈ ⲔⲰⲦ 그 사람이 짓고 있었다

미완료형은 선택적으로, 종종 번역할 수 없는 **ⲠⲈ**가 뒤에 온다: **ⲚⲈⲒⲔⲰⲦ ⲠⲈ**, **ⲚⲈⲔⲔⲰⲦ ⲠⲈ** 등. 부정형은 **ⲀⲚ**을 사용한다: **ⲚⲈⲒⲔⲰⲦ ⲀⲚ** (**ⲠⲈ**), **ⲚⲈⲔⲔⲰⲦ** (**ⲠⲈ**) 등.

미완료형은 과거 시간에 진행중인 행동, 활동 또는 과정을 묘사하는 데 사용된다. 그리고 관용구가 단순 과거를 요구하지 않는 한, 일반적으로 영어의 과거 진행형과 동등하다. 예, **ⲚⲈⲨⲤⲞⲞⲨⲚ̄** 그들은 알았다(they knew) ('그들은 알고 있는 중이었다'(they were knowing)가 아님). 종종 과거의 습관적이거나 반복적인 활동의 의미를 전달하기도 한다: 그들은 집을 짓고는 했다.

미완료형 관계절은 관계 대명사 **ⲈⲦⲈ**로 도입되거나, 더 빈번하게 **Ⲉ**-

를 동사 형태에 직접 접두사로 붙여서 도입된다.

> ⲡⲣⲱⲙⲉ ⲉⲧⲉ ⲛⲉϥⲙⲟⲟϣⲉ ϩⲓ ⲧⲉϩⲓⲏ } 길을 걷고 있었던 그 사람
> ⲡⲣⲱⲙⲉ ⲉⲛⲉϥⲙⲟⲟϣⲉ ϩⲓ ⲧⲉϩⲓⲏ
>
> ⲡⲏⲓ ⲉⲧⲉ ⲛⲉⲩⲕⲱⲧ ⲙ̄ⲙⲟϥ } 그들이 짓고 있었던 그 집
> ⲡⲏⲓ ⲉⲛⲉⲩⲕⲱⲧ ⲙ̄ⲙⲟϥ

주어의 대명사 재생이 필요하다. 일반적으로 부정사의 명사형과 인칭형은 미완료형에 사용할 수 없다.

21.2 상태동사. 많은 동사는 'qualitative'로 알려진 두 번째 어휘 형태를 가지고 있다. '상태형'qualitative(문맥에 따라 '상태동사'라고도 옮긴다—옮긴이)은 부정사에 의해 표현된 행동, 활동 또는 과정의 결과로 나타난 상태나 속성을 묘사한다. 한국어에서 "형용사 + ~이다"(예, 빠른 + 이다 = 빠르다), 영어에서 "be + adjective"와 동일한 의미로 가장 편리하게 받아들일 수 있다. 타동사의 상태형은 영어[또는 한국어]의 관점에서 보면 수동형이다.

부정사		상태형(Q)	
ⲕⲱⲧ	짓다	Q. **ⲕⲏⲧ**	지어져 있다(완전히 지어진 상태로)
ϩⲱⲡ	숨기다	Q. **ϩⲏⲡ**	숨겨져 있다, 비밀로 되어 있다

상태동사의 형식은 주 항목에 속하는 동사에 대해 다소 예측 가능하다.

1) - **ⲕⲱⲧ**: Q. **ⲕⲏⲧ**; **ⲙⲟⲩⲣ**: Q. **ⲙⲏⲣ**

> **ⲏⲡ** 계산되어 있다, (~라고) 간주되고 있다(**ⲉ**)
>
> **ϫⲏⲕ** (**ⲉⲃⲟⲗ**) 끝나져 있다, 완료되어 있다, 완전해져 있다
>
> **ⲃⲏⲗ** 느슨해져 있다(= 느슨하다), 끝나지 않은 채 있다, 묶이지 않은 채 있다(=

풀려있다), 약해져 있다(= 약하다)

ϣΗΠ 받아들여져 있다, 수락되어 있다

ΜΗϩ, ΜΕϩ 채워져 있다, 가득하다

ΟΥΗϩ 살다, 거주하다, 존재하다

ΜΗΡ 묶여있다

ΤΗΜ 닫혀있다

ΟΥΗΝ 열려있다

2) - ΚΩΤΕ: Q. ΚΗΤ; ΝΟΥϪΕ: Q. ΝΗϪ

ΚΗΤ 돌려지고 있다, 돌고 있다, 돌아다니고 있다

ΝΗϪ 누워 있다, (특히 상table에서) 기대고 있다; 존재하고 있다

3) - ΜΙϹΕ: Q. ΜΟϹΕ

ΜΟϹΕ 태어나다

ϣΟΒΕ 달라져 있다(= 다르다), 다양하다

4) - ϹΩΤΠ̄: Q. ϹΟΤΠ̄; ΠΩϩΤ̄: Q. ΠΑϩΤ̄

ΟΥΟΝϩ̄ 나타나 있다, 맑다, 명백하다

ϬΟΛΠ̄ 알려져 있다, 드러나 있다, 맑다

ΡΟΚϩ̄ 태워져 있다, (불에 의해) 파괴되어 있다

ΠΑϩΤ̄ 엎드려져 있다, 굴복하게 되다

5) - ϹΟΛϹΛ̄: Q. ϹΛ̄ϹΩΛ; ϣΤΟΡΤΡ̄: Q. ϣΤΡ̄ΤΩΡ

ϹΛ̄ϹΩΛ 위로 받아 있다(= 위로 받은 상태로 있다)

ϣΤΡ̄ΤΩΡ 방해 받아 있다, 뒤흔들리고 있다

그 외의 일부 불규칙이 있다:

> **ⲕⲱ**: Q. **ⲕⲏ** 놓여 있다; 존재하다
>
> **ⲥϩⲁⲓ**: Q. **ⲥⲏϩ** 쓰여 있다
>
> **ⲥⲓ**: Q. **ⲥⲏⲩ** 충족되어 있다, 가득차 있다(= 가득하다)

ⲕⲏ, ⲛⲏϫ, ⲟⲩⲏϩ가 위치나 자리에 관련되는 경우는 모두 영어의 "이다", "있다"to be에 해당될 수 있다는 것에 주의하라.

상태형은 동사이며 제1 현재형과 미완료 시제에서, 그들의 부정형과 관계사 형태와 함께 부정사 대신으로 올 수 있다. 상태동사는 수동적 행동(참조, §13.4)을 나타내지 않는다는 것을 명심하는 것이 특히 중요하다; 주어가 "~어떠하다"라는 상태를 묘사한다.

> **ⲛⲉⲣⲉ-ⲡⲣⲟ ⲧⲏⲙ ⲡⲉ.** 문이 닫혀 있다.
>
> **ⲛ̄ϯϣⲧⲣ̄ⲧⲱⲣ ⲁⲛ.** 나는 흔들리지 않고 있다.
>
> **ⲡⲣⲱⲙⲉ ⲛⲏϫ ϩⲓ ⲡⲕⲁϩ.** 그 사람은 땅바닥에 누워 있다.
>
> **ⲛ̄ⲣⲱⲙⲉ ⲉⲧ ⲙⲏⲣ** 묶여 있는 그 사람

상태동사는 부정사 및 굴절 부정사를 사용한 다양한 구문을 포함하여 지금까지 소개된 다른 어떤 활용에 사용되지 않을 수도 있다.

21.3 ϩⲛ̄ + 부정관사가 있는 명사를 가진 전치사구(**ϩⲛ̄ ⲟⲩ-**)는 부사로 매우 자주 나타난다.

> **ϩⲛ̄ ⲟⲩϫⲱⲕ ⲉⲃⲟⲗ** 완전히, 전적으로
>
> **ϩⲛ̄ ⲟⲩϣⲥ̄ⲛⲉ** 갑자기
>
> **ϩⲛ̄ ⲟⲩϭⲉⲡⲏ** (황)급히, 다급하게
>
> **ϩⲛ̄ ⲟⲩⲙⲉ** 정말로

ϩⲚ̄ ⲟⲩⲣⲁϣⲉ 기쁘게

ϩⲚ̄ ⲟⲩϩⲓⲥⲉ 어렵게, 겨우, 걱정스럽게

ϩⲚ̄ ⲟⲩϣⲧⲟⲣⲧⲣ̄ 동요하여, 흥분하여

ϣⲥ̄ⲛⲉ, ⲙⲉ, ϭⲉⲡⲏ 에 대해서는 아래의 어휘 21을 보라.

어휘 21

ⲙⲟⲩⲛ intr. (± ⲉⲃⲟⲗ) 남다, 계속되다, 견디다; n.m. 인내, 계속.

ϩⲚ̄ ⲟⲩⲙⲟⲩⲛ ⲉⲃⲟⲗ 계속해서

ⲥⲙⲟⲩ, Q. ⲥⲙⲁⲙⲁⲁⲧ tr. 축복하다(ⲉ); Q. 복을 받아 있다(= 복을 받은 상태다)

ⲥⲱϭ, ⲥⲉϭ-, ⲥⲟϭ⸗ Q. ⲥⲏϭ tr. 무력하게 하다; Q. 마비되어 있다

ⲧⲉ.ⲩⲛⲟⲩ (ⲟⲩⲛⲟⲩ) 시간. Ⲛ̄ ⲧⲉⲩⲛⲟⲩ adv. 즉시, 당장. ⲧⲉⲛⲟⲩ adv. 지금. ϣⲁ ⲧⲉⲛⲟⲩ 지금까지. ϫⲓⲛ ⲧⲉⲛⲟⲩ 이제부터

ⲉⲛⲉϩ 영원; (흔히 부사로) 영원히(부정: 결코). ϣⲁ ⲉⲛⲉϩ, ϣⲁ ⲛⲓⲉⲛⲉϩ 전술한 바와 같음(ⲛⲓ-에 대해서는 §30.8을 보라)

ϫⲓⲛ prep. ~로부터. ϫⲓⲛ ⲙ̄ ⲡⲟⲟⲩ ⲉⲃⲟⲗ 오늘부터

ϣⲥ̄ⲛⲉ adv. 갑자기(ϩⲚ̄ ⲟⲩϣⲥ̄ⲛⲉ로만 나타난다.)

ϭⲉⲡⲏ intr. 서두르다, 재촉하다(~에: ⲉ, ⲉⲣⲁⲧ⸗; 하다: ⲉ + inf.). ϩⲚ̄ ⲟⲩϭⲉⲡⲏ prep. 빨리, (황)급히, 다급하게

ⲧ.ⲙⲉ 진실, 정의; adj. 진실의. ϩⲚ̄ ⲟⲩⲙⲉ adv. 진실로. ⲛⲁⲙⲉ 진실로

연습문제 21

A. 1. ⲧⲉⲭⲱⲣⲁ ⲉⲧⲛ̄ⲟⲩⲏϩ ⲛ̄ϩⲏⲧⲥ̄

2. ⲧⲡⲁⲣⲑⲉⲛⲟⲥ ⲉⲧ ⲥⲙⲁⲙⲁⲁⲧ

3. ⲑⲗ̄ⲗⲱ ⲉⲧ ⲥⲏϭ

4. ⲛ̄ϣⲁϫⲉ ⲉⲧ ϩⲏⲡ

5. ⲛ̄ⲣⲱⲙⲉ ⲉⲧ ⲏⲡ ⲉ ⲧⲉⲓⲭⲱⲣⲁ

6. ⲡⲱⲛⲉ ⲉⲧ ⲕⲏ ϩⲓⲣⲙ̄ ⲡⲧⲁⲫⲟⲥ

7. ⲡⲛⲟⲃⲉ ⲉⲧ ⲕⲏ ⲛⲉ ⲉⲃⲟⲗ

8. ⲛⲉⲛⲧⲟⲗⲏ ⲉⲧ ⲥⲏϩ ϩⲓ ⲡⲉⲓϫⲱⲱⲙⲉ

9. ⲡⲙⲁ ⲉⲧⲟⲩⲛⲏϫ ⲛ̄ϩⲏⲧϥ̄

10. ⲛ̄ϣⲁϫⲉ ⲉⲧ ϭⲟⲗⲡ̄ ⲉⲃⲟⲗ ⲛⲁⲛ

11. ⲛⲉⲛⲉⲓⲟⲧⲉ ⲉⲧ ⲥⲙⲁⲙⲁⲁⲧ

12. ⲡⲗⲁⲟⲥ ⲉⲧ ⲥⲗ̄ⲥⲱⲗ

13. ϣⲁϫⲉ ⲛⲓⲙ ⲉⲧ ⲥⲏϩ ϩⲙ̅ ⲡⲛⲟⲙⲟⲥ

14. ⲡⲣⲱⲙⲉ ⲉⲧⲛ̅ⲛⲏϫ ϩⲙ̅ ⲡⲉϥⲏⲓ ⲉ ⲟⲩⲱⲙ

15. ⲡⲱⲛⲉ ⲉⲧⲉ ⲛⲉⲓϩⲙⲟⲟⲥ ϩⲓϫⲱϥ

16. ⲡϩⲓⲥⲉ ⲉⲧⲉ ⲛⲉⲛϩⲁⲣⲟϥ

B. 1. ⲛⲉϥⲥⲟⲗⲥⲗ̅ ⲛ̅ϭⲓ ⲡⲥⲁϩ ⲛ̅ ⲛⲉϥⲙⲁⲑⲏⲧⲏⲥ.

2. ⲛⲉⲣⲉ-ⲛⲉϫⲏⲩ ⲕⲏ ϩⲛ̅ ⲧⲉⲙⲣⲱ.

3. ⲛⲉⲛⲙⲟⲥⲧⲉ ⲙ̅ⲙⲟⲟⲩ ⲉⲙⲁⲧⲉ.

4. ⲛⲉⲣⲉ-ⲡⲗⲁⲟⲥ ϣⲙ̅ϣⲉ ⲛⲁϥ ϩⲛ̅ ⲟⲩⲣⲁϣⲉ.

5. ⲉⲧⲃⲉ ⲟⲩ ⲛⲉⲧⲉⲧⲛ̅ⲙⲟⲕⲙⲉⲕ ⲙ̅ⲙⲱⲧⲛ̅ ⲛ̅ ⲧⲉⲓϩⲉ?

6. ⲛⲉⲣⲉ-ⲙ̅ⲡⲏⲩⲉ ⲙⲉϩ ⲛ̅ ⲟⲩⲟⲉⲓⲛ.

7. ⲧⲉⲓⲉⲕⲕⲗⲏⲥⲓⲁ ⲛⲁⲙⲟⲩⲛ ⲉⲃⲟⲗ ϣⲁ ⲉⲛⲉϩ.

8. ⲛⲉⲣⲉ-ⲡⲉⲩⲏⲓ ⲕⲏⲧ ϩⲛ̅ ⲧⲟⲣⲓⲛⲏ.

9. ϩⲁⲡⲥ̅ ⲉⲧⲣⲉⲕⲡⲱⲧ ⲉⲃⲟⲗ ϩⲛ̅ ⲟⲩϭⲉⲡⲏ.

10. ⲛⲉⲣⲉ-ⲡⲉϥϣⲏⲣⲉ ⲥⲏϭ.

11. ⲁⲥϣⲱⲡⲉ ⲇⲉ ϩⲛ̅ ⲟⲩϣⲥ̅ⲛⲉ ⲁⲩⲥⲱⲧⲙ̅ ⲉⲩⲛⲟϭ ⲛ̅ ϩⲣⲟⲟⲩ.

12. ⲛⲉⲣⲉ-ⲡⲟⲩⲏⲏⲃ ϣⲧⲣ̅ⲧⲱⲣ ⲉⲙⲁⲧⲉ.

13. ⲛⲁⲓ ⲛⲉ ⲛⲉϥϣⲁϫⲉ ϩⲛ̅ ⲟⲩⲙⲉ.

14. ⲛⲉⲛⲥⲏⲩ ⲁⲛ.

15. ⲛ̅ⲧⲁⲩϣⲧⲟⲣⲧⲣ̅ ⲉⲧⲃⲉ ⲙ̅ⲙⲁⲉⲓⲛ ⲉⲛⲧⲁϥⲁⲁⲩ.

16. ⲛⲉⲕⲛⲟⲃⲉ ⲧⲏⲣⲟⲩ ⲕⲏ ⲛⲁⲕ ⲉⲃⲟⲗ.

17. ⲛϥ̅ⲛⲁⲙⲟⲩⲛ ⲉⲃⲟⲗ ⲁⲛ ⲛ̅ϭⲓ ⲡⲉⲓⲕⲟⲥⲙⲟⲥ.

18. ⲛⲉⲣⲉ-ⲡⲉϥϩⲱⲃ ϫⲏⲕ ⲉⲃⲟⲗ ⲛⲁⲙⲉ.

19. ⲛⲉⲣⲉ-ⲓⲱϩⲁⲛⲛⲏⲥ ⲟⲩⲏϩ ϩⲓϫⲛ̅ ⲧⲉⲣⲏⲙⲟⲥ.

20. ⲛⲉⲩⲡⲁϩⲧ̅ ⲙ̅ ⲡⲉⲙⲧⲟ ⲉⲃⲟⲗ ⲙ̅ ⲡⲣ̅ⲣⲟ.

21. ϣⲙ̄ϣⲏⲧϥ̄ ϩⲛ̄ ⲟⲩⲛⲟϭ ⲛ̄ ⲣⲁϣⲉ.

22. ⲛⲉⲣⲉ-ⲛ̄ⲣⲱⲟⲩ ⲙ̄ ⲡⲛⲟϭ ⲛ̄ ⲣ̄ⲡⲉ ⲧⲏⲙ.

23. ϣϣⲉ ⲉⲣⲱⲧⲛ̄ ⲉⲧⲣⲉⲧⲉⲧⲛ̄ⲥⲱⲧⲙ̄ ⲛ̄ⲥⲁ ⲛⲉⲓⲉⲛⲧⲟⲗⲏ.

24. ⲛ̄ⲧⲉⲣⲛ̄ⲥⲱⲧⲙ̄ ⲉ ⲡⲉϥⲁⲥⲡⲁⲥⲙⲟⲥ, ⲁⲛϭⲉⲡⲏ ⲉⲣⲁⲧϥ̄.

25. ⲛⲉⲓϩⲙⲟⲟⲥ ϩⲓϫⲙ̄ ⲡⲉⲕⲣⲟ ⲛ̄ ⲑⲁⲗⲁⲥⲥⲁ.

26. ⲙⲛ̄-ϣϭⲟⲙ ⲙ̄ⲙⲟⲓ ⲉⲧⲣⲁⲟⲩⲱϣⲃ̄ ⲉⲣⲟⲕ.

27. ⲛⲉⲛⲙⲟⲟϣⲉ ⲛ̄ ⲟⲩⲟⲩⲟⲉⲓϣ ϩⲓ ⲧⲉϩⲓⲏ ⲉ ⲧⲡⲟⲗⲓⲥ.

28. ⲁⲥϣⲱⲡⲉ ⲇⲉ ϩⲙ̄ ⲡⲧⲣⲉⲩϫⲛⲟⲩϥ, ⲁϥⲟⲩⲱϣⲃ̄ ⲛⲁⲩ ϩⲛ̄ ⲟⲩϩⲓⲥⲉ.

29. ⲧⲛ̄ⲛⲁⲥⲙⲟⲩ ⲉ ⲡⲉϥⲣⲁⲛ ϣⲁ ⲛⲓⲉⲛⲉϩ.

30. ⲁ-ⲡⲉⲓϣⲱⲛⲉ ⲥⲟϭϥ̄ ⲛ̄ ⲛⲉϥⲟⲩⲉⲣⲏⲧⲉ.

31. ⲧⲉⲛⲟⲩ ϯⲥⲟⲟⲩⲛ̄ ϫⲉ ⲛ̄ⲧⲟⲕ ⲡⲉ ⲡⲉⲭ̄ⲥ̄.

32. ⲧⲁⲓ ⲧⲉ ⲛⲁⲙⲉ ⲧⲉⲩⲛⲟⲩ ⲙ̄ ⲡⲉϥⲙⲟⲩ.

33. ⲁⲩⲡⲱⲧ ⲛ̄ ⲧⲉⲩⲛⲟⲩ ⲉϫⲙ̄ ⲡⲉⲕⲣⲟ.

34. ϣⲁ ⲧⲉⲛⲟⲩ ⲙ̄ⲡⲉⲛⲕⲟⲧⲛ̄ ⲉ ⲛⲁⲩ ⲉⲣⲟϥ.

35. ϯⲛⲁϭⲱ ⲛⲙ̄ⲙⲁϥ ⲛ̄ ⲥⲁϣϥ̄ ⲛ̄ ϩⲟⲟⲩ.

36. ⲙ̄ⲡⲓϣⲁϫⲉ ⲉⲛⲉϩ ⲙⲛ̄ ϩⲟⲉⲓⲛⲉ ⲛ̄ ⲧⲉⲓⲙⲓⲛⲉ.

레슨 22
소유의 표현, 소유 대명사, 상태동사(2)

22.1 **소유의 표현**은 전치사 **ⲛ̄ⲧⲉ**, **ⲛ̄ⲧⲁ⸗**와 결합된 **ⲟⲩⲛ̄-** 및 **ⲙⲛ̄-**의 사용으로 술어로 사용된다. 여기에는 두 가지 형식이 있다.

(A)	단수		복수	
1인칭	ⲟⲩⲛ̄ⲧⲁⲓ	내가 가지고 있다	ⲟⲩⲛ̄ⲧⲁⲛ	우리가 가지고 있다
2인칭(남)	ⲟⲩⲛ̄ⲧⲁⲕ	네가 가지고 있다	ⲟⲩⲛ̄ⲧⲏⲧⲛ̄	너희가 가지고 있다
2인칭(여)	ⲟⲩⲛ̄ⲧⲉ	네가 가지고 있다		
3인칭(남)	ⲟⲩⲛ̄ⲧⲁϥ	그가 가지고 있다	ⲟⲩⲛ̄ⲧⲁⲩ	그들이 가지고 있다
3인칭(여)	ⲟⲩⲛ̄ⲧⲁⲥ	그녀가 가지고 있다		

ⲟⲩⲛ̄ⲧⲉ-ⲡⲣⲱⲙⲉ 그 사람이 가지고 있다

(B)	단수		복수	
1인칭	ⲟⲩⲛ̄ϯ-	내가 가지고 있다	ⲟⲩⲛ̄ⲧⲛ̄-	우리가 가지고 있다
2인칭(남)	ⲟⲩⲛ̄ⲧⲕ̄-	네가 가지고 있다	ⲟⲩⲛ̄ⲧⲉⲧⲛ̄-	너희가 가지고 있다
2인칭(여)	ⲟⲩⲛ̄ⲧⲉ-	네가 가지고 있다		
3인칭(남)	ⲟⲩⲛ̄ⲧϥ̄-	그가 가지고 있다	ⲟⲩⲛ̄ⲧⲟⲩ-	그들이 가지고 있다
3인칭(여)	ⲟⲩⲛ̄ⲧⲥ̄-	그녀가 가지고 있다		

부정문에서도 비슷하다: (A) **ⲙⲛ̄ⲧⲁⲓ** 내가 가지고 있지 않다; (B) **ⲙⲛ̄ϯ-**. 그룹 (B)는 실제로 (A)의 축소된 후접어 형태이다. 두 그룹은 모두 번역할 수 없는 **ⲙ̄ⲙⲁⲩ**가 수반될 수 있다.

소유자가 대명사(= 접미사)인 경우 바로 뒤에 오는 목적어 표시는 사용되지 않는다.

> (A) **ⲟⲩⲛ̄ⲧⲁϥ ⲟⲩⲥϩⲓⲙⲉ.** 그는 한 아내를 가지고 있다.

> (B) ⲟⲩⲛ̄ⲧϥ̄-ⲟⲩⲥϩⲓⲙⲉ.

그러나 어떤 단어가 끼어들면(이것은 그룹 A에서만 가능하다), 목적어는 ⲛ̄(ⲙ̄ⲙⲟ⸗)으로 표시된다.

> (A) ⲟⲩⲛ̄ⲧⲁϥ ⲙ̄ⲙⲁⲩ ⲛ̄ ⲟⲩⲥϩⲓⲙⲉ. 그는 한 아내를 가지고 있다.

소유자가 명사인 경우 일반적으로 목적어는 표시되지 않는다.

> ⲟⲩⲛ̄ⲧⲉ-ⲡⲣⲱⲙⲉ ⲟⲩⲥϩⲓⲙⲉ. 그 사람은 한 아내를 가지고 있다.

대명사 목적어는 그룹 (A)에서만 사용되며 주어 접미사에 직접 붙는다: (남성 단수) -ϥ, -ⲥϥ̄, (여성 단수) -ⲥ, (공통 복수) -ⲥⲟⲩ.

> ⲟⲩⲛ̄ⲧⲁⲓϥ̄, ⲟⲩⲛ̄ⲧⲁⲓⲥϥ̄ 나는 그것(남.)을 가지고 있다
>
> ⲟⲩⲛ̄ⲧⲁⲕⲥ̄ 너는 그것(여.)을 가지고 있다
>
> ⲟⲩⲛ̄ⲧⲁϥⲥⲟⲩ 그는 그것들을 가지고 있다

우리는 앞에서 소유격(~의, ~의 소유의)은 비한정 명사(ⲟⲩϩⲙ̄ϩⲁⲗ ⲛ̄ⲧⲉ ⲡⲣ̄ⲣⲟ), 지시 접두사를 가진 명사(ⲡⲉⲓϫⲱⲱⲙⲉ ⲛ̄ⲧⲉ ⲡⲁⲥⲟⲛ), 및 수식어를 가진 명사(ⲡϣⲏⲣⲉ ⲛ̄ ϭⲁⲗⲉ ⲛ̄ⲧⲉ ⲡⲣⲱⲙⲉ) 뒤에서 ⲛ̄ⲧⲉ로 표현되는 것을 보았다.

ⲛ̄ⲧⲁ⸗는 소유자가 대명사인 경우에 유사하게 사용된다.

> ⲟⲩϩⲙ̄ϩⲁⲗ ⲛ̄ⲧⲁⲓ 나의 (소유의) 한 종
>
> ⲡⲉⲓϫⲱⲱⲙⲉ ⲛ̄ⲧⲁⲕ 너의 (소유의) 이 책
>
> ϣⲟⲙⲛ̄ⲧ ⲛ̄ ϣⲏⲣⲉ ⲛ̄ⲧⲁϥ 그의 (소유의) 세 아들

ⲛ̄ⲧⲉ, ⲛ̄ⲧⲁ⸗는 술어적으로 사용될 수 있다.

> ⲟⲩⲛ̄-ⲟⲩⲛⲟϭ ⲛ̄ ⲏⲓ ⲛ̄ⲧⲁϥ. 그는 큰 집을 가지고 있다.
>
> ⲡⲏⲓ ⲉⲧ ⲛ̄ⲧⲁϥ 그가 소유하고(= 가지고) 있는 집

또한 ϣⲟⲟⲡ ⲛⲁ⸗도 때때로 소유를 서술하는 데 사용된다.

> ⲙⲛ̄-ϩⲁⲧ ϣⲟⲟⲡ ⲛⲁⲓ. 나는 가진 돈이 없다.

소유를 나타내기 위해 가끔 ⲙ̄ⲙⲟ⸗를 사용하는 것도 주의해야 한다. 우리는 이미 관용구 ⲟⲩⲛ̄-/ⲙⲛ̄-ϭⲟⲙ ⲙ̄ⲙⲟ⸗(문자적으로, ~에게 힘이 있다/없다)에서 이에 대한 예를 보았다.

22.2 영어의 '나의 것, 너의 것, 그의 것, 그녀의 것' 등에 해당하는 소유대명사는 ⲡⲱ⸗(남성 단수), ⲧⲱ⸗(여성 단수), ⲛⲟⲩ⸗(공통 복수)에 적절한 대명사 접미사를 추가하여 형성된다. 예, ⲡⲱⲓ, ⲡⲱⲕ, ⲡⲱ, ⲡⲱϥ, ⲡⲱⲥ, ⲡⲱⲛ, ⲡⲱⲧⲛ̄, ⲡⲱⲟⲩ 그리고 ⲧⲱ⸗와 ⲛⲟⲩ⸗도 비슷하다.

ⲡⲉ- 문장의 술어로 사용될 때는 소유를 술어로 사용한다.

> ⲛ̄ϫⲱⲱⲙⲉ ⲉⲧⲉ ⲛⲟⲩϥ ⲛⲉ 그의 (것들인, 소유의) 책들the books which are his
>
> ⲡⲱⲓ ⲡⲉ. 그것은 내 것이다.
>
> ⲡⲉⲓϫⲟⲓ ⲡⲱϥ ⲡⲉ. 이 배는 그의 것이다.
>
> ⲛⲟⲩⲕ ⲛⲉ. 그것들은 너의 것이다.
>
> ⲧⲱⲕ ⲧⲉ. 이것(여성)은 너의 것이다.

후접 대명사proclitic pronoun ⲡⲁ-, ⲧⲁ-, ⲛⲁ-는 "~의 것, ~에 관련된 것, ~에 속하는 것"을 표현하는 데 사용된다. 수와 성은 이해되거나 표현된 선행사에 의해 결정된다. 정확한 의미는 문맥으로부터 얻어야 한다.

> ⲛⲁ-ⲡⲁⲉⲓⲱⲧ 내 아버지의 것들[일들]

> **ⲚⲈϤϢⲎⲢⲈ ⲘⲚ̄ ⲚⲀ-ⲠⲈϤⲤⲞⲚ** 그의 자녀들과 그의 형제의 것들
>
> **ⲚⲀ-ⲦⲠⲞⲖⲒⲤ** 그 도시의 거주자들
>
> **ⲚⲀ-ⲦⲈⲒⲘⲒⲚⲈ** 이 부류의 사람들

22.3 상태동사(계속). 동작 또는 위치에 관한 많은 자동사(예, **ⲘⲞⲞϢⲈ, ⲀϨⲈⲢⲀⲦ⸗, ϨⲘⲞⲞⲤ**)는 부정사와 상태동사의 강한 대조를 갖고 있지 않으며, 관련된 과정과 상태는 거의 동일하다. **ⲀϨⲈ**와 **ϨⲘⲞⲞⲤ**는 사실 모든 실용적인 목적을 위해 부정사 **ⲰϨⲈ**와 **ϨⲘ̄ⲤⲈ**의 역할을 빼앗은 상태동사의 형태이다. 다음을 주목하라.

부정사	Q.	의미
ⲂⲰⲔ	**ⲂⲎⲔ**	간다, 가고 있다, 가는 중이다
ⲈⲒ	**ⲚⲎⲨ**	오고 있다, 오는 중이다, 곧 도착할 것이다
ⲠⲰⲦ	**ⲠⲎⲦ**	도망가고 있다, 달리고 있다, 추적중이다
ϨⲰⲚ	**ϨⲎⲚ**	가깝다, 머지않다
ϬⲰ	**ϬⲈⲈⲦ**	남아있다, 기다리고 있다, 머무르고 있다
ⲘⲞⲨⲚ	**ⲘⲎⲚ**	견디고 있다, 버티고 있다, 계속되고 있다
ⲀⲖⲈ	**ⲀⲖⲎⲨ**	[말을] 타고 있[는 중이]다, 탄 채로 있다

부정사 **ⲂⲰⲔ**와 **ⲈⲒ**는 제1 현재형과 미완료형에는 사용될 수 없다; 이러한 활용에는 상태동사 **ⲂⲎⲔ**와 **ⲚⲎⲨ**만 나타난다. 그 외 동사의 경우 상태동사가 선호되지만 부정사도 발견된다. **ⲚⲎⲨ**의 미래적인 뉘앙스는 특별히 주목할 만하다.

부정사와 상태동사가 서로 "~되다"/"~중이다"의 관계를 가지고 있는 많은 자동사가 있다.

부정사		Q.	
ϣⲱⲡⲉ	~으로 되다, 존재하게 되다	ϣⲟⲟⲡ	있다, 존재하다
ⲱⲱ	임신하게 되다	ⲉⲉⲧ	임신 중이다

마지막 어간 음절에서 -ⲟ- 또는 -ⲁ-를 가진 많은 동사들이 포함된다.

부정사		Q.	
ⲛ̄ϣⲟⲧ	어렵게 되다	ⲛⲁϣⲧ̄	어렵다
ⲟⲩϫⲁⲓ	건강하게 되다	ⲟⲩⲟϫ	건강하다
ϩⲕⲟ	배고프게 되다	ϩⲕⲁⲉⲓⲧ	배고프다
ⲁⲓⲁⲓ	증가하다	ⲟⲓ	위대하다
ⲟⲩⲟⲡ	거룩하게 되다	ⲟⲩⲁⲁⲃ	거룩하다

어휘 22

ⲟⲩϫⲁⲓ 건강하게 되다, 완전하게 되다, 안전하게 되다; Q. **ⲟⲩⲟϫ** 건강하다, 완전하다, 안전하다; n.m. 건강, 안전, 구조, 구원

ⲛ̄ϣⲟⲧ, Q. **ⲛⲁϣⲧ̄** 어렵게 되다, 가혹하게 되다, 힘들게 되다; Q. 어렵다, 가혹하다, 힘들다

ⲙ̄ⲧⲟⲛ, Q. **ⲙⲟⲧⲛ̄** 편안하게 되다, 안심하게 되다, 해방되다, 쉬다; n.m. 휴식, 구조救助. 상태동사(Q)는 비인칭으로도 사용된다: **ⲥⲙⲟⲧⲛ̄** 쉽다(~하는 것이: **ⲉ**, **ⲉⲧⲣⲉ**)

ⲙ̄ⲕⲁϩ, Q. **ⲙⲟⲕϩ̄** 고통스럽게 되다, 힘들게 되다; Q. 고통스럽다, 힘들다; (pl. **ⲙ̄ⲕⲟⲟϩ**) n.m. 고통, 어려움, 상심. 상태동사는 비인칭으로 사용된다: **ⲥⲙⲟⲕϩ̄** 어렵다(~하는 것이: **ⲉ**, **ⲉⲧⲣⲉ**)

ⲟⲩⲟⲡ, Q. **ⲟⲩⲁⲁⲃ** 순전하게 되다, 거룩하게 되다, 신성하게 되다 Q. 순전하다, 거룩하다, 신성하다

ⲁⲓⲁⲓ, Q. **ⲟⲓ** 증가하다 (나이, 크기, 양); Q. 위대하다, 명예롭다

ⲁϣⲁⲓ, Q. **ⲟϣ** 많아지다, 많게 되다; Q. 많다

ⲡ.ⲁϩⲉ 일생

ⲕⲏⲙⲉ 이집트

ϩⲁϩ adj. 많은. 대개 **ⲛ̄**과 함께 단수 명사 앞에, **ϩⲁϩ ⲛ̄ ⲣⲱⲙⲉ** = 많은 사람들

ⲡ.ϩⲏⲧ 심장, 마음, 지성

ⲙ̄ ⲡⲉⲥⲛⲁⲩ (그들) 둘 다, (그들 중) 둘; 다른 대명사요소와 동격으로 사용한다: **ⲁⲩⲃⲱⲕ ⲙ̄ ⲡⲉⲥⲛⲁⲩ**(그들은 둘 다 갔다). 다른 숫자로: **ⲙ̄ ⲡϣⲟⲙⲛ̄ⲧ** (그들 중 셋 모두)

ϣⲟⲟⲡ Q. ~하다, 있다, 존재하다; 서술 형용사는 **ⲛ̄**으로 도입되고 관사가 없다: **ⲛⲉϥϣⲟⲟⲡ ⲙ̄ ⲡⲟⲛⲏⲣⲟⲥ**(그는 악했다)

연습문제 22

A. 1. **ⲙⲛ̄ⲧⲁⲛ ⲉⲓⲣⲏⲛⲏ ϩⲙ̄ ⲡⲉⲓⲙⲁ.**

2. **ⲟⲩⲛ̄ⲧⲉ-ⲡⲁⲉⲓⲱⲧ ϣⲙⲟⲩⲛ ⲛ̄ ϫⲟⲓ.**

3. **ⲟⲩⲛ̄ⲧⲁⲓ ⲙ̄ⲙⲁⲩ ⲛ̄ ⲟⲩⲕⲟⲩⲓ ⲛ̄ ϩⲁⲧ.**

4. **ⲟⲩⲛ̄ⲧⲁϥ ϩⲁϩ ⲛ̄ ϫⲱⲱⲙⲉ.**

5. ⲟⲩⲛ̄ⲧⲁⲩ ⲙ̄ⲙⲁⲩ ⲛ̄ ⲥⲟⲟⲩ ⲛ̄ ⲉⲥⲟⲟⲩ.

6. ⲙⲛ̄ⲧⲟⲩ-ⲟⲉⲓⲕ.

7. ⲟⲩⲛ̄ⲧϥ̄-ⲟⲩϩⲟⲉⲓⲧⲉ ⲛ̄ ⲁⲥ.

8. ⲟⲩⲛ̄ⲧⲉ ⲙ̄ⲙⲁⲩ ⲛ̄ ⲟⲩϩⲁⲓ?

9. ⲟⲩⲛ̄ⲧⲁⲥ ⲙ̄ⲙⲁⲩ ⲛ̄ ⲥⲁϣϥ̄ ⲛ̄ ϣⲏⲣⲉ.

10. ⲟⲩⲛ̄ϯ-ⲟⲩϣⲧⲏⲛ ⲛ̄ ⲃⲣ̄ⲣⲉ.

B. 1. ⲡⲉⲓϭⲗⲟϭ ⲡⲱⲓ ⲡⲉ. ⲙ̄ ⲡⲱⲕ ⲁⲛ ⲡⲉ.

2. ⲡⲁϫⲟⲓ ⲙⲛ̄ ⲡⲁ-ⲡⲁⲥⲟⲛ

3. ⲛⲁ-ⲡϣⲁ

4. ⲡⲉϥⲧⲁⲫⲟⲥ ⲙⲛ̄ ⲛⲁ-ⲛⲉϥⲉⲓⲟⲧⲉ

5. ⲡⲁⲟⲉⲓⲕ ⲙⲛ̄ ⲡⲁ-ⲛⲁϣⲃⲉⲉⲣ

6. ⲧⲉⲓⲥⲏϥⲉ ⲧⲱⲕ ⲧⲉ.

7. ⲛⲉⲓⲁⲡⲏⲧ ⲛⲟⲩⲟⲩ ⲛⲉ.

8. ⲡⲛⲟⲩϩ ⲡⲱⲛ ⲡⲉ.

9. ⲡⲉⲛⲏⲓ ⲙⲛ̄ ⲡⲁ-ⲧⲉⲭⲏⲣⲁ

10. ⲡⲛⲟⲩⲃ ⲙ̄ ⲡⲱ ⲁⲛ ⲡⲉ.

C. 1. ⲁⲩⲱ ⲛ̄ ⲧⲉⲩⲛⲟⲩ ⲁϥⲟⲩϫⲁⲓ ⲛ̄ϭⲓ ⲡⲉⲧ ϣⲱⲛⲉ.

2. ⲡⲟⲩⲣⲁⲛ ⲛⲁⲟⲩⲟⲡ ϫⲓⲛ ⲧⲉⲛⲟⲩ ϣⲁ ⲉⲛⲉϩ.

3. ⲁϥⲁⲓⲁⲓ ⲛ̄ϭⲓ ⲡⲣⲱⲙⲉ ϩⲛ̄ ⲛⲉϥϩⲟⲟⲩ.

4. ⲁⲛⲕⲟⲧⲛ̄ ⲉ ⲕⲏⲙⲉ ϩⲛ̄ ⲟⲩϭⲉⲡⲏ.

5. ⲡϩⲱⲃ ⲁϥⲙ̄ⲕⲁϩ ⲉⲙⲁⲧⲉ ⲉϫⲱⲛ.

6. ⲛⲥ̄ⲙⲟⲧⲛ̄ ⲁⲛ ⲉⲣⲟⲛ ⲉⲧⲣⲉⲛϥⲓ ϩⲁ ⲛⲉⲓⲙ̄ⲕⲟⲟϩ.

7. ⲙ̄ⲡⲉϥⲥⲉ-ⲏⲣⲡ̄ ⲉⲛⲉϩ ϩⲙ̄ ⲡⲉϥⲁϩⲉ ⲧⲏⲣϥ̄.

8. ⲁ-ⲡϩⲏⲧ ⲙ̄ ⲡⲣ̄ⲣⲟ ⲛ̄ ⲕⲏⲙⲉ ⲛ̄ϣⲟⲧ ⲟⲩⲃⲏⲩ.

9. ⲥⲉⲟⲩⲟϫ ⲛ̄ϭⲓ ⲛⲉⲕϣⲏⲣⲉ.

10. ⲛⲉϥϣⲁϫⲉ ⲙⲛ̄ ⲛⲉϥϩⲃⲏⲩⲉ ⲛⲁϣⲧ̄.

11. ⲥⲙⲟⲕϩ̄ ⲉⲧⲣⲁⲡⲓⲥⲧⲉⲩⲉ ⲉ ⲛⲉⲕϣⲁϫⲉ ⲙⲛ̄ ⲛⲁ-ⲛⲉⲕϣⲃⲉⲉⲣ.

12. ⲁϥⲙⲟⲩϩ ⲙ̄ ⲡⲉⲡ̄ⲛ̄ⲁ̄ ⲉⲧ ⲟⲩⲁⲁⲃ.

13. ⲛ̄ⲧⲉⲣⲛ̄ⲡⲱϩ ⲉ ⲧⲡⲟⲗⲓⲥ, ⲁ-ⲡⲁϩⲏⲧ ⲙ̄ⲧⲟⲛ.

14. ⲥϩⲁⲓ ⲛⲁⲛ ⲉⲧⲃⲉ ⲡⲉⲕⲟⲩϫⲁⲓ.

15. ϯⲛⲁⲥⲙⲟⲩ ⲉ ⲡⲉⲕⲣⲁⲛ ⲉⲧ ⲟⲩⲁⲁⲃ.

16. ⲛⲉⲛϫⲓϫⲉⲉⲩⲉ ⲟϣ.

17. ⲡⲁⲁϩⲉ ϫⲏⲕ ⲉⲃⲟⲗ.

18. ⲡⲣⲟ ⲙ̄ ⲡⲉϥⲏⲓ ⲟⲩⲏⲛ.

19. ⲡⲉϥⲣⲁⲛ ⲟⲓ ϩⲛ̄ ⲧⲉⲓⲭⲱⲣⲁ ⲧⲏⲣⲥ̄.

20. ⲁⲩⲕⲁ-ⲡⲉϥⲑⲣⲟⲛⲟⲥ ⲉϫⲙ̄ ⲡⲃⲏⲙⲁ.

D. 1. ⲛⲉⲛϩⲧⲱⲱⲣ ϩⲕⲁⲉⲓⲧ.

2. ⲛⲉⲣⲉ-ⲓ̅ⲥ̅ ⲁⲗⲏⲩ ⲉϫⲛ̅ ⲟⲩⲉⲓⲱ.

3. ⲧⲉϥⲥϩⲓⲙⲉ ⲉⲉⲧ.

4. ⲛⲉⲩϭⲉⲉⲧ ⲙⲛ̅ ⲛⲉⲩⲥⲩⲅⲅⲉⲛⲏⲥ.

5. ⲛⲉⲩⲉⲥⲟⲟⲩ ⲛⲉⲩϣⲟⲟⲡ ϩⲛ̅ ⲧⲥⲱϣⲉ ⲡⲉ.

6. ⲧϭⲓϫ ⲙ̅ ⲡϫⲟⲉⲓⲥ ⲛⲉⲥϣⲟⲟⲡ ⲛⲙ̅ⲙⲁϥ ⲡⲉ.

7. ⲛⲉⲣⲉ-ⲡⲉϩⲟⲟⲩ ⲙ̅ ⲡⲉⲥⲙⲓⲥⲉ ϩⲏⲛ ⲉϩⲟⲩⲛ.

8. ⲡϩⲏⲅⲉⲙⲱⲛ ⲛⲏⲩ ⲉ ⲣⲁⲕⲟⲧⲉ

9. ⲛⲉϥϣⲟⲟⲡ ⲇⲉ ⲡⲉ ϩⲛ̅ ⲛ̅ϫⲁⲓⲉ ϣⲁ ⲡⲉϩⲟⲟⲩ ⲙ̅
ⲡⲉϥⲟⲩⲱⲛϩ̅ ⲉⲃⲟⲗ ⲙ̅ ⲡⲓ̅ⲏ̅ⲗ̅.

10. ⲛⲉⲣⲉ-ϩⲁϩ ⲛ̅ ⲣⲱⲙⲉ ⲡⲏⲧ ϩⲓ ⲧⲉϩⲓⲏ.

11. ⲛ̅ϯϩⲕⲁⲉⲓⲧ ⲁⲛ.

12. ⲛⲉⲩϣⲟⲟⲡ ⲇⲉ ⲡⲉ ⲙ̅ ⲡⲉⲥⲛⲁⲩ ⲛ̅ ⲇⲓⲕⲁⲓⲟⲥ ⲙ̅ ⲡⲉⲙⲧⲟ
ⲉⲃⲟⲗ ⲙ̅ ⲡⲛⲟⲩⲧⲉ.

13. ⲛ̅ϣⲟⲟⲥ ⲃⲏⲕ ⲉ ⲡϯⲙⲉ.

14. ⲟⲩⲛ̄-ϩⲁϩ ⲛ̄ ⲧⲃ̄ⲧ ϩⲛ̄ ⲑⲁⲗⲁⲥⲥⲁ.

15. ⲡⲙⲟⲛⲁⲭⲟⲥ ⲛⲉϥϩⲙⲟⲟⲥ ϩⲛ̄ ⲧⲉϥⲣⲓ.

16. ⲙ̄ⲙⲁⲧⲟⲓ ⲁⲗⲏⲩ ϩⲓϫⲙ̄ ⲡϫⲟⲓ.

17. ⲛⲉⲣⲉ-ⲡⲟⲩⲏⲏⲃ ϣⲗⲏⲗ ⲛ̄ⲧⲉⲣⲓⲉⲓ ⲉϩⲟⲩⲛ.

18. ⲛⲉⲣⲉ-ⲟⲩⲛⲟϭ ⲛ̄ ⲥⲏϥⲉ ϩⲛ̄ ⲛⲉϥϭⲓϫ.

19. ⲡⲛⲟⲙⲟⲥ ⲙ̄ ⲡϫⲟⲉⲓⲥ ⲙⲏⲛ ⲉⲃⲟⲗ ϣⲁ ⲛⲓⲉⲛⲉϩ.

20. ⲛ̄ⲧⲉⲣⲉϥⲛⲁⲩ ϫⲉ ⲥⲉⲉⲧ, ⲁϥⲛ̄ⲧⲥ̄ ⲉ ⲡⲉϥⲏⲓ.

레슨 23
상황절, 형용사로 사용되는 명사

23.1 상황절(Circumstantial: ⲉ⸗, ⲉⲣⲉ-)

	단수		복수	
1인칭	ⲉⲓⲥⲱⲧⲙ̄	내가 들으면서	ⲉⲛⲥⲱⲧⲙ̄	우리가 들으면서
2인칭(남)	ⲉⲕⲥⲱⲧⲙ̄	네가 들으면서	ⲉⲧⲉⲧⲛ̄ⲥⲱⲧⲙ̄	너희가 들으면서
2인칭(여)	ⲉⲣⲉⲥⲱⲧⲙ̄	네가 들으면서		
3인칭(남)	ⲉϥⲥⲱⲧⲙ̄	그가 들으면서	ⲉⲩⲥⲱⲧⲙ̄	그들이 들으면서
3인칭(여)	ⲉⲥⲥⲱⲧⲙ̄	그녀가 들으면서		

ⲉⲣⲉ-ⲡⲣⲱⲙⲉ ⲥⲱⲧⲙ̄ 그 사람이 들으면서

상황절은 주절의 특정 요소 또는 주절 전체를 수식하는 종속절에서만 사용된다. 이러한 절은 주절의 동사가 지정하는 시간에서의 현재 활동이나 상태를 기술하며 그 자체로는 시제를 가지지 않는다. 이것들은 다음의 다양한 영어 또는 한국어 구문에 해당한다: 독립 주격, 분사 수식어, 또는 "~하면서"as, "~하는 동안"while, "~할 때"when와 함께 진행형 동사 형식을 가진 시간절.

콥트어에서의 대표적인 사용법은 다음과 같다.

(1) 주어 보완subject complement:

> ⲉⲓⲁϩⲉⲣⲁⲧ ϩⲁϩⲧⲙ̄ ⲡⲉⲣⲡⲉ, ⲁⲓⲛⲁⲩ ⲉⲩⲛⲟϭ ⲙ̄ ⲙⲏⲏϣⲉ.
>
> 내가 성전 근처에 서있는 동안, 나는 한 큰 무리를 보았다.

(2) 목적어 보완:

> **ⲁⲩϩⲉ ⲉ ⲡⲣⲱⲙⲉ ⲉϥϩⲙⲟⲟⲥ ϩⲛ̄ ⲧⲁⲅⲟⲣⲁ.**
>
> 그들은 그 사람을 찾았다, 시장에 앉아있는
>
> **ⲁⲛⲛⲁⲩ ⲉⲣⲟⲟⲩ ⲉⲩⲙⲟⲟϣⲉ ϩⲓ ⲧⲉϩⲓⲏ.**
>
> 우리는 그들을 보았다, 길을 걷고 있는

(3) 주절 전체에 대한 보완:

> **ⲉⲣⲉ-ⲡⲉⲛⲥⲁϩ ϫⲱ ⲛ̄ ⲛⲉⲓϣⲁϫⲉ, ⲁⲩⲛⲟϭ ⲛ̄ ϣⲡⲏⲣⲉ ϣⲱⲡⲉ.**
>
> 우리의 선생님이 이런 말씀을 하고 있었을 때, 한 놀라운 일이 일어났다.

상황절은 문맥에 따라 원인절, 양보절, 또는 조건절로도 번역될 수 있다.

콥트어 상황절에는 몇 가지의 중요한 특별한 사용법이 있다:

(1) 비한정 선행사를 수식하는 관계절로 규칙적으로 사용된다. 다음을 대조해보라.

> **ⲡⲣⲱⲙⲉ ⲉⲧ ⲉⲓⲙⲉ ⲉ ⲛⲁϣⲁϫⲉ**
>
> 내 말을 이해하는 그 사람the man who understands my words
>
> **ⲟⲩⲣⲱⲙⲉ ⲉϥⲉⲓⲙⲉ ⲉ ⲛⲁϣⲁϫⲉ**
>
> 내 말을 이해하는 한 사람a man who understands my words

이러한 비한정 선행사는 **ⲗⲁⲁⲩ, ⲟⲩⲁ, ⲟⲩⲟⲛ, ϩⲟⲉⲓⲛⲉ**를 포함한다. 추가적인 예제는 연습문제에서 찾을 수 있다.

(2) 일부 동사는 규칙적으로 보완 동사의 상황절이 뒤따른다:

> **ⲁⲩⲙⲟⲩⲛ ⲉⲃⲟⲗ ⲉⲩϣⲁϫⲉ ⲛ̄ ⲧⲉⲩϣⲏ ⲧⲏⲣⲥ̄.**
>
> 그들은 계속했다. 밤새 이야기하기를

> ⲁⲥⲗⲟ ⲉⲥⲣⲓⲙⲉ. 그녀는 그쳤다. 울기를.

(3) ϫⲱ ⲙ̄ⲙⲟⲥ ϫⲉ 상황절은 규칙적으로 적절한 동사 뒤에 직접 인용을 도입하는 데 사용된다.

> ⲁϥⲟⲩⲱϣⲃ̄ ⲛⲁⲩ, ⲉϥϫⲱ ⲙ̄ⲙⲟⲥ ϫⲉ...
>
> 그가 그들에게 대답하여, 말하기를, "…"

상황절은 부정문으로 되지 않는다. 대신에 상황절 컨버터라고 불리는 상황절 접두사 ⲉ-가 제1 현재형의 부정문에 추가된다.

> ⲉ-ⲛϯⲥⲱⲧⲙ̄ ⲁⲛ 내가 듣지 않는
>
> ⲉ-ⲛⲅ̄ⲥⲱⲧⲙ̄ ⲁⲛ 네가 듣지 않는

ⲉ- 뒤의 ⲛ의 음절 발음은 취소된다. 윗선이 필요하지는 않지만 간혹 유지된다.

23.2 형용사로 사용되는 명사. 영어[그리고 한국어]와 마찬가지로 콥트어의 많은 명사는 형용사(연필깎이*pencil* sharpener, 책가게*book*store, 벽돌벽*brick* wall 등)로서의 역할을 수행할 수 있다. 영어와는 다르게 콥트어에서의 순서는 수식하는 명사가 두 번째로 오고 수식적 연결사 ⲛ̄(ⲙ̄)이 그 앞에 온다.

> ⲟⲩⲁⲡⲟⲧ ⲛ̄ ϩⲁⲧ (한) 은의 잔 /은잔a silver cup
>
> ⲟⲩⲙⲁ ⲛ̄ ϫⲁⲉⲓⲉ (한) 사막의 장소
>
> ⲡⲉϥⲥⲙⲟⲧ ⲛ̄ ⲥⲱⲙⲁ 그의 신체의 형태
>
> ⲟⲩⲉⲓⲉⲣⲟ ⲛ̄ ⲕⲱϩⲧ̄ (한) 불의 강

이런 항목은 아주 빈번하지만 영어 항목만큼 자유롭게 형성되지는 않는다. 경우에 따라 두 가지 번역이 가능하다: **ⲟⲩⲁⲡⲟⲧ ⲛ̄ ⲏⲣⲡ̄** (포도주 잔 또는 한 잔의 포도주). 형용사와 마찬가지로 두 번째 명사에 관사가 없어 소유격과는 구조가 다르다는 점에 주의하라.

일부 단어는 그것의 의미를 어느 정도 확실히 예측할 수 있는 많은 합성어를 형성한다. 다음을 보라.

> **ⲙⲁ ⲛ̄** (~의 장소) (예, **ⲙⲁ ⲛ̄ ϣⲱⲡⲉ** 거주하는 장소)
>
> **ⲙⲁ ⲛ̄ ⲟⲩⲱⲙ** 먹는 장소, 식당
>
> **ⲙⲁ ⲙ̄ ⲙⲟⲟϣⲉ** 도로, 길
>
> **ⲙⲁ ⲛ̄ ⲕⲁ-ⲟⲉⲓⲕ** 팬트리, 저장실(빵을 넣어두는 곳)
>
> **ⲥⲁ ⲛ̄** (~의 판매자, ~의 행상인, ~의 장수)
>
> > **ⲥⲁ ⲛ̄ ⲧⲃ̄ⲧ** 생선 장수
> >
> > **ⲥⲁ ⲛ̄ ⲏⲣⲡ̄** 포도주 판매자
> >
> > **ⲥⲁ ⲛ̄ ⲁϥ** 정육 상인
> >
> > **ⲥⲁ ⲛ̄ ϩⲁⲧ** 은銀 판매자

최종 어휘 사전을 살펴보면 수십 가지 더 많은 예제가 나올 것이다.

이 구문에서 명사 **ⲣⲱⲙⲉ**와 **ⲥϩⲓⲙⲉ**는 종종 중복되어 나타난다. 명사의 순서는 뒤바뀔 수도 있다.

> **ⲧⲉϥⲥⲱⲛⲉ ⲛ̄ ⲥϩⲓⲙⲉ** 그의 자매(문자적으로, 여자-그의 자매)
>
> **ⲡϩⲁⲙϣⲉ ⲛ̄ ⲣⲱⲙⲉ** 목수(문자적으로, 남자-목수)
>
> **ⲡⲣⲱⲙⲉ ⲛ̄ ϫⲁϫⲉ** 적(문자적으로, 남자-적)

'명사-명사' 수식이 항상 영어 관용구와 정확히 일치하는 것은 아니지만, 이러한 구문을 번역하는 데는 어려움이 거의 없을 것이다. 이것들 대부분은 어휘 사전의 어휘에 별도의 항목이 제공되지 않을 것이다.

어휘 23

ⲘⲞⲨⲚ ⲈⲂⲞⲖ + 상황절: 계속하다(무엇인가 하는 것을).

ϬⲰ + 상황절: 계속하다, ~을 고집하다(무엇인가 하는 것을).

ⲖⲞ intr. (1) 중단되다, 멈추다, 끝나다; + 상황절: 멈추다(무엇인가 하는 것을); (2) 떠나다, 출발하다(~로부터: **ⲘⲘⲞ⸗, ϨⲚ̄, ⲈⲂⲞⲖ ϨⲚ̄**). 이 동사에는 특별한 명령형 형태가 있다: m.s. **ⲀⲖⲞⲔ**; f.s. **ⲀⲖⲞ**; c.pl. **ⲀⲖⲰⲦⲚ̄.**

ⲞⲨⲰ intr. 중단되다, 멈추다, 끝나다; + 상황절: 멈추다(무엇인가 하는 것을), 끝내다(무엇인가 하는 것을), 이미 가지고 있다(무엇인가 했던 것을).

Ⲡ.ϢⲈ 나무

ⲠⲈ.ⲤⲞⲨⲞ 곡물, 밀

Ⲡ.ⲂⲈⲚⲒⲠⲈ 철, 쇠

Ⲧ.ⲦⲀⲠⲢⲞ 입(비유적으로도 사용)

ⲐⲈⲚⲈⲈⲦⲈ 수도원, 수녀원

ⲀⲖⲖⲀ conj. 그러나

ⲘⲞⲞⲨⲦ (**ⲘⲞⲨ**의 Q) 죽어 있다, 죽은 상태다

Ⲡ.ⲒⲞⲢⲆⲀⲚⲎⲤ 요르단, 요단강

Ⲡ.ϨⲰⲂ Ⲛ̄ ϬⲒϪ 수공, 수공예

그리스어 단어

Ⲧ.ⲠⲈⲢⲒⲬⲰⲢⲞⲤ (ἡ περίχωρος) 인근의 시골.

Ⲧ.ⲘⲈⲦⲀⲚⲞⲒⲀ (ἡ μετάνοια) 후회, 참회.

Ⲧ.ⲁⲡⲟⲑⲏⲕⲏ (ἡ ἀποθήκη) 창고, 외양간.

Ⲡ.ⲇⲁⲓⲙⲱⲛ, Ⲡ.ⲇⲉⲙⲱⲛ, Ⲡ.ⲇⲉⲙⲟⲛ (ὁ δαίμων) 악령, 악마

Ⲡⲉ.ⲥⲧⲁⲩⲣⲟⲥ (ὁ σταυρός) 십자가; 대개 **ⲡⲉⲥⲧ̄ⲟ̄ⲥ̄**로 사용.

연습문제 23

A. 1. **ⲟⲩⲟⲩϩⲟⲣ ⲉϥⲙⲟⲟⲩⲧ**

2. **ⲟⲩⲥⲩⲛⲁⲅⲱⲅⲏ ⲉⲥⲕⲏⲧ ϩⲁⲧϩⲛ̄ ⲧⲁⲅⲟⲣⲁ**

3. **ⲟⲩⲣⲱⲙⲉ ⲉϥⲟⲩⲏϩ ϩⲓ ⲡϫⲁⲉⲓⲉ**

4. **ⲟⲩϩⲙ̄ϩⲁⲗ ⲉ-ⲛϥ̄ⲥⲱⲧⲙ̄ ⲁⲛ ⲛ̄ⲥⲁ ⲡⲉϥϫⲟⲉⲓⲥ**

5. **ⲟⲩϣⲏⲣⲉ ϣⲏⲙ ⲉϥϯ ⲟⲩⲃⲉ ⲡⲉϥⲥⲟⲛ**

6. **ⲟⲩϩⲗ̄ⲗⲱ ⲉⲥⲥⲏϭ**

7. **ⲟⲩϩⲏⲧ ⲉϥⲛⲁϣⲧ̄**

8. **ⲟⲩⲉⲓⲣⲏⲛⲏ ⲉ-ⲛⲥ̄ⲙⲏⲛ ⲉⲃⲟⲗ ⲁⲛ**

9. **ⲟⲩⲥϩⲓⲙⲉ ⲉⲥⲉⲉⲧ**

10. ϩⲉⲛϩⲏⲕⲉ ⲉⲩϩⲕⲁⲉⲓⲧ

11. ⲟⲩϩⲓⲏ ⲉ-ⲛ̄ⲥ̄ⲙⲟⲧⲛ̄ ⲁⲛ

12. ⲟⲩⲡⲛ̄ⲁ̄ ⲉϥⲟⲩⲁⲁⲃ

13. ⲡⲉⲥⲟⲩⲟ ⲉⲧ ⲕⲏ ϩⲛ̄ ⲧⲁⲡⲟⲑⲏⲕⲏ

14. ⲟⲩⲙⲏⲏϣⲉ ⲉϥⲟϣ

15. ⲟⲩⲙⲁⲧⲟⲓ ⲉϥⲁⲗⲏⲩ ⲉϫⲛ̄ ⲟⲩϩⲧⲟ

B. 1. ϩⲉⲛϣⲁϫⲉ ⲙ̄ ⲙⲉ

2. ⲟⲩⲣⲟ ⲛ̄ ⲃⲉⲛⲓⲡⲉ

3. ⲟⲩⲥⳁⲟ̄ⲥ̄ ⲛ̄ ϣⲉ

4. ⲟⲩⲏⲓ ⲛ̄ ⲱⲛⲉ

5. ϩⲉⲛⲥⲛⲁⲩϩ ⲛ̄ ⲃⲉⲛⲓⲡⲉ

6. ⲛ̄ϣⲁϫⲉ ⲙ̄ ⲙⲉⲧⲁⲛⲟⲓⲁ

7. ⲡⲁⲙⲁ ⲛ̄ ϣⲱⲡⲉ

8. ⲟⲩⲥⲙⲟⲧ ⲛ̄ ⲁⲅⲅⲉⲗⲟⲥ

9. ⲧⲡⲓⲥⲧⲓⲥ ⲙ̄ ⲙⲉ

10. ⲟⲩⲥⲏϥⲉ ⲛ̄ ⲕⲱϩⲧ̄

11. ⲟⲩⲙⲩⲥⲧⲏⲣⲓⲟⲛ ⲛ̄ ⲛⲟⲩⲧⲉ

12. ⲡⲉⲛⲙⲁ ⲛ̄ ⲟⲩⲱⲙ

13. ϩⲉⲛⲙⲁⲧⲟⲓ ⲛ̄ ϫⲁϫⲉ

14. ⲟⲩⲁⲡⲟⲧ ⲛ̄ ⲉⲣⲱⲧⲉ

15. ⲟⲩⲙⲁ ⲛ̄ ϩⲁⲣⲉϩ

C. 1. ⲉⲛϩⲙⲟⲟⲥ ϩⲛ̄ ⲧⲁⲅⲟⲣⲁ, ⲁⲛⲛⲁⲩ ⲉ ⲡϩⲏⲅⲉⲙⲱⲛ ⲉϥϩⲱⲛ ⲉϩⲟⲩⲛ.

2. ϯⲛⲁϭⲱ ⲙ̄ ⲡⲉⲓⲙⲁ ⲉⲓϭⲱϣⲧ̄ ⲉⲃⲟⲗ ϩⲏⲧϥ̄ ⲙ̄ ⲡⲉϩⲟⲟⲩ ⲙ̄ ⲡϫⲟⲉⲓⲥ.

3. ⲉⲣⲉ-ⲛⲉⲥⲛⲏⲩ ⲙⲟⲟϣⲉ ⲉ ⲑⲉⲛⲉⲉⲧⲉ, ⲁⲩϩⲉ ⲉⲩⲣⲱⲙⲉ

ⲉϥⲙⲟⲟⲩⲧ ⲉϥⲕⲏ ϩⲓϫⲙ̄ ⲡⲁⲕϩ.

4. ⲁⲩⲙⲟⲩⲛ ⲉⲃⲟⲗ ⲉⲩⲉⲓⲛⲉ ⲙ̄ ⲡⲉⲥⲟⲩⲟ ⲉ ⲧⲁⲡⲟⲑⲏⲕⲏ.

5. ⲁⲗⲱⲧⲛ̄! ⲛ̄ϯⲟⲩⲱϣ ⲁⲛ ⲉ ⲥⲱⲧⲙ̄ ⲉ ϩⲉⲛϣⲁϫⲉ ⲛ̄ ⲧⲉⲓⲙⲓⲛⲉ.

6. ⲁⲛⲛⲁⲩ ⲉⲣⲟϥ ⲉϥⲃⲏⲕ ⲉⲃⲟⲗ ϩⲛ̄ ⲑⲉⲛⲉⲉⲧⲉ.

7. ⲙⲛ̄ⲧⲁⲛ ⲥⲟⲩⲟ ϩⲛ̄ ⲧⲉⲛⲁⲡⲟⲑⲏⲕⲏ, ⲁⲗⲗⲁ ⲟⲩⲛ̄ⲧⲁⲛ ⲙ̄ⲙⲁⲩ ⲛ̄ ϩⲁϩ ⲛ̄ ϣⲉ.

8. ⲥⲱⲧⲙ̄ ⲉ ⲛ̄ϣⲁϫⲉ ⲛ̄ ⲧⲁⲧⲁⲡⲣⲟ, ⲉⲃⲟⲗ ϫⲉ ϩⲉⲛⲙⲉ ⲛⲉ.

9. ⲁⲓⲛⲁⲩ ⲛ̄ ⲟⲩⲟⲩϩⲟⲣ ⲉϥϥⲓ ⲛ̄ ⲟⲩⲕⲟⲩⲓ ⲛ̄ ⲉⲣⲟⲟⲙⲡⲉ ϩⲛ̄ ⲧⲉϥⲧⲁⲡⲣⲟ.

10. ⲁⲩⲉⲓ ϣⲁⲣⲟϥ ⲛ̄ϭⲓ ⲛⲉⲧ ⲟⲩⲏϩ ϩⲛ̄ ⲧⲡⲉⲣⲓⲭⲱⲣⲟⲥ ⲙ̄ ⲡⲓⲟⲣⲇⲁⲛⲏⲥ ⲧⲏⲣⲟⲩ.

11. ⲛⲁⲓ ⲛⲉ ⲛ̄ⲣⲁⲛ ⲛ̄ ⲛⲉⲥⲛⲏⲩ ⲉⲧ ⲏⲡ ⲉ ⲕⲏⲙⲉ.

12. ⲛⲉⲓⲥⲟⲟⲩⲛ̄ ⲁⲛ ⲡⲉ ϫⲉ ⲛⲉⲓϫⲱⲱⲙⲉ ⲛⲟⲩⲕ ⲛⲉ.

13. ⲉⲛϩⲏⲛ ⲉϩⲟⲩⲛ ⲉ ⲧⲡⲟⲗⲓⲥ, ⲁⲛⲛⲁⲩ ⲉⲩⲙⲏⲏϣⲉ ⲉϥⲟϣ

ⲉϥⲡⲏⲧ ⲉⲃⲟⲗ ϩⲓⲧⲛ̄ ⲧⲡⲩⲗⲏ.

14. ⲉϥⲙⲟⲟϣⲉ ϩⲁⲧϩⲙ̄ ⲡⲉⲣⲡⲉ, ⲁϥⲛⲁⲩ ⲉⲩⲃⲗ̄ⲗⲉ ⲛ̄ ϩⲏⲕⲉ ⲉϥϯ ⲉⲃⲟⲗ ⲙ̄ ⲡⲉϥϩⲱⲃ ⲛ̄ ϭⲓϫ.

15. ⲙⲛ̄-ϭⲟⲙ ⲙ̄ⲙⲟⲛ ⲉ ⲛⲟⲩϫⲉ ⲉⲃⲟⲗ ⲛ̄ ϩⲉⲛⲇⲁⲓⲙⲱⲛ ⲛ̄ ⲁⲕⲁⲑⲁⲣⲧⲟⲛ.

16. ⲁϥⲟⲩⲱ ⲉϥⲥϩⲁⲓ ⲁⲩⲱ ⲁϥϭⲱϣⲧ̄ ⲉϩⲟⲩⲛ ⲉ ⲡⲣⲟ ⲛ̄ ⲧⲉϥⲣⲓ.

17. ϩⲁⲡⲥ̄ ⲉⲣⲟⲛ ⲉⲧⲣⲉⲛⲗⲟ ⲉⲃⲟⲗ ϩⲙ̄ ⲡⲉⲓⲙⲁ.

18. ⲁⲥϭⲱ ⲉⲥⲣⲓⲙⲉ ⲉϫⲙ̄ ⲡⲙⲟⲩ ⲙ̄ ⲡⲉⲥⲙⲉⲣⲓⲧ ⲛ̄ ϩⲁⲓ.

19. ⲁϥⲗⲟ ⲉϥⲉⲓⲛⲉ ⲛⲁⲛ ⲙ̄ ⲡⲉϥϩⲱⲃ ⲛ̄ ϭⲓϫ.

20. ⲓ̅ⲥ̅ ⲇⲉ, ⲉϥϫⲏⲕ ⲉⲃⲟⲗ ⲙ̄ ⲡ̅ⲛ̅ⲁ̅ ⲉϥⲟⲩⲁⲁⲃ, ⲁϥⲕⲟⲧϥ̄ ⲉⲃⲟⲗ ϩⲙ̄ ⲡⲓⲟⲣⲇⲁⲛⲏⲥ, ⲉϥⲙⲟⲟϣⲉ ϩⲙ̄ ⲡⲉⲡ̅ⲛ̅ⲁ̅ ϩⲓ ⲧⲉⲣⲏⲙⲟⲥ ⲛ̄ ϩⲁϩ ⲛ̄ ϩⲟⲟⲩ, ⲉⲩⲡⲉⲓⲣⲁⲍⲉ ⲙ̄ⲙⲟϥ ϩⲓⲧⲙ̄ ⲡⲇⲓⲁⲃⲟⲗⲟⲥ, ⲁⲩⲱ ⲙ̄ⲡⲉϥⲟⲩⲉⲙ-ⲗⲁⲁⲩ ϩⲛ̄ ⲛⲉϩⲟⲟⲩ ⲉⲧ ⲙ̄ⲙⲁⲩ. ⲛ̄ⲧⲉⲣⲟⲩϫⲱⲕ ⲇⲉ ⲉⲃⲟⲗ, ⲁϥϩⲕⲟ.

21. ⲁⲓϩⲙⲟⲟⲥ ⲉⲓⲥϩⲁⲓ ⲛ̄ ϣⲟⲙⲧⲉ ⲛ̄ ⲟⲩⲛⲟⲩ.

22. ⲁⲩⲙⲟⲩⲛ ⲉⲃⲟⲗ ⲉⲩⲣⲓⲙⲉ ⲛ̄ ⲧⲉⲩϣⲏ ⲧⲏⲣⲥ̄.

23. ⲙ̄ⲡⲉⲛϭⲱ ⲉⲛϣⲗⲏⲗ ⲛ̄ⲧⲉⲣⲛ̄ⲥⲱⲧⲙ̄ ⲉ ⲛⲁⲓ.

24. ⲛ̄ ⲧⲉⲩⲛⲟⲩ ⲁⲥⲟⲩⲱ ⲉⲥϣⲱⲛⲉ ⲁⲩⲱ ⲁⲥⲟⲩϫⲁⲓ.

25. ⲁⲓⲗⲟ ⲉⲓϯ ⲛ̄ ϩⲉⲛⲟⲉⲓⲕ ⲛⲁⲩ.

26. ⲁϥϣⲁϫⲉ ⲛⲙ̄ⲙⲁⲩ ⲉϥⲉⲡⲓϯⲙⲁ ⲛⲁⲩ.

27. ⲙⲛ̄-ⲟⲩϫⲁⲓ ϣⲟⲟⲡ ⲛ̄ ⲛⲉⲧⲉ ⲛ̄ⲥⲉⲥⲱⲧⲙ̄ ⲁⲛ ⲛ̄ⲥⲁ ⲛⲉϥⲉⲛⲧⲟⲗⲏ.

28. ⲁⲩⲁϩⲉⲣⲁⲧⲟⲩ ϩⲁⲧϩⲙ̄ ⲡⲉϥⲥϯ̄ⲟ̄ⲥ̄ ⲉⲩⲣⲓⲙⲉ.

29. ⲁϥⲉⲡⲓϯⲙⲁ ⲛⲁⲩ ⲉϥϫⲱ ⲙ̄ⲙⲟⲥ ϫⲉ,"ⲙⲡⲣ̄ϣⲁϫⲉ ⲛ̄ ⲗⲁⲁⲩ ⲛ̄ ⲣⲱⲙⲉ ⲉⲧⲃⲉ ⲡⲉⲓϩⲱⲃ".

레슨 24
제2 현재형, 이분절 활용, 기수(3)

24.1 제2 현재형(Second Present)은 상황절과 동일한 활용(ⲉ⸗, ⲉⲣⲉ-—옮긴이)을 가진다. 이 모호성은 콥트어 사히드어 독자에게 심각한 어려움을 제기하는데, 이는 문맥에 대한 신중한 연구로만 해결될 수 있다. 제2 현재형의 사용법은 제2 완료형과 유사하다.

(1) 부사적인 요소에 대한 강조:

> **ⲉⲣⲉ-ⲛⲁⲓ ϣⲟⲟⲡ ⲙ̄ⲙⲟⲓ ⲉⲧⲃⲉ ⲛⲁⲛⲟⲃⲉ.**
>
> 이러한 일들이 나에게 일어난 것은 나의 죄 때문이다.

(2) 여러 가지 의문 표현 앞에서:

> **ⲉⲕϣⲓⲛⲉ ⲛ̄ⲥⲁ ⲛⲓⲙ?** 너는 누구를 찾는가?
>
> **ⲉϥⲣⲓⲙⲉ ⲉ ⲟⲩ?** 그가 왜 울고 있는가?
>
> **ⲉϥⲧⲱⲛ?** 그가 어디에 있는가?

ⲧⲱⲛ이 명사 주어와 함께 사용될 때, 일반적인 관용구는 예상되는 **ⲛ̄ϭⲓ**가 없는 "**ⲉϥⲧⲱⲛ** + 명사"이다('명사'는 어디에 있는가?).

> **ⲉϥⲧⲱⲛ ⲡⲉⲕⲉⲓⲱⲧ?** 당신의 아버지는 어디에 계시는가?

대체 구문 "**ⲉⲣⲉ-ⲡⲉⲕⲉⲓⲱⲧ ⲧⲱⲛ?**"은 자주 나오지 않는다.

제2 시제 형태를 포함하는 절은 **ⲁⲛ**으로 부정문이 된다:

> **ⲉⲓⲟⲩⲏϩ ϩⲙ̄ ⲡⲉⲓⲙⲁ ⲁⲛ** 내가 거주하는 곳은 여기가 아니다
>
> **ⲛ̄ⲧⲁⲓⲁⲁⲥ ⲛⲁⲕ ⲁⲛ** 내가 한 것은 너를 위해서가 아니다

위의 번역에서 알 수 있듯이 부정negation은 부사적인 요소에 적용되며, 동사 고유의 부정이 아니다.

24.2 이분절 활용(현재-미완료형 체계). 제1 현재형, 그것의 관계절, 상황절, 제2 현재형, 그리고 미완료형이 하나의 체계를 구성한다.

제1 현재형	ϥⲥⲱⲧⲙ̄	ⲡⲣⲱⲙⲉ ⲥⲱⲧⲙ̄
제1 현재형 관계절	ⲉⲧϥ̄ⲥⲱⲧⲙ̄	ⲉⲧⲉⲣⲉ-ⲡⲣⲱⲙⲉ ⲥⲱⲧⲙ̄
	ⲉⲧ ⲥⲱⲧⲙ̄	
상황절	ⲉϥⲥⲱⲧⲙ̄	ⲉⲣⲉ-ⲡⲣⲱⲙⲉ ⲥⲱⲧⲙ̄
제2 현재형	ⲉϥⲥⲱⲧⲙ̄	ⲉⲣⲉ-ⲡⲣⲱⲙⲉ ⲥⲱⲧⲙ̄
미완료형	ⲛⲉϥⲥⲱⲧⲙ̄	ⲛⲉⲣⲉ-ⲡⲣⲱⲙⲉ ⲥⲱⲧⲙ̄

폴로츠키H. J. Polotsky('참고 문헌'을 보라)의 통찰력 있는 분석에 따라 현재 콥트어 학자들은 이 체계를 이분절 활용Bipartite Conjugation으로 지칭한다. 이 용어는 기본형인 제1 현재형이 활용 접두사가 없이 '주어+술어'로만 구성되어 있다는 사실에서 비롯된다. 체계의 나머지 형태는 '컨버터'라고 불리는 일련의 요소가 앞에 오는 이분절 음절핵bipartite nucleus으로 구성되어 있다: 관계절 컨버터 **ⲉⲧ/ⲉⲧⲉⲣⲉ**, 상황절 컨버터 **ⲉ/ⲉⲣⲉ**, 제2 시제 컨버터 **ⲉ/ⲉⲣⲉ**, 그리고 미완료형 컨버터 **ⲛⲉ/ⲛⲉⲣⲉ**.

삼분절tripatite이라는 용어는 '동사 접두사 + 주어 + 술어'로 구성되어 있는 다른 모든 콥트어 활용에 적용된다. 예, 제1 완료형 **ⲁ⸗ϥ-ⲥⲱⲧⲙ̄**, **ⲁ-ⲡⲣⲱⲙⲉ ⲥⲱⲧⲙ̄**. 제1 미래형은 특별한 경우인데 다음 레슨에서 다룰 것이다.

이분절 활용에 속하는 동사 활용은 다음의 세 가지 종류의 술어를 가질 수 있다: 부정사, 상태동사, 또는 부사적 술어(=부사 또는 전치사구). 삼분절 활용에는 부정사만 사용될 수 있다. 우리가 이미 살펴본 것처럼 이분절 활용의 동사 활용은 행동을 지속적, 연속적, 또는 (덜 흔하게) 습관적인 것으로 특징짓는다.

이분절 활용의 다음 특징은 마찬가지로 독특하다.

(1) 제1 현재형은 비한정 주어 앞에 **ⲟⲩⲛ̄-**(부정은 **ⲙⲛ̄-**)을 사용해야 한다(예, **ⲟⲩⲛ̄-ⲟⲩⲣⲱⲙⲉ ⲥⲱⲧⲙ̄**). 컨버터 뒤에서 **ⲟⲩⲛ̄-/ⲙⲛ̄-**의 사용은 선택 사항이다(예, **ⲉⲣⲉ-ⲟⲩⲣⲱⲙⲉ ⲥⲱⲧⲙ̄** 또는 **ⲛⲉ-ⲟⲩⲛ̄-ⲟⲩⲣ-ⲱⲙⲉ ⲥⲱⲧⲙ̄**).

(2) 앞에 언급한 **ⲙⲛ̄-**의 사용을 제외하고 부정은 보편적으로 (**ⲛ̄**) . . . **ⲁⲛ**을 사용한다.

(3) 부정사는 일반적으로 명사형 또는 대명사 접미형으로 사용될 수 없다. 다시 말해서 전치사 직접 목적어 마커(**ⲙ̄ⲙⲟ⸗**, **ⲉ** 등)를 사용해야 한다. 예른스테트 규칙Jernstedt's Rule('참고 문헌'을 보라)라고 알려진 이 규칙은 다음과 같은 예외가 있다.

(a) 모든 형태로 나타날 수 있는 동사 **ⲟⲩⲱϣ**, **ⲟⲩⲉϣ-**, **ⲟⲩⲁϣ⸗**. 예, **ϯⲟⲩⲱϣ ⲙ̄ⲙⲟϥ** 또는 **ϯⲟⲩⲁϣϥ̄**.

(b) 비한정 대명사 또는 숫자 목적어numerical object를 가지는 부정사. 예, **ⲛϥ̄ϯ-ⲗⲁⲁⲩ ⲛⲁⲛ ⲁⲛ** (그는 우리에게 아무것도 주지 않는다).

(c) 특정 유형의 복합 동사; §26.2을 보라.

미완료형은 다른 컨버터의 접두사 첨가prefixation에 의해 그 자신의 하위 체계로 확장될 수 있다.

미완료형	ⲚⲈϤⲤⲰⲦⲘ̄	ⲚⲈⲢⲈ-ⲠⲢⲰⲘⲈ ⲤⲰⲦⲘ̄
미완료형 관계절 형태	ⲈⲚⲈϤⲤⲰⲦⲘ̄	ⲈⲚⲈⲢⲈ-ⲠⲢⲰⲘⲈ ⲤⲰⲦⲘ̄
	ⲈⲦⲈ ⲚⲈϤⲤⲰⲦⲘ̄	
미완료형 상황절	Ⲉ-ⲚⲈϤⲤⲰⲦⲘ̄	Ⲉ-ⲚⲈⲢⲈ-ⲠⲢⲰⲘⲈ ⲤⲰⲦⲘ̄

이러한 형태는 이분절 활용의 모든 특성을 가지며 이에 속한다. 관계절 형태는 이미 소개했다. 상황적 형태는 구문론적으로 (제1 현재형의) 상황절과 똑같이 사용된다. 과거 시제의 행동은 명시적으로 표시되지만, 상황절에서는 문맥으로부터 얻어야만 한다. 미완료형의 제2 시제 형태가 나오기도 하지만 여기서 고려하기에는 너무 드물게 나온다. 미완료형 컨버터를 포함하는 모든 동사 형태는 **ⲠⲈ**가 따를 수 있다.

24.3 숫자(계속). 11-18의 기수는 특정한 단위 형태인 **ⲘⲚ̄Ⲧ-**를 접두사로 붙여 형성된다. **ⲘⲚ̄Ⲧ-**는 **ⲘⲎⲦ**(열, 10)의 후접어 형태다.

열하나(11)	남. **ⲘⲚ̄ⲦⲞⲨⲈ**; 여. **ⲘⲚ̄ⲦⲞⲨⲈⲒ**
열둘(12)	남. **ⲘⲚ̄ⲦⲤⲚⲞⲞⲨⲤ**; 여. **ⲘⲚ̄ⲦⲤⲚⲞⲞⲨⲤ(Ⲉ)**
열셋(13)	남/여. **ⲘⲚ̄ⲦϢⲞⲘⲦⲈ**
열넷(14)	남/여. **ⲘⲚ̄ⲦⲀϤⲦⲈ**
열다섯(15)	남/여. **ⲘⲚ̄ⲦⲎ**
열여섯(16)	남/여. **ⲘⲚ̄ⲦⲀⲤⲈ**
열일곱(17)	남/여. **ⲘⲚ̄ⲦⲤⲀϢϤ(Ⲉ)**
열여덟(18)	남/여. **ⲘⲚ̄ⲦϢⲘⲎⲚⲈ**

구문은 위의 구성 단위와 같다:

ⲘⲚ̄ⲦϢⲞⲘⲦⲈ Ⲛ̄ ⲢⲰⲘⲈ 열 세 사람

어휘 24

ⲣⲱϩ̄ⲧ, ⲣⲉϩ̄ⲧ-, ⲣⲁϩⲧ⸗ Q. ⲣⲁϩ̄ⲧ tr. 치다, 죽이다(ⲙ̄ⲙⲟ⸗); 때려 눕히다, 떨어뜨리다

ⲥⲟⲃⲧⲉ, ⲥ̄ⲃⲧⲉ-, ⲥ̄ⲃⲧⲱⲧ⸗ Q. ⲥ̄ⲃⲧⲱⲧ tr. 대비하다, 준비하다(ⲙ̄ⲙⲟ⸗; ~을 위해: ⲉ); intr., 재귀동사로, ~을 준비하다

ϫⲓⲥⲉ, ϫⲉⲥ̄ⲧ-, ϫⲁⲥⲧ⸗ Q. ϫⲟⲥⲉ (± ⲉϩⲣⲁⲓ) tr. 일으키다, 높이다(ⲙ̄ⲙⲟ⸗; 위의: ⲉ, ⲉϫⲛ̄, ϩⲓϫⲛ̄); intr. 높임을 받다; n.m. 높이. ⲡⲉⲧϫⲟⲥⲉ 전능자

ⲟⲩⲉⲓⲛⲉ intr. 지나가다(대개 일정 기간)

ⲕⲓⲙ, ⲕⲉⲙ̄ⲧ-, ⲕⲉⲙⲧ⸗ tr. 만지다(ⲉ; ~을: ⲉ); 움직이다, 이동하다(ⲙ̄ⲙⲟ⸗, ⲉ); intr. 움직이다, 움직이게 되다

ϣⲓⲡⲉ intr. 부끄럽게 되다(~에 대하여: ⲉⲧⲃⲉ); n.m. 수치. ϣⲓⲡⲉ ϩⲏⲧ⸗ 공경하다, ~앞에서 겸허하게 되다

ϣⲟⲩⲉⲓⲧ Q. 빈 채로 있다(= 비어 있다), 헛수고다

ϩⲟⲟⲩ Q. 나쁘다, 악하다

ⲧⲟⲛⲧⲛ̄, ⲧⲛ̄ⲧⲛ̄-, ⲧⲛ̄ⲧⲱⲛ⸗ Q. ⲧⲛ̄ⲧⲱⲛ tr. ~에 비유하다, 비교하다(ⲙ̄ⲙⲟ⸗; ~에: ⲉ, ⲙⲛ̄, ⲉϫⲛ̄)

ⲥⲱⲧ̄ⲡ, ⲥⲉⲧ̄ⲡ-, ⲥⲟⲧⲡ⸗ Q. ⲥⲟⲧ̄ⲡ tr. 고르다, 선택하다(ⲙ̄ⲙⲟ⸗); Q. 훌륭하다, 정교하다

ⲙⲟⲩⲟⲩⲧ, ⲙⲉⲩⲧ-, ⲙⲟⲟⲩⲧ⸗ tr. 죽이다 (ⲙ̄ⲙⲟ⸗)

ⲡ.ⲧⲏⲏⲃⲉ 손가락

ⲉ ⲟⲩ 왜? 무슨 이유로?

ϣⲓⲏⲧ 스케티스[Scetis](Σκετις 또는 Σκετες: 하이집트 서부 델타에 있는 수도원 중심지)

그리스어 단어

ⲡⲉ.ⲡⲣⲟⲫⲏⲧⲏⲥ (ὁ προφήτης) 선지자, 예언자

ⲡ.ⲁⲡⲟⲥⲧⲟⲗⲟⲥ (ὁ ἀπόστολος) 사도

연습문제 24

A. 1. ϩⲉⲛϩⲓⲟⲙⲉ ⲉ-ⲛⲉⲩⲉⲓⲱ ⲛ̄ ϩⲉⲛϩⲟⲉⲓⲧⲉ

2. ⲡⲉⲥⲙⲟⲧ ⲉⲛⲧⲁϥϣⲃ̄ⲧϥ̄ ⲛ̄ϩⲏⲧϥ̄

3. ⲟⲩⲥϩⲓⲙⲉ ⲉ-ⲛⲉⲣⲉ-ⲡⲉⲥϩⲁⲓ ⲙⲉ ⲙ̄ⲙⲟⲥ ⲙ̄ⲙⲁⲧⲉ

4. ⲟⲩⲭⲏⲣⲁ ⲉ-ⲛⲉⲣⲉ-ⲡⲉⲥϣⲏⲣⲉ ϣⲱⲛⲉ

5. ⲡⲙⲏⲏϣⲉ ⲉⲛⲉⲩⲁϩⲉⲣⲁⲧⲟⲩ ⲙ̄ ⲡⲉϥⲕⲱⲧⲉ

6. ⲡⲙⲩⲥⲧⲏⲣⲓⲟⲛ ⲉⲧⲟⲩⲛⲁⲟⲩⲟⲛϩϥ̄ ⲉⲃⲟⲗ

7. ⲡⲉⲡⲣⲟⲫⲏⲧⲏⲥ ⲉⲛⲧⲁ-ⲡⲙⲏⲏϣⲉ ⲙⲟⲟⲩⲧϥ̄

8. ⲟⲩⲧⲟⲟⲩ ⲉϥϫⲟⲥⲉ

9. ⲟⲩⲛⲟϭ ⲛ̄ ⲟⲩⲟⲉⲓⲛ ⲉϥⲛⲏⲩ ⲉⲡⲉⲥⲏⲧ ⲉⲃⲟⲗ ϩⲙ̄ ⲡϫⲓⲥⲉ

10. ⲟⲩⲗⲁⲟⲥ ⲉϥⲥⲃ̄ⲧⲱⲧ ϩⲛ̄ ⲟⲩϫⲱⲕ ⲉⲃⲟⲗ

11. ⲟⲩⲥⲁϩ ⲉⲛϣⲓⲡⲉ ϩⲏⲧϥ̄

12. ⲡⲉⲥⲟⲩⲟ ⲉⲛⲉⲣⲉ-ⲡⲉⲓⲱ ⲟⲩⲱⲙ ⲉⲃⲟⲗ ⲙ̄ⲙⲟϥ

13. ⲙ̄ⲙⲁⲑⲏⲧⲏⲥ ⲉⲧ ⲥⲟⲧⲡ̄ ⲛ̄ⲧⲉ ⲡⲉⲛϫⲟⲉⲓⲥ

14. ⲟⲩⲣ̄ⲣⲟ ⲉϥϩⲟⲟⲩ

15. ⲟⲩⲁⲡⲟⲧ ⲉϥϣⲟⲩⲉⲓⲧ

16. ⲡⲛⲟϭ ⲛ̄ ϣⲁ ⲉⲛⲉⲣⲉ-ⲙ̄ⲙⲟⲛⲁⲭⲟⲥ ⲥⲟⲃⲧⲉ ⲉⲣⲟϥ

17. ⲡⲣⲱⲙⲉ ⲉⲛⲧⲁⲩⲣⲁϩⲧϥ̄ ϩⲓ ⲧⲉϩⲓⲏ

18. ⲡϣⲉ ⲉⲛⲧⲁⲓⲛⲟϫϥ̄ ⲉϫⲙ̄ ⲡⲕⲱϩⲧ̄

19. ⲟⲩϩⲙ̄ϩⲁⲗ ⲉϥⲡⲁϩⲧ̄ ⲛ̄ⲛⲁϩⲣⲙ̄ ⲡⲉϥϫⲟⲉⲓⲥ

20. ⲛⲉⲧⲉ ⲛⲉⲩⲛⲏⲩ ⲉⲡⲉⲥⲏⲧ ⲉ ⲡⲓⲟⲣⲇⲁⲛⲏⲥ

B. 1. ⲡⲙⲛ̄ⲧⲥⲛⲟⲟⲩⲥ ⲛ̄ ⲁⲡⲟⲥⲧⲟⲗⲟⲥ

2. ⲡⲉⲓϣⲟⲙⲛ̄ⲧ ⲙ̄ ⲙⲁⲑⲏⲧⲏⲥ

3. ⲙⲛ̄ⲧⲁϥⲧⲉ ⲛ̄ ϩⲉⲛⲉⲉⲧⲉ

4. ⲥⲁϣϥ̄ ⲛ̄ ⲇⲁⲓⲙⲱⲛ

5. ϣⲙⲟⲩⲛ ⲛ̄ ⲏⲓ ⲉⲩϣⲟⲩⲉⲓⲧ

6. ⲙⲏⲧⲉ ⲛ̄ ⲛⲟϭ ⲛ̄ ⲉⲝⲟⲩⲥⲓⲁ

7. ⲙⲛ̄ⲧⲥⲛⲟⲟⲩⲥ ⲛ̄ ⲥϩⲓⲙⲉ

8. ⲙⲛ̄ⲧⲏ ⲛ̄ ϩⲟⲟⲩ

9. ⲙⲛ̄ⲧⲟⲩⲉⲓ ⲛ̄ ⲣⲟⲙⲡⲉ

10. ⲙⲛ̄ⲧⲟⲩⲉ ⲛ̄ ⲉⲃⲟⲧ

C. 1. ⲉϥⲧⲟⲛⲧⲛ̄ ⲙ̄ⲙⲟⲕ ⲉ ⲛⲓⲙ?

2. ⲉⲥⲧⲱⲛ ⲧⲁϣⲧⲏⲛ ⲛ̄ ⲃⲣ̄ⲣⲉ?

3. ⲥⲉⲛⲁϫⲁⲥⲧⲉ ⲉϩⲣⲁⲓ ⲉϫⲛ̄ ⲛⲉϩⲓⲟⲙⲉ ⲧⲏⲣⲟⲩ ⲛ̄ⲧⲉ
ⲡⲉⲓⲕⲟⲥⲙⲟⲥ.

4. ⲥⲱⲧⲡ̄ ⲛⲁⲕ ⲛ̄ ϥⲧⲟⲟⲩ ⲛ̄ ⲣⲱⲙⲉ.

5. ⲛ̄ⲧⲉⲣⲉ-ⲧⲉⲣⲟⲙⲡⲉ ⲉⲧ ⲙ̄ⲙⲁⲩ ⲟⲩⲉⲓⲛⲉ, ⲁⲩⲕⲟⲧⲟⲩ ⲉ
ⲡⲉⲩϯⲙⲉ.

6. ⲙ̄ ⲡⲉϩⲟⲟⲩ ⲉⲧ ⲙ̄ⲙⲁⲩ ⲧⲉⲧⲛⲁϣⲓⲡⲉ ⲉⲧⲃⲉ ⲛⲉⲓϩⲃⲏⲩⲉ
ⲉⲑⲟⲟⲩ.

7. ⲁϥϩⲉ ⲉϫⲙ̄ ⲡⲕⲁϩ ⲁⲩⲱ ⲙ̄ⲡⲉϥⲕⲓⲙ.

8. ⲛ̄ⲧⲁϥⲧⲛ̄-ⲧⲱⲛⲟⲩ ⲉ ⲟⲩ?

9. ⲉⲣⲉ-ⲛⲁⲓ ϣⲏⲡ ⲉ ⲡⲉⲛϫⲟⲉⲓⲥ ⲉⲧⲃⲉ ⲡⲉϥⲛⲁ.

10. ⲉϥⲟⲩⲱϣ ⲉ ⲣⲁϩⲧ̄ ⲉⲧⲃⲉ ⲡⲉⲛⲧⲁⲓⲁⲁϥ ⲟⲩⲃⲉ
ⲛⲁ-ⲡⲉϥϯⲙⲉ.

11. ⲟⲩⲛ̄-ⲟⲩϩⲟⲟⲩ ⲛⲏⲩ ⲉϥϩⲟⲟⲩ.

12. ⲉⲩⲧⲱⲛ ⲛⲉⲛϣⲃⲉⲉⲣ?

13. ⲁϥⲕⲓⲙ ⲉ ⲧⲉϥⲧⲁⲡⲣⲟ ⲉ ⲡⲉϥⲧⲏⲏⲃⲉ.

14. ⲧⲛ̄ⲛⲁⲥⲙⲟⲩ ⲉ ⲡⲉⲕⲣⲁⲛ ⲉⲧ ϫⲟⲥⲉ.

15. ⲉϥⲧⲛ̄ⲧⲱⲛ ⲉⲩϣⲏⲣⲉ ϣⲏⲙ.

16. ⲙⲛ̄ⲛ̄ⲥⲱⲥ ⲇⲉ ⲁ-ⲛⲉⲥⲛⲏⲩ ⲕⲟⲧⲟⲩ ⲉ ϣⲓⲏⲧ.

17. ⲉⲧⲃⲉ ⲟⲩ ⲕⲟⲩⲱϣ ⲉ ⲙⲟⲩⲟⲩⲧ ⲛ̄ ⲛⲉⲓⲣⲱⲙⲉ?

18. ⲉⲧⲉⲧⲛ̄ⲥⲟⲃⲧⲉ ⲙ̄ⲙⲱⲧⲛ̄ ⲉ ⲟⲩ?

19. ⲁⲩⲙⲉⲩⲧ-ⲟⲩⲟⲛ ⲛⲓⲙ ⲉⲧⲉ ⲛⲉⲩⲟⲩⲏϩ ϩⲙ̄ ⲡϯⲙⲉ ⲙⲛ̄ ⲧⲡⲉⲣⲓⲭⲱⲣⲟⲥ.

20. ⲁⲩϩⲉ ⲉ ⲧⲉⲧⲣⲁⲡⲉⲍⲁ ⲉⲥⲥⲃ̄ⲧⲱⲧ.

레슨 25
관계절/미완료형/상황절/제2 시제 컨버터, 접속법

25.1 관계절, 미완료형, 상황절, 그리고 제2 시제 컨버터는 제1 완료형, 제1 미래형, 존재 및 소유의 술어, 그리고 **ⲡⲉ, ⲧⲉ, ⲛⲉ**를 가진 계사 문장과 함께 사용될 수 있다. 이들 모두에 대한 관계절 형태는 이미 논의됐다. 제1 완료형의 제2 시제 즉, 제2 완료형은 레슨 14에서 소개됐다. 존재, 소유, 그리고 계사 문장의 제2 시제 형태는 여기서 포함하기에는 너무 드물게 나온다.

(a)

제1 완료형	ⲁϥⲥⲱⲧⲙ̄	부정형	ⲙ̄ⲡⲉϥⲥⲱⲧⲙ̄
제1 완료형 관계절	ⲉⲛⲧⲁϥⲥⲱⲧⲙ̄		ⲉⲧⲉ ⲙ̄ⲡⲉϥⲥⲱⲧⲙ̄
제1 완료형 상황절	ⲉ-ⲁϥⲥⲱⲧⲙ̄		ⲉ-ⲙⲡⲉϥⲥⲱⲧⲙ̄
과거 완료형(Pluperfect)	ⲛⲉ-ⲁϥⲥⲱⲧⲙ̄		ⲛⲉ-ⲙⲡⲉϥⲥⲱⲧⲙ̄ (ⲡⲉ)
제2 완료형	ⲛ̄ⲧⲁϥⲥⲱⲧⲙ̄		ⲛ̄ⲧⲁϥⲥⲱⲧⲙ̄ ⲁⲛ

제1 완료형의 미완료형(**ⲛⲉ-ⲁϥⲥⲱⲧⲙ̄**)은 영어의 과거 완료형과 일치한다: 그는 들었었다.he had heard.; 그는 썼었다.he had written. 제1 완료형의 상황절은 주절의 동사 시제 앞에 완료된 행동을 묘사하는 데 사용된다.

> **ⲉ-ⲁϥϩⲙⲟⲟⲥ, ⲁϥⲥϩⲁⲓ**... 앉은 후에, 그는 썼다. ···Having sat down, he wrote ...
>
> **ⲁⲛϩⲉ ⲉⲣⲟϥ ⲉ-ⲁϥⲙⲟⲩ.** 우리는 죽은(문자적으로, 이미 죽어있는) 그를 찾았다.We found him dead (lit., having died).

(b)

제1 미래형	ϥⲛⲁⲥⲱⲧⲙ̄	ⲡⲣⲉⲙⲉ ⲛⲁⲥⲱⲧⲙ̄
제1 미래형 관계절	ⲉⲧϥ̄ⲛⲁⲥⲱⲧⲙ̄	ⲉⲧⲉⲣⲉ-ⲡⲣⲱⲙⲉ ⲛⲁⲥⲱⲧⲙ̄
제1 미래형 상황절	ⲉϥⲛⲁⲥⲱⲧⲙ̄	ⲉⲣⲉ-ⲡⲣⲱⲙⲉ ⲛⲁⲥⲱⲧⲙ̄
제1 미래형 미완료형	ⲛⲉϥⲛⲁⲥⲱⲧⲙ̄	ⲛⲉⲣⲉ-ⲡⲣⲱⲙⲉ ⲛⲁⲥⲱⲧⲙ̄
제2 미래형	ⲉϥⲛⲁⲥⲱⲧⲙ̄	ⲉⲣⲉ-ⲡⲣⲱⲙⲉ ⲛⲁⲥⲱⲧⲙ̄

제1 미래형의 상황절은 주절의 시제와 관련하여 임박한, 곧 일어날 행동으로 묘사하는 데 사용된다.

> **ⲉⲓⲛⲁⲃⲱⲕ ⲉⲃⲟⲗ, ⲁϥⲙⲟⲩⲧⲉ ⲉⲣⲟⲓ.**
>
> 내가 막 떠나려고 할 때, 그는 나를 불렀다.
>
> **ⲁⲛϩⲉ ⲉⲣⲟϥ ⲉϥⲛⲁⲙⲟⲩ.**
>
> 우리는 곧 죽을[죽음을 앞둔] 그를 찾았다.

제1 미래형의 미완료형은 과거의 시간에서 임박한 행동을 묘사한다.

> **ⲛⲉⲓⲛⲁⲁⲗⲉ ⲉ ⲡϫⲟⲓ (ⲡⲉ).** 나는 막 배를 타려던 참이었다.

이 형식은 일반적으로 미래 미완료형*imperfectum futuri*라고 불린다. 제2 미래형(**ⲉϥⲛⲁⲥⲱⲧⲙ̄**)은 제2 시제 형식의 모든 전형적인 사용법을 가지고 있다. 이 두 활용의 특별한 사용법은 나중에 언급할 것이다.

제1 미래형과 그것과 관련된 체계는 형식적으로는 현재형 체계의 파생물이며, 부정사 앞에 **ⲛⲁ**-가 추가된다. 이것은 이분절 활용의 다른 특성은 없지만,

(1) 지속성이 없다(특정한 상相적으로 중성인 동사(예, **ⲣⲁϣⲉ**)를 제외하고).

(2) 부정사만이 술어의 위치에 올 수 있다.

(3) 부정사의 명사형과 대명사 접미형이 자유롭게 나온다.

(c)			
	존재 및 소유형	ⲟⲩⲛ̄- / ⲟⲩⲛ̄ⲧⲁϥ	ⲙⲛ̄- / ⲙⲛ̄ⲧⲁϥ
	관계절	ⲉⲧⲉ ⲟⲩⲛ̄- / ⲟⲩⲛ̄ⲧⲁϥ	ⲉⲧⲉ ⲙⲛ̄- / ⲙⲛ̄ⲧⲁϥ
	상황절	ⲉ-ⲟⲩⲛ̄- / ⲟⲩⲛ̄ⲧⲁϥ	ⲉ-ⲙⲛ̄- / ⲙⲛ̄ⲧⲁϥ
	미완료형	ⲛⲉ-ⲟⲩⲛ̄- / ⲟⲩⲛ̄ⲧⲁϥ	ⲛⲉ-ⲙⲛ̄- / ⲙⲛ̄ⲧⲁϥ

상황절 형식은 주절의 시제와 동시에 일어나는 상태를 묘사한다.

ⲉ-ⲙⲛ̄-ⲟⲉⲓⲕ ⲙ̄ⲙⲁⲩ, ⲁⲛⲃⲱⲕ ⲉⲃⲟⲗ.

음식이 거기에 없어서 우리는 떠났다.

ⲁⲛϩⲉ ⲉⲣⲟϥ ⲉ-ⲙⲛ̄-ϭⲟⲙ ⲙ̄ⲙⲟϥ ⲉ ϣⲁϫⲉ.

우리는 말을 할 수 없는 그를 찾았다.

미완료형 형식은 단순히 과거 시간의 상태를 묘사한다.

ⲛⲉ-ⲟⲩⲛ̄- (또는 ⲛⲉⲩⲛ̄-) ⲟⲩⲣⲱⲙⲉ ⲙ̄ⲙⲁⲩ (ⲡⲉ).

한 사람이 있었다. There was a man.

ⲛⲉⲩⲛ̄ⲧⲁϥ ϩⲁϩ ⲛ̄ ⲥϩⲓⲙⲉ (ⲡⲉ).

그는 많은 아내가 있었다. He had many wives.

ⲡⲉ, ⲧⲉ, ⲛⲉ를 가진 계사 문장:

(d)			
	관계절	ⲉⲧⲉ ⲟⲩⲥⲁϩ ⲡⲉ	ⲉⲧⲉ ⲛ̄ ⲟⲩⲥⲁϩ ⲁⲛ ⲡⲉ
	상황절	ⲉ-ⲟⲩⲥⲁϩ ⲡⲉ	ⲉ-ⲛ ⲟⲩⲥⲁϩ ⲁⲛ ⲡⲉ
	미완료형	ⲛⲉ-ⲟⲩⲥⲁϩ ⲡⲉ	

상황절과 미완료형은 위처럼 사용된다.

위에 나열된 모든 하위 체계의 상황절 형식은 비한정 선행사 뒤에 관계절로 자주 사용된다.

> **ⲟⲩⲣⲱⲙⲉ ⲉ-ⲁϥⲕⲉⲧ-ⲟⲩⲏⲓ**
>
> 집을 지었던 한 사람a man who had built a house
>
> **ⲟⲩⲙⲩⲥⲧⲏⲣⲓⲟⲛ ⲉⲩⲛⲁϭⲟⲗⲡϥ̄ ⲉⲃⲟⲗ**
>
> 곧 드러나게 되는 신비a mystery which is about to be revealed
>
> **ⲟⲩⲭⲏⲣⲁ ⲉ-ⲙⲛ̄ⲧⲁⲥ ϣⲏⲣⲉ ⲙ̄ⲙⲁⲩ**
>
> 아들이 없는 한 과부a widow who has no son
>
> **ⲟⲩϣⲏⲣⲉ ⲉ-ⲟⲩⲭⲏⲣⲁ ⲧⲉ ⲧⲉϥⲙⲁⲁⲩ**
>
> 어머니가 과부인 한 소년a boy whose mother is a widow

상황절 컨버터 **ⲉⲣⲉ-**는 종종 계사 문장 앞에서 부적절하게 **ⲉ-**로 사용된다.

25.2 접속법(ⲛ̄ⲧⲉ-, ⲛ̄⸗) ~(해)서, 하고, ~이고

	단수	복수
1인칭	(ⲛ̄)ⲧⲁⲥⲱⲧⲙ̄	ⲛ̄ⲧⲛ̄ⲥⲱⲧⲙ̄
2인칭(남)	ⲛ̄ⲅⲥⲱⲧⲙ̄	ⲛ̄ⲧⲉⲧⲛ̄ⲥⲱⲧⲙ̄
2인칭(여)	ⲛ̄ⲧⲉⲥⲱⲧⲙ̄	
3인칭(남)	ⲛ̄ϥⲥⲱⲧⲙ̄	ⲛ̄ⲥⲉⲥⲱⲧⲙ̄
3인칭(여)	ⲛ̄ⲥⲥⲱⲧⲙ̄	

ⲛ̄ⲧⲉ-ⲡⲣⲱⲙⲉ ⲥⲱⲧⲙ̄

ⲛ̄ⲅ-, **ⲛ̄ϥ-**, **ⲛ̄ⲥ-**는 또한 **ⲛⲅ̄-**, **ⲛϥ̄-**, **ⲛⲥ̄-**로도 자주 나타난다. 접속법Conjunctive은 선행하는 동사 접두사verbal prefix의 힘을 이어가기 위해서 사용된다. 어떤 의미에서 그것은 접속사 '그리고'의 활용 형태에 지나지 않는다. 특히 제1 미래형 또는 명령형 뒤에 자주 나타난다.

> ϯⲛⲁⲃⲱⲕ ⲛ̄ⲧⲁϣⲁϫⲉ ⲛⲙ̄ⲙⲁϥ. 내가 가서 그와 이야기할 것이다.
>
> ϩⲙⲟⲟⲥ ⲛ̄ⲅⲥⲱⲧⲙ̄ ⲉ ⲧⲁⲥⲃⲱ. 너는(남) 앉아서 내 가르침을 들어라
>
> ⲁⲛⲓ-ⲛ̄ϫⲱⲱⲙⲉ ⲛ̄ⲧⲉⲧⲛ̄ⲧⲁⲁⲩ ⲛⲁϥ.
>
> 너희는 책(들)을 가지고 와서 그에게 주어라

이것은 긍정 제1 완료형을 제외하고 선행하는 거의 모든 동사 접두사의 힘을 이어가기 위해 사용할 수 있지만, 이 제약조차 관계절 형태에서는 적용되지 않는다. 아래와 같이 굴절 부정사 뒤에도 사용된다.

> ϩⲁⲡⲥ̄ ⲉⲣⲟⲛ ⲉⲧⲣⲉⲛⲃⲱⲕ ⲛ̄ⲧⲛ̄ϣⲁϫⲉ ⲛⲙ̄ⲙⲁϥ.
>
> 우리가 가서 그와 이야기할 필요가 있다.

특히 주어의 변경이 있는 많은 경우에 접속절은 목적절이나 결과절의 의미를 가진다.

> ⲁⲛⲓϥ ⲉⲣⲟⲓ ⲛ̄ⲧⲁⲛⲁⲩ ⲉⲣⲟϥ.
>
> 그를 나에게로 데려와서 내가 그를 볼 수 있도록 해라.
>
> ⲙⲁ ⲛⲁⲩ ⲛ̄ⲥⲉⲟⲩⲱⲙ.
>
> 그들에게 (음식을) 주어서 그들이 먹을 수 있도록 해라.

이 사용법은 첫 번째 절에서 암시적이든 명시적이든 금지(명령형)의 힘의 존재에 크게 의존한다. 그리스어 접속법의 접속사 대해서는 레슨 30을 보라.

접속법은 삼분절 활용과 유사하다: 부정사만 그것의 동사 요소로 사용될 수 있다. 부정문은 부정사 앞에 **-ⲧⲙ̄-**을 사용한다. 그러나 접속법에서 부정 동사가 계속 사용되면 부정이 이어질 수 있다.

어휘 25

ⲟⲩⲉ, Q. **ⲟⲩⲏⲩ** intr. 떨어지게 되다, 멀게되다(~로부터: **ⲉ**, **ⲙ̄ⲙⲟ⸗**, **ⲉⲃⲟⲗ ⲙ̄ⲙⲟ⸗**); n.m. 거리. **ⲉ ⲡⲟⲩⲉ** 떨어져, 먼 곳으로. **ⲙ̄ ⲡⲟⲩⲉ** 멀리서

ⲧⲁϩⲟ, **ⲧⲁϩⲉ-**, **ⲧⲁϩⲟ⸗** Q. **ⲧⲁϩⲏⲩ** tr. (1) 일어나게 하다; 창작/창조하다, 설립하다(**ⲙ̄ⲙⲟ⸗**); (2) 도착하다, 이르다, ~을 따라잡다(**ⲙ̄ⲙⲟ⸗**); 붙잡다, 체포하다(**ⲙ̄ⲙⲟ⸗**)

ϭⲱⲛⲧ̄, Q. **ϭⲟⲛⲧ̄** intr. 화나게 되다, 격노하게 되다(~에, ~에 대하여: **ⲉ**, **ⲉϫⲛ̄**); n.m. 분노, 격분

ⲙ̄ⲡϣⲁ intr. (~을 받을) 자격이 되다, ~할 가치가 있다(~의: **ⲙ̄ⲙⲟ⸗**; 하다: **ⲛ̄**, **ⲉ** + inf.)

ⲧⲁⲕⲟ, **ⲧⲁⲕⲉ-**, **ⲧⲁⲕⲟ⸗** Q. **ⲧⲁⲕⲏⲩ** tr. 파괴하다, 그만두게 하다(**ⲙ̄ⲙⲟ⸗**); intr. 죽다; n.m. 파괴, 파멸

ⲱⲙⲥ̄, **ⲉⲙⲥ̄-**, **ⲟⲙⲥ⸗** Q. **ⲟⲙⲥ̄** tr. 가라앉다, 내려가다, 담그다(**ⲙ̄ⲙⲟ⸗**); intr. 가라앉다(안으로: **ϩⲛ̄**, **ⲉ**, **ⲉϩⲟⲩⲛ ⲉ**)

ϩⲱⲗ, Q. **ϩⲏⲗ** intr. 날다

ⲡ.ϣⲏⲛ 나무

ⲡ.ⲧⲁⲣ (나뭇)가지

ⲡ.ⲉⲗⲟⲟⲗⲉ 포도

ⲡ.ϩⲁⲗⲏⲧ (pl. **ϩⲁⲗⲁⲧⲉ**) 새

ⲧ.ϫⲉⲛⲉⲡⲱⲣ 지붕

ⲧ.ⲃⲱ 나무, 덩굴. **ⲃⲱ**는 나무의 종류가 언급될 때 사용된다; 그렇지 않으면 **ϣⲏⲛ**.

ⲧ.ⲃⲱ ⲛ̄ ⲉⲗⲟⲟⲗⲉ 포도 덩굴(나무)

ⲡ.ⲙⲁ ⲛ̄ ⲉⲗⲟⲟⲗⲉ 포도밭, 포도원

연습문제 25

1. ⲡⲙⲁ ⲛ̄ ⲉⲗⲟⲟⲗⲉ ⲟⲩⲏⲩ ⲁⲛ ⲉⲃⲟⲗ ϩⲙ̄ ⲡϯⲙⲉ.

2. ⲉ-ⲁⲩⲧⲁⲕⲟ ⲛ̄ ⲧⲡⲟⲗⲓⲥ, ⲁⲩⲗⲟ ⲉⲃⲟⲗ.

3. ϩⲁⲡⲥ̄ ⲉⲧⲣⲉⲕⲥⲟⲃⲧⲉ ⲛⲁϥ ⲛ̄ ⲟⲩⲙⲁ ⲛ̄ ⲛ̄ⲕⲟⲧⲕ̄.

4. ⲁⲩⲧⲁϩⲉ-ⲛ̄ϣⲏⲣⲉ ⲉⲩⲙⲏⲣ ⲛ̄ⲛⲁϩⲣⲙ̄ ⲡϩⲏⲅⲉⲙⲱⲛ.

5. ⲁⲙⲏⲉⲓⲧⲛ̄ ⲛ̄ⲧⲉⲧⲛ̄ⲥⲱⲧⲙ̄ ⲉ ⲧⲉϥⲥⲃⲱ.

6. ⲛⲉⲓⲁϩⲉⲣⲁⲧ ⲙ̄ ⲡⲟⲩⲉ ⲉⲓϭⲱϣⲧ̄ ⲉ ⲡⲙⲏⲏϣⲉ.

7. ϯ-ⲛⲁⲃⲱⲕ ⲛ̄ⲧⲁϭⲛ̄ⲧϥ̄.

8. ⲛⲉⲣⲉ-ⲛⲉⲥⲛⲏⲩ ⲉⲓⲛⲉ ⲙ̄ ⲡⲕⲁⲣⲡⲟⲥ ⲉ ⲧⲡⲟⲗⲓⲥ ⲛ̄ⲥⲉϯ ⲙ̄ⲙⲟϥ ⲉⲃⲟⲗ ϩⲛ̄ ⲧⲁⲅⲟⲣⲁ.

9. ⲛⲉⲩⲛⲁⲣⲱϩⲧ̄ ⲙ̄ⲙⲟϥ ⲛ̄ϭⲓ ⲙ̄ⲙⲁⲧⲟⲓ ⲛ̄ ϫⲁϫⲉ.

10. ⲁ-ⲡϩⲁⲗⲏⲧ ϩⲱⲗ ⲉ ⲧⲡⲉ ⲁⲩⲱ ⲁϥⲟⲩⲱϩ ⲉϫⲛ̄ ⲟⲩⲧⲁⲣ ⲛ̄ⲧⲉ ⲡϣⲏⲛ.

11. ⲛⲁⲓ ⲛⲉ ⲛ̄ϣⲁϫⲉ ⲉⲛⲧⲁϥⲥϩⲁⲓⲥⲟⲩ ϩⲓ ⲡⲕⲁϩ ϩⲙ̄ ⲡⲉϥⲧⲏⲏⲃⲉ.

12. ⲉ-ⲁϥⲧⲱⲟⲩⲛ ⲛ̄ϭⲓ ⲡϭⲁⲗⲉ, ⲁϥⲃⲱⲕ ⲉⲃⲟⲗ ⲉϥⲣⲁϣⲉ.

13. ⲛⲉ-ⲟⲩⲛ̄-ⲧⲁϥ ⲙ̄ⲙⲁⲩ ⲛ̄ ⲟⲩⲕⲟⲩⲓ ⲛ̄ ϣⲏⲣⲉ ⲉϥⲥⲏϭ.

14. ⲥⲉⲛⲁⲧⲁϩⲟϥ ⲛ̄ⲥⲉⲛⲟϫϥ̄ ⲉ ⲡⲉϣⲧⲉⲕⲟ.

15. ⲛⲉ-ⲟⲩⲁⲡⲓⲥⲧⲟⲥ ⲡⲉ ⲡⲉⲩⲣ̄ⲣⲟ.

16. ⲕⲛⲁϣⲓⲛⲉ ⲛ̄ⲥⲱⲓ ⲙ̄ ⲡⲉϩⲟⲟⲩ ⲉⲧ ⲙ̄ⲙⲁⲩ ⲛ̄ⲅⲧⲙ̄ϭⲓⲛⲉ ⲙ̄ⲙⲟⲓ.

17. ⲛ̄ϯⲙ̄ⲡϣⲁ ⲁⲛ ⲉⲧⲣⲉⲩ-ⲥⲟⲧⲡⲧ̄.

18. ⲁⲛϩⲉ ⲉ ⲡⲙⲁ ⲛ̄ ⲉⲗⲟⲟⲗⲉ ⲉϥⲧⲁⲕⲏⲩ.

19. ⲉ-ⲁ-ϣⲟⲙⲛ̄ⲧ ⲛ̄ ⲉⲃⲟⲧ ⲟⲩⲉⲓⲛⲉ, ⲁⲥⲕⲟⲧⲥ̄ ⲉ ⲡⲉⲥⲏⲓ.

20. ⲛⲉ-ⲙⲛ̄-ϣϭⲟⲙ ⲙ̄ⲙⲟϥ ⲉ ⲧⲁϩⲉ-ⲛⲉϥϣⲃⲉⲉⲣ.

21. ⲉ-ⲁϥϭⲱⲛⲧ̄ ⲉϫⲙ̄ ⲡⲉϥⲥⲟⲛ, ⲁϥⲧⲱⲟⲩⲛ ⲉϫⲱϥ, ⲁϥⲙⲟⲟⲩⲧϥ̄.

22. ⲛⲉⲣⲉ-ⲛ̄ϩⲁⲗⲁⲧⲉ ⲛ̄ ⲧⲡⲉ ⲟⲩⲱⲙ ⲉⲃⲟⲗ ϩⲛ̄ ⲛⲉⲗⲟⲟⲗⲉ.

23. ⲁⲛⲛⲁⲩ ⲉ ⲡⲉϥϫⲟⲓ ⲉϥⲱⲙⲥ̄ ⲉⲡⲉⲥⲏⲧ ⲛ̄ ⲑⲁⲗⲁⲥⲥⲁ.

24. ⲛ̄ⲧⲁϥⲉⲓ ⲉ ⲧⲁⲕⲟⲛ.

25. ⲉⲓⲛⲁⲛ̄ⲕⲟⲧⲕ̄, ⲁ-ⲡⲁϩⲙ̄ϩⲁⲗ ⲉⲓⲛⲉ ⲛⲁⲓ ⲛ̄ ⲧⲉⲕⲉⲡⲓⲥⲧⲟⲗⲏ.

26. ⲁⲩⲁⲗⲉ ϩⲛ̄ ⲟⲩϭⲉⲡⲏ ⲉ ⲧϫⲉⲛⲉⲡⲱⲣ.

27. ⲛⲉⲩⲛ̄-ⲟⲩⲣ̄ⲣⲟ ⲛ̄ⲥⲁⲃⲉ ⲉ-ⲟⲩⲛ̄ⲧⲁϥ ϣⲟⲙⲛ̄ⲧ ⲛ̄ ϣⲏⲣⲉ.

28. ⲁⲓⲛⲁⲩ ⲛ̄ ⲟⲩⲛⲟϭ ⲛ̄ ϩⲁⲗⲏⲧ ⲉϥⲟⲩⲏϩ ϩⲓϫⲛ̄ ⲟⲩⲃⲱ ⲛ̄ ⲉⲗⲟⲟⲗⲉ.

29. ⲧⲛ̄ⲛⲁⲛⲁⲩ ⲛ̄ⲧⲛ̄ⲉⲓⲙⲉ ⲛ̄ⲧⲛ̄ϣⲓⲡⲉ ⲉⲙⲁⲧⲉ.

30. ⲁϥⲕⲓⲙ ⲉ ⲛⲉϥⲧⲏⲏⲃⲉ ⲉ ⲛ̄ⲃⲁⲗ ⲙ̄ ⲡⲃⲗ̄ⲗⲉ.

31. ⲛ̄ ⲧⲉⲩⲛⲟⲩ ⲁϥⲗⲟ ⲉϥϭⲟⲛⲧ̄.

32. ⲁⲩⲉⲓ ⲉ ⲃⲏⲑⲗⲉⲉⲙ ⲉⲃⲟⲗ ϫⲉ ⲛⲉ-ⲁⲩⲥⲱⲧⲙ̄ ⲉⲧⲃⲉ ⲡⲙⲓⲥⲉ ⲙ̄ ⲡⲉⲛⲥⲱⲧⲏⲣ.

33. ⲁ-ⲡⲁϫⲟⲓ ⲱⲙⲥ̄ ϩⲙ̄ ⲡⲉⲓⲉⲣⲟ.

34. ⲛⲉ-ⲟⲩⲛ̄-ⲟⲩⲛⲟϭ ⲛ̄ ϣⲧⲟⲣⲧⲣ̄ ϩⲛ̄ ⲧⲡⲟⲗⲓⲥ.

35. ⲁ-ⲛ̄ϩⲁⲗⲁⲧⲉ ⲟⲩⲱϩ ⲉϫⲛ̄ ⲧϫⲉⲛⲉⲡⲱⲣ ⲙ̄ ⲡⲏⲓ.

36. ⲛⲉⲩⲙ̄ⲡϣⲁ ⲛ̄ ϣⲱⲡ ⲙ̄ ⲡⲉⲡ̄ⲛ̄ⲁ̄ ⲉⲧ ⲟⲩⲁⲁⲃ ϩⲙ̄ ⲡⲉⲩϩⲏⲧ.

37. ⲛⲉⲩϫⲓ ⲛ̄ ⲛ̄ⲧⲁⲣ ⲛ̄ⲥⲉⲛⲟⲩϫⲉ ⲙ̄ⲙⲟⲟⲩ ϩⲓ ⲧⲉϩⲓⲏ.

읽기: "사막 교부들의 금언집"에서

ⲛⲉ-ⲟⲩⲛ̄-ⲟⲩⲁ ϩⲛ̄ ⲕⲏⲙⲉ ⲉ-ⲟⲩⲛ̄ⲧⲁϥ ⲙ̄ⲙⲁⲩ ⲛ̄ ⲟⲩϣⲏⲣⲉ ⲉϥⲥⲏϭ. ⲁⲩⲱ ⲁϥⲉⲓⲛⲉ ⲙ̄ⲙⲟϥ, ⲁϥⲕⲁⲁϥ ϩⲛ̄ ⲧⲣⲓ ⲛ̄ ⲁⲡⲁ[1] ⲙⲁⲕⲁⲣⲓⲟⲥ, ⲁⲩⲱ ⲁϥⲕⲁⲁϥ ⲉϥⲣⲓⲙⲉ ϩⲁⲧϩⲙ̄ ⲡⲣⲟ, ⲁϥⲃⲱⲕ ⲉ ⲡⲟⲩⲉ. ⲡϩⲗ̄ⲗⲟ ⲇⲉ ⲁϥϭⲱϣⲧ̄ ⲉⲃⲟⲗ, ⲁϥⲛⲁⲩ ⲉ ⲡⲕⲟⲩⲓ ⲛ̄ ϣⲏⲣⲉ ⲉϥⲣⲓⲙⲉ, ⲁⲩⲱ ⲡⲉϫⲁϥ ⲛⲁϥ ϫⲉ, "ⲛⲓⲙ ⲡⲉⲛⲧⲁϥⲛ̄ⲧⲕ̄ ⲉ ⲡⲉⲓⲙⲁ?" ⲛ̄ⲧⲟϥ ⲇⲉ ⲡⲉϫⲁϥ ϫⲉ, "ⲡⲁⲉⲓⲱⲧ ⲡⲉ. ⲁϥⲛ̄ⲧ, ⲁϥⲛⲟϫⲧ̄ ⲉⲃⲟⲗ, ⲁϥⲃⲱⲕ." ⲡⲉϫⲉ-ⲡϩⲗ̄ⲗⲟ ⲛⲁϥ ϫⲉ, "ⲧⲱⲟⲩⲛⲅ̄ ⲛ̄ⲅⲡⲱⲧ ⲛ̄ⲅⲧⲁϩⲟϥ." ⲁⲩⲱ ⲛ̄ ⲧⲉⲩⲛⲟⲩ ⲁϥⲟⲩϫⲁⲓ, ⲁϥⲧⲱⲟⲩⲛ, ⲁϥⲧⲁϩⲉ-ⲡⲉϥⲉⲓⲱⲧ, ⲁⲩⲱ ⲛ̄ ⲧⲉⲓϩⲉ ⲁⲩⲃⲱⲕ ⲉ ⲡⲉⲩⲏⲓ ⲉⲩⲣⲁϣⲉ.

1. ⲁⲡⲁ라는 용어는 원래 아람어 *'abbā* (아버지)에서 유래한 존칭이다. ⲙⲁⲕⲁⲣⲓⲟⲥ는 고유명사다.

레슨 26
복합 동사, ϣ-/ⲉϣ- (~할 수 있다), ⲧⲁⲕⲟ 유형의 부정사

26.1 복합 동사. 콥트어 어휘에는 특히 복합 동사가 풍부하다. 대부분의 복합 동사는 명사형 부정사와 대개 관사가 없는 명사 요소로 구성되어 있다. 예, ϯ-ⲉⲟⲟⲩ(칭찬하다, 찬송하다), ϫⲓ-ⲃⲁⲡⲧⲓⲥⲙⲁ(세례를 받다). 단어의 의미는 대부분 그 구성요소에서 예측이 가능하다.

복합어에서 가장 자주 나오는 동사들은 ϯ-(주다), ϫⲓ-(받다), ϥⲓ-(올리다, 옮기다), ϭⲛ̄-(찾다, 얻다), ⲕⲁ-(두다, 만들다)가 있다.

ϯ-ⲕⲁⲣⲡⲟⲥ 열매를 맺다, 결과를 낳다

ϯ-ⲙⲉⲧⲁⲛⲟⲓⲁ 후회[회개]하다; 자신을 낮추어 겸허하게 하다

ϯ-ⲉⲟⲟⲩ ⲛⲁ⸗ ~을 찬미[찬송]하다

ϯ-ⲥⲃⲱ ⲛⲁ⸗ 누군가에게 가르치다(무엇을: ⲉ)

ϫⲓ-ⲥⲃⲱ 교육을 받다, 가르침을 받다(무엇을: ⲉ)

ϭⲛ̄-ⲙ̄ⲧⲟⲛ 쉼을 얻다

ϭⲛ̄-ϩⲱⲃ ⲙⲛ̄ ~와 거래하다

ϭⲙ̄-ϭⲟⲙ (ϭⲛ̄-ϭⲟⲙ) 힘을 얻다, 승리하다, 이기다; ~할수 있다(하다: ⲉ + inf.)

ϥⲓ-ⲣⲟⲟⲩϣ 주의하다, 염려하다(~위해, ~대하여: ⲉ, ⲛⲁ⸗, ⲉⲧⲃⲉ, ϩⲁ)

ⲣ̄-를 가진 복합어는 두 그룹으로 분류되는 경우가 가장 많다. 첫째 그룹에서 ⲣ̄-는 "하다, 만들다, 수행하다"라는 기본적인 의미를 가진다.

ⲣ̄-ⲛⲟⲃⲉ 죄를 짓다(~대하여: ⲉ)

> **ⲣ̄-ⲡⲁⲓ** 이렇게[이와 같이] 하다
>
> **ⲣ̄-ⲟⲩ** 무엇을 하는가?

ⲣ̄-X **ⲛ̄ ⲣⲟⲙⲡⲉ**(X는 숫자)는 두 가지 의미가 있다: (1) X살이 되다; (2) X년이 지나다

ⲣ̄-의 두 번째 그룹에서 복합어 **ⲣ̄**-는 "~이 되다"to become의 의미를 가진다. 예, **ⲣ̄-ⲣ̄ⲣⲟ** 왕이 되다(~위에: **ⲉϫⲛ̄**). 두 번째 요소는 사실상 언어에서 어떤 명사 또는 형용사일 수 있으므로 완전한 분류가 불가능하다. 상태동사는 **ⲟ ⲛ̄ ⲣ̄ⲣⲟ**(왕이 되어 있다, 왕이다to be king)의 경우처럼 일률적으로 **ⲟ ⲛ̄** 이다.

> **ⲣ̄-ϩⲗ̄ⲗⲟ** 나이 들다; **ⲟ ⲛ̄ ϩⲗ̄ⲗⲟ** 늙어 있다, 늙었다to be old
>
> **ⲣ̄-ϩⲏⲅⲉⲙⲱⲛ** 통치자가 되다to become governor; **ⲟ ⲛ̄ ϩⲏⲅⲉⲙⲱⲛ** 통치자가 되어 있다(= 통치자다)to be governor
>
> **ⲣ̄-ϫⲟⲉⲓⲥ** 주인이 되다(~의: **ⲉ, ⲉϫⲛ̄**); **ⲟ ⲛ̄ ϫⲟⲉⲓⲥ** 주인이 되어 있다(= 주인이다)to be master

그러나 **ⲟ ⲛ̄** 유형의 상태동사가 첫 번째 그룹으로 확장되면서 이 두 그룹 사이의 구별은 종종 모호해진다. 예, **ⲣ̄-ϣⲡⲏⲣⲉ** 경이로워하다, 놀라다(~에: **ⲙ̄ⲙⲟ⸗, ⲉ, ⲉⲧⲃⲉ, ⲉϫⲛ̄**), 감탄하다: Q. **ⲟ ⲛ̄ ϣⲡⲏⲣⲉ** 놀라다, 놀란 상태다to be amazed.

복합 동사의 명사 요소는 정관사를 가지는 경우가 적다.

> **ⲣ̄-ⲡⲱⲃϣ̄** 잊다(**ⲛ̄**)
>
> **ⲣ̄-ⲡⲙⲉⲉⲩⲉ** 기억하다 (**ⲛ̄**)
>
> **ϯ-ⲑⲉ ⲛⲁ⸗** ~에게 수단을 제공하다(~하기 위하여: **ⲉ, ⲉⲧⲣⲉ**)

ⲣ̄-ⲡⲱⲃϣ̄, ⲣ̄-ⲡⲙⲉⲉⲩⲉ 및 이러한 유형의 다른 많은 경우에 대명사 목적어는 명사의 소유격 접두사로 표현된다. ⲣ̄-ⲡⲉϥⲱⲃϣ̄(그를 잊다), ⲣ̄-ⲡⲉϥⲙⲉⲉⲩⲉ(그를 기억하다).

복합 동사가 부정사의 명사형을 사용하는 것으로 인해, 명사형이 대개 금지되는 이분절 활용에서 그것의 나타남에 대해 의문이 생긴다. 일반적으로 복합 동사는 예른스테트 규칙의 예외이며, 이분절 활용에서 나오는 것처럼 자유롭게 사용될 수 있다. 그렇지만 두 유형의 복합어는 예른스테트 규칙을 따르려는 경향이 있다.

(1) 명사에 정관사를 가진 ⲣ̄-ⲡⲙⲉⲉⲩⲉ 유형. 이분절 활용에서는 부정사의 기본형이 사용된다. 비교해보라.

> ⲁⲓⲣ̄-ⲡⲉϥⲙⲉⲉⲩⲉ. 나는 그를 기억했다
>
> ϯⲉⲓⲣⲉ ⲙ̄ ⲡⲉϥⲙⲉⲉⲩⲉ. 나는 그를 기억한다

(2) 명사 요소가 신체의 일부(ⲧⲟⲟⲧ⸗ '손'—옮긴이)인 많은 복합어. 비교해보라.

> ⲁⲓϯ-ⲧⲟⲟⲧⲥ̄. 나는 그녀를 도왔다.
>
> ϯϯ ⲛ̄ ⲧⲟⲟⲧⲥ̄. 나는 그녀를 돕고 있다.

26.2 원래 "(~하는 법을) 알다"라는 완전한 동사인 ϣ-, ⲉϣ- 요소는 "~할 수 있다"를 표현하기 위해 부정사에 접두사로 붙을 수 있다.

> ⲙ̄ⲡⲉϥϣⲃⲱⲕ 그는 갈 수 없었다.
>
> ⲛ̄ϯⲛⲁϣϯ-ⲧⲟⲟⲧⲕ̄ ⲁⲛ. 나는 너를 도와줄 수 없을 것이다.

ϭⲟⲙ의 복합어에서 중복되거나 선택적으로 나타난다: ⲟⲩⲛ̄-(ϣ)ϭⲟⲙ, ⲙⲛ̄-(ϣ)ϭⲟⲙ, ϭⲙ̄-(ϣ)ϭⲟⲙ.

26.3 ⲦⲀⲔⲞ 유형의 부정사. 부정사가 Ⲧ-로 시작하여 -Ⲟ로 끝나는 상당히 큰 동사 그룹이 있다: 예, **ⲦⲀⲔⲞ, ⲦⲀⲔⲈ-, ⲦⲀⲔⲞ⸗** Q. **ⲦⲀⲔⲎⲨ**(파괴하다). 이집트어의 더 오래된 단계에서 이 동사들은 **ϯ**(주다) 형태에 접미사 첨가로 활용된 동사 형태를 더한 복합 사역동사였다. 따라서 원래 구조는 두 개의 목적어(나는 **그에게 벌금을** 내도록 했다I caused *him* to pay *a fine*)를 가진 단일 동사로 합쳐진 두 개의 동사(예, 나는 그가 벌금을 **내도록 했다***I caused* that he *pay* a fine)를 포함했다. 사히드 방언에서 잔존하는 오래된 구문의 흔적의 예는 누가복음 3:14이다(**ⲘⲠⲢ̄ⲦⲦⲈ-ⲖⲀⲀⲨ ⲞⲤⲈ** 아무에게도 벌금을 내게 하지 마라). **ⲦⲦⲞ, ⲦⲦⲈ-**는 **ϯ**의 사역형이다. 두 번째 목적어에 목적어 표지marker가 없는 것은 구문상의 특징이지만, 이 특정 예에서 관사가 없는 것은 복합 동사 **ϯ-ⲞⲤⲈ**(벌금을 내다, 손해를 보다)와의 연관성에서 비롯된다. 그러나 대부분의 동사들이 단순히 타동사이기 때문에, 일반적으로 콥트어에서는 더 오래된 구문을 고려할 필요가 없다. 몇 가지 예:

ⲦⲀⲘⲞ, ⲦⲀⲘⲈ-, ⲦⲀⲘⲞ⸗ tr. 말하다, 알리다(**Ⲙ̄ⲘⲞ⸗**; ~의, 대하여: **Ⲉ, ⲈⲦⲂⲈ**; ~을: **ⲚⲈ**); **ⲈⲒⲘⲈ**(깨닫다, 알다)의 사역형.

ⲦⲀⲖⲞ, ⲦⲀⲖⲈ-, ⲦⲀⲖⲞ⸗ Q. **ⲦⲀⲖⲎⲨ** (± **ⲈϨⲢⲀⲒ**) tr. 올라가게 하다, (배에)타게 하다, 산에 오르게 하다; 들어올리다, 바치다, 올리다(**Ⲙ̄ⲘⲞ⸗**); **ⲀⲖⲈ**의 사역형.

ⲦⲀⲚϨⲞ, ⲦⲀⲚϨⲈ-, ⲦⲀⲚϨⲞ⸗ Q. **ⲦⲀⲚϨⲎⲨ** tr. 의식[기운]을 되찾게 하다, 살려두다(**Ⲙ̄ⲘⲞ⸗**); **ⲰⲚϨ̄**(살다)의 사역형.

Ⲧ + Ϣ는 첫 자음 **Ϫ**로 나타난다.

ϪⲠⲞ, ϪⲠⲈ-, ϪⲠⲞ⸗ tr. (아이를) 낳다, 출산하다(**Ⲙ̄ⲘⲞ⸗**); 얻다, 획득하다, 받다(**Ⲙ̄ⲘⲞ⸗**; 종종 재귀용법 여격과 함께 **ⲚⲀ⸗** 혼자 힘으로); **ϢⲰⲠⲈ**의 사역형.

ⲬⲠⲒⲞ, **ⲬⲠⲒⲈ-**, **ⲬⲠⲒⲞ⸗** Q. **ⲬⲠⲒⲎⲦ** tr. 부끄럽게 하다, 탓하다, 나무라다, 비난하다(**ⲘⲘⲞ⸗**; ~에 대해: **ⲈⲦⲂⲈ**, **ⲈϪⲚ̄**, **ϨⲀ**); **ϢⲒⲠⲈ**의 사역형.

때때로 첫 자음 **Ⲧ-**는 다음과 같이 손실된다.

ⲔⲦⲞ, **ⲔⲦⲈ-**, **ⲔⲦⲞ⸗** Q. **ⲔⲦⲎⲨ** tr. 돌리다, 전환하다; 이 동사는 그것의 기본 **ⲔⲰⲦⲈ**와 완전히 동의어가 됐다.

몇몇 동사는 마지막 **-Ⲥ** 또는 **-ⲞⲨ**(고정된 주어 접미사)를 유지한다.

ϪⲞⲞⲨ, **ϪⲈⲨ-**, **ϪⲞⲞⲨ⸗** tr. 보내다(**ⲘⲘⲞ⸗**; ~로: **ⲈⲢⲀⲦ⸗**, **ⲚⲀ⸗**, **ⲈϪⲘ̄**, **ϢⲀ**); + **ⲈⲂⲞⲖ** 떨어져, 밖에, 벗어나; + **ϨⲀⲐⲎ** 앞서.

ⲦⲚ̄ⲚⲞⲞⲨ 보내다(이미 앞에서 소개됐다). 원래 **ϪⲞⲞⲨ**는 "가게 하다"(**ϢⲈ** [가다]의 사역형)를 의미하고, **ⲦⲚ̄ⲚⲞⲞⲨ**는 "가져오게 하다"(**ⲈⲒⲚⲈ**의 사역형)를 의미한다.

ⲦⲞⲨⲚⲞⲤ, **ⲦⲞⲨⲚⲈⲤ-**, **ⲦⲞⲨⲚⲞⲤ⸗** tr. (잠에서) 깨다, 깨우다, 일으키다(**ⲘⲘⲞ⸗**); **ⲦⲰⲞⲨⲚ**의 사역형(인 듯 하다).

이 동사들의 명령형은 선택적으로 접두사 **ⲘⲀ-**를 가질 수 있다: **ⲘⲀⲦⲀⲘⲞ**, **ⲘⲀⲦⲀⲖⲞ** 등. §17.1을 참조하라.

어휘 26

(§26.1에 복합 동사가, §26.2에 접두사 **Ϣ-**가, 그리고 §26.3에 동사 **ⲦⲀⲘⲞ**, **ⲦⲀⲖⲞ**, **ⲦⲀⲚϨⲞ**, **ϪⲠⲞ**, **ϪⲠⲒⲞ**, **ⲔⲦⲞ**, **ϪⲞⲞⲨ**, **ⲦⲞⲨⲚⲞⲤ**가 나왔다.)

ⲱⲃϣ̄, ⲉⲃϣ̄-, ⲟⲃϣ⸗ Q. ⲟⲃϣ̄ tr. 잊다, 간과하다, 소홀히 하다(ⲙ̄ⲙⲟ⸗);

intr. 자다, 잠이 들다; 명사로 잊음, 잠/수면

ⲱⲛϩ̄, Q. ⲟⲛϩ̄ intr. 살게 되다, 살다; n.m. 삶, 생명

ⲟ ⲉⲓⲣⲉ의 상태동사

ⲡ.ⲣⲟⲟⲩϣ 걱정, 우려, 불안. ⲣ̄-ⲣⲟⲟⲩϣ (Q. ⲟ ⲛ̄) 우려하다(~을: ⲛⲁ⸗)

ⲧⲉ.ϣⲡⲏⲣⲉ 경이, 놀라움, 기적

ϯ-ⲧⲟⲟⲧ⸗, ϯ ⲛ̄ ⲧⲟⲟⲧ⸗ 거들다, 돕다(목적어 접미사가 필요하다; ⲛ̄

과 함께 명사 목적어)

ⲧⲉ.ⲑⲩⲥⲓⲁ (ἡ θυσία) 제물, 희생(물)

ⲡ.ⲃⲁⲡⲧⲓⲥⲙⲁ (τὸ βάπτισμα) 세례(식). ϯ-ⲃⲁⲡⲧⲓⲥⲙⲁ 세례를 주다

연습문제 26

1. ⲡⲉⲓϣⲏⲛ ⲇⲉ ⲛϥ̄ϯ-ⲕⲁⲣⲡⲟⲥ ⲁⲛ.

2. ⲛϥ̄ϭⲙ̄-ϭⲟⲙ ⲁⲛ ⲉ ⲧⲁⲕⲟ ⲛ̄ ⲛⲉⲯⲩⲭⲏ ⲛ̄ ⲛ̄ⲇⲓⲕⲁⲓⲟⲥ.

3. ⲡⲉⲓⲥⲁϩ ⲡⲉⲧⲛ̄ϫⲓ-ⲥⲃⲱ ⲛ̄ⲧⲟⲟⲧϥ̄.

4. ⲁϥϯ-ⲙⲉⲧⲁⲛⲟⲓⲁ ⲉϥϫⲱ ⲙ̄ⲙⲟⲥ ϫⲉ ⲁⲓⲣ̄-ⲛⲟⲃⲉ, ⲡⲁϫⲟⲉⲓⲥ.

5. ⲧⲛ̄ⲛⲁϫⲓⲥⲉ ⲙ̄ⲙⲟϥ ⲉⲛϯ-ⲉⲟⲟⲩ ⲙ̄ ⲡⲉϥⲣⲁⲛ ⲉⲧ ⲟⲩⲁⲁⲃ.

6. ⲉⲓⲛⲁⲣ̄-ⲟⲩ?

7. ⲛ̄ⲧⲉⲣⲉϥⲣ̄-ⲙⲛ̄ⲧⲥⲛⲟⲟⲩⲥ ⲛ̄ ⲣⲟⲙⲡⲉ, ⲁ-ⲛⲉϥⲉⲓⲟⲧⲉ ⲛ̄ⲧϥ̄ ⲉ ⲡⲉⲣⲡⲉ.

8. ⲥϩⲁⲓ ⲛⲁⲓ ⲛⲅ̄ⲧⲁⲙⲟⲓ ⲉⲧⲃⲉ ⲛⲉϩⲃⲏⲩⲉ ⲉⲧⲕ̄ⲉⲓⲣⲉ ⲙ̄ⲙⲟⲟⲩ ⲙ̄ⲙⲁⲩ.

9. ⲁⲩⲱ ⲛ̄ ⲧⲉⲩⲛⲟⲩ ⲁ-ⲧⲃⲱ ⲛ̄ ⲉⲗⲟⲟⲗⲉ ϯ-ϩⲁϩ ⲛ̄ ⲕⲁⲣⲡⲟⲥ.

10. ⲉⲛⲛⲁϭⲛ̄-ⲙ̄ⲧⲟⲛ ⲧⲱⲛ ⲙ̄ ⲡⲉⲓⲕⲟⲥⲙⲟⲥ?

11. ϥⲓ-ⲣⲟⲟⲩϣ ⲉⲧⲃⲉ ⲛⲉⲓϣⲏⲣⲉ ⲛ̄ⲧⲉⲧⲛ̄ϩⲁⲣⲉϩ ⲉⲣⲟⲟⲩ ⲉⲃⲟⲗ ϩⲙ̄ ⲡⲡⲉⲑⲟⲟⲩ.

12. ⲛⲉϥϯ-ⲥⲃⲱ ⲛⲁⲩ ⲉ ⲛⲉⲛⲧⲟⲗⲏ ⲙ̄ ⲡϫⲟⲉⲓⲥ.

13. ⲛ̄ϯⲟⲩⲱϣ ⲁⲛ ⲉ ϭⲛ̄-ϩⲱⲃ ⲙⲛ̄ ⲛⲁ-ⲧⲉⲓⲙⲓⲛⲉ.

14. ⲙ̄ⲡⲓⲣ̄-ⲛⲟⲃⲉ ⲉⲣⲱⲧⲛ̄ ⲉⲛⲉϩ.

15. ⲛ̄ⲧⲟϥ ⲡⲉⲧ ⲛⲁϯ-ⲙ̄ⲧⲟⲛ ⲛⲁⲛ.

16. ⲡϩⲁⲗⲏⲧ ⲇⲉ ⲙ̄ⲡⲉϥϣϭⲙ̄-ϭⲟⲙ ⲉ ϩⲱⲗ ⲉⲃⲟⲗ.

17. ⲉ-ⲁϥⲉⲓ ⲉϩⲟⲩⲛ ⲉ ⲡⲉⲣⲉⲡⲉ, ⲁϥⲧⲁⲗⲟ ⲛ̄ ⲟⲩⲑⲩⲥⲓⲁ.

18. ⲥⲉⲛⲁⲥⲙⲟⲩ ⲉⲣⲟϥ ⲛ̄ⲥⲉϯ-ⲉⲟⲟⲩ ⲛⲁϥ.

19. ⲙ̄ ⲡⲉⲟⲩⲟⲉⲓϣ ⲧⲉⲧⲛⲁϣϭⲙ̄-ϭⲟⲙ ⲉ ⲧⲁⲛϩⲉ-ⲛⲉⲧ ⲙⲟⲟⲩⲧ.

20. ⲡⲁⲓ ⲡⲉ ⲡⲙⲁ ⲉⲧⲥ̄ⲛⲁϫⲡⲟ ⲙ̄ ⲡⲉⲥϣⲏⲣⲉ ⲛ̄ϩⲏⲧϥ̄.

21. ϣϣⲉ ⲉⲣⲱⲧⲛ̄ ⲉⲧⲣⲉⲧⲉⲧⲛ̄ϥⲓ-ⲣⲟⲟⲩϣ ϩⲁ ⲛⲉⲭⲏⲣⲁ ⲙⲛ̄ ⲛ̄ⲟⲣⲫⲁⲛⲟⲥ.

22. ⲁϥϫⲡⲟ ⲛⲁϥ ⲛ̄ ⲛ̄ⲕⲁ ⲛⲓⲙ ⲉⲛⲧⲁ-ⲡⲉϥϩⲏⲧ ⲟⲩⲁϣⲟⲩ.

23. ⲛ̄ⲧⲁⲕⲣ̄-ⲟⲩ ϩⲛ̄ ⲧⲡⲟⲗⲓⲥ?

24. ⲉⲓⲛⲁϯ-ⲥⲃⲱ ⲛⲏⲧⲛ̄ ⲉ ⲟⲩ?

25. ⲁ-ⲛⲉϥϣⲁϫⲉ ϫⲡⲓⲟⲟⲩ ⲁⲩⲱ ⲁⲩⲡⲱⲧ ⲉⲃⲟⲗ.

26. ⲙ̄ⲡⲉ-ⲡⲥⲟⲛ ϭⲛ̄-ϩⲱⲃ ⲙⲛ̄ ⲛ̄ⲣⲱⲙⲉ ⲛ̄ ⲧⲡⲉⲣⲉⲭⲱⲣⲟⲥ.

27. ⲉ-ⲁϥϫⲱⲕ ⲉⲃⲟⲗ ⲙ̄ ⲡⲉϥϩⲱⲃ, ⲁϥⲕⲧⲟϥ ⲉ ⲡⲉϥϯⲙⲉ.

28. ⲁⲛⲣ̄-ⲙⲛ̄ⲧϣⲟⲙⲧⲉ ⲛ̄ ⲣⲟⲙⲡⲉ ⲉⲛϣⲙ̄ϣⲉ ⲛⲁϥ.

29. ⲧⲛ̄ⲛⲁϫⲟⲟⲩ ⲙ̄ⲙⲟⲕ ϩⲁⲑⲏ ⲉⲧⲣⲉⲕⲥⲟⲃⲧⲉ ⲛⲁⲛ ⲛ̄ ⲟⲩⲙⲁ.

30. ⲛ̄ⲧⲁⲧⲉⲧⲛ̄ⲣ̄-ⲡⲁⲓ ⲉ ⲟⲩ?

31. ⲁⲓⲣ̄-ⲙⲁⲧⲟⲓ ⲉⲣⲉ-ϩⲏⲣⲱⲇⲏⲥ ⲟ ⲛ̄ ϩⲏⲅⲉⲙⲱⲛ.

32. ⲛ̄ⲧⲉⲣⲉϥⲧⲟⲩⲛⲟⲥ ⲙ̄ⲙⲟⲥ, ⲁⲥⲟⲩϫⲁⲓ ⲛ̄ ⲧⲉⲩⲛⲟⲩ.

33. ⲉϥⲟ ⲛ̄ ϩⲗ̄ⲗ̄ⲟ, ⲙⲛ̄-ϭⲟⲙ ⲙ̄ⲙⲟϥ ⲉ ⲃⲱⲕ ⲉⲩⲡⲟⲗⲓⲥ ⲉⲥⲟⲩⲏⲩ.

34. ⲥⲉⲛⲁⲉⲓ ⲛ̄ⲥⲉⲧⲁⲕⲟ ⲙ̄ ⲡⲉⲓⲣ̄ⲡⲉ.

35. ⲙ̄ⲡⲣ̄ⲣ̄-ⲡⲱⲃϣ̄ ⲛ̄ ⲛⲉⲛⲧⲟⲗⲏ ⲙ̄ ⲡⲛⲟⲙⲟⲥ.

36. ⲁⲩⲧⲁϩⲟϥ ⲉϥⲙⲟⲟϣⲉ ⲙⲛ̄ ⲛⲉϥⲙⲁⲑⲏⲧⲏⲥ.

37. ⲙ̄ⲡⲣ̄ⲣ̄-ⲡⲱⲃϣ̄ ⲙ̄ ⲡⲁϯ-ⲥⲃⲱ.

38. ϯⲟⲩⲱϣ ⲉ ⲧⲁⲙⲟⲕ ϫⲉ ⲡⲉⲕϣⲏⲣⲉ ⲟⲩⲟϫ.

39. ⲛⲓⲙ ⲡⲉⲛⲧⲁϥϯ-ⲑⲉ ⲛⲏⲧⲛ̄ ⲉⲧⲣⲉⲧⲉⲧⲛ̄ⲕⲱⲧ ⲛ̄ ⲟⲩⲏⲓ ⲛ̄ ⲧⲉⲓⲙⲓⲛⲉ?

40. ϯⲛⲁⲣ̄-ⲡⲉⲕⲙⲉⲉⲩⲉ ⲛ̄ⲧⲁⲧⲙ̄ⲟⲃϣⲕ̄.

41. ⲕⲛⲁⲣ̄-ϫⲟⲉⲓⲥ ⲉ ⲛⲉⲓⲙⲟⲕⲙⲉⲕ ⲙ̄ ⲡⲟⲛⲏⲣⲟⲛ.

42. ⲁ-ⲛⲉϥⲙⲁⲑⲏⲧⲏⲥ ⲧⲁⲗⲟϥ ⲉ ⲡϫⲟⲓ.

43. ⲛ̄ⲧⲉⲣⲟⲩⲥⲱⲧⲙ̄ ⲉ ⲛⲁⲓ, ⲁⲩⲣ̄-ϣⲡⲏⲣⲉ.

44. ⲟⲩ ⲡⲉⲧ ⲛⲁϯ-ⲑⲉ ⲛⲁⲛ ⲉⲧⲣⲉⲛⲱⲛϩ̄ ϣⲁ ⲛⲓⲉⲛⲉϩ?

45. ⲡⲁϩⲧⲕ̄ ϩⲁⲣⲁⲧ ⲛ̄ⲅⲣ̄-ϫⲟⲉⲓⲥ ⲉϫⲛ̄ ⲛⲉⲓⲉⳅⲟⲩⲥⲓⲁ ⲧⲏⲣⲟⲩ.

46. ⲛ̄ⲧⲉⲣⲛ̄ⲣ̄-ⲡⲉϥⲙⲉⲉⲩⲉ, ⲁⲛⲁⲣⲭⲉⲓ ⲛ̄ ⲣⲓⲙⲉ.

47. ⲛ̄ⲧⲉⲣⲉ-ⲡⲉϩⲟⲟⲩ ⲙ̄ ⲡⲉⲥⲙⲓⲥⲉ ϫⲱⲕ ⲉⲃⲟⲗ, ⲁⲥϫⲡⲟ ⲛ̄
ⲟⲩϣⲏⲣⲉ ⲙ̄ ⲡⲉⲥϩⲁⲓ.

48. ⲛⲉϩⲃⲏⲩⲉ ⲛ̄ ⲛ̄ⲇⲓⲕⲁⲓⲟⲥ ⲛⲁϫⲡⲓⲟ ⲛ̄ ⲛⲉⲑⲟⲟⲩ.

49. ⲧⲉⲧⲛⲁⲥⲟⲟⲩⲛ̄ ⲛ̄ⲧⲉⲧⲛ̄ⲣ̄-ϣⲡⲏⲣⲉ.

50. ⲛ̄ⲧⲟϥ ⲇⲉ ⲛ̄ ⲟⲩⲛⲟⲩⲧⲉ ⲁⲛ ⲡⲉ ⲛ̄ⲧⲉ ⲛⲉⲧ ⲙⲟⲟⲩⲧ, ⲁⲗⲗⲁ
ⲛⲉⲧ ⲟⲛϩ̄.

51. ⲟⲩⲛⲟϭ ⲛ̄ ϣⲡⲏⲣⲉ ⲧⲉ ⲧⲁⲓ.

레슨 27
부정형 복합 형용사, 복합 명사, 후접 분사, 제3 미래형

27.1 부정형 복합 형용사. 접두사 **ⲁⲧ-**는 동사와 명사로부터 부정형negative 형용사를 만드는 데 사용된다.

> **ⲁⲧⲥⲟⲟⲩⲛ̄** 무지한, 무식한
>
> **ⲁⲧⲙⲟⲩ** 불멸의
>
> **ⲁⲑⲏⲧ** 무의미한, 어리석은
>
> **ⲁⲧⲟⲩⲱⲛϩ̄ ⲉⲃⲟⲗ** 눈에 보이지 않는
>
> **ⲁⲧⲥⲱⲧⲙ̄** 반항적인
>
> **ⲁⲧⲧⲁⲕⲟ** 불멸의, 불후의
>
> **ⲁⲧϭⲟⲙ** 효과 없는, 무력한

이 접두사는 원래 부정형 관계 대명사였다. 이 오래된 사용법의 흔적은 일부 표현에서 필요한 재생 대명사에서 발견된다.

> **ⲁⲧⲛⲁⲩ ⲉⲣⲟ⸗** 볼 수 없는, 본 적이 없는
>
> **ⲁⲧϣⲁϫⲉ ⲉⲣⲟ⸗** 말로 표현할 수 없는; **ⲉⲣⲟ⸗** 없이: 말할 수 없는
>
> **ⲁⲧⲕⲓⲙ ⲉⲣⲟ⸗** 움직일 수 없는, 고정된

재생 대명사는 한정된 명사와 일치한다.

> **ⲟⲩⲙⲩⲥⲧⲏⲣⲓⲟⲛ ⲛ̄ ⲁⲧϣⲁϫⲉ ⲉⲣⲟϥ** 말로 표현할 수 없는 신비
>
> **ⲟⲩϭⲟⲙ ⲛ̄ ⲁⲧⲕⲓⲙ ⲉⲣⲟⲥ** 움직일 수 없는[부동의] 힘

거의 모든 ⲁⲧ- 형용사는 ⲣ̄-(Q. ⲟ ⲛ̄)와 자유롭게 합성한다. 예, ⲣ̄-ⲁⲧⲥⲟⲟⲩⲛ̄ (무지하게 되다), ⲣ̄-ⲁⲧⲟⲩⲱⲛϩ̄ ⲉⲃⲟⲗ (눈에 보이지 않게 되다).

27.2 복합 명사. 복합 명사Compound nouns와 '명사 + ⲛ̄ + 명사'구 사이의 구별은 다소 임의적이다. 우리는 실용적인 정의로서 다음과 같이 가정해야 한다. (1) 실제 복합 명사의 첫 번째는 명사는, 실제로 두 번째가 존재한다면 자유형(비결합형)과는 다른 축소된 형태가 되어야 한다. (2) 연결사 ⲛ̄이 없거나 적어도 선택 사항이어야 한다. 가장 조어 형성 능력이 있는 복합 접두사는 ⲙⲛ̄ⲧ-, ⲡⲙ̄(ⲛ̄)- 그리고 ϭⲓⲛ이다.

(1) ⲣⲉϥ- 형태는 동작주 또는 행위자 명사를 형성한다; 두 번째 요소는 일반적으로 단순 부정사 또는 복합 부정사이지만 때로는 상태동사이다.

> ⲣⲉϥⲣ̄-ⲛⲟⲃⲉ 죄인
>
> ⲣⲉϥⲙⲟⲟⲩⲧ 죽은 사람
>
> ⲣⲉϥⲧⲁⲕⲟ 파괴자
>
> ⲣⲉϥϣⲙ̄ϣⲉ 섬기는 사람, 예배자
>
> ⲣⲉϥϫⲓⲟⲩⲉ 도둑

이것들은 명사로서 또는 형용사로서 사용될 수 있다.

> ⲟⲩⲥϩⲓⲙⲉ ⲛ̄ ⲣⲉϥⲣ̄-ⲛⲟⲃⲉ 죄가 많은 여자
>
> ⲟⲩⲡⲛⲉⲩⲙⲁ ⲛ̄ ⲣⲉϥⲧⲁⲕⲟ 파괴적인 영, 파괴의 영
>
> ⲧⲉⲓⲥⲁⲣⲝ ⲛ̄ ⲣⲉϥⲧⲁⲕⲟ 이 썩기 쉬운 육체

언어의 거의 모든 적절한 동사로부터 자유롭게 형성될 수 있다.

(2) ⲣⲙ̄-, ⲣⲙ̄ⲛ̄-은 ⲣⲱⲙⲉ ⲛ̄(~의, ~의 사람, ~한 사람)의 줄인 형태:

ⲣⲙ̄ⲛ̄ⲕⲏⲙⲉ 이집트인

ⲣⲙ̄ⲛ̄ϩⲏⲧ 현명한 사람, 분별력 있는 사람

ⲣⲙ̄ⲛ̄ⲛⲁⲍⲁⲣⲉⲑ 나자렛 사람

ⲣⲙ̄ⲧⲱⲛ "너희는 어디 출신인가?"(ⲛ̄ⲧⲉⲧⲛ̄-ϩⲉⲛⲣⲙ̄ⲛ̄ⲧⲱⲛ?)에서 "어디 서 온 사람?"

(3) ⲙⲛ̄ⲧ-는 형용사나 다른 명사로부터 여성 추상 명사를 만드는데 사용된다. ⲙⲛ̄ⲧ-의 복합어는 매우 다양하다; 다음은 대표적인 예들이다:

ⲙⲛ̄ⲧⲟⲩⲏⲏⲃ 사제직

ⲙⲛ̄ⲧⲉⲣⲟ 왕국, 왕위/왕권; ⲙⲛ̄ⲧⲣ̄ⲣⲟ는 비교적 적게 나온다.

ⲙⲛ̄ⲧⲥⲁⲃⲉ 지혜

ⲙⲛ̄ⲧⲃⲣ̄ⲣⲉ 젊은이; 젊음, 새로움

ⲙⲛ̄ⲧⲣⲙ̄ⲛ̄ϩⲏⲧ 지혜, 현명함

ⲙⲛ̄ⲧϩⲗ̄ⲗⲟ (남자의) 노령/노년

ⲙⲛ̄ⲧϩⲗ̄ⲗⲱ (여자의) 노령/노년

ⲙⲛ̄ⲧⲛⲟϭ 위대(함); 연장자

ⲙⲛ̄ⲧⲙⲟⲛⲁⲭⲟⲥ 수도사의 직

ⲙⲛ̄ⲧⲁⲧⲧⲁⲕⲟ 불사, 불멸(성); 부패하지 않음/청렴함.

ⲙⲛ̄ⲧ-는 또한 언어를 지정하는 데도 사용된다.

ⲙⲛ̄ⲧⲣⲙ̄ⲛ̄ⲕⲏⲙⲉ 이집트어

ⲙⲛ̄ⲧϩⲉⲃⲣⲁⲓⲟⲥ 히브리어

ⲙⲛ̄ⲧⲟⲩⲉⲉⲓⲉⲛⲓⲛ 그리스어

ⲙⲛ̄ⲧϩⲣⲱⲙⲁⲓⲟⲥ 라틴어

(4) ϭⲓⲛ-은 어떤 부정사로부터 여성적 행동 명사나 동명사를 만드는 데 사용한다. 그 의미는 구체적인 것부터 추상적인 것까지 다양하다. 예, **ϭⲓⲛⲛⲁⲩ** (시야, 통찰력), **ϭⲓⲛⲟⲩⲱⲙ** (음식, 복수는 **ϭⲓⲛⲟⲩⲟⲟⲙ**). 이것들은 의미는 예측 가능한 것이어서, 그것의 기본 동사로부터 즉시 의미가 명백하지 않은 한 어휘 사전에서 의도적으로 제외시켰다.

덜 빈번하게 나오는 복합 접미사는 **ⲁⲛ-**, **ⲉⲓⲉⲡ-**(**ⲉⲓⲟⲡⲉ**), **ⲉⲓⲉϩ-**(**ⲉⲓⲱϩⲉ**), **ⲣⲁ-**, **ⲥϯ-**(**ⲥⲧⲟⲓ**), **ϣⲟⲩ-**(**ϣⲁⲩ**), **ϣⲃⲣ̄-**(**ϣⲃⲏⲣ**), **ϣⲛ̄-**(**ϣⲏⲣⲉ**), **ϣⲥ̄ⲛ̄-**(**ⲥⲁϣ**), 그리고 **ϩⲁⲙ-**이다. 독자는 이것들을 어휘 사전에서 확인할 수 있다.

때때로 추가 관사와 함께 나타나는 명사화한 관계절은 복합 명사로 간주된다. 예, **(ⲡ)ⲡⲉⲧ ϣⲟⲩⲉⲓⲧ**(허영심/자만심), **(ⲡ)ⲡⲉⲑⲟⲟⲩ**(악), **ⲟⲩⲡⲉⲧ ⲟⲩⲁⲁⲃ**(성자).

비슷한 사용법이 **ⲉⲃⲟⲗ ϩⲛ̄**에서 발견되는데, 기원이나 소속을 표시한다(정관사는 **ⲡⲉ-**, **ⲧⲉ-**, **ⲛⲉ-**로 나타난다).

> **ⲟⲩⲉⲃⲟⲗ ϩⲛ̄ ⲧⲥⲩⲣⲓⲁ ⲡⲉ.** 그는 시리아 사람이다.
>
> **ⲛⲉⲉⲃⲟⲗ ϩⲙ̄ ⲡⲏⲓ ⲛ̄ ⲇⲁⲩⲉⲓⲇ ⲛⲉ.** 그들은 다윗의 집에서 온 사람들이다.

27.3 다음과 같은 명사 요소와 함께 복합어를 만드는 데에만 사용되는 후접 분사*participium conjunctivum*, proclitic participle로 알려진 동사의 형태가 있다.

부정사	후접 분사	의미
ⲥⲱ	**ⲥⲁⲩ-ⲏⲣⲡ̄**	포도주-음주, 포도주를 마시는 사람
ⲟⲩⲱⲙ	**ⲟⲩⲁⲙ-ⲣⲱⲙⲉ**	사람을 잡아먹는
ϫⲓⲥⲉ	**ϫⲁⲥⲓ-ϩⲏⲧ**	거만한, 오만한
ⲙⲟⲟⲛⲉ	**ⲙⲁⲛ-ⲉⲥⲟⲟⲩ**	양치기, 양을 돌보는 사람.

한결같이 -ⲁ-로 발음된다. 대부분의 동사의 후접 분사는 드물거나 존재하지 않는다; 위와 같은 몇몇 동사들은 문헌에서 만나는 대부분의 예를 설명한다. 특별히 **ⲙⲉ**의 복합어에 주의하라: **ⲙⲁⲓ-**(~을 사랑하는 [사람]one who loves)

> **ⲙⲁⲓ-ⲉⲟⲟⲩ** 명성/영광을 원하는
>
> **ⲙⲁⲓ-ⲛⲟⲩⲃ, ⲙⲁⲓ-ϩⲁⲧ** 부를 원하는
>
> **ⲙⲁⲓ-ⲛⲟⲩⲧⲉ** 독실한, 경건한, 하나님을 사랑하는
>
> **ⲙⲁⲓ-ⲣⲱⲙⲉ** 친절한, 인자한
>
> **ⲙⲁⲓ-ⲟⲩⲱⲙ** 탐욕스러운

27.4 제3 미래형(ⲉ⸗ⲉ-, ⲉⲣⲉ-: [그]는 ~해야 한다)

			부정형	
	단수	복수	단수	복수
1인칭	ⲉⲓⲉⲥⲱⲧⲙ̄	ⲉⲛⲉⲥⲱⲧⲙ̄	ⲛ̄ⲛⲁⲥⲱⲧⲙ̄	ⲛ̄ⲛⲉⲛⲥⲱⲧⲙ̄
2인칭(남)	ⲉⲕⲉⲥⲱⲧⲙ̄	ⲉⲧⲉⲧⲛⲉⲥⲱⲧⲙ̄	ⲛ̄ⲛⲉⲕⲥⲱⲧⲙ̄	ⲛ̄ⲛⲉⲧⲛ̄ⲥⲱⲧⲙ̄
2인칭(여)	ⲉⲣⲉⲥⲱⲧⲙ̄		ⲛ̄ⲛⲉⲥⲱⲧⲙ̄	
3인칭(남)	ⲉϥⲉⲥⲱⲧⲙ̄	ⲉⲩⲉⲥⲱⲧⲙ̄	ⲛ̄ⲛⲉϥⲥⲱⲧⲙ̄	ⲛ̄ⲛⲉⲩⲥⲱⲧⲙ̄
3인칭(여)	ⲉⲥⲉⲥⲱⲧⲙ̄		ⲛ̄ⲛⲉⲥⲥⲱⲧⲙ̄	
	ⲉⲣⲉ-ⲡⲣⲱⲙⲉ ⲥⲱⲧⲙ̄		ⲛ̄ⲛⲉ-ⲡⲣⲱⲙⲉ ⲥⲱⲧⲙ̄	

부정형의 형태는 **ⲉⲛⲛⲁ-, ⲉⲛⲛⲉⲕ-** 등으로도 쓰인다. 1인칭 단수는 **ⲛ̄ⲛⲉⲓⲥⲱⲧⲙ̄**으로도 나타난다.

제3 미래형The Third Future은 아주 다양한 뉘앙스를 가진 강조되거나 선명한 미래이다. 독립절에서 미래의 사건을 필요한 것으로, 불가피한 것으로, 의무적인 것으로 묘사한다. 번역은 문맥에 달려 있다: **ⲉϥⲉⲥⲱⲧⲙ̄** '그는

들을 것이다, 그는 들을 예정이다, 그는 들어야 한다, 그는 반드시 들어야만 한다. 그는 틀림없이 들을 것이다'라고 옮길 수 있으며 부정문도 마찬가지다. 2인칭은 명령과 금지에 자주 사용된다.

> **ⲉⲧⲉⲧⲛⲉϩⲁⲣⲉϩ ⲉ ⲛⲉⲓⲉⲛⲧⲟⲗⲏ.** 너희는 이 율법(들)을 지켜야 한다.
>
> **ⲛ̄ⲛⲉⲕⲡⲉⲓⲣⲁⲍⲉ ⲉ ⲡϫⲟⲉⲓⲥ ⲡⲉⲕⲛⲟⲩⲧⲉ.**
>
> 너는 주 너의 하나님을 시험하지 말라.

제3 미래형의 가장 빈번한 사용법 중의 하나는 접속사 **ϫⲉ**와 **ϫⲉⲕⲁ(ⲁ)ⲥ** 뒤에서 목적이나 결과를 표현하는 것이다.

> **ⲁⲓⲥϩⲁⲓ ⲛⲏⲧⲛ̄ ϫⲉⲕⲁⲥ ⲉⲧⲉⲧⲛⲉⲥⲟⲩⲛ̄-ⲛⲉⲛⲧⲁⲩϣⲱⲡⲉ ⲙ̄ⲙⲟⲓ ⲙ̄ ⲡⲉⲓⲙⲁ.**
>
> 여기서 내게 닥친 것들을 너희가 알 수 있도록 내가 너희에게 편지를 썼다.
>
> **ⲧⲛ̄ⲛⲁⲧⲛ̄ⲛⲟⲟⲩϥ̄ ⲉⲣⲱⲧⲛ̄ ϫⲉ ⲉϥⲉϣⲁϫⲉ ⲛⲙ̄ⲙⲏⲧⲛ̄.**
>
> 그가 너희에게 이야기하도록 우리가 그를 너희에게 보내겠다.

명령, 권고 등의 동사 뒤에 굴절 부정사 대신 같은 유형의 절은 목적절로 사용될 수 있다.

> **ⲁⲛⲥⲡ̄ⲥⲱⲡϥ̄ ϫⲉⲕⲁⲥ ⲛ̄ⲛⲉϥϫⲟⲟⲥ ⲉ ⲗⲁⲁⲩ.**
>
> 우리는 그에게 아무에게도 말을 하지 않도록 간청했다.

때로는 다른 상황에서 굴절 부정사를 대체할 수도 있다.

> **ⲛ̄ϯⲙ̄ⲡϣⲁ ⲁⲛ ϫⲉⲕⲁⲥ ⲉⲓⲉⲉⲓ ⲉϩⲟⲩⲛ.**
>
> 나는 들어갈 자격이 없다. (=나는 들어가기에 합당하지 않다)

제3 미래형은 삼분절이다. 부정사만 동사 자리에 사용될 수 있다.

ϫⲉⲕⲁⲥ와 ϫⲉ 뒤에서 제3 미래형 대신에 제2 미래형이 사용되기도 한다.

어휘 27[1]

ϫⲓⲟⲩⲉ tr. 훔치다 (ⲙ̄ⲙⲟ⸗; ~로부터: ϩⲛ̄, ⲉⲃⲟⲗ ϩⲛ̄); n.m. 절도. ⲛ̄ ϫⲓⲟⲩⲉ adv. 몰래, 비밀히

ⲡ.ⲙⲛ̄ⲧⲣⲉ 증인, 증거. ⲧ.ⲙⲛ̄ⲧⲙⲛ̄ⲧⲣⲉ 증언證言, 증거. ⲣ̄-ⲙⲛ̄ⲧⲣⲉ 증언하다, 증인이 되다(~에, ~대하여: ⲙ̄ⲙⲟ⸗, ⲉⲧⲃⲉ, ⲉϫⲛ̄, ⲉ, ϩⲁ, ⲙⲛ̄)

ⲧ.ϩⲟⲧⲉ 두려움. ⲁⲧϩⲟⲧⲉ 두려움을 모르는. ⲣ̄-ϩⲟⲧⲉ (Q. ⲟ ⲛ̄) 두려워하게 되다(~을: ⲉ, ⲉϫⲛ̄, ⲉⲧⲃⲉ, ϩⲏⲧ⸗). ⲣⲉϥⲣ̄-ϩⲟⲧⲉ 두려워하는, 정중한. ⲙⲛ̄ⲧⲣⲉϥⲣ̄-ϩⲟⲧⲉ 두려움, 존경(심)

ϩⲱⲛ ⲉⲧⲟⲟⲧ⸗ 명령하다, ~에게 지시하다(~하도록; ⲉ, ⲉⲧⲃⲉ, ϫⲉⲕⲁⲥ)

ⲧ.ⲣⲁⲥⲟⲩ 꿈

ⲧⲁⲗϭⲟ, ⲧⲁⲗϭⲉ-, ⲧⲁⲗϭⲟ⸗ Q. ⲧⲁⲗϭⲏⲩ tr. 치유하다, 낫게 하다 (ⲙ̄ⲙⲟ⸗; ~로부터: ϩⲛ̄, ⲉⲃⲟⲗ ϩⲛ̄)

ⲡ.ⲥⲁⲉⲓⲛ 의사

ⲡ.ⲥⲱⲙⲁ (τὸ σῶμα) 몸, 신체(전치사구에서 이 단어와 함께 부정관사가 자주 제거된다.)

ⲣ̄-ⲟⲩⲟⲉⲓⲛ 빛나다, 밝히다

ⲣ̄-ⲕⲁⲕⲉ (Q. ⲟ ⲛ̄) 어둡게 되다

---

1. 형용사 복합어와 명사 복합어는 §27.1, 2에 나왔다.

연습문제 27

1. ⲁⲓⲥϩⲁⲓ ⲛⲁⲕ ⲛ̄ ⲛⲉⲓϣⲁϫⲉ ϫⲉⲕⲁⲁⲥ ⲛ̄ⲛⲉⲕⲣ̄-ⲡⲱⲃϣ̄ ⲛ̄ ϩⲱⲃ ⲛⲓⲙ ⲉⲛⲧⲁⲓϯ-ⲥⲃⲱ ⲛⲁⲕ ⲉⲣⲟⲟⲩ.

2. ⲛⲉⲩⲧⲁⲗⲟ ⲛ̄ ϩⲁϩ ⲛ̄ ⲑⲩⲥⲓⲁ ϫⲉⲕⲁⲥ ⲉⲣⲉ-ⲡⲛⲟⲩⲧⲉ ⲥⲱⲧⲙ̄ ⲉ ⲛⲉⲩϣⲗⲏⲗ.

3. ⲁⲩϭⲉⲡⲏ ⲉⲣⲁⲧϥ̄ ⲙ̄ ⲡϩⲏⲅⲉⲙⲱⲛ ϫⲉⲕⲁⲥ ⲉⲩⲉⲧⲁⲙⲟϥ ⲉⲧⲃⲉ ⲛⲉⲛⲧⲁⲩϣⲱⲡⲉ ϩⲙ̄ ⲡϯⲙⲉ.

4. ⲛ̄ⲛⲉⲧⲛ̄ⲥⲱⲧⲙ̄ ⲉ ⲛ̄ϣⲁϫⲉ ⲛ̄ ⲛⲁⲑⲏⲧ.

5. ⲥⲉⲙⲉⲉⲩⲉ ϫⲉ ⲛⲉⲩⲛⲟⲩⲧⲉ ϩⲉⲛⲁⲧⲙⲟⲩ ⲛⲉ.

6. ⲁⲩⲕⲧⲟⲟⲩ ⲙ̄ ⲡⲉⲥⲛⲁⲩ ⲉ ⲡⲏⲓ ϫⲉⲕⲁⲥ ⲉⲩⲉϯ-ⲧⲟⲟⲧϥ̄ ⲙ̄ ⲡⲉⲩⲉⲓⲱⲧ ⲛ̄ ϩⲗ̄ⲗⲟ.

7. ⲛⲉⲣⲉ-ⲛ̄ϣⲏⲣⲉ ⲙ̄ ⲡⲟⲩⲏⲏⲃ ⲟ ⲛ̄ ⲁⲧⲥⲱⲧⲙ̄.

8. ⲉⲛⲛⲁⲛⲟⲩϫⲉ ⲉⲃⲟⲗ ⲙ̄ ⲡⲉⲓⲥⲱⲙⲁ ⲛ̄ ⲣⲉϥⲧⲁⲕⲟ ⲧⲛ̄ⲛⲁⲩ.

9. ⲁ-ⲡⲉⲩϫⲟⲉⲓⲥ ϩⲱⲛ ⲉⲧⲟⲟⲧⲟⲩ ⲛ̄ ⲛⲉϥϩⲙ̄ϩⲁⲗ ϫⲉⲕⲁⲥ ⲉⲩⲉⲉⲓⲛⲉ ⲙ̄ ⲙ̄ⲙⲁⲧⲟⲓ ⲉϩⲟⲩⲛ ϣⲁⲣⲟϥ.

10. ⲚⲚⲈⲔϪⲒⲞⲨⲈ Ⲛ̄ ⲚⲈⲚⲔⲀ Ⲛ̄ ⲚⲈⲔⲤⲚⲎⲨ.

11. ⲀⲨⲈⲒ Ⲛ̄ ϪⲒⲞⲨⲈ Ⲛ̄ ⲦⲈⲨϢⲎ ⲀⲨⲰ ⲀⲨϪⲒ Ⲙ̄ ⲠⲈϤⲤⲰⲘⲀ ⲈⲂⲞⲖ ϨⲘ̄ ⲠⲦⲀⲫⲞⲤ.

12. ϯⲞ Ⲛ̄ ⲀⲦϬⲞⲘ Ⲙ̄ ⲠⲈⲘⲦⲞ ⲈⲂⲞⲖ Ⲛ̄ ⲞⲨⲢⲰⲘⲈ Ⲛ̄ ⲦⲈⲒⲘⲒⲚⲈ.

13. ⲞⲨⲘⲀⲒ-ⲞⲨⲰⲘ ⲠⲈ ⲠⲈⲔⲤⲞⲚ.

14. ⲚⲒⲘ ⲠⲈⲦ ⲚⲀⲢ̄-ⲘⲚ̄ⲦⲢⲈ Ⲉ ⲦⲠⲒⲤⲦⲒⲤ Ⲙ̄ ⲘⲈ?

15. ⲚⲈⲒⲘⲀⲦⲞⲒ ϨⲈⲚⲀⲐⲞⲦⲈ ⲚⲈ.

16. Ⲁ-ⲠⲀⲄⲄⲈⲖⲞⲤ ⲈⲒ ⲚⲀⲒ ϨⲚ̄ ⲞⲨⲢⲀⲤⲞⲨ Ⲛ̄ ⲦⲈⲨϢⲎ ⲀⲨⲰ ⲀϤⲦⲀⲘⲞⲒ ⲈⲦⲂⲈ ⲚⲈⲒϢⲀϪⲈ.

17. Ⲛ̄ ⲦⲈⲨⲚⲞⲨ Ⲁ-ⲦⲠⲈ Ⲣ̄-ⲔⲀⲔⲈ.

18. ⲚⲒⲘ ⲠⲈⲚⲦⲀϤⲦⲀⲖϬⲞⲔ ⲈⲂⲞⲖ ϨⲘ̄ ⲠⲈⲔϢⲰⲚⲈ?

19. ⲠⲈⲒⲢⲰⲘⲈ ⲞⲨⲤⲀⲈⲒⲚ Ⲛ̄ ⲤⲀⲂⲈ ⲠⲈ.

20. Ⲙ̄ⲠⲢ̄Ⲣ̄-ϨⲞⲦⲈ, ⲠⲀϢⲎⲢⲈ.

21. ⲀⲨⲰ Ⲛ̄ ⲦⲈⲨⲚⲞⲨ ⲀϤⲢ̄-ⲀⲦⲞⲨⲰⲚϨ̄ ⲈⲂⲞⲖ Ⲛ̄ϬⲒ ⲠⲆⲒⲀⲂⲞⲖⲞⲤ.

22. ⲟⲩⲛⲟϭ ⲧⲉ ⲧⲉϥⲙⲛ̄ⲧⲉⲣⲟ.

23. ϩⲛ̄ ⲧⲉϥⲙⲛ̄ⲧϩⲗ̄ⲗⲟ ⲛⲉϥⲉⲓⲣⲉ ⲙ̄ ⲡⲙⲉⲉⲩⲉ ⲁⲛ ⲛ̄ ⲛⲉϩⲟⲟⲩ ⲛ̄ ⲧⲉϥⲙⲛ̄ⲧϣⲏⲣⲉ ϣⲏⲙ.

24. ⲙ̄ⲡⲉⲛⲡⲓⲥⲧⲉⲩⲉ ⲉ ⲧⲉⲩⲙⲛ̄ⲧⲙⲛ̄ⲧⲣⲉ.

25. ⲁⲩⲣ̄-ϣⲡⲏⲣⲉ ⲁⲩⲱ ⲁⲩⲛⲟϭ ⲛ̄ ϩⲟⲧⲉ ϣⲱⲡⲉ ⲛ̄ ⲧⲉⲩⲙⲏⲧⲉ.

26. ⲁϥϩⲱⲛ ⲉⲧⲟⲟⲧⲟⲩ ⲉⲧⲣⲉⲩⲙⲟⲩⲣ ⲙ̄ ⲡϣⲏⲣⲉ ⲛ̄ⲥⲉⲛⲟϫϥ̄ ⲉ ⲡⲉϣⲧⲉⲕⲟ.

27. ⲛ̄ⲧⲕ̄-ⲟⲩⲙⲁⲓ-ⲉⲟⲟⲩ ⲉϥϣⲟⲩⲉⲓⲧ.

28. ⲟⲩⲣⲙ̄ⲛ̄ⲧⲱⲛ ⲡⲉ ⲛ̄ⲧⲟⲕ? ⲁⲛⲅ̄-ⲟⲩⲣⲙ̄ⲛ̄ⲕⲏⲙⲉ.

29. ⲙ̄ⲡⲉⲥϣϭⲙ̄-ϭⲟⲙ ⲉ ⲧⲟⲩⲛⲟⲥϥ̄.

30. ϩⲉⲛϩⲙ̄ϩⲁⲗ ⲛ̄ ⲣⲉϥⲣ̄-ϩⲟⲧⲉ ⲛⲉ.

31. ⲙⲛ̄-ϣϭⲟⲙ ⲙ̄ⲙⲟⲓ ⲉ ϣⲁϫⲉ ⲛⲙ̄ⲙⲏⲧⲛ̄ ⲙ̄ ⲙⲛ̄ⲧⲟⲩⲉⲉⲓⲉⲛⲓⲛ.

32. ⲁϫⲓⲥ ⲛⲁϥ ϫⲉⲕⲁⲥ ⲉϥⲉϫⲟⲟⲩ ⲙ̄ ⲡⲟⲉⲓⲕ ⲉ ⲛ̄ϩⲏⲕⲉ ⲛ̄ ⲧⲡⲟⲗⲓⲥ.

33. ϯⲛⲁϭⲱ ⲛⲙ̄ⲙⲁⲕ ϫⲉⲕⲁⲥ ⲛ̄ⲛⲉⲩⲙⲟⲟⲩⲧ.

34. ⲟⲩⲁⲧⲧⲁⲕⲟ ⲡⲉ ⲡⲛⲟⲙⲟⲥ ⲙ̄ ⲡϫⲟⲉⲓⲥ.

35. ⲛ̄ⲧⲁ-ⲙⲁⲣⲓⲁ ⲧⲁⲙⲁⲁⲩ ϫⲡⲟⲓ ϩⲛ̄ ⲟⲩⲙⲩⲥⲧⲏⲣⲓⲟⲛ ⲛ̄ ⲁⲧϣⲁϫⲉ ⲉⲣⲟϥ, ⲉ-ⲙⲛ̄-ⲗⲁⲁⲩ ⲛ̄ ⲣⲱⲙⲉ ϩⲙ̄ ⲡⲕⲟⲥⲙⲟⲥ ⲧⲏⲣϥ̄ ⲛⲁⲉⲓⲙⲉ ⲉⲣⲟϥ.

36. ⲁⲩⲙⲟⲩϩ ⲇⲉ ⲧⲏⲣⲟⲩ ⲛ̄ ϭⲱⲛⲧ̄ ϩⲛ̄ ⲧⲥⲩⲛⲁⲅⲱⲅⲏ ⲉⲩⲥⲱⲧⲙ̄ ⲉ ⲛⲁⲓ.

37. ⲁϫⲓⲥ ⲙ̄ ⲡⲉⲓⲱⲛⲉ ϫⲉ ⲉϥⲉⲣ̄-ⲟⲉⲓⲕ.

38. ⲁⲩⲉⲓⲛⲉ ⲛ̄ ⲟⲩⲛⲟϭ ⲛ̄ ⲥⲁⲉⲓⲛ ⲉⲧⲣⲉϥⲧⲁⲗϭⲟ ⲙ̄ ⲡϣⲏⲣⲉ, ⲁⲗⲗⲁ ⲙ̄ⲡⲉϥϭⲙ̄-ϭⲟⲙ ⲉ ⲧⲁⲗϭⲟϥ.

레슨 28

관습형, 강조, 강조의 대명사, 상호 대명사, -ⲕⲉ-(강조), 대명사 접미사를 가진 명사, 부사 및 전치사 표현

28.1 관습형(ϣⲁ⸗, ϣⲁⲣⲉ- /ⲙⲉ⸗, ⲙⲉⲣⲉ-)

			부정형	
	단수	복수	단수	복수
1인칭	ϣⲁⲓⲥⲱⲧⲙ̅	ϣⲁⲛⲥⲱⲧⲙ̅	ⲙⲉⲓⲥⲱⲧⲙ̅	ⲙⲉⲛⲥⲱⲧⲙ̅
2인칭(남)	ϣⲁⲕⲥⲱⲧⲙ̅	ϣⲁⲧⲉⲧⲛ̅ⲥⲱⲧⲙ̅	ⲙⲉⲕⲥⲱⲧⲙ̅	ⲙⲉⲧⲉⲧⲛ̅ⲥⲱⲧⲙ̅
2인칭(여)	ϣⲁⲣ(ⲉ)ⲥⲱⲧⲙ̅		ⲙⲉⲣⲉⲥⲱⲧⲙ̅	
3인칭(남)	ϣⲁϥⲥⲱⲧⲙ̅	ϣⲁⲩⲥⲱⲧⲙ̅	ⲙⲉϥⲥⲱⲧⲙ̅	ⲙⲉⲩⲥⲱⲧⲙ̅
3인칭(여)	ϣⲁⲥⲥⲱⲧⲙ̅		ⲙⲉⲥⲥⲱⲧⲙ̅	
	ϣⲁⲣⲉ-ⲡⲣⲱⲙⲉ ⲥⲱⲧⲙ̅		ⲙⲉⲣⲉ-ⲡⲣⲱⲙⲉ ⲥⲱⲧⲙ̅	

관습형*praesens consuetudinis*, Habitual은 특징적이거나 습관적인 행동이나 활동을 묘사한다. 일반적으로 영어의 일반적 현재(I write, I work 등)로 번역될 수 있다.

> **ϣⲁⲩⲙⲟⲩⲧⲉ ⲉⲣⲟϥ ϫⲉ ⲓⲱϩⲁⲛⲛⲏⲥ.**
>
> 그들은 그를 요한이라고 부른다.
>
> **ϣⲁⲣⲉ-ⲧⲥⲟⲫⲓⲁ ⲟⲩⲱϩ ϩⲙ̅ ⲡϩⲏⲧ ⲛ̅ ⲛ̅ⲇⲓⲕⲁⲓⲟⲥ.**
>
> 지혜는 의인의 마음 속에 있다.
>
> **ⲙⲉϥⲥⲉ-ⲏⲣⲡ̅.**
>
> 그는 포도주를 마시지 않는다.

관습형은 컨버터와 함께 정규 체계를 형성한다.

		부정형
관계사형	ⲉϣⲁϥⲥⲱⲧⲙ̄ 또는 ⲉⲧⲉ ϣⲁϥⲥⲱⲧⲙ̄	ⲉⲧⲉ ⲙⲉϥⲥⲱⲧⲙ̄
상황절	ⲉ-ϣⲁϥⲥⲱⲧⲙ̄	ⲉ-ⲙⲉϥⲥⲱⲧⲙ̄
미완료형	ⲛⲉ-ϣⲁϥⲥⲱⲧⲙ̄	ⲛⲉ-ⲙⲉϥⲥⲱⲧⲙ̄
제2 시제	ⲉϣⲁϥⲥⲱⲧⲙ̄	–

관습형은 기본적으로 시제가 없으며(이런 이유로 어떤 문법책에는 아오리스트aorist라는 명칭을 사용) 문맥으로부터 시제를 얻는다. 미완료형 컨버터는 과거 시제를 명확하게 만든다. 예, **ⲛⲉ-ϣⲁϥⲥϩⲁⲓ**(그는 쓰곤 했다). 관계절 형태에서 주어의 재생이 필요한 것에 주의하라: **ⲡⲣⲱⲙⲉ ⲉϣⲁϥⲣ̄-ⲡⲁⲓ** (이렇게 하는 사람). 관습형은 삼분절 활용에 속한다: 부정사만 동사의 자리에 사용될 수 있다.

28.2 강조. 동사절에서 대표적인 비강조 문장의 순서는 다음과 같다.

(동사 접두사) + 주어 + 동사 + 목적어 + 부사 요소

우리는 동사 접두사를 제2 시제 형식으로 변환하는 것이 부사적 요소를 강하게 강조하는 것을 보았는데, 대부분의 경우 영어 번역에서 분열문이 필요하다. **ⲡⲉ**, **ⲧⲉ**, **ⲛⲉ** + 관계절 형식을 가진 콥트어 분열문 패턴의 사용법은 주어나 목적어에 특별한 중요성을 부여하기 위한 추가적인 장치다. 다소 약한 강조는 절의 특정 요소를 앞에 배치함으로써 이루어진다. 이러한 앞에 배치된 요소는 단순한 부사구가 아닌 한 일반적으로 절 내에서 대명사적으로 재개된다. 전치화fronting 또는 화제화topicalization로 알려진 이 변환은 콥트어에서 매우 일반적이다; 모든 페이지에 예가 많이 있다.

앞에 배치된 요소는 완전히 표시되지 않을 수도 있지만, 그리스어 불변화사 ⲇⲉ(δέ)가 이 기능에서 아주 흔하게 나온다. 앞에 배치된 인칭 대명사는 항상 독립형이다.

> **ⲁⲛⲟⲕ ⲇⲉ ⲙ̄ⲡⲉϥϭⲓⲛⲉ ⲙ̄ⲙⲟⲓ.** **나를**, 그는 찾지 못했다.
>
> **ⲡⲉϥϣⲏⲣⲉ ⲇⲉ ⲁⲩⲣⲁϩⲧϥ̄.** 그렇지만 **그의 아들을** 그들이 죽였다.
>
> **ⲛ̄ⲧⲟⲕ ⲇⲉ ⲛ̄ϯⲛⲁϯ ⲛⲁⲕ ⲁⲛ ⲙ̄ ⲡϩⲁⲧ.**
>
> 나는 **너에게** 그 돈을 주지 않을 것이다.

독립 대명사는 접미사로 붙은 대명사를 강조하기 위해 동격으로 사용될 수 있다. 예, **ϩⲙ̄ ⲡⲧⲣⲁⲥⲱⲧⲙ̄ ⲇⲉ ⲁⲛⲟⲕ**(그러나 내가 들었을 때); **ⲉⲧⲃⲏⲏⲧⲕ̄ ⲛ̄ⲧⲟⲕ**(너를 위해서). 우리는 이미 **ⲛ̄ⲧⲕ̄-ⲛⲓⲙ ⲛ̄ⲧⲟⲕ?**(너는 누구인가?)에서 반복을 언급했다. 그것들은 심지어 관계절 앞에 올 수도 있다; **ⲡⲙⲁ ⲁⲛⲟⲕ ⲉϯⲙ̄ⲙⲟϥ**(내가 있는 곳).

관사 **ⲉⲓⲥ** 및 **ⲉⲓⲥ ϩⲏⲏⲧⲉ**는 뒤따르는 문장에 확실한 선명성 또는 즉시성을 더한다. 요소가 화제화되면 일반적으로 **ⲉⲓⲥ**는 명사 앞에, **ⲉⲓⲥ ϩⲏⲏⲧⲉ**는 대명사 앞에 나온다.

> **ⲉⲓⲥ ϩⲏⲏⲧⲉ ⲁⲛⲅ̄-ⲑⲙ̄ϩⲁⲗ ⲙ̄ ⲡϫⲟⲉⲓⲥ.**
>
> 보라, 나는 주님의 여종이다.
>
> **ⲉⲓⲥ ϩⲏⲏⲧⲉ ⲉⲕⲉϣⲱⲡⲉ ⲉⲕⲕⲱ ⲛ̄ ⲣⲱⲕ.**
>
> 보라, 너는 벙어리가 될 것이다(참조. §30.11).
>
> **ⲉⲓⲥ ϩⲏⲏⲧⲉ ⲧⲉⲛⲁⲱ ⲛ̄ⲧⲉϫⲡⲟ ⲛ̄ ⲟⲩϣⲏⲣⲉ.**
>
> 보라, 너는 임신하여 아들을 낳을 것이다.

"보라"behold라는 번역은 순전히 관습적이다. 하지만 더 나은 영어의 동의어를 찾는 것은 어렵다. **ⲉⲓⲥ ϩⲏⲏⲡⲉ**, **ⲉⲓⲥⲧⲉ**, **ⲉⲓⲥⲡⲉ**, 그리고 **ⲉⲓⲥ** ϩΗΗΤΕ ΕΙC 형태도 나타난다. ΕΙC는 몇 가지 다른 기능이 있다:

(1) 뒤따르는 명사와 함께 완전한 술어로:

> ΕΙC ΤΕΚCΩΝΕ. 자, 너의 자매다.Here is your sister.

(2) 시간을 나타내는 표현 앞에서 '전치사'로:

> ΕΙC ϢΟΜΤΕ Ν̄ ΡΟΜΠΕ Μ̄ΠΕΝΝΑΥ ΕΡΟϤ.
>
> 우리는 삼 년 동안 그를 보지 못했다.

28.3 뚜렷한 강조의 대명사

(1) ΜΑΥΑΑ⸗, ΜΑΥΑΑΤ⸗, 그리고 덜 흔하게 나오는 ΟΥΑΑ(Τ)⸗는 선행하는 명사 또는 대명사와 동격으로 사용된다: 혼자, 단독으로, 자신이, 스스로, ~만.

> ΑΝΟΚ ΜΑΥΑΑΤ 나 혼자, 나 스스로, 오직 나만
>
> ΝΑϤ ΜΑΥΑΑϤ 그 혼자에게, 그에게만
>
> ΠΡ̄ΡΟ ΜΑΥΑΑϤ 그 왕 스스로, 그 왕 혼자서

(2) ϩΩΩ⸗(1인칭 공통단수 ϩΩ 또는 ϩΩΩΤ; 2인칭 여성단수 ϩΩΩΤΕ, 2인칭 공통복수 ϩΩΤ-ΤΗΥΤΝ̄). 앞에 것과 비슷하지만 종종 "또한, 게다가, 더욱이"의 뉘앙스가 더해진다.

> Ν̄ΤΟΚ ΔΕ ϩΩΩΚ, ΠΑϢΗΡΕ, CΕΝΑΜΟΥΤΕ ΕΡΟΚ ϪΕ ΠΕΠΡΟΦΗΤΗC Μ̄ ΠΕΤ ϪΟCΕ.
>
> 게다가 너, 내 아들아, 너는 지극히 높으신 분의 선지자라 불릴 것이다.
>
> ΕΙC ΕΛΙCΑΒΕΤ ΤΟΥCΥΓΓΕΝΗC Ν̄ΤΟC ϩΩΩC ΟΝ ΑCΩ Ν̄ ΟΥϢΗΡΕ ϩΝ̄ ΤΕCΜΝ̄Τϩλ̄λΩ.
>
> 보라, 너의 친척 엘리사벳도 늙어서 아이를 잉태했다.

ϩωωϥ 형태는 또한 대명사적 힘이 없는 부사/접속사(그렇지만, 다른 한편으로는)의 역할을 한다. ⲚⲦⲞϤ도 마찬가지로 사용된다.

(3) 선행하는 대명사와 동격으로 사용된 강의强意 대명사intensive pronoun ⲘⲘⲒⲚ ⲘⲘⲞ⸗는 주로 소유격이나 재귀 용법이다.

> ⲠⲀⲎⲒ ⲘⲘⲒⲚ ⲘⲘⲞⲒ 내 소유의 집
>
> ϨⲘ ⲠⲈϤϮⲘⲈ ⲘⲘⲒⲚ ⲘⲘⲞϤ 그의 소유의 마을에서

28.4 상호 대명사(reciprocal pronoun). '서로, 상호'는 소유격 접두사에 -ⲈⲢⲎⲨ(동료, 동반자)를 붙여 표현한다.

> ⲀⲚⲘⲒϢⲈ ⲘⲚ ⲚⲈⲚⲈⲢⲎⲨ. 우리는 서로 싸웠다
>
> ⲚⲈⲨϢⲀϪⲈ ⲘⲚ ⲚⲈⲨⲈⲢⲎⲨ. 그들은 서로 이야기하고 있었다

28.5 -ⲔⲈ-에 대한 추가 언급. -ⲔⲈ-는 §4.3에 소개된 형용사 "다른, 또 하나의"로서의 용법 외에 순수하게 강조하는 기능을 가질 수 있다.

> ⲠⲔⲈⲢⲰⲘⲈ 그 사람 역시, 그 사람 또한.

두 가지 사용법은 모두 빈번하며, 올바른 번역은 문맥을 주의 깊게 검토하는 데 달려 있다.

관련된 대명사의 세트가 있다: 남성 단수 ϬⲈ 또는 ⲔⲈⲦ, 여성 단수 ⲔⲈⲦⲈ, 공통 복수 ⲔⲞⲞⲨⲈ. 이것들은 대부분 부정 표현에서만 나타난다. 예, ⲘⲠⲒⲚⲀⲨ Ⲉ ϬⲈ(나는 어떤 누구도 보지 않았다). 그 외에는 관사가 추가된다: ⲦⲔⲈⲦⲈ 다른 사람(여성), ⲚⲔⲞⲞⲨⲈ 다른 사람들, ϨⲈⲚⲔⲞⲞⲨⲈ 다른 몇 사람들. 비한정 단수로는 ⲔⲈⲞⲨⲀ와 여성형 ⲔⲈⲞⲨⲈⲒ(다른 [사람])가 사용된다.

28.6 대명사 접미사를 가진 명사. 소유격의 의미로 대명사 접미사를 취하는 작은 명사 그룹이 있다는 것은 이미 언급됐다. 이 중에서 중요한 것은 다음과 같다.

(1) ϫⲱ⸗(머리). 일반적 사용법에서는 대부분 ⲁⲡⲉ로 대체되며 복합적 표현에 자주 나온다. 전치사 ⲉϫⲛ̄, ⲉϫⲱ⸗ 그리고 ϩⲓϫⲛ̄, ϩⲓϫⲱ⸗는 이미 소개됐다. 또한 다음 전치사도 주의하라. ϩⲁϫⲛ̄, ϩⲁϫⲱ⸗ 앞에, 앞쪽에; ϥⲓ-ϫⲱ⸗ 머리[고개]를 들다; ⲕⲁ-ϫⲱ⸗ 복종하다(재귀용법), 강요하다(재귀용법 아님); ϯ-ϫⲱ⸗ ⲉϩⲟⲩⲛ ⲉ ~에 복종하다; ⲟⲩⲉϩ-ϫⲱ⸗ 머리를 숙이다. 비슷한 다른 동사 복합어가 있다.

(2) ⲉⲓⲁ, ⲉⲓⲁⲧ⸗(눈). 주로 복합어에서, 예, ⲕⲧⲉ-ⲉⲓⲁⲧ⸗ 주위를 둘러보다; ⲙⲉϩ-ⲉⲓⲁⲧ⸗ ⲙ̄ⲙⲟ⸗ ~을 응시하다; ⲧⲟⲩⲛ-ⲉⲓⲁⲧ⸗ ⲉⲃⲟⲗ 지시하다, 알리다; 참조, 다음 레슨에서의 ⲛⲁⲓⲁⲧ⸗도 마찬가지.

(3) ⲣⲱ⸗(입). 결합되지 않은 형태인 ⲡ.ⲣⲟ는 자주 "문, 입구"의 의미로 나온다. 그러나 "입"의 의미로는 복합어를 제외하고 대개 ⲧⲁⲡⲣⲟ로 대체된다. 예, 전치사 ⲉⲣⲛ̄, ⲉⲣⲱ⸗ 그리고 ϩⲓⲣⲛ̄, ϩⲓⲣⲱ⸗; ⲕⲁ-ⲣⲱ⸗, ⲕⲱ ⲛ̄ ⲣⲱ⸗ 침묵하다(Q. ⲕⲁⲣⲁⲉⲓⲧ); ⲧⲙ̄-ⲣⲱ⸗ 조용해라(명령형으로); ϫⲓ-ⲣⲱϥ ⲙ̄ⲙⲟ⸗ 막다, 차단하다.

(4) ⲧⲟⲟⲧ⸗(손). §10.4에서 이미 언급됐다. 더 중요한 동사 복합어는 ϯ-ⲧⲟⲟⲧ⸗ (어휘 26), ⲕⲁ-ⲧⲟⲟⲧ⸗ ⲉⲃⲟⲗ 중단하다(~하는 것을: 상황절), 그리고 ϩⲓ-ⲧⲟⲟⲧ⸗ 시작하다를 포함한다. (아래의 어휘를 보라).

28.7 레슨 8의 방향 부사의 기초가 되는 명사는 다른 몇 가지의 중요한 부사 및 전치사 표현에 사용된다. ⲛ̄, ϩⲓ 그리고 ⲥⲁ와 함께 고정된 위치의 부사를 형성한다. 예, ⲛ̄ ⲃⲟⲗ 밖에/으로, ϩⲓ ϩⲟⲩⲛ 안에/으로, ⲥⲁ-ⲡⲉⲥⲏⲧ 아래에, 이하에. 이들 각각은 ⲛ̄, ⲙ̄ⲙⲟ⸗를 추가하여 전치사구

로 변환될 수 있다: ϩⲓ ⲃⲟⲗ ⲛ̄ ~의 밖으로, ~을 넘어서; ⲥⲁ-ϩⲟⲩⲛ ⲛ̄ 내부에[로], ~이내에. 거의 모든 가능한 복합어가 나타난다: (ⲛ̄, ϩⲓ, ⲥⲁ) + (ⲃⲟⲗ, ϩⲟⲩⲛ, ϩⲣⲁⲓ 위로, ϩⲣⲁⲓ 아래로, ⲡⲉⲥⲏⲧ, ⲧⲡⲉ, ⲡⲁϩⲟⲩ, ⲡϣⲱⲓ) ± ⲙ̄ⲙⲟ⸗ (때로는 + ⲉ). 그것의 의미는 일반적으로 문맥에서 분명하다. 이런 표현에서 명사 ⲡ.ⲥⲁ는 "방면, 방향"을 의미한다. 이는 ⲛ̄ⲥⲁ 및 ⲙⲛ̄ⲛ̄ⲥⲁ에 있는 ⲥⲁ와 같은 것이다. 다음 구句도 참조하라: (ⲛ̄) ⲥⲁ ⲥⲁ ⲛⲓⲙ 모든 방향으로[→ 사방팔방으로], 사방으로.

어휘 28[1]

ⲥⲱⲟⲩϩ, ⲥⲉⲩϩ-, ⲥⲟⲟⲩϩ⸗ Q. ⲥⲟⲟⲩϩ tr. (± ⲉϩⲟⲩⲛ) 모으다, 수집하다(ⲙ̄ⲙⲟ⸗; ~에서: ⲉ, ⲉϫⲛ̄, ϩⲛ̄); intr. 전술한 바와 같음

ⲥⲁⲁⲛϣ̄, ⲥⲁⲁⲛϣ̄-, ⲥⲁⲛⲟⲩϣ⸗ Q. ⲥⲁⲛⲁϣⲧ̄ tr. 키우다, 양육하다, 돌보다(ⲙ̄ⲙⲟ⸗); Q. 잘 먹은 상태다, 영양이 좋다

ⲡ.ⲁⲣⲓⲕⲉ 잘못, 비난. ϭⲛ̄-ⲁⲣⲓⲕⲉ ⲉ ~의 흠을 찾다, 비난하다

ⲣⲟⲩϩⲉ 저녁. ⲉ/ⲛ̄/ϩⲓ ⲣⲟⲩϩⲉ 저녁에. ϣⲁ ⲣⲟⲩϩⲉ 저녁 때까지

ϩⲧⲟⲟⲩⲉ 새벽, 아침. ⲉ/ⲛ̄/ϩⲓ ϩⲧⲟⲟⲩⲉ 새벽에

ⲣⲁⲥⲧⲉ 내일. ⲡⲣⲁⲥⲧⲉ, ⲛ̄ ⲣⲁⲥⲧⲉ, ⲉ ⲣⲁⲥⲧⲉ, ⲙ̄ ⲡⲉϥⲣⲁⲥⲧⲉ adv. 내일

ϩⲓ-ⲧⲟⲟⲧ⸗ 시작하다, 착수하다(행하다: ⲉ + inf.). 'ϩⲓ-'에 대해서는 어휘 사전에서 ϩⲓⲟⲩⲉ 항목을 보라.

ⲟⲛ adv. 다시, 게다가, 더욱이

1. 어휘 ⲉⲓⲥ, ⲉⲓⲥ ϩⲏⲏⲧⲉ, ⲙⲁⲩⲁⲁ⸗, ϩⲱⲱ⸗, ⲙ̄ⲙⲓⲛ ⲙ̄ⲙⲟ⸗, ⲕⲁ-ⲣⲱ⸗, ⲧⲙ̄-ⲣⲱ⸗, ϩⲉⲛⲕⲟⲟⲩⲉ, ⲛ̄ⲕⲟⲟⲩⲉ, -ⲉⲣⲏⲩ는 레슨 안에서 소개됐다.

연습문제 28

1. ⲛⲓⲙ ⲡⲉ ⲡⲉⲓⲣⲙ̅ⲛ̅ⲛⲟⲩⲧⲉ ⲉϣⲁⲩⲙⲟⲩⲧⲉ ⲉⲣⲟϥ ϫⲉ ⲓⲱϩⲁⲛⲛⲏⲥ?

2. ⲛ̅ⲧⲟϥ ⲇⲉ ϩⲱⲱϥ ⲛⲁⲉⲓ ϣⲁⲣⲟⲛ ⲙ̅ ⲡⲉϥⲣⲁⲥⲧⲉ.

3. ⲁⲛϩⲉ ⲉⲣⲟϥ ⲉϥⲙⲟⲟϣⲉ ⲙⲁⲩⲁⲁϥ ⲉ ⲑⲉⲛⲉⲉⲧⲉ.

4. ⲁ-ϩⲟⲉⲓⲛⲉ ⲡⲓⲥⲧⲉⲩⲉ ⲉⲣⲟϥ, ϩⲉⲛⲕⲟⲟⲩⲉ ⲇⲉ ⲙ̅ⲡⲟⲩⲡⲓⲥⲧⲉⲩⲉ.

5. ⲙⲉⲣⲉ-ⲛ̅ⲇⲓⲕⲁⲓⲟⲥ ⲥⲱⲧⲙ̅ ⲉ ⲛ̅ϣⲁϫⲉ ⲛ̅ ⲛ̅ⲣⲉϥⲣ̅-ⲛⲟⲃⲉ.

6. ⲛⲉ-ϣⲁⲣⲉ-ⲙ̅ⲙⲟⲛⲁⲭⲟⲥ ϯ-ⲛⲉⲩϩⲱⲃ ⲛ̅ ϭⲓϫ ⲉⲃⲟⲗ ϩⲛ̅ ⲛⲉϩⲟⲟⲩ ⲉⲧ ⲙ̅ⲙⲁⲩ.

7. ⲛⲉⲣⲉ-ⲟⲩⲛⲟϭ ⲙ̅ ⲙⲏⲏϣⲉ ⲥⲟⲟⲩϩ ϩⲓⲣⲙ̅ ⲡⲉϥⲏⲓ.

8. ⲙ̅ⲡⲣ̅ϭⲛ̅-ⲁⲣⲓⲕⲉ ⲉⲣⲟⲓ, ⲡⲁⲉⲓⲱⲧ. ⲙ̅ⲡⲓⲣ̅-ⲗⲁⲁⲩ.

9. ⲛ̅ ⲣⲟⲩϩⲉ ⲁ-ⲡⲥⲟⲛ ⲕⲧⲟϥ ⲟⲛ ⲉ ⲧⲉϥⲣⲓ.

10. ⲙⲛ̅-ⲗⲁⲁⲩ ⲙ̅ ⲡⲣⲟⲫⲏⲧⲏⲥ ϣⲏⲡ ϩⲙ̅ ⲡⲉϥϯⲙⲉ ⲙ̅ⲙⲓⲛ ⲙ̅ⲙⲟϥ.

11. ⲁⲛⲟⲕ ⲇⲉ ϩⲱ ϯⲛⲁϩⲓ-ⲧⲟⲟⲧ ⲉ ⲥϩⲁⲓ ⲛ̅ ⲛ̅ϣⲁϫⲉ ⲉⲛⲧⲁⲩϣⲱⲡⲉ.

12. ϣⲁϥⲥⲁⲁⲛϣ̄ ⲛ̄ ⲛⲉϥϣⲏⲣⲉ ⲛ̄ ⲑⲉ ⲛ̄ ⲟⲩⲉⲓⲱⲧ ⲛ̄ ⲁⲅⲁⲑⲟⲥ.

13. ⲁϥϫⲟⲟⲥ ⲛⲁⲓ ϫⲉ ⲧⲙ̄-ⲣⲱⲕ ⲛⲅ̄ⲃⲱⲕ ⲉⲃⲟⲗ.

14. ⲁⲕⲉⲓⲣⲉ ⲛ̄ ⲛⲁⲓ ⲛ̄ⲧⲟⲕ ⲙⲁⲩⲁⲁⲕ?

15. ⲛⲓⲙ ⲡⲉⲧ ⲛⲁⲥⲁⲛⲟⲩϣⲛ̄ ⲉ-ⲁ-ⲛⲉⲛⲉⲓⲟⲧⲉ ⲙⲟⲩ?

16. ⲁϥⲕⲁ-ⲣⲱϥ, ⲙ̄ⲡⲉϥⲟⲩⲉϣⲃ̄-ⲗⲁⲁⲩ.

17. ⲓⲱϩⲁⲛⲛⲏⲥ ⲇⲉ ϩⲱⲱϥ ⲁϥⲙⲟⲩⲛ ⲉⲃⲟⲗ ⲉϥⲟⲩⲏϩ ϩⲓ ⲡϫⲁⲉⲓⲉ.

18. ⲛ̄ⲧⲉⲣⲉ-ⲣⲟⲩϩⲉ ⲇⲉ ϣⲱⲡⲉ, ⲛⲉϥⲙⲁⲑⲏⲧⲏⲥ ⲁⲩⲥⲱⲟⲩϩ ϩⲙ̄ ⲡⲙⲁ ⲉⲧ ⲙ̄ⲙⲁⲩ.

19. ⲛ̄ϯⲟⲩⲱϣ ⲁⲛ ⲉⲧⲣⲉⲕϭⲱ ⲙ̄ ⲡⲉⲓⲙⲁ. ⲕⲟⲧⲕ̄ ⲉ ⲡⲉⲕⲏⲓ ⲙ̄ⲙⲓⲛ ⲙ̄ⲙⲟⲕ.

20. ⲁⲩϩⲓ-ⲧⲟⲟⲧⲟⲩ ⲉ ⲕⲱⲧ ⲛ̄ ⲟⲩⲛⲟϭ ⲛ̄ ⲣ̄ⲡⲉ ⲉⲣⲉ-ⲧⲉϥⲁⲡⲉ ⲛⲁⲡⲱϩ ⲉ ⲧⲡⲉ ⲙⲁⲩⲁⲁⲥ.

21. ⲁ-ϣⲟⲙⲛ̄ⲧ ⲙ̄ⲙⲟⲟⲩ ϭⲱ ⲛ̄ⲙ̄ⲙⲁⲓ, ⲛ̄ⲕⲟⲟⲩⲉ ⲇⲉ ⲁⲩⲕⲧⲟⲟⲩ ⲉ ⲧⲡⲟⲗⲓⲥ.

22. ⲛ̄ⲕⲟⲟⲩⲉ ⲇⲉ ⲥⲏϩ ϩⲛ̄ ⲕⲉϫⲱⲱⲙⲉ.

23. ⲛ̄ⲣⲉϥⲣ̄-ⲛⲟⲃⲉ ⲇⲉ ⲙⲉⲩⲥⲁⲁⲛϣ̄-ⲛⲉⲩϣⲏⲣⲉ ϩⲛ̄ ⲛⲉⲛⲧⲟⲗⲏ ⲙ̄ ⲡϫⲟⲉⲓⲥ.

24. ⲁⲩⲕⲟⲧⲟⲩ ⲟⲛ ⲉ ⲥⲡ̄ⲥⲱⲡϥ̄.

25. ⲉⲧⲃⲉ ⲟⲩ ⲧⲉⲧⲛ̄ⲙⲓϣⲉ ⲙⲛ̄ ⲛⲉⲧⲛ̄ⲉⲣⲏⲩ ⲛ̄ ⲧⲉⲓϩⲉ?

26. ϩⲓ ϩⲧⲟⲟⲩⲉ ⲇⲉ ⲁ-ⲛ̄ⲣⲱⲙⲉ ⲛ̄ ⲧⲡⲟⲗⲓⲥ ⲥⲱⲟⲩϩ ⲉ ⲧⲁⲅⲟⲣⲁ.

27. ⲁⲥⲣ̄-ϩⲟⲧⲉ ⲉⲃⲟⲗ ϫⲉ ⲁ-ⲡⲉⲥϩⲁⲓ ϭⲛ̄-ⲁⲣⲓⲕⲉ ⲉⲣⲟⲥ.

28. ⲛⲓⲙ ⲡⲉϣⲁϥⲧⲁⲗϭⲉ-ⲡⲥⲁⲉⲓⲛ ⲙⲁⲩⲁⲁϥ?

29. ⲁⲛϩⲉ ⲉ ⲛⲉⲛⲥⲛⲏⲩ ⲉⲩⲥⲁⲛⲁϣⲧ̄ ⲧⲏⲣⲟⲩ ⲉ-ⲙⲛ̄-ⲟⲩⲁ ⲉϥϩⲕⲁⲉⲓⲧ ⲛ̄ϩⲏⲧⲟⲩ.

30. ⲧⲛ̄ⲛⲁϭⲱ ⲉⲛϣⲗⲏⲗ ϣⲁ ⲣⲟⲩϩⲉ.

읽기: '사막 교부들의 금언집'에서

ⲁ-ⲟⲩⲁ ⲛ̄ ⲛⲉⲛⲉⲓⲟⲧⲉ ⲧⲛ̄ⲛⲟⲟⲩ ⲙ̄ ⲡⲉϥⲙⲁⲑⲏⲧⲏⲥ ⲉ ⲙⲉϩ-ⲙⲟⲟⲩ. ⲛⲉⲣⲉ-ⲧϣⲱⲧⲉ ⲇⲉ ⲡⲉ ⲟⲩⲏⲩ ⲛ̄ ⲧⲣⲓ ⲙ̄ⲙⲁⲧⲉ. ⲁϥⲣ̄-ⲡⲱⲃϣ̄ ⲇⲉ ⲉ ϫⲓ-ⲡⲛⲟⲩϩ ⲛⲙ̄ⲙⲁϥ. ⲛ̄ⲧⲉⲣⲉϥⲉⲓ ⲇⲉ ⲉϫⲛ̄ ⲧϣⲱⲧⲉ, ⲁϥⲉⲓⲙⲉ ϫⲉ ⲙ̄ⲡⲉϥⲉⲓⲛⲉ ⲛⲙ̄ⲙⲁϥ ⲙ̄ ⲡⲛⲟⲩϩ. ⲁϥⲉⲓⲣⲉ ⲛ̄ ⲟⲩϣⲗⲏⲗ,

ⲁϥⲙⲟⲩⲧⲉ ⲉϥϫⲱ ⲙ̄ⲙⲟⲥ ϫⲉ, "ⲡϣⲏⲓ, ⲡⲁⲉⲓⲱⲧ ⲡⲉⲧ ϫⲱ ⲙ̄ⲙⲟⲥ ϫⲉ, 'ⲙⲟⲩϩ ⲙ̄ ⲡⲁⲅⲅⲓⲟⲛ ⲙ̄ ⲙⲟⲟⲩ.'" ⲁⲩⲱ ⲛ̄ ⲧⲉⲩⲛⲟⲩ ⲁ-ⲡⲙⲟⲟⲩ ⲉⲓ ⲉⲡϣⲱⲓ, ⲁ-ⲡⲥⲟⲛ ⲙⲟⲩϩ ⲙ̄ ⲡⲉϥϣⲟϣⲟⲩ, ⲁⲩⲱ ⲁ-ⲡⲙⲟⲟⲩ ϩⲙⲟⲟⲥ ⲟⲛ ⲉ ⲡⲉϥⲙⲁ.

새로 나온 단어

ⲧ.ϣⲱⲧⲉ, ⲡ.ϣⲏⲓ 우물, 저수지

ⲙⲉϩ-ⲙⲟⲟⲩ 물을 긷다

ⲡ.ⲁⲅⲅⲓⲟⲛ (τὸ ἀγγεῖον), **ⲡ.ϣⲟϣⲟⲩ** (담는) 용기의 이름

레슨 29
조건절, 서술 형용사(2), 비교급, 소유격 접미사를 가진 명사

29.1 조건절(ⲉ⸗ϣⲁⲛ-, ⲉⲣϣⲁⲛ-)

	단수		복수	
1인칭	ⲉⲓϣⲁⲛⲥⲱⲧⲙ̄	내가 듣는다면	ⲉⲛϣⲁⲛⲥⲱⲧⲙ̄	우리가 듣는다면
2인칭(남)	ⲉⲕϣⲁⲛⲥⲱⲧⲙ̄	네가 듣는다면	ⲉⲧⲉⲧⲛ̄ϣⲁⲛⲥⲱⲧⲙ̄	너희가 듣는다면
2인칭(여)	ⲉⲣⲉϣⲁⲛⲥⲱⲧⲙ̄	네가 듣는다면		
3인칭(남)	ⲉϥϣⲁⲛⲥⲱⲧⲙ̄	그가 듣는다면	ⲉⲩϣⲁⲛⲥⲱⲧⲙ̄	그들이 듣는다면
3인칭(여)	ⲉⲥϣⲁⲛⲥⲱⲧⲙ̄	그녀가 듣는다면		

ⲉⲣϣⲁⲛ-ⲡⲣⲱⲙⲉ ⲥⲱⲧⲙ̄ 그 사람이 듣는다면

부정형은 **-ⲧⲙ̄-**을 사용한다: **ⲉϥϣⲁⲛⲧⲙ̄ⲥⲱⲧⲙ̄, ⲉⲣϣⲁⲛⲧⲙ̄-ⲡ-ⲣⲱⲙⲉ ⲥⲱⲧⲙ̄. ϣⲁⲛ**은 부정형에서 생략할 수 있다: **ⲉϥⲧⲙ̄ⲥⲱⲧⲙ̄, ⲉⲣⲉⲧⲙ̄-ⲡⲣⲱⲙⲉ ⲥⲱⲧⲙ̄.** 이 형식은 조건문의 전제절에서만 나타난다. 부정사만 동사 자리에 올 수 있다.

콥트어에서 조건문은 형식적으로 명확하게 정의된 두 그룹으로 나뉜다: (1) '실제' 및 (2) '반대-사실'. 현재 시간의 실제 조건문의 전제절은 다양한 형태를 가진다:

(a) 조건이 있는 절

> **ⲉⲕϣⲁⲛⲡⲓⲥⲧⲉⲩⲉ ⲉ ⲛⲁⲓ** (만일) 네가 이것들을 믿는다면[믿으면]

(b) **ⲉϣⲱⲡⲉ**(만약 ~라면[if]) 또는 **ⲉϣϫⲉ**(만약 ~라면)는 제1 현재형, 상황절, 조건절, 또는 어떤 비동사 서술 유형이 따른다.

ⲉϣⲱⲡⲉ / ⲉϣϫⲉ ⲕⲡⲓⲥⲧⲉⲩⲉ ⲉ ⲛⲁⲓ
ⲉϣⲱⲡⲉ / ⲉϣϫⲉ ⲉⲕⲡⲓⲥⲧⲉⲩⲉ ⲉ ⲛⲁⲓ
ⲉϣⲱⲡⲉ / ⲉϣϫⲉ ⲉⲕϣⲁⲛⲡⲓⲥⲧⲉⲩⲉ ⲉ ⲛⲁⲓ } 네가 이것들을 믿으면
ⲉϣⲱⲡⲉ / ⲉϣϫⲉ ⲛ̄ⲧⲟⲕ ⲡⲉ ⲡⲉϥⲉⲓⲱⲧ 네가 그의 아버지라면
ⲉϣⲱⲡⲉ / ⲉϣϫⲉ ⲟⲩⲛ̄ⲧⲁⲕ ⲡϩⲁⲧ 네가 돈을 가지고 있다면
ⲉϣⲱⲡⲉ / ⲉϣϫⲉ ⲛ̄ϯⲙ̄ⲡϣⲁ ⲁⲛ 내가 합당하지 않다면

(c) 상황절만으로 종종 전제절 역할을 한다.

ⲉⲛⲙ̄ ⲡⲉⲓⲙⲁ, . . . 우리가 여기에 있으므로, …

이런 조건의 귀결절은 요구되는 의미에 적합한 다양한 동사절이 될 수 있다(예, 제1 미래형, 제2 미래형, 제3 미래형; 관습형; 명령형). 귀결절은 선택적으로 ⲉⲓⲉ(ⲉⲉⲓⲉ)와 함께 도입될 수 있다. 예를 보려면 연습문제를 참조하라.

반대-사실 전제절은 사실 미완료형 상황절이거나, 또는 비동사문의 경우 미완료형 컨버터가 있는 상황절이다.

ⲉ-ⲛⲉϥⲟ ⲛ̄ ⲡ̄ⲣⲟ 그가 왕이었다면
ⲉ-ⲛⲉ-ⲛ̄ⲧⲟϥ ⲡⲉ ⲡⲡ̄ⲣⲟ 그가 그 왕이었다면
ⲉ-ⲛⲉ-ⲟⲩⲛ̄ⲧⲁⲛ ⲟⲩⲡ̄ⲣⲟ 우리가 (한) 왕이 있었다면
ⲉ-ⲛⲉⲧⲉⲧⲛ̄ ⲙ̄ ⲡⲉⲓⲙⲁ 너희가 여기에 있었다면

과거 시간의 ⲉ-ⲛⲉ- 뒤에는 긍정의 제2 완료형 또는 부정의 제1 완료형이 온다.

ⲉ-ⲛⲉ-ⲛⲧⲁⲕϯ-ⲡϩⲁⲧ ⲛⲁⲓ 네가 나에게 그 돈을 주었었더라면
ⲉ-ⲛⲉ-ⲙⲡⲉⲕϫⲓ-ⲡϩⲁⲧ 네가 그 돈을 가지지 않았었더라면

비동사문의 경우 ⲉ-ⲛⲉ- 단독으로 사용된다. 따라서 ⲉ-ⲛⲉⲕ ⲙ̄ ⲡⲉⲓⲙⲁ는 "네가 여기에 있었다면" 그리고 "네가 여기에 있었었다면" 둘 다를 의미한다.

조건절 접두사 ⲉ-ⲛⲉ-는 질문을 도입하는 역할을 하는 불변화사 ⲉⲛⲉ와 혼동하지 않아야 한다. 예, ⲉⲛⲉ ⲁⲕⲛⲁⲩ ⲉⲣⲟϥ? 너는 그를 보았느냐?

두 시제의 귀결절은 미래의 미완료형으로 나온다.

> ⲉ-ⲛⲉⲕⲡⲓⲥⲧⲉⲩⲉ, ⲛⲉⲣⲉ-ⲡⲁⲓ ⲛⲁϣⲱⲡⲉ ⲁⲛ.
>
> 네가 믿었다면, 이 일이 일어나지 않았을 것이다.
>
> ⲉ-ⲛⲉ-ⲛⲧⲁⲕⲡⲓⲥⲧⲉⲩⲉ, ⲛⲉⲣⲉ-ⲡⲁⲓ ⲛⲁϣⲱⲡⲉ ⲁⲛ.
>
> 네가 믿었었다면, 이 일이 일어나지 않았을 것이다.

그리스어 접속사 ⲉⲓⲙⲏⲧⲓ(εἰ μή τι)와 ⲕⲁⲛ(κἄν)도 '실제' 및 '반대-사실' 조건 모두의 전제절을 도입하는 데 사용된다.

ⲛ̄ⲥⲁⲃⲏⲗ ϫⲉ(~라는 것 이외에는, ~이 아니라면, 그렇지 않다면)는 자주 반대-사실 조건의 전제절을 도입하기 위해 사용된다; 일반적으로 이 절은 제1 현재형, 제1 완료형 또는 비동사 술어를 포함한다.

> ⲛ̄ⲥⲁⲃⲏⲗ ϫⲉ ⲕⲡⲓⲥⲧⲉⲩⲉ 네가 믿지 않는다면
>
> ⲛ̄ⲥⲁⲃⲏⲗ ϫⲉ ⲁⲕⲡⲓⲥⲧⲉⲩⲉ 네가 믿지 않았다면
>
> ⲛ̄ⲥⲁⲃⲏⲗ ϫⲉ ⲛ̄ⲧⲟⲕ ⲡⲉ ⲡⲁⲉⲓⲱⲧ 당신이 나의 아버지가 아니라면

29.2 서술 형용사 활용. 대명사 접미사를 사용하거나 명사 주어에 후접어 형태로 활용된 서술 형용사의 작은 그룹이 있다.

> ⲛⲉⲥⲱ⸗ⲥ. 그녀는 아름답다.

> **ⲛⲉⲥⲉ-ⲧⲉϥⲥϩⲓⲙⲉ.** 그의 아내는 아름답다.

이들 중 중요한 것은 **ⲛⲁⲁ- ⲛⲁⲁ⸗** 위대하다, **ⲛⲁⲛⲟⲩ- ⲛⲁⲛⲟⲩ⸗** 좋다, **ⲛⲉⲥⲉ- ⲛⲉⲥⲱ⸗** 아름답다, **ⲛⲉⲥⲃⲱⲱ⸗** 현명하다, **ⲛⲁϣⲉ- ⲛⲁϣⲱ⸗** 많다, **ⲛⲉϭⲱ⸗** 추하다 등이 있다.

관계절에서 사용하는 경우 제1 현재형과 같이 취급된다: **ⲡⲣⲱⲙⲉ ⲉⲧ ⲛⲁⲛⲟⲩϥ** 그 선한 사람, **ⲡⲣⲱⲙⲉ ⲉⲧⲉ ⲛⲉⲥⲉ-ⲧⲉϥⲥϩⲓⲙⲉ** 아내가 아름다운 그 사람.

미완료형 컨버터 및 상황절 컨버터가 선행할 수도 있다: **ⲛⲉ-ⲛⲁⲛⲟⲩϥ (ⲡⲉ)** 그는 선했다; **ⲟⲩ-ⲣⲱⲙⲉ ⲉ-ⲛⲁⲛⲟⲩϥ (ⲡⲉ)** 선한 사람.

ⲛⲁⲓⲁⲧ⸗(~[들]은 [행]복이 있다)도 이 그룹에 속한다. 그런데 뒤따르는 명사 주어는 접미사로 예상해야 한다. **ⲛⲁⲓⲁⲧⲟⲩ ⲛ̄ ⲛ̄ⲣⲉϥⲣ̄-ⲉⲓⲣⲏⲛⲏ** 화평하게 하는 자들은 복이 있다[행복하다].

29.3 비교급. 한정 형용사와 서술 형용사의 비교는 비교의 근거가 되는 항목 앞에 전치사 **ⲉ**를 둠으로써 표현한다: **ⲛⲟϭ ⲉ ⲡⲁⲓ** 이보다 더 큰, **ⲥⲁⲃⲉ ⲉ ⲛⲉϥⲥⲛⲏⲩ** 그의 형제들보다 현명한.

콥트어와 그리스어의 단순 형용사 외에도 선행 절의 서술 형용사, 적절한 상태동사 그리고 기타 동사 구조가 이 구문에서 사용될 수 있다.

> **ⲛⲉϥⲟ ⲛ̄ ⲛⲟϭ ⲉ ⲛⲉϥⲥⲛⲏⲩ.** 그는 그의 형제들보다 더 뛰어났다.
>
> **ϥϫⲟⲥⲉ ⲉ ⲡⲉϥϫⲟⲉⲓⲥ.** 그는 그의 주인보다 더 높아져있다.
>
> **ⲛⲉϥⲟ ⲛ̄ ⲟⲩⲟⲉⲓⲛ ⲉ ⲡⲣⲏ.** 그는[또는 그것은] 태양보다 더 밝았다.
>
> **ⲛⲉⲥⲱⲥ ⲉ ⲧⲉⲥⲥⲱⲛⲉ.** 그녀는 그녀의 자매보다 더 아름답다.

다양한 조합으로 **ϩⲟⲩⲟ**(더[more])를 사용함으로 비교를 강화할 수 있다:

N̄ ϩΟΥΟ Ε, Ε ϩΟΥΟ Ε, Ε ϩΟΥΕ, 모두 “~보다 더”를 의미한다. N̄ ϩΟΥΟ만으로도 절대 비교급을 표현할 수 있다: ΠΝΟϬ N̄ ϩΟΥΟ 더 큰 것.

Ε 대신에 그리스어 전치사 ΠΑΡΑ(또는 M̄ ΠΑΡΑ)를 사용할 수 있다. 접미사가 붙을 수 있다: ΠΑΡΟΙ, ΠΑΡΟΚ, ΠΑΡΟ 등.

29.4 소유격 접미사를 가진 명사(계속).

(1) ΡΑΤ⸗(발)는 §19.2에서 ΕΡΑΤ⸗와 ΑϩΕΡΑΤ⸗에 관련하여 언급됐다. 다른 복합어로는 ϩΑ ΡΑΤ⸗([전치사] 아래의, ~의 발치에)가 있다; ΚΑ-ΡΑΤ⸗ 발을 들여놓다(+ ΕΒΟΛ: ~을 시작하다); ΜΟΟϢΕ N̄ ΡΑΤ⸗ 걸어서 가다.

(2) ϩΡΑ⸗는 두 단어에서의 대명사 접미형이다: (a) ϩΟ ϩΡΑ⸗ 얼굴; (b) ϩΡΟΟΥ ϩΡΑ⸗ 목소리. 이 두 단어는 결합되지 않은 형태가 일반적이다. 특정한 의미가 없는 복합어는 ΕϩΡN̄, ΕϩΡΑ⸗ (전치사) (~의 얼굴) 쪽으로; (N̄) ΝΑϩΡN̄, (N̄) ΝΑϩΡΑ⸗ (전치사) ~의 면전에서; ϪΙ-ϩΡΑ⸗(Q. ϪΙ-ϩΡΑΕΙΤ) 흥겨워하다, 즐기다, (마음을) 혼란시키다(접미사는 재귀용법이다); ϤΙ-ϩΡΑ⸗ 소리지르다, 말하다(± ΕΒΟΛ, ΕϩΡΑΙ) 등이 있다.

(3) ϩΤΗ⸗는 (a) ϩΗΤ(심장, 마음) 그리고 (b) ϩΗΤ(끝, 모서리)의 대명사 접미형이다. 이 형태를 사용하는 복합어에는 ϯ-ϩΗΤ⸗ 주시하다, ~에 주목하다(Ε, ΕϪN̄), ϢΝ-ϩΤΗ⸗ 불쌍히 여기다(~을: ΕϪN̄, ΕϩΡΑΙ ΕϪN̄), 그리고 전치사 ϩΑϩΤN̄, ϩΑϩΤΗ⸗가 포함된다.

(4) ϩΗΤ⸗는 (a) Τ.ϩΗ(배, 자궁) 그리고 (b) Τ.ϩΗ(앞쪽/앞면)의 대명사 접미형이다. ϩΗΤ⸗(배, 자궁)는 ϩN̄ ϩΗΤC̄(그녀의 자궁 안에)처럼 그것의 문자 그대로의 의미로 사용될 수 있다; 그렇지 않으면 전치사 ϩN̄ N̄ϩΗΤ⸗

의 일부로만 나타난다. ϩⲎⲦ⸗(앞쪽/앞면)는 특정한 동사의 전치사로 사용된다. 예, ϣⲓⲡⲉ ϩⲎⲦ⸗(부끄러워하다), ⲣ̄-ϩⲟⲧⲉ ϩⲎⲦ⸗(두려워하다).

(5) ⲦⲞⲨⲰ⸗(가슴)는 전치사 ⲉⲧⲟⲩⲛ̄-, ⲉⲧⲟⲩⲱ⸗ 및 ϩⲓⲧⲟⲩⲛ̄-, ϩⲓⲧⲟⲩⲱ⸗(가까운, 옆에)에서 나타난다. 후자는 관계절 구문 ⲡⲉⲧ ϩⲓⲧⲟⲩⲱ⸗(이웃)에서 자주 나타난다. 예, ⲡⲉⲧ ϩⲓⲧⲟⲩⲱϥ(그의 이웃).

대명사 접미사와 함께 사용되는 기타 명사들은 ⲁⲣⲏϫ⸗(끝), ⲕⲟⲩⲛ̄(ⲧ)⸗(가슴), ⲣⲓⲛ(ⲧ)⸗(이름), ⲥⲟⲩⲛ̄ⲧ⸗(값), 그리고 ϣⲁⲁⲛⲧ⸗(코)가 있다. 이에 대해서는 어휘 사전을 참고하라.

어휘 29[1]

ⲱⲥⲕ̄, Q. ⲟⲥⲕ̄ intr. 미루다, 지체하다; 길어지다, 계속되다; + 상황절: 계속하다(~을).

ⲥⲟⲟϩⲉ, ⲥⲁϩⲉ-, ⲥⲁϩⲱ(ⲱ)⸗ Q. ⲥⲁϩⲏⲩ 재귀형 + ⲉⲃⲟⲗ 물러나다, 떠나다(~로부터: ⲙ̄ⲙⲟ⸗)

ⲧⲁⲙⲓⲟ, ⲧⲁⲙⲓⲉ-, ⲧⲁⲙⲓⲟ⸗ Q. ⲧⲁⲙⲓⲏⲩ tr. 창조[창작]하다, 만들다; (~에 대해) 준비하다(ⲙ̄ⲙⲟ⸗); n.m. 창조[창작], 창조물[피조물]

ⲑⲃ̄ⲃⲓⲟ, ⲑⲃ̄ⲃⲓⲉ-, ⲑⲃ̄ⲃⲓⲟ⸗ Q. ⲑⲃ̄ⲃⲓⲏⲩ tr. 겸허하게 하다, 굴욕감을 주다; intr. 그리고 reflex. 겸손하게 되다; n.m. 겸손 (종종 + ⲛ̄ ϩⲏⲧ)

ⲡⲉ.ϩⲙⲟⲧ 은혜[은총], 선물[재능], 호의; 감사. ϣⲡ̄-ϩⲙⲟⲧ ⲛ̄ⲧⲛ̄ ~에게 감사(기도)를 드리다(~위해: ⲉϫⲛ̄, ϩⲓ, ϩⲁ); ϭⲛ̄-ϩⲙⲟⲧ 호의를 사다

ϣⲟⲣⲡ̄ (f. ϣⲟⲣⲡⲉ) adj. 처음의, 명사 앞이나 뒤에서 ⲛ̄과 함께. ⲛ̄

1. ⲉϣⲱⲡⲉ, ⲉϣϫⲉ, ⲛ̄ⲥⲁⲃⲏⲗ ϫⲉ, ⲛⲁⲛⲟⲩ-, ⲛⲉⲥⲉ-, ⲛⲁϣⲉ-, ⲛⲁⲓⲁⲧ⸗, ⲛ̄ ϩⲟⲩⲟ ⲉ, ϥⲓ-ϩⲣⲁ⸗, ϣⲛ̄-ϩⲧⲏ⸗ ⲉϫⲛ̄, ⲡⲉⲧ ϩⲓⲧⲟⲩⲱ⸗은 레슨에서 소개됐다.

ϣορπ̄ adv. 이전에, 처음에

ρ̄-ϩογο ε (Q. ο ν̄) 넘어서다, ~이상이다; 초과되다, 충분하다

ϩν̄ ογωρϫ adv. 확고하게, 확실히, 분명히, 부지런히

연습문제 29

A. 1. ετβε πεκθβ̄βιο ν̄ ϩητ ϥναϣν̄-ϩτηϥ εϫωκ.

2. νιμ πενταϥταμιο μ̄ πϣορπ̄ ν̄ ρωμε?

3.ναϣε-νειρωμε ν̄ ϩογο ερον.

4. νεσε-τειπολις ν̄ ϩογο.

5. ναιατογ ν̄ ν̄ϩηκε.

6. α-πνογτε ταμιε-τπε μν̄ πκαϩ.

7. νιμ πε πετ ϩιτογωκ?

8. ται τε τϣορπε ν̄ εντολη.

9. νανογ-ϯ-ϩαϩ μ̄ μετανοια.

10. ⲥⲉⲛⲁⲥⲙⲟⲩ ⲉⲣⲟⲕ ⲛ̄ ϩⲟⲩⲟ ⲉ ⲣⲱⲙⲉ ⲛⲓⲙ.

11. ⲛⲉⲩⲛ̄ⲧⲁϥ ⲟⲩⲥϩⲓⲙⲉ ⲉ-ⲛⲉⲥⲱⲥ ⲉⲙⲁⲧⲉ.

12. ⲁⲥⲧⲁⲙⲓⲟ ⲛⲁϥ ⲛ̄ ⲟⲩⲕⲟⲩⲓ ⲛ̄ ϭⲓⲛⲟⲩⲱⲙ.

13. ⲛⲁⲓⲁⲧϥ̄ ⲙ̄ ⲡⲉⲛⲧⲁϥ-ϭⲛ̄-ϩⲙⲟⲧ ⲛ̄ⲛⲁϩⲣⲙ̄ ⲡϫⲟⲉⲓⲥ.

14. ⲟⲩ ⲡⲉⲧ ⲛⲁϣⲑⲃ̄ⲃⲓⲟⲕ?

15. ⲟⲩ ⲡⲉⲧⲛ̄ⲛⲁⲁⲁϥ ϫⲉ ⲉⲛⲉⲟⲩϫⲁⲓ?

16. ⲥⲁϩⲉ-ⲧⲏⲩⲧⲛ̄ ⲉⲃⲟⲗ ⲙ̄ⲙⲟⲓ.

B. 1. ⲉϥϣⲁⲛϭⲛ̄ⲧ, ϥⲛⲁⲙⲟⲩⲟⲩⲧ ⲙ̄ⲙⲟⲓ.

2. ⲉⲕϣⲁⲛⲥⲟⲧⲡ̄ⲧ̄, ⲉⲓⲉ ⲛⲁⲥⲛⲏⲩ ⲛⲁϭⲱⲛⲧ̄ ⲙ̄ⲙⲁⲧⲉ.

3. ⲉⲕϣⲁⲛⲕⲁⲁⲧ ⲉ ⲃⲱⲕ, ϯⲛⲁⲕⲧⲟⲓ ⲉ ϣⲓⲏⲧ.

4. ⲉϥϣⲁⲛϩⲱⲛ ⲉⲧⲟⲟⲧⲕ̄ ⲉⲧⲣⲉⲕⲁⲁⲥ, ⲉⲕⲉⲁⲁⲥ ϩⲛ̄ ⲟⲩⲱⲣϫ̄.

5. ⲉϣⲱⲡⲉ ⲙ̄ⲙⲁⲧⲟⲓ ⲉⲓ ⲉϩⲟⲩⲛ ⲉ ⲧⲡⲟⲗⲓⲥ, ⲥⲉⲛⲁⲣⲁϩⲧⲛ̄ ⲧⲏⲣⲛ̄.

6. ⲉϣⲱⲡⲉ ϥⲥⲱⲧⲙ̄ ⲉ ⲧⲉⲕⲥⲙⲏ, ϥⲛⲁⲥⲁϩⲱϥ.

7. ⲉϣⲱⲡⲉ ⲟⲩⲛ̄ⲧⲏⲧⲛ̄ ϩⲉⲛⲟⲉⲓⲕ ⲙ̄ⲙⲁⲩ ⲉⲩⲣ̄-ϩⲟⲩⲟ ⲉⲣⲱⲧⲛ̄,
ⲧⲉⲧⲛⲉⲧⲁⲁⲩ ⲛ̄ ⲛⲉⲧ ϩⲕⲁⲉⲓⲧ.

8. ⲉⲣϣⲁⲛ-ⲛⲉⲥⲛⲏⲩ ⲕⲧⲟⲟⲩ ⲉ ⲡϯⲙⲉ ϩⲓ ⲣⲟⲩϩⲉ, ϯⲛⲁⲃⲱⲕ
ⲛ̄ⲙ̄ⲙⲁⲩ.

9. ⲉϣϫⲉ ⲡⲉⲕⲉⲓⲱⲧ ⲉⲡⲓϯⲙⲁ ⲛⲁⲕ, ⲛ̄ⲛⲉⲕϭⲱⲛⲧ̄.

10. ⲉϣϫⲉ ⲡⲉⲕⲥⲟⲛ ⲣ̄-ⲡⲉⲑⲟⲟⲩ ⲛⲁⲕ, ⲉⲕⲉⲣ̄-ⲡⲡⲉⲧ
ⲛⲁⲛⲟⲩϥ ⲛⲁϥ.

11. ⲉⲣϣⲁⲛ-ⲧⲉⲕⲥⲱⲛⲉ ⲉⲓ ϣⲁⲣⲟⲓ ⲛ̄ ⲣⲁⲥⲧⲉ, ϯⲛⲁⲧⲁⲙⲟⲥ
ⲉⲧⲃⲉ ⲡⲉⲓϣⲁϫⲉ.

12. ⲉ-ⲛⲉ-ⲟⲩⲇⲓⲕⲁⲓⲟⲥ ⲡⲉ ⲛ̄ⲧⲟⲕ, ⲛⲉⲕⲛⲁⲉⲓⲣⲉ ⲛ̄ ⲧⲉⲓϩⲉ ⲁⲛ.

13. ⲁⲣϭⲛ̄-ϩⲙⲟⲧ ⲛ̄ⲛⲁϩⲣⲙ̄ ⲡⲛⲟⲩⲧⲉ.

14. ⲉ-ⲛⲉⲕⲙ̄ ⲡⲉⲓⲙⲁ, ⲛⲉⲣⲉ-ⲡⲁⲥⲟⲛ ⲛⲁⲙⲟⲩ ⲁⲛ ⲡⲉ.

15. ⲧⲛ̄ϣⲡ̄-ϩⲙⲟⲧ ⲛ̄ⲧⲟⲟⲧⲕ̄ ϩⲁ ⲡⲉⲕⲛⲟϭ ⲛ̄ ⲛⲁ.

16. ⲉ-ⲛⲉ-ⲛⲧⲁⲓⲉⲓⲙⲉ ϫⲉ ⲛ̄ⲧⲟⲕ ⲡⲉ ⲡⲣ̄ⲣⲟ, ⲛⲉⲓⲛⲁⲡⲁϩⲧ̄ ⲛⲁϩⲣⲁⲕ ⲡⲉ ⲉⲓϣⲓⲡⲉ ϩⲏⲧⲕ̄.

17. ⲉϣϫⲉ ⲕⲱⲥⲕ̄ ⲉⲕⲟ ⲛ̄ ⲣⲉϥⲣ̄-ⲛⲟⲃⲉ, ⲛ̄ⲥⲉⲛⲁϣⲛ̄-ϩⲧⲏⲩ ⲉϫⲱⲕ ⲁⲛ ⲙ̄ ⲡⲉϩⲟⲟⲩ ⲉⲧ ⲙ̄ⲙⲁⲩ.

18. ⲉϣⲱⲡⲉ ⲥⲉⲉⲓⲣⲉ ⲙ̄ ⲡⲉⲧ ⲛⲁⲛⲟⲩϥ, ⲥⲉⲛⲁϭⲛ̄-ϩⲙⲟⲧ ⲛ̄ⲛⲁϩⲣⲙ̄ ⲡϫⲟⲉⲓⲥ.

19. ⲉ-ⲛⲉ-ⲛⲧⲁ-ⲛⲉⲓϩⲓⲥⲉ ⲱⲥⲕ̄, ⲛⲉⲛⲛⲁⲙⲟⲩ ⲡⲉ.

20. ⲉϣⲱⲡⲉ ⲉⲩⲡⲓⲥⲧⲉⲩⲉ ϩⲛ̄ ⲟⲩⲱⲣϫ, ⲥⲉⲛⲁⲥⲗ̄ⲥⲱⲗⲟⲩ.

21. ϣϣⲉ ⲉⲣⲟⲛ ⲉⲧⲣⲉⲛϣⲡ̄-ϩⲙⲟⲧ ⲛ̄ⲧⲟⲟⲧϥ̄ ⲛ̄ ⲟⲩⲟⲉⲓϣ ⲛⲓⲙ.

22. ϩⲁⲡⲥ̄ ⲉⲣⲟⲛ ⲉⲧⲣⲉⲛϯ-ⲧⲟⲟⲧⲟⲩ ⲛ̄ ⲛⲉⲧ ϩⲓⲧⲟⲩⲱⲛ.

23. ⲥⲙⲟⲕϩ̄ ⲉ ⲥϩⲁⲓ ⲙ̄ ⲙⲛ̄ⲧⲣⲙⲛ̄ⲕⲏⲙⲉ.

24. ⲉⲓⲥ ⲡⲉⲓⲛⲟϭ ⲙ̄ ⲙⲁⲉⲓⲛ ⲛⲁϭⲱⲗⲡ̄ ⲉⲃⲟⲗ ⲛⲏⲧⲛ̄.

25. ⲛ̄ⲥⲁⲃⲏⲗ ϫⲉ ⲛ̄ⲧⲟⲕ ⲡⲉ ⲡⲁⲉⲓⲱⲧ, ⲛⲉⲓⲛⲁⲙⲟⲟⲩⲧⲕ̄.

읽기: '사막 교부들의 금언집'에서

1. ⲁϥϫⲟⲟⲥ ⲛ̄ϭⲓ ⲟⲩϩⲗ̄ⲗⲟ ϫⲉ "ϩⲙ̄ ⲡⲓⲣⲁⲥⲙⲟⲥ ⲛⲓⲙ ⲙ̄ⲡⲣ̄ϭⲛ̄-ⲁⲣⲓⲕⲉ ⲉ-ⲣⲱⲙⲉ, ⲁⲗⲗⲁ ϭⲛ̄-ⲁⲣⲓⲕⲉ ⲉⲣⲟⲕ ⲙⲁⲩⲁⲁⲕ ⲉⲕϫⲱ ⲙ̄ⲙⲟⲥ ϫⲉ 'ⲉⲣⲉ-ⲛⲁⲓ ϣⲟⲟⲡ ⲙ̄ⲙⲟⲓ ⲉⲧⲃⲉ ⲛⲁⲛⲟⲃⲉ.'"

2. ⲁ-ⲟⲩⲁ ⲛ̄ ⲛ̄ϩⲗ̄ⲗⲟ ⲃⲱⲕ ϣⲁ ⲕⲉϩⲗ̄ⲗⲟ ⲁⲩⲱ ⲡⲉϫⲁϥ ⲙ̄ ⲡⲉϥⲙⲁⲑⲏⲧⲏⲥ ϫⲉ, "ⲧⲁⲙⲓⲟ ⲛⲁⲛ ⲛ̄ ⲟⲩⲕⲟⲩⲓ ⲛ̄ ⲁⲣϣⲓⲛ." ⲁⲩⲱ ⲁϥⲧⲁⲙⲓⲟϥ. ⲡⲉϫⲁϥ ϫⲉ, "ϩⲉⲣⲡ̄-ϩⲉⲛⲟⲉⲓⲕ ⲛⲁⲛ." ⲁⲩⲱ ⲁϥϩⲟⲣⲡⲟⲩ. ⲛ̄ⲧⲟⲟⲩ ⲇⲉ ⲁⲩⲙⲟⲩⲛ ⲉⲃⲟⲗ ⲉⲩϣⲁϫⲉ ⲉ ⲛⲉⲡ̄ⲛ̄ⲓⲕⲟⲛ ⲙ̄ ⲡⲉϩⲟⲟⲩ ⲧⲏⲣϥ̄ ⲙⲛ̄ ⲧⲉⲩϣⲏ ⲧⲏⲣⲥ̄.

3. ⲁⲩϫⲟⲟⲥ ⲛ̄ϭⲓ ⲛ̄ϩⲗ̄ⲗⲟ ϫⲉ, "ⲕⲁⲛ ⲛⲁⲙⲉ ⲉⲣϣⲁⲛ-ⲟⲩⲁⲅⲅⲉⲗⲟⲥ ⲟⲩⲱⲛⲁϩ ⲛⲁⲕ ⲉⲃⲟⲗ, ⲙ̄ⲡⲣ̄ϣⲟⲡϥ̄ ⲉⲣⲟⲕ, ⲁⲗⲗⲁ ⲑⲃ̄ⲃⲓⲟⲕ ⲛⲅ̄ϫⲟⲟⲥ ϫⲉ, 'ⲛ̄ϯⲙ̄ⲡϣⲁ ⲁⲛ ⲉ ⲛⲁⲩ ⲉ ⲡⲁⲅⲅⲉⲗⲟⲥ ⲉ-ⲁⲓⲱⲛϩ̄ ϩⲛ̄ ⲛ̄ⲛⲟⲃⲉ.'"

새로 나온 단어

ⲡ.ⲡⲓⲣⲁⲥⲙⲟⲥ (ὁ πειρασμός) 유혹

ⲡ.ⲁⲣϣⲓⲛ 렌즈콩

ϩⲱⲣⲡ̄, ϩⲉⲣⲡ̄-, ϩⲟⲣⲡ⸗ tr. 젖게 하다

ⲡ̄ⲛ̄ⲓⲕⲟⲛ = ⲡⲛⲉⲩⲙⲁⲧⲓⲕⲟⲛ 영적인 일(들)

레슨 30
간접 명령형, 결과의 미래 접속법, 절 활용, 굴절 부정사, 미완결형(not yet), 심성적 여격, 기수(4), 서수, 분수, 우언적 구문, 그리스어 접속사/부사/전치사, 불변화사

30.1 간접명령형(기원형Optative으로도 불린다): ⲙⲁⲣⲉ-, ⲙⲁⲣ(ⲉ)⸗

	단수		복수	
1인칭	ⲙⲁⲣⲓⲥⲱⲧⲙ̄	내가 듣게 하라 (Let me hear)	ⲙⲁⲣⲛ̄ⲥⲱⲧⲙ̄	우리가 듣게 하라
2인칭(남)	—	—	—	—
2인칭(여)	—	—		
3인칭(남)	ⲙⲁⲣⲉϥⲥⲱⲧⲙ̄	그가 듣게 하라 그는 들어라	ⲙⲁⲣⲟⲩⲥⲱⲧⲙ̄	그들이 듣게 하라 그들은 들어라
3인칭(여)	ⲙⲁⲣⲉⲥⲥⲱⲧⲙ̄	그녀는 들어야한다 그녀는 들어라		

ⲙⲁⲣⲉ-ⲡⲣⲱⲙⲉ ⲥⲱⲧⲙ̄ 그 사람은 들어야 한다/들어라.

간접명령형Injunctive은 표준 사히드어에서 1인칭과 3인칭에만 나타난다. 1인칭은 청유형Cohortative에, 3인칭은 간접명령형Jussive에 해당한다. 이론적으로 직접명령형은 2인칭 자리를 맡고있다고 말할 수 있다. 간접명령형의 부정문은 부정 명령형 접두사 ⲙ̄ⲡⲣ̄-를 사용하여 굴절 부정사의 해당 형태와 함께 표현한다: ⲙ̄ⲡⲣ̄ⲧⲣⲉϥⲃⲱⲕ(그가 가지 않게 해라), ⲙ̄ⲡⲣ̄ⲧⲣⲉⲩ-ⲙⲟⲟⲩⲧϥ̄(그들이 그를 죽이지 않도록 해라). 간접명령형은 삼분절이고 부정사와 함께로만 사용된다. 1인칭의 자유형free form ⲙⲁⲣⲟⲛ은 "우리가 가자" Let's go의 의미로만 사용된다.

30.2 결과의 미래 접속법Future conjunctive of Result(*Finalis*라고도 불린다)

ⲧⲁⲣⲉ-, ⲧⲁⲣ(ⲉ)⸗ (그리하면 [그가] … 할 것이다)

	단수	복수
1인칭	—	ⲧⲁⲣⲛ̄ⲥⲱⲧⲙ̄
2인칭(남)	ⲧⲁⲣⲉⲕⲥⲱⲧⲙ̄	ⲧⲁⲣⲉⲧⲛ̄ⲥⲱⲧⲙ̄
2인칭(여)	ⲧⲁⲣⲉⲥⲱⲧⲙ̄	
3인칭(남)	ⲧⲁⲣⲉϥⲥⲱⲧⲙ̄	ⲧⲁⲣⲟⲩⲥⲱⲧⲙ̄
3인칭(여)	ⲧⲁⲣⲉⲥⲥⲱⲧⲙ̄	

ⲧⲁⲣⲉ-ⲡⲣⲱⲙⲉ ⲥⲱⲧⲙ̄

ⲛ̄은 이러한 모든 형식에 선택적으로 나타날 수 있다. 1인칭 단수의 경우 단순 접속어 **ⲧⲁ-**가 사용될 수 있다.

미래 접속법은 기본적으로 결과절이다; 특히 명령형 뒤에 자주 나온다.

> **ⲥⲱⲧⲙ̄ ⲉⲣⲟⲓ ⲧⲁⲣⲉⲕⲣ̄-ⲥⲁⲃⲉ.**
>
> 내 말을 들어라. 그리하면 너는 현명해질 것이다.

접속법 자체가 가끔 명령문 뒤에 결과절/목적절의 의미를 가질 수는 있지만, 미래 접속법은 항상 이런 의미를 가진다. 이 형식의 뉘앙스는 기본 조건문의 변형으로 볼 때 가장 잘 이해될 수 있다.

> **ⲁⲙⲟⲩ ⲧⲁⲣⲉⲕⲛⲁⲩ ← ⲉⲕϣⲁⲛⲉⲓ ⲉⲉⲓⲉ ⲕⲛⲁⲛⲁⲩ.**

질문 뒤에 나올 수도 있다.

> **ⲛⲓⲙ ⲡⲉⲛⲧⲁϥⲛⲁⲩ ⲉⲣⲟϥ ⲧⲁⲣⲉϥϣⲁϫⲉ ⲉⲣⲟϥ?**
>
> 그를 묘사할 수 있을 정도로 그를 본 사람은 누구인가?

이 예처럼 질문이 수사 의문문rhetorical이면 일반적으로 부정의 대답이 암시된다: "~을 본 사람은 아무도 없다". 질문이 사실이면 함축적 의미는 "~을 나에게 대답하라"이다.

> **ⲉϥⲧⲱⲛ ⲡⲉⲕⲥⲟⲛ ⲧⲁⲣⲛ̄ϣⲁϫⲉ ⲛⲙ̄ⲙⲁϥ?**
>
> 우리가 더불어 말할 수 있는 너의 형제는 어디에 있는가?

30.3 절 활용(Clause Conjugations). 문장 활용(이분절 및 삼분절)과 절 활용은 구별이 된다. 후자는 일반적인 번역에서 접속사와 절을 더한 형식에 해당하기 때문에 이렇게 이름 붙여졌다. 이 범주는 시간절, 접속법, 조건절, 결과의 미래 접속법, 그리고 대부분의 굴절 부정사 사용법이 포함된다(**ⲉⲧⲣⲉϥ-ⲥⲱⲧⲙ̄**, **ϩⲙ̄ ⲡⲧⲣⲉϥⲥⲱⲧⲙ̄**, **ⲙⲛ̄ⲛ̄ⲥⲁ**, **ⲧⲣⲉϥⲥⲱⲧⲙ̄**). 이 범수의 특징은 (1) **-ⲧⲙ̄-**을 사용하는 부정형과 (2) 부정사만 사용하는 것이다.

그 외의 절 활용으로 **ϣⲁⲛⲧϥ̄ⲥⲱⲧⲙ̄** "그가 들을 때까지"(**ϣⲁⲛⲧ⸗**, **ϣⲁⲛⲧⲉ-**)가 있다.

	단수		복수	
1인칭	**ϣⲁⲛϯⲥⲱⲧⲙ̄**	내가 들을 때까지	**ϣⲁⲛⲧⲛ̄ⲥⲱⲧⲙ̄**	우리가 들을 때까지
2인칭(남)	**ϣⲁⲛⲧⲕ̄ⲥⲱⲧⲙ̄**	네가 들을 때까지	**ϣⲁⲛⲧⲉⲧⲛ̄ⲥⲱⲧⲙ̄**	너희가 들을 때까지
2인칭(여)	**ϣⲁⲛⲧⲉⲥⲱⲧⲙ̄**	네가 들을 때까지		
3인칭(남)	**ϣⲁⲛⲧϥ̄ⲥⲱⲧⲙ̄**	그가 들을 때까지	**ϣⲁⲛⲧⲟⲩⲥⲱⲧⲙ̄**	그들이 들을 때까지
3인칭(여)	**ϣⲁⲛⲧⲥ̄ⲥⲱⲧⲙ̄**	그녀가 들을 때까지		

ϣⲁⲛⲧⲉ-ⲡⲣⲱⲙⲉ ⲥⲱⲧⲙ̄ 그 사람이 들을 때까지

번역은 통상적으로 "~할 때까지"로 한다.

> **ⲧⲛ̄ⲛⲁϭⲱ ⲙ̄ ⲡⲉⲓⲙⲁ ϣⲁⲛⲧϥ̄ⲉⲓ.**
>
> 그가 올 때까지 우리는 여기에 남아 있을 것이다.

절 활용과 외형이 유사한 형태로 ϫⲓⲛ (ⲛ̄) ⲧⲁϥⲥⲱⲧⲙ̄(그가 들은 때로부터)가 있다. 그러나 이것은 접속사 ϫⲓⲛ뒤에 제2 완료형이 오는 것으로 이루어져있다. 더 빈번한 것은 ⲕⲁⲧⲁ ⲑⲉ 및 ⲛ̄ ⲑⲉ(처럼, ~에 따라, 꼭 ~처럼)를 가진 복합 표현이며, 둘 다 뒤에 관계절 구문이 따른다.

> ⲁⲩϩⲉ ⲉⲣⲟϥ ⲛ̄ ⲑⲉ ⲛ̄ⲧⲁϥϫⲟⲟⲥ ⲛⲁⲩ.
>
> 그들은, 그가 그들에게 말한 것처럼 그것을 발견했다.
>
> ⲕⲁⲧⲁ ⲑⲉ ⲉⲛⲧⲁⲓⲁⲁⲥ ⲛⲏⲧⲛ̄, ⲉⲧⲉⲧⲛⲉⲁⲁⲥ ϩⲱⲧ-ⲧⲏⲩⲧⲛ̄...
>
> 내가 너희에게 한 것처럼, 너희도 … 해라
>
> ⲕⲁⲧⲁ ⲑⲉ ⲉⲧ ⲥⲏϩ ⲉⲧⲃⲏⲏⲧϥ̄
>
> 그에 관하여 쓰인 대로
>
> ⲕⲁⲧⲁ ⲑⲉ ⲉⲧⲟⲩⲛⲁϣⲥⲱⲧⲙ̄ ⲙ̄ⲙⲟⲥ
>
> 그들이 들을 수 있는(즉, 이해하는) 대로

이 구문에서 여성 재생 대명사 -ⲥ는 ⲑⲉ를 다시 가리키는데, 대명사 목적어로 번역해서는 안 된다. 실제로 대명사 목적어가 필요한 경우 재생 대명사 -ⲥ는 생략된다.

> ⲕⲁⲧⲁ ⲑⲉ ⲛ̄ⲧⲁ-ⲡⲁⲉⲓⲱⲧ ⲧⲛ̄ⲛⲟⲟⲩⲧ, ⲁⲛⲟⲕ ϩⲱ ϯϫⲟⲟⲩ ⲙ̄ⲙⲱⲧⲛ̄.
>
> 나의 아버지가 나를 보내신 것처럼, 나도 너희를 보낸다.

ⲑⲉ를 사용하는 기타 구문도 유사하게 취급된다.

> ⲧⲁⲓ ⲧⲉ ⲑⲉ ⲛ̄ⲧⲁ-ⲡϫⲟⲉⲓⲥ ⲁⲁⲥ ⲛⲁⲓ.
>
> 이와 같이 주께서 나를 위해 하셨다.

30.4 동사 접두사 뒤에 단순 부정사 대신에 **굴절 부정사**가 사용되는 경우에는 사역형의 가치를 가진다(이런 이유로 대체 이름은 **사역 부정사**).

> **ⲁⲓⲧⲣⲉⲩⲉⲓ ⲉϩⲟⲩⲛ.** 나는 그들을 들어가게 했다.
>
> **ϯⲛⲁⲧⲣⲉⲕⲣⲓⲙⲉ.** 나는 너를 울게 할 것이다.

30.5 **ⲙ̄ⲡⲁⲧ⸗ϥ̄-ⲥⲱⲧⲙ̄** 형태(**ⲙ̄ⲡⲁⲧ⸗ 미완결형[Not yet]**)는 예상은 하지만 아직 수행되지 않은 행동을 묘사한다. "(그는) 아직 ~하지 않았다"라고 번역하면 편하다. 형태는 완전히 변형된다.

	단수	복수
1인칭	ⲙ̄ⲡⲁϯⲥⲱⲧⲙ̄	ⲙ̄ⲡⲁⲧⲛ̄ⲥⲱⲧⲙ̄
2인칭(남)	ⲙ̄ⲡⲁⲧⲕ̄ⲥⲱⲧⲙ̄	ⲙ̄ⲡⲁⲧⲉⲧⲛ̄ⲥⲱⲧⲙ̄
2인칭(여)	ⲙ̄ⲡⲁⲧⲉⲥⲱⲧⲙ̄	
3인칭(남)	ⲙ̄ⲡⲁⲧϥ̄ⲥⲱⲧⲙ̄	ⲙ̄ⲡⲁⲧⲟⲩⲥⲱⲧⲙ̄
3인칭(여)	ⲙ̄ⲡⲁⲧⲥ̄ⲥⲱⲧⲙ̄	

ⲙ̄ⲡⲁⲧⲉ-ⲡⲣⲱⲙⲉ ⲥⲱⲧⲙ̄

상황절 컨버터 **ⲉ-**와 함께 상황절에서 나올 수 있다: 결과 형식은 **ⲉ-ⲙⲡⲁⲧⲉ-** 또는 단순히 **ⲙ̄ⲡⲁⲧⲉ-**로 모호하게 나타난다. 이 용법에서는 "~전에"를 가진 긍정절로 번역하는 것이 가장 적당하다.

> **ⲧⲛ̄ⲛⲁⲧⲁϩⲟϥ ⲉ-ⲙⲡⲁⲧϥ̄ⲡⲱϩ ⲉ ⲧⲡⲟⲗⲓⲥ.**
>
> 그가 그 도시에 도착하기 전에, 우리는 그를 따라잡을 것이다.

미완료형 컨버터를 가진 **ⲛⲉ-ⲙⲡⲁⲧϥ̄ⲥⲱⲧⲙ̄**는 과거 완료형에 해당한다: "그는 아직 듣지 못했었다".

30.6 번역할 수 없는 여격 **ⲛⲁ⸗** 또는 **ⲉⲣⲟ⸗**는 특히 명령형에서 많은 동사와 함께 선택적으로 나타난다. 이 재귀적 여격은 표준 용어를 따라 **심성적 여격**ethical dative이라고 불린다.

> **ⲂⲰⲔ ⲚⲀⲔ Ⲉ ⲠⲈⲔⲎⲒ.** (너는) 너의 집에 가라!
>
> **ⲤⲰ ⲚⲎⲦⲚ̄.** (너희는) 마셔라!

어떤 빈도 이상으로 나타나는 동사는 어휘 사전에 나와 있다.

30.7 이십 이상의 수, 서수, 분수

20	**ϪⲞⲨⲰⲦ** (여성, **ϪⲞⲨⲰⲦⲈ**), **ϪⲞⲨⲦ-**
30	**ⲘⲀⲀⲂ** (여성, **ⲘⲀⲀⲂⲈ**), **ⲘⲀⲂ-**
40	**ϨⲘⲈ**
50	**ⲦⲀⲒⲞⲨ**
60	**ⲤⲈ**
70	**ϢϤⲈ, ⲤϢ̄ϤⲈ, ϢⲂⲈ**
80	**ϨⲘⲈⲚⲈ, ϨⲘ̄ⲚⲈ-**
90	**ⲠⲤ̄ⲦⲀⲒⲞⲨ**
100	**ϢⲈ**
200	**ϢⲎⲦ**
1,000	**ϢⲞ**
10,000	**ⲦⲂⲀ**

십의 배수는 '십의 자리(§24.3)'에 사용되는 단위의 형태와 결합한다. **-ⲦⲎ**(5, 다섯)의 **-Ⲧ-**는 또 다른 **-Ⲧ-** 뒤에서 반복되지 않는다.

21	**ϪⲞⲨⲦⲞⲨⲈ**
25	**ϪⲞⲨⲦⲎ**
39	**ⲘⲀⲂⲮⲒⲦⲈ**
75	**ϢϤⲈⲦⲎ**

-ⲁϥⲧⲉ(4)와 **-ⲁⲥⲉ**(6) 앞에서 침입음 **-ⲧ-**가 나타난다.

34	**ⲙⲁⲃⲧⲁϥⲧⲉ**
66	**ⲥⲉⲧⲁⲥⲉ**

숫자 **ϣⲉ**(100), **ϣⲟ**(1,000) 그리고 **ⲧⲃⲁ**(10,000)는 남성이다.

2,000	**ϣⲟ ⲥⲛⲁⲩ**
3,000	**ϣⲟⲙⲛ̄ⲧ ⲛ̄ ϣⲟ**
120,000	**ⲙⲛ̄ⲧⲥⲛⲟⲟⲩⲥ ⲛ̄ ⲧⲃⲁ**

후접어 형태 단위는 다음에서 빈번하다.

3,000	**ϣⲙ̄ⲧ-ϣⲟ**
6,000	**ⲥⲉⲩ-ϣⲟ**

십의 배수와 단위를 가진 높은 숫자의 조합은 형태가 다양하다.

130	**ϣⲉ ⲙⲁⲁⲃ** = **ϣⲉ ⲙⲛ̄ ⲙⲁⲁⲃ**
6,800	**ⲥⲉⲩ-ϣⲟ ⲁⲩⲱ ϣⲙⲟⲩⲛ ⲛ̄ ϣⲉ**

서수는 접두사 **ⲙⲉϩ-**가 있는 기수로부터 만들어진다. 서수는 연결사 **ⲛ̄**이 있는 명사 앞에서 형용사로 취급된다. 성의 구분이 유지된다.

ⲡⲙⲉϩⲥⲛⲁⲩ ⲛ̄ ϩⲟⲟⲩ	둘째 날
ⲧⲙⲉϩⲥⲛ̄ⲧⲉ ⲛ̄ ⲣⲟⲙⲡⲉ	둘째 해

형용사 "첫째의"는 **ϣⲟⲣⲡ̄**(여성, **ϣⲟⲣⲡⲉ**)와 **ϩⲟⲩⲉⲓⲧ**(여성, **ϩⲟⲩⲉⲓⲧⲉ**)가 사용된다.

주목할 만한 분수는 **ⲧ.ⲡⲁϣⲉ**([절]반)와 **ϭⲟⲥ**, **ϭⲓⲥ-**([절]반)이다. 그

외 분수는 ⲣⲉ-ⲙⲏⲧ(십분의 일)처럼 분모에 ⲣⲉ-를 접두사로 붙이거나, ⲟⲩⲛ̄-ⲛ̄-ϥⲧⲟⲟⲩ(사분의 일)처럼 ⲟⲩⲱⲛ(ⲟⲩⲛ̄-)을 사용하여 표현한다.

30.8 떨어져있는(또는 멀리있는) 것을 지시하는 **원칭 지시 대명사**[that]는 ⲡⲏ(남성 단수), ⲧⲏ(여성 단수), 그리고 ⲛⲏ(복수)이다. 이것들이 ⲡⲁⲓ, ⲧⲁⲓ, ⲛⲁⲓ 보다 훨씬 적게 나오는 것은, ⲡⲉⲧ ⲙ̄ⲙⲁⲩ처럼 ⲉⲧ ⲙ̄ⲙⲁⲩ구를 사용하는 것을 선호하기 때문이다.

접두사 형태 ⲡⲓ-, ϯ-, ⲛⲓ-는 일반적으로 ⲡⲉⲓ-, ⲧⲉⲓ-, ⲛⲉⲓ-와 병행하여 사용되는 ⲡⲏ, ⲧⲏ, ⲛⲏ의 축약된 형태로 설명된다. 이러한 형식적인 관계가 있을 수 있지만 표준 사히드어에서 ⲡⲓ-, ϯ-, ⲛⲓ-의 사용법은 상당히 제한적이다. ⲡⲓ- 형태는 주로 ⲙ̄ ⲡⲓⲟⲩⲟⲉⲓϣ(그 때) 그리고 ⲡⲓⲥⲁ(저편: 이쪽과는 반대되는 쪽)와 같은 몇몇 시간의 부사나 장소의 부사 표현에서 나타난다. ⲛⲓ- 형태는 ⲛ̄ ⲑⲉ ⲛ̄(~처럼) 또는 ⲣ̄-ⲑⲉ ⲛ̄(~처럼 되다)과 함께 비교에 관련된 표현에서 가장 자주 나타난다; 이것은 종종 영어의 총칭 명사[generic noun]에 더 가깝다. 예, ⲛ̄ ⲑⲉ ⲛ̄ ⲛⲓϭⲣⲟⲟⲙⲡⲉ 비둘기들처럼, 한 비둘기처럼. ϣⲁ ⲛⲓⲉⲛⲉϩ라는 표현에도 나타난다. 다른 경우에 ⲡⲓ-, ϯ-, ⲛⲓ-는 ⲡⲉⲓ-, ⲧⲉⲓ-, ⲛⲉⲓ-의 필사상의 이문으로 자주 나오거나, 강조하는 관사의 힘을 가진다.

30.9 미래에 지속적이거나 계속적인 상태의 과정을 표현할 필요가 있을 때 상황절을 사용하여 **우언적 구문**[periphrastic construction]을 사용한다. 비교해 보라.

> ⲕⲛⲁⲟⲩⲟⲡ 너는 거룩하게 될 것이다[you will become holy]
>
> ⲕⲛⲁϣⲱⲡⲉ ⲉⲕⲟⲩⲁⲁⲃ 너는 거룩해져 있을 것이다[you will be holy]

> **ⲉⲕⲉⲕⲁ-ⲣⲱⲕ** 너는 침묵하게 될 것이다you shall become silent
>
> **ⲉⲕⲉϣⲱⲡⲉ ⲉⲕⲕⲱ ⲛ̄ ⲣⲱⲕ**
>
> 너는 침묵한 채로 있을 것이다you shall remain silent

이것의 차이는 때로는 미미하지만 드물게 설명이 되지 않는다. 가끔 동일한 구문이 다른 삼분절 활용 형태로 나타난다. 여기에 관련된 상相의 문제에 대한 전면적 논의는 이 책의 범위를 벗어난다.

30.10 콥트어에서 자주 나오는 **그리스어 접속사, 부사, 전치사**(참고용). 후치사postpositive라는 용어는 **ⲡⲣⲱⲙⲉ ⲇⲉ ⲁϥⲃⲱⲕ**처럼 그 단어가 문장의 첫 번째 요소 바로 뒤에 와야 한다는 것을 의미한다.

> **ⲁⲗⲗⲁ** ἀλλά 그러나, 오히려
>
> **ⲁⲣⲁ** ἆρα (질문을 도입한다)
>
> **ⲅⲁⲣ** γάρ ~이므로, ~때문에, ~여서(후치사)
>
> **ⲇⲉ** δέ 그러나, 그렇지만(후치사)
>
> **ⲉⲓⲙⲏⲧⲓ** εἰ μή τι (1) 그렇지 않다면, ~하지 않는 한, ~이라는 것 이외는 (+ 접속어); (2) ~이외에, 예: **ⲙ̄ⲡⲟⲩϫⲉⲩ-ϩⲏⲗⲓⲁⲥ ϣⲁ ⲗⲁⲁⲩ ⲙ̄ⲙⲟⲟⲩ ⲉⲓⲙⲏⲧⲓ ⲉ ⲥⲁⲣⲉⲡⲧⲁ** 엘리야는 사렙다[사렙타](의 과부)를 제외하고 그들 중 누구에게도 보내어지지 않았다. 이 사용법에서 독립 대명사에 주의하라: **ⲙⲛ̄-ⲗⲁⲁⲩ ⲛ̄ ⲣⲱⲙⲉ ⲛⲁⲉⲓⲙⲉ ⲉⲣⲟϥ ⲉⲓⲙⲏⲧⲓ ⲁⲛⲟⲕ** 나 말고는 아무도 그를[또는 그것을] 이해하지 못할 것이다.
>
> **ⲉⲓⲧⲉ . . . ⲉⲓⲧⲉ** εἴτε . . . εἴτε ~이든지 ~이든지
>
> **ⲉⲡⲉⲓ** ἐπεί ~때문에, ~이므로
>
> **ⲉⲡⲉⲓⲇⲏ** ἐπειδή ~때문에, ~이므로, ~인데
>
> **ⲉⲡⲉⲓⲇⲏⲡⲉⲣ** ἐπειδήπερ ~때문에, ~이므로

ЄΤΙ ἔτι 아직, 여전히, 아직 ~한(+ 상황절)

Η ἤ 또는

ΚⲀΙ ΓⲀⲢ καὶ γάρ 진정으로, 진실로

ΚⲀΙΤΟΙ καίτοι ~이기는 하지만, ~이라 할지라도

ΚⲀΝ κἄν ~할지라도

ΚⲀΤⲀ κατά prep. ~에 따라서, ~에 의하면; 분배의 의미에서, 예, **ΚⲀΤⲀ ⲤⲀΒΒⲀΤΟΝ** 안식일마다. 여기에서 관사가 없음에 주의하라.

ΜЄΝ ... ⲆЄ μέν ... δέ 두 진술의 균형: 한편으로는 … 그러나 다른 편으로는. 둘 다 후치사

ΜΗ μή 간단한 '예' 또는 '아니오' 답변을 가정한 수사적 질문을 도입한다.

ΜΗΠΟΤЄ μήποτε ~되지 않도록, 하지 않도록(+ 접속사)

ΜΗΠⲰⲤ μήπως ~되지 않도록, 하지 않도록(+ 접속사)

ΜΗΤΙ μήτι **ΜΗ** ~처럼(하지만, 강한 놀라움의 요소로)

ΜΟΓΙⲤ μόγις 거의 ~아니다[없다], 거의 ~않다

ΟΥΝ οὖν (후치사) 그러므로

ΟΥⲆЄ οὐδέ 또한 ~도 아니다; 이 부정은 콥트어에서도 종종 반복된다.

ΟΥΤЄ ... ΟΥΤЄ οὔτε ... οὔτε ~도 ~도 아니다

ΠⲢΟⲤ πρός prep. **ΚⲀΤⲀ**처럼 사용된다.

ΠⲰⲤ πῶς 어떻게? 왜?

ΤΟΤЄ τότε 그 후에, 그러므로, 다음의

ϨΟⲆⲀΝ ὅταν ~할 때에, ~할 때마다, ~할 때는 언제나(+ 조건절)

ϨΟⲤΟΝ, Ⲛ̄ϨΟⲤΟΝ ὅσον ~하는 한(+ 상황절)

ϨⲰⲤ ὡς (1) 마치 ~인 듯이; (2) ~이긴 하지만; (3) ~하는 때에, ~하는 동안(모두, + 상황절)

ϨⲰⲤΤЄ ὥστε ~하기 위해, ~인즉(+ 접속사 또는 활용된 부정사)

ⲭⲱⲣⲓⲥ χωρίς prep. ~없이; 뒤따르는 명사는 부정관사가 없다.

30.11 콥트어 접속사와 불변화사에 대한 마지막 언급.

(1) 주요 등위 접속사는 ⲁⲩⲱ와 ⲙⲛ̄이다. ⲙⲛ̄은 주로 명사 또는 명사화된 표현을 결합하는 데 사용한다; ⲁⲩⲱ는 다른 곳에 사용된다. ⲁⲩⲱ는 때때로 ⲙⲛ̄ 대신에 사용되지만 이것이 특별한 번역 문제를 일으키지는 않는다. ⲁⲩⲱ는 접속어 앞이나 조건문의 귀결절 앞에서 종종 중복되어 나타난다. 명사에 (어떤 이유로든) 관사가 없을 때 다음과 같이 ⲙⲛ̄ 대신에 전치사 ϩⲓ로 결합될 수 있다: ⲙⲛ̄-ⲙⲟⲟⲩ ϩⲓ ⲟⲉⲓⲕ ⲙ̄ⲙⲁⲩ 물도 음식도 없다. ϩⲓ는 ⲥⲁⲣⲝ ϩⲓ ⲥⲛⲟϥ(살과 피, 혈육)와 같은 특별한 유형의 복합 명사 표현을 형성하는 데 사용된다. 이 표현은 한 덩어리로 기능한다. 관사는 ϩⲉⲛⲥⲁⲣⲝ ϩⲓ ⲥⲛⲟϥ ⲛⲉ(그들은 살과 피다, 그들은 혈육들이다)에서와 같이 첫 번째 단어에만 나타난다.

(2) 접속사 ϫⲉ의 주요 사용법은 이미 소개됐다: (1) 호명하는 구문에서(어휘 17을 보라); (2) 발화, 지각 등의 적절한 동사 뒤에 명사절(목적절)을 도입하는 것으로; (3) 제2 미래형 또는 제3 미래형과 함께 목적절/결과절을 도입하는 것으로. ϫⲉ는 "~이므로, ~여서, ~때문에"의 의미로 자주 사용되는데, ⲉⲃⲟⲗ ϫⲉ 및 ⲉⲧⲃⲉ ϫⲉ로 덜 모호하게 표현된다. ϫⲉ는 많은 경우에 설명적인 동격을 도입하는 한국어에서의 "즉, 다시 말해"와 동일하다. 예: ⲟⲩⲑⲩⲥⲓⲁ . . . ϫⲉ ⲟⲩⲥⲟⲉⲓϣ ⲛ̄ ϭⲣⲙ̄ⲡϣⲁⲛ 제물 … 즉, 한 쌍의 멧비둘기. ϫⲉ는 ⲛ̄ⲥⲁⲃⲏⲗ ϫⲉ(그렇지 않다면, ~하지 않는 한) 및 ⲛ̄ ⲑⲉ ϫⲉ(마치 ~처럼)와 같은 몇몇 복합 접속사에도 사용된다.

(3) ⲉϣϫⲉ와 ⲉⲓⲉ는 조건절에서의 역할 외에도 그것을 질문으로 표시하기 위해 진술 앞에 위치할 수 있다.

(4) ϭⲉ는 그리스어 ⲇⲉ와 거의 동일한 기능을 가진 후치 불변화사다.

특히 **ⲧⲉⲛⲟⲩ ϭⲉ** (그건 그렇고, 그러므로, 그러니)절에서 자주 나온다.

(5) **ⲚⲦⲞⲞⲨⲚ** 그 후에, 그러므로, 다음의, 즉시

(6) **ⲚⲤⲀ**는 부정 진술 뒤에서 "~을 제외하고, ~이외에"를 의미할 수 있다: **ⲘⲠⲈ-ⲖⲀⲀⲨ ⲘⲘⲞⲞⲨ ⲦⲂⲂⲞ ⲚⲤⲀ ⲚⲀⲒⲘⲀⲚ ⲠⲤⲨⲢⲞⲤ** 시리아 사람 나아만을 제외하고는 그들 중 누구도 깨끗해지지 않았다.[1]

(7) 특정한 시간 표현은 재생 대명사 없이 이어지는 관계절과 함께 나올 수 있다. 이것들은 사실상 복합 접속사로서 기능한다.

> **ⲠⲈϨⲞⲞⲨ ⲈⲦⲈⲢⲈ-ⲚⲀⲒ ⲚⲀϢⲰⲠⲈ** 이런 일이 **일어날** 그 날
>
> **ϨⲘ ⲠⲈϨⲞⲞⲨ ⲚⲦⲀϤϬⲰϢⲦ** 그가 **보았던** 그 날에

(8) 조건절은 시간적 의미로 자주 사용된다: ~인 때에, ~할 때마다

어휘 30

> **ⲦⲈⲖⲎⲖ** intr. 기뻐하다(~을 크게: **ⲈϪⲚ**); n.m. 기쁨
>
> **ⲦⲀϢⲞ ⲦⲀϢⲈ- ⲦⲀϢⲞ⸗** tr. 증가하다(**ⲘⲘⲞ⸗**); 종종 다른 부정사에 접두사로 붙는다: 무엇을 더 (많이) 하다. **ⲦⲀϢⲈ-ⲞⲈⲒϢ** 설교하다, 선포하다(**ⲘⲘⲞ⸗**)
>
> **ⲦⲂⲂⲞ ⲦⲂⲂⲈ- ⲦⲂⲂⲞ⸗** Q. **ⲦⲂⲂⲎⲨ** tr. 정화하다, 청결하게 하다, 치유하다[되다](**ⲘⲘⲞ⸗**; ~을, ~로부터: **Ⲉ, ⲈⲂⲞⲖ ϨⲚ, ϨⲀ**); n.m. 깨끗함; 청결, 정화
>
> **ⲦⲀⲨⲞ ⲦⲀⲨⲈ- ⲦⲀⲨⲞ⸗** (± **ⲈⲂⲞⲖ**) tr. 내보내다, 파견하다, ~을 쫓아내다, 선포하다, 알리다(**ⲘⲘⲞ⸗**). **ⲦⲀⲨⲈ-ⲔⲀⲢⲠⲞⲤ** 열매를 맺다

1. 누가 4:27 참조.

ⲧⲁⲉⲓⲟ ⲧⲁⲉⲓⲉ- ⲧⲁⲉⲓⲟ⸗ Q. ⲧⲁⲉⲓⲏⲩ tr. 존경하다, 존중하다, 소중히 하다(ⲙ̄ⲙⲟ⸗); Q. 존경을 받다, 귀중하다

ⲧⲁϫⲣⲟ ⲧⲁϫⲣⲉ- ⲧⲁϫⲣⲟ⸗ Q. ⲧⲁϫⲣⲏⲩ tr. 강화하다, 확인하다 (ⲙ̄ⲙⲟ⸗); intr. 강하게 되다, 굳게 되다, 단호하게 되다

ⲡ.ⲥⲟⲡ 시간, 때. ⲛ̄ ⲟⲩⲥⲟⲡ 언젠가. ϩⲓ ⲟⲩⲥⲟⲡ 갑자기, 완전히. ⲛ̄ ⲕⲉⲥⲟⲡ 다시. ⲥⲟⲡ ⲛⲓⲙ 언제나, 모든 경우에. ⲛ̄ ϩⲁϩ ⲛ̄ ⲥⲟⲡ 여러 번, 자주. ⲕⲁⲧⲁ ⲥⲟⲡ ⲛ̄ (+ inf.) ~의 모든 경우에

ⲡ.ϩⲟⲟⲩⲧ 남성(동물이나 사람의); adj. 남성의, 야생의, 야만적인. ⲥϩⲓⲙⲉ는 여성에 대하여 사용된다.

ⲡⲉ.ⲕⲗⲟⲙ 왕관, (고리 모양의) 화환. ϯ-ⲕⲗⲟⲙ ⲉϫⲛ̄ 왕관을 씌우다, 왕위에 앉히다. ϫⲓ-ⲕⲗⲟⲙ 왕관을 받다, 순교자가 되다.

ⲑⲁⲉⲓⲃⲥ̄ 그늘, 그림자. ⲣ̄-ϩⲁⲉⲓⲃⲥ̄ ~위에 그늘을 만들다, 보호하다(ⲉ, ⲉϫⲛ̄)

ⲡ.ⲥⲉⲉⲡⲉ 잔여, 나머지(자주 복수의 의미로). 불필요한 -ⲕⲉ가 자주 나온다: ⲡⲕⲉⲥⲉⲉⲡⲉ 그 나머지

ⲣ̄-ⲭⲣⲓⲁ ~할 필요가 있다(ⲙ̄ⲙⲟ⸗); ~해야 한다(~을: ⲉ + inf.); ⲭⲣⲓⲁ는 그리스어 ἡ χρεία이다.

ϭⲙ̄-ⲡϣⲓⲛⲉ ⲛ̄, ϭⲙ̄-ⲡ(⸗)ϣⲓⲛⲉ ~을 찾다, 방문하다

ϩⲣⲁⲓ는 종종 뒤따르는 전치사, 특히 ϩⲛ̄을 강화하는 데 사용되며 의미상 실제 차이는 없다.

연습문제 30

1. ⲡⲉϫⲁϥ ϫⲉ ⲙⲁⲣⲟⲛ, ⲧⲉⲩⲛⲟⲩ ϩⲏⲛ ⲉϩⲟⲩⲛ.

2. ⲁϥⲧⲣⲉ-ⲡⲉϥϩⲙ̄ϩⲁⲗ ⲧⲁⲙⲓⲟ ⲛⲁϥ ⲛ̄ ⲟⲩⲕⲟⲩⲓ ⲛ̄ ⲟⲉⲓⲕ.

3. ⲁϥⲧⲁϣⲉ-ⲟⲉⲓϣ ⲙ̄ ⲡⲉⲩⲁⲅⲅⲉⲗⲓⲟⲛ ϩⲛ̄ ⲧⲉⲭⲱⲣⲁ ⲧⲏⲣⲥ̄ ϣⲁⲛⲧϥ̄ⲥⲁϩⲱϥ ⲉⲃⲟⲗ ⲛ̄ϩⲏⲧⲥ̄.

4. ⲙ̄ⲡⲣⲧⲣⲉ-ⲛ̄ϩⲁⲗⲁⲧⲉ ⲟⲩⲱⲙ ⲉⲃⲟⲗ ϩⲛ̄ ⲛⲉⲓⲉⲗⲟⲟⲗⲉ.

5. ⲁ-ⲛⲁⲓ ⲧⲏⲣⲟⲩ ϣⲱⲡⲉ ⲕⲁⲧⲁ ⲑⲉ ⲉⲧ ⲥⲏϩ ϩⲙ̄ ⲡϫⲱⲱⲙⲉ.

6. ϩⲣⲁⲓ ϩⲛ̄ ⲧⲙⲉϩⲙⲛ̄ⲧⲥⲛⲟⲟⲩⲥ ⲛ̄ ⲣⲟⲙⲡⲉ ⲛ̄ ⲧⲉϥ-ⲙⲛ̄ⲧⲉⲣⲟ ⲁϥⲙⲟⲩ ⲛ̄ϭⲓ ⲡⲉⲛⲣ̄ⲣⲟ.

7. ⲁⲙⲏⲉⲓⲧⲛ̄ ϣⲁⲣⲟⲓ ⲧⲁⲣⲉⲧⲛ̄ϭⲓⲛⲉ ⲙ̄ ⲡⲉⲙⲧⲟⲛ.

8. ϩⲁⲡⲥ̄ ⲉⲣⲟⲛ ⲉⲧⲣⲉⲛϣⲁϫⲉ ⲛⲙ̄ⲙⲁϥ ⲉ-ⲙⲡⲁⲧⲉ-ⲧⲉϥⲧⲁⲡⲣⲟ ⲧⲱⲙ ϩⲙ̄ ⲡⲙⲟⲩ.

9. ⲙⲁⲣⲉ-ⲡϫⲟⲉⲓⲥ ϣⲛ̄-ϩⲧⲏϥ ⲉϫⲱⲕ ⲛϥ̄ⲧⲁⲗϭⲟⲕ.

10. ϣⲁⲣⲉ-ⲟⲩϣⲏⲛ ⲉ-ⲛⲁⲛⲟⲩϥ ⲧⲁⲩⲉ-ⲕⲁⲣⲡⲟⲥ ⲉ-ⲛⲁⲛⲟⲩϥ.

11. ϯⲛⲁⲱⲥⲕ̄ ⲙ̄ ⲡⲉⲓⲙⲁ ϣⲁⲛⲧϥ̄ⲕⲧⲟϥ.

12. ⲉⲧⲃⲉ ⲡⲁⲓ ⲧⲉⲧⲛⲁϫⲓ ⲙ̄ ⲡⲉⲕⲗⲟⲙ ⲙ̄ ⲡⲉⲟⲟⲩ ϩⲛ̄ ⲙ̄ⲡⲏⲩⲉ.

13. ⲛ̄ ϣϣⲉ ⲁⲛ ⲉⲧⲣⲉⲕⲧⲣⲉ-ⲡⲉⲧ ϩⲓⲧⲟⲩⲱⲕ ϭⲱⲛ̄ⲧ̄.

14. ⲡⲕⲉⲥⲉⲉⲡⲉ ⲇⲉ ⲁⲩⲁⲣⲭⲉⲓ ⲛ̄ ⲣⲓⲙⲉ ϩⲓ ⲟⲩⲥⲟⲡ.

15. ⲁ-ⲡⲁⲡ̄ⲛ̄ⲁ̄ ⲧⲉⲗⲏⲗ ⲉϫⲙ̄ ⲡⲛⲟⲩⲧⲉ ⲡⲁⲥⲱⲧⲏⲣ.

16. ⲁ-ⲡⲉⲧ ϣⲱⲛⲉ ϫⲟⲟⲥ ⲛⲁϥ ϫⲉ ⲡϫⲟⲉⲓⲥ, ⲟⲩⲛ̄-ϭⲟⲙ ⲙ̄ⲙⲟⲕ ⲉ ⲧⲃ̄ⲃⲟⲓ.

17. ⲛ̄ⲛⲉⲧⲛ̄ⲧⲁⲩⲉ-ⲛⲉⲛⲧⲁⲧⲉⲧⲛ̄ⲛⲁⲩ ⲉⲣⲟⲟⲩ ⲉ ⲗⲁⲁⲩ.

18. ⲛ̄ϩⲁⲗⲁⲧⲉ ⲛ̄ ⲧⲡⲉ ϣⲁⲩⲟⲩⲱϩ ϩⲁ ⲑⲁⲓⲃⲥ ⲙ ⲡϣⲏⲛ ⲉⲧ ⲙ̄ⲙⲁⲩ.

19. ⲡⲉⲧⲉ ⲟⲩⲛ̄ⲧⲁϥ ϣⲧⲏⲛ ⲥⲛ̄ⲧⲉ ⲙⲁⲣⲉϥϯ-ⲟⲩⲉⲓ ⲙ̄ ⲡⲉⲧⲉ ⲙⲛ̄ⲧⲁϥ.

20. ⲧⲛ̄ⲥⲟⲟⲩⲛ̄ ϫⲉ ⲡϫⲟⲉⲓⲥ ⲛⲁϭⲓⲛⲉ ⲙ̄ ⲡⲉⲛϣⲓⲛⲉ ⲛ̄ ⲕⲉⲥⲟⲡ ⲙ̄ ⲡⲉϩⲟⲟⲩ ⲉⲧ ⲙ̄ⲙⲁⲩ.

21. ⲙ̄ⲡⲉⲛⲉⲓⲣⲉ ⲕⲁⲧⲁ ⲑⲉ ⲉⲛⲧⲁϥϩⲱⲛ ⲉⲧⲟⲟⲧⲛ̄ ⲉ ⲁⲁⲥ.

22. ⲁϥⲧⲣⲉ-ⲡⲕⲉⲥⲉⲉⲡⲉ ϩⲙⲟⲟⲥ ϫⲉⲕⲁⲥ ⲉⲩⲉⲥⲱⲧⲙ̄ ⲉ ⲧⲉϥⲥⲃⲱ.

23. ϥⲛⲁϯ-ⲕⲗⲟⲙ ⲉϫⲛ̄ ⲛⲉⲧ ⲛⲁⲣ̄-ⲙⲛ̄ⲧⲣⲉ ⲉⲧⲃⲉ ⲡⲉϥⲣⲁⲛ ⲉⲧ ⲟⲩⲁⲁⲃ.

24. ⲧϭⲟⲙ ⲙ̄ ⲡⲉⲧ ϫⲟⲥⲉ ⲧⲉⲧ ⲛⲁⲣ̄-ϩⲁⲉⲓⲃⲥ̄ ⲉⲣⲟ.

25. ⲥⲱⲧⲙ̄ ⲉ ⲛⲁϣⲁϫⲉ ⲧⲁⲣⲉⲕⲧⲁϫⲣⲟ ϩⲛ̄ ⲧⲡⲓⲥⲧⲓⲥ ϩⲛ̄ ⲟⲩⲱⲣϫ̄.

26. ⲁ-ⲡϫⲟⲉⲓⲥ ⲧⲁϣⲉ-ⲡⲉϥⲛⲁ ⲛⲙ̄ⲙⲁⲥ.

27. ⲟⲩϩⲟⲟⲩⲧ ⲙⲛ̄ ⲟⲩⲥϩⲓⲙⲉ ⲁϥⲧⲁⲙⲓⲟⲟⲩ ⲛ̄ϭⲓ ⲡϫⲟⲉⲓⲥ.

28. ⲛ̄ⲧⲁϥⲉⲓ ⲉ ⲧⲃ̄ⲃⲟⲟⲩ ⲉⲃⲟⲗ ϩⲛ̄ ⲛⲉⲩⲛⲟⲃⲉ.

29. ⲙⲁⲣⲛ̄ⲣⲁϣⲉ ⲛ̄ⲧⲛ̄ⲧⲉⲗⲏⲗ ⲛ̄ⲧⲛ̄ϯ-ⲉⲟⲟⲩ ⲛⲁϥ.

30. ⲛ̄ⲧⲛ̄ⲣ̄-ⲭⲣⲓⲁ ⲁⲛ ⲛ̄ ⲛⲉⲕϣⲁϫⲉ ⲉⲧ ⲧⲁⲉⲓⲏⲩ.

31. ⲛⲉ-ⲟⲩⲛ̄-ⲧⲁϥ ϩⲉⲛϩⲙ̄ϩⲁⲗ ⲛ̄ ϩⲟⲟⲩⲧ ⲙⲛ̄ ϩⲉⲛϩⲙ̄ϩⲁⲗ ⲛ̄ ⲥϩⲓⲙⲉ.

32. ⲟⲩⲛ̄-ϭⲟⲙ ⲇⲉ ⲙ̄ ⲡⲛⲟⲩⲧⲉ ⲉ ⲧⲁϣⲉ-ϩⲙⲟⲧ ⲛⲓⲙ.

33. ⲡⲁⲓ ⲡⲉ ⲡⲣⲁⲛ ⲉⲛⲧⲁ-ⲡⲁⲅⲅⲉⲗⲟⲥ ⲧⲁⲁϥ ⲛⲁϥ ⲉ-ⲙⲡⲁⲧⲉ-ⲧⲉϥⲙⲁⲁⲩ ⲱⲱ ⲙ̄ⲙⲟϥ ϩⲛ̄ ⲑⲏ.

34. ⲡⲉⲓϩⲟⲉⲓⲧⲉ ⲧⲁⲉⲓⲏⲩ ⲛ̄ ϩⲟⲩⲟ ⲉ ⲡⲏ.

35. ⲁⲥⲣ̄-ⲭⲏⲣⲁ ϣⲁⲛⲧⲥ̄ⲣ̄-ϩⲙⲉⲛⲉⲧⲁϥⲧⲉ ⲛ̄ ⲣⲟⲙⲡⲉ.

36. ϣⲁⲩϫⲟⲟⲥ ϫⲉ ⲉⲛⲉϫⲓ-ⲕⲗⲟⲙ ϩⲛ̄ ⲙ̄ⲡⲏⲩⲉ ϩⲁ ⲛⲉⲓⲛⲟϭ ⲛ̄ ϩⲓⲥⲉ.

읽기: 주기도문

ⲡⲉⲛⲉⲓⲱⲧ ⲉⲧ ϩⲛ̄ ⲙ̄ⲡⲏⲩⲉ, ⲙⲁⲣⲉ-ⲡⲉⲕⲣⲁⲛ ⲟⲩⲟⲡ. ⲧⲉⲕⲙⲛ̄ⲧⲣ̄ⲣⲟ ⲙⲁⲣⲉⲥⲉⲓ. ⲡⲉⲕⲟⲩⲱϣ ⲙⲁⲣⲉϥϣⲱⲡⲉ ⲛ̄ ⲑⲉ ⲉⲧϥ̄ϩⲛ̄ ⲧⲡⲉ ⲛ̄ϥϣⲱⲡⲉ[2] ⲟⲛ ϩⲓϫⲙ̄ ⲡⲕⲁϩ. ⲡⲉⲛⲟⲉⲓⲕ ⲉⲧ ⲛⲏⲩ[3] ⲛⲅ̄ϯ ⲙ̄ⲙⲟϥ ⲛⲁⲛ ⲙ̄ ⲡⲟⲟⲩ, ⲛⲅ̄ⲕⲱ ⲛⲁⲛ ⲉⲃⲟⲗ ⲛ̄ ⲛⲉⲧ ⲉⲣⲟⲛ[4] ⲛ̄ ⲑⲉ ϩⲱⲱⲛ ⲟⲛ ⲉⲧⲛ̄ⲕⲱ ⲉⲃⲟⲗ ⲛ̄ ⲛⲉⲧⲉ ⲟⲩⲛ̄ⲧⲁⲛ ⲉⲣⲟⲟⲩ, ⲛⲅ̄ⲧⲙ̄-ϫⲓⲧⲛ̄ ⲉϩⲟⲩⲛ ⲉ ⲡⲉⲓⲣⲁⲥⲙⲟⲥ ⲁⲗⲗⲁ ⲛⲅ̄ⲛⲁϩⲙⲛ̄[5] ⲉⲃⲟⲗ ϩⲓⲧⲟⲟⲧϥ̄ ⲙ̄ ⲡⲡⲟⲛⲏⲣⲟⲥ, ϫⲉ ⲧⲱⲕ ⲧⲉ ⲧϭⲟⲙ ⲙⲛ̄ ⲡⲉⲟⲟⲩ ϣⲁ ⲛⲓⲉⲛⲉϩ. ϩⲁⲙⲏⲛ.

---

2. 동사의 반복은 그리스어에서 어색한 구문으로 느껴졌던 것을 명확하게 하기 위한 시도다.
3. ⲉⲧ ⲛⲏⲩ는 그리스어 ἐπιούσιον (다가오는 [날])을 의미한다. 2인칭인 것에 주의하라. 접속법은 서두에서 3인칭 명령어 형태인 명령형의 힘으로 계속된다.
4. 전치사 ⲉ는 "~로부터 지불하는"이라는 특별한 의미를 가진다. 따라서, ⲛⲉⲧ ⲉⲣⲟⲛ은 "우리로부터 지불받아야 하는 것들", ⲛⲉⲧⲉ ⲟⲩⲛ̄ⲧⲁⲛ ⲉⲣⲟⲟⲩ는 "우리가 (무엇을) 지불해야 하는 것들".
5. ⲛⲟⲩϩⲙ̄ tr. 구출하다, 구하다

강독 선집

(Reading Selections)

강독 선집에 대한 일러두기

A. 누가복음 1-5장

여기에 수록된 텍스트는 호너G. Horner의 '사히드어 또는 테베어Thebaic라고 불리는 남부 방언으로 된 신약성경의 콥트어 번역본'(Oxford, 1911-24, Vol. II, pp. 3-95)의 본문을 기본으로 하고 있다. 유일한 철자법 변경은 본서의 표기법에 맞는 텍스트를 얻기 위해 단어들을 분리한 것뿐이다. 콥트어 번역본은 그리스어 원문과 함께 연구되어야 한다. 이런 방법으로 해야만 독자는 사용된 번역 기술 및 원문이 콥트어 번역에서 문법, 어휘, 그리고 문체에 끼친 영향에 대한 명확한 이해를 얻을 수 있다. 서두 구절들은 다소 어렵지만 나머지 텍스트는 비교적 간단하고 수월하다.

B. 사막 교부들의 금언Apophthegmata Patrum

아포프테그마타 파트룸Apophthegmata Patrum, 곧 '사막 교부들의 금언집'의 사히드어 번역본은 단일 필사본으로 남아있으며, 일부 파편들은 5개의 다른 유럽 도서관에 보존되어 있다. 가장 큰 파편인 44장의 조각들은 현재 나폴리 소재 국립 도서관에 있으며, 조에가G. Zoega에 의해 출간되었다(*Cat-*

alogue codicum copticorum manuscriptorum qui in Museo Borgiano Velitris adservantur, Rome, 1810). 이 특정한 파편 세트의 어록은 종종 기호 z로 표시된다. 이것들과 파리, 비엔나, 베니스 및 런던에 있는 작은 파편들은 모두 셴M. Chaîne에 의해 정리되고 편집되었다(*Le manuscript de la version copte en dialecte sahidique des 'Apophthegmata Patrum'*, Cairo, 1960). 여기에 수록된 선집은 안타깝게도 아주 일부의 인쇄 오류가 있는 이 판본의 목록과 텍스트에 따랐다. 셴Chaîne은 텍스트의 프랑스어 번역과, 관심 있는 독자가 참조할 수 있는 현존하는 그리스어 및 라틴어 번역본과 함께 각 금언집의 귀중한 용어 색인을 제공한다. 금언집은 사막 교부들의 개인적인 일화, 넘치는 선행으로 인한 부지 중에 행한 기적, 동료 수도자들의 완전함과 불완전함에 대한 간결한 진술 및 수도자적 삶의 방식, 그 날의 중요한 신학적 문제에 대한 아주 진지한 여담까지 포함하는 매우 다양한 내용을 담고 있다.

그 모음집은 아마도 어떤 유사한 전통 모음집보다 더 '역사적으로 정통적인' 것은 아닐 테지만, 전반적으로 초기 기독교 수도원주의와 이집트 사막 공동체의 헌신적인 남녀들의 성격에 대해 조명하고 있다.

단어를 분리하는 수정 외에는 본문 내용이 거의 변경되지 않았다. 부분적으로 바로잡은 것은 다음과 같다: (1) **ϩⲛ̄**과 **ϩⲉⲛ**; (2) 특이한 **ϣⲱⲱⲡⲉ**는 **ϣⲱⲡⲉ**; (3) No. 5의 첫 번째 **ⲉⲥⲑⲏⲧⲏⲣⲓⲟⲛ**에서의 **ⲛ̄ⲉⲕ-**는 **ⲛⲉⲕ-**; (4) No. 17의 **ⲁⲛϩⲏ**는 **ⲁⲩϩⲉ**; (5) No. 24에서 **ⲛ̄ⲧⲟⲗⲏ**는 **ⲉⲛ-ⲧⲟⲗⲏ**; (6) No. 26에서 **ⲛ̄ ⲉⲛⲥ-**는 **ⲛ̄ ⲛ̄ⲥⲩⲛⲕⲗⲏⲧⲓⲕⲟⲥ**; (7) No. 31에서 **ⲟⲩⲱⲛ**은 **ⲟⲩⲟⲩⲱⲛ**; (8) No. 38에서 **ⲁϥϩⲟⲡϥ̄**는 **ⲁϥϩⲟⲣⲡϥ̄**; (9) No. 38에 뒤바뀐 두 줄(셴의 인쇄 오류); (10) No. 70에서 셴의 [**ⲉⲃⲟⲗ**]을 [**ⲙ̄ⲙⲟϥ**]로 복원; (11) No. 175에서 **ⲣⲉϥϩⲱⲃ**는 **ⲣⲉϥⲣ̄-ϩⲱⲃ**; (12) No. 175에서 **ϩⲱⲥϫ̄**는 **ϩⲱⲥ ϫⲉ**; (13) No. 175에서 **ⲟⲩⲟⲭⲩⲙⲁ**는 **ⲟⲩⲥⲭⲩⲙⲁ**;

(14) No. 175에서 ϨN̄N̄ M̄ΠΗΥЄ는 ϨN̄ M̄ΠΗΥЄ. 이 텍스트에서는 ϨΗΤ⸗ 대신에 N̄ϨΗΤ⸗를 자주 사용하는 것에 유의해야 한다.

C. 솔로몬의 지혜

여기에 수록된 텍스트는 라가르드P. de Lagarde의 *Aegyptiaca* (Göttingen, 1883, pp. 65-82)를 기본으로 하고 있다. '사피엔타 솔로모니스'*Sapienta Solomonis*, 곧 『솔로몬의 지혜』(= 가톨릭 성경에서 '지혜서'—옮긴이)는 그리스어, 라틴어, 시리아어, 콥트어 및 아르메니아어 번역본으로 잘 보존되어있다. 이 책은 히브리 지혜 문학(잠언, 전도서, 집회서)의 전통에서 신구약 중간기의 작품이지만, 그리스 철학의 주요 학파에 정통한 한 작가에 의해 쓰여졌다. 이 작품의 연대와 출처는 논쟁의 여지가 있다. 관심 있는 독자는 찰스R. H. Charles의 『구약성경의 외경과 위경』(*The Apocrypha and Pseudepigrapha of the Old Testament*, Oxford, 1913, Vol. I, pp. 518-68)에서의 논의를 참조할 수 있으며, 여기에서 주해가 달린 번역과 광범위한 참고 문헌도 찾을 수 있다. 『해석자의 성경 사전』(*The Interpreter's Dictionary of the Bible*, Abingdon Press, Nashville, 1962)에 실린 모세 하다스Moses Hadas의 짧은 논문, '솔로몬의 지혜'Wisdom of Solomon을 읽으면 유익을 얻을 수 있다. 단어들의 분리 외에는 텍스트에 아무런 변경도 없었다. 라가르드의 경미한 복원은 논평 없이 받아들여졌다.

D. 목수 요셉의 생애

예수의 '육신의' 아버지 요셉의 삶을 다루긴 했으나 주로 죽음을 다룬 외경인 '목수 요셉의 생애'는 많은 수의 위僞 복음들, 행전들, 서신들 중의 하나이다. 이 작품들은 정경의 신약성경에서 빠져있는 전기적인 세부 사항을 채우려고 하는 기독교 작가들의 풍부한 상상력의 펜으로부터 만들어졌다. 이 작품들 각각은 '역사적 예수'를 찾을 때는 별 도움이 안되지만, 작가와 그의 단체가 가지는 고유한 교리, 국수주의, 종파 또는 다른 선입견을 반영하는 각자 고유의 관심을 지니고 있다. '목수 요셉의 생애'는 콥트어의 보하이르어 번역본과 간결한 아랍어 의역본으로 완전하게 보존되어있는데, 둘 다 14-21.1의 사히드어 번역본과 함께 라가르드P. de Lagarde에 의해 출간(*Aegyptiaca*, Göttingen, 1883)되었다. 로빈슨F. Robinson의 『콥트어 외경 복음』(*Coptic Apocryphal Gospels*, Texts and Studies IV, 2; Cambridge, 1896)에서 사히드어로 된 두 개의 파편(5-8.1; 13)이 추가되어 출간되었는데, 언젠가는 완전한 사히드어 번역본이 발견될 것이다. 두 번째 파편(13장)은 보존 상태가 좋지 않아 여기에 수록된 텍스트에서 제외시켰다. 모렌츠S. Morenz는 이 텍스트에서의 특정 모티프, 특히 21-23장에 나오는 죽음의 장면에 관한 이집트 배경 연구에 짧은 논문을 기술했다. 이 작품 『목수 요셉의 생애』(*Die Geschichte von Joseph dem Zimmermann*, Texte und Untersuchungen 56; Berlin, 1951)에는 사히드어 번역본 14-24.1의 독일어 번역도 담고 있다. 텍스트는 단어들의 분리를 제외하고는 게시된 출처에서 나타나는 대로 표시하였다. 특이한 철자가 많이 있지만, 독자는 이 단계에서 그것들을 대처할 수 있어야 할 것이다. 본문은 자신의 사도들에게 이야기를 전하는(참조, 22:3) 예수에 의해 내레이션이 되고 있다.

ЄΥΑΓΓЄΛΙΟΝ ΚΑΤΑ ΛΟΥΚΑϹ
누가복음 1장

1장

(1) ЄΠЄΙΔΗΠЄΡ[1] Α-ϨΑϨ ϨΙ-ΤΟΟΤΟΥ Є ϹϨΑΙ Ν̄ Ν̄ϢΑϪЄ ЄΤΒЄ
ΝЄϨΒΗΥЄ ЄΝΤΑΥΤѠΤ Ν̄ ϨΗΤ ϨΡΑΙ Ν̄ϨΗΤΝ̄[2], (2) ΚΑΤΑ ΘЄ
ЄΝΤΑΥΤΑΑϹ ЄΤΟΟΤΝ̄ Ν̄ϬΙ ΝЄΝΤΑΥΝΑΥ Ϩ Ν̄ ΝЄΥΒΑΛ ϪΙΝ Ν̄ ϢΟΡΠ̄,
Є-ΑΥϢѠΠЄ Ν̄ ϨΥΠЄΡЄΤΗϹ[3] Μ̄ ΠϢΑϪЄ, (3) ΑΙΡ̄-ϨΝΑΙ ϨѠ,
Є-ΑΙΟΥΑϨΤ̄ Ν̄ϹΑ ϨѠΒ ΝΙΜ ϪΙΝ Ν̄ ϢΟΡΠ̄ ϨΝ̄ ΟΥѠΡϪ̄, ЄΤΡΑϹϨΑΙϹΟΥ
ΝΑΚ ΟΥΑ ΟΥΑ, ΚΡΑΤΙϹΤЄ[4] ΘЄΟΦΙΛЄ, (4) ϪЄΚΑϹ ЄΚЄЄΙΜЄ Є ΠѠΡϪ̄
Ν̄ Ν̄ϢΑϪЄ ЄΝΤΑΥΚΑΘΗΓЄΙ[5] Μ̄ΜΟΚ Ν̄ϨΗΤΟΥ. (5) ΑϤϢѠΠЄ ϨΝ̄
ΝЄϨΟΟΥ Ν̄ ϨΗΡѠΔΗϹ ΠΡ̄ΡΟ Ν̄ ϮΟΥΔΑΙΑ Ν̄ϬΙ ΟΥΗΗΒ Є-ΠЄϤΡΑΝ ΠЄ
ΖΑΧΑΡΙΑϹ, ЄϤΗΠ Є ΝЄϨΟΟΥ Ν̄ ΑΒΙΑ, Є-ΟΥΝ̄ΤϤ ΟΥϹϨΙΜЄ ЄΒΟΛ ϨΝ̄
Ν̄ϢЄЄΡЄ Ν̄ ΑΑΡѠΝ Є-ΠЄϹΡΑΝ ΠЄ ЄΛΙϹΑΒЄΤ. (6) ΝЄΥϢΟΟΠ ΔЄ
ΠЄ Μ̄ ΠЄϹΝΑΥ Ν̄ ΔΙΚΑΙΟϹ Μ̄ ΠЄΜΤΟ ЄΒΟΛ Μ̄ ΠΝΟΥΤЄ, ЄΥΜΟΟϢЄ

---

1. ЄΠЄΙΔΗΠЄΡ (ἐπειδήπερ) conj. ~이므로, ~하므로.
2. ΤѠΤ, ΤЄΤ-, ΤΟΤ⸗, Q ΤΗΤ 받아들이다; 동의하다(~에: Є, ЄϪ̄Ν; ~의 의견에: ΜΝ̄); ΤѠΤ Ν̄ ϨΗΤ ϨΡΑΙ ϨΝ̄ 받아들이다, (~의 사이에서) 수용하다.
3. Π.ϨΥΠЄΡЄΤΗϹ (ὑπηρέτης) 하인, 종, 일꾼; 관리인.
4. ΚΡΑΤΙϹΤЄ: ΚΡΑΤΙϹΤΟϹ(κράτιστος)의 호격: ΚΡΑΤΙϹΤЄ ΘЄΟΦΙΛЄ 존귀하신 데오빌로[테오필로스]여.
5. ΚΑΘΗΓЄΙ Μ̄ΜΟ⸗ ϨΝ̄ (καθηγέομαι) ~을 가르치다.

ϩⲛ̄ ⲛ̄ⲉⲛⲧⲟⲗⲏ ⲧⲏⲣⲟⲩ ⲙⲛ̄ ⲛ̄ⲇⲓⲕⲁⲓⲱⲙⲁ[6] ⲙ̄ ⲡϫⲟⲉⲓⲥ ⲉⲩⲟⲩⲁⲁⲃ. (7)
ⲁⲩⲱ ⲛⲉ-ⲙⲙⲛ̄ⲧⲟⲩ ϣⲏⲣⲉ ⲙ̄ⲙⲁⲩ ⲡⲉ, ⲉⲃⲟⲗ ϫⲉ ⲛⲉ-ⲟⲩⲁϭⲣⲏⲛ[7] ⲧⲉ
ⲉⲗⲓⲥⲁⲃⲉⲧ, ⲁⲩⲱ ⲛ̄ⲧⲟⲟⲩ ⲙ̄ ⲡⲉⲥⲛⲁⲩ ⲛⲉ-ⲁⲩⲁⲓⲁⲓ ⲡⲉ ϩⲛ̄ ⲛⲉⲩϩⲟⲟⲩ. (8)
ⲁⲥϣⲱⲡⲉ ⲇⲉ ϩⲙ̄ ⲡⲧⲣⲉϥϣⲙ̄ϣⲉ ϩⲛ̄ ⲧⲧⲁⲝⲓⲥ[8] ⲛ̄ ⲛⲉϥϩⲟⲟⲩ ⲙ̄ ⲡⲉⲙⲧⲟ
ⲉⲃⲟⲗ ⲙ̄ ⲡⲛⲟⲩⲧⲉ, (9) ⲕⲁⲧⲁ ⲡⲥⲱⲛⲧ̄[9] ⲛ̄ ⲧⲙⲛ̄ⲧⲟⲩⲏⲏⲃ ⲁⲥⲣⲁⲧⲱϥ[10] ⲉ
ⲧⲁⲗⲉ-ϣⲟⲩϩⲏⲛⲉ[11] ⲉϩⲣⲁⲓ, ⲉ-ⲁϥⲃⲱⲕ ⲉϩⲟⲩⲛ ⲉ ⲡⲉⲣⲡⲉ ⲙ̄ ⲡϫⲟⲉⲓⲥ. (10)
ⲁⲩⲱ ⲛⲉⲣⲉ-ⲡⲙⲏⲏϣⲉ ⲧⲏⲣϥ̄ ⲙ̄ ⲡⲗⲁⲟⲥ ϣⲗⲏⲗ ⲙ̄ ⲡⲥⲁ ⲛ̄ ⲃⲟⲗ ⲙ̄
ⲡⲛⲁⲩ ⲙ̄ ⲡϣⲟⲩϩⲏⲛⲉ. (11) ⲁ-ⲡⲁⲅⲅⲉⲗⲟⲥ ⲇⲉ ⲙ̄ ⲡϫⲟⲉⲓⲥ ⲟⲩⲱⲛϩ̄
ⲛⲁϥ ⲉⲃⲟⲗ ⲉϥⲁϩⲉⲣⲁⲧϥ̄ ⲛ̄ ⲥⲁ ⲟⲩⲛⲁⲙ ⲙ̄ ⲡⲉⲑⲩⲥⲓⲁⲥⲧⲏⲣⲓⲟⲛ[12] ⲙ̄
ⲡϣⲟⲩϩⲏⲛⲉ. (12) ⲁϥϣⲧⲟⲣⲧⲣ̄ ⲇⲉ ⲛ̄ϭⲓ ⲍⲁⲭⲁⲣⲓⲁⲥ ⲛ̄ⲧⲉⲣⲉϥⲛⲁⲩ, ⲁⲩⲱ
ⲁⲩϩⲟⲧⲉ ϩⲉ ⲉϩⲣⲁⲓ ⲉϫⲱϥ. (13) ⲡⲉϫⲉ-ⲡⲁⲅⲅⲉⲗⲟⲥ ⲇⲉ ⲛⲁϥ ϫⲉ
ⲙ̄ⲡⲣ̄ⲣ̄-ϩⲟⲧⲉ ⲍⲁⲭⲁⲣⲓⲁⲥ, ϫⲉ ⲁⲩⲥⲱⲧⲙ̄ ⲉ ⲡⲉⲕⲥⲟⲡⲥ̄[13]. ⲁⲩⲱ
ⲧⲉⲕⲥϩⲓⲙⲉ ⲉⲗⲓⲥⲁⲃⲉⲧ ⲥⲛⲁϫⲡⲟ ⲛⲁⲕ ⲛ̄ ⲟⲩϣⲏⲣⲉ, ⲛⲅ̄ⲙⲟⲩⲧⲉ ⲉ
ⲡⲉϥⲣⲁⲛ ϫⲉ ⲓⲱϩⲁⲛⲛⲏⲥ. (14) ⲟⲩⲛ̄-ⲟⲩⲣⲁϣⲉ ⲛⲁϣⲱⲡⲉ ⲛⲁⲕ ⲙⲛ̄
ⲟⲩⲧⲉⲗⲏⲗ, ⲁⲩⲱ ⲟⲩⲛ̄-ϩⲁϩ ⲛⲁⲣⲁϣⲉ ⲉϫⲙ̄ ⲡⲉϥϫⲡⲟ. (15) ϥⲛⲁⲣ̄-
ⲟⲩⲛⲟϭ ⲅⲁⲣ ⲙ̄ ⲡⲉⲙⲧⲟ ⲉⲃⲟⲗ ⲙ̄ ⲡϫⲟⲉⲓⲥ, ⲁⲩⲱ ⲛ̄ⲛⲉϥⲥⲉ-ⲏⲣⲡ̄ ϩⲓ
ⲥⲓⲕⲉⲣⲁ[14], ⲁⲩⲱ ϥⲛⲁⲙⲟⲩϩ ⲉⲃⲟⲗ ϩⲙ̄ ⲡⲉⲡⲛ̄ⲁ ⲉⲧ ⲟⲩⲁⲁⲃ ϫⲓⲛ ⲉϥϩⲛ̄
ϩⲏⲧⲥ̄ ⲛ̄ ⲧⲉϥⲙⲁⲁⲩ. (16) ⲁⲩⲱ ϥⲛⲁⲕⲧⲉ-ⲟⲩⲙⲏⲏϣⲉ ⲛ̄ ⲛ̄ϣⲏⲣⲉ ⲙ̄ ⲡⲓⲏ̄ⲗ
ⲉ ⲡϫⲟⲉⲓⲥ ⲡⲉⲩⲛⲟⲩⲧⲉ. (17) ⲁⲩⲱ ⲛ̄ⲧⲟϥ ϥⲛⲁⲙⲟⲟϣⲉ ϩⲁ ⲧⲉϥϩⲏ ϩⲙ̄

---

6. ⲡ.ⲇⲓⲕⲁⲓⲱⲙⲁ(τὸ δικαίωμα) 정의로운 행위; 규례, 법령.
7. ⲁϭⲣⲏⲛ (adj. 또는 n.f.) 불임의, 열매가 안 열리는.
8. ⲧ.ⲧⲁⲝⲓⲥ(ἡ τάξις) 차례, 순서, 배치; 지위, 직책.
9. ⲡ.ⲥⲱⲛⲧ̄ 관습, 관례; ⲉⲓⲣⲉ ⲙ̄ ⲡⲥⲱⲛⲧ̄ 관례에 따르다.
10. ⲁⲥⲣⲁⲧⲱϥ ~의 차례가 되다: 문법적 분석이 불확실한 비인칭 표현.
11. ⲡ.ϣⲟⲩϩⲏⲛⲉ 향, 분향.
12. ⲡⲉ.ⲑⲩⲥⲓⲁⲥⲧⲏⲣⲓⲟⲛ (τὸ θυσιαστήριον) 제단.
13. ⲡ.ⲥⲟⲡⲥ̄ 간청, 기도; ⲥⲟⲡⲥ̄, ⲥⲉⲡⲥ̄- 또는 ⲥⲟⲡⲥⲡ̄, ⲥⲡ̄ⲥⲡ̄-, ⲥⲡ̄ⲥⲱⲡ⸗, Q ⲥⲡ̄ⲥⲱⲡ 간청하다, 애원하다(ⲙ̄ⲙⲟ⸗).
14. ⲡ.ⲥⲓⲕⲉⲣⲁ (τὸ σίκερα) 독한 술, 독주.

ⲡⲉⲡⲛ̄ⲁ ⲙⲛ̄ ⲧϭⲟⲙ ⲛ̄ ϩⲏⲗⲓⲁⲥ, ⲉ ⲕⲧⲟ ⲛ̄ ⲛ̄ϩⲏⲧ ⲛ̄ ⲛ̄ⲉⲓⲟⲧⲉ ⲉ ⲛⲉⲩϣⲏⲣⲉ
ⲁⲩⲱ ⲛ̄ⲁⲧⲥⲱⲧⲙ̄ ϩⲛ̄ ⲧⲙⲛ̄ⲧⲣⲙ̄ⲛ̄ϩⲏⲧ ⲛ̄ ⲛ̄ⲇⲓⲕⲁⲓⲟⲥ, ⲉ ⲥⲟⲃⲧⲉ ⲛ̄
ⲟⲩⲗⲁⲟⲥ ⲙ̄ ⲡϫⲟⲉⲓⲥ ⲉϥⲥⲃ̄ⲧⲱⲧ. (18) ⲁⲩⲱ ⲡⲉϫⲉ-ⲍⲁⲭⲁⲣⲓⲁⲥ ⲙ̄
ⲡⲁⲅⲅⲉⲗⲟⲥ ϫⲉ ϩⲛ̄ ⲟⲩ ϯⲛⲁⲉⲓⲙⲉ ⲉ ⲡⲁⲓ? ⲁⲛⲟⲕ ⲅⲁⲣ ⲁⲓⲣ̄-ϩⲗ̄ⲗⲟ ⲁⲩⲱ
ⲧⲁⲥϩⲓⲙⲉ ⲁⲥⲁⲓⲁⲓ ϩⲛ̄ ⲛⲉⲥϩⲟⲟⲩ. (19) ⲁ-ⲡⲁⲅⲅⲉⲗⲟⲥ ⲇⲉ ⲟⲩⲱϣⲃ̄,
ⲡⲉϫⲁϥ ⲛⲁϥ ϫⲉ ⲁⲛⲟⲕ ⲡⲉ ⲅⲁⲃⲣⲓⲏⲗ, ⲡⲉⲧ ⲁϩⲉⲣⲁⲧϥ̄ ⲙ̄ ⲡⲉⲙⲧⲟ
ⲉⲃⲟⲗ ⲙ̄ ⲡⲛⲟⲩⲧⲉ. ⲁⲩⲧⲛ̄ⲛⲟⲟⲩⲧ ⲉ ϣⲁϫⲉ ⲛⲙ̄ⲙⲁⲕ ⲁⲩⲱ ⲉ ⲧⲁϣⲉ-
ⲟⲉⲓϣ ⲛⲁⲕ ⲛ̄ ⲛⲁⲓ. (20) ⲉⲓⲥ ϩⲏⲏⲧⲉ ⲉⲕⲉϣⲱⲡⲉ ⲉⲕⲕⲱ ⲛ̄ ⲣⲱⲕ, ⲙ̄ⲙⲛ̄-
ϣϭⲟⲙ ⲙ̄ⲙⲟⲕ ⲉ ϣⲁϫⲉ ϣⲁ ⲡⲉϩⲟⲟⲩ ⲉⲧⲉⲣⲉ-ⲛⲁⲓ ⲛⲁϣⲱⲡⲉ, ⲉⲧⲃⲉ
ϫⲉ ⲙ̄ⲡⲕ̄ⲡⲓⲥⲧⲉⲩⲉ ⲉ ⲛⲁϣⲁϫⲉ, ⲛⲁⲓ ⲉⲧ ⲛⲁϫⲱⲕ ⲉⲃⲟⲗ ϩⲙ̄
ⲡⲉⲩⲟⲩⲟⲉⲓϣ. (21) ⲡⲗⲁⲟⲥ ⲇⲉ ⲛⲉϥϭⲱϣⲧ̄ ϩⲏⲧϥ̄ ⲛ̄ ⲍⲁⲭⲁⲣⲓⲁⲥ ⲡⲉ,
ⲁⲩⲱ ⲛⲉⲩⲣ̄-ϣⲡⲏⲣⲉ ⲛ̄ⲧⲉⲣⲉϥⲱⲥⲕ̄ ϩⲙ̄ ⲡⲉⲣⲡⲉ. (22) ⲛ̄ⲧⲉⲣⲉϥⲉⲓ ⲇⲉ
ⲉⲃⲟⲗ, ⲙ̄ⲡⲉϥϣϭⲙ̄-ϭⲟⲙ ⲉ ϣⲁϫⲉ ⲛⲙ̄ⲙⲁⲩ, ⲁⲩⲱ ⲁⲩⲉⲓⲙⲉ ϫⲉ ⲛ̄ⲧⲁϥⲛⲁⲩ
ⲉⲩϭⲱⲗⲡ̄ ⲉⲃⲟⲗ ϩⲙ̄ ⲡⲉⲣⲡⲉ. ⲛ̄ⲧⲟϥ ⲇⲉ ⲛⲉϥϫⲱⲣⲙ̄[15] ⲟⲩⲃⲏⲩ ⲡⲉ,
ⲁⲩⲱ ⲁϥϭⲱ ⲉϥⲟ ⲛ̄ ⲉⲙⲡⲟ[16] . (23) ⲁⲥϣⲱⲡⲉ ⲇⲉ ⲛ̄ⲧⲉⲣⲉ-ⲛⲉϩⲟⲟⲩ ⲙ̄
ⲡⲉϥϣⲙ̄ϣⲉ ϫⲱⲕ ⲉⲃⲟⲗ, ⲁϥⲃⲱⲕ ⲉϩⲣⲁⲓ ⲉ ⲡⲉϥⲏⲓ. (24) ⲙⲛ̄ⲛ̄ⲥⲁ
ⲛⲉⲓϩⲟⲟⲩ ⲇⲉ ⲁⲥⲱ ⲛ̄ϭⲓ ⲉⲗⲓⲥⲁⲃⲉⲧ ⲧⲉϥⲥϩⲓⲙⲉ, ⲁⲩⲱ ⲁⲥϩⲟⲡⲥ̄ ⲛ̄
ϯⲟⲩ ⲛ̄ ⲉⲃⲟⲧ, ⲉⲥϫⲱ ⲙ̄ⲙⲟⲥ (25) ϫⲉ ⲧⲁⲓ ⲧⲉ ⲑⲉ ⲛ̄ⲧⲁ-ⲡϫⲟⲉⲓⲥ ⲁⲁⲥ
ⲛⲁⲓ ϩⲙ̄ ⲡⲉϩⲟⲟⲩ ⲛ̄ⲧⲁϥϭⲱϣⲧ̄ ⲉ ϥⲓ ⲙ̄ ⲡⲁⲛⲟϭⲛ̄ϭ[17] ⲉⲃⲟⲗ ϩⲛ̄ ⲛ̄ⲣⲱⲙⲉ.
(26) ϩⲙ̄ ⲡⲙⲉϩⲥⲟⲟⲩ ⲇⲉ ⲛ̄ ⲉⲃⲟⲧ ⲁⲩϫⲟⲟⲩ ⲛ̄ ⲅⲁⲃⲣⲓⲏⲗ ⲡⲁⲅⲅⲉⲗⲟⲥ
ⲉⲃⲟⲗ ϩⲓⲧⲙ̄ ⲡⲛⲟⲩⲧⲉ ⲉⲩⲡⲟⲗⲓⲥ ⲛ̄ⲧⲉ ⲧⲅⲁⲗⲓⲗⲁⲓⲁ ⲉ-ⲡⲉⲥⲣⲁⲛ ⲡⲉ
ⲛⲁⲍⲁⲣⲉⲑ, (27) ϣⲁ ⲟⲩⲡⲁⲣⲑⲉⲛⲟⲥ ⲉ-ⲁⲩϣⲡ̄-ⲧⲟⲟⲧⲥ̄[18] ⲛ̄ ⲟⲩϩⲁⲓ
ⲉ-ⲡⲉϥⲣⲁⲛ ⲡⲉ ⲓⲱⲥⲏⲫ ⲉⲃⲟⲗ ϩⲙ̄ ⲡⲏⲓ ⲛ̄ ⲇⲁ̄ⲇ, ⲁⲩⲱ ⲡⲣⲁⲛ ⲛ̄

---

15. ϫⲱⲣⲙ̄, Q ϫⲟⲣⲙ̄ 신호하다, 손짓하다(~에게: ⲉ, ⲟⲩⲃⲉ; ~으로: ⲙ̄ⲙⲟ⸗, ϩⲛ̄).
16. ⲙ̄ⲡⲟ, ⲉⲙⲡⲟ adj. 말을 못하는, 말없는; ⲣ̄-ⲙ̄ⲡⲟ [Q ⲟ ⲛ̄ ⲙ̄ⲡⲟ] 말을 못하게 되다.
17. ⲛⲟϭⲛ̄ϭ, ⲛⲉϭⲛⲉϭ-, ⲛⲉϭⲛⲟⲩϭ⸗ 무시하다, 비난하다(ⲙ̄ⲙⲟ⸗); n.m. 비난, 책망, 경멸.
18. ϣⲡ̄-ⲧⲟⲟⲧ⸗ ⲛⲁ⸗ lit. (누군가의) 손을 잡다; (여자를 남자와) 약혼시키다; 상태동사는 ⲧⲟⲟⲧⲥ̄ ϣⲏⲡ ⲛⲁϥ '그녀는 그와 약혼했다(2:5)'로 표현한다.

ⲧⲡⲁⲣⲑⲉⲛⲟⲥ ⲡⲉ ⲙⲁⲣⲓⲁ. (28) ⲁⲩⲱ ⲛ̄ⲧⲉⲣⲉϥⲃⲱⲕ ⲛⲁⲥ ⲉϩⲟⲩⲛ, ⲡⲉϫⲁϥ ⲛⲁⲥ ϫⲉ ⲭⲁⲓⲣⲉ[19], ⲧⲉⲛⲧⲁⲥϭⲛ̄-ϩⲙⲟⲧ. ⲡϫⲟⲉⲓⲥ ⲛⲙ̄ⲙⲉ. (29) ⲛ̄ⲧⲟⲥ ⲇⲉ ⲁⲥϣⲧⲟⲣⲧⲣ̄ ⲉϫⲙ̄ ⲡϣⲁϫⲉ, ⲁⲩⲱ ⲛⲉⲥⲙⲟⲕⲙⲉⲕ ⲙ̄ⲙⲟⲥ ϫⲉ ⲟⲩⲁϣ ⲙ̄ ⲙⲓⲛⲉ ⲡⲉ ⲡⲉⲓⲁⲥⲡⲁⲥⲙⲟⲥ. (30) ⲡⲉϫⲉ-ⲡⲁⲅⲅⲉⲗⲟⲥ ⲛⲁⲥ ϫⲉ ⲙ̄ⲡⲣ̄ⲣ̄-ϩⲟⲧⲉ, ⲙⲁⲣⲓⲁ. ⲁⲣϭⲓⲛⲉ ⲅⲁⲣ ⲛ̄ ⲟⲩϩⲙⲟⲧ ⲛ̄ⲛⲁϩⲣⲙ̄ ⲡⲛⲟⲩⲧⲉ. (31) ⲁⲩⲱ ⲉⲓⲥ ϩⲏⲏⲧⲉ ⲧⲉⲛⲁⲱ, ⲛ̄ⲧⲉϫⲡⲟ ⲛ̄ ⲟⲩϣⲏⲣⲉ, ⲛ̄ⲧⲉⲙⲟⲩⲧⲉ ⲉ ⲡⲉϥⲣⲁⲛ ϫⲉ ⲓ̄ⲥ̄. (32) ⲡⲁⲓ ϥⲛⲁϣⲱⲡⲉ ⲛ̄ ⲟⲩⲛⲟϭ, ⲁⲩⲱ ⲥⲉⲛⲁⲙⲟⲩⲧⲉ ⲉⲣⲟϥ ϫⲉ ⲡϣⲏⲣⲉ ⲙ̄ ⲡⲉⲧ ϫⲟⲥⲉ. ⲡϫⲟⲉⲓⲥ ⲡⲛⲟⲩⲧⲉ ⲛⲁϯ ⲛⲁϥ ⲙ̄ ⲡⲉⲑⲣⲟⲛⲟⲥ ⲛ̄ ⲇⲁⲩⲉⲓⲇ ⲡⲉϥⲉⲓⲱⲧ. (33) ⲁⲩⲱ ϥⲛⲁⲣ̄-ⲣ̄ⲣⲟ[20] ⲉϫⲙ̄ ⲡⲏⲓ ⲛ̄ ⲓⲁⲕⲱⲃ ϣⲁ ⲛⲓⲉⲛⲉϩ, ⲁⲩⲱ ⲙ̄ⲙⲛ̄-ϩⲁⲏ ⲛⲁϣⲱⲡⲉ ⲛ̄ ⲧⲉϥⲙⲛ̄ⲧⲉⲣⲟ. (34) ⲡⲉϫⲉ-ⲙⲁⲣⲓⲁ ⲇⲉ ⲙ̄ ⲡⲁⲅⲅⲉⲗⲟⲥ ϫⲉ ⲛ̄ ⲁϣ ⲛ̄ ϩⲉ ⲡⲁⲓ ⲛⲁϣⲱⲡⲉ ⲙ̄ⲙⲟⲓ? ⲙ̄ⲡⲉⲓⲥⲟⲩⲛ̄-ϩⲟⲟⲩⲧ[21]. (35) ⲁ-ⲡⲁⲅⲅⲉⲗⲟⲥ ⲟⲩⲱϣⲃ̄, ⲡⲉϫⲁϥ ⲛⲁⲥ ϫⲉ ⲟⲩⲡⲛ̄ⲁ ⲉϥⲟⲩⲁⲁⲃ ⲡⲉⲧ ⲛⲏⲩ ⲉϩⲣⲁⲓ ⲉϫⲱ, ⲁⲩⲱ ⲧϭⲟⲙ ⲙ̄ ⲡⲉⲧ ϫⲟⲥⲉ ⲧⲉⲧ ⲛⲁⲣ̄-ϩⲁⲓⲃⲥ̄ ⲉⲣⲟ. ⲉⲧⲃⲉ ⲡⲁⲓ ⲡⲉⲧⲉⲛⲁϫⲡⲟϥ ϥⲟⲩⲁⲁⲃ. ⲥⲉⲛⲁⲙⲟⲩⲧⲉ ⲉⲣⲟϥ ϫⲉ ⲡϣⲏⲣⲉ ⲙ̄ ⲡⲛⲟⲩⲧⲉ. (36) ⲁⲩⲱ ⲉⲓⲥ ⲉⲗⲓⲥⲁⲃⲉⲧ ⲧⲟⲩⲥⲩⲅⲅⲉⲛⲏⲥ ⲛ̄ⲧⲟⲥ ϩⲱⲱⲥ ⲟⲛ ⲁⲥⲱ ⲛ̄ ⲟⲩϣⲏⲣⲉ ϩⲛ̄ ⲧⲉⲥⲙⲛ̄ⲧϩⲗ̄ⲗⲱ, ⲁⲩⲱ ⲡⲉⲥⲙⲉϩⲥⲟⲟⲩ ⲛ̄ ⲉⲃⲟⲧ ⲡⲉ ⲡⲁⲓ, ⲧⲁⲓ ⲉϣⲁⲩⲙⲟⲩⲧⲉ ⲉⲣⲟⲥ ϫⲉ ⲧⲁϭⲣⲏⲛ, (37) ϫⲉ ⲛ̄ⲛⲉ-ⲗⲁⲁⲩ ⲛ̄ ϣⲁϫⲉ ⲣ̄-ⲁⲧϭⲟⲙ ⲛ̄ⲛⲁϩⲣⲙ̄ ⲡⲛⲟⲩⲧⲉ. (38) ⲡⲉϫⲁⲥ ⲇⲉ ⲛ̄ϭⲓ ⲙⲁⲣⲓⲁ ϫⲉ ⲉⲓⲥ ϩⲏⲏⲧⲉ ⲁⲛⲅ̄-ⲑⲙ̄ϩⲁⲗ ⲙ̄ ⲡϫⲟⲉⲓⲥ. ⲙⲁⲣⲉⲥϣⲱⲡⲉ ⲛⲁⲓ ⲕⲁⲧⲁ ⲡⲉⲕϣⲁϫⲉ. ⲁⲩⲱ ⲁ-ⲡⲁⲅⲅⲉⲗⲟⲥ ⲃⲱⲕ ⲉⲃⲟⲗ ϩⲓⲧⲟⲟⲧⲥ̄. (39) ⲁⲥⲧⲱⲟⲩⲛⲥ̄ ⲇⲉ ⲛ̄ϭⲓ ⲙⲁⲣⲓⲁ ϩⲛ̄ ⲛⲉⲓϩⲟⲟⲩ, ⲁⲥⲃⲱⲕ ⲉ ⲧⲟⲣⲓⲛⲏ ϩⲛ̄ ⲟⲩϭⲉⲡⲏ ⲉ ⲧⲡⲟⲗⲓⲥ ⲛ̄ ϯⲟⲩⲇⲁⲓⲁ. (40) ⲁⲥⲃⲱⲕ ⲉϩⲟⲩⲛ ⲉ ⲡⲏⲓ ⲛ̄ ⲍⲁⲭⲁⲣⲓⲁⲥ, ⲁⲥⲁⲥⲡⲁⲍⲉ[22] ⲛ̄ ⲉⲗⲓⲥⲁⲃⲉⲧ. (41) ⲁⲥϣⲱⲡⲉ ⲇⲉ ⲛ̄ⲧⲉⲣⲉ-

---

19. ⲭⲁⲓⲣⲉ (χαῖρε) 인사말. (χαίρω의 명령형: '기뻐하라'—옮긴이)

20. 본문에는 ϥⲛⲁⲣ̄ⲣⲟ로 되어 있다.

21. ⲥⲟⲩⲛ̄-ϩⲟⲟⲩⲧ (성적으로) 남자를 알다; ⲥⲟⲟⲩⲛ̄ + ϩⲟⲟⲩⲧ.

22. ⲁⲥⲡⲁⲍⲉ (ἀσπάζομαι) 인사하다, 문안하다.

ⲉⲗⲓⲥⲁⲃⲉⲧ ⲥⲱⲧⲙ̅ ⲉ ⲡⲁⲥⲡⲁⲥⲙⲟⲥ ⲙ̅ ⲙⲁⲣⲓⲁ, ⲁ-ⲡϣⲏⲣⲉ ϣⲏⲙ ⲕⲓⲙ
ϩⲣⲁⲓ ⲛ̅ϩⲏⲧⲥ̅, ⲁⲩⲱ ⲁ-ⲉⲗⲓⲥⲁⲃⲉⲧ ⲙⲟⲩϩ ⲉⲃⲟⲗ ϩⲙ̅ ⲡⲉⲡⲛ̅ⲁ ⲉⲧ
ⲟⲩⲁⲁⲃ. (42) ⲁⲥϥⲓ-ϩⲣⲁⲥ ⲉⲃⲟⲗ ϩⲛ̅ ⲟⲩⲛⲟϭ ⲛ̅ ⲥⲙⲏ, ⲡⲉϫⲁⲥ ϫⲉ
ⲧⲉⲥⲙⲁⲙⲁⲁⲧ ⲛ̅ⲧⲟ ϩⲛ̅ ⲛⲉϩⲓⲟⲙⲉ, ⲁⲩⲱ ϥⲥⲙⲁⲙⲁⲁⲧ ⲛ̅ϭⲓ ⲡⲕⲁⲣⲡⲟⲥ ⲛ̅
ϩⲏⲧⲉ, (43) ϫⲉ ⲁⲛⲅ̅-ⲛⲓⲙ ⲁⲛⲟⲕ ϫⲉ ⲉⲣⲉ-ⲧⲙⲁⲁⲩ ⲙ̅ ⲡⲁϫⲟⲉⲓⲥ ⲉⲓ
ⲉⲣⲁⲧ? (44) ⲉⲓⲥ ϩⲏⲏⲧⲉ ⲅⲁⲣ ⲛ̅ⲧⲉⲣⲉ-ⲧⲉⲥⲙⲏ ⲙ̅ ⲡⲟⲩⲁⲥⲡⲁⲥⲙⲟⲥ ⲧⲁϩⲉ-
ⲛⲁⲙⲁⲁϫⲉ, ⲁ-ⲡϣⲏⲣⲉ ϣⲏⲙ ⲕⲓⲙ ϩⲛ̅ ⲟⲩⲧⲉⲗⲏⲗ ⲛ̅ϩⲏⲧ. (45) ⲁⲩⲱ
ⲛⲁⲓⲁⲧⲥ̅ ⲛ̅ ⲧⲉⲛⲧⲁⲥⲡⲓⲥⲧⲉⲩⲉ ϫⲉ ⲟⲩⲛ̅-ⲟⲩϫⲱⲕ ⲉⲃⲟⲗ ⲛⲁϣⲱⲡⲉ ⲛ̅
ⲛⲉⲛⲧⲁⲩϫⲟⲟⲩ ⲛⲁⲥ ϩⲓⲧⲙ̅ ⲡϫⲟⲉⲓⲥ. (46) ⲁⲩⲱ ⲡⲉϫⲉ-ⲙⲁⲣⲓⲁ ϫⲉ
ⲁ-ⲧⲁⲯⲩⲭⲏ ϫⲓⲥⲉ ⲙ̅ ⲡϫⲟⲉⲓⲥ. (47) ⲁ-ⲡⲁⲡⲛ̅ⲁ ⲧⲉⲗⲏⲗ ⲉϫⲙ̅ ⲡⲛⲟⲩⲧⲉ
ⲡⲁⲥⲱⲧⲏⲣ; (48) ϫⲉ ⲁϥϭⲱϣⲧ̅ ⲉϫⲙ̅ ⲡⲉⲑⲃ̅ⲃⲓⲟ ⲛ̅ ⲧⲉϥϩⲙ̅ϩⲁⲗ, ⲉⲓⲥ
ϩⲏⲏⲧⲉ ⲅⲁⲣ ϫⲓⲛ ⲧⲉⲛⲟⲩ ⲥⲉⲛⲁⲧⲙⲁⲓⲟⲓ[23] ⲛ̅ϭⲓ ⲅⲉⲛⲉⲁ[24] ⲛⲓⲙ, (49) ϫⲉ
ⲁϥⲉⲓⲣⲉ ⲛⲁⲓ ⲛ̅ ϩⲉⲛⲙⲛ̅ⲧⲛⲟϭ ⲛ̅ϭⲓ ⲡⲉⲧⲉⲩⲛ̅-ϭⲟⲙ ⲙ̅ⲙⲟϥ, ⲁⲩⲱ ⲡⲉϥⲣⲁⲛ
ⲟⲩⲁⲁⲃ. (50) ⲡⲉϥⲛⲁ ϫⲓⲛ ⲟⲩϫⲱⲙ[25] ϣⲁ ⲟⲩϫⲱⲙ ⲉϫⲛ̅ ⲛⲉⲧ ⲣ̅-ϩⲟⲧⲉ
ϩⲏⲧϥ̅. (51) ⲁϥⲉⲓⲣⲉ ⲛ̅ ⲟⲩϭⲟⲙ ϩⲙ̅ ⲡⲉϥϭⲃⲟⲓ[26] ; ⲁϥϫⲱⲱⲣⲉ[27] ⲉⲃⲟⲗ ⲛ̅
ⲛ̅ϫⲁⲥⲓ-ϩⲏⲧ ϩⲙ̅ ⲡⲙⲉⲉⲩⲉ ⲛ̅ ⲛⲉⲩϩⲏⲧ. (52) ⲁϥϣⲟⲣϣⲣ̅[28] ⲛ̅
ⲛ̅ⲇⲩⲛⲁⲥⲧⲏⲥ[29] ϩⲛ̅ ⲛⲉⲩⲑⲣⲟⲛⲟⲥ; ⲁϥϫⲓⲥⲉ ⲛ̅ ⲛⲉⲧ ⲑⲃ̅ⲃⲓⲏⲩ. (53) ⲁϥⲧⲥⲓⲉ-
ⲛⲉⲧ ϩⲕⲁⲉⲓⲧ ⲛ̅ ⲁⲅⲁⲑⲟⲛ[30] ; ⲁϥϫⲉⲩ-ⲛ̅ⲣⲙ̅ⲙⲁⲟ ⲉⲩϣⲟⲩⲉⲓⲧ. (54) ⲁϥϯ-
ⲧⲟⲟⲧϥ̅ ⲙ̅ ⲡⲓⲏ̅ⲗ̅ ⲡⲉϥϩⲙ̅ϩⲁⲗ ⲉ ⲣ̅-ⲡⲙⲉⲉⲩⲉ ⲙ̅ ⲡⲛⲁ (55) ⲕⲁⲧⲁ ⲑⲉ

23. ⲧⲙⲁⲓⲟ, ⲧⲙⲁⲓⲉ-, ⲧⲙⲁⲓⲟ⸗ Q ⲧⲙⲁⲓⲏⲩ 정의롭게 하다(ⲙ̅ⲙⲟ⸗), 정당하게 여기다; intr. 정의롭게 되다.
24. ⲧ.ⲅⲉⲛⲉⲁ (ἡ γενεά) 세대, 일족.
25. ⲡ.ϫⲱⲙ 세대.
26. ⲡⲉ.ϭⲃⲟⲓ (사람의) 팔, (동물의) 다리.
27. ϫⲱⲱⲣⲉ, ϫⲉⲉⲣⲉ-, ϫⲟⲟⲣ⸗, Q ϫⲟⲟⲣⲉ (± ⲉⲃⲟⲗ) 뿌리다, 흩다(ⲙ̅ⲙⲟ⸗); 보다 일반적으로: 무효로 만들다.
28. ϣⲟⲣϣⲣ̅, ϣⲣ̅ϣⲣ̅-, ϣⲣ̅ϣⲱⲣ⸗, Q ϣⲣ̅ϣⲱⲣ 뒤집다, 뒤흔들다(ⲙ̅ⲙⲟ⸗); n.m. 전복, 파멸.
29. ⲡ.ⲇⲩⲛⲁⲥⲧⲏⲥ (ὁ δυνάστης) 통치자, 지배자.
30. ⲁⲅⲁⲑⲟⲛ (τὸ ἀγαθόν) n. 좋음, 선, 좋은 것.

ⲉⲛⲧⲁϥϣⲁϫⲉ ⲙⲛ̄ ⲛⲉⲛⲉⲓⲟⲧⲉ ⲁⲃⲣⲁϩⲁⲙ ⲙⲛ̄ ⲡⲉϥⲥⲡⲉⲣⲙⲁ[31] ϣⲁ ⲉⲛⲉϩ. (56) ⲁ-ⲙⲁⲣⲓⲁ ⲇⲉ ϭⲱ ϩⲁϩⲧⲏⲥ ⲛ̄ ϣⲟⲙⲛ̄ⲧ ⲛ̄ ⲉⲃⲟⲧ, ⲁⲩⲱ ⲁⲥⲕⲟⲧⲥ̄ ⲉϩⲣⲁⲓ ⲉ ⲡⲉⲥⲏⲓ. (57) ⲁ-ⲡⲉⲟⲩⲟⲉⲓϣ ⲇⲉ ϫⲱⲕ ⲉⲃⲟⲗ ⲛ̄ ⲉⲗⲓⲥⲁⲃⲉⲧ ⲉⲧⲣⲉⲥⲙⲓⲥⲉ, ⲁⲩⲱ ⲁⲥϫⲡⲟ ⲛ̄ ⲟⲩϣⲏⲣⲉ. (58) ⲁⲩⲥⲱⲧⲙ̄ ⲇⲉ ⲛ̄ϭⲓ ⲛⲉⲥⲣⲙ̄ⲣⲁⲩⲏ[32] ⲙⲛ̄ ⲛⲉⲥⲥⲩⲅⲅⲉⲛⲏⲥ ϫⲉ ⲁ-ⲡϫⲟⲉⲓⲥ ⲧⲁϣⲉ-ⲡⲉϥⲛⲁ ⲛ̄ⲙ̄ⲙⲁⲥ, ⲁⲩⲣⲁϣⲉ ⲛ̄ⲙ̄ⲙⲁⲥ. (59) ⲁⲥϣⲱⲡⲉ ⲇⲉ ϩⲙ̄ ⲡⲙⲉϩϣⲙⲟⲩⲛ ⲛ̄ ϩⲟⲟⲩ ⲁⲩⲉⲓ ⲉⲩⲛⲁⲥⲃ̄ⲃⲉ[33] ⲙ̄ ⲡϣⲏⲣⲉ ϣⲏⲙ. ⲁⲩⲙⲟⲩⲧⲉ ⲉⲣⲟϥ ⲙ̄ ⲡⲣⲁⲛ ⲙ̄ ⲡⲉϥⲉⲓⲱⲧ ϫⲉ ⲍⲁⲭⲁⲣⲓⲁⲥ. (60) ⲁ-ⲧⲉϥⲙⲁⲁⲩ ⲇⲉ ⲟⲩⲱϣⲃ̄, ⲡⲉϫⲁⲥ ϫⲉ ⲙ̄ⲙⲟⲛ[34] . ⲁⲗⲗⲁ ⲉⲩⲛⲁⲙⲟⲩⲧⲉ ⲉⲣⲟϥ ϫⲉ ⲓⲱϩⲁⲛⲛⲏⲥ. (61) ⲡⲉϫⲁⲩ ⲇⲉ ⲛⲁⲥ ϫⲉ ⲙⲛ̄-ⲗⲁⲁⲩ ϩⲛ̄ ⲧⲟⲩⲣⲁⲓⲧⲉ[35] ⲉⲩⲙⲟⲩⲧⲉ ⲉⲣⲟϥ ⲙ̄ ⲡⲉⲓⲣⲁⲛ. (62) ⲛⲉⲩϫⲱⲣⲙ̄ ⲇⲉ ⲟⲩⲃⲉ ⲡⲉϥⲉⲓⲱⲧ ϫⲉ ⲕⲟⲩⲉϣ-ⲙⲟⲩⲧⲉ ⲉⲣⲟϥ ϫⲉ ⲛⲓⲙ? (63) ⲁϥⲁⲓⲧⲉⲓ[36] ⲇⲉ ⲛ̄ ⲟⲩⲡⲓⲛⲁⲕⲓⲥ[37], ⲁϥⲥϩⲁⲓ ⲉϥϫⲱ ⲙ̄ⲙⲟⲥ ϫⲉ ⲓⲱϩⲁⲛⲛⲏⲥ ⲡⲉ ⲡⲉϥⲣⲁⲛ. ⲁⲩⲱ ⲁⲩⲣ̄-ϣⲡⲏⲣⲉ ⲧⲏⲣⲟⲩ. (64) ⲁ-ⲣⲱϥ ⲇⲉ ⲟⲩⲱⲛ ⲛ̄ ⲧⲉⲩⲛⲟⲩ ⲙⲛ̄ ⲡⲉϥⲗⲁⲥ, ⲁϥϣⲁϫⲉ, ⲉϥⲥⲙⲟⲩ ⲉ ⲡⲛⲟⲩⲧⲉ. (65) ⲁⲩϩⲟⲧⲉ ⲇⲉ ϣⲱⲡⲉ ⲉϫⲛ̄ ⲟⲩⲟⲛ ⲛⲓⲙ ⲉⲧ ⲟⲩⲏϩ ϩⲙ̄ ⲡⲉⲩⲕⲱⲧⲉ, ⲁⲩⲱ ϩⲛ̄ ⲧⲟⲣⲓⲛⲏ ⲧⲏⲣⲥ̄ ⲛ̄ ϯⲟⲩⲇⲁⲓⲁ ⲛⲉⲩϣⲁϫⲉ[38] ⲡⲉ ϩⲛ̄ ⲛⲉⲓϣⲁϫⲉ ⲧⲏⲣⲟⲩ. (66) ⲁ-ⲛⲉⲛⲧⲁⲩⲥⲱⲧⲙ̄ ⲇⲉ ⲧⲏⲣⲟⲩ ⲕⲁⲁⲩ ϩⲙ̄ ⲡⲉⲩϩⲏⲧ, ⲉⲩϫⲱ ⲙ̄ⲙⲟⲥ ϫⲉ ⲉⲣⲉ-ⲡⲉⲓϣⲏⲣⲉ ϣⲏⲙ ⲛⲁⲣ̄-ⲟⲩ? ⲕⲁⲓ ⲅⲁⲣ[39] ⲧϭⲓϫ ⲙ̄ ⲡϫⲟⲉⲓⲥ ⲛⲉⲥϣⲟⲟⲡ ⲛ̄ⲙ̄ⲙⲁϥ ⲡⲉ. (67) ⲁ-ⲍⲁⲭⲁⲣⲓⲁⲥ ⲇⲉ ⲡⲉϥⲉⲓⲱⲧ ⲙⲟⲩϩ ⲉⲃⲟⲗ

31. ⲡⲉ.ⲥⲡⲉⲣⲙⲁ (τὸ σπέρμα) 씨, 씨앗; 자손, 소산.
32. ⲣⲙ̄ⲣⲁⲩⲏ: ⲣⲙ̄-과 ⲧ.ⲣⲁⲩⲏ의 복합어(§27.2). 이웃, 이웃 사람.
33. ⲥⲃ̄ⲃⲉ, ⲥⲃ̄ⲃⲉ-, ⲥⲃ̄ⲃⲏⲧ⸗, Q ⲥⲃ̄ⲃⲏⲩ 할례를 행하다(ⲙ̄ⲙⲟ⸗); n.m. 할례.
34. ⲙ̄ⲙⲟⲛ 아니다, 그렇지 않다. ⲉϣⲱⲡⲉ ⲙ̄ⲙⲟⲛ 그렇지 않으면, 그 외에는.
35. ⲧ.ⲣⲁⲓⲧⲉ 친족, 친척; ⲣⲙ̄ⲣⲁⲓⲧⲉ 동족인 사람, 친척인 사람.
36. ⲁⲓⲧⲉⲓ (αἰτέω) 부탁하다, ~을 요청하다.
37. ⲡ.ⲡⲓⲛⲁⲕⲓⲥ (ὁ πίναξ) 서판, 글 쓰는 판.
38. ϣⲁϫⲉ ϩⲛ̄ ~에 대해 말하다, 이야기하다.
39. ⲕⲁⲓ ⲅⲁⲣ (καὶ γάρ) conj. 이는, 실로, 정녕.

ϩⲙ̄ ⲡⲉⲡⲛ̄ⲁ ⲉⲧ ⲟⲩⲁⲁⲃ, ⲁϥⲡⲣⲟⲫⲏⲧⲉⲩⲉ[40], ⲉϥϫⲱ ⲙ̄ⲙⲟⲥ (68) ϫⲉ
ϥⲥⲙⲁⲙⲁⲁⲧ ⲛ̄ϭⲓ ⲡⲛⲟⲩⲧⲉ ⲙ̄ ⲡⲓⲏ̄ⲗ̄, ϫⲉ ⲁϥϭⲙ̄-ⲡⲉϥϣⲓⲛⲉ ⲁⲩⲱ ⲁϥⲉⲓⲣⲉ
ⲛ̄ ⲟⲩⲥⲱⲧⲉ[41] ⲙ̄ ⲡⲉϥⲗⲁⲟⲥ. (69) ⲁϥⲧⲟⲩⲛⲟⲥ ⲛ̄ ⲟⲩⲧⲁⲡ[42] ⲛ̄ ⲟⲩϫⲁⲓ
ⲛⲁⲛ ϩⲙ̄ ⲡⲏⲓ ⲛ̄ ⲇⲁⲩⲉⲓⲇ ⲡⲉϥϩⲙ̄ϩⲁⲗ. (70) ⲕⲁⲧⲁ ⲑⲉ ⲛ̄ⲧⲁϥϣⲁϫⲉ
ϩⲓⲧⲛ̄ ⲧⲧⲁⲡⲣⲟ ⲛ̄ ⲛⲉϥⲡⲣⲟⲫⲏⲧⲏⲥ ⲉⲧ ⲟⲩⲁⲁⲃ ϫⲓⲛ ⲉⲛⲉϩ, (71) ⲛ̄
ⲟⲩⲟⲩϫⲁⲓ ⲉⲃⲟⲗ ϩⲓⲧⲛ̄ ⲛⲉⲛϫⲁϫⲉ ⲁⲩⲱ ⲉⲃⲟⲗ ϩⲛ̄ ⲧϭⲓϫ ⲛ̄ ⲟⲩⲟⲛ ⲛⲓⲙ
ⲉⲧ ⲙⲟⲥⲧⲉ ⲙ̄ⲙⲟⲛ, (72) ⲉ ⲉⲓⲣⲉ ⲛ̄ ⲟⲩⲛⲁ ⲙⲛ̄[43] ⲛⲉⲛⲉⲓⲟⲧⲉ, ⲉ ⲣ̄-ⲡⲙⲉⲉⲩⲉ
ⲛ̄ ⲧⲉϥⲇⲓⲁⲑⲏⲕⲏ[44] ⲉⲧ ⲟⲩⲁⲁⲃ, (73) ⲡⲁⲛⲁϣ[45] ⲛ̄ⲧⲁϥⲱⲣⲕ̄[46] ⲙ̄ⲙⲟϥ ⲛ̄
ⲁⲃⲣⲁϩⲁⲙ ⲡⲉⲛⲉⲓⲱⲧ, ⲉ ϯ-ⲑⲉ ⲛⲁⲛ (74) ⲁϫⲛ̄ ϩⲟⲧⲉ, ⲉ-ⲁⲛⲛⲟⲩϩⲙ̄
ⲉⲃⲟⲗ ϩⲓⲧⲛ̄ ⲛⲉⲛϫⲁϫⲉ, ⲉ ϣⲙ̄ϣⲉ ⲛⲁϥ (75) ϩⲛ̄ ⲟⲩⲟⲩⲟⲡ ⲙⲛ̄
ⲟⲩⲇⲓⲕⲁⲓⲟⲥⲩⲛⲏ[47] ⲙ̄ ⲡⲉϥⲙ̄ⲧⲟ ⲉⲃⲟⲗ ⲛ̄ ⲛⲉⲛϩⲟⲟⲩ ⲧⲏⲣⲟⲩ. (76) ⲛ̄ⲧⲟⲕ
ⲇⲉ ϩⲱⲱⲕ, ⲡⲁϣⲏⲣⲉ, ⲥⲉⲛⲁⲙⲟⲩⲧⲉ ⲉⲣⲟⲕ ϫⲉ ⲡⲉⲡⲣⲟⲫⲏⲧⲏⲥ ⲙ̄
ⲡⲡⲉⲧ ϫⲟⲥⲉ. ⲕⲛⲁⲙⲟⲟϣⲉ ⲅⲁⲣ ϩⲓ ⲑⲏ ⲙ̄ ⲡϫⲟⲉⲓⲥ ⲉ ⲥⲟⲃⲧⲉ ⲛ̄
ⲛⲉϥϩⲓⲟⲟⲩⲉ; (77) ⲉ ϯ ⲛ̄ ⲟⲩⲥⲟⲟⲩⲛ̄ ⲛ̄ ⲟⲩϫⲁⲓ ⲙ̄ ⲡⲉϥⲗⲁⲟⲥ ϩⲙ̄ ⲡⲕⲱ
ⲉⲃⲟⲗ ⲛ̄ ⲛⲉⲩⲛⲟⲃⲉ (78) ⲉⲧⲃⲉ ⲧⲙⲛ̄ⲧϣⲛ̄-ϩⲧⲏϥ ⲙⲛ̄ ⲡⲛⲁ ⲙ̄ ⲡⲉⲛⲛⲟⲩⲧⲉ
ϩⲛ̄ ⲛⲉⲧⲉϥⲛⲁϭⲙ̄-ⲡⲉⲛϣⲓⲛⲉ ⲛ̄ϩⲏⲧⲟⲩ ⲛ̄ϭⲓ ⲡⲟⲩⲟⲉⲓⲛ ⲉⲃⲟⲗ ϩⲙ̄ ⲡϫⲓⲥⲉ,
(79) ⲉ ⲣ̄-ⲟⲩⲟⲉⲓⲛ ⲉ ⲛⲉⲧ ϩⲙⲟⲟⲥ ϩⲙ̄ ⲡⲕⲁⲕⲉ ⲙⲛ̄ ⲛⲉⲧ ϩⲙⲟⲟⲥ ϩⲛ̄
ⲑⲁⲓⲃⲥ̄ ⲙ̄ ⲡⲙⲟⲩ, ⲉ ⲥⲟⲟⲩⲧⲛ̄[48] ⲛ̄ ⲛⲉⲛⲟⲩⲉⲣⲏⲧⲉ ⲉ ⲧⲏϩⲓⲏ ⲛ̄ ϯⲣⲏⲛⲏ. (80)

---

40. ⲡⲣⲟⲫⲏⲧⲉⲩⲉ (προφητεύω) 예언하다.
41. ⲥⲱⲧⲉ, ⲥⲉⲧ-, ⲥⲟⲧ⸗ 구하다, 구출하다, 속량하다(ⲙ̄ⲙⲟ⸗); n.m. 구원, 구속; ⲉⲓⲣⲉ ⲛ̄ ⲟⲩⲥⲱⲧⲉ ⲛⲁ⸗ ~을 속량[구속]하다.
42. ⲡ.ⲧⲁⲡ 뿔; 나팔.
43. ⲉⲓⲣⲉ ⲛ̄ ⲟⲩⲛⲁ ⲙⲛ̄ ~에게 자비를 베풀다. ~을 긍휼히 여기다.
44. ⲧ.ⲇⲓⲁⲑⲏⲕⲏ (ἡ διαθήκη) 증거, 약속, 계약.
45. ⲡ.ⲁⲛⲁϣ (pl. ⲛ.ⲁⲛⲁⲩϣ) 맹세, 서약.
46. ⲱⲣⲕ̄, ⲟⲣⲕ⸗ 맹세하다(~을; ⲙ̄ⲙⲟ⸗; ~로: ⲙ̄ⲙⲟ⸗; ~에게: ⲉ, ⲛⲁ⸗).
47. ⲧ.ⲇⲓⲕⲁⲓⲟⲥⲩⲛⲏ (ἡ δικαιοσύνη) 정의, 정직, 공정.
48. ⲥⲟⲟⲩⲧⲛ̄, ⲥⲟⲩⲧⲛ̄-, ⲥⲟⲩⲧⲱⲛ⸗, Q ⲥⲟⲩⲧⲱⲛ 펴다, 펼치다(ⲙ̄ⲙⲟ⸗); intr. 펴지게 되다, 곧게 되다; ⲥⲟⲟⲩⲧⲛ̄ ⲙ̄ⲙⲟ⸗ ⲉ 적합하게 하다.

ⲡϣⲏⲣⲉ ⲇⲉ ϣⲏⲙ ⲁϥⲁⲩⲝⲁⲛⲉ[49] ⲁⲩⲱ ⲁϥϭⲙ̄-ϭⲟⲙ ϩⲙ̄ ⲡⲉⲡⲛ̄ⲁ. ⲛⲉϥϣⲟⲟⲡ ⲇⲉ ⲡⲉ ϩⲛ̄ ⲛ̄ϫⲁⲓⲉ ϣⲁ ⲡⲉϩⲟⲟⲩ ⲙ̄ ⲡⲉϥⲟⲩⲱⲛϩ̄ ⲉⲃⲟⲗ ⲙ̄ ⲡⲓ̅ⲏ̅ⲗ̅.

2장

(1) ⲁⲥϣⲱⲡⲉ ⲇⲉ ϩⲛ̄ ⲛⲉϩⲟⲟⲩ ⲉⲧ ⲙ̄ⲙⲁⲩ ⲁⲩⲇⲟⲅⲙⲁ[50] ⲉⲓ ⲉⲃⲟⲗ ϩⲓⲧⲙ̄
ⲡⲣ̄ⲣⲟ ⲁⲩⲅⲟⲩⲥⲧⲟⲥ ⲉⲧⲣⲉ-ⲧⲟⲓⲕⲟⲩⲙⲉⲛⲏ[51] ⲧⲏⲣⲥ̄ ⲥϩⲁⲓ ⲛ̄ⲥⲁ[52] ⲛⲉⲥⲧⲙⲉ.
(2) ⲧⲁⲓ ⲧⲉ ⲧϣⲟⲣⲡⲉ ⲛ̄ ⲁⲡⲟⲅⲣⲁⲫⲏ[53] ⲉⲛⲧⲁⲥϣⲱⲡⲉ ⲉⲣⲉ-ⲕⲩⲣⲓⲛⲟⲥ ⲟ ⲛ̄
ϩⲏⲅⲉⲙⲱⲛ ⲉ ⲧⲥⲩⲣⲓⲁ. (3) ⲁⲩⲱ ⲛⲉⲩⲃⲏⲕ ⲧⲏⲣⲟⲩ ⲡⲉ ⲡⲟⲩⲁ ⲡⲟⲩⲁ ⲉ
ⲥϩⲁⲓϥ ⲛ̄ⲥⲁ ⲧⲉϥⲡⲟⲗⲓⲥ. (4) ⲁϥⲃⲱⲕ ⲉϩⲣⲁⲓ ϩⲱⲱϥ ⲛ̄ϭⲓ ⲓⲱⲥⲏⲫ ⲉⲃⲟⲗ
ϩⲛ̄ ⲧⲅⲁⲗⲓⲗⲁⲓⲁ ⲉⲃⲟⲗ ϩⲛ̄ ⲛⲁⲍⲁⲣⲉⲑ ⲧⲡⲟⲗⲓⲥ ⲉ ϯⲟⲩⲇⲁⲓⲁ ⲉ ⲧⲡⲟⲗⲓⲥ
ⲛ̄ ⲇⲁⲩⲉⲓⲇ, ⲧⲉϣⲁⲩⲙⲟⲩⲧⲉ ⲉⲣⲟⲥ ϫⲉ ⲃⲏⲑⲗⲉⲉⲙ, ϫⲉ ⲟⲩⲉⲃⲟⲗ ϩⲙ̄
ⲡⲏⲓ ⲡⲉ ⲙⲛ̄ ⲧⲡⲁⲧⲣⲓⲁ[54] ⲛ̄ ⲇⲁⲩⲉⲓⲇ, (5) ⲉⲧⲣⲉϥⲧⲁⲁϥ[55] ⲉϩⲟⲩⲛ ⲙⲛ̄
ⲙⲁⲣⲓⲁ, ⲧⲉⲧⲉⲣⲉ-ⲧⲟⲟⲧⲥ̄ ϣⲏⲡ ⲛⲁϥ, ⲉⲥⲉⲉⲧ. (6) ⲁⲥϣⲱⲡⲉ ⲇⲉ ϩⲙ̄
ⲡⲧⲣⲉⲩϣⲱⲡⲉ ϩⲙ̄ ⲡⲙⲁ ⲉⲧ ⲙ̄ⲙⲁⲩ ⲁⲩϫⲱⲕ ⲉⲃⲟⲗ ⲛ̄ϭⲓ ⲛⲉϩⲟⲟⲩ
ⲉⲧⲣⲉⲥⲙⲓⲥⲉ. (7) ⲁⲥϫⲡⲟ ⲙ̄ ⲡⲉⲥϣⲏⲣⲉ, ⲡⲉⲥϣⲣⲡ̄-ⲙ̄-ⲙⲓⲥⲉ,
ⲁⲥϭⲟⲟⲗⲉϥ[56] ⲛ̄ ϩⲉⲛⲧⲟⲉⲓⲥ[57], ⲁⲥϫⲧⲟϥ[58] ϩⲛ̄ ⲟⲩⲟⲩⲟⲙϥ̄[59]. ϫⲉ ⲛⲉ-
ⲙ̄ⲙⲛ̄-ⲙⲁ ϣⲟⲟⲡ ⲛⲁⲩ ⲡⲉ ϩⲙ̄ ⲡⲙⲁ ⲛ̄ ϭⲟⲓⲗⲉ. (8) ⲛⲉⲩⲛ̄-ϩⲉⲛϣⲟⲟⲥ
ⲇⲉ ⲡⲉ ϩⲙ̄ ⲡⲙⲁ ⲉⲧ ⲙ̄ⲙⲁⲩ, ⲉⲩϣⲟⲟⲡ ϩⲛ̄ ⲧⲥⲱϣⲉ ⲉⲩϩⲁⲣⲉϩ ϩⲛ̄

---

49. ⲁⲩⲝⲁⲛⲉ (αὐξάνω) 성장하다, 자라다.
50. ⲡ.ⲇⲟⲅⲙⲁ (τὸ δόγμα) 법령, 칙령.
51. ⲧ.ⲟⲓⲕⲟⲩⲙⲉⲛⲏ (ἡ οἰκουμένη) 세상.
52. ⲥϩⲁⲓ ⲛ̄ⲥⲁ ~을 등록하다; ⲥϩⲁⲓ의 중간 수동태 자동사 사용법에 주의하라.
53. ⲧ.ⲁⲡⲟⲅⲣⲁⲫⲏ (ἡ ἀπογραφή) 등록, 기록.
54. ⲧ.ⲡⲁⲧⲣⲓⲁ (ἡ πατριά) 가족, 일족; 국민, 나라, 민족.
55. ⲧⲁⲁϥ ⲉϩⲟⲩⲛ reflex.: 스스로 등록하다(ϯ, ⲧⲁ(ⲁ)⸗).
56. ϭⲱⲱⲗⲉ, ϭⲉⲉⲗⲉ-, ϭⲟⲟⲗ⸗ Q ϭⲟⲟⲗⲉ 감싸다, 두르다, 입다(ⲙ̄ⲙⲟ⸗).
57. ⲧ.ⲧⲟⲉⲓⲥ 헝겊, 천조각; 강보.
58. ϫⲧⲟ, ϫⲧⲉ-, ϫⲧⲟ⸗ Q ϫⲧⲏⲩ 누이다, 내려놓다(ⲙ̄ⲙⲟ⸗).
59. ⲡ.ⲟⲩⲟⲙϥ̄ 구유, 여물통.

ⲛ̄ⲟⲩⲣ̄ϣⲉ[60] ⲛ̄ ⲧⲉⲩϣⲏ ⲉ ⲡⲉⲩⲟϩⲉ[61] ⲛ̄ ⲉⲥⲟⲟⲩ. (9) ⲁ-ⲡⲁⲅⲅⲉⲗⲟⲥ ⲙ̄
ⲡϫⲟⲉⲓⲥ ⲟⲩⲱⲛϩ̄ ⲛⲁⲩ ⲉⲃⲟⲗ, ⲁⲩⲱ ⲁ-ⲡⲉⲟⲟⲩ ⲙ̄ ⲡϫⲟⲉⲓⲥ ⲣ̄-ⲟⲩⲟⲉⲓⲛ
ⲉⲣⲟⲟⲩ; ⲁⲩⲣ̄-ϩⲟⲧⲉ ϩⲛ̄ ⲟⲩⲛⲟϭ ⲛ̄ ϩⲟⲧⲉ. (10) ⲡⲉϫⲉ-ⲡⲁⲅⲅⲉⲗⲟⲥ ⲇⲉ
ⲛⲁⲩ ϫⲉ ⲙ̄ⲡⲣ̄ⲣ̄-ϩⲟⲧⲉ. ⲉⲓⲥ ϩⲏⲏⲧⲉ ⲅⲁⲣ ϯⲧⲁϣⲉ-ⲟⲉⲓϣ ⲛⲏⲧⲛ̄ ⲛ̄
ⲟⲩⲛⲟϭ ⲛ̄ ⲣⲁϣⲉ, ⲡⲁⲓ ⲉⲧ ⲛⲁϣⲱⲡⲉ ⲙ̄ ⲡⲗⲁⲟⲥ ⲧⲏⲣϥ̄, (11) ϫⲉ
ⲁⲩϫⲡⲟ ⲛⲏⲧⲛ̄ ⲙ̄ ⲡⲟⲟⲩ ⲙ̄ ⲡⲥⲱⲧⲏⲣ, ⲉⲧⲉ ⲡⲁⲓ ⲡⲉ ⲡⲉⲭ̄ⲥ̄ ⲡϫⲟⲉⲓⲥ,
ϩⲛ̄ ⲧⲡⲟⲗⲓⲥ ⲛ̄ ⲇⲁⲩⲉⲓⲇ. (12) ⲁⲩⲱ ⲟⲩⲙⲁⲉⲓⲛ ⲛⲏⲧⲛ̄ ⲡⲉ ⲡⲁⲓ:
ⲧⲉⲧⲛⲁϩⲉ ⲉⲩϣⲏⲣⲉ ϣⲏⲙ ⲉϥϭⲟⲟⲗⲉ ⲛ̄ ϩⲉⲛⲧⲟⲉⲓⲥ ⲉϥⲕⲏ ϩⲛ̄
ⲟⲩⲟⲩⲟⲙϥ̄. (13) ⲁⲩϣⲱⲡⲉ ϩⲛ̄ ⲟⲩϣⲥ̄ⲛⲉ ⲙⲛ̄ ⲡⲁⲅⲅⲉⲗⲟⲥ ⲛ̄ϭⲓ
ⲟⲩⲙⲏⲏϣⲉ ⲛ̄ ⲧⲉⲥⲧⲣⲁⲧⲓⲁ[62] ⲛ̄ ⲧⲡⲉ ⲉⲩⲥⲙⲟⲩ ⲉ ⲡⲛⲟⲩⲧⲉ ⲉⲩϫⲉ ⲙ̄ⲙⲟⲥ
(14) ϫⲉ ⲡⲉⲟⲟⲩ ⲙ̄ ⲡⲛⲟⲩⲧⲉ ϩⲛ̄ ⲛⲉⲧ ϫⲟⲥⲉ, ⲁⲩⲱ ϯⲣⲏⲛⲏ ϩⲓϫⲙ̄
ⲡⲕⲁϩ ϩⲛ̄ ⲛ̄ⲣⲱⲙⲉ ⲙ̄ ⲡⲉϥⲟⲩⲱϣ[63] . (15) ⲁⲥϣⲱⲡⲉ ⲇⲉ ⲛ̄ⲧⲉⲣⲉ-
ⲛ̄ⲁⲅⲅⲉⲗⲟⲥ ⲃⲱⲕ ⲉϩⲣⲁⲓ ϩⲓⲧⲟⲟⲧⲟⲩ ⲉ ⲧⲡⲉ, ⲛⲉⲣⲉ-ⲛ̄ϣⲟⲟⲥ ϣⲁϫⲉ
ⲙⲛ̄ ⲛⲉⲩⲉⲣⲏⲩ ϫⲉ ⲙⲁⲣⲛ̄ⲃⲱⲕ ϣⲁ ⲃⲏⲑⲗⲉⲉⲙ, ⲛ̄ⲧⲛ̄ⲛⲁⲩ ⲉ ⲡⲉⲓϣⲁϫⲉ
ⲉⲛⲧⲁϥϣⲱⲡⲉ ⲉⲛⲧⲁ-ⲡϫⲟⲉⲓⲥ ⲟⲩⲟⲛϩϥ̄ ⲉⲣⲟⲛ. (16) ⲁⲩϭⲉⲡⲏ ⲇⲉ,
ⲁⲩⲉⲓ, ⲁⲩϩⲉ ⲉ ⲙⲁⲣⲓⲁ ⲙⲛ̄ ⲓⲱⲥⲏⲫ ⲙⲛ̄ ⲡϣⲏⲣⲉ ϣⲏⲙ ⲉϥⲕⲏ ϩⲙ̄
ⲡⲟⲩⲟⲙϥ̄. (17) ⲛ̄ⲧⲉⲣⲟⲩⲛⲁⲩ ⲇⲉ, ⲁⲩⲉⲓⲙⲉ ⲉ ⲡϣⲁϫⲉ ⲉⲛⲧⲁⲩϫⲟⲟϥ
ⲛⲁⲩ ⲉⲧⲃⲉ ⲡϣⲏⲣⲉ ϣⲏⲙ. (18) ⲁⲩⲱ ⲟⲩⲟⲛ ⲛⲓⲙ ⲉⲛⲧⲁⲩⲥⲱⲧⲙ̄ ⲁⲩⲣ̄-
ϣⲡⲏⲣⲉ ⲉϫⲛ̄ ⲛⲉⲛⲧⲁ-ⲛ̄ϣⲟⲟⲥ ϫⲟⲟⲩ ⲛⲁⲩ. (19) ⲙⲁⲣⲓⲁ ⲇⲉ ⲛⲉⲥϩⲁⲣⲉϩ
ⲉ ⲛⲉⲓϣⲁϫⲉ ⲧⲏⲣⲟⲩ ⲡⲉ, ⲉⲥⲕⲱ ⲙ̄ⲙⲟⲟⲩ ϩⲣⲁⲓ ϩⲙ̄ ⲡⲉⲥϩⲏⲧ. (20)
ⲁⲩⲕⲟⲧⲟⲩ ⲇⲉ ⲛ̄ϭⲓ ⲛ̄ϣⲟⲟⲥ, ⲉⲩϯ-ⲉⲟⲟⲩ ⲁⲩⲱ ⲉⲩⲥⲙⲟⲩ ⲉ ⲡⲛⲟⲩⲧⲉ
ⲉϫⲛ̄ ⲛⲉⲛⲧⲁⲩⲥⲟⲧⲙⲟⲩ ⲧⲏⲣⲟⲩ ⲁⲩⲱ ⲁⲩⲛⲁⲩ ⲕⲁⲧⲁ ⲑⲉ ⲉⲛⲧⲁⲩϫⲟⲟⲥ
ⲛⲁⲩ. (21) ⲛ̄ⲧⲉⲣⲉ-ϣⲙⲟⲩⲛ ⲇⲉ ⲛ̄ ϩⲟⲟⲩ ϫⲱⲕ ⲉⲃⲟⲗ ⲉⲧⲣⲉⲩⲥⲃ̄ⲃⲏⲧϥ̄,

---

60. ⲧ.ⲟⲩⲣ̄ϣⲉ 감시, 지킴.

61. ⲡ.ⲟϩⲉ 무리, 떼; 목초지; (양의) 우리.

62. ⲧⲉ.ⲥⲧⲣⲁⲧⲓⲁ (ἡ στρατιά) 군대.

63. ⲙ̄ ⲡⲉϥⲟⲩⲱϣ 그분의 마음에 드는: 이것은 대체 읽기인 그리스어 εὐδοκία가 아닌 εὐδοκίας(소유격—옮긴이)를 나타낸다.

ⲁⲩⲙⲟⲩⲧⲉ ⲉ ⲡⲉϥⲣⲁⲛ ϫⲉ ⲓ̅ⲥ̅, ⲡⲉⲛⲧⲁ-ⲡⲁⲅⲅⲉⲗⲟⲥ ⲧⲁⲁϥ ⲉⲣⲟϥ
ⲉⲙⲡⲁⲧⲥ̅ⲱⲱ ⲙ̅ⲙⲟϥ ϩⲛ̅ ⲑⲏ. (22) ⲁⲩⲱ ⲛ̅ⲧⲉⲣⲟⲩϫⲱⲕ ⲉⲃⲟⲗ ⲛ̅ϭⲓ
ⲛⲉϩⲟⲟⲩ ⲙ̅ ⲡⲉϥⲧⲃ̅ⲃⲟ ⲕⲁⲧⲁ ⲡⲛⲟⲙⲟⲥ ⲙ̅ ⲙⲱⲩⲥⲏⲥ, ⲁⲩϫⲓⲧϥ̅ ⲉϩⲣⲁⲓ ⲉ
ⲑⲓⲉⲣⲟⲥⲟⲗⲩⲙⲁ ⲉ ⲧⲁϩⲟϥ ⲉⲣⲁⲧϥ̅ ⲙ̅ ⲡϫⲟⲉⲓⲥ, (23) ⲕⲁⲧⲁ ⲑⲉ ⲉⲧ ⲥⲏϩ
ϩⲙ̅ ⲡⲛⲟⲙⲟⲥ ⲙ̅ ⲡϫⲟⲉⲓⲥ ϫⲉ ϩⲟⲟⲩⲧ ⲛⲓⲙ ⲉⲧ ⲛⲁⲟⲩⲱⲛ ⲛ̅ ⲧⲟⲟⲧⲉ[64]
ⲉⲩⲛⲁⲙⲟⲩⲧⲉ ⲉⲣⲟϥ ϫⲉ ⲡⲉⲧ ⲟⲩⲁⲁⲃ ⲙ̅ ⲡϫⲟⲉⲓⲥ, (24) ⲁⲩⲱ ⲉ ϯ ⲛ̅
ⲟⲩⲑⲩⲥⲓⲁ[65] ⲕⲁⲧⲁ ⲡⲉⲛⲧⲁⲩϫⲟⲟϥ ϩⲙ̅ ⲡⲛⲟⲙⲟⲥ ⲙ̅ ⲡϫⲟⲉⲓⲥ ϫⲉ
ⲟⲩⲥⲟⲉⲓϣ[66] ⲛ̅ ϭⲣⲙ̅ⲡϣⲁⲛ[67] ⲏ[68] ⲙⲁⲥ[69] ⲥⲛⲁⲩ ⲛ̅ ϭⲣⲟⲟⲙⲡⲉ. (25) ⲉⲓⲥ
ϩⲏⲏⲧⲉ ⲇⲉ ⲛⲉⲩⲛ̅-ⲟⲩⲣⲱⲙⲉ ⲡⲉ ϩⲛ̅ ⲑⲓⲉⲣⲟⲩⲥⲁⲗⲏⲙ ⲉ-ⲡⲉϥⲣⲁⲛ ⲡⲉ
ⲥⲩⲙⲉⲱⲛ. ⲁⲩⲱ ⲡⲉⲓⲣⲱⲙⲉ ⲛⲉⲩⲇⲓⲕⲁⲓⲟⲥ ⲡⲉ ⲛ̅ ⲣⲉϥϣⲙ̅ϣⲉ ⲙ̅
ⲡⲛⲟⲩⲧⲉ, ⲉϥϭⲱϣⲧ̅ ⲉⲃⲟⲗ ϩⲏⲧϥ̅ ⲙ̅ ⲡⲥⲟⲗⲥ̅ⲗ̅ ⲙ̅ ⲡⲓⲏ̅ⲗ̅, ⲉ-ⲟⲩⲛ̅-
ⲟⲩⲡⲛ̅ⲁ̅ ⲉϥⲟⲩⲁⲁⲃ ϣⲟⲟⲡ ⲛ̅ⲙ̅ⲙⲁϥ, (26) ⲉ-ⲁⲩⲧⲁⲙⲟϥ ⲉⲃⲟⲗ ϩⲓⲧⲙ̅
ⲡⲉⲡⲛ̅ⲁ̅ ⲉⲧ ⲟⲩⲁⲁⲃ ϫⲉ ⲛϥ̅ⲛⲁⲙⲟⲩ ⲁⲛ ⲉ-ⲙⲡϥ̅ⲛⲁⲩ ⲉ ⲡⲉⲭ̅ⲥ̅ ⲙ̅
ⲡϫⲟⲉⲓⲥ. (27) ⲁⲩⲱ ⲁϥⲉⲓ ϩⲙ̅ ⲡⲉⲡⲛ̅ⲁ̅ ⲉ ⲡⲉⲣⲡⲉ. ϩⲙ̅ ⲡⲧⲣⲉ-ⲛ̅ⲉⲓⲟⲧⲉ
ⲇⲉ ϫⲓ ⲙ̅ ⲡϣⲏⲣⲉ ϣⲏⲙ ⲉϩⲟⲩⲛ, ⲓ̅ⲥ̅, ⲉⲧⲣⲉⲩⲉⲓⲣⲉ ⲙ̅ ⲡⲥⲱⲛⲧ̅ ⲙ̅
ⲡⲛⲟⲙⲟⲥ ϩⲁⲣⲟϥ, (28) ⲛ̅ⲧⲟϥ ⲇⲉ ⲁϥϫⲓⲧϥ̅ ⲉ ⲡⲉϥϩⲁⲙⲏⲣ[70], ⲁϥⲥⲙⲟⲩ ⲉ
ⲡⲛⲟⲩⲧⲉ, ⲉϥϫⲱ ⲙ̅ⲙⲟⲥ (29) ϫⲉ ⲧⲉⲛⲟⲩ ⲕⲛⲁⲕⲱ ⲉⲃⲟⲗ ⲙ̅
ⲡⲉⲕϩⲙ̅ϩⲁⲗ, ⲡϫⲟⲉⲓⲥ, ⲕⲁⲧⲁ ⲡⲉⲕϣⲁϫⲉ ϩⲛ̅ ⲟⲩⲉⲓⲣⲏⲛⲏ, (30) ϫⲉ
ⲁ-ⲛⲁⲃⲁⲗ ⲛⲁⲩ ⲉ ⲡⲉⲕⲟⲩϫⲁⲓ, (31) ⲡⲁⲓ ⲉⲛⲧⲁⲕⲥⲃ̅ⲧⲱⲧϥ̅ ⲙ̅ ⲡⲉⲙⲧⲟ
ⲉⲃⲟⲗ ⲛ̅ ⲛ̅ⲗⲁⲟⲥ ⲧⲏⲣⲟⲩ, (32) ⲡⲟⲩⲟⲉⲓⲛ ⲉⲩϭⲱⲗⲡ̅ ⲉⲃⲟⲗ ⲛ̅ ⲛ̅ϩⲉⲑⲛⲟⲥ[71]
ⲁⲩⲱ ⲉ ⲡⲉⲟⲟⲩ ⲙ̅ ⲡⲉⲕⲗⲁⲟⲥ ⲡⲓⲏ̅ⲗ̅. (33) ⲡⲉϥⲉⲓⲱⲧ ⲇⲉ ⲙⲛ̅ ⲧⲉϥⲙⲁⲁⲩ

---

64. ⲧ.ⲟⲟⲧⲉ 자궁. 태.
65. ⲧⲉ.ⲑⲩⲥⲓⲁ (ἡ θυσία) 제물, 희생물.
66. ⲡ.ⲥⲟⲉⲓϣ 짝, 쌍.
67. ⲧⲉ.ϭⲣⲙ̅ⲡϣⲁⲛ 멧비둘기, 산비둘기.
68. ⲏ (ἤ) conj. 또는, 혹은.
69. ⲡ.ⲙⲁⲥ 동물의 어린 것, 새끼.
70. ⲡ.ϩⲁⲙⲏⲣ (껴)안음, 포옹; 팔.
71. ⲡ.ϩⲉⲑⲛⲟⲥ (τὸ ἔθνος) 민족, 국가, 국민.

ⲛⲉⲩⲣ̄-ϣⲡⲏⲣⲉ ⲡⲉ ⲉϫⲛ̄ ⲛⲉⲧⲟⲩϫⲱ ⲙ̄ⲙⲟⲟⲩ ⲉⲧⲃⲏⲏⲧϥ̄. (34)
ⲁ-ⲥⲩⲙⲉⲱⲛ ⲇⲉ ⲥⲙⲟⲩ ⲉⲣⲟⲟⲩ, ⲡⲉϫⲁϥ ⲙ̄ ⲙⲁⲣⲓⲁ ⲧⲉϥⲙⲁⲁⲩ ϫⲉ ⲉⲓⲥ ⲡⲁⲓ ⲕⲏ ⲉⲩϩⲉ ⲙⲛ̄ ⲟⲩⲧⲱⲟⲩⲛ ⲛ̄ ϩⲁϩ ϩⲙ̄ ⲡⲓⲏ̄ⲗ̄, ⲁⲩⲱ ⲟⲩⲙⲁⲉⲓⲛ ⲉ ⲟⲩⲱϩⲙ̄ ϩⲓⲱⲱϥ[72] . (35) ⲛ̄ⲧⲟ ⲇⲉ ⲟⲩⲛ̄-ⲟⲩⲥⲏϥⲉ ⲛⲏⲩ ⲉⲃⲟⲗ ϩⲓⲧⲛ̄ ⲧⲟⲩⲯⲩⲭⲏ, ϫⲉⲕⲁⲥ ⲉⲩⲉϭⲱⲗⲡ̄ ⲉⲃⲟⲗ ⲛ̄ϭⲓ ⲛ̄ⲙⲟⲕⲙⲉⲕ ⲛ̄ ϩⲁϩ ⲛ̄ ϩⲏⲧ.
(36) ⲛⲉ-ⲟⲩⲛ̄-ⲟⲩⲡⲣⲟⲫⲏⲧⲏⲥ ⲇⲉ ϫⲉ ⲁⲛⲛⲁ ⲧϣⲉⲉⲣⲉ ⲙ̄ ⲫⲁⲛⲟⲩⲏⲗ ⲧⲉ[73] ⲉⲃⲟⲗ ϩⲛ̄ ⲧⲉⲫⲩⲗⲏ[74] ⲛ̄ ⲁⲥⲏⲣ. ⲧⲁⲓ ⲇⲉ ⲁⲥⲁⲓⲁⲓ ϩⲛ̄ ϩⲉⲛϩⲟⲟⲩ ⲉ-ⲛⲁϣⲱⲟⲩ, ⲉ-ⲁⲥⲣ̄-ⲥⲁϣϥⲉ ⲛ̄ ⲣⲟⲙⲡⲉ ⲙⲛ̄ ⲡⲉⲥϩⲁⲓ ϫⲓⲛ ⲧⲉⲥⲙⲛ̄ⲧⲣⲟⲟⲩⲛⲉ[75]
(37) ⲁⲩⲱ ⲁⲥⲣ̄-ⲭⲏⲣⲁ ϣⲁⲛⲧⲥ̄ⲣ̄-ϩⲙⲉⲛⲉⲧⲁϥⲧⲉ ⲛ̄ ⲣⲟⲙⲡⲉ. ⲧⲁⲓ ⲇⲉ ⲙⲉⲥⲥⲛ̄-[76] ⲡⲉⲣⲡⲉ ⲉⲃⲟⲗ, ⲉⲥϣⲙ̄ϣⲉ ⲛ̄ ⲧⲉⲩϣⲏ ⲙⲛ̄ ⲡⲉϩⲟⲟⲩ ϩⲛ̄ ϩⲉⲛⲛⲏⲥⲧⲉⲓⲁ[77] ⲙⲛ̄ ϩⲉⲛⲥⲟⲡⲥ̄.
(38) ϩⲛ̄ ⲧⲉⲩⲛⲟⲩ ⲇⲉ ⲉⲧ ⲙ̄ⲙⲁⲩ ⲁⲥⲁϩⲉⲣⲁⲧⲥ̄, ⲁⲥⲉⲝϩⲟⲙⲟⲗⲟⲅⲉⲓ[78] ⲙ̄ ⲡϫⲟⲉⲓⲥ, ⲁⲩⲱ ⲛⲉⲥϣⲁϫⲉ ⲙⲛ̄ ⲟⲩⲟⲛ ⲛⲓⲙ ⲉⲧ ϭⲱϣⲧ̄ ⲉⲃⲟⲗ ϩⲏⲧϥ̄ ⲙ̄ ⲡⲥⲱⲧⲉ ⲛ̄ ⲑⲓⲗ̄ⲏ̄ⲙ̄.
(39) ⲛ̄ⲧⲉⲣⲟⲩϫⲱⲕ ⲇⲉ ⲉⲃⲟⲗ ⲛ̄ϭⲓ ϩⲱⲃ ⲛⲓⲙ ⲕⲁⲧⲁ ⲡⲛⲟⲙⲟⲥ ⲙ̄ ⲡϫⲟⲉⲓⲥ, ⲁⲩⲕⲧⲟⲟⲩ ⲉϩⲣⲁⲓ ⲉ ⲧⲅⲁⲗⲓⲗⲁⲓⲁ ⲉ ⲧⲉⲩⲡⲟⲗⲓⲥ ⲛⲁⲍⲁⲣⲉⲑ.
(40) ⲡϣⲏⲣⲉ ⲇⲉ ϣⲏⲙ ⲁϥⲁⲓⲁⲓ, ⲁⲩⲱ ⲛⲉϥϭⲙ̄-ϭⲟⲙ, ⲉϥⲙⲉϩ ⲛ̄ ⲥⲟⲫⲓⲁ[79], ⲉⲣⲉ-ⲧⲉⲭⲁⲣⲓⲥ[80] ⲙ̄ ⲡⲛⲟⲩⲧⲉ ϩⲓϫⲱϥ.
(41) ⲛⲉⲣⲉ-ⲛⲉϥⲉⲓⲟⲧⲉ ⲇⲉ ⲃⲏⲕ ⲡⲉ

---

72. ⲟⲩⲱϩⲙ̄ ϩⲓ 부정하다, 반박하다, 반대하다; 같은 의미인 ⲟⲩⲱϩⲙ̄ ⲟⲩⲃⲉ에 주의하라.

73. ⲧⲉ의 정확한 기능은 명확하지 않다; 이 문장에서 이것은 불필요하다.

74. ⲧⲉ.ⲫⲩⲗⲏ (ἡ φυλή) 종족, 민족, 국가, 국민.

75. ⲧ.ⲙⲛ̄ⲧⲣⲟⲟⲩⲛⲉ 동정, 처녀성; ⲡ.ⲣⲟⲟⲩⲛⲉ 숫처녀[총각], 동정.

76. ⲥⲓⲛⲉ, ⲥⲛ̄-, ⲥⲁⲁⲧ⸗ 통과하다, 지나가다, 가로지르다; ⲥⲓⲛⲉ ⲙ̄ⲙⲟ⸗ ⲉⲃⲟⲗ 떠나다, 멀어지다.

77. ⲧ.ⲛⲏⲥⲧⲉⲓⲁ (ἡ νηστεία) 금식, 단식.

78. ⲉⲝϩⲟⲙⲟⲗⲟⲅⲉⲓ (ἐξομολογέω) 고백하다, 인정하다.

79. ⲧ.ⲥⲟⲫⲓⲁ (ἡ σοφία) 지혜.

80. ⲧⲉ.ⲭⲁⲣⲓⲥ (ἡ χάρις) 은혜, 은총.

ⲧⲣ̄ⲣⲟⲙⲡⲉ[81] ⲉ ⲑⲓⲗⲏⲙ ⲙ̄ ⲡϣⲁ ⲙ̄ ⲡⲡⲁⲥⲭⲁ[82] . (42) ⲛ̄ⲧⲉⲣⲉϥⲣ̄-
ⲙⲛ̄ⲧⲥⲛⲟⲟⲩⲥ ⲇⲉ ⲛ̄ ⲣⲟⲙⲡⲉ, ⲉⲩⲛⲁⲃⲱⲕ[83] ⲉϩⲣⲁⲓ ⲕⲁⲧⲁ ⲡⲥⲱⲛⲧ̄ ⲙ̄
ⲡϣⲁ, (43) ⲁⲩⲱ ⲛ̄ⲧⲉⲣⲟⲩϫⲱⲕ ⲉⲃⲟⲗ ⲛ̄ ⲛⲉϩⲟⲟⲩ, ⲉⲩⲛⲁⲕⲧⲟⲟⲩ,
ⲁϥϭⲱ ⲛ̄ϭⲓ ⲡϣⲏⲣⲉ ϣⲏⲙ ⲓ̅ⲥ̅ ϩⲛ̄ ⲑⲓⲗⲏⲙ. ⲙ̄ⲡⲟⲩⲉⲓⲙⲉ ⲇⲉ ⲛ̄ϭⲓ
ⲛⲉϥⲉⲓⲟⲧⲉ, (44) ⲉⲩⲙⲉⲉⲩⲉ ϫⲉ ϥϩⲛ̄ ⲧⲉϩⲓⲏ ⲛⲙ̄ⲙⲁⲩ. ⲛ̄ⲧⲉⲣⲟⲩⲣ̄-ⲟⲩϩⲟⲟⲩ
ⲇⲉ ⲙ̄ ⲙⲟⲟϣⲉ[84], ⲁⲩϣⲓⲛⲉ ⲛ̄ⲥⲱϥ ϩⲛ̄ ⲛⲉⲩⲥⲩⲅⲅⲉⲛⲏⲥ ⲙⲛ̄ ⲛⲉⲧ ⲥⲟⲟⲩⲛ̄
ⲙ̄ⲙⲟⲟⲩ. (45) ⲁⲩⲱ ⲛ̄ⲧⲉⲣⲟⲩⲧⲙ̄ϩⲉ ⲉⲣⲟϥ, ⲁⲩⲕⲧⲟⲟⲩ ⲉϩⲣⲁⲓ ⲉ ⲑⲓⲗⲏⲙ
ⲉⲩϣⲓⲛⲉ ⲛ̄ⲥⲱϥ. (46) ⲁⲥϣⲱⲡⲉ ⲇⲉ ⲙⲛ̄ⲛ̄ⲥⲁ ϣⲟⲙⲛ̄ⲧ ⲛ̄ ϩⲟⲟⲩ ⲁⲩϩⲉ
ⲉⲣⲟϥ ϩⲙ̄ ⲡⲉⲣⲡⲉ, ⲉϥϩⲙⲟⲟⲥ ⲛ̄ ⲧⲙⲏⲧⲉ ⲛ̄ ⲛ̄ⲥⲁϩ, ⲉϥⲥⲱⲧⲙ̄ ⲉⲣⲟⲟⲩ,
ⲉϥϫⲛⲟⲩ ⲙ̄ⲙⲟⲟⲩ. (47) ⲁⲩⲣ̄-ϣⲡⲏⲣⲉ ⲇⲉ ⲧⲏⲣⲟⲩ ⲛ̄ϭⲓ ⲛⲉⲧ ⲥⲱⲧⲙ̄ ⲉⲣⲟϥ
ⲉϫⲛ̄ ⲧⲉϥⲙⲛ̄ⲧⲥⲁⲃⲉ ⲙⲛ̄ ⲛⲉϥϭⲓⲛⲟⲩⲱϣⲃ̄. (48) ⲁⲩⲛⲁⲩ ⲇⲉ ⲉⲣⲟϥ, ⲁⲩⲣ̄-
ϣⲡⲏⲣⲉ. ⲡⲉϫⲉ-ⲧⲉϥⲙⲁⲁⲩ ⲛⲁϥ ϫⲉ ⲡⲁϣⲏⲣⲉ, ⲛ̄ⲧⲁⲕⲣ̄-ⲟⲩ ⲛⲁⲛ ϩⲓ
ⲛⲁⲓ?[85] ⲉⲓⲥ ϩⲏⲏⲧⲉ ⲁⲛⲟⲕ ⲙⲛ̄ ⲡⲉⲕⲉⲓⲱⲧ ⲉⲛⲙⲟⲕϩ̄ ⲛ̄ ϩⲏⲧ ⲉⲛϣⲓⲛⲉ
ⲛ̄ⲥⲱⲕ. (49) ⲡⲉϫⲁϥ ⲇⲉ ⲛⲁⲩ ϫⲉ ⲉⲧⲃⲉ ⲟⲩ ⲧⲉⲧⲛ̄ϣⲓⲛⲉ ⲛ̄ⲥⲱⲓ?
ⲛ̄ⲧⲉⲧⲛ̄ⲥⲟⲟⲩⲛ̄ ⲁⲛ ϫⲉ ϩⲁⲡⲥ̄ ⲉⲧⲣⲁϭⲱ ϩⲛ̄ ⲛⲁ-ⲡⲁⲉⲓⲱⲧ? (50) ⲛ̄ⲧⲟⲟⲩ
ⲇⲉ ⲙ̄ⲡⲟⲩⲉⲓⲙⲉ ⲉ ⲡϣⲁϫⲉ ⲛ̄ⲧⲁϥϫⲟⲟϥ ⲛⲁⲩ. (51) ⲁϥⲉⲓ ⲇⲉ ⲉⲡⲉⲥⲏⲧ
ⲛⲙ̄ⲙⲁⲩ ⲉϩⲣⲁⲓ ⲉ ⲛⲁⲍⲁⲣⲉⲑ, ⲁⲩⲱ ⲛⲉϥⲥⲱⲧⲙ̄ ⲛ̄ⲥⲱⲟⲩ. ⲧⲉϥⲙⲁⲁⲩ ⲇⲉ
ⲛⲉⲥϩⲁⲣⲉϩ ⲉ ⲛⲉⲓϣⲁϫⲉ ⲧⲏⲣⲟⲩ ϩⲙ̄ ⲡⲉⲥϩⲏⲧ. (52) ⲓ̅ⲥ̅ ⲇⲉ
ⲛⲉϥⲡⲣⲟⲕⲟⲡⲧⲉⲓ[86] ϩⲛ̄ ⲧⲥⲟⲫⲓⲁ ⲙⲛ̄ ⲑⲏⲗⲓⲕⲓⲁ[87] ⲙⲛ̄ ⲧⲉⲭⲁⲣⲓⲥ ⲛⲁϩⲣⲙ̄
ⲡⲛⲟⲩⲧⲉ ⲙⲛ̄ ⲛ̄ⲣⲱⲙⲉ.

---

81. ⲧⲣ̄ⲣⲟⲙⲡⲉ, ⲧⲛ̄ⲣⲟⲙⲡⲉ adv. 매년, 해마다.
82. ⲡ.ⲡⲁⲥⲭⲁ (τὸ πάσχα) 유월절, 파스카.
83. ⲉⲩⲛⲁⲃⲱⲕ는 분석이 어렵다. 이것이 제1미래형의 상황절이라면 주동사가 없다; 제2미래형이라면 시제가 맞지 않다. 이것은 그리스어를 직역한 번역 때문인 것으로 보인다. 그래서 구문을 그리스어가 요구하는 대로 다음 절까지 옮기지는 못한다.
84. ⲣ̄-ⲟⲩϩⲟⲟⲩ ⲙ̄ ⲙⲟⲟϣⲉ 하루 동안 걷다. lit., 걸음으로 하루를 보내다.
85. ϩⲓ ⲛⲁⲓ adv. 이렇게 하여, 이와 같이, 따라서.
86. ⲡⲣⲟⲕⲟⲡⲧⲉⲓ (προκόπτω) 진행하다, 나아가다.
87. ⲑⲏⲗⲓⲕⲓⲁ (ἡ ἡλικία) 나이, 연령.

3장

(1) ϩⲚ̄ ⲦⲤⲠ̄ⲘⲚ̄ⲦⲎ[88] ⲆⲈ Ⲛ̄ ⲐⲎⲄⲈⲘⲞⲚⲒⲀ[89] Ⲛ̄ ⲦⲒⲂⲒⲢⲒⲞⲤ ⲔⲀⲒⲤⲀⲢ, ⲈϤⲞ Ⲛ̄
ϩⲎⲄⲈⲘⲰⲚ ⲈϪⲚ̄ ϯⲞⲨⲆⲀⲒⲀ Ⲛ̄ϬⲒ ⲠⲞⲚⲦⲒⲞⲤ ⲠⲒⲖⲀⲦⲞⲤ, ⲈⲢⲈ-ϩⲎⲢⲰⲆⲎⲤ
Ⲟ Ⲛ̄ ⲦⲈⲦⲢⲀⲀⲢⲬⲎⲤ[90] ⲈϪⲚ̄ ⲦⲄⲀⲖⲒⲖⲀⲒⲀ, ⲈⲢⲈ-ⲪⲒⲖⲒⲠⲠⲞⲤ[91] ⲠⲈϤⲤⲞⲚ
ⲠⲦⲈⲢⲦⲀⲀⲢⲬⲎⲤ ⲈϪⲚ̄ ⲒⲀⲞⲨⲢⲀⲒⲀ ⲘⲚ̄ ⲦⲦⲢⲀⲬⲰⲚⲒⲦⲒⲤ Ⲛ̄ ⲬⲰⲢⲀ ⲘⲚ̄
ⲖⲨⲤⲀⲚⲒⲀⲤ ⲠⲦⲈⲦⲢⲀⲀⲢⲬⲎⲤ ⲈϪⲚ̄ ⲦⲀⲂⲒⲖⲎⲚⲎ, (2) ⲈⲢⲈ-ⲀⲚⲚⲀⲤ
ⲠⲀⲢⲬⲒⲈⲢⲈⲨⲤ ⲠⲈ ⲘⲚ̄ ⲔⲀⲒⲪⲀⲤ, Ⲁ-ⲠϢⲀϪⲈ Ⲙ̄ ⲠⲚⲞⲨⲦⲈ ϢⲰⲠⲈ ϢⲀ
ⲒⲰϩⲀⲚⲚⲎⲤ ⲠϢⲎⲢⲈ Ⲛ̄ ⲌⲀⲬⲀⲢⲒⲀⲤ ϩⲀⲦⲈ[92] ⲦⲈⲢⲎⲘⲞⲤ. (3) ⲀϤⲈⲒ ⲈϩⲢⲀⲒ Ⲉ
ⲦⲠⲈⲢⲒⲬⲞⲢⲞⲤ ⲦⲎⲢⲤ̄ Ⲙ̄ ⲠⲒⲞⲢⲆⲀⲚⲎⲤ ⲈϤⲔⲨⲢⲒⲤⲤⲀⲒ[93] Ⲙ̄ ⲠⲂⲀⲠⲦⲒⲤⲘⲀ Ⲙ̄
ⲘⲈⲦⲀⲚⲞⲒⲀ Ⲛ̄ ⲔⲀ-ⲚⲞⲂⲈ ⲈⲂⲞⲖ, (4) Ⲛ̄ ⲐⲈ ⲈⲦ ⲤⲎϩ ϩⲒ ⲠϪⲰⲰⲘⲈ Ⲛ̄
Ⲛ̄ϢⲀϪⲈ Ⲛ̄ ⲎⲤⲀⲒⲀⲤ ⲠⲈⲠⲢⲞⲪⲎⲦⲎⲤ ϪⲈ ⲦⲈⲤⲘⲎ Ⲙ̄ ⲠⲈⲦ ⲰϢ[94] ⲈⲂⲞⲖ
ϩⲚ̄ ⲦⲈⲢⲎⲘⲞⲤ ϪⲈ ⲤⲂ̄ⲦⲈ-ⲦⲈϩⲒⲎ Ⲙ̄ ⲠϪⲞⲈⲒⲤ; ⲤⲞⲞⲨⲦⲚ̄ Ⲛ̄ ⲚⲈϤⲘⲀ Ⲙ̄
ⲘⲞⲞϢⲈ. (5) ⲈⲒⲀ[95] ⲚⲒⲘ ⲚⲀⲘⲞⲨϩ, Ⲛ̄ⲦⲈ-ⲦⲞⲞⲨ ⲚⲒⲘ ϩⲒ ⲤⲒⲂⲦ̄[96] ⲚⲒⲘ ⲐⲂ̄ⲂⲒⲞ;
ⲀⲨⲰ ⲚⲈⲦ ϬⲞⲞⲘⲈ[97] ⲚⲀϢⲰⲠⲈ ⲈⲨⲤⲞⲨⲦⲰⲚ ⲘⲚ̄ ⲚⲈⲦ ⲚⲀϢⲦ̄ Ⲉ

---

88. ⲤⲠ̄- 또는 ⲤⲈⲠ- 날짜 형식에서 연도를 의미하는 후접어 형태(여성 명사): ⲦⲤⲠ̄ⲘⲚ̄ⲦⲎ 열다섯 번째 해, 제십오년.
89. ⲐⲎⲄⲈⲘⲞⲚⲒⲀ (ἡ ἡγεμονία) 통치, 지배, 관리.
90. Ⲡ.ⲦⲈⲦⲢⲀⲀⲢⲬⲎⲤ (ὁ τετραάρχης) 영주, 분봉 왕.
91. 상황절 ⲈⲢⲈ-ⲪⲒⲖⲒⲠⲠⲞⲤ . . . 그리고 ⲈⲢⲈ-ⲀⲚⲚⲀⲤ . . . 의 형태는 문법적으로 옳지 않다.
92. ϩⲀⲦⲈ, ϩⲀⲦⲚ̄, ϩⲀⲦⲞⲞⲦ⸗ prep. 주변에, 근처에, 곁에; ϩⲀϩⲦⲚ̄과 동의어로 실제 호환이 가능하다.
93. ⲔⲨⲢⲒⲤⲤⲀⲒ (κηρύσσω) 알리다, 선포하다.
94. ⲰϢ, ⲈϢ-, ⲞϢ⸗ ⲈⲂⲞⲖ 외치다; 읽다, 암송하다.
95. Ⲡ.ⲈⲒⲀ 계곡, 골짜기.
96. Ⲧ.ⲤⲒⲂⲦ̄ 언덕.
97. ϬⲞⲞⲘⲈ (ϬⲰⲰⲘⲈ의 상태동사) 휘다, 구부리다, 비틀다(Ⲙ̄ⲘⲞ⸗); intr. 구부러지다, 휘어지다.

ϩⲉⲛϩⲓⲟⲟⲩⲉ ⲉⲩⲥⲗⲉϭⲗⲱϭ[98] . (6) ⲁⲩⲱ ⲡⲉⲟⲟⲩ ⲙ̄ ⲡϫⲟⲉⲓⲥ ⲛⲁⲟⲩⲱⲛϩ̄ ⲉⲃⲟⲗ, ⲛ̄ⲧⲉ-ⲥⲁⲣⲝ̄ ⲛⲓⲙ ⲛⲁⲩ ⲉ ⲡⲟⲩϫⲁⲓ ⲙ̄ ⲡⲛⲟⲩⲧⲉ. (7) ⲛⲉϥϫⲱ ϭⲉ ⲙ̄ⲙⲟⲥ ⲡⲉ ⲛ ⲙ̄ⲙⲏⲏϣⲉ ⲉⲧ ⲛⲏⲩ ⲉⲃⲟⲗ ⲉ ⲃⲁⲡⲧⲓⲍⲉ[99] ⲉⲃⲟⲗ ϩⲓⲧⲟⲟⲧϥ̄ ϫⲉ ⲛⲉϫⲡⲟ ⲛ̄ ⲛⲉϩϥⲱ[100], ⲛⲓⲙ ⲡⲉⲛⲧⲁϥⲧⲁⲙⲱⲧⲛ̄ ⲉ ⲡⲱⲧ ⲉⲃⲟⲗ ϩⲏⲧⲥ̄ ⲛ̄ ⲧⲟⲣⲅⲏ[101] ⲉⲧ ⲛⲏⲩ? (8) ⲁⲣⲓ-ϩⲉⲛⲕⲁⲣⲡⲟⲥ ⲇⲉ ⲉⲩⲙ̄ⲡϣⲁ ⲛ̄ ⲧⲙⲉⲧⲁⲛⲟⲓⲁ, ⲛ̄ⲧⲉⲧⲛ̄ⲧⲙ̄ⲁⲣⲭⲉⲓ ⲛ̄ ϫⲟⲟⲥ ϫⲉ ⲟⲩⲛ̄ⲧⲁⲛ ⲡⲉⲛⲉⲓⲱⲧ ⲁⲃⲣⲁϩⲁⲙ. ϯϫⲱ ⲙ̄ⲙⲟⲥ ⲛⲏⲧⲛ̄ ϫⲉ ⲟⲩⲛ̄-ϭⲟⲙ ⲙ̄ ⲡⲛⲟⲩⲧⲉ ⲉ ⲧⲟⲩⲛⲉⲥ-ϩⲉⲛϣⲏⲣⲉ ⲛ̄ ⲁⲃⲣⲁϩⲁⲙ ⲉⲃⲟⲗ ϩⲛ̄ ⲛⲉⲓⲱⲛⲉ. (9) ϫⲓⲛ ⲧⲉⲛⲟⲩ ⲡⲕⲉⲗⲉⲃⲓⲛ[102] ⲕⲏ ϩⲁ ⲧⲛⲟⲩⲛⲉ[103] ⲛ̄ ⲛ̄ϣⲏⲛ. ϣⲏⲛ ⲛⲓⲙ ⲉⲧⲉ ⲛ̄ϥⲛⲁϯ-ⲕⲁⲣⲡⲟⲥ ⲁⲛ ⲉ-ⲛⲁⲛⲟⲩϥ ⲥⲉⲛⲁⲕⲟⲟⲣⲉϥ[104] ⲛ̄ⲥⲉⲛⲟϫϥ̄ ⲉ ⲡⲕⲱϩⲧ̄. (10) ⲁ-ⲙ̄ⲙⲏⲏϣⲉ ⲇⲉ ϫⲛⲟⲩϥ, ⲉⲩϫⲱ ⲙ̄ⲙⲟⲥ ϫⲉ ⲟⲩ ϭⲉ ⲡⲉⲧⲛ̄ⲛⲁⲁⲁϥ ϫⲉ ⲉⲛⲉⲟⲩϫⲁⲓ? (11) ⲁϥⲟⲩⲱϣⲃ̄, ⲉϥϫⲱ ⲙ̄ⲙⲟⲥ ⲛⲁⲩ ϫⲉ ⲡⲉⲧⲉ ⲟⲩⲛ̄ⲧϥ̄-ϣⲧⲏⲛ ⲥⲛ̄ⲧⲉ ⲙⲁⲣⲉϥϯ-ⲟⲩⲉⲓ ⲙ̄ ⲡⲉⲧⲉ ⲙⲛ̄ⲧⲁϥ, ⲁⲩⲱ ⲡⲉⲧⲉ ⲟⲩⲛ̄ⲧϥ̄-ⲟⲉⲓⲕ ⲙⲁⲣⲉϥⲉⲓⲣⲉ ⲟⲛ ϩⲓ ⲛⲁⲓ. (12) ⲁ-ϩⲉⲛⲕⲉⲧⲉⲗⲱⲛⲏⲥ[105] ⲇⲉ ⲉⲓ ⲉ ϫⲓ-ⲃⲁⲡⲧⲓⲥⲙⲁ ⲉⲃⲟⲗ ϩⲓⲧⲟⲟⲧϥ̄. ⲡⲉϫⲁⲩ ⲛⲁϥ ϫⲉ ⲡⲥⲁϩ, ⲉⲛⲛⲁⲣ̄-ⲟⲩ? (13) ⲛ̄ⲧⲟϥ ⲇⲉ ⲡⲉϫⲁϥ ⲛⲁⲩ ϫⲉ ⲙ̄ⲡⲣ̄ⲣ̄-ⲗⲁⲁⲩ ⲛ̄ ϩⲟⲩⲟ ⲡⲁⲣⲁ ⲡⲉⲛⲧⲁⲩⲧⲟϣϥ̄[106] ⲛⲏⲧⲛ̄. (14) ⲁⲩϫⲛⲟⲩϥ ⲇⲉ ⲛ̄ϭⲓ ⲛⲉⲧ ⲟ ⲙ̄ ⲙⲁⲧⲟⲓ ϫⲉ ⲉⲛⲛⲁⲣ̄-ⲟⲩ ϩⲱⲱⲛ ⲟⲛ? ⲡⲉϫⲁϥ ⲛⲁⲩ ϫⲉ ⲙ̄ⲡⲣ̄ⲧ̄ⲧⲉ-[107]ⲗⲁⲁⲩ ⲟⲥⲉ[108],

98. ⲥⲗⲉϭⲗⲱϭ (ⲥⲗⲟϭⲗϭ̄의 상태동사) 평평하게하다, 고르다; intr. 평평해지다.

99. ⲃⲁⲡⲧⲓⲍⲉ (βαπτίζω) 세례를 주다; 수동의 의미를 가진 능동의 형태에 주의하라(여기서는 '세례를 받다'의 의미—옮긴이).

100. ϩⲟϥ (f. ϩϥⲱ; pl. ϩⲃⲟⲩⲓ) n.m. 뱀.

101. ⲧ.ⲟⲣⲅⲏ (ἡ ὀργή) 분노, 노여움.

102. ⲡ.ⲕⲉⲗⲉⲃⲓⲛ 도끼.

103. ⲧ.ⲛⲟⲩⲛⲉ 뿌리.

104. ⲕⲱⲱⲣⲉ, ⲕⲉⲉⲣⲉ-, ⲕⲟⲟⲣ⸗ 자르다, (도끼로) 찍다.

105. ⲡ.ⲧⲉⲗⲱⲛⲏⲥ (ὁ τελώνης) 세무원, 세리.

106. ⲧⲱϣ, ⲧⲉϣ-, ⲧⲟϣ⸗ Q ⲧⲏϣ 경계를 짓다, 제한하다, 결정하다, 정하다(ⲙ̄ⲙⲟ⸗).

107. ⲧⲧⲟ, ⲧⲧⲉ-, ⲧⲧⲟ⸗ (~에게 ~을) 주게 하다, 강요하다. (ϯ '주다'의 사역형—옮긴이)

108. ⲡ.ⲟⲥⲉ 벌금; 손실, 손해; ⲧⲧⲉ-ⲗⲁⲁⲩ ⲟⲥⲉ ~에게 지불을 강요하다, 강탈하다.

ⲁⲩⲱ ⲙ̄ⲡⲣ̄ϩⲓ-ⲗⲁ[109] ⲉ ⲗⲁⲁⲩ, ⲛ̄ⲧⲉⲧⲛ̄ϩⲱ ⲉⲣⲱⲧⲛ̄[110] ⲉ ⲛⲉⲧⲛ̄ⲟⲯⲱⲛⲓⲟⲛ[111]
. (15) ⲉⲣⲉ-ⲡⲗⲁⲟⲥ ϭⲱϣⲧ̄ ⲉⲃⲟⲗ, ⲉⲩⲙⲉⲉⲩⲉ ⲧⲏⲣⲟⲩ ϩⲛ̄ ⲛⲉⲩϩⲏⲧ
ⲉⲧⲃⲉ ⲓⲱϩⲁⲛⲛⲏⲥ ϫⲉ ⲙⲉϣⲁⲕ ⲛ̄ⲧⲟϥ ⲡⲉ ⲡⲉⲭ︦ⲥ︦, (16) ⲁ-ⲓⲱϩⲁⲛⲛⲏⲥ
ⲟⲩⲱϣⲃ̄, ⲉϥϫⲱ ⲙ̄ⲙⲟⲥ ⲛ̄ ⲟⲩⲟⲛ ⲛⲓⲙ ϫⲉ ⲁⲛⲟⲕ ⲙⲉⲛ ⲉⲓⲃⲁⲡⲧⲓⲍⲉ
ⲙ̄ⲙⲱⲧⲛ̄ ϩⲛ̄ ⲟⲩⲙⲟⲟⲩ. ϥⲛⲏⲩ ⲇⲉ ⲛ̄ϭⲓ ⲡⲉⲧ ϫⲟⲟⲣ[112] ⲉⲣⲟⲓ, ⲡⲁⲓ
ⲉ-ⲛϯⲙ̄ⲡϣⲁ ⲁⲛ ⲛ̄ ⲃⲱⲗ ⲉⲃⲟⲗ ⲙ̄ ⲡⲙⲟⲩⲥ[113] ⲙ̄ ⲡⲉϥⲧⲟⲟⲩⲉ[114] . ⲛ̄ⲧⲟϥ
ⲡⲉⲧ ⲛⲁⲃⲁⲡⲧⲓⲍⲉ ⲙ̄ⲙⲱⲧⲛ̄ ϩⲛ̄ ⲟⲩⲡ︦ⲛ︦ⲁ︦ ⲉϥⲟⲩⲁⲁⲃ ⲙⲛ̄ ⲟⲩⲕⲱϩⲧ̄, (17)
ⲡⲁⲓ ⲉⲧⲉⲣⲉ-ⲡⲉϥϩⲁ[115] ϩⲛ̄ ⲧⲉϥϭⲓϫ ⲉ ⲧⲃ̄ⲃⲟ ⲙ̄ ⲡⲉϥϫⲛⲟⲟⲩ[116], ⲉ
ⲥⲱⲟⲩϩ ⲉϩⲟⲩⲛ ⲙ̄ ⲡⲉϥⲥⲟⲩⲟ ⲉ ⲧⲉϥⲁⲡⲟⲑⲏⲕⲏ. ⲡⲧⲱϩ[117] ⲇⲉ
ϥⲛⲁⲣⲟⲕϩϥ̄ ϩⲛ̄ ⲟⲩⲥⲁⲧⲉ[118] ⲉ-ⲙⲉⲥⲱϣⲙ̄[119] . (18) ϩⲛ̄ ϩⲉⲛⲕⲉϣⲁϫⲉ ⲇⲉ
ⲉ-ⲛⲁϣⲱⲟⲩ ⲛⲉϥⲡⲁⲣⲁⲕⲁⲗⲉⲓ[120] ⲙ̄ⲙⲟⲟⲩ, ⲉϥⲧⲁϣⲉ-ⲟⲉⲓϣ ⲙ̄ ⲡⲗⲁⲟⲥ.
(19) ϩⲏⲣⲱⲇⲏⲥ ⲇⲉ ⲡⲧⲉⲧⲣⲁⲁⲣⲭⲏⲥ, ⲉⲩϫⲡⲓⲟ ⲙ̄ⲙⲟϥ ⲉⲃⲟⲗ ϩⲓⲧⲟⲟⲧϥ̄
ⲉⲧⲃⲉ ϩⲏⲣⲱⲇⲓⲁⲥ, ⲑⲓⲙⲉ[121] ⲙ̄ ⲡⲉϥⲥⲟⲛ ⲁⲩⲱ ⲉⲧⲃⲉ ϩⲱⲃ ⲛⲓⲙ ⲙ̄
ⲡⲟⲛⲏⲣⲟⲛ ⲉⲛⲧⲁ-ϩⲏⲣⲱⲇⲏⲥ ⲁⲁⲩ, (20) ⲁϥⲟⲩⲉϩ-ⲡⲉⲓⲕⲉ ⲉϫⲛ̄
ⲛⲉϥⲕⲟⲟⲩⲉ ⲧⲏⲣⲟⲩ: ⲁϥⲉⲧⲡ̄-[122] ⲓⲱϩⲁⲛⲛⲏⲥ ⲉϩⲟⲩⲛ ⲉ ⲡϣⲧⲉⲕⲟ. (21)
ⲁⲥϣⲱⲡⲉ ⲇⲉ ϩⲙ̄ ⲡⲧⲣⲉ-ⲡⲗⲁⲟⲥ ⲧⲏⲣϥ̄ ϫⲓ-ⲃⲁⲡⲧⲓⲥⲙⲁ ⲁⲩⲱ ⲛ̄ⲧⲉⲣⲉ-ⲓ︦ⲥ︦

109. ⲡ.ⲗⲁ 중상, 비방; ϩⲓ-ⲗⲁ 비방하다(ⲉ).
110. ϩⲱ ⲉ ~에 만족하다; 심성적 여격 ⲉⲣⲟ⸗와 함께 사용된다(§30.6).
111. ⲡ.ⲟⲯⲱⲛⲓⲟⲛ (τὸ ὀψώνιον) 임금, 삯.
112. ϫⲟⲟⲣ (ϫⲱⲱⲣⲉ '강하게 되다'의 상태동사) 강하다, 강력하다.
113. ⲡ.ⲙⲟⲩⲥ 끈, 띠.
114. ⲡ.ⲧⲟⲟⲩⲉ 신, 신발, 샌들.
115. ⲡ.ϩⲁ 풍구, 키.
116. ⲡⲉ.ϫⲛⲟⲟⲩ 타작마당.
117. ⲡ.ⲧⲱϩ 겨, 쭉정이.
118. ⲧ.ⲥⲁⲧⲉ 불.
119. ⲱϣⲙ̄, ⲉϣⲙ̄-, ⲟϣⲙ⸗, Q ⲟϣⲙ̄ (불 등을) 끄다(ⲙ̄ⲙⲟ⸗); intr. 꺼지다.
120. ⲡⲁⲣⲁⲕⲁⲗⲉⲓ (παρακαλέω) 권하다, 권고하다(ⲙ̄ⲙⲟ⸗).
121. ⲧ.ϩⲓⲙⲉ 아내.
122. ⲱⲧⲡ̄, ⲉⲧⲡ̄-, ⲟⲧⲡ⸗, Q ⲟⲧⲡ̄ (± ⲉϩⲟⲩⲛ) 감금하다, 에워싸다, 가두다(ⲙ̄ⲙⲟ⸗).

ϫⲓ, ⲁϥϣⲗⲏⲗ, ⲁ-ⲧⲡⲉ ⲟⲩⲱⲛ. (22) ⲁ-ⲡⲉⲡⲛ̅ⲁ̅ ⲉⲧ ⲟⲩⲁⲁⲃ ⲉⲓ ⲉⲡⲉⲥⲏⲧ ⲉϫⲱϥ ϩⲛ̅ ⲟⲩⲥⲙⲟⲧ ⲛ̅ ⲥⲱⲙⲁ ⲛ̅ ⲑⲉ ⲛ̅ ⲟⲩϭⲣⲟⲟⲙⲡⲉ, ⲁⲩⲱ ⲁⲩⲥⲙⲏ ϣⲱⲡⲉ ⲉⲃⲟⲗ ϩⲛ̅ ⲧⲡⲉ ϫⲉ ⲛ̅ⲧⲟⲕ ⲡⲉ ⲡⲁϣⲏⲣⲉ, ⲡⲁⲙⲉⲣⲓⲧ. ⲛ̅ⲧⲁⲓⲟⲩⲱϣ[123] ⲛ̅ϩⲏⲧⲕ̅. 3장의 나머지 부분은 예수의 족보이며 생략되었다.

4장

(1) ⲓ̅ⲥ̅ ⲇⲉ ⲉϥϫⲏⲕ ⲉⲃⲟⲗ ⲙ̅ ⲡⲛ̅ⲁ̅ ⲉϥⲟⲩⲁⲁⲃ, ⲁϥⲕⲟⲧϥ̅ ⲉⲃⲟⲗ ϩⲙ̅ ⲡⲓⲟⲣⲇⲁⲛⲏⲥ, ⲉϥⲙⲟⲟϣⲉ ϩⲙ̅ ⲡⲉⲡⲛ̅ⲁ̅ ϩⲓ ⲧⲉⲣⲏⲙⲟⲥ (2) ⲛ̅ ϩⲙⲉ ⲛ̅ ϩⲟⲟⲩ, ⲉⲩⲡⲉⲓⲣⲁⲍⲉ ⲙ̅ⲙⲟϥ ϩⲓⲧⲙ̅ ⲡⲇⲓⲁⲃⲟⲗⲟⲥ, ⲁⲩⲱ ⲙ̅ⲡϥ̅ⲟⲩⲉⲙ-ⲗⲁⲁⲩ ϩⲛ̅ ⲛⲉϩⲟⲟⲩ ⲉⲧ ⲙ̅ⲙⲁⲩ. ⲛ̅ⲧⲉⲣⲟⲩϫⲱⲕ ⲇⲉ ⲉⲃⲟⲗ, ⲁϥϩⲕⲟ. (3) ⲡⲉϫⲉ-ⲡⲇⲓⲁⲃⲟⲗⲟⲥ ⲛⲁϥ ϫⲉ ⲉϣϫⲉ ⲛ̅ⲧⲟⲕ ⲡⲉ ⲡϣⲏⲣⲉ ⲙ̅ ⲡⲛⲟⲩⲧⲉ, ⲁϫⲓⲥ ⲙ̅ ⲡⲉⲓⲱⲛⲉ ϫⲉ ⲉϥⲉⲣ̅-ⲟⲉⲓⲕ. (4) ⲁϥⲟⲩⲱϣⲃ̅ ⲛⲁϥ ⲛ̅ϭⲓ ⲓ̅ⲥ̅ ϫⲉ ϥⲥⲏϩ ϫⲉ ⲉⲣⲉ-ⲡⲣⲱⲙⲉ ⲛⲁⲱⲛ̅ϩ ⲁⲛ ⲉ ⲡⲟⲉⲓⲕ ⲙ̅ⲙⲁⲧⲉ. (5) ⲁϥϫⲓⲧϥ̅ ⲇⲉ ⲉϩⲣⲁⲓ, ⲁϥⲧⲟⲩⲟϥ[124] ⲉ ⲙ̅ⲙⲛ̅ⲧⲉⲣⲱⲟⲩ ⲧⲏⲣⲟⲩ ⲛ̅ ⲧⲟⲓⲕⲟⲩⲙⲉⲛⲏ ϩⲛ̅ ⲟⲩⲥⲧⲓⲅⲙⲏ[125] ⲛ̅ ⲟⲩⲟⲉⲓϣ. (6) ⲡⲉϫⲉ-ⲡⲇⲓⲁⲃⲟⲗⲟⲥ ⲇⲉ ⲛⲁϥ ϫⲉ ϯϯ ⲛⲁⲕ ⲛ̅ ⲧⲉⲓⲉⲝⲟⲩⲥⲓⲁ ⲧⲏⲣⲥ̅ ⲙⲛ̅ ⲧⲉⲩⲉⲟⲟⲩ, ϫⲉ ⲛ̅ⲧⲁⲩⲧⲁⲁⲥ ⲛⲁⲓ, ⲁⲩⲱ ϣⲁⲓⲧⲁⲁⲥ ⲙ̅ ⲡⲉϯⲟⲩⲁϣϥ̅. (7) ⲛ̅ⲧⲟⲕ ϭⲉ ⲉⲕϣⲁⲛⲟⲩⲱϣⲧ̅[126] ⲙ̅ ⲡⲁⲙ̅ⲧⲟ ⲉⲃⲟⲗ, ⲥⲛⲁϣⲱⲡⲉ ⲛⲁⲕ ⲧⲏⲣⲥ̅. (8) ⲁ-ⲓ̅ⲥ̅ ⲟⲩⲱϣⲃ̅, ⲡⲉϫⲁϥ ⲛⲁϥ ϫⲉ ϥⲥⲏϩ ϫⲉ ⲉⲕⲛⲁⲟⲩⲱϣⲧ̅ ⲙ̅ ⲡϫⲟⲉⲓⲥ ⲡⲉⲕⲛⲟⲩⲧⲉ, ⲁⲩⲱ ⲉⲕⲛⲁϣⲙ̅ϣⲉ ⲛⲁϥ ⲟⲩⲁⲁϥ. (9) ⲁϥⲛ̅ⲧϥ̅ ⲇⲉ ⲉ ⲑⲓⲉⲣⲟⲩⲥⲁⲗⲏⲙ, ⲁϥⲧⲁϩⲟϥ ⲉⲣⲁⲧϥ̅ ϩⲓϫⲙ̅ ⲡⲧⲛ̅ϩ[127] ⲙ̅ ⲡⲉⲣⲡⲉ, ⲡⲉϫⲁϥ ⲛⲁϥ ϫⲉ ⲉϣϫⲉ ⲛ̅ⲧⲟⲕ ⲡⲉ ⲡϣⲏⲣⲉ ⲙ̅ ⲡⲛⲟⲩⲧⲉ, ϥⲟϭⲕ̅[128] ⲉⲡⲉⲥⲏⲧ ϩⲓϫⲙ̅ ⲡⲉⲓⲙⲁ, (10)

---

123. ⲛ̅ⲧⲁⲓⲟⲩⲱϣ는 독립절로서 제2완료형이다.
124. ⲧⲟⲩⲟ, ⲧⲟⲩⲟ⸗ 보이다, 가르치다(누군가를: ⲙ̅ⲙⲟ⸗; 무엇을: ⲉ).
125. ⲧⲉ.ⲥⲧⲓⲅⲙⲏ (ἡ στιγμή) 순식간, 한순간.
126. ⲟⲩⲱϣⲧ̅ 예배하다, 숭배하다, 맞이하다, 입 맞추다(ⲙ̅ⲙⲟ⸗, ⲛⲁ⸗).
127. ⲡ.ⲧⲛ̅ϩ 날개; (건물의) 날개, 곁채
128. ϥⲱϭⲉ, ϥⲉϭ-, ϥⲟϭ⸗, Q ϥⲏϭ 뛰다, 빠르게 움직이다; reflex. idem.

ϥⲥⲏϩ ⲅⲁⲣ ϫⲉ ϥⲛⲁϩⲱⲛ ⲉⲧⲟⲟⲧⲟⲩ ⲛ̅ ⲛⲉϥⲁⲅⲅⲉⲗⲟⲥ ⲉⲧⲃⲏⲏⲧⲕ̅
ⲉⲧⲣⲉⲩϩⲁⲣⲉϩ ⲉⲣⲟⲕ. (11) ⲁⲩⲱ ⲥⲉⲛⲁϥⲓⲧⲕ̅ ⲉϫⲛ̅ ⲛⲉⲩϭⲓϫ, ⲙⲏⲡⲟⲧⲉ
ⲛⲅ̅ϫⲱⲣⲡ̅[129] ⲉⲩⲱⲛⲉ ⲛ̅ ⲧⲉⲕⲟⲩⲉⲣⲏⲧⲉ. (12) ⲁ-ⲓ̅ⲥ̅ ⲇⲉ ⲟⲩⲱϣⲃ̅, ⲡⲉϫⲁϥ
ⲛⲁϥ ϫⲉ ⲁⲩϫⲟⲟⲥ ϫⲉ ⲛ̅ⲛⲉⲕⲡⲉⲓⲣⲁⲍⲉ ⲙ̅ ⲡϫⲟⲉⲓⲥ ⲡⲉⲕⲛⲟⲩⲧⲉ. (13)
ⲛ̅ⲧⲉⲣⲉϥϫⲉⲕ-ⲡⲉⲓⲣⲁⲥⲙⲟⲥ ⲇⲉ ⲛⲓⲙ ⲉⲃⲟⲗ, ⲁ-ⲡⲇⲓⲁⲃⲟⲗⲟⲥ ⲥⲁϩⲱϥ
ⲉⲃⲟⲗ ⲙ̅ⲙⲟϥ ϣⲁ ⲟⲩⲟⲩⲟⲉⲓϣ. (14) ⲁⲩⲱ ⲁϥⲕⲧⲟϥ ⲛ̅ϭⲓ ⲓ̅ⲥ̅ ϩⲛ̅ ⲧϭⲟⲙ ⲙ̅
ⲡⲉⲡⲛ̅ⲁ̅ ⲉ ⲧⲅⲁⲗⲓⲗⲁⲓⲁ. ⲁ-ⲡⲥⲟⲉⲓⲧ[130] ⲉⲓ ⲉⲃⲟⲗ ϩⲛ̅ ⲧⲡⲉⲣⲓⲭⲱⲣⲟⲥ
ⲧⲏⲣⲥ̅ ⲉⲧⲃⲏⲏⲧϥ̅. (15) ⲛ̅ⲧⲟϥ ⲇⲉ ⲛⲉϥϯ-ⲥⲃⲱ ⲡⲉ ϩⲛ̅ ⲛⲉⲩⲥⲩⲛⲁⲅⲱⲅⲏ,
ⲉⲣⲉ-ⲣⲱⲙⲉ ⲛⲓⲙ ϯ-ⲉⲟⲟⲩ ⲛⲁϥ. (16) ⲁϥⲉⲓ ⲉϩⲣⲁⲓ ⲉ ⲛⲁⲍⲁⲣⲁ, ⲡⲙⲁ
ⲉⲛⲧⲁⲩⲥⲁⲛⲟⲩϣϥ̅ ⲛ̅ϩⲏⲧϥ̅, ⲁⲩⲱ ⲁϥⲃⲱⲕ ⲉϩⲟⲩⲛ ⲕⲁⲧⲁ ⲡⲉϥⲥⲱⲛⲧ̅ ϩⲛ̅
ⲛⲉϩⲟⲟⲩ ⲙ̅ ⲡⲥⲁⲃⲃⲁⲧⲟⲛ[131] ⲉ ⲧⲥⲩⲛⲁⲅⲱⲅⲏ. ⲁϥⲧⲱⲟⲩⲛ ⲇⲉ ⲉ ⲱϣ. (17)
ⲁⲩϯ ⲛⲁϥ ⲙ̅ ⲡϫⲱⲱⲙⲉ ⲛ̅ ⲏⲥⲁⲓⲁⲥ ⲡⲉⲡⲣⲟⲫⲏⲧⲏⲥ. ⲁϥⲟⲩⲱⲛ ⲙ̅
ⲡϫⲱⲱⲙⲉ, ⲁϥϩⲉ ⲉ ⲡⲙⲁ ⲉⲧ ⲥⲏϩ (18) ϫⲉ ⲡⲉⲡⲛ̅ⲁ̅ ⲙ̅ ⲡϫⲟⲉⲓⲥ ⲉϩⲣⲁⲓ
ⲉϫⲱⲓ. ⲉⲧⲃⲉ ⲡⲁⲓ ⲁϥⲧⲁϩⲥⲧ̅[132], ⲁϥⲧⲛ̅ⲛⲟⲟⲩⲧ ⲉ ⲉⲩⲁⲅⲅⲉⲗⲓⲍⲉ ⲛ̅ ⲛ̅ϩⲏⲕⲉ,
ⲉ ⲧⲁϣⲉ-ⲟⲉⲓϣ ⲛ̅ ⲟⲩⲕⲱ ⲉⲃⲟⲗ ⲛ̅ ⲛ̅ⲁⲓⲭⲙⲁⲗⲱⲧⲟⲥ[133] ⲙⲛ̅ ⲟⲩⲛⲁⲩ
ⲉⲃⲟⲗ ⲛ̅ ⲛ̅ⲃⲗ̅ⲗⲉ, ⲉ ϫⲟⲟⲩ ⲛ̅ ⲛⲉⲧ ⲟⲩⲟϣϥ̅[134] ϩⲛ̅ ⲟⲩⲕⲱ ⲉⲃⲟⲗ, (19) ⲉ
ⲧⲁϣⲉ-ⲟⲉⲓϣ ⲛ̅ ⲧⲉⲣⲟⲙⲡⲉ ⲙ̅ ⲡϫⲟⲉⲓⲥ ⲉⲧ ϣⲏⲡ. (20) ⲁϥⲕⲃ̅-[135]
ⲡϫⲱⲱⲙⲉ ⲇⲉ, ⲁϥⲧⲁⲁϥ ⲙ̅ ⲡϩⲩⲡⲏⲣⲉⲧⲏⲥ, ⲁϥϩⲙⲟⲟⲥ. ⲛⲉⲣⲉ-ⲛ̅ⲃⲁⲗ ⲛ̅
ⲟⲩⲟⲛ ⲛⲓⲙ ⲉⲧ ϩⲛ̅ ⲧⲥⲩⲛⲁⲅⲱⲅⲏ ϭⲱϣⲧ̅ ⲉⲣⲟϥ. (21) ⲁϥⲁⲣⲭⲉⲓ ⲇⲉ ⲛ̅
ϫⲟⲟⲥ ⲛⲁⲩ ϫⲉ ⲙ̅ ⲡⲟⲟⲩ ⲁ-ⲧⲉⲓⲅⲣⲁⲫⲏ ϫⲱⲕ ⲉⲃⲟⲗ ϩⲛ̅ ⲛⲉⲧⲛ̅ⲙⲁⲁϫⲉ.
(22) ⲁⲩⲱ ⲛⲉⲣⲉ-ⲟⲩⲟⲛ ⲛⲓⲙ ⲣ̅-ⲙⲛ̅ⲧⲣⲉ ⲛⲙ̅ⲙⲁϥ, ⲉⲩⲣ̅-ϣⲡⲏⲣⲉ ⲛ̅ ⲛ̅ϣⲁϫⲉ ⲛ̅

---

129. ϫⲱⲣⲡ̅ 발이 걸리다, (~에 채여) 비틀거리다.

130. ⲡ.ⲥⲟⲉⲓⲧ 명성, 소문.

131. ⲡ.ⲥⲁⲃⲃⲁⲧⲟⲛ (τὸ σάββατον) 안식일.

132. ⲧⲱϩⲥ̅, ⲧⲉϩⲥ̅-, ⲧⲁϩⲥ⸗, Q ⲧⲁϩⲥ̅ 기름을 붓다(ⲙ̅ⲙⲟ⸗; ~으로: ϩⲛ̅, ⲙ̅ⲙⲟ⸗).

133. ⲡ.ⲁⲓⲭⲙⲁⲗⲱⲧⲟⲥ (ὁ αἰχμάλωτος) 죄수, 포로.

134. ⲟⲩⲱϣϥ̅, ⲟⲩⲉϣϥ̅-, ⲟⲩⲟϣϥ⸗, Q ⲟⲩⲟϣϥ̅ 파괴하다, 괴멸시키다; intr. 파괴되다, 괴멸되다.

135. ⲕⲱⲃ, ⲕⲉⲃ-, (ⲕⲃ̅-), ⲕⲟⲃ⸗, Q ⲕⲏⲃ 배가시키다; 말다, 접다(ⲙ̅ⲙⲟ⸗).

ⲧⲉⲭⲁⲣⲓⲥ[136] ⲉⲧ ⲛⲏⲩ ⲉⲃⲟⲗ ϩⲛ̄ ⲣⲱϥ, ⲉⲩϫⲱ ⲙ̄ⲙⲟⲥ ϫⲉ ⲙⲏ ⲙ̄ ⲡϣⲏⲣⲉ ⲛ̄ ⲓⲱⲥⲏⲫ ⲁⲛ ⲡⲉ ⲡⲁⲓ? (23) ⲡⲉϫⲁϥ ⲇⲉ ⲛⲁⲩ ϫⲉ ⲡⲁⲛⲧⲱⲥ[137] ⲧⲉⲧⲛⲁϫⲱ ⲛⲁⲓ ⲛ̄ ⲧⲉⲓⲡⲁⲣⲁⲃⲟⲗⲏ, ϫⲉ ⲡⲥⲁⲉⲓⲛ, ⲁⲣⲓ-ⲡⲁϩⲣⲉ[138] ⲉⲣⲟⲕ. ⲛⲉⲛⲧⲁⲛⲥⲱⲧⲙ̄ ⲉⲣⲟⲟⲩ ϫⲉ ⲁⲩϣⲱⲡⲉ ϩⲛ̄ ⲕⲁⲫⲁⲣⲛⲁⲟⲩⲙ ⲁⲣⲓⲥⲟⲩ ϩⲱⲟⲩ ϩⲙ̄ ⲡⲉⲓⲙⲁ ϩⲙ̄ ⲡⲉⲕϯⲙⲉ. (24) ⲡⲉϫⲁϥ ⲇⲉ ϫⲉ ϩⲁⲙⲏⲛ[139] ϯϫⲱ ⲙ̄ⲙⲟⲥ ⲛⲏⲧⲛ̄ ϫⲉ ⲙ̄ⲙⲛ̄-ⲗⲁⲁⲩ ⲙ̄ ⲡⲣⲟⲫⲏⲧⲏⲥ ϣⲏⲡ ϩⲙ̄ ⲡⲉϥϯⲙⲉ ⲙ̄ⲙⲓⲛ ⲙ̄ⲙⲟϥ. (25) ϩⲛ̄ ⲟⲩⲙⲉ ⲇⲉ ϯϫⲱ ⲙ̄ⲙⲟⲥ ⲛⲏⲧⲛ̄ ϫⲉ ⲛⲉⲩⲛ̄-ϩⲁϩ ⲛ̄ ⲭⲏⲣⲁ ⲡⲉ ϩⲙ̄ ⲡⲓⲏⲗ ⲛ̄ ⲛⲉϩⲟⲟⲩ ⲛ̄ ϩⲏⲗⲓⲁⲥ, ⲛ̄ⲧⲉⲣⲉ-ⲧⲡⲉ ϣⲧⲁⲙ[140] ⲛ̄ ϣⲟⲙⲧⲉ ⲛ̄ ⲣⲟⲙⲡⲉ ⲙⲛ̄ ⲥⲟⲟⲩ ⲛ̄ ⲉⲃⲟⲧ, ⲛ̄ⲧⲉⲣⲉ-ⲟⲩⲛⲟϭ ⲛ̄ ϩⲉ-ⲃⲱⲱⲛ[141] ϣⲱⲡⲉ ϩⲓϫⲙ̄ ⲡⲕⲁϩ ⲧⲏⲣϥ̄. (26) ⲁⲩⲱ ⲙ̄ⲡⲟⲩϫⲉⲩ-ϩⲏⲗⲓⲁⲥ ϣⲁ ⲗⲁⲁⲩ ⲙ̄ⲙⲟⲟⲩ ⲉⲓⲙⲏⲧⲓ ⲉ ⲥⲁⲣⲉⲡⲧⲁ ⲛ̄ⲧⲉ ⲧⲥⲓⲇⲱⲛⲓⲁ, ϣⲁ ⲟⲩⲥϩⲓⲙⲉ ⲛ̄ ⲭⲏⲣⲁ. (27) ⲁⲩⲱ ⲛⲉⲩⲛ̄-ϩⲁϩ ⲛ̄ ⲥⲟⲃϩ̄[142] ϩⲙ̄ ⲡⲓⲏⲗ ϩⲓ[143] ⲉⲗⲓⲥⲁⲓⲟⲥ ⲡⲉⲡⲣⲟⲫⲏⲧⲏⲥ, ⲁⲩⲱ ⲙ̄ⲡⲉ-ⲗⲁⲁⲩ ⲙ̄ⲙⲟⲟⲩ ⲧⲃ̄ⲃⲟ ⲛ̄ⲥⲁ ⲛⲁⲓⲙⲁⲛ ⲡⲥⲩⲣⲟⲥ. (28) ⲁⲩⲙⲟⲩϩ ⲇⲉ ⲧⲏⲣⲟⲩ ⲛ̄ ϭⲱⲛⲧ̄ ϩⲛ̄ ⲧⲥⲩⲛⲁⲅⲱⲅⲏ ⲉⲩⲥⲱⲧⲙ̄ ⲉ ⲛⲁⲓ. (29) ⲁⲩⲧⲱⲟⲩⲛ, ⲁⲩⲛⲟϫϥ̄ ⲉⲃⲟⲗ ⲡⲃⲟⲗ ⲛ̄ ⲧⲡⲟⲗⲓⲥ, ⲁⲩⲛ̄ⲧϥ̄ ϣⲁ ⲡⲕⲟⲟϩ[144] ⲙ̄ ⲡⲧⲟⲟⲩ ⲉⲧⲉⲣⲉ-ⲧⲉⲩⲡⲟⲗⲓⲥ ⲕⲏⲧ ϩⲓϫⲱϥ ϩⲱⲥⲧⲉ ⲉⲧⲣⲉⲩⲛⲟϫϥ̄ ⲉⲃⲟⲗ ⲛ̄ϫⲟϥⲧⲛ̄[145] . (30) ⲛ̄ⲧⲟϥ ⲇⲉ ⲁϥⲉⲓ ⲉⲃⲟⲗ ϩⲛ̄ ⲧⲉⲩⲙⲏⲧⲉ, ⲁϥⲃⲱⲕ. (31) ⲁϥⲉⲓ ⲉⲡⲉⲥⲏⲧ ⲉ ⲕⲁⲫⲁⲣⲛⲁⲟⲩⲙ ⲧⲡⲟⲗⲓⲥ ⲛ̄ⲧⲉ ⲧⲅⲁⲗⲓⲗⲁⲓⲁ, ⲁⲩⲱ ⲛⲉϥϯ-ⲥⲃⲱ ⲡⲉ ϩⲛ̄ ⲛ̄ⲥⲁⲃⲃⲁⲧⲟⲛ. (32) ⲁⲩⲣ̄-

136. ⲧⲉ.ⲭⲁⲣⲓⲥ (ἡ χάρις) 은혜, 은총.

137. ⲡⲁⲛⲧⲱⲥ (πάντως) adv. 완전히, 전적으로; 틀림없이, 반드시.

138. ⲣ̄-ⲡⲁϩⲣⲉ 고치다(ⲉ); ⲡ.ⲡⲁϩⲣⲉ 약, 약물. 재귀용법의 ⲉⲣⲟⲕ를 주의하라.

139. ϩⲁⲙⲏⲛ (ἀμήν) adv. 정말로, 참으로, 진실로.

140. ϣⲧⲁⲙ tr. 닫다, 막다(ⲙ̄ⲙⲟ⸗); intr. 닫히다, 밀봉되다.

141. ⲡ.ϩⲉ-ⲃⲱⲱⲛ 기근, 흉년; ϩⲏ '계절, 시기'와 ⲃⲱⲱⲛ adj. '악한, 나쁜'의 복합어.

142. ⲡ.ⲥⲟⲃϩ̄ 나병 환자; ⲥⲱⲃϩ̄, Q ⲥⲟⲃϩ̄ 나병에 걸리다; ⲡ.ⲥⲱⲃϩ̄ 나병, 한센병.

143. ϩⲓ '~(의 시대[때])에'를 주의하라; ⲛ̄ⲥⲁ ~을 제외하고.

144. ⲡ.ⲕⲟⲟϩ 모서리, 모퉁이; 꼭대기; 벼랑, 낭떠러지.

145. ⲛ̄ ϫⲟϥⲧⲛ̄ adv. 거꾸로, 곤두박질쳐서; 저돌적으로, 성급하게.

ϣπηρε ⲇε τηρογ εϩραι εχⲛ̄ τεϥcβω, χε νερε-πεϥϣαχε ϣοοπ πε ϩⲛ̄ ογεξογcια. (33) αγω νεγⲛ̄-ογρωμε πε ϩⲛ̄ τcγναrωrη ερε-ογπⲛ̄α ⲛ̄ ⲇαιμονιον ⲛ̄ ακαθαρτον ⲛ̄ϩητϥ̄. αγω αϥχι-ϣκακ εβολ[146] ϩⲛ̄ ογνοб ⲛ̄ cμη (34) χε αϩροκ νⲙ̄μαν, ιc̄ πρⲙ̄ναζαρεθ? ακει ε τακον. †cοογⲛ̄ χε ⲛ̄τκ̄-[147] νιμ ⲛ̄τκ̄, πετ ογααβ ⲙ̄ πνογτε. (35) α-ιc̄ ⲇε επιτιμα ναϥ[148], εϥχε ⲙ̄μος χε τⲙ̄-ρωκ νrει εβολ ⲛ̄ϩητϥ̄. αϥνογχε ⲙ̄μοϥ ⲛ̄бι πⲇαιμονιον ε τμητε, αϥει εβολ ⲛ̄ϩητϥ̄ ε-μπϥ̄βλαπτει[149] ⲙ̄μοϥ λααγ. (36) αγϣτορτⲣ̄ ⲇε ϣωπε εχⲛ̄ ογον νιμ, αγϣαχε μⲛ̄ νεγερηγ, εγχω ⲙ̄μος χε ογ πε πειϣαχε? χε ϩⲛ̄ ογεξογcια μⲛ̄ ογбομ ϥογεϩ-cαϩνε[150] ⲛ̄ νεπⲛ̄α ⲛ̄ ακαθαρτον, cενηγ εβολ. (37) α-πcοειτ ⲇε μοοϣε ετβηητϥ̄ ϩⲙ̄ μα νιμ ⲛ̄ τπεριχωρος. (38) αϥτωογν ⲇε εβολ ϩⲛ̄ τcγναrωrη, αϥβωκ εϩογν ε πηι ⲛ̄ cιμων. τϣωμε[151] ⲇε ⲛ̄ cιμων νεγⲛ̄-ογνοб ⲛ̄ ϩμομ[152] ϩιωωc πε. αγcεπcωπϥ̄ ⲇε ετβηητc̄. (39) αϥαϩερατϥ̄ ϩιχωc, αϥεπιτιμα ⲙ̄ πεϩμομ, αϥκααc. ⲛ̄ τεγνογ αcτωογν, αcⲇιακονει[153] ναγ. (40) ερε-πρη ⲇε ναϩωτⲡ̄[154], ογον νιμ ετε ογⲛ̄τογ-ρωμε εγϣωνε[155] ϩⲛ̄ ϩενϣωνε εγϣοβε αγⲛ̄τογ ναϥ.

---

146. χι-ϣκακ εβολ 외치다, 소리치다; πε.ϣκακ 외침, 비명.
147. ⲛ̄τοκ의 축약 형태인 ⲛ̄τκ̄ 사용에 주의하라.
148. επιτιμα να⸗ (ἐπιτιμάω) 꾸짖다, 책망하다.
149. βλαπτει ⲙ̄μο⸗ (βλάπτω) 해치다, 해를 끼치다, 손상시키다.
150. ογεϩ-cαϩνε 지시하다, 명령하다(να⸗; ~을: ε, ετρε).
151. τ.ϣωμε 시어머니, 장모; π.ϣομ 장인, 시아버지.
152. ϩμομ, Q ϩημ 덥다, 뜨겁다; πε.ϩμομ 더위, 열기.
153. ⲇιακονει να⸗ (διακονέω) 시중들다, 섬기다.
154. ϩωτⲡ̄, ϩετⲡ̄-, ϩοτπ⸗, Q ϩοτⲡ̄ tr. 화해시키다, 조절하다(ⲙ̄μο⸗; ~을: ε, ⲙ̄ν); intr. (1) 화해하다; (2) 지다 (해, 달 등).
155. εγϣωνε에 있는 복수형의 재개(再開)와 함께, '누구든지'의 의미인 부정 대명사 ρωμε에 주의하라.

ⲛ̄ⲧⲟϥ ⲇⲉ ⲁϥⲧⲁⲗⲉ-ⲧⲟⲟⲧϥ̄ ⲉϫⲙ̄ ⲡⲟⲩⲁ ⲡⲟⲩⲁ ⲙ̄ⲙⲟⲟⲩ,
ⲁϥⲧⲁⲗϭⲟⲟⲩ. (41) ⲛⲉⲣⲉ-ⲛ̄ⲇⲁⲓⲙⲟⲛⲓⲟⲛ ⲇⲉ ⲛⲏⲩ ⲉⲃⲟⲗ ϩⲛ̄ ϩⲁϩ ⲡⲉ,
ⲉⲩϫⲓ-ϣⲕⲁⲕ ⲉⲃⲟⲗ, ⲉⲩϫⲱ ⲙ̄ⲙⲟⲥ ϫⲉ ⲛ̄ⲧⲟⲕ ⲡⲉ ⲡϣⲏⲣⲉ ⲙ̄
ⲡⲛⲟⲩⲧⲉ. ⲁⲩⲱ ⲛⲉϥⲉⲡⲓⲧⲓⲙⲁ ⲛⲁⲩ ⲉ-ⲛϥ̄ⲕⲱ ⲙ̄ⲙⲟⲟⲩ ⲁⲛ ⲉ ϣⲁϫⲉ,
ϫⲉ ⲛⲉⲩⲥⲟⲟⲩⲛ̄ ϫⲉ ⲛ̄ⲧⲟϥ ⲡⲉ ⲡⲉⲭ︦ⲥ︦. (42) ⲛ̄ⲧⲉⲣⲉ-ϩⲧⲟⲟⲩⲉ ⲇⲉ
ϣⲱⲡⲉ, ⲁϥⲉⲓ ⲉⲃⲟⲗ, ⲁϥⲃⲱⲕ ⲉⲩⲙⲁ ⲛ̄ ϫⲁⲓⲉ. ⲛⲉⲣⲉ-ⲙ̄ⲙⲏⲏϣⲉ ⲇⲉ
ϣⲓⲛⲉ ⲛ̄ⲥⲱϥ ⲡⲉ. ⲁⲩⲉⲓ ϣⲁⲣⲟϥ, ⲁⲩⲁⲙⲁϩⲧⲉ ⲙ̄ⲙⲟϥ ⲉ ⲧⲙ̄ⲃⲱⲕ ⲉ
ⲕⲁⲁⲩ. (43) ⲛ̄ⲧⲟϥ ⲇⲉ ⲡⲉϫⲁϥ ⲛⲁⲩ ϫⲉ ϩⲁⲡⲥ̄ ⲉⲧⲣⲁⲉⲩⲁⲅⲅⲉⲗⲓⲍⲉ ⲛ̄
ⲛ̄ⲕⲉⲡⲟⲗⲓⲥ ⲛ̄ ⲧⲙⲛ̄ⲧⲉⲣⲟ ⲙ̄ ⲡⲛⲟⲩⲧⲉ, ϫⲉ ⲛ̄ⲧⲁⲩⲧⲛ̄ⲛⲟⲟⲩⲧ ⲅⲁⲣ ⲉ
ⲡⲉⲓϩⲱⲃ. (44) ⲛⲉϥⲕⲏⲣⲩⲥⲥⲉ ⲇⲉ ⲡⲉ ϩⲛ̄ ⲛ̄ⲥⲩⲛⲁⲅⲱⲅⲏ ⲛ̄ ϯⲟⲩⲇⲁⲓⲁ.

5장

(1) ⲁⲥϣⲱⲡⲉ ⲇⲉ ϩⲙ̄ ⲡⲧⲣⲉ-ⲡⲙⲏⲏϣⲉ ϣⲟⲩⲟ[156] ⲉϫⲱϥ ⲛ̄ⲥⲉⲥⲱⲧⲙ̄ ⲉ
ⲡϣⲁϫⲉ ⲙ̄ ⲡⲛⲟⲩⲧⲉ, ⲛ̄ⲧⲟϥ ⲇⲉ ⲛⲉϥⲁϩⲉⲣⲁⲧϥ̄ ⲡⲉ ϩⲁⲧⲛ̄ ⲧⲗⲓⲙⲛⲏ[157] ⲛ̄
ⲅⲉⲛⲛⲏⲥⲁⲣⲉⲑ. (2) ⲁϥⲛⲁⲩ ⲉ ϫⲟⲓ ⲥⲛⲁⲩ ⲉⲩⲙⲟⲟⲛⲉ[158] ϩⲁⲧⲛ̄ ⲧⲗⲓⲙⲛⲏ,
ⲉ-ⲁ-ⲛ̄ⲟⲩⲱϩⲉ[159] ⲡⲉ ⲉⲓ ⲉϩⲣⲁⲓ ϩⲓⲱⲟⲩ, ⲉⲩⲉⲓⲱ ⲛ̄ ⲛⲉⲩϣⲛⲏⲩ[160] . (3)
ⲁϥⲁⲗⲉ ⲇⲉ ⲉ ⲟⲩⲁ ⲛ̄ ⲛ̄ϫⲟⲓ ⲉ-ⲡⲁ-ⲥⲓⲙⲱⲛ ⲡⲉ. ⲁϥϫⲟⲟⲥ ⲛⲁϥ
ⲉⲧⲣⲉϥϩⲓⲛⲉ[161] ⲉⲃⲟⲗ ⲙ̄ ⲡⲉⲕⲣⲟ ⲛ̄ ⲟⲩⲕⲟⲩⲓ. ⲁϥϩⲙⲟⲟⲥ ⲇⲉ ϩⲓ ⲡϫⲟⲓ,
ⲁϥϯ-ⲥⲃⲱ ⲛ̄ ⲙ̄ⲙⲏⲏϣⲉ. (4) ⲛ̄ⲧⲉⲣⲉϥⲟⲩⲱ ⲇⲉ ⲉϥϣⲁϫⲉ, ⲡⲉϫⲁϥ ⲛ̄

---

156. ϣⲟⲩⲟ, ϣⲟⲩⲉ-, ϣⲟⲩⲟ⸗ tr. 붓다, 따르다; 비우다(ⲙ̄ⲙⲟ⸗; ~로부터: ⲉⲃⲟⲗ ϩⲛ̄); intr. 흘러나오다, 밀려오다.

157. ⲧ.ⲗⲓⲙⲛⲏ (ἡ λίμνη) 호수.

158. ⲙⲟⲟⲛⲉ, ⲙⲉⲛⲉ-, ⲙⲁⲛⲉ-, Q ⲙⲁⲛⲟⲟⲩⲧ tr. (배를) 육지에 대다, 입항시키다(ⲙ̄ⲙⲟ⸗; ~에: ⲉ); intr. 접안하다, 입항하다, 상륙하다.

159. ⲡ.ⲟⲩⲱϩⲉ 어부.

160. ⲡ.ϣⲛⲉ (pl. ⲛⲉ.ϣⲛⲏⲩ) 그물.

161. ϩⲓⲛⲉ 배를 젓다(ⲉⲃⲟⲗ ⲛ̄: ~에서 떠나).

ⲥⲓⲙⲱⲛ ϫⲉ ⲕⲉⲧ-ⲧⲏⲩⲧⲛ̄ ⲉ ⲛⲉⲧ ϣⲏⲕ[162], ⲛ̄ⲧⲉⲧⲛ̄ⲭⲁⲗⲁ[163] ⲛ̄
ⲛⲉⲧⲛ̄ϣⲛⲏⲩ ⲉ ϭⲱⲡⲉ[164] . (5) ⲁ-ⲥⲓⲙⲱⲛ ⲇⲉ ⲟⲩⲱϣⲃ̄, ⲡⲉϫⲁϥ ⲛⲁϥ
ϫⲉ ⲡⲥⲁϩ, ⲁⲛϣⲡ̄-ϩⲓⲥⲉ[165] ⲛ̄ ⲧⲉⲩϣⲏ ⲧⲏⲣⲥ̄, ⲙ̄ⲡⲛ̄ϭⲡ̄-ⲗⲁⲁⲩ. ⲉⲧⲃⲉ
ⲡⲉⲕϣⲁϫⲉ ⲇⲉ ϯⲛⲁⲭⲁⲗⲁ ⲛ̄ ⲛⲉϣⲛⲏⲩ. (6) ⲛ̄ⲧⲉⲣⲟⲩⲣ̄-ⲡⲁⲓ ⲇⲉ,
ⲁⲩⲥⲱⲟⲩϩ ⲉϩⲟⲩⲛ ⲛ̄ ⲟⲩⲙⲏⲏϣⲉ ⲛ̄ ⲧⲃ̄ⲧ ⲉ-ⲛⲁϣⲱⲟⲩ. ⲛⲉⲣⲉ-
ⲛⲉⲩϣⲛⲏⲩ ⲇⲉ ⲛⲁⲡⲱϩ[166] ⲡⲉ. (7) ⲁⲩϫⲱⲣⲙ̄ ⲉ ⲛⲉⲩϣⲃⲉⲉⲣ ⲉⲧ ϩⲓ
ⲡⲕⲉϫⲟⲓ ⲉⲧⲣⲉⲩⲉⲓ ⲛ̄ⲥⲉϯ-ⲧⲟⲟⲧⲟⲩ ⲛ̄ⲙ̄ⲙⲁⲩ. ⲁⲩⲉⲓ ⲇⲉ, ⲁⲩⲙⲉϩ-ⲡϫⲟⲓ
ⲥⲛⲁⲩ ϩⲱⲥⲧⲉ ⲉⲧⲣⲉⲩⲱⲙⲥ̄. (8) ⲛ̄ⲧⲉⲣⲉ-ⲥⲓⲙⲱⲛ ⲡⲉⲧⲣⲟⲥ ⲛⲁⲩ ⲉ ⲡⲁⲓ,
ⲁϥⲡⲁϩⲧϥ̄ ϩⲁ ⲛ̄ⲟⲩⲉⲣⲏⲧⲉ ⲛ̄ ⲓ̅ⲥ̅, ⲉϥϫⲱ ⲙ̄ⲙⲟⲥ ϫⲉ ⲥⲁϩⲱⲕ ⲉⲃⲟⲗ ⲙ̄ⲙⲟⲓ,
ϫⲉ ⲁⲛⲅ̄-ⲟⲩⲣⲱⲙⲉ ⲛ̄ ⲣⲉϥⲣ̄-ⲛⲟⲃⲉ, ⲡϫⲟⲉⲓⲥ. (9) ⲛⲉ-ⲁⲩϩⲟⲧⲉ ⲅⲁⲣ
ⲧⲁϩⲟϥ ⲡⲉ ⲙⲛ̄ ⲟⲩⲟⲛ ⲛⲓⲙ ⲉⲧ ⲛ̄ⲙ̄ⲙⲁϥ ⲉϫⲛ̄ ⲧⲥⲟⲟⲩϩⲥ̄[167] ⲛ̄ ⲛ̄ⲧⲃ̄ⲧ
ⲉⲛⲧⲁⲩϭⲟⲡⲥ̄. (10) ϩⲟⲙⲟⲓⲱⲥ[168] ⲇⲉ ⲡⲕⲉ ⲓⲁⲕⲱⲃⲟⲥ ⲙⲛ̄ ⲓⲱϩⲁⲛⲛⲏⲥ,
ⲛ̄ϣⲏⲣⲉ ⲛ̄ ⲍⲉⲃⲉⲇⲁⲓⲟⲥ, ⲛⲉⲩⲟ ⲛ̄ ⲕⲟⲓⲛⲱⲛⲟⲥ[169] ⲛ̄ ⲥⲓⲙⲱⲛ. ⲡⲉϫⲉ-ⲓ̅ⲥ̅ ⲛ̄
ⲥⲓⲙⲱⲛ ϫⲉ ⲙ̄ⲡⲣ̄ⲣ̄-ϩⲟⲧⲉ. ϫⲓⲛ ⲧⲉⲛⲟⲩ ⲉⲕⲛⲁϣⲱⲡⲉ ⲉⲕϭⲉⲡ-ⲣⲱⲙⲉ. (11)
ⲁⲩⲙⲁⲛⲉ-ⲛⲉϫⲏⲩ ⲇⲉ ⲉ ⲡⲉⲕⲣⲟ, ⲁⲩⲕⲁ-ⲛ̄ⲕⲁ ⲛⲓⲙ ⲛ̄ⲥⲱⲟⲩ, ⲁⲩⲟⲩⲁϩⲟⲩ
ⲛ̄ⲥⲱϥ. (12) ⲁⲥϣⲱⲡⲉ ⲇⲉ, ⲉϥϩⲛ̄ ⲟⲩⲉⲓ ⲛ̄ ⲙ̄ⲡⲟⲗⲓⲥ, ⲉⲓⲥ ⲟⲩⲣⲱⲙⲉ
ⲉϥⲙⲉϩ ⲛ̄ ⲥⲱⲃϩ̄ ⲁϥⲛⲁⲩ ⲉ ⲓ̅ⲥ̅, ⲁϥⲡⲁϩⲧϥ̄ ⲉϫⲙ̄ ⲡⲉϥϩⲟ, ⲁϥⲥⲡ̄ⲥⲱⲡϥ̄,
ⲉϥϫⲱ ⲙ̄ⲙⲟⲥ ϫⲉ ⲡϫⲟⲉⲓⲥ, ⲉⲕϣⲁⲛⲟⲩⲱϣ, ⲟⲩⲛ̄-ϭⲟⲙ ⲙ̄ⲙⲟⲕ ⲉ
ⲧⲃ̄ⲃⲟⲓ. (13) ⲁϥⲥⲟⲩⲧⲛ̄-ⲧⲉϥϭⲓϫ ⲇⲉ ⲉⲃⲟⲗ, ⲁϥϫⲱϩ[170] ⲉⲣⲟϥ, ⲉϥϫⲱ
ⲙ̄ⲙⲟⲥ ϫⲉ ϯⲟⲩⲱϣ. ⲧⲃ̄ⲃⲟ. ⲁⲩⲱ ⲛ̄ ⲧⲉⲩⲛⲟⲩ ⲁ-ⲡⲥⲱⲃϩ̄ ⲕⲁⲁϥ. (14)

---

162. ϣⲱⲕ, ϣⲉⲕ-, ϣⲟⲕ⸗, Q ϣⲏⲕ 깊게 파다; Q 깊다; ⲛⲉⲧ ϣⲏⲕ 깊은 곳.
163. ⲭⲁⲗⲁ (χαλάω) ~을 내리다, 낮추다.
164. ϭⲱⲡⲉ, ϭⲉⲡ-, ϭⲡ̄-, ϭⲟⲡ⸗, Q ϭⲏⲡ 붙잡다, 잡다(ⲙ̄ⲙⲟ⸗).
165. ϣⲡ̄-ϩⲓⲥⲉ 일하다, 노동하다.
166. ⲡⲱϩ, ⲡⲉϩ-, ⲡⲁϩ⸗, Q ⲡⲏϩ tr. 깨다, 찢다, 부수다(ⲙ̄ⲙⲟ⸗).
167. ⲧ.ⲥⲟⲟⲩϩⲥ̄ 모음, 수집; (물고기를) 잡음.
168. ϩⲟⲙⲟⲓⲱⲥ (ὁμοίως) adv. 마찬가지로, ~도 또한.
169. ⲡ.ⲕⲟⲓⲛⲱⲛⲟⲥ (ὁ κοινωνός) 동료, 동업자.
170. ϫⲱϩ, Q ϫⲏϩ tr. 접촉하다, 만지다(ⲉ).

ⲛ̄ⲧⲟϥ ⲇⲉ ⲁϥⲡⲁⲣⲁⲅⲅⲉⲓⲗⲉ ⲛⲁϥ[171] ϫⲉ ⲙ̄ⲡⲣ̄ϫⲟⲟⲥ ⲉ ⲗⲁⲁⲩ, ⲁⲗⲗⲁ
ⲃⲱⲕ, ⲛ̄ⲅ̄ⲧⲟⲩⲟⲕ ⲉ ⲡⲟⲩⲏⲏⲃ, ⲛ̄ⲅ̄ⲧⲁⲗⲟ ⲉϩⲣⲁⲓ ϩⲁ ⲡⲉⲕⲧⲃ̄ⲃⲟ ⲕⲁⲧⲁ ⲑⲉ
ⲉⲛⲧⲁϥⲟⲩⲉϩ-ⲥⲁϩⲛⲉ ⲙ̄ⲙⲟⲥ ⲛ̄ϭⲓ ⲙⲱⲩⲥⲏⲥ ⲉⲩⲙⲛ̄ⲧⲙⲛ̄ⲧⲣⲉ ⲛⲁⲩ. (15)
ⲛⲉⲣⲉ-ⲡϣⲁϫⲉ ⲇⲉ ⲙⲟⲟϣⲉ ⲛ̄ ϩⲟⲩⲟ ⲉⲧⲃⲏⲏⲧϥ̄, ⲁⲩⲱ ⲛⲉⲣⲉ-ⲙ̄ⲙⲏⲏϣⲉ
ⲥⲱⲟⲩϩ ⲉϩⲟⲩⲛ ⲉ ⲥⲱⲧⲙ̄ ⲉⲣⲟϥ ⲁⲩⲱ ⲉ ⲧⲁⲗϭⲟⲟⲩ ϩⲛ̄ ⲛⲉⲩϣⲱⲛⲉ. (16)
ⲛ̄ⲧⲟϥ ⲇⲉ ⲛⲉϥⲥⲓϩⲉ[172] ⲙ̄ⲙⲟϥ ⲡⲉ ⲉ ϩⲉⲛⲙⲁ ⲛ̄ ϫⲁⲓⲉ, ⲉϥϣⲗⲏⲗ. (17)
ⲁⲥϣⲱⲡⲉ ⲇⲉ, ⲉϥϯ-ⲥⲃⲱ ⲛ̄ ⲟⲩϩⲟⲟⲩ, ⲉⲣⲉ-ϩⲉⲛⲫⲁⲣⲓⲥⲁⲓⲟⲥ[173] ϩⲙⲟⲟⲥ
ⲙⲛ̄ ϩⲉⲛⲛⲟⲙⲟⲇⲓⲇⲁⲥⲕⲁⲗⲟⲥ[174], ⲛⲁⲓ ⲉⲛⲧⲁⲩⲉⲓ ⲉⲃⲟⲗ ϩⲛ̄ ϯⲙⲉ ⲛⲓⲙ ⲛ̄ⲧⲉ
ⲧⲅⲁⲗⲓⲗⲁⲓⲁ ⲙⲛ̄ ϯⲟⲩⲇⲁⲓⲁ ⲙⲛ̄ ⲑⲓⲗⲏ̄ⲙ̄, ⲛⲉⲣⲉ-ⲧϭⲟⲙ ⲇⲉ ⲙ̄ ⲡϫⲟⲉⲓⲥ
ϣⲟⲟⲡ ⲡⲉ ⲉⲧⲣⲉϥⲧⲁⲗϭⲟ. (18) ⲉⲓⲥ ϩⲉⲛⲣⲱⲙⲉ ⲇⲉ ⲁⲩⲛ̄-ⲟⲩⲣⲱⲙⲉ
ϩⲓϫⲛ̄ ⲟⲩϭⲗⲟϭ ⲉϥⲥⲏϭ, ⲁⲩⲱ ⲛⲉⲩϣⲓⲛⲉ ⲡⲉ ⲛ̄ⲥⲁ ϫⲓⲧϥ̄ ⲉϩⲟⲩⲛ ⲉ
ⲕⲁⲁϥ ⲙ̄ ⲡⲉϥⲙ̄ⲧⲟ ⲉⲃⲟⲗ. (19) ⲉ-ⲙⲡⲟⲩϩⲉ ⲇⲉ ⲉ ⲧⲉϩⲓⲏ ⲉ ϫⲓⲧϥ̄
ⲉϩⲟⲩⲛ ⲉⲧⲃⲉ ⲡⲙⲏⲏϣⲉ, ⲁⲩⲃⲱⲕ ⲉϩⲣⲁⲓ ⲉ ⲧϫⲉⲛⲉⲡⲱⲣ, ⲁⲩⲭⲁⲗⲁ ⲙ̄ⲙⲟϥ
ⲉⲡⲉⲥⲏⲧ ϩⲓⲧⲛ̄ ⲛ̄ⲕⲉⲣⲁⲙⲟⲥ[175] ⲙⲛ̄ ⲡⲉϭⲗⲟϭ ⲉ ⲧⲉⲩⲙⲏⲧⲉ ⲙ̄ ⲡⲉⲙⲧⲟ
ⲉⲃⲟⲗ ⲛ̄ ⲓ̅ⲥ̅. (20) ⲁϥⲛⲁⲩ ⲇⲉ ⲉ ⲧⲉⲩⲡⲓⲥⲧⲓⲥ, ⲡⲉϫⲁϥ ϫⲉ ⲡⲣⲱⲙⲉ,
ⲛⲉⲕⲛⲟⲃⲉ ⲕⲏ ⲛⲁⲕ ⲉⲃⲟⲗ. (21) ⲁ-ⲛⲉⲅⲣⲁⲙⲙⲁⲧⲉⲩⲥ[176] ⲇⲉ ⲙⲛ̄
ⲛⲉⲫⲁⲣⲓⲥⲁⲓⲟⲥ ⲁⲣⲭⲉⲓ ⲙ̄ ⲙⲟⲕⲙⲉⲕ, ⲉⲩϫⲱ ⲙ̄ⲙⲟⲥ ϫⲉ ⲛⲓⲙ ⲡⲉ ⲡⲁⲓ ⲉⲧ
ϫⲓ-ⲟⲩⲁ[177]? ⲛⲓⲙ ⲡⲉⲧⲉ ⲟⲩⲛ̄-ϭⲟⲙ ⲙ̄ⲙⲟϥ ⲛ̄ ⲕⲁ-ⲛⲟⲃⲉ ⲉⲃⲟⲗ ⲛ̄ⲥⲁ
ⲡⲛⲟⲩⲧⲉ ⲙⲁⲩⲁⲁϥ? (22) ⲛ̄ⲧⲉⲣⲉ-ⲓ̅ⲥ̅ ⲇⲉ ⲉⲓⲙⲉ ⲉ ⲛⲉⲩⲙⲟⲕⲙⲉⲕ, ⲡⲉϫⲁϥ
ⲛⲁⲩ ϫⲉ ⲁϩⲣⲱⲧⲛ̄ ⲧⲉⲧⲛ̄ⲙⲉⲉⲩⲉ ϩⲛ̄ ⲛⲉⲧⲛ̄ϩⲏⲧ? (23) ⲁϣ ⲅⲁⲣ ⲡⲉⲧ
ⲙⲟⲧⲛ̄ ⲉ ϫⲟⲟⲥ ⲡⲉ, ϫⲉ ⲛⲉⲕⲛⲟⲃⲉ ⲕⲏ ⲛⲁⲕ ⲉⲃⲟⲗ, ϫⲛ̄[178] ⲉ ϫⲟⲟⲥ

---

171. ⲡⲁⲣⲁⲅⲅⲉⲓⲗⲉ ⲛⲁ⸗ (παραγγέλλω) 지시하다, 명령하다.
172. ⲥⲓϩⲉ, ⲥⲉϩ-, ⲥⲁϩⲧ⸗ reflex. 물러나다, 떠나다; intr. 이동하다.
173. ⲛⲉ.ⲫⲁⲣⲓⲥⲁⲓⲟⲥ (οἱ φαρισαῖοι) 바리새인들, 바리사이들.
174. ⲡ.ⲛⲟⲙⲟⲇⲓⲇⲁⲥⲕⲁⲗⲟⲥ (ὁ νομοδιδάσκαλος) 율법 교사, 율법 학자.
175. ⲡ.ⲕⲉⲣⲁⲙⲟⲥ (ὁ κέραμος) 타일, 기와.
176. ⲡⲉ.ⲅⲣⲁⲙⲙⲁⲧⲉⲩⲥ (ὁ γραμματεύς) 서기관.
177. ϫⲓ-ⲟⲩⲁ, ϫⲉ-ⲟⲩⲁ 모독하다(~에 대해: ⲉ); ⲡ.ⲟⲩⲁ 모독.
178. ϫⲛ̄ conj. 또는, 혹은.

ⲡⲉ, ϫⲉ ⲧⲱⲟⲩⲛ ⲛⲅ̄ⲙⲟⲟϣⲉ? (24) ϫⲉⲕⲁⲥ ⲇⲉ ⲉⲧⲉⲧⲛⲉⲉⲓⲙⲉ ϫⲉ
ⲟⲩⲛ̄ⲧⲉ-ⲡϣⲏⲣⲉ ⲙ̄ ⲡⲣⲱⲙⲉ ⲉⲝⲟⲩⲥⲓⲁ ϩⲓϫⲙ̄ ⲡⲕⲁϩ ⲉ ⲕⲁ-ⲛⲟⲃⲉ
ⲉⲃⲟⲗ— ⲡⲉϫⲁϥ ⲙ̄ ⲡⲉⲧ ⲥⲏϭ ϫⲉ ⲉⲓϫⲱ ⲙ̄ⲙⲟⲥ ⲛⲁⲕ ϫⲉ ⲧⲱⲟⲩⲛ
ⲛⲅ̄ϥⲓ ⲙ̄ ⲡⲉⲕϭⲗⲟϭ; ⲃⲱⲕ ⲉ ⲡⲉⲕⲏⲓ. (25) ⲛ̄ ⲧⲉⲩⲛⲟⲩ ⲇⲉ ⲁϥⲧⲱⲟⲩⲛ ⲙ̄
ⲡⲉⲩⲙ̄ⲧⲟ ⲉⲃⲟⲗ, ⲁϥϥⲓ ⲙ̄ ⲡⲉϥϭⲗⲟϭ, ⲁϥⲃⲱⲕ ⲉ ⲡⲉϥⲏⲓ ⲉϥϯ-ⲉⲟⲟⲩ ⲙ̄
ⲡⲛⲟⲩⲧⲉ. (26) ⲁⲩⲣ̄-ϣⲡⲏⲣⲉ ⲇⲉ ⲧⲏⲣⲟⲩ, ⲁⲩϯ-ⲉⲟⲟⲩ ⲙ̄ ⲡⲛⲟⲩⲧⲉ,
ⲁⲩⲙⲟⲩϩ ⲛ̄ ϩⲟⲧⲉ, ⲉⲩϫⲱ ⲙ̄ⲙⲟⲥ ϫⲉ, ⲁⲛⲛⲁⲩ ⲉ ϩⲉⲛϣⲡⲏⲣⲉ ⲙ̄
ⲡⲟⲟⲩ. (27) ⲙⲛ̄ⲛ̄ⲥⲁ ⲛⲁⲓ ⲁϥⲉⲓ ⲉⲃⲟⲗ, ⲁϥⲛⲁⲩ ⲉⲩⲧⲉⲗⲱⲛⲏⲥ ⲉ-ⲡⲉϥⲣⲁⲛ
ⲡⲉ ⲗⲉⲩⲉⲓ ⲉϥϩⲙⲟⲟⲥ ϩⲙ̄ ⲡⲉϥⲧⲉⲗⲱⲛⲓⲟⲛ[179] . ⲡⲉϫⲁϥ ⲛⲁϥ ϫⲉ
ⲟⲩⲁϩⲕ̄ ⲛ̄ⲥⲱⲓ. (28) ⲁϥⲕⲁ-ⲛ̄ⲕⲁ ⲇⲉ ⲛⲓⲙ ⲛ̄ⲥⲱϥ, ⲁϥⲧⲱⲟⲩⲛ, ⲁϥⲟⲩⲁϩϥ̄
ⲛ̄ⲥⲱϥ. (29) ⲁⲩⲱ ⲁ-ⲗⲉⲩⲉⲓ ⲣ̄-ⲟⲩⲛⲟϭ ⲛ̄ ϣⲟⲡⲥ̄[180] ⲉⲣⲟϥ ϩⲙ̄ ⲡⲉϥⲏⲓ.
ⲛⲉⲩⲛ̄- ⲟⲩⲙⲏⲏϣⲉ ⲇⲉ ⲛ̄ ⲧⲉⲗⲱⲛⲏⲥ ⲙⲛ̄ ϩⲉⲛⲕⲟⲟⲩⲉ ⲛ̄ⲙⲙⲁⲩ ⲉⲩⲛⲏϫ.
(30) ⲁ-ⲛⲉⲫⲁⲣⲓⲥⲁⲓⲟⲥ ⲙⲛ̄ ⲛⲉⲅⲣⲁⲙⲙⲁⲧⲉⲩⲥ ⲕⲣⲙ̄ⲣⲙ̄[181] ⲉϩⲟⲩⲛ ⲉ
ⲛⲉϥⲙⲁⲑⲏⲧⲏⲥ, ⲉⲩϫⲱ ⲙ̄ⲙⲟⲥ ϫⲉ ⲉⲧⲃⲉ ⲟⲩ ⲧⲉⲧⲛ̄ⲟⲩⲱⲙ ⲁⲩⲱ
ⲧⲉⲧⲛ̄ⲥⲱ ⲙⲛ̄ ⲛ̄ⲧⲉⲗⲱⲛⲏⲥ ⲁⲩⲱ ⲛ̄ⲣⲉϥⲣ̄-ⲛⲟⲃⲉ? (31) ⲁ-ⲓ̄ⲥ̄ ⲇⲉ ⲟⲩⲱϣⲃ̄,
ⲡⲉϫⲁϥ ⲛⲁⲩ ϫⲉ ⲛⲉⲧ ⲧⲏⲕ[182] ⲣ̄-ⲭⲣⲓⲁ ⲁⲛ ⲙ̄ ⲡⲥⲁⲉⲓⲛ, ⲁⲗⲗⲁ ⲛⲉⲧ
ⲙⲟⲕϩ̄ ⲛⲉⲧ ⲣ̄-ⲭⲣⲓⲁ ⲛⲁϥ. (32) ⲛ̄ⲧⲁⲓⲉⲓ ⲁⲛ ⲉ ⲧⲉϩⲙ̄-[183] ⲛ̄ⲇⲓⲕⲁⲓⲟⲥ ⲁⲗⲗⲁ
ⲛ̄ⲣⲉϥⲣ̄-ⲛⲟⲃⲉ ⲉ ⲙⲉⲧⲁⲛⲟⲉⲓ[184] . (33) ⲛ̄ⲧⲟⲟⲩ ⲇⲉ ⲡⲉϫⲁⲩ ⲛⲁϥ ϫⲉ
ⲙ̄ⲙⲁⲑⲏⲧⲏⲥ ⲛ̄ ⲓⲱϩⲁⲛⲛⲏⲥ ⲛⲏⲥⲧⲉⲩⲉ ⲛ̄ ϩⲁϩ ⲛ̄ ⲥⲟⲡ ⲁⲩⲱ ⲥⲉⲥⲟⲡⲥ̄,
ⲛ̄ⲧⲟⲟⲩ ⲙⲛ̄ ⲛⲁ-ⲛⲉⲫⲁⲣⲓⲥⲁⲓⲟⲥ. ⲛⲟⲩⲕ ⲇⲉ ⲟⲩⲱⲙ, ⲥⲉⲥⲱ. (34) ⲡⲉϫⲉ-
ⲓ̄ⲥ̄ ⲛⲁⲩ ϫⲉ ⲙⲏ ⲟⲩⲛ̄-ϭⲟⲙ ⲙ̄ⲙⲱⲧⲛ̄ ⲉⲧⲣⲉ-ⲛ̄ϣⲏⲣⲉ ⲙ̄ ⲡⲙⲁ ⲛ̄

---

179. ⲡ.ⲧⲉⲗⲱⲛⲓⲟⲛ (τὸ τελώνιον) 세관.

180. ⲧ.ϣⲟⲡⲥ̄ 연회, 잔치.

181. ⲕⲣⲙ̄ⲣⲙ̄ intr. 중얼거리다, 불평하다, 항의하다(~에 대해: ⲉ, ⲉϩⲟⲩⲛ ⲉ, ⲉϫⲛ̄, ⲛ̄ⲥⲁ).

182. ⲧⲱⲕ, ⲧⲉⲕ-, ⲧⲟⲕ⸗, Q ⲧⲏⲕ tr. 강화하다, 굳어지게 하다; reflex. 및 intr. 강하게 되다, 굳다, 강건하다, 대담하다. (Q 건강하다, 강하다—옮긴이)

183. ⲧⲱϩⲙ̄, ⲧⲉϩⲙ̄-, ⲧⲁϩⲙ⸗, Q ⲧⲁϩⲙ̄ tr. 호출하다, 부르다(ⲙ̄ⲙⲟ⸗, ⲉ); intr. 문을 두드리다.

184. ⲙⲉⲧⲁⲛⲟⲉⲓ (μετανοέω) 뉘우치다, 회개하다.

ϣⲉⲗⲉⲉⲧ[185] ⲛⲏⲥⲧⲉⲩⲉ, ⲉⲣⲉ-ⲡⲁ-ⲧϣⲉⲗⲉⲉⲧ ⲛ̄ⲙ̄ⲙⲁⲩ? (35) ⲟⲩⲛ̄-ϩⲉⲛϩⲟⲟⲩ ⲇⲉ ⲛⲏⲩ ⲉⲩⲛⲁϥⲓ ⲙ̄ ⲡⲁ-ⲧϣⲉⲗⲉⲉⲧ ⲛ̄ⲧⲟⲟⲧⲟⲩ. ⲧⲟⲧⲉ ⲥⲉⲛⲁⲛⲏⲥⲧⲉⲩⲉ ϩⲛ̄ ⲛⲉϩⲟⲟⲩ ⲉⲧ ⲙ̄ⲙⲁⲩ. (36) ⲁϥϫⲱ ⲇⲉ ⲛⲁⲩ ⲛ̄ ⲕⲉⲡⲁⲣⲁⲃⲟⲗⲏ ϫⲉ ⲙⲉⲣⲉ-ⲗⲁⲁⲩ ⲥⲗ̄ⲡ-[186] ⲟⲩⲧⲟⲉⲓⲥ ϩⲓ ⲟⲩϣⲧⲏⲛ ⲛ̄ ϣⲁⲓ ⲛ̄ϥⲧⲟⲣⲡⲥ̄[187] ⲉⲩϣⲧⲏⲛ ⲙ̄ ⲡⲗ̄ϭⲉ. ⲉϣⲱⲡⲉ ⲙ̄ⲙⲟⲛ, ϥⲛⲁⲡⲉϩ-ⲧⲕⲉϣⲧⲏⲛ ⲛ̄ ϣⲁⲓ[188], ⲁⲩⲱ ⲛ̄ⲧⲉⲧⲙ̄-ⲧⲧⲟⲉⲓⲥ ⲛ̄ ϣⲁⲓ ⲣ̄-ϣⲁⲩ[189] ⲉ ⲧⲡⲗ̄ϭⲉ.[190] (37) ⲁⲩⲱ ⲙⲉⲣⲉ-ⲗⲁⲁⲩ ⲛⲟⲩϫⲉ ⲛ̄ ⲟⲩⲏⲣⲡ̄ ⲛ̄ ⲃⲣ̄ⲣⲉ ⲉ ϩⲉⲛⲁⲥⲕⲟⲥ[191] ⲛ̄ ⲁⲥ. ⲉϣⲱⲡⲉ ⲙ̄ⲙⲟⲛ, ϣⲁⲣⲉ-ⲡⲏⲣⲡ̄ ⲛ̄ ⲃⲣ̄ⲣⲉ ⲡⲉϩ-ⲛ̄ⲁⲥⲕⲟⲥ, ⲛϥ̄ⲡⲱⲛⲉ[192] ⲉⲃⲟⲗ, ⲛ̄ⲧⲉ-ⲛ̄ⲕⲉⲁⲥⲕⲟⲥ ⲧⲁⲕⲟ. (38) ⲁⲗⲗⲁ ⲉϣⲁⲩⲛⲉϫ-ⲏⲣⲡ̄ ⲛ̄ ⲃⲣ̄ⲣⲉ ⲉ ϩⲉⲛⲁⲥⲕⲟⲥ ⲛ̄ ⲃⲣ̄ⲣⲉ. (39) ⲙⲉⲣⲉ-ⲗⲁⲁⲩ ⲇⲉ ⲟⲩⲉϣ-ⲏⲣⲡ̄ ⲛ̄ ⲃⲣ̄ⲣⲉ, ⲉϥⲥⲉ-ⲏⲣⲡ̄ ⲁⲥ. ϣⲁϥϫⲟⲟⲥ ⲅⲁⲣ ϫⲉ ⲛⲉϥⲣ̄-ⲡⲉⲣⲡ-ⲁⲥ.

185. ⲧ.ϣⲉⲗⲉⲉⲧ 신부; ⲙⲁ ⲛ̄ ϣⲉⲗⲉⲉⲧ 신방; (ⲡ.) ⲡⲁ-ⲧϣⲉⲗⲉⲉⲧ 신랑.

186. ⲥⲱⲗⲡ̄, ⲥⲗ̄ⲡ-, ⲥⲟⲗⲡ⸗, Q ⲥⲟⲗⲡ̄ tr. 분리하다, 찢다, 자르다(ⲙ̄ⲙⲟ⸗); intr. 깨어지다, 부서지다, 찢어지다.

187. ϣⲁⲓ adj. 새, 새로운.

188. ⲧⲱⲣⲡ̄, ⲧⲟⲣⲡ⸗, Q ⲧⲟⲣⲡ̄ tr. 깁다, 꿰메다(ⲙ̄ⲙⲟ⸗; ~에: ⲉ).

189. ⲡ.ϣⲁⲩ 유용, 가치, 쓸모 있음, 이익; ⲣ̄-ϣⲁⲩ 유용하다, 가치가 있다, 유익하다.

190. ⲡ.ⲡⲗ̄ϭⲉ 헝겊, 천조각; ϣⲧⲏⲛ ⲙ̄ ⲡⲗ̄ϭⲉ 누더기옷, 헌옷.

191. ⲡ.ⲁⲥⲕⲟⲥ (ὁ ἀσκός) (포도주용) 부대.

192. ⲡⲱⲛ(ⲉ), ⲡⲛ̄-, (ⲡⲉⲛ-), ⲡⲟⲛ⸗, Q ⲡⲏⲛ (± ⲉⲃⲟⲗ) tr. 붓다, 따르다(ⲙ̄ⲙⲟ⸗); intr. 흘러나오다, 쏟아지다.

사막 교부들의 금언집
(Apophthegmata Patrum)

3. ⲁ-ⲟⲩⲥⲟⲛ ϫⲛⲉ-ⲟⲩϩⲗ̄ⲗⲟ ϫⲉ, "ⲡⲁⲉⲓⲱⲧ, ⲉⲧⲃⲉ ⲟⲩ ⲁⲛⲟⲕ ⲡⲁϩⲏⲧ ⲛⲁϣⲧ̄, ⲛϥⲣ̄-ϩⲟⲧⲉ ⲁⲛ ⲛ̄ϩⲏⲧϥ̄ ⲙ̄ ⲡⲛⲟⲩⲧⲉ?" ⲡⲉϫⲉ-ⲡϩⲗ̄ⲗⲟ ⲛⲁϥ ϫⲉ, "ϯ-ⲙⲉⲉⲩⲉ ϫⲉ ⲉⲣϣⲁⲛ-ⲡⲣⲱⲙⲉ ⲁⲙⲁϩⲧⲉ ⲙ̄ ⲡⲉϫⲡⲓⲟ ϩⲙ̄ ⲡⲉϥϩⲏⲧ, ϥⲛⲁϫⲡⲟ ⲛⲁϥ ⲛ̄ ⲑⲟⲧⲉ ⲙ̄ ⲡⲛⲟⲩⲧⲉ." ⲡⲉϫⲉ-ⲡⲥⲟⲛ ⲛⲁϥ ϫⲉ, "ⲟⲩ ⲡⲉ ⲡⲉϫⲡⲓⲟ?" ⲡⲉϫⲉ-ⲡϩⲗ̄ⲗⲟ, "ϫⲉⲕⲁⲥ ⲉⲣⲉ-ⲡⲣⲱⲙⲉ ⲛⲁϫⲡⲓⲉ-ⲧⲉϥⲯⲩⲭⲏ ϩⲛ̄ ϩⲱⲃ ⲛⲓⲙ, ⲉϥϫⲱ ⲙ̄ⲙⲟⲥ ⲛⲁⲥ ϫⲉ, 'ⲁⲣⲓ-ⲡⲙⲉⲉⲩⲉ ϫⲉ ϩⲁⲡⲥ̄ ⲉⲣⲟⲛ ⲡⲉ ⲉⲧⲣⲉⲛⲁⲡⲁⲛⲧⲁ ⲉ[1] ⲡⲛⲟⲩⲧⲉ,' ⲛϥϫⲟⲟⲥ ⲟⲛ ϫⲉ, 'ⲁϩⲣⲟⲓ ⲁⲛⲟⲕ ⲙⲛ̄ ⲣⲱⲙⲉ?' ⲉⲣϣⲁⲛ-ⲟⲩⲁ ⲇⲉ ⲙⲟⲩⲛ ⲉⲃⲟⲗ ϩⲛ̄ ⲛⲁⲓ, ⲥⲛⲏⲩ ⲛⲁϥ ⲛ̄ϭⲓ ⲑⲟⲧⲉ ⲙ̄ ⲡⲛⲟⲩⲧⲉ."

4. ⲁϥϫⲟⲟⲥ ⲛ̄ϭⲓ ⲁⲡⲁ ⲡⲟⲓⲙⲏⲛ ϫⲉ, "ⲁ-ⲟⲩⲥⲟⲛ ϫⲟⲟⲥ ⲛ̄ ⲁⲡⲁ ⲡⲁⲏⲥⲉ ϫⲉ, 'ⲉⲓⲛⲁⲣ̄-ⲟⲩ ⲙ̄ ⲡⲁϩⲏⲧ ⲉϥⲛⲁϣⲧ̄? ⲛ̄ϯⲣ̄-ϩⲟⲧⲉ ⲁⲛ ⲛ̄ϩⲏⲧϥ̄ ⲙ̄ ⲡⲛⲟⲩⲧⲉ.' ⲡⲉϫⲁϥ ⲛⲁϥ ϫⲉ, 'ⲃⲱⲕ ⲛⲅ̄ⲧⲟϭⲕ̄[2] ⲉⲩⲥⲟⲛ ⲉϥⲣ̄-ϩⲟⲧⲉ ⲛ̄ϩⲏⲧϥ̄ ⲙ̄ ⲡⲛⲟⲩⲧⲉ, ⲁⲩⲱ ⲉⲃⲟⲗ ϩⲛ̄ ⲧⲙⲛ̄ⲧⲣⲉϥⲣ̄-ϩⲟⲧⲉ ⲙ̄ ⲡⲉⲧ ⲙ̄ⲙⲁⲩ ⲕⲛⲁⲣ̄-ϩⲟⲧⲉ ϩⲱⲱⲕ ⲛ̄ϩⲏⲧϥ̄ ⲙ̄ ⲡⲛⲟⲩⲧⲉ.'"

5. ⲁ-ⲟⲩⲁ ϫⲛⲉ-ⲟⲩϩⲗ̄ⲗⲟ ϫⲉ, "ⲉⲧⲃⲉ ⲟⲩ, ⲉⲓϩⲙⲟⲟⲥ ϩⲙ̄ ⲡⲁⲙⲁ ⲛ̄

---

1. ⲁⲡⲁⲛⲧⲁ ⲉ (ἀπαντάω) 만나다, 직면하다.
2. ⲧⲱϭⲉ, ⲧⲉϭ-, ⲧⲟϭ⸗, Q ⲧⲏϭ tr. 결합되다, 붙다(ⲙ̄ⲙⲟ⸗; ~에: ⲉ); 여기에서는 재귀용법으로 사용되었다.

ϣⲱⲡⲉ, ⲡⲁϩⲏⲧ ⲕⲱⲧⲉ ⲥⲁ ⲥⲁ ⲛⲓⲙ?" ⲁϥⲟⲩⲱϣⲃ̄ ⲛⲁϥ ⲛ̄ϭⲓ ⲡϩⲗ̄ⲗⲟ ϫⲉ, "ⲉⲃⲟⲗ ϫⲉ ⲥⲉϣⲱⲛⲉ ⲛ̄ϭⲓ ⲛⲉⲕⲉⲥⲑⲏⲧⲏⲣⲓⲟⲛ[3] ⲉⲧ ϩⲓ ⲃⲟⲗ: ⲧϭⲓⲛⲛⲁⲩ, ⲧϭⲓⲛⲥⲱⲧⲙ̄, ⲧϭⲓⲛϣⲱⲗⲙ̄[4] ⲧϭⲓⲛϣⲁϫⲉ. ⲛⲁⲓ ϭⲉ ⲉϣⲱⲡⲉ ⲉⲕϣⲁⲛϫⲡⲟ ⲛ̄ ⲧⲉⲩⲉⲛⲉⲣⲅⲓⲁ[5] ϩⲛ̄ ⲟⲩⲙⲛ̄ⲧⲕⲁⲑⲁⲣⲟⲥ[6], ϣⲁⲣⲉ-ⲛ̄ⲕⲉⲉⲥⲑⲏⲧⲏⲣⲓⲟⲛ ⲉⲧ ϩⲓ ϩⲟⲩⲛ ϣⲱⲡⲉ ϩⲛ̄ ⲟⲩⲥϭ̄ⲣⲁϩⲧ̄[7] ⲙⲛ̄ ⲟⲩⲟⲩϫⲁⲓ.

6. ⲁ-ⲟⲩⲁ ⲟⲛ ϫⲛⲉ-ⲟⲩϩⲗ̄ⲗⲟ ϫⲉ, "ⲉⲧⲃⲉ ⲟⲩ ϯϩⲙⲟⲟⲥ ϩⲙ̄ ⲡⲙⲁ ⲛ̄ ϣⲱⲡⲉ, ϯϩⲗⲡ̄ⲗⲱⲡ?"[8] ⲁϥⲟⲩⲱϣⲃ̄ ⲛⲁϥ ϫⲉ, "ⲉⲃⲟⲗ ϫⲉ ⲙ̄ⲡⲁⲧⲉⲕⲉⲓⲱⲣϩ̄[9] ⲙ̄ ⲡⲙ̄ⲧⲟⲛ ⲉⲧⲛ̄ϩⲉⲗⲡⲓⲍⲉ[10] ⲉⲣⲟϥ ⲟⲩⲇⲉ ⲧⲕⲟⲗⲁⲥⲓⲥ[11] ⲉⲧ ⲛⲁϣⲱⲡⲉ. ⲉ-ⲛⲉ-ⲁⲕ ⲉⲓⲉⲣϩ̄-ⲛⲁⲓ ϩⲛ̄ ⲟⲩⲱⲣϫ̄, ⲁⲩⲱ ⲛ̄ⲧⲉ-ⲡⲉⲕⲙⲁ ⲛ̄ ϣⲱⲡⲉ ⲙⲟⲩϩ ⲛ̄ ⲃⲛ̄ⲧ[12] ⲉⲣⲟⲕ ϣⲁⲛⲧⲟⲩⲡⲱϩ ⲉϩⲣⲁⲓ ⲉ ⲡⲉⲕⲙⲟⲧⲉ,[13] ⲛⲉⲕⲛⲁϭⲱ ⲉϩⲣⲁⲓ ⲛ̄ϩⲏⲧⲟⲩ ⲡⲉ ⲛⲅ̄ϥⲓ ϩⲁⲣⲟⲟⲩ ⲛⲅ̄ⲧⲙ̄ϩⲗⲟⲡⲗⲡ̄."

9. ⲁϥϫⲟⲟⲥ ⲟⲛ ϫⲉ, "ⲧⲛⲏⲥⲧⲓⲁ ⲡⲉ ⲡⲉⲭⲁⲗⲓⲛⲟⲥ[14] ⲙ̄ ⲡⲙⲟⲛⲁⲭⲟⲥ ⲉϥϯ ⲟⲩⲃⲉ ⲡⲛⲟⲃⲉ. ⲡⲉⲧ ⲛⲟⲩϫⲉ ⲛ̄ ⲧⲁⲓ ⲥⲁⲃⲟⲗ ⲙ̄ⲙⲟϥ ⲟⲩϩⲧⲟ ⲛ̄ ⲗⲁⲃ-ⲥϩⲓⲙⲉ[15] ⲡⲉ.

10. ⲁϥϫⲟⲟⲥ ⲟⲛ ϫⲉ, "ⲡⲥⲱⲙⲁ ⲉⲧ ϣⲟⲩⲱⲟⲩ[16] ⲛ̄ⲧⲉ ⲡⲙⲟⲛⲁⲭⲟⲥ

---

3. ⲡ.ⲉⲥⲑⲏⲧⲏⲣⲓⲟⲛ (τὸ αἰσθητήριον) 감각 기관.
4. ϣⲱⲗⲙ̄ tr. 냄새를 맡다.
5. ⲧ.ⲉⲛⲉⲣⲅⲓⲁ (ἡ ἐνεργία) 기능, 역할, 행동.
6. ⲕⲁⲑⲁⲣⲟⲥ (καθαρός) 순수한, 순전한; ⲙⲛ̄ⲧⲕⲁⲑⲁⲣⲟⲥ 순수, 순결.
7. ⲥϭ̄ⲣⲁϩⲧ̄ intr. 중지하다, 멈추다, 쉬다, 조용해지다.
8. ϩⲗⲟⲡⲗⲡ̄, Q ϩⲗⲡ̄ⲗⲱⲡ intr. 낙심하다, 절망하다, 지치다.
9. ⲉⲓⲱⲣϩ̄, ⲉⲓⲉⲣϩ̄-, ⲉⲓⲟⲣϩ⸗ tr. 인지하다, 인식하다, 알다(ⲙ̄ⲙⲟ⸗).
10. ϩⲉⲗⲡⲓⲍⲉ ⲉ (ἐλπίζω) ~을 바라다.
11. ⲧ.ⲕⲟⲗⲁⲥⲓⲥ (ἡ κόλασις) 처벌, 징계, 교정.
12. ⲧ.ϥⲛ̄ⲧ (ⲧ.ⲃⲛ̄ⲧ) 벌레.
13. ⲡ.ⲙⲟⲧⲉ 목.
14. ⲡⲉ.ⲭⲁⲗⲓⲛⲟⲥ (ὁ χαλινός) 굴레, 속박.
15. ⲗⲁⲃ-ⲥϩⲓⲙⲉ adj. 혈기 왕성한, 건장한, 호색의; lit. 미친-여자, 기본형은 ⲗⲓⲃⲉ, Q ⲗⲟⲃⲉ 격노하다, 미치다, p.c. ⲗⲁⲃ-.
16. ϣⲟⲟⲩⲉ, Q ϣⲟⲩⲱⲟⲩ intr. 마르게 되다, 고갈되다.

ⲉϥ-ⲥⲱⲕ[17] ⲛ̄ ⲧⲉⲯⲩⲭⲏ ⲉϩⲣⲁⲓ ϩⲛ̄ ⲛ̄ϣⲓⲕ[18] ⲛ̄ⲧⲉ ⲡⲉⲥⲏⲧ, ⲁⲩⲱ ⲛϥ̄ⲧⲣⲉ-ⲛ̄ϩⲩⲇⲱⲛⲏ[19] ϣⲟⲟⲩⲉ ϩⲓⲧⲛ̄ ⲧⲛⲏⲥⲧⲓⲁ."

11. ⲁϥϫⲟⲟⲥ ⲟⲛ ϫⲉ, "ⲡⲙⲟⲛⲁⲭⲟⲥ ⲛ̄ ϩⲁⲕ[20] ϣⲁⲩϯ-ⲕⲗⲟⲙ ⲉϫⲱϥ ϩⲙ̄ ⲡⲕⲁϩ, ⲁⲩⲱ ⲟⲛ ϩⲛ̄ ⲙ̄ⲡⲏⲩⲉ ϣⲁⲩϯ-ⲕⲗⲟⲙ ⲉϫⲱϥ ⲙ̄ ⲡⲙ̄ⲧⲟ ⲉⲃⲟⲗ ⲙ̄ ⲡⲛⲟⲩⲧⲉ."

12. ⲁϥϫⲟⲟⲥ ⲟⲛ ϫⲉ, "ⲡⲙⲟⲛⲁⲭⲟⲥ ⲉⲧ ⲁⲙⲁϩⲧⲉ ⲁⲛ ⲙ̄ ⲡⲉϥⲗⲁⲥ ⲙⲁⲗⲓⲥⲧⲁ[21] ⲙ̄ ⲡⲛⲁⲩ ⲙ̄ ⲡϭⲱⲛⲧ̄ ⲙⲉⲣⲉ-ⲡⲁⲓ ⲛ̄ ⲧⲉⲓⲙⲓⲛⲉ ⲉⲣ-ϫⲟⲉⲓⲥ ⲉ ⲗⲁⲁⲩ ⲙ̄ ⲡⲁⲑⲟⲥ[22] ⲉⲛⲉϩ."

13. ⲁϥϫⲟⲟⲥ ⲟⲛ ϫⲉ, "ⲙ̄ⲡⲣ̄ⲧⲁⲟⲩⲉ-ⲗⲁⲁⲩ ⲛ̄ ϣⲁϫⲉ ⲉϥϩⲟⲟⲩ ⲉⲃⲟⲗ ϩⲛ̄ ⲧⲉⲕⲧⲁⲡⲣⲟ. ⲧⲃⲱ ⲛ̄ ⲉⲗⲟⲟⲗⲉ ⲅⲁⲣ ⲙⲉⲥⲧⲁⲟⲩⲉ-ϣⲟⲛⲧⲉ[23] ⲉⲃⲟⲗ."

14. ⲁϥϫⲟⲟⲥ ⲟⲛ ϫⲉ, "ⲛⲁⲛⲟⲩ-ⲟⲩⲉⲙ-ⲁⲃ[24] ⲁⲩⲱ[25] ⲉ ⲥⲉ-ⲏⲣⲡ̄ ⲛⲅ̄ⲧⲙ̄-ⲟⲩⲱⲙ ⲇⲉ ⲛ̄ ⲛ̄ⲥⲁⲣⲝ ⲛ̄ ⲛⲉⲕⲥⲛⲏⲩ ϩⲓⲧⲛ̄ ⲧⲕⲁⲧⲁⲗⲁⲗⲓⲁ."[26]

15. ⲁϥϫⲟⲟⲥ ⲟⲛ ϫⲉ, "ⲛⲧⲁ-ⲡϩⲟϥ[27] ⲕⲟⲥⲕⲉⲥ[28] ⲉ ⲉⲩϩⲁ[29] ϣⲁⲛⲧⲟⲩ-ⲛⲟϫⲥ̄ ⲉⲃⲟⲗ ϩⲙ̄ ⲡⲡⲁⲣⲁⲇⲓⲥⲟⲥ.[30] ⲉⲣⲉ-ⲡⲉⲧ ⲕⲁⲧⲁⲗⲁⲗⲓ[31] ⲙ̄ ⲡⲉϥⲥⲟⲛ

---

17. ⲥⲱⲕ, ⲥⲉⲕ-, ⲥⲟⲕ⸗, Q ⲥⲏⲕ tr. 끌다, 끌어당기다, 추진시키다(ⲙ̄ⲙⲟ⸗); intr. 빼내다, 신속히 움직이다.
18. ⲡ.ϣⲓⲕ 깊이, 깊은 곳.
19. ⲑⲩⲇⲱⲛⲏ (ἡ ἡδονή) 즐거움, 기쁨.
20. ϩⲁⲕ adj. 술 취하지 않은, 온화한, 신중한.
21. ⲙⲁⲗⲓⲥⲧⲁ (μάλιστα) adv. 특히, 각별히.
22. ⲡ.ⲡⲁⲑⲟⲥ (τὸ πάθος) 고통, 괴로움, 불행, 재난.
23. ⲧ.ϣⲟⲛⲧⲉ 아카시아 나무, 가시 나무; 가시.
24. ⲁⲃ = ⲁϥ.
25. 접속사는 부정사의 힘을 계속 유지한다: '그리고 너의 형제들의 살을 먹지 않는 것(즉, 그들을 비방하지 않는 것)은 (선하다)'.
26. ⲧ.ⲕⲁⲧⲁⲗⲁⲗⲓⲁ (ἡ καταλαλία) 중상, 비방.
27. ⲡ.ϩⲟϥ (f. ⲧⲉ.ϩϥⲱ) 뱀.
28. ⲕⲟⲥⲕⲉⲥ = ⲕⲁⲥⲕ̄ⲥ 속삭이다.
29. ⲉⲩϩⲁ 하와, 이브.
30. ⲡ.ⲡⲁⲣⲁⲇⲓⲥⲟⲥ (ὁ παράδεισος) 낙원, 에덴, 파라다이스.
31. ⲕⲁⲧⲁⲗⲁⲗⲓ (καταλαλέω) 중상하다, 비방하다.

ⲧⲛ̄ⲧⲱⲛ ⲉ ⲡⲁⲓ. ϣⲁϥⲧⲁⲕⲟ ⲅⲁⲣ ⲛ̄ ⲧⲉⲯⲩⲭⲏ ⲙ̄ ⲡⲉⲧ ⲥⲱⲧⲙ̄, ⲁⲩⲱ ⲧⲉϥ-ⲕⲉⲟⲩⲉⲓ[32] ⲙ̄ⲙⲓⲛ ⲙ̄ⲙⲟϥ ⲙⲉϥⲧⲁⲛϩⲟⲥ.

16. ⲁⲩϣⲁ ⲇⲉ ϣⲱⲡⲉ ⲛ̄ ⲟⲩⲟⲉⲓϣ ϩⲛ̄ ϣⲓⲏⲧ, ⲁⲩⲱ ⲁⲩϯ ⲛ̄ ⲟⲩⲁⲡⲟⲧ ⲛ̄ ⲏⲣⲡ̄ ⲛ̄ ⲟⲩϩⲗ̄ⲗⲟ. ⲡⲉϫⲁϥ ϫⲉ, "ϥⲓ ⲉⲃⲟⲗ ⲙ̄ⲙⲟⲓ ⲙ̄ ⲡⲓⲙⲟⲩ." ⲛ̄ⲧⲉⲣⲉ-ⲡⲕⲉⲥⲉⲉⲡⲉ ⲇⲉ ⲛⲁⲩ ⲉⲧ ⲟⲩⲱⲙ ⲛⲙ̄ⲙⲁϥ, ⲙ̄ⲡⲟⲩϫⲓ.

17. ⲁⲩϫⲓ ⲇⲉ ⲟⲛ ⲛ̄ ⲟⲩⲥⲁⲓⲇⲓⲟⲛ[33] ⲛ̄ ⲏⲣⲡ̄ ⲛ̄ ⲁⲡⲁⲣⲭⲏ[34] ϫⲉ ⲉⲩⲉⲧⲁⲁϥ ⲛ̄ ⲛⲉⲥⲛⲏⲩ ⲕⲁⲧⲁ ⲟⲩⲁⲡⲟⲧ ⲉ ⲡⲟⲩⲁ. ⲁ-ⲟⲩⲁ ⲇⲉ ⲛ̄ ⲛⲉⲥⲛⲏⲩ ⲃⲱⲕ ⲉϩⲣⲁⲓ ⲉϫⲛ̄ ⲧⲕⲩⲡⲏ[35], ⲁϥⲡⲱⲧ ⲉⲃⲟⲗ ϩⲓϫⲱⲥ, ⲁⲩⲱ ⲛ̄ ⲧⲉⲩⲛⲟⲩ ⲁⲥϩⲉ ⲛ̄ϭⲓ ⲧⲕⲩⲡⲏ. ⲁⲩⲃⲱⲕ ⲇⲉ ⲉ ⲛⲁⲩ ⲉⲧⲃⲉ ⲡⲉϩⲣⲟⲟⲩ ⲛ̄ⲧⲁϥϣⲱⲡⲉ, ⲁⲩϩⲉ ⲉ ⲡⲥⲟⲛ ⲉϥⲛⲏϫ ϩⲓ ⲡⲉⲥⲏⲧ. ⲁⲩϩⲓ-ⲧⲟⲟⲧⲟⲩ ⲉ ⲥⲱϣ[36] ⲙ̄ⲙⲟϥ, ⲉⲩϫⲱ ⲙ̄ⲙⲟⲥ ϫⲉ, "ⲛ̄ⲧⲕ̄-ⲟⲩⲙⲁⲓ-ⲉⲟⲟⲩ ⲉϥϣⲟⲩⲉⲓⲧ. ⲕⲁⲗⲱⲥ[37] ⲁ-ⲡⲁⲓ ϣⲱⲡⲉ ⲙ̄ⲙⲟⲕ." ⲁ-ⲡϩⲗ̄ⲗⲟ ⲇⲉ ⲱⲗⲙ̄[38] ⲉⲣⲟϥ, ⲉϥϫⲱ ⲙ̄ⲙⲟⲥ ϫⲉ, "ⲁⲗⲱⲧⲛ̄ ϩⲁ ⲡⲁϣⲏⲣⲉ. ⲟⲩϩⲱⲃ ⲅⲁⲣ ⲉ-ⲛⲁⲛⲟⲩϥ ⲡⲉ ⲛ̄ⲧⲁϥⲁⲁϥ. ϥⲟⲛϩ̄[39] ⲛ̄ϭⲓ ⲡϫⲟⲉⲓⲥ ϫⲉ ⲛ̄ⲛⲉⲩⲕⲉⲧ-ⲧⲉⲓⲕⲩⲡⲏ ϩⲙ̄ ⲡⲁⲟⲩⲟⲉⲓϣ ⲧⲁⲣⲉ-ⲧⲟⲓⲕⲟⲩⲙⲉⲛⲏ ⲧⲏⲣⲥ̄ ⲉⲓⲙⲉ ϫⲉ ⲁⲩⲕⲏⲡⲏ ϩⲉ ϩⲛ̄ ϣⲓⲏⲧ ⲉⲧⲃⲉ ⲟⲩⲁⲡⲟⲧ ⲛ̄ ⲏⲣⲡ̄.

18. ⲁⲩⲥⲟⲛ ⲕⲓⲙ ϩⲙ̄ ⲡⲉϥϭⲱⲛⲧ̄ ⲉϩⲟⲩⲛ ⲉ ⲟⲩⲁ. ⲁϥⲁϩⲉⲣⲁⲧϥ̄ ⲉ ⲡⲉϣⲗⲏⲗ, ⲁϥⲁⲓⲧⲉⲓ ⲉ ϫⲓ ⲛ̄ ⲟⲩⲙⲛ̄ⲧϩⲁⲣϣ̄ϩⲏⲧ[40] ⲉϫⲙ̄ ⲡⲉϥⲥⲟⲛ ⲁⲩⲱ ⲉ ⲡⲁⲣⲁⲅⲉ[41] ⲙ̄ ⲡⲡⲓⲣⲁⲥⲙⲟⲥ ⲁϫⲙ̄ ⲡⲱⲗⲁϩ[42]. ⲁⲩⲱ ⲛ̄ ⲧⲉⲩⲛⲟⲩ

---

32. ⲟⲩⲉⲓ는 대명사로 사용된다: 자신의 것(영혼).
33. ⲡ.ⲥⲁⲓⲇⲓⲟⲛ (τὸ σαΐτιον) 작은 통.
34. ⲧ.ⲁⲡⲁⲣⲭⲏ (ἡ ἀπαρχή) 첫 열매, 첫 소산, 만물; ⲏⲣⲡ̄ ⲛ̄ ⲁⲡⲁⲣⲭⲏ 새 포도주.
35. ⲧ.ⲕⲩⲡⲏ, ⲧ.ⲕⲏⲡⲏ 아치, 둥근 천장, 아치형 장소.
36. ⲥⲱϣ, ⲥⲉϣ-, ⲥⲟϣ⸗, Q ⲥⲏϣ tr. 경멸하다, 묵살하다(ⲙ̄ⲙⲟ⸗).
37. ⲕⲁⲗⲱⲥ (καλῶς) adv. 잘, 훌륭하게.
38. ⲱⲗⲙ̄, ⲉⲗⲙ⸗, Q ⲟⲗⲙ̄ tr. 포옹하다, 받아들이다(ⲉ).
39. 맹세: '주님이 살아계심으로, … '.
40. ϩⲁⲣϣ̄-ϩⲏⲧ adj. 참을성이 있는, 참을성이 많은; ⲙⲛ̄ⲧϩⲁⲣϣ̄-ϩⲏⲧ 인내, 참을성.
41. ⲡⲁⲣⲁⲅⲉ (παράγω) 지나가다, 통과하다, 떠나가다.
42. ⲡⲱⲗϩ̄, ⲡⲟⲗϩ⸗, Q ⲡⲟⲗϩ̄ tr. 상처를 입히다, 손해를 입히다, 감정을 해치다.

ⲁϥⲛⲁⲩ ⲉⲩⲕⲁⲡⲛⲟⲥ[43] ⲉϥⲛⲏⲩ ⲉⲃⲟⲗ ϩⲛ̄ ⲧⲉϥⲧⲁⲡⲣⲟ. ⲛ̄ⲧⲉⲣⲉ-ⲡⲁⲓ ⲇⲉ ϣⲱⲡⲉ, ⲁϥⲗⲟ ⲉϥϭⲟⲛⲧ̄.

19. ⲁϥⲃⲱⲕ ⲛ̄ ⲟⲩⲟⲉⲓϣ ⲛ̄ϭⲓ ⲡⲉⲡⲣⲉⲥⲃⲩⲧⲉⲣⲟⲥ[44] ⲛ̄ ϣⲓⲏⲧ ϣⲁ ⲡⲁⲣ-ⲭⲏⲉⲡⲓⲥⲕⲟⲡⲟⲥ ⲛ̄ ⲣⲁⲕⲟⲧⲉ ⲁⲩⲱ ⲛ̄ⲧⲉⲣⲉϥⲕⲧⲟϥ ⲉ ϣⲓⲏⲧ, ⲁⲩϫⲛⲟⲩϥ ⲛ̄ϭⲓ ⲛⲉⲥⲛⲏⲩ ϫⲉ, "ⲉⲣⲉ-ⲧⲡⲟⲗⲓⲥ ⲣ̄-ⲟⲩ?" ⲛ̄ⲧⲟϥ ⲇⲉ ⲡⲉϫⲁϥ ⲛⲁⲩ ϫⲉ, "ⲫⲩⲥⲓ[45], ⲛⲁⲥⲛⲏⲩ, ⲁⲛⲟⲕ ⲙ̄ⲡⲓⲛⲁⲩ ⲉ ⲡϩⲟ ⲛ̄ ⲗⲁⲁⲩ ⲛ̄ ⲣⲱⲙⲉ ⲛ̄ⲥⲁ ⲡⲁⲣ-ⲭⲏⲉⲡⲓⲥⲕⲟⲡⲟⲥ ⲙⲁⲩⲁⲁϥ." ⲛ̄ⲧⲟⲟⲩ ⲇⲉ ⲛ̄ⲧⲉⲣⲟⲩⲥⲱⲧⲙ̄, ⲁⲩⲧⲁϫⲣⲟ[46] ⲉⲧⲃⲉ ⲡϣⲁϫⲉ ϫⲉ ⲉⲩⲉϩⲁⲣⲉϩ ⲉⲣⲟⲟⲩ ϩⲁⲃⲟⲗ ϩⲁ ⲡϫⲓ-ϩⲣⲁϥ[47] ⲛ̄ ⲛ̄ⲃⲁⲗ.

21. ⲁ-ⲟⲩⲁ ⲛ̄ ⲛ̄ϩⲗ̄ⲗⲟ ⲃⲱⲕ ϣⲁ ⲕⲉϩⲗ̄ⲗⲟ, ⲁⲩⲱ ⲡⲉϫⲁϥ ⲙ̄ ⲡⲉϥⲙⲁⲑⲏ-ⲧⲏⲥ ϫⲉ, "ⲧⲁⲙⲓⲟ ⲛⲁⲛ ⲛ̄ ⲟⲩⲕⲟⲩⲓ ⲛ̄ ⲁⲣϣⲓⲛ[48]," ⲁⲩⲱ ⲁϥⲧⲁⲙⲓⲟϥ. ⲡⲉϫⲁϥ ϫⲉ, "ϩⲉⲣⲡ̄-ϩⲉⲛⲟⲉⲓⲕ[49] ⲛⲁⲛ," ⲁⲩⲱ ⲁϥϩⲟⲣⲡⲟⲩ. ⲛ̄ⲧⲟⲟⲩ ⲇⲉ ⲁⲩⲙⲟⲩⲛ ⲉⲃⲟⲗ ⲉⲩϣⲁϫⲉ ⲉ ⲛⲉⲡⲛ̄ⲓⲕⲟⲛ[50] ⲙ̄ ⲡⲉϩⲟⲟⲩ ⲧⲏⲣϥ̄ ⲙⲛ̄ ⲧⲉⲩϣⲏ ⲧⲏⲣⲥ̄.

23. ⲁϥϫⲟⲟⲥ ⲛ̄ϭⲓ ⲁⲡⲁ ⲓⲥⲁⲕ ϫⲉ, "ⲛⲉⲛⲉⲓⲟⲧⲉ ⲙⲉⲛ ⲁⲡⲁ ⲡⲁⲙⲃⲱ[51] ⲛⲉⲩⲫⲟⲣⲉⲓ[52] ⲛ̄ ϩⲉⲛϣⲧⲏⲛ ⲙ̄ ⲡⲉⲗϭⲉ ⲉⲩϩⲛ̄ ⲛ̄ⲧⲟⲉⲓⲥ ⲙⲛ̄ ϩⲉⲛϣⲧⲏⲛ ⲛ̄ ϣⲃ̄ⲃ̄ⲛ̄ⲛⲉ[53]. ⲛ̄ⲧⲱⲧⲛ̄ ⲇⲉ ⲧⲉⲛⲟⲩ ⲧⲉⲧⲛ̄ⲫⲟⲣⲉⲓ ϩⲉⲛϣⲧⲏⲛ ⲉⲩⲧⲁⲉⲓⲏⲩ. ⲃⲱⲕ ⲛ̄ⲧⲱⲧⲛ̄ ⲙ̄ ⲡⲉⲓⲙⲁ! ⲁⲧⲉⲧⲛ̄ⲧⲁⲕⲟϥ."

---

43. ⲡ.ⲕⲁⲡⲛⲟⲥ (ὁ καπνός) 연기.
44. ⲡⲣⲉⲥⲃⲩⲧⲉⲣⲟⲥ (ὁ πρεσβύτερος) 어른, 장로.
45. ⲯⲩⲥⲓ 무의미한 감탄사, 욕설.
46. ⲧⲁϫⲣⲟ, ⲧⲁϫⲣⲉ-, ⲧⲁϫⲣⲟ⸗, Q ⲧⲁϫⲣⲏⲩ tr. 단언하다, 확인하다, 강화하다(ⲙ̄ⲙⲟ⸗); intr. 확인되다, 확고하다, 견고하다.
47. ϫⲓ-ϩⲣⲁ⸗ 즐겁게 하다. 또는 방향을 바꾸다; n.m. 전환, 기분 전환, 오락.
48. ⲡ.ⲁⲣϣⲓⲛ 렌즈콩.
49. ϩⲱⲣⲡ̄, ϩⲉⲣⲡ̄-, ϩⲟⲣⲡ⸗, Q ϩⲟⲣⲡ̄ tr. 젖게 하다(ⲙ̄ⲙⲟ⸗); intr. 젖다, 잠기다.
50. ⲛⲉ.ⲡⲛ(ⲉⲩⲙⲁⲧ)ⲓⲕⲟⲛ (τὰ πνευματικά) 영적인 것들(사람들).
51. 아마도 ⲁⲡⲁ ⲡⲁⲙⲃⲱ 앞에 ⲙⲛ̄이 있어야 할 것이다.
52. ⲫⲟⲣⲉⲓ (φορέω) 입다.
53. ⲡ.ϣⲃ̄ⲃ̄ⲛ̄ⲛⲉ 종려 섬유.

24. ⲉⲩⲛⲁⲃⲱⲕ ⲇⲉ ⲉ ⲡⲱϩⲥ̄[54], ⲡⲉϫⲁϥ ⲛⲁⲩ ϫⲉ, "ⲛ̄ϯⲛⲁⲃⲱⲕ ⲁⲛ ⲉ ⲕⲟⲧⲧ ⲉ ϯ-ⲉⲛⲧⲟⲗⲏ ⲛⲏⲧⲛ̄; ⲛ̄ⲧⲉⲧⲛ̄ϩⲁⲣⲉϩ ⲅⲁⲣ ⲁⲛ."

25. ⲛ̄ⲧⲁϥ ⲟⲛ ⲁϥϫⲟⲟⲥ ϫⲉ, "ⲁ-ⲁⲡⲁ ⲡⲁⲙⲃⲱ ϫⲟⲟⲥ ϫⲉ, 'ⲧⲁⲓ ⲧⲉ ⲑⲉ ⲉⲧⲉ ϣϣⲉ ⲉ ⲡⲙⲟⲛⲁⲭⲟⲥ ⲉ ⲫⲟⲣⲉⲓ ⲛ̄ ⲛⲉϥϩⲟⲓⲧⲉ: ϩⲱⲥⲧⲉ ⲉ ⲛⲉϫ-ⲧⲉϥϣⲧⲏⲛ ⲙ̄ ⲡⲃⲟⲗ ⲛ̄ ⲧⲉϥⲣⲓ ⲛ̄ ϣⲟⲙⲛ̄ⲧ ⲛ̄ ϩⲟⲟⲩ, ⲛ̄ⲧⲉⲧⲙ̄-ⲗⲁⲁⲩ ⲧⲁⲓⲟⲥ[55] ⲉ ϥⲓⲧⲥ̄, ⲧⲟⲧⲉ ⲉϥⲉⲫⲟⲣⲓ ⲙ̄ⲙⲟⲥ.'"

26. ⲁϥϫⲟⲟⲥ ⲛ̄ϭⲓ ⲁⲡⲁ ⲕⲁⲥⲓⲁⲛⲟⲥ ϫⲉ, "ⲟⲩⲁ ⲛ̄ ⲛ̄ⲥⲩⲛⲕⲗⲏⲧⲓⲕⲟⲥ[56], ⲉ-ⲁϥⲁⲡⲟⲧⲁⲥⲥⲉ[57] ⲛ̄ ⲛⲉϥⲭⲣⲏⲙⲁ[58] ⲧⲏⲣⲟⲩ, ⲁϥⲧⲁⲁϥ ⲛ̄ ⲛ̄ϩⲏⲕⲉ. ⲁϥⲕⲁ-ϩⲉⲛⲕⲟⲩⲓ ⲛⲁϥ ⲉⲧⲃⲉ ⲧⲉϥⲭⲣⲓⲁ ⲙⲁⲩⲁⲁϥ. ⲙ̄ⲡⲉϥⲟⲩⲱϣ ⲉ ⲱⲛϩ̄ ϩⲛ̄ ⲟⲩ-ⲙⲛ̄ⲧⲁⲡⲟⲧⲁⲕⲧⲓⲕⲟⲥ[59] ⲉⲧ ϫⲏⲕ ⲉⲃⲟⲗ ⲛ̄ⲧⲉ ⲡⲉⲑⲃ̄ⲃⲓⲟ ⲛ̄ ϩⲏⲧ. ⲡⲁⲓ ⲇⲉ ⲁϥϫⲱ ⲛ̄ ⲟⲩϣⲁϫⲉ ⲛⲁϩⲣⲁϥ ⲛ̄ϭⲓ ⲃⲁⲥⲓⲙⲟⲥ, ⲡⲉⲧ ϣⲟⲟⲡ ϩⲛ̄ ⲛⲉⲧ ⲟⲩⲁⲁⲃ, ⲉϥϫⲱ ⲙ̄ⲙⲟⲥ ϫⲉ, 'ⲧⲙⲛ̄ⲧⲥⲩⲛⲕⲗⲏⲧⲓⲕⲟⲥ ⲁⲕⲥⲟⲣⲙⲉⲥ[60], ⲁⲩⲱ ⲧⲙⲛ̄ⲧⲙⲟⲛⲁⲭⲟⲥ ⲙ̄ⲡⲉⲕϩⲉ ⲉⲣⲟⲥ.'"

27. ⲁ-ⲟⲩⲁ ⲛ̄ ⲛⲉⲥⲛⲏⲩ ϫⲛⲉ-ⲁⲡⲁ ⲡⲁⲥⲧⲁⲙⲱⲛ ϫⲉ, "ⲟⲩ ⲡⲉⲧⲓⲛⲁⲁⲁϥ, ϫⲉ ⲥⲉⲑⲗⲓⲃⲉ[61] ⲙ̄ⲙⲟⲓ ⲉⲓϯ ⲙ̄ ⲡⲁϩⲱⲃ ⲛ̄ ϭⲓϫ ⲉⲃⲟⲗ?" ⲁϥⲟⲩⲱϣⲃ̄ ⲛ̄ϭⲓ ⲡϩⲗ̄ⲗⲟ, ⲡⲉϫⲁϥ ϫⲉ, "ⲡⲕⲉ-ⲁⲡⲁ ϫⲓϫⲱⲓ ⲙⲛ̄ ⲡⲕⲉⲥⲉⲉⲡⲉ ϣⲁⲩϯ-ⲡⲉⲩϩⲱⲃ ⲛ̄ ϭⲓϫ ⲉⲃⲟⲗ. ⲡⲁⲓ ⲛ̄ ⲟⲩⲟⲥⲉ ⲁⲛ ⲡⲉ. ⲉⲕϣⲁⲛⲛⲟⲩ[62] ⲇⲉ ⲉ ϯ,

---

54. ⲱϩⲥ̄, ⲉϩⲥ̄-, ⲟϩⲥ⸗ tr. 수확하다, 추수하다; n.m. 수확, 추수. 이 단어에서 ϩ와 ⲥ는 종종 교환된다.

55. '아무도 가져갈 가치가 있다고 생각하지 않는다면, 수도자가 입기에 적합하다'라는 의미이다.

56. ⲥⲩⲛⲕⲗⲏⲧⲓⲕⲟⲥ (συγκλητικός) adj. 귀족 계급의; ⲧ.ⲙⲛ̄ⲧⲥⲩⲛⲕⲗⲏⲧⲓⲕⲟⲥ 귀족, 고귀함.

57. ⲁⲡⲟⲧⲁⲥⲥⲉ (ἀποτάσσω) 포기하다, 단념하다.

58. ⲡⲉ.ⲭⲣⲏⲙⲁ (τὸ χρῆμα) 재물, 돈, 비용.

59. ⲡ.ⲁⲡⲟⲧⲁⲕⲧⲓⲕⲟⲥ (ἀποτακτικός) 은자, 홀로 사는 수도사, 은둔 수도사; ⲧ.ⲙⲛ̄ⲧⲁⲡⲟⲧⲁⲕⲧⲓⲕⲟⲥ 은둔함, 은둔 상태.

60. ⲥⲱⲣⲙ̄, ⲥⲉⲣⲙ̄-, ⲥⲟⲣⲙ⸗, Q ⲥⲟⲣⲙ̄ tr. 잃다(ⲙ̄ⲙⲟ⸗); intr. 분실되다, 없어지다.

61. ⲑⲗⲓⲃⲉ (θλίβω) 괴롭히다, 고통스럽게 하다; 여기에서는 수동태 구문.

62. ⲛⲟⲩ intr. (aux.) ~을 하려는 참이다, ~할 것이다 (~을: ⲉ + Inf.).

ⲁϫⲓ-ⲧϯⲙⲏ[63] ⲛ̄ ⲟⲩⲥⲟⲡ ⲛ̄ ⲟⲩⲱⲧ ⲛ̄ⲧⲉ ⲡⲓⲇⲟⲥ[64]. ⲉⲕϣⲁⲛⲟⲩⲱϣ ⲇⲉ ⲉ ⲕⲁ-ⲟⲩⲕⲟⲩⲓ ⲉⲃⲟⲗ ϩⲛ̄ ⲥⲟⲩⲛ̄ⲧϥ̄[65], ⲛ̄ⲧⲟⲕ ⲉⲧ ⲧⲱϣ. ⲧⲁⲓ ⲧⲉ ⲑⲉ ⲉⲧⲉⲕⲛⲁϭⲛ̄-ⲙ̄ⲧⲟⲛ." ⲡⲉϫⲉ-ⲡⲥⲟⲛ ⲛⲁϥ ϫⲉ, "ⲉϣⲱⲡⲉ ⲟⲩⲛ̄ⲧⲁⲓ ⲧⲁⲭⲣⲓⲁ ⲙ̄ⲙⲁⲩ, ⲕⲟⲩⲱϣ ⲉⲧⲙ̄ⲧⲣⲁϥⲉⲓ-ⲣⲟⲟⲩϣ[66] ϩⲁ ϩⲱⲃ ⲛ̄ ϭⲓϫ?" ⲁϥⲟⲩⲱϣⲃ̄ ⲛ̄ϭⲓ ⲡϩⲗ̄ⲗⲟ ϫⲉ, "ⲕⲁⲛ[67] ⲟⲩⲛ̄ⲧⲁⲕ ϩⲱⲃ ⲛⲓⲙ, ⲙ̄ⲡⲣ̄ⲕⲁ-ⲡϩⲱⲃ ⲛ̄ ϭⲓϫ ⲉⲃⲟⲗ. ⲡⲉⲧⲉ ⲟⲩⲛ̄-ϭⲟⲙ ⲙ̄ⲙⲟⲕ ⲉ ⲁⲁϥ, ⲁⲣⲓϥ, ⲙⲟⲛⲟⲛ[68] ϩⲛ̄ ⲟⲩϣⲧⲟⲣⲧⲣ̄ ⲁⲛ."

28. ⲁ-ⲟⲩⲥⲟⲛ ϫⲛⲉ-ⲁⲡⲁ ⲥⲁⲣⲁⲡⲓⲟⲛ ϫⲉ, "ⲁϫⲓ-ⲟⲩϣⲁϫⲉ ⲉⲣⲟⲓ." ⲡⲉϫⲉ-ⲡϩⲗ̄ⲗⲟ ⲛⲁϥ ϫⲉ, "ⲉⲓⲛⲁϫⲉ-ⲟⲩ ⲛⲁⲕ? ϫⲉ ⲁⲕϥⲓ-ⲛ̄ⲉⲛⲕⲁ ⲛ̄ ⲛ̄ϩⲏⲕⲉ ⲙⲛ̄ ⲛⲉⲭⲏⲣⲁ ⲙⲛ̄ ⲛ̄ⲟⲣⲫⲁⲛⲟⲥ, ⲁⲕⲕⲁⲁⲩ ϩⲙ̄ ⲡϣⲟⲩϣⲧ̄[69]." ⲁϥⲛⲁⲩ ⲅⲁⲣ ⲉ ⲡϣⲟⲩϣⲧ̄ ⲉϥⲙⲉϩ ⲛ̄ ϫⲱⲱⲙⲉ.

31. ⲛⲉ-ⲟⲩⲛ̄-ⲟⲩⲁ ⲇⲉ ⲛ̄ⲧⲉ ⲛⲉⲧ ⲟⲩⲁⲁⲃ ⲉϣⲁⲩⲙⲟⲩⲧⲉ ⲉⲣⲟϥ ϫⲉ ⲫⲓ-ⲗⲁⲅⲣⲓⲟⲥ ⲉϥⲟⲩⲏϩ ϩⲛ̄ ⲑⲓ̈ⲗ̄ⲏ̄ⲙ̄, ⲉϥⲣ̄-ϩⲱⲃ ϩⲛ̄ ⲟⲩϩⲓⲥⲉ ϣⲁⲛⲧⲉϥϫⲡⲟ ⲛⲁϥ ⲙ̄ ⲡⲉϥⲟⲉⲓⲕ ⲙ̄ⲙⲓⲛ ⲙ̄ⲙⲟϥ. ⲛ̄ϩⲱⲥⲟⲛ ⲇⲉ ⲉϥⲁϩⲉⲣⲉⲧϥ̄ ϩⲛ̄ ⲧⲁⲅⲱⲣⲁ ⲉ ϯ ⲙ̄ ⲡⲉϥϩⲱⲃ ⲛ̄ ϭⲓϫ ⲉⲃⲟⲗ, ⲉⲓⲥ ϩⲏⲏⲧⲉ ϩⲛ̄ ⲟⲩϣⲥ̄ⲛⲉ ⲁϥϭⲓⲛⲉ ⲛ̄ ⲟⲩⲃⲁⲗⲗⲁⲧⲓⲟⲛ[70] ⲉⲩⲛ̄-ⲙⲏⲧ ⲛ̄ ϣⲉ ⲛ̄ ϩⲟⲗⲟⲕⲟⲧⲧⲓⲛⲟⲥ[71] ϩⲓⲱⲱⲥ[72]. ⲁϥⲁϩⲉⲣⲉⲧϥ̄ ⲡⲉϥⲙⲁ, ⲉϥϫⲱ ⲙ̄ⲙⲟⲥ ϫⲉ, "ϩⲁⲡⲥ̄ ⲡⲉ ⲉⲧⲣⲉ-ⲡⲉⲛⲧⲁϥⲥⲟⲣⲙⲉⲥ ⲉⲓ." ⲁⲩⲱ ⲉⲓⲥ ⲡⲉⲧ ⲙ̄ⲙⲁⲩ ⲁϥⲉⲓ ⲉϥⲣⲓⲙⲉ. ⲁϥϭⲟⲡϥ̄ ⲇⲉ ⲛ̄ϭⲓ ⲡϩⲗ̄ⲗⲟ, ⲁϥϫⲓⲧϥ ⲛ̄ ⲥⲁ ⲟⲩⲥⲁ, ⲁϥⲧⲁⲁⲥ ⲛⲁϥ. ⲡⲉⲧ ⲙ̄ⲙⲁⲩ

---

63. **ⲧ.ϯⲙⲏ** (ἡ τιμή) 가격, 가치.
64. **ⲡ.ⲓⲇⲟⲥ** (τὸ εἶδος) 종류, 유형.
65. **ⲥⲟⲩⲛ̄ⲧ⸗** 가격, 가치(접미사와 함께로만); **ⲕⲁ-ⲟⲩⲕⲟⲩⲓ ⲉⲃⲟⲗ ϩⲛ̄** ~에서 조금 빼다.
66. **ϥⲓ-ⲣⲟⲟⲩϣ** 걱정하다, 근심하다, 염려하다(~에 대하여: **ⲉ**, **ⲉⲧⲃⲉ**, **ϩⲁ**), ~에 마음을 쓰다.
67. **ⲕⲁⲛ** (κἄν) ~할지라도, ~라 하여도, 비록.
68. **ⲙⲟⲛⲟⲛ** (μόνον) 유일한, 혼자; 단지 (부정문에서).
69. **ⲡ.ϣⲟⲩϣⲧ̄** 창문; 벽감(壁龕).
70. **ⲃⲁⲗⲗⲁⲧⲓⲟⲛ** (τὸ βαλλάντιον) 지갑.
71. **ⲡ.ϩⲟⲗⲟⲕⲟⲧⲧⲓⲛⲟⲥ** (ὁ ὁλοκόττινος) 금화.
72. **ϩⲓⲱⲱⲥ**, **ⲥⲟⲣⲙⲉⲥ**, **ⲧⲁⲁⲥ**에서 여성형으로 재개됨에 주의하라.

ⲇⲉ ⲁϥⲁⲙⲁϩⲧⲉ ⲙ̄ⲙⲟϥ, ⲉϥⲟⲩⲱϣ ⲉ ϯ ⲛ̄ ⲟⲩⲟⲩⲱⲛ[73] ⲛⲁϥ. ⲡϩⲗ̄ⲗⲟ ⲇⲉ ⲙ̄ⲡⲉϥⲟⲩⲱϣ ⲉ ϫⲓ. ⲧⲟⲧⲉ ⲁϥϩⲓ-ⲧⲟⲟⲧϥ̄ ⲉ ϫⲓ-ϣⲕⲁⲕ ⲉⲃⲟⲗ, ⲉϥϫⲱ ⲙ̄ⲙⲟⲥ ϫⲉ, "ⲁⲙⲏⲓⲧⲛ̄ ⲛ̄ⲧⲉⲧⲛ̄ⲛⲁⲩ ⲉⲩⲣⲱⲙⲉ ⲛ̄ⲧⲉ ⲡⲛⲟⲩⲧⲉ ϫⲉ ⲛ̄ⲧⲁϥⲣ̄-ⲟⲩ." ⲡϩⲗ̄ⲗⲟ ⲇⲉ ⲁϥⲡⲱⲧ ⲛ̄ ϫⲓⲟⲩⲉ, ⲁϥⲉⲓ ⲉⲃⲟⲗ ϩⲛ̄ ⲧⲡⲟⲗⲓⲥ ϫⲉ ⲛ̄ⲛⲉⲩⲥⲟⲩⲱⲛϥ̄.

38. ⲁϥⲃⲱⲕ ⲛ̄ϭⲓ ⲁⲡⲁ ⲙⲁⲕⲁⲣⲓⲟⲥ ⲡⲛⲟϭ ϣⲁ ⲁⲡⲁ ⲁⲛⲧⲱⲛⲓⲟⲥ, ⲁⲩⲱ ⲛ̄ⲧⲉⲣⲉϥⲕⲱⲗϩ̄[74] ⲉ ⲡⲣⲟ, ⲁϥⲉⲓ ⲉⲃⲟⲗ ϣⲁⲣⲟϥ, ⲡⲉϫⲁϥ ⲛⲁϥ ϫ(ⲉ), "ⲛ̄ⲧⲕ̄-ⲛⲓⲙ?" ⲛ̄ⲧⲟϥ ⲇⲉ ⲁϥⲟⲩⲱϣⲃ̄ ⲉϥϫⲱ ⲙ̄ⲙⲟⲥ ϫⲉ, "ⲁⲛⲟⲕ ⲡⲉ ⲙⲁⲕⲁⲣⲓⲟⲥ." ⲁⲩⲱ ⲁϥϣⲧⲁⲙ[75] ⲙ̄ ⲡⲣⲟ, ⲁϥⲃⲱⲕ ⲉϩⲟⲩⲛ, ⲁϥⲕⲁⲁϥ. ⲛ̄ⲧⲉⲣⲉϥⲛⲁⲩ ⲉ ⲧⲉϥϩⲩⲡⲟⲙⲟⲛⲏ[76], ⲁϥⲟⲩⲱⲛ ⲛⲁϥ, ⲁⲩⲱ ⲁϥⲟⲩⲣⲟⲧ[77] ⲛⲙ̄ⲙⲁϥ, ⲉϥϫⲱ ⲙ̄ⲙⲟⲥ ϫⲉ, "ⲉⲓⲥ ⲟⲩⲛⲟϭ ⲛ̄ ⲟⲩⲟⲉⲓϣ ⲉⲓⲟⲩⲱϣ ⲉ ⲛⲁⲩ ⲉⲣⲟⲕ. ⲁⲓⲥⲱⲧⲙ̄ ⲅⲁⲣ ⲉⲧⲃⲏⲏⲧⲕ̄." ⲁⲩⲱ ⲁϥϣⲟⲡϥ̄ ⲉⲣⲟϥ ϩⲛ̄ ⲟⲩⲙⲛ̄ⲧⲙⲁⲓⲣⲱⲙⲉ, ⲁϥϯ-ⲙ̄ⲧⲟⲛ ⲛⲁϥ, ⲛ̄ⲧⲁϥⲉⲓ ⲅⲁⲣ ⲉⲃⲟⲗ ϩⲛ̄ ϩⲉⲛⲛⲟϭ ⲛ̄ ϩⲓⲥⲉ. ⲛ̄ⲧⲉⲣⲉ-ⲣⲟⲩϩⲉ ⲇⲉ ϣⲱⲡⲉ, ⲁ-ⲁⲡⲁ ⲁⲛⲧⲱⲛⲓⲟⲥ ϩⲱⲣⲡ̄ ⲛⲁϥ ⲛ̄ ϩⲉⲛⲕⲟⲩⲓ ⲛ̄ ⲃⲏⲧ[78]. ⲡⲉϫⲉ-ⲁⲡⲁ ⲙⲁⲕⲁⲣⲓⲟⲥ ⲛⲁϥ ϫⲉ, "ⲕⲉⲗⲉⲩⲉ[79] ⲛⲁⲓ ⲧⲁϩⲱⲣⲡ̄ ⲛⲁⲓ ⲙⲁⲩⲁⲁⲧ." ⲛ̄ⲧⲟϥ ⲇⲉ ⲡⲉϫⲁϥ ϫⲉ, "ϩⲱⲣⲡ̄." ⲁⲩⲱ ⲁϥⲧⲁⲙⲓⲟ ⲛ̄ ⲟⲩⲛⲟϭ ⲛ̄ ϣⲟⲗ[80] ⲛ̄ ⲃⲏⲧ, ⲁϥϩⲟⲣⲡϥ̄. ⲁⲩϩⲙⲟⲟⲥ, ⲁⲩϣⲁϫⲉ ⲉ ⲧⲙⲛ̄ⲧⲣⲉϥϯ-ϩⲏⲩ[81] ⲛ̄ ⲧⲉⲯⲩⲭⲏ ϫⲓⲛ ⲙ̄ ⲡⲛⲁⲩ ⲛ̄ ⲣⲟⲩϩⲉ.

---

73. ⲡ.ⲟⲩⲱⲛ 부분, 몫.
74. ⲕⲱⲗϩ̄, ⲕⲗ̄ϩ-, ⲕⲟⲗϩ⸗, Q ⲕⲟⲗϩ̄ intr. 치다, 두드리다(~을: ⲉ).
75. ϣⲧⲁⲙ tr. 닫다, 잠그다(ⲙ̄ⲙⲟ⸗).
76. ⲧ.ϩⲩⲡⲟⲙⲟⲛⲏ (ἡ ὑπομονή) 인내, 참을성; '그는 분명히 그를 오래 기다리게 했다'.
77. ⲟⲩⲣⲟⲧ, Q ⲣⲟⲟⲩⲧ intr. 즐겁다, 기쁘다.
78. ⲡ.ⲃⲏⲧ 종려나무 잎.
79. ⲕⲉⲗⲉⲩⲉ (κελεύω) 명령하다, 지시하다.
80. ⲡ.ϣⲟⲗ 묶음, 다발.
81. ϯ-ϩⲏⲩ 득이 되다, 이익을 얻다; ⲣⲉϥϯ-ϩⲏⲩ 유익한, 이로운; ⲙⲛ̄ⲧⲣⲉϥϯ-ϩⲏⲩ 이득, 혜택, 이익, 유익한 것.

ⲁⲩⲛⲟⲃⲧⲟⲩ[82], ⲁⲩⲱ ⲧⲛⲏⲃⲧⲉ[83] ⲁⲥⲃⲱⲕ ⲉⲡⲉⲥⲏⲧ ⲉ ⲡⲉⲥⲡⲩⲗⲏⲟⲛ[84] ⲉⲃⲟⲗ ϩⲓⲧⲙ̄ ⲡϣⲟⲩϣⲧ̄. ⲁϥⲃⲱⲕ ⲉϩⲟⲩⲛ ⲉ ϩⲧⲟⲟⲩⲉ ⲛ̄ϭⲓ ⲡⲙⲁⲕⲁⲣⲓⲟⲥ[85] ⲁⲡⲁ ⲁⲛⲧⲱⲛⲓⲟⲥ, ⲁϥⲛⲁⲩ ⲉ ⲡⲁϣⲁⲓ[86] ⲛ̄ ⲧⲛⲏⲃⲧⲉ ⲛ̄ ⲁⲡⲁ ⲙⲁⲕⲁⲣⲓⲟⲥ, ⲁϥⲣ̄-ϣⲡⲏⲣⲉ, ⲁⲩⲱ ⲁϥϯ-ⲡⲓ[87] ⲉ ⲛ̄ϭⲓϫ ⲛ̄ ⲁⲡⲁ ⲙⲁⲕⲁⲣⲓⲟⲥ, ⲉϥϫⲱ ⲙ̄ⲙⲟⲥ ϫⲉ, "ⲁ-ϩⲁϩ ⲛ̄ ϭⲟⲙ ⲉⲓ ⲉⲃⲟⲗ ϩⲛ̄ ⲛⲉⲓϭⲓϫ."

48. ⲛⲉ-ⲟⲩⲛ̄-ⲟⲩⲥⲟⲛ ⲁϫⲛ̄ ⲥϭⲣⲁϩⲧ̄ ϩⲛ̄ ⲟⲩϩⲉⲛⲉⲉⲧⲉ. ϩⲁϩ ⲇⲉ ⲛ̄ ⲥⲟⲡ ϣⲁϥⲕⲓⲙ ⲉⲩⲟⲣⲅⲏ. ⲡⲉϫⲁϥ ϭⲉ ϩⲣⲁⲓ ⲛ̄ϩⲏⲧϥ̄ ϫⲉ, "ϯⲛⲁⲃⲱⲕ ⲧⲁϭⲱ ⲙⲁⲩⲁⲁⲧ ⲉⲓⲁⲛⲁⲭⲱⲣⲉⲓ[88]. ⲁⲩⲱ ϩⲙ̄ ⲡⲧⲣⲁⲧⲙ̄ϭⲛ̄-ϩⲱⲃ ⲙⲛ̄ ⲗⲁⲁⲩ ϯⲛⲁⲥϭⲣⲁϩⲧ̄ ⲁⲩⲱ ⲡⲡⲁⲑⲟⲥ ⲛⲁⲗⲟ ⲛ̄ϩⲏⲧ." ⲁϥⲉⲓ ⲇⲉ ⲉⲃⲟⲗ, ⲁϥⲟⲩⲱϩ ⲙⲁⲩⲁⲁϥ ϩⲛ̄ ⲟⲩⲥⲡⲩⲗⲁⲁⲓⲟⲛ. ϩⲛ̄ ⲟⲩⲥⲟⲡ ⲇⲉ ⲁϥⲙⲉϩ-ⲡⲉϥⲕⲉⲗⲱⲗ[89] ⲙ̄ ⲙⲟⲟⲩ, ⲁϥⲟⲩⲁϩϥ̄ ⲉ ⲡⲕⲁϩ, ⲁⲩⲱ ⲛ̄ ⲧⲉⲩⲛⲟⲩ ⲁϥⲥⲕⲟⲣⲕⲣ̄[90]. ⲛ̄ⲧⲉⲣⲉϥϥϭⲱⲛⲧ̄ ⲇⲉ, ⲁϥϥⲓⲧϥ̄, ⲁϥⲟⲩⲟϭⲡϥ̄[91]. ⲁ-ⲡⲉϥϩⲏⲧ ⲇⲉ ⲉⲓ ⲉⲣⲟϥ, ⲁϥⲉⲓⲙⲉ ϫⲉ ⲡⲇⲉⲙⲱⲛ ⲡⲉⲧ ϯ ⲛⲙ̄ⲙⲁϥ, ⲁⲩⲱ ⲡⲉϫⲁϥ ϫⲉ, "ⲉⲓⲥ ϩⲏⲏⲧⲉ ⲟⲛ ϯⲁⲛⲁⲭⲱⲣⲉⲓ ⲙⲁⲩⲁⲁⲧ ⲁⲩⲱ ϯϭⲟⲛⲧ̄. ⲉⲓⲛⲁⲃⲱⲕ ⲛ̄ⲧⲟⲟⲩⲛ ⲉ ⲑⲉⲛⲉⲉⲧⲉ. ⲥⲣ̄-ⲭⲣⲓⲁ ⲅⲁⲣ ⲉ ⲙⲓϣⲉ ⲉⲣⲟϥ ⲙ̄ ⲙⲁ ⲛⲓⲙ ⲁⲩⲱ ⲛ̄ ϩⲟⲩⲟ ϩⲩⲡⲟⲙⲓⲛⲉ[92] ⲉ ⲧⲃⲟⲏⲑⲓⲁ[93] ⲙ̄ ⲡⲛⲟⲩⲧⲉ." ⲁϥⲕⲧⲟϥ ⲇⲉ, ⲁϥⲃⲱⲕ

---

82. ⲛⲟⲩⲃⲧ̄, ⲛⲟⲃⲧ⸗ tr. 짜다, 엮다(ⲙ̄ⲙⲟ⸗).
83. ⲧ.ⲛⲏⲃⲧⲉ 짜기, 엮기, 바구니 세공.
84. ⲡⲉ.ⲥⲡⲩⲗⲏⲟⲛ (τὸ σπήλαιον) 동굴.
85. ⲙⲁⲕⲁⲣⲓⲟⲥ (μακάριος) 복 받은, 신성한; 여기서는 Apa Antonios의 별칭으로 사용되었다; Apa Makarios와 혼동하지 말아야 한다.
86. ⲡ.ⲁϣⲁⲓ 다수, 다량, 군중.
87. ϯ-ⲡⲓ 입 맞추다(ⲉ).
88. ⲁⲛⲁⲭⲱⲣⲉⲓ (ἀναχωρέω) 물러나다, 취소하다, 철회하다; 사막으로 가서 은둔 수도자처럼 살다.
89. ⲡ.ⲕⲉⲗⲱⲗ 병, 항아리.
90. ⲥⲕⲟⲣⲕⲣ̄, ⲥⲕⲣ̄ⲕⲣ̄-, ⲥⲕⲣ̄ⲕⲱⲣ⸗, Q ⲥⲕⲣ̄ⲕⲱⲣ tr. 굴리다. intr. 굴러가다.
91. ⲟⲩⲱϭⲡ̄, ⲟⲩⲉϭⲡ̄-, ⲟⲩⲟϭⲡ⸗, Q ⲟⲩⲟϭⲡ̄ tr. 부수다, 깨뜨리다(ⲙ̄ⲙⲟ⸗).
92. ϩⲩⲡⲟⲙⲓⲛⲉ (ὑπομένω) 참다, 인내하다(~에: ⲉ), 감수하다; 견디다.
93. ⲧ.ⲃⲟⲏⲑⲓⲁ (ἡ βοήθεια) 도움, 지원, 지지.

ⲉ ⲡⲉϥⲙⲁ.

70. ⲁ-ⲟⲩⲥⲟⲛ ϫⲓ ⲙ̄ ⲡⲉⲥⲭⲏⲙⲁ, ⲁϥⲁⲛⲁⲭⲱⲣⲉⲓ ⲛ̄ ⲧⲉⲩⲛⲟⲩ, ⲉϥϫⲱ ⲙ̄ⲙⲟⲥ ϫⲉ, "ⲁⲛⲅ̄-ⲟⲩⲁⲛⲁⲭⲱⲣⲓⲧⲏⲥ[94]." ⲁⲩⲥⲱⲧⲙ̄ ⲇⲉ ⲛ̄ϭⲓ ⲛ̄ϩⲗ̄ⲗⲟ, ⲁⲩⲃⲱⲕ, ⲁⲩϯ-ⲧⲟⲟⲧⲟⲩ[95] ⲙ̄ⲙⲟϥ, ⲁⲩⲱ ⲁⲩⲧⲣⲉϥⲕⲱⲧⲉ[96] ⲉ ⲛ̄ⲣⲓ ⲛ̄ ⲛⲉⲥⲛⲏⲩ ⲉϥⲙⲉⲧⲁⲛⲟⲓ, ⲉϥϫⲱ ⲙ̄ⲙⲟⲥ ϫⲉ, "ⲕⲱ ⲛⲁⲓ ⲉⲃⲟⲗ. ⲁⲛⲅ̄-ⲟⲩⲁⲛⲁⲭⲱⲣⲏⲧⲏⲥ ⲁⲛ, ⲁⲗⲗⲁ ⲁⲛⲅ̄-ⲟⲩⲣⲱⲙⲉ ⲛ̄ ⲣⲉϥⲣ̄-ⲛⲟⲃⲉ ⲁⲩⲱ ⲛ̄ ⲃⲣ̄ⲣⲉ."

71. ⲡⲉϫⲁⲩ ⲇⲉ ⲛ̄ϭⲓ ⲛ̄ϩⲗ̄ⲗⲟ ϫⲉ, "ⲉⲕϣⲁⲛⲛⲁⲩ ⲉⲩϣⲏⲣⲉ ϣⲏⲙ ⲉϥⲃⲏⲕ ⲉϩⲣⲁⲓ ⲉⲧⲡⲉ ϩⲙ̄ ⲡⲉϥⲟⲩⲱϣ ⲙ̄ⲙⲓⲛ ⲙ̄ⲙⲟϥ, ϭⲉⲡ-ⲧⲉϥⲟⲩⲉⲣⲏⲧⲉ, ⲥⲟⲕϥ̄ ⲉⲡⲉⲥⲏⲧ ⲙ̄ⲙⲁⲩ; ⲥⲣ̄-ⲛⲟⲃⲣⲉ ⲅⲁⲣ ⲛⲁϥ ⲁⲛ."

102. ⲉⲣⲉ-ⲁⲡⲁ ⲙⲁⲕⲁⲣⲓⲟⲥ ⲙⲟⲟϣⲉ ⲛ̄ ⲟⲩⲟⲉⲓϣ ⲙ̄ ⲡⲕⲱⲧⲉ ⲙ̄ ⲡϩⲉⲗⲟⲥ[97], ⲉϥⲧⲱⲟⲩⲛ[98] ⲛ̄ ϩⲉⲛⲃⲏⲧ, ⲁⲩⲱ ⲉⲓⲥ ⲡⲇⲓⲁⲃⲟⲗⲟⲥ ⲁϥⲧⲱⲙⲛ̄ⲧ[99] ⲉⲣⲟϥ ϩⲛ̄ ⲧⲉϥϩⲓⲏ, ⲉⲣⲉ-ⲟⲩⲟϩⲥ̄[100] ⲛ̄ⲧⲟⲟⲧϥ̄, ⲁⲩⲱ ⲉ-ⲛⲉϥⲟⲩⲱϣ ⲡⲉ ⲉ ⲣⲁϩⲧϥ̄, ⲙ̄ⲡⲉϥϭⲙ̄-ϭⲟⲙ. ⲁⲩⲱ ⲡⲉϫⲁϥ ⲛⲁϥ ϫⲉ, "ⲟⲩⲛⲟϭ ⲡⲉ ⲡⲁϫⲓ ⲛ̄ ϭⲟⲛⲥ̄[101] ⲉⲃⲟⲗ ⲙ̄ⲙⲟⲕ, ϫⲉ ⲙⲛ̄-ϭⲟⲙ ⲙ̄ⲙⲟⲓ ⲉⲣⲟⲕ[102]. ⲉⲓⲥ ϩⲏⲏⲧⲉ ⲅⲁⲣ ϩⲱⲃ ⲛⲓⲙ ⲉⲧⲉⲕⲉⲓⲣⲉ ⲙ̄ⲙⲟⲟⲩ ϯⲉⲓⲣⲉ ⲙ̄ⲙⲟⲟⲩ ϩⲱ. ⲛ̄ⲧⲟⲕ ϣⲁⲕⲛⲏⲥⲧⲉⲩⲉ ⲛ̄ ϩⲉⲛϩⲟⲟⲩ; ⲁⲛⲟⲕ ⲇⲉ ⲙⲉⲓⲟⲩⲱⲙ ⲉ

---

94. ⲡ.ⲁⲛⲁⲭⲱⲣⲓⲧⲏⲥ (ὁ ἀναχωρητής) 은자(隱者), 은둔자; 참된 은둔자의 지위는 영적 성장의 매우 진보된 단계로 여겨졌다.
95. ϯ-ⲧⲟⲟⲧ⸗ ⲙ̄ⲙⲟ⸗ ~을 쥐다(ⲧⲟⲟⲧ⸗의 접미사는 재귀적이다).
96. 사역의 의미로: '그들은 그에게 수도자의 독방들 주위를 돌게 했다. …'.
97. ⲡ.ϩⲉⲗⲟⲥ (τὸ ἕλος) 습지, 늪 지대.
98. ⲧⲱⲟⲩⲛ tr. 옮기다, 운반하다(ⲙ̄ⲙⲟ⸗).
99. ⲧⲱⲙⲛ̄ⲧ, Q ⲧⲟⲙⲛ̄ⲧ 만나다, ~이 생기다(ⲉ).
100. ⲡ.ⲟϩⲥ̄ 풀 베는 낫, 큰 낫.
101. ϫⲓ ⲙ̄ⲙⲟ⸗ ⲛ̄ ϭⲟⲛⲥ̄ 학대하다, 해치다, 폭력을 휘두르다; 강요하다; ϫⲓ ⲛ̄ ϭⲟⲛⲥ̄ (ϫⲓⲛϭⲟⲛⲥ̄) n.m. 폭력, 물리적 제약.
102. ⲙⲛ̄-ϭⲟⲙ ⲙ̄ⲙⲟⲓ ⲉⲣⲟⲕ '나는 당신에 대한 권한이 없다'.

ⲡⲧⲏⲣϥ̄[103]. ϣⲁⲕⲣ̄-ⲟⲩϣⲏ ⲛ̄ ⲣⲟⲉⲓⲥ[104] ⲛ̄ ϩⲉⲛⲥⲟⲡ; ⲁⲛⲟⲕ ⲇⲉ ⲙⲉⲓⲛ̄ⲕⲟⲧⲕ̄ ⲉⲛⲉϩ. ⲟⲩϩⲱⲃ ⲛ̄ ⲟⲩⲱⲧ ⲡⲉⲧⲉⲕϫⲣⲁⲉⲓⲧ ⲉⲣⲟⲓ ⲛ̄ϩⲏⲧϥ̄." ⲡⲉϫⲉ-ⲁⲡⲁ ⲙⲁⲕⲁⲣⲓⲟⲥ ϫⲉ, "ⲟⲩ ⲡⲉ?" ⲛ̄ⲧⲟϥ ⲇⲉ ⲡⲉϫⲁϥ ϫⲉ, "ⲡⲉⲕⲑⲃ̄ⲃⲓⲟ ⲡⲉ. ⲁⲛⲟⲕ ⲇⲉ ⲙⲉⲓϭⲙ̄-ϭⲟⲙ ⲉ ⲑⲃ̄ⲃⲓⲟⲓ ⲉⲛⲉϩ. ⲉⲧⲃⲉ ⲡⲁⲓ ⲙ̄ⲡⲓϭⲙ̄-ϭⲟⲙ ⲉⲣⲟⲕ."

124. ⲁϥϫⲟⲟⲥ ⲛ̄ϭⲓ ⲁⲡⲁ ϩⲱⲣⲥⲓⲏⲥⲓ ϫⲉ, "ⲟⲩⲧⲱⲱⲃⲉ[105] ⲛ̄ ⲟⲙⲉ[106] ⲉⲩϣⲁⲛⲛⲟϫⲥ̄ ⲉⲩⲥⲛ̄ⲧⲉ[107] ϩⲁⲧⲙ̄ ⲡⲓⲉⲣⲟ, ⲛ̄ⲥⲛⲁϩⲩⲡⲟⲙⲓⲛⲉ ⲁⲛ ⲛ̄ ⲟⲩϩⲟⲟⲩ ⲛ̄ ⲟⲩⲱⲧ. ⲧⲧⲉⲣⲡⲟⲥⲉ[108] ⲇⲉ ϣⲁⲥⲙⲟⲩⲛ ⲉⲃⲟⲗ ⲛ̄ ⲑⲉ ⲙ̄ ⲡⲱⲛⲉ. ⲧⲁⲓ ⲧⲉ ⲑⲉ ⲙ̄ ⲡⲣⲱⲙⲉ ⲉ-ⲟⲩⲛ̄ⲧⲁϥ ⲙ̄ⲙⲁⲩ ⲙ̄ ⲡⲉϥⲙⲉⲉⲩⲉ ⲙ̄ ⲙⲛ̄ⲧⲕⲱⲥⲙⲓⲕⲟⲛ[109]. ⲛϥ̄ⲡⲟⲥⲉ[110] ⲁⲛ ϩⲛ̄ ⲑⲟⲧⲉ ⲙ̄ ⲡⲛⲟⲩⲧⲉ. ⲉϥϣⲁⲛⲉⲓ ⲉϩⲣⲁⲓ ⲉⲩⲙⲛ̄ⲧⲛⲟϭ[111], ϣⲁϥⲃⲱⲗ ⲉⲃⲟⲗ. ϩⲁϩ ⲅⲁⲣ ⲛⲉ ⲙ̄ⲡⲓⲣⲁⲥⲙⲟⲥ ⲛ̄ ⲛⲁ-ⲧⲉⲓⲙⲓⲛⲉ ⲙⲁⲗⲓⲥⲧⲁ ⲉⲩϣⲟⲟⲡ ϩⲛ̄ ⲧⲙⲏⲧⲉ ⲛ̄ ⲛ̄ⲣⲱⲙⲉ. ⲛⲁⲛⲟⲩⲥ ⲇⲉ ⲉⲧⲣⲉ-ⲡⲣⲱⲙⲉ ⲥⲟⲩⲉⲛ-ⲡⲉϥϣⲓ ⲙ̄ⲙⲓⲛ ⲙ̄ⲙⲟϥ, ⲉⲧⲣⲉϥⲡⲱⲧ ⲇⲉ ⲉⲃⲟⲗ ⲙ̄ ⲡⲉϩⲣⲟϣ[112] ⲛ̄ ⲧⲙⲛ̄ⲧⲛⲟϭ. ⲛⲉⲧ ⲧⲁϫⲣⲏⲩ ⲇⲉ ϩⲓⲧⲛ̄ ⲧⲡⲓⲥⲧⲓⲥ ϩⲉⲛⲁⲧⲕⲓⲙ ⲉⲣⲟⲟⲩ ⲛⲉ.

141. ⲁϥϣⲱⲡⲉ ϩⲛ̄ ⲙⲉⲡⲣⲱⲁⲥⲧⲓⲟⲛ[113] ⲛ̄ ⲕⲱⲥⲧⲁⲛⲧⲓⲛⲟⲩⲡⲟⲗⲓⲥ ⲛ̄ϭⲓ ⲟⲩⲙⲟⲛⲁⲭⲟⲥ ⲛ̄ ⲣⲙ̄ⲛ̄ⲕⲏⲙⲉ ϩⲓ ⲑⲉⲱⲇⲟⲥⲓⲟⲥ ⲡⲣ̄ⲣⲟ. ⲡⲣ̄ⲣⲟ ⲇⲉ ⲉϥⲃⲏⲕ ϩⲛ̄ ⲧⲉϩⲓⲏ ⲉⲧ ⲙ̄ⲙⲁⲩ, ⲁϥⲕⲁ-ⲡⲙⲏⲏϣⲉ ⲛ̄ⲥⲱϥ, ⲁϥⲉⲓ ⲙⲁⲩⲁⲁϥ, ⲁϥⲧⲱϩⲙ̄ ⲉϩⲟⲩⲛ ⲉ ⲡⲙⲟⲛⲁⲭⲟⲥ. ⲁⲩⲱ ⲁϥⲥⲟⲩⲱⲛϥ̄ ⲙⲉⲛ ϫⲉ ⲛⲓⲙ ⲡⲉ,

---

103. ⲉ ⲡⲧⲏⲣϥ̄ 전혀/조금도 (~가 아닌).

104. ⲣⲟⲉⲓⲥ intr. 깨어있다, 망을 보다(ⲉ).

105. ⲡ.ⲧⲱⲱⲃⲉ, ⲧ.ⲧⲱⲱⲃⲉ 벽돌.

106. ⲡ.ⲟⲙⲉ, ⲧ.ⲟⲙⲉ 점토, 찰흙, 진흙.

107. ⲧ.ⲥⲛ̄ⲧⲉ 토대, 기초.

108. ⲧ.ⲧⲉⲣⲡⲟⲥⲉ(ⲛ) 구운 벽돌.

109. ⲕⲟⲥⲙⲓⲕⲟⲥ (κοσμικός) 세상의, 세속의; ⲙⲛ̄ⲧⲕⲟⲥⲙⲓⲕⲟⲥ 세속적임.

110. ⲡⲓⲥⲉ, ⲡⲉⲥ(ⲧ̄)-, ⲡⲁⲥⲧ⸗, Q ⲡⲟⲥⲉ tr. (빵 등을) 굽다, 요리하다(ⲙ̄ⲙⲟ⸗).

111. '그가 중요한 자리를 차지한다면'이라는 의미.

112. ⲡⲉ.ϩⲣⲟϣ 부담, 책임, 의무.

113. ⲡⲉ.ⲡⲣⲱⲁⲥⲧⲓⲟⲛ (τὸ προάστειον) 교외, 근교.

ⲁϥϣⲟⲡϥ̄ ⲇⲉ ⲉⲣⲟϥ ⲛ̄ ⲑⲉ ⲛ̄ ⲟⲩⲁ ⲉⲃⲟⲗ ϩⲛ̄ ⲧⲇⲁⲝⲓⲥ[114]. ⲛ̄ⲧⲉⲣⲟⲩⲃⲱⲕ ⲇⲉ ⲉϩⲟⲩⲛ, ⲁⲩϣⲗⲏⲗ, ⲁⲩϩⲙⲟⲟⲥ. ⲁϥⲁⲣⲭⲉⲓ ⲛ̄ϭⲓ ⲡⲣ̄ⲣⲟ ⲛ̄ ϩⲟⲧϩⲧ̄[115] ⲙ̄ⲙⲟϥ, ⲉϥϫⲱ ⲙ̄ⲙⲟⲥ ϫⲉ, "ⲛⲉⲛⲉⲓⲟⲧⲉ ⲉⲧ ϩⲛ̄ ⲕⲏⲙⲉ ⲣ̄-ⲟⲩ?" ⲛ̄ⲧⲟϥ ⲇⲉ ⲡⲉϫⲁϥ ϫⲉ, "ⲥⲉϣⲗⲏⲗ ⲧⲏⲣⲟⲩ ⲉϫⲙ̄ ⲡⲉⲕⲟⲩϫⲁⲓ." ⲁⲩⲱ ⲁϥϫⲟⲟⲥ ⲛⲁϥ ⲉⲧⲣⲉϥⲟⲩⲱⲙ ⲛ̄ ⲟⲩⲕⲟⲩⲓ ⲛ̄ ⲟⲉⲓⲕ. ⲁϥϯ-ⲟⲩϣⲏⲙ ⲛ̄ ⲛⲉϩ[116] ϩⲓ ϩⲙⲟⲩ[117] ⲛⲁϥ, ⲁϥⲟⲩⲱⲙ. ⲁⲩⲱ ⲁϥϯ-ⲟⲩϣⲏⲙ ⲙ̄ ⲙⲟⲟⲩ ⲛⲁϥ, ⲁϥⲥⲱ. ⲡⲉϫⲁϥ ⲇⲉ ⲛⲁϥ ⲛ̄ϭⲓ ⲡⲣ̄ⲣⲟ ϫⲉ, "ⲕⲥⲟⲟⲩⲛ ϫⲉ ⲁⲛⲅ̄-ⲛⲓⲙ?" ⲛ̄ⲧⲟϥ ⲇⲉ ⲡⲉϫⲁϥ ϫⲉ, "ⲡⲛⲟⲩⲧⲉ ⲥⲟⲟⲩⲛ ⲙ̄ⲙⲟⲕ." ⲧⲟⲧⲉ ⲡⲉϫⲁϥ ϫⲉ, "ⲁⲛⲅ̄ ⲡⲉ ⲑⲉⲱⲇⲟⲥⲓⲟⲥ ⲡⲣ̄ⲣⲟ," ⲁⲩⲱ ⲛ̄ ⲧⲉⲩⲛⲟⲩ ⲁϥⲡⲁϩⲧϥ̄ ⲛⲁϥ ⲛ̄ϭⲓ ⲡϩⲗ̄ⲗⲟ. ⲡⲉϫⲁϥ ⲛⲁϥ ⲛ̄ϭⲓ ⲡⲣ̄ⲣⲟ ϫⲉ, "ⲛⲁⲓⲁⲧ-ⲧⲏⲩⲧⲛ̄ ϫⲉ ⲧⲉⲧⲛ̄ⲟ ⲛ̄ ⲁⲧⲣⲟⲟⲩϣ[118] ϩⲙ̄ ⲡⲉⲓⲕⲟⲥⲙⲟⲥ. ϩⲛ̄ ⲟⲩⲙⲉ ⲛ̄ϫⲓⲛⲧⲁⲩϫⲡⲟⲓ ϩⲛ̄ ⲧⲙⲛ̄ⲧⲣ̄ⲣⲟ ⲙ̄ⲡⲓⲙⲉϩ-ϩⲏⲧ[119] ⲛ̄ ⲟⲉⲓⲕ ⲉⲛⲉϩ ⲟⲩⲇⲉ ⲙⲟⲟⲩ ⲛ̄ ⲑⲉ ⲙ̄ ⲡⲟⲟⲩ, ⲟⲩⲇⲉ ⲙ̄ⲡⲓⲉⲓⲙⲉ ϫⲉ ⲥⲉϩⲟⲗϭ̄[120] ⲛ̄ ⲧⲉⲓϩⲉ ϫⲓⲛ ⲡⲉϩⲟⲟⲩ ⲉⲧ ⲙ̄ⲙⲁⲩ." ⲁϥⲁⲣⲭⲉⲓ ⲛ̄ ϯ-ⲉⲟⲟⲩ ⲛⲁϥ ⲛ̄ϭⲓ ⲡⲣ̄ⲣⲟ. ⲡϩⲗ̄ⲗⲟ ⲇⲉ ⲁϥⲧⲱⲟⲩⲛ, ⲁϥⲡⲱⲧ, ⲁϥⲕⲧⲟϥ ⲟⲛ ⲉ ⲕⲏⲙⲉ.

175. ⲁϥϫⲟⲟⲥ ⲟⲛ ⲛ̄ϭⲓ ⲁⲡⲁ ⲇⲁⲛⲓⲏⲗ ϫⲉ ⲁ-ⲡⲉⲛⲉⲓⲱⲧ ⲁⲡⲁ ⲁⲣⲥⲉⲛⲓⲟⲥ ϫⲟⲟⲥ ⲉⲧⲃⲉ ⲟⲩⲁ ϩⲛ̄ ϣⲓⲏⲧ ϫⲉ ⲟⲩⲛⲟϭ ⲙ̄ⲙⲁⲧⲉ ⲡⲉ ⲛ̄ ⲣⲉϥⲣ̄-ϩⲱⲃ[121] ⲉϥⲟ ⲇⲉ ⲛ̄ ⲁⲫⲉⲗⲗⲏⲥ[122] ϩⲛ̄ ⲧⲡⲓⲥⲧⲓⲥ ⲁⲩⲱ ⲛⲉϥϣⲟⲃⲧ̄[123] ⲡⲉ ⲉⲧⲃⲉ ⲧⲙⲛ̄ⲧϩⲓⲇⲓⲱⲧⲏⲥ[124]. ⲁⲩⲱ ⲛⲉϥϫⲱ ⲙ̄ⲙⲟⲥ ϫⲉ ⲡⲟⲉⲓⲕ

114. 여기서는: 일반 군인들의 계급.
115. ϩⲟⲧϩⲧ̄, ϩⲉⲧϩⲧ̄-, ϩⲉⲧϩⲱⲧ⸗, Q ϩⲉⲧϩⲱⲧ tr. 검토하다, 조사하다(ⲙ̄ⲙⲟ⸗).
116. ⲡ.ⲛⲉϩ 기름.
117. ⲡⲉ.ϩⲙⲟⲩ 소금.
118. ⲁⲧⲣⲟⲟⲩϣ adj. 걱정이 없는, 염려가 없는.
119. ⲙⲉϩ-ϩⲏⲧ ⲙ̄ⲙⲟ⸗ 충족되다, ~에 만족하다.
120. ϩⲗⲟϭ, Q ϩⲟⲗϭ̄ tr. 달콤하다, 유쾌하다, 즐겁다.
121. ⲣⲉϥⲣ̄-ϩⲱⲃ 노동자, 행하는 자; 수도자의 의미로: 고행자, 금욕주의자.
122. ⲁⲫⲉⲗⲗⲏⲥ (ἀφελής) 간단한, 단순한.
123. ϣⲱϥⲧ̄ (ϣⲱⲃⲧ̄), ϣⲟϥⲧ̄ Q (ϣⲟⲃⲧ̄) intr. 비틀거리다, 잘못을 범하다.
124. ⲧ.ⲙⲛ̄ⲧϩⲓⲇⲓⲱⲧⲏⲥ 무지함; ἰδιώτης 비전문가, 범인(凡人), 지식이 없는 자.

ⲉⲧⲛ̄ϫⲓ ⲙ̄ⲙⲟϥ ϩⲓϫⲙ̄ ⲡⲙⲁ[125] ⲛ̄ⲧⲟϥ ⲁⲛ ⲡⲉ ⲡⲥⲱⲙⲁ ⲙ̄ ⲡⲉⲭⲥ̄ ⲫⲩⲥⲓ[126] ⲁⲗⲗⲁ ⲡⲉϥⲥⲙⲟⲧ ⲡⲉ. ⲁⲩⲥⲱⲧⲙ̄ ⲇⲉ ⲛ̄ϭⲓ ϩⲗ̄ⲗⲟ ⲥⲛⲁⲩ ϫⲉ ⲁϥϫⲉ-ⲡⲉⲓϣⲁϫⲉ, ⲁⲩⲱ ⲉⲩⲥⲟⲟⲩⲛ ⲙ̄ⲙⲟϥ ϫⲉ ⲟⲩⲛⲟϭ ⲡⲉ ϩⲙ̄ ⲡⲉϥⲃⲓⲟⲥ[127], ⲁⲩⲉⲓⲙⲉ ϫⲉ ⲉϥϫⲱ ⲙ̄ ⲡⲁⲓ ϩⲛ̄ ⲟⲩⲙⲛ̄ⲧⲃⲁⲗ-ϩⲏⲧ[128] ⲙⲛ̄ ⲟⲩⲙⲛ̄ⲧⲁⲧⲛⲟⲓ[129]. ⲁⲩⲱ ⲁⲩⲉⲓ ϣⲁⲣⲟϥ, ⲁⲩϫⲟⲟⲥ ⲛⲁϥ ϫⲉ, “ⲁⲡⲁ, ⲁⲛⲥⲱⲧⲙ̄ ⲉⲧⲃⲉ ⲟⲩϣⲁϫⲉ ⲛ̄ ⲁⲡⲓⲥⲧⲟⲛ, ϫⲉ ⲁ-ⲟⲩⲁ ϫⲟⲟϥ ϫⲉ ⲡⲟⲉⲓⲕ ⲉⲧⲛ̄ϫⲓ ⲙ̄ⲙⲟϥ ϩⲱⲥ ϫⲉ[130] ⲛ̄ⲧⲟϥ ⲛⲁⲙⲉ ⲁⲛ ⲡⲉ ⲡⲥⲱⲙⲁ ⲙ̄ ⲡⲉ-ⲭⲥ̄ ⲁⲗⲗⲁ ⲡⲉϥⲥⲙⲟⲧ ⲡⲉ.” ⲡϩⲗ̄ⲗⲟ ⲇⲉ ⲡⲉϫⲁϥ ϫⲉ, “ⲁⲛⲟⲕ ⲁⲓϫⲉ-ⲡⲁⲓ.” ⲛ̄ⲧⲟⲟⲩ ⲇⲉ ⲁⲩⲕⲱⲣϣ̄[131] ⲉⲣⲟϥ, ⲉⲩϫⲱ ⲙ̄ⲙⲟⲥ ϫⲉ, “ⲙ̄ⲡⲱⲣ. ⲙ̄ⲡⲣ̄ⲧⲁϫⲣⲟⲕ ϩⲙ̄ ⲡⲁⲓ, ⲁⲡⲁ, ⲁⲗⲗⲁ ⲕⲁⲧⲁ ⲑⲉ ⲉⲧⲉⲣⲉ-ⲧⲕⲁⲑⲟⲗⲓⲕⲏ[132] ⲉⲕⲕⲗⲏⲥⲓⲁ ϫⲱ ⲙ̄ⲙⲟⲥ ⲡⲓⲥⲧⲉⲩⲉ ϫⲉ ⲡⲟⲉⲓⲕ ⲉⲧⲛ̄ϫⲓ ⲙ̄ⲙⲟϥ ⲛ̄ⲧⲟϥ ⲡⲉ ⲡⲥⲱⲙⲁ ⲙ̄ ⲡⲉⲭⲥ̄ ϩⲛ̄ ⲟⲩⲙⲉ, ⲁⲩⲱ ϩⲛ̄ ⲟⲩⲥⲙⲟⲧ ⲁⲛ, ⲁⲩⲱ ⲡⲉⲓⲡⲟⲧⲏⲣⲓⲟⲛ[133] ⲡⲉϥⲥⲛⲟϥ ⲡⲉ ϩⲛ̄ ⲟⲩⲙⲉ ⲁⲩⲱ ϩⲛ̄ ⲟⲩⲥⲭⲩⲙⲁ[134] ⲁⲛ. ⲁⲗⲗⲁ ⲛ̄ ⲑⲉ[135] ⲛ̄ ⲧⲁⲣⲭⲏ[136] ⲉ-ⲁϥϫⲓ ⲛ̄ ⲟⲩⲕⲁϩ ⲉⲃⲟⲗ ϩⲙ̄ ⲡⲕⲁϩ[137], ⲁϥⲡⲗⲁⲥⲥⲉ[138] ⲙ̄ ⲡⲣⲱⲙⲉ ⲕⲁⲧⲁ ⲧⲉϥϩⲓⲕⲱⲛ[139] ⲁⲩⲱ ⲙⲛ̄-ϭⲟⲙ ⲛ̄ ⲗⲁⲁⲩ

125. ⲡ.ⲙⲁ 여기서는, 제단.
126. ⲫⲩⲥⲓ 사실상, 실제로, 정말의(φύσει 본래, 선천적으로); ⲧⲉ.ⲫⲩⲥⲓⲥ (ἡ φύσις) 본성, 본질.
127. ⲡ.ⲃⲓⲟⲥ (ὁ βίος) 삶, 생명.
128. ⲃⲁⲗ-ϩⲏⲧ 정직한, 순진한, 순수한; ⲙⲛ̄ⲧⲃⲁⲗ-ϩⲏⲧ 순진함, 정직함.
129. ⲛⲟⲓ (νοέω) 생각하다; ⲁⲧⲛⲟⲓ 생각이 없는, 경솔한; ϩⲛ̄ ⲟⲩⲙⲛ̄ⲧⲁⲧⲛⲟⲓ 생각 없이.
130. 텍스트는 ϩⲱⲥϫ̄이나, 아마 위처럼 ϩⲱⲥ(ὡς) + ϫⲉ일 것이다.
131. ⲕⲱⲣϣ̄, ⲕⲉⲣϣ̄-, ⲕⲟⲣϣ⸗ tr. 설득하다, 부추기다(ⲉ).
132. ⲕⲁⲑⲟⲗⲓⲕⲏ (καθολικός) adj. f. 보편적인, 전반적인.
133. ⲡ.ⲡⲟⲧⲏⲣⲓⲟⲛ (τὸ ποτήριον) 포도주 잔.
134. ϩⲛ̄ ⲟⲩⲥⲭⲩⲙⲁ ~의 형태로, ~의 모습으로.
135. ⲛ̄ ⲑⲉ ⲛ̄는 아래의 ⲧⲁⲓ ⲧⲉ ⲑⲉ와 동등하다.
136. ⲧ.ⲁⲣⲭⲏ (ἡ ἀρχή) (창조의) 태초.
137. ⲕⲁϩ의 두 가지 의미에 주의하라: 흙 덩어리; 지면.
138. ⲡⲗⲁⲥⲥⲉ (πλάσσω) 형성하다, 만들다.
139. ⲑⲓⲕⲱⲛ (ἡ εἰκών) 외관, 닮음.

ⲛ̄ ϫⲟⲟⲥ ϫⲉ ⲛ̄ ⲑⲓⲕⲱⲛ ⲙ̄ ⲡⲛⲟⲩⲧⲉ ⲁⲛ ⲧⲉ ⲧⲁⲓ, ⲕⲁⲓⲧⲟⲓ[140] ⲟⲩⲁ-ⲕⲁⲧⲁⲗⲩⲙⲡⲧⲟⲥ[141] ⲡⲉ ⲛ̄ ⲁⲧⲧⲁϩⲟϥ, ⲧⲁⲓ ⲟⲛ ⲧⲉ ⲑⲉ ⲙ̄ ⲡⲟⲉⲓⲕ ⲛ̄ⲧⲁϥϫⲟⲟⲥ ϫⲉ ⲡⲁⲓ ⲡⲉ ⲡⲁⲥⲱⲙⲁ. ⲧⲛ̄ⲡⲓⲥⲧⲉⲩⲉ ϫⲉ ϩⲛ̄ ⲟⲩⲙⲉ ⲡⲁⲓ ⲡⲉ ⲡⲥⲱⲙⲁ ⲙ̄ ⲡⲉⲭ̅ⲥ̅." ⲡⲉϫⲁϥ ⲛ̄ϭⲓ ⲡϩⲗ̄ⲗⲟ ϫⲉ, "ⲉⲧⲉⲧⲛ̄ⲧⲙ̄ⲡⲓⲑⲉ[142] ⲙ̄ⲙⲟⲓ ⲉⲃⲟⲗ ϩⲙ̄ ⲡϩⲱⲃ[143], ⲛ̄ϯⲛⲁⲧⲱⲧ ⲁⲛ ⲛ̄ϩⲏⲧ." ⲛ̄ⲧⲟⲟⲩ ⲇⲉ ⲡⲉϫⲁⲩ ϫⲉ, "ⲙⲁⲣⲉⲛⲧⲱⲃⲁϩ[144] ⲙ̄ ⲡⲛⲟⲩⲧⲉ ϩⲛ̄ ⲧⲉⲓϩⲉⲃⲇⲱⲙⲁⲥ[145] ⲉⲧⲃⲉ ⲡⲉⲓⲙⲩⲥⲧⲏⲣⲓⲟⲛ, ⲁⲩⲱ ⲧⲛ̄ⲡⲓⲥⲧⲉⲩⲉ ϫⲉ ⲡⲛⲟⲩⲧⲉ ⲛⲁϭⲟⲗⲡϥ̄ ⲛⲁⲛ ⲉⲃⲟⲗ." ⲡϩⲗ̄ⲗⲟ ⲇⲉ ⲁϥϣⲡ̄-ⲡϣⲁϫⲉ ⲉⲣⲟϥ ϩⲛ̄ ⲟⲩⲣⲁϣⲉ, ⲁⲩⲱ ⲁϥⲥⲟⲡⲥ̄ ⲙ̄ ⲡⲛⲟⲩⲧⲉ ⲉϥϫⲱ ⲙ̄ⲙⲟⲥ ϫⲉ, "ⲡϫⲟⲉⲓⲥ, ⲛ̄ⲧⲟⲕ ⲉⲧ ⲥⲟⲟⲩⲛ ϫⲉ ⲛ̄ ⲉⲓⲟ ⲁⲛ ⲛ̄ ⲁⲡⲓⲥⲧⲟⲥ ⲕⲁⲧⲁ ⲟⲩⲕⲁⲕⲓⲁ[146] ⲁⲗⲗⲁ ϫⲉ ⲛ̄ⲛⲉⲓⲡⲗⲁⲛⲁ[147] ϩⲛ̄ ⲟⲩⲙⲛ̄ⲧⲁⲡⲓⲥⲧⲟⲥ ⲙⲛ̄ ⲟⲩⲙⲛ̄ⲧⲁⲧⲥⲟⲟⲩⲛ, ϭⲱⲗⲡ̄ ⲛⲁⲓ ⲉⲃⲟⲗ, ⲡϫⲟⲉⲓⲥ ⲓ̅ⲥ̅ ⲡⲉⲭ̅ⲥ̅." ⲛ̄ϩⲗ̄ⲗⲟ ⲇⲉ ⲟⲛ ⲁⲩⲃⲱⲕ ⲉ ⲛⲉⲩⲣⲓ, ⲁⲩⲧⲱⲃⲁϩ ⲙ̄ ⲡⲛⲟⲩⲧⲉ, ⲉⲩϫⲱ ⲙ̄ⲙⲟⲥ ϫⲉ, "ⲓ̅ⲥ̅ ⲡⲉⲭ̅ⲥ̅, ⲉⲕⲉϭⲱⲗⲡ̄ ⲉⲃⲟⲗ ⲙ̄ ⲡⲉⲓϩⲗ̄ⲗⲟ ⲙ̄ ⲡⲉⲓⲙⲩⲥⲧⲏⲣⲓⲟⲛ ϫⲉ ⲉϥⲉⲡⲓⲥⲧⲉⲩⲉ ⲁⲩⲱ ⲛϥ̄ⲧⲙ̄ϯ-ⲟⲥⲉ[148] ⲙ̄ ⲡⲉϥϩⲓⲥⲉ." ⲁ-ⲡⲛⲟⲩⲧⲉ ⲇⲉ ⲥⲱⲧⲙ̄ ⲉⲣⲟⲟⲩ ϩⲓ ⲟⲩⲥⲟⲡ. ⲛ̄ⲧⲉⲣⲉ-ⲑⲃ̄ⲇⲱⲙⲁⲥ ⲇⲉ ϫⲱⲕ ⲉⲃⲟⲗ, ⲁⲩⲉⲓ ⲉ ⲧⲉⲕⲕⲗⲏⲥⲓⲁ ⲛ̄ ⲧⲕⲩⲣⲓⲁⲕⲏ[149], ⲁⲩϩⲙⲟⲟⲥ ⲙ̄ ⲡϣⲟⲙⲛ̄ⲧ ⲙⲁⲩⲁⲁⲩ ϩⲓ <ⲟⲩ>ⲟⲩⲣⲱⲙ[150] ⲛ̄ ⲟⲩⲱⲧ. ⲛⲉⲣⲉ-

140. ⲕⲁⲓⲧⲟⲓ (καίτοι) 그럼에도, ~이지만, ~할지라도.

141. ⲁⲕⲁⲧⲁⲗⲩⲙⲡⲧⲟⲥ (ἀκατάληπτος) 이해할 수 없는, 불가해한; 여기서는 명사로 사용되었다.

142. ⲡⲓⲑⲉ (πείθω) 설득하다.

143. ⲉⲃⲟⲗ ϩⲙ̄ ⲡϩⲱⲃ '그 문제 자체로부터의 증명에 의해'라는 의미.

144. ⲧⲱⲃϩ̄ (ⲧⲱⲃⲁϩ), ⲧⲉⲃϩ̄-, ⲧⲟⲃϩ⸗ tr. 기도하다, 간청하다(~에게: ⲙ̄ⲙⲟ⸗; ~을 위해: ⲉ, ⲉⲧⲃⲉ, ⲉϫⲛ̄, ϩⲁ).

145. ⲧ.ϩⲉⲃⲇⲱⲙⲁⲥ, ⲑⲃ̄ⲇⲱⲙⲁⲥ (ἡ ἑβδομάς) 주(週).

146. ⲧ.ⲕⲁⲕⲓⲁ (ἡ κακία) 악, 악함, 나쁨.

147. ⲡⲗⲁⲛⲁ (πλανάω) 속이다, 기만하다, 잘못된 방향으로 이끌다; 실수를 범하다.

148. ϯ-ⲟⲥⲉ 손실을 입다(~에 대한: ⲛ̄).

149. ⲧ.ⲕⲩⲣⲓⲁⲕⲏ (ἡ κυριακή) 일요일.

150. ⲟⲩⲣⲱⲙ, ⲟⲩⲗⲱⲙ = ⲙ̄ⲣⲱⲙ '베개'의 이형.

ⲡϩⲗ̄ⲗⲟ ⲇⲉ ϩⲛ̄ ⲧⲉⲩⲙⲏⲧⲉ. ⲁⲩⲟⲩⲱⲛ ⲛ̄ϭⲓ ⲙⲉⲩⲃⲁⲗ ⲉⲧ ϩⲓ ϩⲟⲩⲛ, ⲁⲩⲱ ⲛ̄ⲧⲉⲣⲟⲩⲕⲱ ⲉϩⲣⲁⲓ ⲙ̄ ⲡⲟⲉⲓⲕ ⲉϫⲛ̄ ⲧⲉⲧⲣⲁⲡⲩⲍⲁ ⲉⲧ ⲟⲩⲁⲁⲃ, ⲁϥⲟⲩⲱⲛⲁϩ ⲉⲃⲟⲗ ⲙ̄ ⲡϣⲟⲙⲛ̄ⲧ ⲙⲁⲩⲁⲁⲩ ⲛ̄ ⲑⲉ ⲛ̄ ⲟⲩϣⲏⲣⲉ ⲕⲟⲩⲓ, ⲁⲩⲱ ⲛ̄ⲧⲉⲣⲉ-ⲡⲉⲡⲣⲉⲥⲃⲩⲧⲉⲣⲟⲥ ⲥⲟⲟⲩⲧⲛ̄ ⲉⲃⲟⲗ ⲛ̄ ⲧⲉϥϭⲓϫ ⲉ ϫⲓ ⲙ̄ ⲡⲟⲉⲓⲕ ⲉ ⲡⲟϣϥ̄[151], ⲉⲓⲥ ⲟⲩⲁⲅⲅⲉⲗⲟⲥ ⲁϥⲉⲓ ⲉⲃⲟⲗ ϩⲛ̄ ⲙ̄ⲡⲏⲩⲉ, ⲉ-ⲟⲩⲛ̄-ⲟⲩϭⲟⲣⲧⲉ[152] ⲛ̄ⲧⲟⲟⲧϥ̄, ⲁⲩⲱ ⲁϥϣⲱⲱⲧ[153] ⲙ̄ ⲡⲕⲟⲩⲓ ⲛ̄ ϣⲏⲣⲉ, ⲁϥⲡⲱϩⲧ̄[154] ⲙ̄ ⲡⲉϥⲥⲛⲟϥ ⲉ ⲡⲡⲟⲧⲏⲣⲓⲟⲛ. ⲛ̄ⲧⲉⲣⲉ-ⲡⲉⲡⲣⲉⲥⲃⲩⲧⲉⲣⲟⲥ ⲇⲉ ⲉⲣ-ⲡⲟⲉⲓⲕ ⲛ̄ ⲅⲗⲁⲥⲙⲁ ⲕⲗⲁⲥⲙⲁ[155], ⲛⲉⲣⲉ-ⲡⲁⲅⲅⲉⲗⲟⲥ ϩⲱⲱϥ ⲡⲱϣ ⲙ̄ ⲡϣⲏⲣⲉ ⲕⲟⲩⲓ ϣⲏⲙ ϣⲏⲙ. ⲁⲩⲱ ⲛ̄ⲧⲉⲣⲟⲩϯ ⲙ̄ ⲡⲉⲩⲟⲩⲟⲓ[156] ⲉ ϫⲓ ⲉⲃⲟⲗ ϩⲛ̄ ⲛⲉⲧ ⲟⲩⲁⲁⲃ, ⲁϥϫⲓ ⲛ̄ϭⲓ ⲡϩⲗ̄ⲗⲟ ⲛ̄ ⲟⲩⲕⲗⲁⲥⲙⲁ ⲛⲁϥ ⲉϥⲡⲏϣ ⲛ̄ ⲥⲛⲟϥ, ⲁⲩⲱ ⲛ̄ⲧⲉⲣⲉϥⲛⲁⲩ, ⲁϥⲣ̄-ϩⲟⲧⲉ, ⲁϥϫⲓ-ϣⲕⲁⲕ ⲉⲃⲟⲗ ϫⲉ, "ϯⲡⲓⲥⲧⲉⲩⲉ, ⲡϫⲟⲉⲓⲥ, ϫⲉ ⲡⲟⲉⲓⲕ ⲡⲉ ⲡⲉⲕⲥⲱⲙⲁ ⲁⲩⲱ ⲡⲡⲟⲧⲏⲣⲓⲟⲛ ⲡⲉ ⲡⲉⲕⲥⲛⲟϥ." ⲁⲩⲱ ⲛ̄ ⲧⲉⲩⲛⲟⲩ ⲁ-ⲡⲁϥ ⲉⲧ ϩⲛ̄ ⲧⲉϥϭⲓϫ ⲣ̄-ⲟⲉⲓⲕ ⲕⲁⲧⲁ ⲡⲉⲟⲟⲩ ⲙ̄ ⲡⲙⲩⲥⲧⲏⲣⲓⲟⲛ. ⲁϥⲛⲟϫϥ̄ ⲉϩⲟⲩⲛ ⲉ ⲣⲱϥ, ⲁⲩⲱ ⲁϥϫⲓ ⲉϥⲉⲩⲭⲁⲣⲓⲥⲧⲓ[157] ⲙ̄ ⲡϫⲟⲉⲓⲥ. ⲡⲉϫⲁϥ ⲛⲁϥ ⲛ̄ϭⲓ ⲛ̄ϩⲗ̄ⲗⲟ ϫⲉ, "ⲡⲛⲟⲩⲧⲉ ⲥⲟⲟⲩⲛ ⲛ̄ ⲧⲉⲫⲩⲥⲓⲥ ⲛ̄ ⲛ̄ⲣⲱⲙⲉ ϫⲉ ⲙⲛ̄-ϭⲟⲙ ⲙ̄ⲙⲟⲟⲩ ⲉ ⲟⲩⲉⲙ-ⲁⲃ ⲉϥⲟⲩⲱⲧ[158]. ⲉⲧⲃⲉ ⲡⲁⲓ ϣⲁϥⲧⲣⲉ-ⲡⲉϥⲥⲱⲙⲁ ϣⲱⲡⲉ ⲙ̄ ⲡⲟⲉⲓⲕ ⲁⲩⲱ ⲡⲉϥⲥⲛⲟϥ ⲛ̄ ⲏⲣⲡ̄ ⲛ̄ ⲛⲉⲧ ϫⲓ ⲙ̄ⲙⲟϥ ϩⲛ̄ ⲟⲩⲡⲓⲥⲧⲓⲥ." ⲁⲩⲱ ⲁⲩϣⲡ̄-ϩⲙⲟⲧ[159] ⲛ̄ⲧⲙ̄ ⲡⲛⲟⲩⲧⲉ ϩⲓϫⲙ̄ ⲡⲉⲛⲧⲁϥϣⲱⲡⲉ, ϫⲉ ⲙ̄ⲡⲉϥⲕⲁ-

151. ⲡⲱϣ, ⲡⲉϣ-, ⲡⲟϣ⸗, Q ⲡⲏϣ tr. 나누다, 분리하다(ⲙ̄ⲙⲟ⸗).
152. ⲧ.ϭⲟⲣⲧⲉ 칼, 검.
153. ϣⲱⲱⲧ, ϣⲉⲉⲧ-, ϣⲁⲁⲧ⸗, Q ϣⲁⲁⲧ tr. 자르다, 베다, 죽이다(ⲙ̄ⲙⲟ⸗).
154. ⲡⲱϩⲧ̄, ⲡⲉϩⲧ̄-, ⲡⲁϩⲧ⸗, Q ⲡⲁϩⲧ̄ tr. 붓다, 따르다(ⲙ̄ⲙⲟ⸗).
155. ⲡⲉ.ⲕⲗⲁⲥⲙⲁ (τὸ κλάσμα) 조각, 부분; 분배를 표현하기 위해 반복된다: 여러 조각으로, 조각 조각; 다음을 참조. ϣⲏⲙ ϣⲏⲙ 작은 조각으로.
156. ϯ-ⲙ̄ ⲡ(⸗) ⲟⲩⲟⲓ 전진하다, 나아가다(접미사는 재귀적이다).
157. ⲉⲩⲭⲁⲣⲓⲥⲧⲓ (εὐχαριστέω) 감사를 드리다.
158. ⲟⲩⲱⲧ intr. 날 것이다, 익지 않다, 신선하다.
159. ϣⲡ̄-ϩⲙⲟⲧ ⲛ̄ⲧⲛ̄ 감사하다.

ⲡϩⲗ̄ⲗⲟ ⲛ̄ ⲣⲱⲙⲉ ⲉ ϯ-ⲟⲥⲉ ⲙ̄ ⲡⲉϥϩⲓⲥⲉ, ⲁⲩⲱ ⲁⲩⲃⲱⲕ ⲙ̄ ⲡϣⲟⲙⲛ̄ⲧ ⲉ ⲛⲉⲩⲣⲓ ϩⲛ̄ ⲟⲩⲣⲁϣⲉ.

240. ⲁ-ⲁⲡⲁ ⲥⲁⲣⲁⲡⲓⲱⲛ ⲛⲁⲩ ⲉⲩⲡⲟⲣⲛⲏ[160]. ⲡⲉϫⲁϥ ϫⲉ, "ϯⲛⲏⲩ ϣⲁⲣⲟ ⲙ̄ ⲡⲛⲁⲩ ⲛ̄ ⲣⲟⲩϩⲉ. ⲥⲃ̄ⲧⲱⲧⲉ ⲉⲃⲟⲗ." ⲁⲩⲱ ⲛ̄ⲧⲉⲣⲉϥ<ⲉⲓ> ⲛⲁⲥ ⲉϩⲟⲩⲛ, ⲡⲉϫⲁϥ ⲛⲁⲥ ϫⲉ, "ϭⲱ ⲉⲣⲟⲓ ⲛ̄ ⲟⲩⲕⲟⲩⲓ, ϫⲉ ⲟⲩⲛ̄ⲧⲁⲓ-ⲟⲩⲛⲟⲙⲟⲥ ⲙ̄ⲙⲁⲩ, ϣⲁⲛϯϫⲟⲕϥ̄ ⲉⲃⲟⲗ." ⲛ̄ⲧⲟⲥ ⲇⲉ ⲡⲉϫⲁⲥ ϫⲉ, "ⲕⲁⲗⲱⲥ, ⲡⲁⲉⲓⲱⲧ." ⲛ̄ⲧⲟϥ ⲇⲉ ⲁϥⲁⲣⲭⲉⲓ ⲙ̄ ⲯⲁⲗⲗⲉⲓ[161] ϫⲓⲛ ⲡϣⲟⲣⲡ̄ ⲙ̄ ⲯⲁⲗⲙⲟⲥ ϣⲁⲛⲧⲉϥϫⲱⲕ ⲉⲃⲟⲗ ⲙ̄ ⲡϣⲉⲧⲁⲓⲟⲩ ⲙ̄ ⲯⲁⲗⲙⲟⲥ, ⲁⲩⲱ ⲕⲁⲧⲁ ⲥⲟⲡ ⲛ̄ ⲕⲁ-ⲣⲱϥ ⲉⲃⲟⲗ ϣⲁϥⲉⲓⲣⲉ ⲛ̄ ϣⲟⲙⲛ̄ⲧ ⲛ̄ ⲕⲗ̄ϫ̄-ⲡⲁⲧ[162]. ⲛ̄ⲧⲟⲥ ϩⲱⲱⲥ ⲁⲥϭⲱ ⲉⲥϣⲗⲏⲗ ϩⲓ ⲡⲁϩⲟⲩ ⲙ̄ⲙⲟϥ ϩⲛ̄ ⲟⲩϩⲟⲧⲉ ⲙⲛ̄ ⲟⲩⲥⲧⲱⲧ[163]. ⲁϥⲙⲟⲩⲛ ⲇⲉ ⲉⲃⲟⲗ ⲉϥϣⲗⲏⲗ ϩⲁⲣⲟⲥ ⲧⲁⲣⲉⲥⲟⲩϫⲁⲓ, ⲁⲩⲱ ⲁ-ⲡⲛⲟⲩⲧⲉ ⲥⲱⲧⲙ̄ ⲉⲣⲟϥ. ⲧⲉⲥϩⲓⲙⲉ ⲇⲉ ⲁⲥⲡⲁϩⲧⲥ̄ ϩⲁⲣⲁⲧⲟⲩ ⲛ̄ ⲛⲉϥⲟⲩⲉⲣⲏⲧⲉ ⲉⲥⲣⲓⲙⲉ ⲉⲥϫⲱ ⲙ̄ⲙⲟⲥ ϫⲉ, "ⲁⲣⲓ-ⲧⲁⲅⲁⲡⲏ[164], ⲡⲁⲉⲓⲱⲧ. ⲡⲙⲁ ⲉⲧⲉⲕⲥⲟⲟⲩⲛ ϫⲉ ϯⲛⲁⲟⲩϫⲁⲓ ⲛ̄ϩⲏⲧϥ̄ ϫⲓⲧ ⲉⲙⲁⲩ. ⲛ̄ⲧⲁ-ⲡⲛⲟⲩⲧⲉ ⲅⲁⲣ ⲧⲛ̄ⲛⲟⲟⲩⲕ ϣⲁⲣⲟⲓ ⲉ ⲡⲁⲓ." ⲁⲩⲱ ⲁϥϫⲓⲧⲥ̄ ⲉⲩϩⲉⲛⲉⲉⲧⲉ ⲙ̄ ⲡⲁⲣⲑⲉⲛⲟⲥ[165]. ⲡⲉϫⲁϥ ⲇⲉ ⲛ̄ ⲧⲙⲁⲁⲩ ⲛ̄ ⲑⲉⲛⲉⲉⲧⲉ ϫⲉ, "ϫⲓ ⲛ̄ ⲧⲉⲓⲥⲱⲛⲉ, ⲁⲩⲱ ⲙ̄ⲡⲣ̄ⲧⲁⲗⲉ-ⲛⲁϩⲃ̄[166] ⲉϫⲱⲥ ⲏ[167] ⲉⲛⲧⲟⲗⲏ, ⲁⲗⲗⲁ ⲛ̄ ⲑⲉ ⲉⲧⲉⲥⲟⲩⲁϣⲥ̄ ⲙⲁⲣⲉⲥⲁⲁⲥ. ⲕⲁⲁⲥ ϩⲙ̄ ⲡϫⲟⲉⲓⲥ." ⲁⲩⲱ ⲙⲛ̄ⲛ̄ⲥⲁ ϩⲉⲛⲕⲟⲩⲓ ⲛ̄ ϩⲟⲟⲩ ⲡⲉϫⲁⲥ ϫⲉ, "ⲁⲛⲟⲕ ⲟⲩⲣⲉϥⲣ̄-ⲛⲟⲃⲉ. ⲉⲓⲟⲩⲱϣ ⲉ ⲟⲩⲱⲙ ⲛ̄ ⲟⲩⲥⲟⲡ ⲙ̄ ⲙⲏⲛⲉ." ⲙⲛ̄ⲛ̄ⲥⲁ ⲕⲉⲟⲩⲟⲉⲓϣ ⲟⲛ ⲡⲉϫⲁⲥ ϫⲉ,

---

160. ⲧ.ⲡⲟⲣⲛⲏ (ἡ πόρνη) 창녀, 매춘부.
161. ⲯⲁⲗⲗⲉⲓ (ψάλλω) 여기서는: 시편을 암송하다; ⲡⲉ.ⲯⲁⲗⲙⲟⲥ (ὁ ψαλμός) 시편.
162. ⲕⲗ̄ϫ̄-ⲡⲁⲧ 절, 정중히 무릎 꿇기; ⲕⲱⲗϫ̄ tr. 굽히다, 숙이다; ⲧ.ⲡⲁⲧ 무릎, 다리.
163. ⲡⲉ.ⲥⲧⲱⲧ 떨림, 전율.
164. ⲁⲣⲓ-ⲧⲁⲅⲁⲡⲏ 자비롭다, 관대하다, 친절을 베풀다; ⲧ.ⲁⲅⲁⲡⲏ (ἡ ἀγαπή) 사랑.
165. ⲟⲩϩⲉⲛⲉⲉⲧⲉ ⲙ̄ ⲡⲁⲣⲑⲉⲛⲟⲥ 수녀원.
166. ⲡ.ⲛⲁϩⲃ̄ 멍에; 여기서는 수도사적 의미에서: 부과된 고행.
167. ⲏ (ἤ) conj. 또는, 혹은.

"ⲉⲓⲟⲩⲱϣ ⲉ ⲟⲩⲱⲙ ⲛ̄ ⲟⲩⲥⲟⲡ ⲕⲁⲧⲁ ⲥⲁⲃⲃⲁⲧⲟⲛ[168]." ⲙⲛ̄ⲛ̄ⲥⲱⲥ ⲟⲛ ⲡⲉϫⲁⲥ ϫⲉ, "ⲉⲡⲓⲇⲏ[169] ⲁⲓⲣ̄-ϩⲁϩ ⲛ̄ ⲛⲟⲃⲉ, ⲟⲡⲧ̄[170] ⲉϩⲟⲩⲛ ⲉⲩⲣⲓ ⲁⲩⲱ ⲡⲉϯⲛⲁⲟⲩⲟⲙϥ̄ ⲧⲁⲁϥ ⲛⲁⲓ ϩⲛ̄ ⲟⲩϣⲟⲩϣⲧ̄ ⲙⲛ̄ ⲡⲁϩⲱⲃ ⲛ̄ ϭⲓϫ." ⲁⲩⲱ ⲁⲩⲉⲓⲣⲉ ϩⲓ ⲛⲁⲓ, ⲁⲩⲱ ⲁⲥⲣ̄-ⲁⲛⲁϥ ⲙ̄ ⲡⲛⲟⲩⲧⲉ, ⲁⲥ-ⲛ̄ⲕⲟⲧⲕ̄ ⲇⲉ ϩⲙ̄ ⲡⲙⲁ ⲉⲧ ⲙ̄ⲙⲁⲩ ϩⲙ̄ ⲡϫⲟⲉⲓⲥ.

168. 일주일에 한 번.

169. ⲉⲡⲓⲇⲏ (ἐπειδή) ~때문에, 왜냐하면, ~이므로.

170. ⲟⲡⲧ̄는 ⲟⲧⲡ⸗ⲧ(√ⲱⲧⲡ̄)는 ⲱⲧⲡ̄를 대신한 것이다(자음 순서에 주의하라—옮긴이).

ⲦⲤⲞⲪⲒⲀ Ⲛ̄ ⲤⲞⲖⲞⲘⲰⲚ
솔로몬의 지혜

1장

(1) ⲙⲉⲣⲉ-ⲧⲇⲓⲕⲁⲓⲟⲥⲩⲛⲏ, ⲛⲉⲧ ⲕⲣⲓⲛⲉ[1] ⲙ̄ ⲡⲕⲁϩ. ⲁⲣⲓ-ⲡⲙⲉⲉⲩⲉ ⲙ̄
ⲡϫⲟⲉⲓⲥ ϩⲛ̄ ⲟⲩⲙⲛ̄ⲧⲁⲅⲁⲑⲟⲥ, ⲛ̄ⲧⲉⲧⲛ̄ϣⲓⲛⲉ ⲛ̄ⲥⲱϥ ϩⲛ̄
ⲟⲩⲙⲛ̄ⲧϩⲁⲡⲗⲟⲩⲥ[2] ⲛ̄ⲧⲉ ⲡⲉⲧⲛ̄ϩⲏⲧ. (2) ϫⲉ ϣⲁⲩϩⲉ ⲉⲣⲟϥ ⲛ̄ϭⲓ ⲛⲉⲧⲉ
ⲛ̄ⲥⲉⲡⲉⲓⲣⲁⲍⲉ ⲙ̄ⲙⲟϥ ⲁⲛ. ϣⲁϥⲟⲩⲱⲛϩ̄ ⲇⲉ ⲉⲃⲟⲗ ⲛ̄ ⲛⲉⲧⲉ ⲛ̄ⲥⲉⲟ ⲛ̄
ⲁⲧⲛⲁϩⲧⲉ[3] ⲉⲣⲟϥ ⲁⲛ. (3) ϣⲁⲣⲉ-ⲡⲙⲉⲉⲩⲉ ⲅⲁⲣ ⲉⲑⲟⲟⲩ ⲡⲟⲣϫⲟⲩ[4] ⲉ
ⲡⲛⲟⲩⲧⲉ, ⲁⲩⲱ ⲧⲉϥϭⲟⲙ ⲉⲧ ⲟⲩⲟⲛϩ̄ ⲉⲃⲟⲗ ϣⲁⲥϫⲡⲉⲓⲉ-ⲛⲁⲑⲏⲧ. (4)
ϫⲉ ⲙⲉⲣⲉ-ⲧⲥⲟⲫⲓⲁ ⲅⲁⲣ ⲃⲱⲕ ⲉϩⲟⲩⲛ ⲉⲩⲯⲩⲭⲏ ⲉⲥϩⲟⲟⲩ, ⲟⲩⲇⲉ
ⲙⲉⲥⲟⲩⲱϩ ϩⲛ̄ ⲥⲱⲙⲁ ⲣ̄ ⲣⲉϥⲣ̄-ⲛⲟⲃⲉ. (5) ⲡⲉⲡⲛ̄ⲁ̄ ⲅⲁⲣ ⲉⲧ ⲟⲩⲁⲁⲃ ⲛ̄
ⲧⲥⲟⲫⲓⲁ ϣⲁϥⲡⲱⲧ ⲉⲃⲟⲗ ⲛ̄ ⲕⲣⲟϥ[5], ⲁⲩⲱ ϣⲁϥⲟⲩⲉ[6] ⲛ̄ ⲙ̄ⲙⲟⲕⲙⲉⲕ ⲛ̄
ⲛⲁⲑⲏⲧ, ⲁⲩⲱ ϣⲁϥϫⲡⲓⲉ-ⲡϫⲓⲛϭⲟⲛⲥ̄ ⲉϥϣⲁⲛⲉⲓ. (6) ⲟⲩⲙⲁⲉⲓ-ⲣⲱⲙⲉ

---

1. κρίνω 판단하다, 재판하다, 심판하다.
2. ἁπλοῦς adj. 순진한, 솔직한, 본심을 말하는.
3. ⲛⲁϩⲧⲉ, Q ⲛ̄ϩⲟⲩⲧ tr. 믿다, 신뢰하다(ⲉ); ⲁⲧⲛⲁϩⲧⲉ adj. 믿지 않는.
4. ⲡⲱⲣϫ̄, ⲡⲉⲣϫ̄-, ⲡⲟⲣϫ⸗, Q ⲡⲟⲣϫ̄ tr. 나누다, 분리하다(ⲙ̄ⲙⲟ⸗; ~로부터: ⲉ).
5. ⲡⲉ.ⲕⲣⲟϥ 사기, 속임, 간교한 속임수.
6. ⲟⲩⲉ, Q ⲟⲩⲏⲩ intr. 떨어져 있다, 멀다(~로부터: ⲉ, ⲙ̄ⲙⲟ⸗), ~에 초연해 있다.

ⲅⲁⲣ ⲡⲉ ⲡⲉⲡⲛ̅ⲁ̅ ⲛ̅ ⲧⲥⲟⲫⲓⲁ, ⲁⲩⲱ ⲛϥ̄ⲛⲁⲧⲙⲁⲓⲉ-ⲡϫⲓ-ⲟⲩⲁ ⲁⲛ ϩⲛ̅ ⲛⲉϥⲥⲡⲟⲧⲟⲩ[7]; ϫⲉ ⲡⲛⲟⲩⲧⲉ ⲡⲉ ⲡⲙⲛ̅ⲧⲣⲉ ⲛ̅ ⲛⲉϥϭⲗⲟⲧⲉ[8], ⲁⲩⲱ ⲡⲉⲧ ⲙⲟⲩϣⲧ̅[9] ⲛⲁⲙⲉ ⲙ̅ ⲡⲉϥϩⲏⲧ, ⲁⲩⲱ ⲡⲉⲧ ⲥⲱⲧⲙ̅ ⲉ ⲡⲉϥⲗⲁⲥ. (7) ϫⲉ ⲡⲉⲡⲛ̅ⲁ̅ ⲙ̅ ⲡϫⲟⲉⲓⲥ ⲁϥⲙⲉϩ-ⲧⲟⲓⲕⲟⲩⲙⲉⲛⲏ, ⲁⲩⲱ ⲡⲉⲧ ϣⲱⲡ ⲙ̅ ⲡⲧⲏⲣϥ̄[10] ϥⲥⲟⲟⲩⲛ ⲙ̅ ⲡⲉⲩϩⲣⲟⲟⲩ. (8) ⲉⲧⲃⲉ ⲡⲁⲓ ⲙⲛ̅-ⲗⲁⲁⲩ ⲛⲁϩⲱⲡ ⲉϥϣⲁϫⲉ ϩⲛ̅ ⲟⲩϫⲓⲛϭⲟⲛⲥ̅, ⲟⲩⲇⲉ ⲛϥ̄ⲛⲁⲣ̅-ⲃⲟⲗ[11] ⲁⲛ ⲉ ⲧⲉⲕⲣⲓⲥⲓⲥ ⲉⲧ ⲛ̅ⲛⲏⲩ[12]. (9) ⲥⲉⲛⲁϭⲙ̅-ⲡϣⲓⲛⲉ ⲅⲁⲣ ⲙ̅ ⲡϣⲟϫⲛⲉ[13] ⲙ̅ ⲡⲁⲥⲉⲃⲏⲥ[14], ⲁⲩⲱ ⲡϫⲟⲉⲓⲥ ⲛⲁⲥⲱⲧⲙ̅ ⲉ ⲛⲉϥϣⲁϫⲉ ⲉ ⲡⲟⲩⲱⲛϩ̅ ⲉⲃⲟⲗ ⲛ̅ ⲛⲉϥⲁⲛⲟⲙⲓⲁ[15]. (10) ϫⲉ ⲡⲙⲁⲁϫⲉ ⲙ̅ ⲡⲉϥⲕⲱϩ[16] ϣⲁϥⲥⲱⲧⲙ̅ ⲉ ϩⲱⲃ ⲛⲓⲙ, ⲁⲩⲱ ⲡⲉϩⲣⲟⲟⲩ ⲛ̅ ⲛⲉⲕⲣⲙ̅ⲣⲙ̅ ⲛⲁϩⲱⲡ ⲁⲛ. (11) ϩⲁⲣⲉϩ ϭⲉ ⲉⲣⲱⲧⲛ̅ ⲉ ⲡⲉⲕⲣⲙ̅ⲣⲙ̅ ⲉⲧ ϣⲟⲩⲉⲓⲧ, ⲁⲩⲱ ϯ-ⲥⲟ[17] ⲉ ⲡⲉⲧⲛ̅ⲗⲁⲥ ⲉⲃⲟⲗ ϩⲛ̅ ⲧⲕⲁⲧⲁⲗⲁⲗⲓⲁ; ϫⲉ ⲙⲛ̅-ⲟⲩϣⲁϫⲉ ⲉϥϣⲟⲩⲉⲓⲧ ⲛⲁϩⲱⲡ. ⲟⲩⲧⲁⲡⲣⲟ ⲉⲥϫⲓ-ϭⲟⲗ[18] ϣⲁⲥⲧⲁⲕⲉ-ⲧⲉⲯⲩⲭⲏ. (12) ⲙ̅ⲡⲣ̅ⲕⲱϩ ϭⲉ ⲉ ⲡⲙⲟⲩ ϩⲛ̅ ⲧⲉⲡⲗⲁⲛⲏ[19] ⲙ̅ ⲡⲉⲧⲛ̅ⲱⲛϩ̅, ⲟⲩⲇⲉ ⲙ̅ⲡⲣ̅ⲥⲱⲕ ⲛⲏⲧⲛ̅ ⲙ̅ ⲡⲧⲁⲕⲟ ϩⲛ̅ ⲛⲉϩⲃⲏⲩⲉ ⲛ̅ ⲛⲉⲧⲛ̅ϭⲓϫ. (13) ϫⲉ ⲙ̅ⲡⲉ-ⲡⲛⲟⲩⲧⲉ ⲧⲁⲙⲓⲉ-ⲡⲙⲟⲩ, ⲟⲩⲇⲉ ⲛϥ̄ⲣⲁϣⲉ ⲁⲛ ⲉϫⲙ̅ ⲡⲧⲁⲕⲟ ⲛ̅ ⲛⲉⲧ ⲟⲛϩ̅. (14) ⲛ̅ⲧⲁϥⲥⲟⲛⲧⲟⲩ ⲅⲁⲣ

7. ⲡⲉ.ⲥⲡⲟⲧⲟⲩ 입술; 해안, 기슭, 가장자리, 끝.
8. ϭⲗⲱⲧ (pl. ϭⲗⲟⲧⲉ, ϭⲗⲟⲟⲧⲉ) n.m.f. 신장, 콩팥; 여기서는 구약의 의미로 '감정의 자리'로서.
9. ⲙⲟⲩϣⲧ̅, ⲙⲉϣⲧ̅-, ⲙⲟϣⲧ⸗, ⲙⲟϣⲧ̅ tr. 검토하다, 조사하다, ~을 찾아내다(ⲙ̅ⲙⲟ⸗).
10. ⲡⲧⲏⲣϥ̄ 만유(萬有), 우주, 모든 것.
11. ⲣ̅-ⲃⲟⲗ ⲉ 피하다, 탈출하다, 벗어나다.
12. ⲛⲏⲩ 대신에 ⲛ̅ⲛⲏⲩ
13. ϣⲟϫⲛⲉ intr. 상의하다(~에 관하여: ⲉ); n.m. 상담, 조언.
14. ἀσεβής adj. 신앙심이 없는, 불경한.
15. ἡ ἀνομία 무법.
16. ⲡ.ⲕⲱϩ 질투, 시기; intr. 부러워하다, 시기하다, 질투하다(~에 대해: ⲉ).
17. ϯ-ⲥⲟ ⲉ 제한하다, 금지하다; ~을 삼가다.
18. ϫⲓ-ϭⲟⲗ 거짓말하다.
19. ἡ πλάνη 실수, 오류, 잘못.

ⲧⲏⲣⲟⲩ ⲉⲧⲣⲉⲩϭⲱ ϣⲁ ⲃⲟⲗ[20] ⲁⲩⲱ ⲉⲧⲣⲉⲩⲟⲩϫⲁⲓ ⲛ̄ϭⲓ ⲛ̄ⲥⲱⲛⲧ̄[21] ⲙ̄ ⲡⲕⲟⲥⲙⲟⲥ. ⲙ̄ⲙⲛ̄-ⲡⲁϩⲣⲉ ⲙ̄ ⲙⲟⲩ[22] ϩⲣⲁⲓ ⲛ̄ϩⲏⲧⲟⲩ, ⲟⲩⲇⲉ ⲙⲛ̄ⲧⲉⲣⲟ ⲛ̄ ⲁⲙⲛ̄ⲧⲉ[23] ϩⲓϫⲙ̄ ⲡⲕⲁϩ. {(15) ⲧⲇⲓⲕⲁⲓⲟⲥⲩⲛⲏ ⲅⲁⲣ ⲟⲩⲁⲧⲙⲟⲩ ⲧⲉ.}[24] (16) ⲛ̄ⲁⲥⲉⲃⲏⲥ ⲇⲉ ϩⲛ̄ ⲛⲉⲩϭⲓϫ ⲙⲛ̄ ⲛⲉⲩϣⲁϫⲉ ⲁⲩⲥⲟⲧⲡϥ̄ ⲛⲁⲩ; ⲁⲩⲧⲁⲁϥ ⲛⲁⲩ ⲛ̄ ϣⲃⲏⲣ, ⲁⲩⲃⲱⲗ ⲉⲃⲟⲗ, ⲁⲩⲥⲙⲓⲛⲉ[25] ⲛ̄ ⲟⲩⲇⲓⲁⲑⲏⲕⲏ ⲛⲉⲙⲁϥ, ϫⲉ ⲥⲉⲙ̄ⲡϣⲁ ⲛ̄ ⲧⲙⲉⲣⲓⲥ[26] ⲙ̄ ⲡⲉⲧ ⲙ̄ⲙⲁⲩ.

2장 악인들의 삶과 생각

(1) ⲁⲩϫⲟⲟⲥ ⲅⲁⲣ, ⲉ-ⲁⲩⲙⲉⲉⲩⲉ ϩⲣⲁⲓ ⲛ̄ϩⲏⲧⲟⲩ ϩⲛ̄ ⲟⲩⲥⲟⲟⲩⲧⲛ̄ ⲁⲛ[27],
ϫⲉ ⲟⲩⲕⲟⲩⲓ ⲡⲉ ⲡⲉⲛⲁϩⲉ, ⲉϥⲙⲉϩ ⲗ̄ ⲗⲩⲡⲏ[28], ⲁⲩⲱ ⲙ̄ⲙⲛ̄-ⲙ̄ⲧⲟⲛ
ϣⲟⲟⲡ ϩⲙ̄ ⲡⲙⲟⲩ ⲙ̄ ⲡⲣⲱⲙⲉ, ⲟⲩⲇⲉ ⲙ̄ⲡⲛ̄ⲥⲟⲩⲛ̄-ⲟⲩⲁ ⲉ-ⲁϥⲉⲓ ⲉϩⲣⲁⲓ
ϩⲛ̄ ⲁⲙⲛ̄ⲧⲉ. (2) ϫⲉ ⲛ̄ⲧⲁⲛϣⲱⲡⲉ ⲉ ⲡⲡⲉⲧ ϣⲟⲩⲉⲓⲧ. ⲙⲛ̄ⲛ̄ⲥⲱⲥ
ⲉⲛⲛⲁⲣ̄-ⲑⲉ ⲛ̄[29] ⲛⲉⲧⲉ ⲙ̄ⲡⲟⲩϣⲱⲡⲉ, ϫⲉ ⲟⲩⲕⲁⲡⲛⲟⲥ ⲡⲉ ⲡⲛⲓϥⲉ[30] ⲉⲧ
ϩⲛ̄ ϣⲁⲛⲧⲛ̄[31], ⲁⲩⲱ ⲟⲩϯⲕ[32] ⲡⲉ ⲡϣⲁϫⲉ ⲉⲧ ⲕⲓⲙ ϩⲙ̄ ⲡⲉⲛϩⲏⲧ. (3)
ⲡⲁⲓ ⲉϥϣⲁⲛⲱϣⲙ̄, ⲉⲣⲉ-ⲡⲥⲱⲙⲁ ⲧⲏⲣϥ̄ ⲛⲁⲣ̄-ⲑⲉ ⲛ̄ ⲟⲩϫⲃ̄ⲃⲉⲥ[33], ⲁⲩⲱ

---

20. ⲥⲱⲛⲧ̄, ⲥⲛ̄ⲧ-, ⲥⲟⲛⲧ⸗, Q ⲥⲟⲛⲧ̄ tr. 창조하다, 만들다(ⲙ̄ⲙⲟ⸗); n.m. 창조, 창조물.
21. ϣⲁ ⲃⲟⲗ adv. 영원히, 영구히.
22. ⲡⲁϩⲣⲉ ⲙ̄ ⲙⲟⲩ 독, 독약.
23. ⲁⲙⲛ̄ⲧⲉ 하데스, 지옥.
24. 15절은 거슬리면서 불완전하다. 생략하는 것이 좋을 듯하다.
25. ⲥⲙⲓⲛⲉ, ⲥⲙⲛ̄-, ⲥⲙⲛ̄ⲧ⸗, Q ⲥⲙⲟⲛⲧ̄ tr. 설립하다, 세우다(ⲙ̄ⲙⲟ⸗).
26. ἡ μερίς 부분, 몫; 당파, 파벌.
27. ϩⲛ̄ ⲟⲩⲥⲟⲟⲩⲧⲛ̄ ⲁⲛ 부적절하게, 올바르지 않게.
28. ⲗ̄ ⲗⲩⲡⲏ = ⲛ̄ ⲗⲩⲡⲏ; ἡ λύπη 슬픔, 비탄, 고통.
29. ⲣ̄-ⲑⲉ ⲛ̄ ~처럼 되다.
30. ⲡ.ⲛⲓϥⲉ 숨, 호흡.
31. ϣⲁⲛⲧ⸗ 코.
32. ⲡ.ϯⲕ 불꽃, 섬광.
33. ⲧ.ϫⲃ̄ⲃⲉⲥ (달아오른) 석탄.

ⲡⲉⲛⲡⲛ̄ⲁ̄ ⲛⲁⲃⲱⲗ ⲉⲃⲟⲗ ⲛ̄ ⲑⲉ ⲙ̄ ⲡⲁⲏⲣ[34] **ⲉⲧ ϫⲟⲟⲣⲉ ⲉⲃⲟⲗ**, (4)
ⲛ̄ⲥⲉⲣ̄-ⲡⲱⲃϣ̄ ⲙ̄ ⲡⲉⲛⲣⲁⲛ ϩⲙ̄ ⲡⲉⲛⲟⲩⲟⲉⲓϣ, ⲛ̄ⲧⲉⲧⲙ̄-ⲗⲁⲁⲩ ⲉⲣ-
ⲡⲙⲉⲉⲩⲉ ⲛ̄ ⲛⲉⲛϩⲃⲏⲩⲉ, ⲁⲩⲱ ⲡⲉⲛⲁϩⲉ ⲛⲁⲟⲩⲉⲓⲛⲉ ⲛ̄ ⲑⲉ ⲛ̄
ⲟⲩⲕⲗⲟⲟⲗⲉ[35]**, ⲁⲩⲱ ϥⲛⲁϫⲱⲱⲣⲉ ⲉⲃⲟⲗ ⲛ̄ ⲑⲉ ⲛ̄ ⲟⲩⲛⲓϥⲉ ⲉ-ⲁϥⲃⲱⲗ**
ⲉⲃⲟⲗ ϩⲓⲧⲛ̄ ⲡⲁⲕⲧⲓⲛ[36] **ⲙ̄ ⲡⲣⲏ, ⲁⲩⲱ ⲉ-ⲁ-ⲧⲉϥϩⲙ̄ⲙⲉ**[37] **ϩⲣⲟϣ**[38] **ⲉϫⲱϥ.**
(5) **ⲟⲩϩⲁⲉⲓⲃⲉⲥ**[39] **ⲉ-ⲁⲥⲟⲩⲉⲓⲛⲉ ⲡⲉ ⲡⲉⲛⲟⲩⲟⲉⲓϣ, ⲁⲩⲱ ⲙ̄ⲙⲛ̄-ⲕⲧⲟ**
ϣⲟⲟⲡ ⲙ̄ ⲡⲉⲛⲙⲟⲩ; ϫⲉ ⲁⲩⲧⲱⲱⲃⲉ[40] **ⲉⲣⲱⲟⲩ, ⲁⲩⲱ ⲛ̄ⲛⲉ-ⲗⲁⲁⲩ**
ⲕⲟⲧϥ̄. (6) **ⲁⲙⲏⲉⲓⲧⲛ̄ ϭⲉ ⲛ̄ⲧⲛ̄ⲧⲥⲓⲟⲛ ⲛ̄ ⲛ̄ⲁⲅⲁⲑⲟⲛ ⲉⲧ ϣⲟⲟⲡ, ⲛ̄ⲧⲛ̄ⲭⲣⲱ**[41]
ⲛ̄ ⲧⲉⲕⲧⲓⲥⲓⲥ[42] **ϩⲛ̄ ⲟⲩϭⲉⲡⲏ ⲛ̄ ⲑⲉ ⲛ̄ ⲟⲩⲙⲛ̄ⲧⲃⲣ̄ⲣⲉ.** (7) **ⲙⲁⲣⲛ̄ⲧⲥⲓⲟⲛ ⲛ̄**
ⲏⲣⲡ̄ ⲉ-ⲛⲁⲛⲟⲩϥ ϩⲓ ⲥⲧⲓ-ⲛⲟⲩϥⲉ[43]**, ⲁⲩⲱ ⲙ̄ⲡⲣ̄ⲧⲣⲉⲩⲥⲁⲁⲧⲛ̄ ⲛ̄ϭⲓ ⲛ̄ⲕⲁⲣⲡⲟⲥ**
ⲙ̄ ⲡⲁⲏⲣ[44]**.** (8) **ⲙⲁⲣⲛ̄ϯ ⲉϫⲱⲛ ⲛ̄ ϩⲛ̄ⲕⲗⲟⲙ ⲛ̄ ⲟⲩⲣⲧ̄**[45] **ⲉⲙⲡⲁⲧⲟⲩϩⲱϭⲃ̄**[46],
(9) **ⲙ̄ⲡⲣ̄ⲧⲣⲉ-ⲗⲁⲁⲩ ⲙ̄ⲙⲟⲛ ϣⲱⲡⲉ ⲙ̄ ⲡⲃⲟⲗ ⲛ̄ ⲛⲉⲛⲙⲛ̄ⲧϣⲛⲁ**[47]**.**
ⲙⲁⲣⲛ̄ⲕⲁ-ⲥⲩⲙⲃⲟⲩⲗⲏ[48] **ⲛ̄ ⲟⲩⲛⲟϥ**[49] **ϩⲙ̄ ⲙⲁ ⲛⲓⲙ, ϫⲉ ⲧⲁⲓ ⲧⲉ ⲧⲉⲛⲙⲉⲣⲓⲥ**
ⲁⲩⲱ ⲡⲉⲛⲕⲗⲏⲣⲟⲥ[50]**.** (10) **ⲟⲩϩⲏⲕⲉ ⲛ̄ ⲇⲓⲕⲁⲓⲟⲥ ⲙⲁⲣⲛ̄ϫⲓⲧϥ̄ ⲛ̄ ϭⲟⲛⲥ̄.**

---

34. ὁ, ἡ ἀήρ 공기, 대기.
35. **ⲧⲉ.ⲕⲗⲟⲟⲗⲉ** 구름.
36. **ⲡ.ⲁⲕⲧⲓⲛ** (ἡ ἀκτίς, -ῖνος) 빛, 광선.
37. **ⲧ.ϩⲙ̄ⲙⲉ** 열, 열기.
38. **ϩⲣⲟϣ**, Q **ϩⲟⲣϣ̄** intr. 무거워지다, 어려워지다.
39. **ⲧ.ϩⲁⲓⲃⲉⲥ** 그림자, 그늘.
40. **ⲧⲱⲱⲃⲉ, ⲧⲟⲟⲃ⸗**, Q **ⲧⲟⲟⲃⲉ** tr. 도장을 찍다(~에: **ⲙ̄ⲙⲟ⸗, ⲉⲣⲛ̄**).
41. χράομαι 사용하다, 쓰다.
42. ἡ κτίσις 세계, 세상, 피조물.
43. **ⲥⲧⲓ-ⲛⲟⲩϥⲉ** 향수, 향료(cf. **ⲥⲧⲟⲓ**).
44. **ⲡ.ⲁⲏⲣ**는 아마도 그리스어 ἔαρ'봄, 봄철'의 오류일 것이다.
45. **ⲟⲩⲣⲧ̄** 장미.
46. **ϩⲱϭⲃ̄, ϩⲉϭⲃ̄-, ϩⲟϭⲃ⸗, ϩⲟϭⲃ̄** tr. 및 intr. 시들다, 쇠퇴하다.
47. **ⲙⲛ̄ⲧϣⲛⲁ** 부도덕, 방탕.
48. **ⲥⲩⲙⲃⲟⲩⲗⲏ**는 아마도 **ⲥⲩⲙⲃⲟⲗⲟⲛ** τὸ σύμβολον'표시, 상징, 징조'일 것이다.
49. **ⲟⲩⲛⲟϥ** intr. 기뻐하다, 즐거워하다; n.m. 기쁨, 즐거움.
50. ὁ κλῆρος 부분, 몫, 유산.

ⲙ̄ⲡⲣ̄ⲧⲣⲉⲛϯ-ⲥⲟ ⲉ ⲧⲉⲭⲏⲣⲁ, ⲟⲩⲇⲉ ⲙ̄ⲡⲣ̄ⲧⲣⲉⲛϣⲓⲡⲉ ϩⲏⲧⲟⲩ ⲛ̄ ⲛⲉⲥⲕⲓⲙ[51]
ⲛ̄ ⲟⲩϩⲗ̄ⲗⲟ ⲛ̄ ⲛⲟϭ ⲛ̄ ⲁϩⲉ. (11) ⲙⲁⲣⲉ-ⲧⲉⲛϭⲟⲙ ϣⲱⲡⲉ ⲛⲁⲛ ⲛ̄
ⲛⲟⲙⲟⲥ ⲛ̄ ⲇⲓⲕⲁⲓⲟⲥⲩⲛⲏ; ⲧⲙⲛ̄ⲧϭⲱⲃ[52] ⲅⲁⲣ ⲉϣⲁⲩϫⲡⲓⲟⲥ ϩⲱⲥ
ⲁⲧϣⲁⲩ. (12) ⲙⲁⲣⲛ̄ϭⲱⲣϭ̄[53] ⲉ ⲡⲇⲓⲕⲁⲓⲟⲥ, ϫⲉ ϥⲙⲟⲕϩ̄ ⲉ ⲣ̄-[ⲭⲣⲏⲥⲧⲟⲥ]
ⲛⲁⲛ[54], ⲁⲩⲱ ϥϯ ⲟⲩⲃⲉ ⲛⲉⲛϩⲃⲏⲩⲉ. ϥⲛⲟϭⲛⲉϭ ⲙ̄ⲙⲟⲛ ⲛ̄ ⲛⲉⲛⲛⲟⲃⲉ ϩⲓⲧⲙ̄
ⲡⲛⲟⲙⲟⲥ, ⲁⲩⲱ ϥⲟⲩⲱⲛϩ̄ ⲉⲃⲟⲗ ⲛ̄ ⲛⲉⲛⲛⲟⲃⲉ ϩⲓⲧⲛ̄ ⲧⲉⲥⲃⲱ. (13) ϥϫⲱ
ⲙ̄ⲙⲟⲥ ϫⲉ ϯⲥⲟⲟⲩⲛ ⲙ̄ ⲡⲛⲟⲩⲧⲉ, ⲁⲩⲱ ϥⲉⲓⲣⲉ ⲙ̄ⲙⲟϥ ⲛ̄ ϣⲏⲣⲉ ⲙ̄
ⲡϫⲟⲉⲓⲥ. (14) ϣⲁϥϣⲱⲡⲉ ⲛⲁⲛ ⲉⲩϫⲡⲓⲟ ⲛ̄ ⲛⲉⲛⲙⲉⲉⲩⲉ, ϥϩⲟⲣϣ̄[55] ⲛⲁⲛ
ⲉ ⲛⲁⲩ ⲉⲣⲟϥ, (15) ϫⲉ ⲙ̄ ⲡⲉϥⲃⲓⲟⲥ ⲉⲓⲛⲉ[56] ⲁⲛ ⲙ̄ ⲡⲁ-ⲟⲩⲟⲛ ⲛⲓⲙ, ⲁⲩⲱ
ⲛⲉϥϩⲓⲟⲟⲩⲉ ⲥⲉϣⲟⲃⲉ. (16) ⲉⲛⲏⲡ ⲛ̄ⲧⲟⲟⲧϥ̄ ⲉ ϩⲉⲛϫⲟⲟⲩⲧ[57], ⲁⲩⲱ
ϥⲥⲁϩⲏⲩ ⲉⲃⲟⲗ ⲛ̄ ⲛⲉⲛϩⲓⲟⲟⲩⲉ ⲛ̄ ⲑⲉ ⲛ̄ ⲛⲓⲁⲕⲁⲑⲁⲣⲥⲓⲁ[58]. ϥⲙⲁⲕⲁⲣⲓⲍⲉ[59] ⲛ̄
ⲑⲁⲏ ⲛ̄ ⲛ̄ⲇⲓⲕⲁⲓⲟⲥ, ⲁⲩⲱ ϥϣⲟⲩϣⲟⲩ[60] ⲙ̄ⲙⲟϥ ϫⲉ "ⲡⲁⲓⲱⲧ ⲡⲉ
ⲡⲛⲟⲩⲧⲉ." (17) ⲙⲁⲣⲛ̄ⲛⲁⲩ ϫⲉ ϩⲙ̄ⲙⲉ ⲛⲉ ⲛⲉϥϣⲁϫⲉ, ⲁⲩⲱ ⲛ̄ⲧⲛ̄ⲡⲉⲓⲣⲁⲍⲉ
ⲛ̄ ⲧⲉϥϩⲁⲏ. (18) ⲉϣϫⲉ ⲡⲇⲓⲕⲁⲓⲟⲥ ⲅⲁⲣ ⲡⲉ ⲡϣⲏⲣⲉ ⲙ̄ ⲡⲛⲟⲩⲧⲉ,
ϥⲛⲁϣⲟⲡϥ̄ ⲉⲣⲟϥ, ⲛϥⲛⲁϩⲙⲉϥ[61] ⲛ̄ⲧⲟⲟⲧⲟⲩ ⲛ̄ ⲛⲉⲧ ϯ ⲟⲩⲃⲏϥ. (19)

---

51. ⲡⲉ.ⲥⲕⲓⲙ 흰 머리, 백발.
52. ⲙⲛ̄ⲧϭⲱⲃ 약함; ϭⲱⲃ adj. 약한.
53. ϭⲱⲣϭ̄, Q ϭⲟⲣϭ̄ 사냥하다, 잠복하여 습격하다, 매복하여 습격하다(ⲉ).
54. ⲣ̄-ⲭⲣⲏⲥⲧⲟⲥ ⲛⲁ⸗ 이익을 주다, ~에 도움이 되다; χρηστός 유용한, 쓸모 있는, 유익한.
55. ϥϩⲟⲣϣ̄ : '그는 우리가 (얼굴을) 보기가 어렵다'.
56. ⲉⲓⲛⲉ tr. 닮다, 유사하다, 같다(ⲙ̄ⲙⲟ⸗); n.m. 비슷함, 닮음, 외관.
57. ϫⲟⲟⲩⲧ adj. 천한, 보잘것없는.
58. ἡ ἀκαθαρσία 더러움, 불결(함); ⲛⲓ- §30.8.
59. μακαρίζω 복이 있다, 복을 받은 것으로 여기다(∴행복하다, 기쁘다—옮긴이).
60. ϣⲟⲩϣⲟⲩ intr. 자랑하다, 뽐내다.
61. ⲛⲟⲩϩⲙ̄, ⲛⲉϩⲙ̄-, ⲛⲁϩⲙ⸗, Q ⲛⲁϩⲙ̄ tr. 구하다, 구조하다(ⲙ̄ⲙⲟ⸗).

ⲙⲁⲣⲛ̄ϩⲉⲧⲁⲍⲉ[62] ⲙ̄ⲙⲟϥ ϩⲛ̄ ϩⲉⲛϣⲱϣ[63] ⲙⲛ̄ ϩⲉⲛⲃⲁⲥⲁⲛⲟⲥ[64], ϫⲉⲕⲁⲥ ⲉⲛⲉⲉⲓⲙⲉ ⲉ ⲧⲉϥⲙⲛ̄ⲧϩⲁⲕ, ⲁⲩⲱ ⲛ̄ⲧⲛ̄ⲇⲟⲕⲓⲙⲁⲍⲉ[65] ⲛ̄ ⲧⲉϥⲙⲛ̄ⲧϩⲁⲣϣ̄-ϩⲏⲧ. (20) ⲙⲁⲣⲛ̄ⲧϭⲁⲉⲓⲟϥ[66] ϩⲛ̄ ⲟⲩⲙⲟⲩ ⲉϥⲥⲏϣ; ⲥⲉⲛⲁϭⲙ̄-ⲡⲉϥϣⲓⲛⲉ ⲅⲁⲣ ⲕⲁⲧⲁ ⲛⲉϥϣⲁϫⲉ. (21) ⲛⲁⲓ ⲁⲩⲙⲉⲉⲩⲉ ⲉⲣⲟⲟⲩ ⲁⲩⲱ ⲁⲩⲥⲱⲣⲙ̄; ⲁ-ⲧⲉⲩⲕⲁⲕⲓⲁ ⲅⲁⲣ ⲧⲱⲙ ⲙ̄ ⲡⲉⲩϩⲏⲧ. (22) ⲁⲩⲱ ⲙ̄ⲡⲟⲩⲥⲟⲩⲛ̄-ⲙ̄ⲙⲩⲥⲧⲏⲣⲓⲟⲛ ⲙ̄ ⲡⲛⲟⲩⲧⲉ, ⲟⲩⲇⲉ ⲙ̄ⲡⲟⲩⲕⲁ-ϩⲧⲏⲩ[67] ⲉ ⲡⲃⲉⲕⲉ[68] ⲛ̄ ⲧⲇⲓⲕⲁⲓⲟⲥⲩⲛⲏ; ⲙ̄ⲡⲟⲩⲡⲓⲥⲧⲉⲩⲉ ⲉ ⲡⲧⲁⲓⲟ ⲛ̄ ⲛⲉⲯⲩⲭⲏ ⲛ̄ ⲛⲉⲧ ⲟⲩⲁⲁⲃ. (23) ϫⲉ ⲡⲛⲟⲩⲧⲉ ⲁϥⲥⲱⲛⲧ̄ ⲙ̄ ⲡⲣⲱⲙⲉ ⲉⲩⲙⲛ̄ⲧⲁⲧⲧⲁⲕⲟ, ⲁⲩⲱ ⲁϥⲧⲁⲙⲓⲟϥ ϩⲛ̄ ⲑⲓⲕⲱⲛ ⲙ̄ ⲡⲉϥⲉⲓⲛⲉ. (24) ϩⲙ̄ ⲡⲉⲫⲑⲟⲛⲟⲥ[69] ⲇⲉ ⲙ̄ ⲡⲇⲓⲁⲃⲟⲗⲟⲥ ⲁ-ⲡⲙⲟⲩ ⲉⲓ ⲉϩⲟⲩⲛ ⲉ ⲡⲕⲟⲥⲙⲟⲥ. (25) ⲥⲉⲡⲉⲓⲣⲁⲍⲉ[70] ⲇⲉ ⲙ̄ⲙⲟϥ ⲛ̄ϭⲓ ⲧⲙⲉⲣⲓⲥ[71] ⲙ̄ ⲡⲉⲧ ⲙ̄ⲙⲁⲩ.

4장 심판의 때에 악인들의 후회

(1) ⲧⲟⲧⲉ ⲡⲇⲓⲕⲁⲓⲟⲥ ⲛⲁⲁϩⲉⲣⲁⲧϥ̄ ϩⲛ̄ ⲟⲩⲛⲟϭ ⲙ̄ ⲡⲁⲣϩⲏⲥⲓⲁ[72] ⲉ ⲛⲁϣⲱⲥ ⲙ̄ ⲡⲉⲙⲧⲟ ⲉⲃⲟⲗ ⲛ̄ ⲛⲉⲛⲧⲁⲩⲑⲗⲓⲃⲉ ⲙ̄ⲙⲟϥ ⲁⲩⲱ ⲛⲉⲛⲧⲁⲩⲁⲑⲉⲧⲓ[73] ⲛ̄ ⲛⲉϥϩⲓⲥⲉ. (2) ⲥⲉⲛⲁⲛⲁⲩ, ⲛ̄ⲥⲉϣⲧⲟⲣⲧⲣ̄ ϩⲛ̄ ⲟⲩϩⲟⲧⲉ

---

62. ϩⲉⲛⲧⲁⲍⲉ ἐτάζω 검사하다, 조사하다.
63. ϣⲱϣ tr. 비틀다; 여기서는 n. '고문'으로 보인다.
64. ἡ βάσανος 고문, 고통.
65. δοκιμάζω 증명하다, 입증하다, 시험하다.
66. ⲧϭⲁⲉⲓⲟ, ⲧϭⲁⲉⲓⲉ-, ⲧϭⲁⲉⲓⲟ⸗, Q ⲧϭⲁⲉⲓⲏⲩ tr. 비난하다, 선고를 내리다, (명예/이름을) 더럽히다(ⲙ̄ⲙⲟ⸗).
67. ⲕⲁ-ϩⲧⲏ⸗ ⲉ 열망하다, ~에 심혈을 기울이다.
68. ⲡ.ⲃⲉⲕⲉ 보상, 대가, 지불.
69. ὁ φθόνος 적의, 반감, 질투.
70. πειράζω '경험하다'라는 의미.
71. ⲧ.ⲙⲉⲣⲓⲥ는 집합체로 사용된다: '그 자[것]에 속한 사람들'.
72. ἡ παρρησία 자유, 솔직(함), 열려 있음; ϩⲛ̄ ⲟⲩⲡⲁⲣϩⲏⲥⲓⲁ 드러내놓고, 공개적으로.
73. ἀθετέω 무시하다, 묵살하다.

ⲉⲥⲛⲁϣⲧ̄, ⲛ̄ⲥⲉⲡⲱϣⲥ̄[74] ⲉϫⲛ̄ ⲧⲙⲟⲉⲓϩⲉ[75] ⲙ̄ ⲡⲉϥⲟⲩϫⲁⲓ, (3) ⲛ̄ⲥⲉϫⲟⲟⲥ ϩⲣⲁⲓ ⲛ̄ϩⲏⲧⲟⲩ, ⲉⲩⲙⲉⲧⲁⲛⲟⲓ ⲁⲩⲱ ⲉⲩⲁϣ-ⲁϩⲟⲙ[76] ⲉⲧⲃⲉ ⲡⲗⲱϫϩ̄[77] ⲙ̄ ⲡⲉⲩⲡⲛ̄ⲁ̄, ϫⲉ "ⲡⲁⲓ ⲡⲉⲛⲉⲛⲥⲱⲃⲉ[78] ⲛ̄ⲥⲱϥ ⲙ̄ ⲡⲓⲟⲩⲟⲉⲓϣ, ⲉϥϣⲟⲟⲡ ⲛⲁⲛ ⲙ̄ ⲡⲁⲣⲁⲃⲟⲗⲏ[79] ⲛ̄ ⲛⲟϭⲛⲉϭ ⲛ̄ ⲛⲓⲁⲑⲏⲧ, (4) ⲉⲛⲱⲡ ⲙ̄ ⲡⲉϥⲁϩⲉ ⲉⲩⲗⲓⲃⲉ[80], ⲁⲩⲱ ⲡⲉϥⲙⲟⲩ ⲉⲩⲥⲱϣ. (5) ⲛ̄ ⲁϣ ⲛ̄ ϩⲉ ⲁⲩⲟⲡϥ̄ ϩⲛ̄ ⲛ̄ϣⲏⲣⲉ ⲙ̄ ⲡⲛⲟⲩⲧⲉ, ⲁⲩⲱ ⲡⲉϥⲕⲗⲏⲣⲟⲥ ϩⲛ̄ ⲛⲉⲧ ⲟⲩⲁⲁⲃ? (6) ⲉⲉⲓⲉ ⲛ̄ⲧⲁⲛⲡⲗⲁⲛⲁ ⲛ̄ⲧⲟⲟⲩⲛ ⲉⲃⲟⲗ ϩⲛ̄ ⲛⲉϩⲓⲟⲟⲩⲉ ⲛ̄ ⲧⲙⲉ, ⲁⲩⲱ ⲙ̄ⲡⲉϥϣⲁ ⲛⲁⲛ ⲛ̄ϭⲓ ⲡⲟⲩⲟⲉⲓⲛ ⲛ̄ ⲧⲇⲓⲕⲁⲓⲟⲥⲩⲛⲏ, ⲁⲩⲱ ⲡⲣⲏ ⲙ̄ⲡϥ̄ⲡⲉⲓⲣⲉ[81] ⲛⲁⲛ. (7) ⲁⲛⲙⲟⲩϩ ⲛ̄ ⲁⲛⲟⲙⲓⲁ ϩⲓ ⲧⲁⲕⲟ ⲛ̄ ⲛⲉⲛϩⲓⲟⲟⲩⲉ. ⲁⲛⲃⲱⲕ ϩⲓⲧⲛ̄ ⲛ̄ϫⲁⲓⲉ ⲉⲙⲉⲩⲙⲟⲟϣⲉ ⲛ̄ϩⲏⲧⲟⲩ; ⲧⲉϩⲓⲏ ⲇⲉ ⲙ̄ ⲡϫⲟⲉⲓⲥ ⲙ̄ⲡⲛ̄ⲥⲟⲩⲱⲛⲥ̄. (8) ⲛ̄ⲧⲁⲥϯ-ⲟⲩ ⲙ̄ⲙⲟⲛ ⲛ̄ ⲟⲩ[82] ⲛ̄ϭⲓ ⲧⲙ̄ⲙⲛ̄ⲧϫⲁⲥⲓ-ϩⲏⲧ? ⲏ ⲧⲙⲛ̄ⲧⲣⲙ̄ⲙⲁⲟ ⲙⲛ̄ ⲧⲙⲛ̄ⲧⲃⲁⲃⲉ-ⲣⲱⲙⲉ[83] ⲛ̄ⲧⲁⲥϯ-ⲟⲩ ⲛⲁⲛ? (9) ⲁ-ⲛⲏ ⲧⲏⲣⲟⲩ ⲟⲩⲉⲓⲛⲉ ⲛ̄ ⲑⲉ ⲛ̄ ⲟⲩϩⲁⲓⲃⲉⲥ, ⲁⲩⲱ ⲛ̄ ⲑⲉ ⲛ̄ <ⲟⲩ>ⲟⲩⲱ[84] ⲉ-ⲁϥⲡⲁⲣⲁⲅⲉ, (10) ⲏ ⲛ̄ ⲑⲉ ⲛ̄ ⲟⲩϫⲟⲓ ⲉϥⲥϭⲏⲣ[85] ϩⲛ̄ ⲟⲩϩⲟⲉⲓⲙ[86] ⲙ̄ ⲙⲟⲟⲩ ⲉ-ⲙⲛ̄-ⲑⲉ ⲛ̄ ϭⲛ̄-ⲛⲉϥⲧⲁϭⲥⲉ[87] ⲏ ⲧⲉϩⲓⲏ ⲙ̄

74. ⲡⲱϣⲥ̄, ⲡⲉϣⲥ̄-, ⲡⲟϣⲥ⸗, Q ⲡⲟϣⲥ̄ tr. 놀라게 하다(ⲙ̄ⲙⲟ⸗); intr. 놀라다(~에: ⲉϫⲛ̄).
75. ⲧ.ⲙⲟⲉⲓϩⲉ 놀라움, 놀라운 일, 경이.
76. ⲁϣ-ⲁϩⲟⲙ intr. 한숨 쉬다, 탄식하다; n.m. 한숨, 탄식.
77. ⲡ.ⲗⲱϫϩ̄ 고통, 억압.
78. ⲥⲱⲃⲉ tr. 조롱하다, 놀리다(ⲙ̄ⲙⲟ⸗, ⲛ̄ⲥⲁ).
79. ⲡⲁⲣⲁⲃⲟⲗⲏ '모범, 본, 본보기'의 의미.
80. ⲗⲓⲃⲉ n.m. 광기, 미침, 정신 없음.
81. ⲡⲉⲓⲣⲉ, Q ⲡⲟⲣⲉ intr. 나타나다, 나오다; (태양이) 빛나다.
82. ϯ-ⲟⲩ-ⲙ̄ⲙⲟⲛ ⲛ̄ ⲟⲩ는 불분명하다; 아마도 절의 끝에서처럼 ϯ-ⲟⲩ ⲛⲁⲛ으로 읽어야 할 것이다.
83. ⲃⲁⲃⲉ-ⲣⲱⲙⲉ 허풍선이, 제 자랑하는 사람; ⲙⲛ̄ⲧⲃⲁⲃⲉ-ⲣⲱⲙⲉ 자랑함, 뽐냄.
84. ⲡ.ⲟⲩⲱ 소식, 보고.
85. ⲥϭⲏⲣ intr. 항해하다.
86. ⲡ.ϩⲟⲉⲓⲙ 파도, 물결.
87. ⲧ.ⲧⲁϭⲥⲉ 발자국, 자국, 흔적.

ⲡⲉϥⲧⲟⲡ[88] ϩⲛ̄ ⲛ̄ϩⲟⲉⲓⲙ. (11) ⲏ ⲛ̄ ⲑⲉ ⲛ̄ ⲟⲩϩⲁⲗⲏⲧ ⲉ-ⲁϥϩⲱⲗ ⲉⲃⲟⲗ, {ⲉ-ⲙⲉⲩϭⲛ̄-ⲙⲁⲉⲓⲛ ⲙ̄ ⲡⲉϥϩⲱⲗ ⲉⲃⲟⲗ} ⲉϥϩⲓⲟⲩⲉ ⲛ̄ ⲛⲉϥⲧⲛ̄ϩ ⲉ ⲡⲁⲏⲣ ⲉⲧ ⲁⲥⲱⲟⲩ[89], ⲉϥⲡⲱϩ[90] ⲙ̄ⲙⲟϥ ⲛ̄ ϭⲟⲛⲥ̄ ϩⲙ̄ ⲡⲟⲩⲟⲉⲓ[91], ⲉϥⲕⲓⲙ ⲛ̄ ⲛⲉϥⲧⲛ̄ϩ, ⲉϥϩⲏⲗ, ⲙⲛ̄ⲛ̄ⲥⲱⲥ ⲉ-ⲙⲉⲩϭⲛ̄-ⲙⲁⲉⲓⲛ ⲙ̄ ⲡⲉϥϩⲱⲗ ⲉⲃⲟⲗ. (12) ⲏ ⲛ̄ ⲑⲉ ⲛ̄ ⲟⲩⲥⲟⲧⲉ[92] ⲉ-ⲁⲩⲛⲟϫϥ̄ ⲉ ⲡⲥⲟⲟⲩⲧⲛ̄[93], ⲉ-ⲁϥⲡⲉϩ-ⲡⲁⲏⲣ, ⲛ̄ ⲧⲉⲩⲛⲟⲩ ⲟⲛ ⲁϥⲧⲱϭⲉ[94], ⲉ-ⲙⲉⲩⲥⲟⲩⲛ̄-ⲧⲉϥϩⲓⲏ. (13) ⲧⲁⲓ ⲧⲉ ⲑⲉ ϩⲱⲱⲛ ⲟⲛ ⲉ-ⲁⲩϫⲡⲟⲛ ⲁⲛⲱϫⲛ̄[95]; ⲙ̄ⲡⲛ̄ϩⲉ ⲉⲩⲙⲁⲉⲓⲛ ⲛ̄ ⲁⲣⲉⲧⲏ[96] ⲉ ⲟⲩⲟⲛϩϥ̄ ⲉⲃⲟⲗ. ϩⲣⲁⲓ ⲇⲉ ϩⲛ̄ ⲧⲉⲛⲕⲁⲕⲓⲁ [. . .][97] (14) ϫⲉ ⲑⲉⲗⲡⲓⲥ[98] ⲙ̄ ⲡⲁⲥⲉⲃⲏⲥ [ⲟ ⲛ̄] ⲑⲉ ⲛ̄ ⲟⲩϣϩⲓϭ[99] ⲉⲣⲉ-ⲡⲧⲏⲩ ϥ[ⲓ ⲙ̄ⲙⲟϥ], ⲁⲩⲱ ⲛ̄ ⲑⲉ ⲛ̄ ⲟⲩϩⲁⲗⲟⲩⲥ[100] ⲉϥϣⲟⲟⲙⲉ[101], ⲉ-ⲁⲩⲑⲗⲟϥ[102] ⲉⲃⲟⲗ ϩⲓⲧⲛ̄ ⲟⲩϩⲁⲧⲏⲩ[103], ⲏ ⲛ̄ ⲑⲉ ⲛ̄ ⲟⲩⲕⲁⲡⲛⲟⲥ ⲉ-ⲁⲩϩⲁⲧⲏⲩ ⲃⲟⲗϥ̄ ⲉⲃⲟⲗ, ⲛ̄ ⲑⲉ ⲙ̄ ⲡⲣ̄-ⲡⲙⲉⲉⲩⲉ ⲛ̄ ⲟⲩⲣⲙ̄ⲛ̄ϭⲟⲉⲓⲗⲉ[104] ⲛ̄ ⲟⲩϩⲟⲟⲩ ⲟⲩⲱⲧ ⲉ-ⲁϥⲡⲁⲣⲁⲅⲉ.

---

88. ⲡ.ⲧⲟⲡ 용골.
89. ⲁⲥⲱⲟⲩ (ⲁⲥⲁⲓ의 상태동사) intr. 밝다, 신속하다.
90. ⲡⲱϩ 나누다, 쪼개다.
91. ⲡ.ⲟⲩⲟⲉⲓ 황급한 움직임, 신속한 움직임.
92. ⲡ.ⲥⲟⲧⲉ 화살.
93. ⲉ ⲡⲥⲟⲟⲩⲧⲛ̄ 똑바른, 속임이 없는, 예상대로의.
94. ⲧⲱϭⲉ : 즉, 화살이 지나간 후 공기가 합쳐진다(또는 닫힌다).
95. ⲱϫⲛ̄, ⲉϫⲛ̄-, ⲟϫⲛ⸗ tr. 파괴하다; intr. 소멸하다, 죽다.
96. ἡ ἀρετή 우수함, 선량, 선, 선행.
97. 절의 끝 부분이 누락되어 있다: '악함 속에서 <우리는 완전히 사로잡혔다>'.
98. ἡ ἐλτίς 희망, 소망.
99. ⲡⲉ.ϣϩⲓϭ 먼지, 티끌.
100. ⲡ.ϩⲁⲗⲟⲩⲥ 거미줄.
101. ϣⲟⲟⲙⲉ Q 빛나다, 훌륭하다.
102. ⲑⲗⲟ tr. 날아가게 하다, 쫓아내다.
103. ⲧ.ϩⲁⲧⲏⲩ 회오리바람.
104. ⲣⲙ̄ⲛ̄ϭⲟⲉⲓⲗⲉ 하숙인; ϭⲟⲉⲓⲗⲉ intr. 거주하다, 머무르다, 체류하다.

7장 지혜의 본성

(22) ⲟⲩⲛ̄-ⲟⲩⲡⲛ̄ⲁ̄ ⲅⲁⲣ ⲛ̄ϩⲏⲧⲥ̄ ⲉϥⲟⲩⲁⲁⲃ, ⲛ̄ ⲣⲉϥⲛⲟⲓ, ⲛ ⲟⲩⲥⲙⲟⲧ ⲛ̄
ⲟⲩⲱⲧ, ⲛ̄ ⲁⲧⲉ-ⲥⲙⲟⲧ[105], ⲉϥⲁⲥⲱⲟⲩ, ⲣ̄ ⲣⲉϥⲣ̄-ϩⲱⲃ, ⲉϥϭⲙ̄-ϭⲟⲙ, ⲉϥⲟ ⲛ̄
ⲁⲧⲧⲱⲗⲙ̄[106], ⲛ̄ ⲥⲁⲃⲉ, ⲛ̄ ⲁⲧⲛⲟⲃⲉ, ⲙ̄ ⲙⲁⲓ-ⲁⲅⲁⲑⲟⲛ, ⲉϥⲧⲟⲣϩ̄[107],
ⲉ-ⲙⲉⲩϣⲁⲙⲁϩⲧⲉ ⲙ̄ⲙⲟϥ, ⲣ̄ ⲣⲉϥⲣ̄-ⲡⲉⲧ ⲛⲁⲛⲟⲩϥ, (23) ⲙ̄ ⲙⲁⲓ-ⲣⲱⲙⲉ,
ⲉϥⲧⲁϫⲣⲏⲩ, ⲉϥⲟⲣϫ̄, ⲉϥⲟ ⲛ̄ ⲁⲧⲣⲟⲟⲩϣ, ⲉϥϭⲙ̄-ϭⲟⲙ ⲉ ϩⲱⲃ ⲛⲓⲙ,
ⲉϥϭⲱϣⲧ̄ ⲉϫⲙ̄ ⲡⲧⲏⲣϥ̄, ⲉϥϫⲱⲧⲉ[108] ϩⲓⲧⲛ̄ ⲛⲉⲡⲛ̄ⲁ̄ ⲧⲏⲣⲟⲩ ⲉⲧ ⲟⲩⲁⲁⲃ,
ⲣ̄ ⲉⲣϥⲛⲟⲓ, ⲉⲧ ϣⲟⲟⲙⲉ. (24) ⲧⲥⲟⲫⲓⲁ ⲅⲁⲣ ⲕⲓⲙ ⲉϩⲟⲩⲉ ⲛⲉⲧ ⲕⲓⲙ
ⲧⲏⲣⲟⲩ; ⲥϫⲱⲧⲉ ⲁⲩⲱ ⲥⲛⲏⲩ ⲉⲃⲟⲗ ϩⲓⲧⲙ̄ ⲡⲧⲏⲣϥ̄ ⲉⲧⲃⲉ ⲡⲉⲥⲧⲃ̄ⲃⲟ. (25)
ⲉⲥⲛⲏⲩ ⲅⲁⲣ ⲉⲃⲟⲗ ϩⲓⲧⲛ̄ ⲧϭⲟⲙ ⲙ̄ ⲡⲛⲟⲩⲧⲉ, ⲁⲩⲱ ⲉⲃⲟⲗ ϩⲙ̄ ⲡⲉⲟⲟⲩ
ⲉⲧ ⲟⲩⲁⲁⲃ ⲛ̄ⲧⲉ ⲡⲡⲁⲛⲧⲟⲕⲣⲁⲧⲱⲣ[109]. ⲉⲧⲃⲉ ⲡⲁⲓ ⲙⲉⲣⲉ-ⲗⲁⲁⲩ
ⲉϥϫⲁϩⲙ̄[110] ⲧⲱⲙⲛ̄ⲧ ⲉⲣⲟⲥ. (26) ⲟⲩⲉⲓⲛⲉ ⲅⲁⲣ ⲧⲉ ⲛ̄ⲧⲉ ⲡⲟⲩⲟⲉⲓⲛ ⲛ̄ ϣⲁ
ⲉⲛⲉϩ, ⲁⲩⲱ ⲟⲩⲉⲓⲁⲗ[111] ⲉⲥⲟⲩⲁⲁⲃ ⲛ̄ⲧⲉ ⲧⲉⲛⲉⲣⲅⲓⲁ ⲙ̄ ⲡⲛⲟⲩⲧⲉ, ⲁⲩⲱ
ⲑⲓⲕⲱⲛ ⲛ̄ ⲧⲉϥⲙⲛ̄ⲧⲁⲅⲁⲑⲟⲥ. (27) ⲉ-ⲟⲩⲉⲓ ⲇⲉ ⲧⲉ, ⲉⲥϭⲙ̄-ϭⲟⲙ ⲉ ϩⲱⲃ
ⲛⲓⲙ; ⲁⲩⲱ ⲉⲥϭⲉⲉⲧ ϩⲁⲣⲓϩⲁⲣⲟⲥ[112], ⲉⲥⲉⲓⲣⲉ ⲙ̄ ⲡⲧⲏⲣϥ̄ ⲙ̄ ⲃⲣ̄ⲣⲉ[113]; ⲁⲩⲱ
ⲕⲁⲧⲁ ⲅⲉⲛⲉⲁ[114] ⲥⲃⲏⲕ ⲉϩⲟⲩⲛ ⲉ ⲛⲉⲯⲩⲭⲏ ⲛ̄ ⲛⲉⲧ ⲟⲩⲁⲁⲃ, ⲥⲉⲓⲣⲉ
ⲙ̄ⲙⲟⲟⲩ ⲛ̄ ϣⲃⲏⲣ ⲉ ⲡⲛⲟⲩⲧⲉ ⲁⲩⲱ ⲙ̄ⲡⲣⲟⲫⲏⲧⲏⲥ. (28) ⲙ̄ ⲡⲛⲟⲩⲧⲉ ⲅⲁⲣ
ⲙⲉ ⲗ̄ ⲗⲁⲁⲩ ⲁⲛ ⲉⲓⲙⲏⲧⲓ ⲡⲉⲧ ⲟⲩⲏϩ ϩⲛ̄ ⲧⲥⲟⲫⲓⲁ. (29) ⲧⲁⲓ ⲅⲁⲣ

---

105. ⲁⲧⲉ-ⲥⲙⲟⲧ adj. 다양한 종류의.
106. ⲧⲱⲗⲙ̄ tr. 더럽히다, 오염시키다; ⲁⲧⲧⲱⲗⲙ̄ 오염되지 않은.
107. ⲧⲱⲣϩ̄, Q ⲧⲟⲣϩ̄ intr. 냉정하게 되다, 침착하게 되다.
108. ϫⲱⲧⲉ, ϫⲉⲧ-, ϫⲟⲧ⸗ tr. 꿰뚫다, 관통하다, 투과하다.
109. ὁ παντοκράτωρ 전능자.
110. ϫⲱϩⲙ̄, ϫⲉϩⲙ̄-, ϫⲁϩⲙ⸗, Q ϫⲁϩⲙ̄ tr. 더럽히다, 오염시키다(ⲙ̄ⲙⲟ⸗); intr. 더러워지다.
111. ⲧ.ⲉⲓⲁⲗ 거울.
112. ϩⲁⲣⲓϩⲁⲣⲟ⸗ 강조 대명사. ~만, ~도, 역시, 마찬가지로
113. ⲙ̄ ⲃⲣ̄ⲣⲉ adv. 다시 한 번, 새로이.
114. ⲕⲁⲧⲁ ⲅⲉⲛⲉⲁ 대대로, 자손 대대로

ⲚⲈⲤⲰⲤ ⲈϨⲞⲨⲈ ⲠⲢⲎ, ⲀⲨⲰ ⲈϨⲞⲨⲈ ⲠⲈⲤⲘⲒⲚⲈ[115] Ⲛ̄ Ⲛ̄ⲤⲒⲞⲨ ⲦⲎⲢⲞⲨ. ⲈⲨϢⲀⲚⲦⲚ̄ⲦⲰⲚⲤ̄ Ⲉ ⲠⲞⲨⲞⲈⲒⲚ, ⲤⲚⲀⲢ̄-ϢⲞⲢⲠ̄ ⲈⲢⲞϤ: (30) **ⲠⲀⲒ ⲘⲈⲚ ⲄⲀⲢ ϢⲀⲢⲈ-ⲦⲈⲨϢⲎ ⲈⲒ Ⲉ ⲠⲈϤⲘⲀ[116]; ⲦⲤⲞⲪⲒⲀ ⲆⲈ ⲘⲈⲢⲈ-ⲦⲔⲀⲔⲒⲀ ϬⲘ̄ϬⲞⲘ ⲈⲢⲞⲤ.**

9장 (솔로몬의) 지혜를 청하는 기도

(1) **ⲠⲚⲞⲨⲦⲈ Ⲛ̄ ⲚⲀⲈⲒⲞⲦⲈ, ⲠϪⲞⲈⲒⲤ Ⲙ̄ ⲠⲚⲀ, ⲠⲈⲚⲦⲀϤⲦⲀⲘⲒⲈ-ⲠⲦⲎⲢϤ̄ ϨⲘ̄ ⲠⲈϤϢⲀϪⲈ,** (2) **ⲀⲔⲤⲚ̄Ⲧ-ⲠⲢⲰⲘⲈ ϨⲚ̄ ⲦⲈⲔⲤⲞⲪⲒⲀ, ϪⲈⲔⲀⲤ ⲈϤⲈⲢ̄-ϪⲞⲈⲒⲤ Ⲉ ⲚⲈⲔⲤⲰⲚⲦ̄ ⲈⲚⲦⲀⲔⲦⲀⲘⲒⲞⲞⲨ,** (3) **ⲚϤⲢ̄-ϨⲘ̄ⲘⲈ[117] Ⲙ̄ ⲠⲔⲞⲤⲘⲞⲤ ϨⲚ̄ ⲞⲨⲦⲂ̄ⲂⲞ ⲘⲚ̄ ⲞⲨⲆⲒⲔⲀⲒⲞⲤⲨⲚⲎ, ⲚϤⲔⲢⲒⲚⲈ Ⲛ̄ ⲞⲨϨⲀⲠ[118] ϨⲘ̄ ⲠⲤⲞⲞⲨⲦⲚ̄ Ⲛ̄ ⲦⲈϤⲮⲨⲬⲎ,** (4) **ⲘⲀ ⲚⲀⲒ Ⲛ̄ ⲦⲤⲞⲪⲒⲀ, ⲦⲀⲒ ⲈⲦ ⲀϨⲈⲢⲀⲦⲤ̄ Ⲉ ⲚⲈⲔⲐⲢⲞⲚⲞⲤ, ⲚⲄⲦⲘ̄ⲦⲤ̄ⲦⲞⲈⲒ[119] ⲈⲂⲞⲖ ϨⲚ̄ ⲚⲈⲔϨⲘ̄ϨⲀⲖ,** (5) **ϪⲈ ⲀⲚⲄ̄-ⲠⲈⲔϨⲘ̄ϨⲀⲖ ⲀⲨⲰ ⲠϢⲎⲢⲈ Ⲛ̄ ⲦⲈⲔϨⲘ̄ϨⲀⲖ, ⲀⲚⲄ̄-ⲞⲨⲢⲰⲘⲈ Ⲛ̄ ⲀⲤⲐⲈⲚⲎⲤ[120], Ⲛ̄ ⲔⲞⲨⲒ Ⲛ̄ ⲀϨⲈ[121], ⲈⲒϢⲀⲀⲦ[122] Ⲙ̄ ⲘⲚ̄ⲦⲢⲘ̄Ⲛ̄ϨⲎⲦ ϨⲚ̄ ⲞⲨϨⲀⲠ ⲘⲚ̄ ⲞⲨⲚⲞⲘⲞⲤ.** (6) **ⲔⲀⲚ ⲞⲨⲦⲈⲖⲈⲒⲞⲤ[123] ⲠⲈ ⲞⲨⲀ ϨⲚ̄ Ⲛ̄ϢⲎⲢⲈ Ⲛ̄ Ⲣ̄ⲢⲰⲘⲈ, Ⲉ-ⲘⲚ̄ⲦⲀϤ Ⲙ̄ⲘⲀⲨ Ⲛ̄ ⲦⲈⲔⲤⲞⲪⲒⲀ, ⲈⲨⲚⲀⲞⲠϤ̄ ⲈⲨⲖⲀⲀⲨ.** (7) **Ⲛ̄ⲦⲞⲔ ⲀⲔⲤⲞⲦⲠ̄Ⲧ ⲈⲨⲢ̄ⲢⲞ Ⲙ̄ ⲠⲈⲔⲖⲀⲞⲤ, ⲀⲨⲰ ⲞⲨⲢⲈϤϯ-ϨⲀⲠ Ⲛ̄ ⲚⲈⲔϢⲎⲢⲈ ⲘⲚ̄ ⲚⲈⲔϢⲈⲈⲢⲈ.** (8) **ⲀⲔϪⲞⲞⲤ Ⲉ[124] ⲔⲰⲦ ⲚⲀⲔ Ⲛ̄ ⲞⲨⲢ̄ⲠⲈ ϨⲘ̄ ⲠⲈⲔⲦⲞⲞⲨ ⲈⲦ ⲞⲨⲀⲀⲂ, ⲀⲨⲰ ⲞⲨⲐⲨⲤⲒⲀⲤⲦⲎⲢⲒⲞⲚ ϨⲚ̄ ⲦⲠⲞⲖⲒⲤ Ⲙ̄ ⲠⲈⲔⲘⲀ Ⲛ̄ ϢⲰⲠⲈ, ⲠⲈⲒⲚⲈ Ⲛ̄**

---

115. **ⲠⲈ.ⲤⲘⲒⲚⲈ** 여기서는: 별자리
116. **ⲈⲒ Ⲉ Ⲡ(⸗)ⲘⲀ** 뒤를 잇다, ~을 대신하다.
117. **Ⲣ̄-ϨⲘ̄ⲘⲈ** 이끌다, 안내하다(**Ⲙ̄ⲘⲞ⸗**).
118. **Ⲡ.ϨⲀⲠ** 판단, 심판.
119. **ⲦⲤ̄ⲦⲞ, ⲦⲤ̄ⲦⲈ-, ⲦⲤ̄ⲦⲞ⸗**, Q **ⲦⲤ̄ⲦⲎⲨ** tr. 돌려주다(**Ⲙ̄ⲘⲞ⸗**); + **ⲈⲂⲞⲖ**: 거절하다.
120. ἀσθενής 약한, 힘없는.
121. **Ⲡ.ⲀϨⲈ** 생애, 일생.
122. **ϢⲀⲀⲦ** Q 부족하다(~가: **Ⲙ̄ⲘⲞ⸗, ϨⲚ̄**); '나는 재판과 법(에 대한 지식)을 아는 것이 부족하다'.
123. τέλειος 완전한, 온전한; 아마도 **ⲞⲨⲦ-** 대신에 **ⲈⲨⲦ-**로 읽어야 할 것이다.
124. **ϪⲞⲞⲤ Ⲉ** + Inf. 지시하다, 명령하다.

ⲧⲉⲕⲥⲕⲏⲛⲏ[125] ⲉⲧ ⲟⲩⲁⲁⲃ ⲉⲛⲧⲁⲕⲥⲃ̅ⲧⲱⲧϥ̅ ϫⲓⲛ ⲛ̅ϣⲟⲣⲡ̅. (9) ⲁⲩⲱ
ⲉⲣⲉ-ⲧⲥⲟⲫⲓⲁ ⲛⲉⲙⲁⲕ, ⲧⲉⲧ ⲥⲟⲟⲩⲛ ⲛ̅ ⲛⲉⲕϩⲃⲏⲩⲉ, ⲁⲩⲱ ⲛⲉⲥⲁϩⲉⲣⲁⲧⲥ̅
ⲡⲉ ⲛ̅ⲧⲉⲣⲉⲕⲧⲁⲙⲓⲉ-ⲡⲕⲟⲥⲙⲟⲥ, ⲉⲥⲥⲟⲟⲩⲛ ϫⲉ ⲟⲩ ⲡⲉⲧ ⲣ̅-ⲁⲛⲁⲕ ⲙ̅
ⲡⲉⲕⲙ̅ⲧⲟ ⲉⲃⲟⲗ, ⲁⲩⲱ ⲟⲩ ⲡⲉⲧ ⲥⲟⲩⲧⲱⲛ ϩⲛ̅ ⲛⲉⲕⲉⲛⲧⲟⲗⲏ. (10)
ⲙⲁⲧⲛ̅ⲛⲟⲟⲩⲥ ⲉⲃⲟⲗ ϩⲛ̅ ⲛⲉⲕⲡⲏⲩⲉ ⲉⲧ ⲟⲩⲁⲁⲃ ⲁⲩⲱ ⲉⲃⲟⲗ ϩⲙ̅
ⲡⲉⲑⲣⲟⲛⲟⲥ ⲙ̅ ⲡⲉⲕⲉⲟⲟⲩ, ϫⲉⲕⲁⲥ ⲉⲥⲉϣⲡ̅-ϩⲓⲥⲉ ⲛⲙ̅ⲙⲁⲓ[126],
ⲉⲥϩⲁⲧⲏⲓ[127], ⲛ̅ⲧⲁⲉⲓⲙⲉ ϫⲉ ⲟⲩ ⲡⲉⲧ ϣⲏⲡ ⲛ̅ⲛⲁϩⲣⲁⲕ. (11) ⲥ̅ⲥⲟⲟⲩⲛ ⲅⲁⲣ
ⲛ̅ⲧⲟⲥ ⲛ̅ ϩⲱⲃ ⲛⲓⲙ, ⲁⲩⲱ ⲥⲛⲟⲓ ⲙ̅ⲙⲟⲟⲩ[128], ⲁⲩⲱ ⲥⲛⲁϫⲓ-ⲙⲟⲉⲓⲧ[129] ϩⲏⲧ
ϩⲛ̅ ⲛⲁϩⲃⲏⲩⲉ ϩⲛ̅ ⲟⲩⲙⲛ̅ⲧⲣⲙ̅ⲛ̅ϩⲏⲧ, ⲛⲥ̅ϩⲁⲣⲉϩ ⲉⲣⲟⲓ ϩⲙ̅ ⲡⲉⲥⲉⲟⲟⲩ, (12)
ⲛ̅ⲧⲉ-ⲛⲁϩⲃⲏⲩⲉ ϣⲱⲡⲉ ⲉⲩϣⲏⲡ, ⲁⲩⲱ ϯⲛⲁⲕⲣⲓⲛⲉ ⲙ̅ ⲡⲉⲕⲗⲁⲟⲥ ϩⲛ̅
ⲟⲩⲇⲓⲕⲁⲓⲟⲥⲩⲛⲏ, ⲛ̅ⲧⲁϣⲱⲡⲉ ⲉⲓⲙ̅ⲡϣⲁ ⲛ̅ ⲛⲉⲑⲣⲟⲛⲟⲥ ⲙ̅ ⲡⲁⲉⲓⲱⲧ. (13)
ⲛⲓⲙ ⲅⲁⲣ ⲛ̅ ⲣⲱⲙⲉ ⲡⲉⲧ ⲛⲁⲥⲟⲩⲛ̅-ⲡϣⲟϫⲛⲉ ⲙ̅ ⲡⲛⲟⲩⲧⲉ? ⲏ ⲛⲓⲙ ⲡⲉⲧ
ⲛⲁⲉⲓⲙⲉ ϫⲉ ⲟⲩ ⲡⲉⲧⲉⲣⲉ-ⲡϫⲟⲉⲓⲥ ⲟⲩⲁϣϥ̅? (14) ⲙ̅ⲙⲟⲕⲙⲉⲕ ⲅⲁⲣ ⲛ̅
ⲣ̅ⲣⲱⲙⲉ ϭⲟⲟⲃ[130], ⲁⲩⲱ ⲥⲉⲗⲟⲟϥⲉ[131] ⲛ̅ϭⲓ ⲛⲉⲩⲙⲉⲉⲩⲉ. (15) ⲡⲥⲱⲙⲁ ⲅⲁⲣ
ⲡⲣⲉϥⲧⲁⲕⲟ[132] ϣⲁϥϩⲣⲟϣ ⲉϫⲛ̅ ⲧⲉⲯⲩⲭⲏ, ⲁⲩⲱ ⲡⲙⲁ ⲛ̅ ϣⲱⲡⲉ ⲛ̅ⲧⲉ
ⲡⲕⲁϩ ϣⲁϥⲣ̅-ⲕⲁⲕⲉ ⲉ[133] ⲫⲏⲧ ⲛ̅ ϥⲁⲓ-ⲣⲟⲟⲩϣ[134]. (16) ⲙⲟⲅⲓⲥ[135]
ⲉⲛⲧⲟⲛⲧⲛ̅[136] ⲛ̅ ⲛⲉⲧ ϩⲓϫⲙ̅ ⲡⲕⲁϩ; ⲉⲛϭⲓⲛⲉ <ⲛ> ⲛⲉⲧ ϩⲁ ⲛⲉⲛϭⲓϫ ϩⲛ̅
ⲟⲩϩⲓⲥⲉ. ⲛⲉⲧ ϩⲛ̅ ⲙ̅ⲡⲏⲩⲉ ⲇⲉ ⲛⲓⲙ ⲡⲉⲛⲧⲁϥϩⲉⲧϩⲱⲧⲟⲩ? (17) ⲏ ⲛⲓⲙ

125. ἡ σκηνή 장막, 성막.
126. ϣⲡ̅-ϩⲓⲥⲉ ⲙⲛ̅ 일하다, 수고하다.
127. ϩⲁⲧⲏ⸗ = ϩⲁϩⲧⲏ⸗.
128. ⲛⲟⲓ ⲙ̅ⲙⲟ⸗ 이해하다, 알다.
129. ϫⲓ-ⲙⲟⲉⲓⲧ ϩⲏⲧ⸗ 안내하다; ⲡ.ⲙⲟⲉⲓⲧ 길, 도로, 경로.
130. ϭⲟⲟⲃ Q 약하다, 힘없다.
131. ⲗⲟⲟϥⲉ Q 무너져 있다, 쇠퇴해 있다.
132. ⲡⲣⲉϥⲧⲁⲕⲟ는 ⲡ.ⲥⲱⲙⲁ와 동격이다.
133. ⲣ̅-ⲕⲁⲕⲉ ⲉ ~을 어둡게 하다.
134. ϥⲁⲓ-ⲣⲟⲟⲩϣ adj. 근심에 싸인.
135. μόγις adv. 큰 어려움을 겪고, 어렵게, 겨우, 가까스로.
136. ⲧⲟⲛⲧⲛ̅, ⲧⲛ̅ⲧⲛ̅-, ⲧⲛ̅ⲧⲱⲛ⸗ tr. ~에 대하여 추측하다(ⲙ̅ⲙⲟ⸗, ⲉ).

ⲡⲉⲛⲧⲁϥⲉⲓⲙⲉ ⲉ ⲡⲉⲕϣⲟϫⲛⲉ ⲛ̄ⲥⲁⲃⲏⲗ ϫⲉ ⲛ̄ⲧⲟⲕ ⲁⲕϯ ⲛ̄ ⲧⲥⲟⲫⲓⲁ, ⲁⲕⲧⲛ̄ⲛⲟⲟⲩ ⲙ̄ ⲧⲉⲕⲡⲛ̄ⲁ̄ ⲉⲧ ⲟⲩⲁⲁⲃ ⲉⲃⲟⲗ ϩⲙ̄ ⲡϫⲓⲥⲉ? (18) ⲧⲁⲓ ⲧⲉ ⲑⲉ ⲛ̄ⲧⲁⲩⲥⲟⲟⲩⲧⲛ̄ ⲛ̄ϭⲓ ⲛⲉϩⲓⲟⲟⲩⲉ ⲛ̄ ⲛⲉⲧ ϩⲓϫⲙ̄ ⲡⲕⲁϩ, ⲁ-ⲛⲣⲱⲙⲉ ⲥⲃⲟ ⲉ[137] ⲛⲉⲧ ⲣ̄-ⲁⲛⲁⲕ, ⲁⲩⲱ ⲁⲩⲟⲩϫⲁⲓ ϩⲛ̄ ⲧⲥⲟⲫⲓⲁ.

137. ⲥⲃⲟ ⲉ ~을 배우다.

목수 요셉의 생애

5장

(1) ϩⲣⲁⲓ ⲇⲉ ϩⲛ̄ ⲧⲙⲉϩⲙⲛ̄ⲧⲁϥⲧⲉ ⲛ̄ ⲣⲟⲙⲡⲉ ⲙ̄ ⲡⲱⲛϩ̄ ⲙ̄ ⲙⲁⲣⲓⲁ ⲧⲁⲙⲁⲁⲩ ⲁⲓⲉⲓ ϩⲙ̄ ⲡⲁⲟⲩⲱϣ, ⲁⲓⲟⲩⲱϩ ⲛ̄ϩⲏⲧⲥ̄ ⲕⲁⲧⲁ ⲡⲉⲧⲉ ϩⲛⲁⲓ[1], ⲉ-ⲁⲛⲟⲕ ⲡⲉ [ⲓⲏⲥⲟⲩⲥ][2] ⲡⲉⲧⲛ̄ⲱⲛⲁϩ. (2) ⲁⲩⲱ ⲛ̄ⲧⲉⲣⲉⲥⲣ̄-ϣⲟⲙⲛ̄ⲧ ⲛ̄ ⲉⲃⲟⲧ ⲛ̄ ⲱ, ⲁ-ⲡⲁⲧⲕⲣⲟϥ ⲓⲱⲥⲏⲫ, ⲡⲁⲙⲉⲣⲓⲧ ⲛ̄ ⲓⲱⲧ, ⲉⲓ ⲉϩⲟⲩⲛ ϩⲱⲱϥ ϩⲛ̄ ⲛⲉⲙⲁ[3] ⲛ̄ ⲕⲱⲧ, ⲁϥϭⲉⲛ-ⲧⲁⲙⲁⲁⲩ ⲛ̄ⲧⲁⲥⲟⲩⲱⲛϩ̄[4] ⲉⲃⲟⲗ ϫⲉ ⲥⲉⲉⲧ. ⲁϥⲉⲣ-ϩⲟⲧⲉ ⲁⲩⲱ ⲁϥϣⲧⲟⲣⲧⲣ̄. ⲁϥⲟⲩⲱϣ ⲉ ⲛⲁϫⲉⲥ[5] ⲉⲃⲟⲗ ⲛ̄ ϫⲓⲟⲩⲉ. (3) ⲁⲩⲱ ⲉⲃⲟⲗ ϩⲉⲛ ⲧⲁⲩⲡⲏ, ⲁϥⲛ̄ⲕⲟⲧⲕ̄, ⲙ̄ⲡⲉϥⲟⲩⲉⲙ-ⲗⲁⲁⲩ ⲉ ⲡⲧⲏⲣϥ̄ ϩⲛ̄ ⲧⲉⲣⲟⲩϩⲉ ⲉⲧ ⲙ̄ⲙⲟⲟⲩ[6].

---

1. ⲕⲁⲧⲁ ⲡⲉⲧⲉ ϩⲛⲁⲓ '내 의지에 따라'. 사전에서 ϩⲛⲉ- 항목 참조.
2. 보하이르어 버전에 기록되어 있는 ⲓⲏⲥⲟⲩⲥ를 옮긴이가 추가했다—옮긴이.
3. ϩⲛ̄ ⲛⲉⲙⲁ 대신에 ϩⲛ̄ ⲙ̄ⲙⲁ (ⲛ̄ ⲕⲱⲧ) '일하는 곳으로부터'.
4. ⲛ̄ⲧⲁⲥⲟⲩⲱⲛϩ̄는 아마도 관계절일 것이다: 'he found that my mother had become evident as being pregnant', '그(=요셉)는 내 어머니가 임신하신 것이 분명하다는 것을 알아차리셨다'.
5. ⲛⲁϫⲉⲥ = ⲛⲟϫⲥ̄.
6. ⲙ̄ⲙⲟⲟⲩ는 ⲙ̄ⲙⲁⲩ의 오기이다.

6장

(1) ϩⲛ̅ ⲧⲡⲁϣⲉ[7] ⲇⲉ ⲛ̅ ⲧⲉⲩϣⲏ ⲉⲓⲥ ⲡⲁⲣⲭⲁⲅⲅⲉⲗⲟⲥ ⲅⲁⲃⲣⲓⲏⲗ ⲁϥ-ⲃⲱⲕ ϣⲁⲣⲟϥ ϩⲛ̅ ⲟⲩⲣⲁⲥⲟⲩ ϩⲓⲧⲛ̅ ⲧⲉⲝⲟⲩⲥⲓⲁ ⲙ̅ ⲡⲁⲓⲱⲧ ⲛ̅ ⲁⲅⲁⲑⲟⲥ. ⲡⲉϫⲁϥ ⲛⲁϥ ϫⲉ, "ⲓⲱⲥⲏⲫ, ⲡϣⲏⲣⲉ ⲛ̅ ⲇⲁⲩⲉⲓⲇ, ⲙ̅ⲡⲣ̅ⲣ̅-ϩⲟⲧⲉ. ϫⲓ ⲙ̅ ⲙⲁⲣⲓⲁ ⲧⲉⲕⲥϩⲓⲙⲉ; ⲡⲉⲧⲉⲥⲛⲁϫⲡⲟϥ ⲅⲁⲣ ⲟⲩⲁⲁⲃ. (2) ⲁⲩⲱ ⲉⲕⲉⲙⲟⲩⲧⲉ ⲉ ⲡⲉϥⲣⲁⲛ ϫⲉ ⲓ̅ⲥ̅. ⲛ̅ⲧⲟϥ ⲡⲉⲧ ⲛⲁⲙⲟⲟⲛⲉ[8] ⲙ̅ ⲡⲉϥⲗⲁⲟⲥ ϩⲛ̅ ⲟⲩϭⲉⲣⲱⲃ[9] ⲙ̅ ⲡⲉⲛⲓⲡⲉ[10]." (3) ⲁϥⲧⲱⲟⲩⲛ ⲇⲉ ⲛ̅ϭⲓ ⲓⲱⲥⲏⲫ ⲉⲃⲟⲗ ϩⲙ̅ ⲡϩⲓⲛⲏⲃ[11], ⲁϥⲉⲓⲣⲉ ⲕⲁⲧⲁ ⲑⲉ ⲛ̅ⲧⲁϥϩⲱⲛ ⲉⲧⲟⲟⲧϥ̅ ⲛ̅ϭⲓ ⲡⲁⲅⲅⲉⲗⲟⲥ ⲙ̅ ⲡϫⲟⲉⲓⲥ. ⲁϥϩⲁⲣⲉϩ ⲉ ⲧⲡⲁⲣⲑⲉⲛⲟⲥ ⲉⲧ ⲟⲩⲁⲁⲃ ⲉϩⲟⲩⲛ ⲉ ⲡⲉϥⲏⲓ.

7장

(1) ⲙⲛ̅ⲛ̅ⲥⲁ ⲛⲁⲓ ⲁⲩⲇⲟⲅⲙⲁ ⲉⲓ ⲉⲃⲟⲗ ϩⲓⲧⲙ̅ ⲡⲣ̅ⲣⲟ ⲁⲩⲅⲟⲩⲥⲧⲟⲥ ⲉⲧⲣⲉ-ⲧⲟⲓⲕⲟⲩⲙⲉⲛⲏ ⲧⲏⲣⲥ̅ ⲥϩⲁⲓⲥ ⲛ̅ⲥⲁ ⲛⲉⲥⲧⲙⲉ. (2) ⲁϥⲧⲱⲟⲩⲛ ⲇⲉ ⲛ̅ϭⲓ ⲓⲱⲥⲏⲫ, ⲡⲁ-ⲧⲙⲛ̅ⲧϩⲗ̅ⲗⲟ ⲉⲧ ⲛⲁⲛⲟⲩⲥ, ⲁϥϫⲓ ⲛ̅ ⲧⲡⲁⲣⲑⲉⲛⲟⲥ ⲛ̅ ⲥⲉⲙⲛⲏ[12], ⲁϥⲉⲓⲛⲉ ⲙ̅ⲙⲟⲥ ⲉϩⲣⲁⲓ ⲉ ⲡⲉϥⲏⲓ ⲙ̅ⲙⲓⲛ ⲙ̅ⲙⲟϥ ⲉ ⲃⲏⲑⲗⲉⲉⲙ, ⲉ-ⲁⲥϩⲱⲛ ⲉϩⲟⲩⲛ ⲉ ⲙⲓⲥⲉ. ⲁϥⲁⲡⲟⲅⲣⲁⲫⲏ[13] ⲙ̅ ⲡⲉϥⲣⲁⲛ ϩⲁⲧⲛ̅ ⲛⲉⲅⲣⲁⲙⲁⲧⲉⲩⲥ ⲛ̅ ⲃⲏⲑⲗⲉⲉⲙ, ϫⲉ ⲓⲱⲥⲏⲫ ⲡϣⲏⲣⲉ ⲛ̅ ⲓⲁⲕⲱⲃ ⲙⲛ̅ ⲙⲁⲣⲓⲁ ⲧⲉϥⲥϩⲓⲙⲉ ⲙⲛ̅ ⲓ̅ⲥ̅ ⲡⲉⲩϣⲏⲣⲉ, ⲉ-ⲛⲉⲉⲃⲟⲗ ⲛⲉ ϩⲙ̅ ⲡⲏⲓ ⲛ̅ ⲇⲁⲩⲉⲓⲇ, ⲡⲁ-ⲧⲉⲫⲩⲗⲏ ⲛ̅ ⲉⲓⲟⲩⲇⲁ. (3) ⲁ-ⲙⲁⲣⲓⲁ ⲧⲁⲙⲁⲁⲩ ⲙⲓⲥⲉ ⲙ̅ⲙⲟⲓ ⲛ̅ϩⲟⲩⲛ ⲉ

---

7. ⲧ.ⲡⲁϣⲉ 반, 절반; ⲧ.ⲡⲁϣⲉ ⲛ̅ ⲧⲉⲩϣⲏ 한밤중.
8. ⲙⲟⲟⲛⲉ, ⲙⲉⲛⲉ-, ⲙⲁⲛⲟⲩ⸗ tr. 풀을 뜯기다, (양을) 치다(ⲙ̅ⲙⲟ⸗).
9. ⲡ.ϭⲉⲣⲱⲃ (pl. ϭⲉⲣⲟⲟⲃ) 막대기, 지팡이.
10. ⲡⲉⲛⲓⲡⲉ = ⲃⲉⲛⲓⲡⲉ 철, 쇠.
11. ϩⲓⲛⲏⲃ intr. (잠)자다; n.m. 잠, 수면.
12. σεμνή adj. f. 거룩한, 위엄 있는.
13. ἀπογράφω 등록하다, 기록하다.

ⲡⲙⲁ ⲛ̄ ϭⲟⲓⲗⲉ[14] ⲛ̄ ⲃⲏⲑⲗⲉⲉⲙ ϩⲓⲧⲟⲩⲱϥ ⲙ̄ ⲡⲧⲁⲫⲟⲥ[15] ⲛ̄ ϩⲣⲁⲭⲏⲗ[16] ⲧⲉⲥϩⲓⲙⲉ ⲛ̄ ⲓⲁⲕⲱⲃ ⲡⲡⲁⲧⲣⲓⲁⲣⲭⲏⲥ, ⲡⲉⲓⲱⲧ ⲛ̄ ⲓⲱⲥⲏⲫ ⲙⲛ̄ ⲃⲉⲛⲓⲁⲙⲓⲛ.

8장

(1) ⲁ-ⲡⲥⲁⲧⲁⲛⲁⲥ ⲥⲩⲙⲃⲟⲩⲗⲉⲩⲉ[17] ϩⲙ̄ ⲡϩⲏⲧ ⲛ̄ ϩⲏⲣⲱⲇⲏⲥ ⲡⲛⲟϭ, ⲡⲓⲱⲧ ⲛ̄ ⲁⲣⲭⲏ[ⲗⲁⲟⲥ[18] . . .] (파편 I의 끝).

14장

(1) ⲁⲥϣⲱⲡⲉ ⲇⲉ, ⲛ̄ⲧⲉⲣⲉϥϫⲉ-ⲛⲁⲓ, ⲁϥⲧⲱⲟⲩ, ⲁϥⲉⲓ ⲉ ⲡⲉϥⲏⲓ ⲙⲁⲍⲁⲣⲉⲑ, ⲧⲡⲟⲗⲓⲥ ⲉⲧⲉϥⲟⲩⲏϩ ⲛ̄ϩⲏⲧⲥ̄, ⲁⲩⲱ ⲛ̄ ⲧⲉⲓϩⲉ ⲁϥϫⲧⲟ[19] ⲉ ⲡϣⲱⲛⲉ ⲉⲧⲉϥⲛⲁⲙⲟⲩ ⲛ̄ϩⲏⲧϥ̄ ⲡⲣⲟⲥ ⲡⲉⲧ[20] ⲕⲏ ⲉϩⲣⲁⲓ ⲛ̄ ⲣⲱⲙⲉ ⲛⲓⲙ. (2)
ⲁⲩⲱ ⲉⲓⲥ ϩⲏⲏⲧⲉ ⲛⲉⲣⲉ-ⲡⲉϥϣⲱⲛⲉ ϩⲟⲣϣ̄ ⲉⲙⲁⲧⲉ ⲛ̄ ϩⲟⲩⲟ ⲉ ⲥⲟⲡ ⲛⲓⲙ ⲛ̄ⲧⲁϥϣⲱⲛⲉ ϫⲓⲛⲧⲁⲩϫⲡⲟϥ ⲉ ⲡⲕⲟⲥⲙⲟⲥ. (3) ⲧⲁⲓ ⲧⲉ
ⲧⲁⲛⲁⲥⲧⲣⲟⲫⲏ[21] ⲙ̄ ⲡⲁⲙⲉⲣⲓⲧ ⲛ̄ ⲉⲓⲱⲧ ⲓⲱⲥⲏⲫ. (4) ⲁϥⲣ̄-ϩⲙⲉ ⲛ̄ ⲣⲟⲙⲡⲉ ⲙ̄ⲡⲁⲧⲟⲩϫⲓ-ⲥϩⲓⲙⲉ ⲛⲁϥ, ⲁⲩⲱ ⲕⲉⲯⲓⲧⲉ ⲛ̄ ⲣⲟⲙⲡⲉ ⲁϥⲁⲁⲩ ϩⲙ̄ ⲡⲕⲟⲥⲙⲟⲥ ⲙⲛ̄ ⲧⲉϥⲥϩⲓⲙⲉ, ⲁⲩⲱ ⲛ̄ⲧⲉⲣⲉⲥⲙⲟⲩ, ⲁϥⲣ̄-ⲕⲉⲣⲟⲙⲡⲉ ⲉϥϭⲉⲉⲧ ⲙⲁⲩⲁⲁϥ. (5) ⲁ-ⲧⲁⲙⲉⲣⲓⲧ ⲙ̄ ⲙⲁⲁⲩ ⲣ̄-ⲕⲉⲥⲛ̄ⲧⲉ ⲛ̄ ⲣⲟⲙⲡⲉ ϩⲙ̄
ⲡⲉϥⲏⲓ ϫⲓⲛⲛ̄ⲧⲁⲩϣⲡ̄-ⲧⲟⲟⲧⲥ̄ ⲛⲁϥ ⲛ̄ ⲥϩⲓⲙⲉ, ⲉ-ⲁⲩϩⲱⲛ ⲉⲧⲟⲟⲧϥ̄ ϩⲓⲧⲛ̄ ⲛ̄ⲟⲩⲏⲏⲃ ϫⲉ, "ϩⲁⲣⲉϩ ⲉⲣⲟⲥ ϣⲁ ⲡⲉⲟⲩⲟⲉⲓϣ ⲛ̄ ⲧϣⲉⲗⲉⲉⲧ." (6) ⲁⲩⲱ
ⲁ-ⲙⲁⲣⲓⲁ ⲧⲁⲙⲁⲁⲩ ϫⲡⲟⲓ ϩⲛ̄ ⲧⲁⲣⲭⲏ ⲛ̄ ⲧⲙⲉϩϣⲟⲙⲧⲉ ⲛ̄ ⲣⲟⲙⲡⲉ,

---

14. ⲡ.ⲙⲁ ⲛ̄ ϭⲟⲓⲗⲉ 여관, 여인숙.
15. ὁ τάφος 무덤.
16. ϩⲣⲁⲭⲏⲗ 라헬.
17. συμβουλεύω 조언하다, 상담하다.
18. ⲁⲣⲭⲏ[ⲗⲁⲟⲥ] 아켈라오[아르켈라오스]('Αρχέλαος—옮긴이).
19. ϫⲧⲟ, ϫⲧⲉ-, ϫⲧⲟ⸗, Q ϫⲧⲏⲩ tr. 내려놓다(ⲙ̄ⲙⲟ⸗); intr. 굴복하다(~에: ⲉ).
20. ⲡⲣⲟⲥ ⲡⲉⲧ '각 사람에게 정한 대로'.
21. ἡ ἀναστροφή lit. 전환; 여기서는: 일생, 생애.

ⲉⲥϩⲙ̄ ⲡⲏⲓ ⲛ̄ ⲓⲱⲥⲏⲫ. ϩⲛ̄ ⲧⲙⲉϩⲙⲛ̄ⲧⲏ ⲛ̄ ⲣⲟⲙⲡⲉ ⲛ̄ⲧⲁ-ⲙⲁⲣⲓⲁ[22] ⲧⲁⲙⲁⲁⲩ ϫⲡⲟⲓ ϩⲛ̄ ⲟⲩⲥⲡⲉⲗⲁⲓⲟⲛ[23] ⲉⲛ[24] ⲁⲧϣⲁϫⲉ ⲉⲣⲟϥ ⲟⲩⲇⲉ ⲛ̄ ⲁⲧϩⲉⲧϩⲱⲧϥ̄[25] ⲟⲩⲇⲉ ⲙⲛ̄-ⲗⲁⲁⲩ ⲛ̄ ⲣⲱⲙⲉ ϩⲙ̄ ⲡⲥⲱⲛ̄ⲧ ⲧⲏⲣϥ̄ ⲛⲁⲉⲓⲙⲉ ⲉⲣⲟϥ ⲉⲓⲙⲏⲧⲉⲓ ⲁⲛⲟⲕ ⲙⲛ̄ ⲡⲁⲉⲓⲱⲧ ⲙⲛ̄ ⲡⲉⲡⲛ̄ⲁ̅ ⲉⲧ ⲟⲩⲁⲁⲃ.

15장

(1) ⲛⲉϩⲟⲟⲩ ⲇⲉ ⲧⲏⲣⲟⲩ ⲙ̄ ⲡⲁⲉⲓⲱⲧ ⲓⲱⲥⲏⲫ, ⲡⲁ-ⲧⲙⲛ̄ⲧϩⲗ̄ⲗⲟ ⲉⲧ ⲥⲙⲁⲙⲁⲁⲧ, ⲥⲉⲉⲓⲣⲉ ⲛ̄ ϣⲉ ⲙⲛ̄ⲧⲟⲩⲉⲓ ⲛ̄ ⲣⲟⲙⲡⲉ ⲕⲁⲧⲁ ⲡⲟⲩⲉϩ-ⲥⲁϩⲛⲉ ⲙ̄ ⲡⲁⲉⲓⲱⲧ. (2) ⲁ-ⲡⲉϩⲟⲟⲩ ⲙ̄ ⲡⲉϥϭⲙ̄-ⲡϣⲓⲛⲉ[26] ⲉⲓ ⲛⲁϥ, ⲉⲧⲉ ⲥⲟⲩ-[27]ϫⲟⲩⲧⲁⲥⲉ ⲡⲉ ⲙ̄ ⲡⲉⲃⲟⲧ ⲉⲡⲏⲫ[28], (3) <ⲁⲩⲱ ⲁϥⲁⲣⲭⲉⲓ ⲛ̄ ϣⲓⲃⲉ ⲛ̄ϭⲓ ⲡⲛⲟⲩⲃ ⲉⲧ ⲥⲟⲧⲡ̄, ⲉⲧⲉ ⲧⲥⲁⲣⲝ ⲧⲉ ⲙ̄ ⲡⲁⲉⲓⲱⲧ ⲓⲱⲥⲏⲫ, ⲁⲩⲱ>[29] ⲁ-ⲡϩⲁⲧ ⲡⲱⲱⲛⲉ[30], ⲉⲧⲉ ⲡⲛⲟⲩⲥ[31] ⲡⲉ ⲙⲛ̄ ⲧⲥⲟⲫⲓⲁ. (4) ⲁϥⲡⲱⲱⲛⲉ ⲉ ⲡⲕⲉⲁⲓⲱⲛ[32], ⲁϥⲣ̄-ⲡⲱⲃϣ̄ ⲙ̄ ⲡⲟⲩⲱⲙ ⲙⲛ̄ ⲡⲥⲱ, ⲉ-ⲁ-ⲧⲥⲟⲫⲓⲁ ⲙⲛ̄

---

22. ⲛ̄ⲧⲁ-ⲙⲁⲣⲓⲁ는 아마도 ⲛ̄ⲧⲁⲥ ⲁ-ⲙⲁⲣⲓⲁ로 수정되어야 할 것이다: '마리아는 열 다섯 살 때에 나를 낳으셨다'.
23. 이 절은 보하이르어 버전의 ⲙⲩⲥⲧⲏⲣⲓⲟⲛ(신비)보다 ⲥⲡⲉⲗⲁⲓⲟⲛ(동굴)으로 읽으면 훨씬 더 잘 이해된다.
24. ⲛ̄ 대신에 ⲉⲛ.
25. ⲁⲧϩⲉⲧϩⲱⲧ⸗ 불가사의한, 이해할 수 없는.
26. '그의 심판의 날', 즉 그의 마지막 병과 죽음.
27. ⲥⲟⲩ-(한달 중의 어떤) 날, 숫자에 접두사로 붙는다: ⲥⲟⲩ-ϫⲟⲩⲧⲁⲥⲉ 26일, 26번째 날.
28. ⲉⲡⲏⲫ, ⲉⲡⲏⲡ 에페프월: 콥트인의 달 이름.
29. < > 부분은 이 필사본에서 빠져있다. 보하이르어 사본을 기준으로 복원하였다.
30. ⲡⲱⲱⲛⲉ, ⲡⲉⲉⲛⲉ-, ⲡⲟⲟⲛⲉ⸗, Q ⲡⲟⲟⲛⲉ tr. 돌리다, 전환하다, 변화시키다(ⲙ̄ⲙⲟ⸗); intr. 변하다, 바뀌다.
31. ὁ νοῦς 마음, 정신.
32. ὁ αἰών 기간, 시기, 시대, 세대; 영원; 세계.

ⲦⲘⲚ̄ⲦⲦⲈⲬⲚⲒⲦⲎⲤ[33] ⲔⲞⲦⲤ̄[34] ⲈⲨⲤⲞⲢⲘⲈⲤ[35] ⲘⲚ̄ ⲞⲨⲘⲚ̄Ⲧ-ⲀⲦⲞⲠⲞⲚ[36]. (5) ⲀⲤϢⲰⲠⲈ ⲆⲈ, Ⲛ̄ⲦⲈⲢⲈ-ⲠⲞⲨⲞⲈⲒⲚ ⲀⲢⲬⲈⲒ Ⲛ̄ ⲤⲰⲢ[37] ⲈⲂⲞⲖ Ⲙ̄ ⲠⲈϨⲞⲞⲨ ⲈⲦ Ⲙ̄ⲘⲀⲨ, Ⲁ-ⲠⲀⲘⲈⲢⲒⲦ Ⲛ̄ ⲒⲰⲦ ⲒⲰⲤⲎⲪ ⲀⲢⲬⲈⲒ Ⲛ̄ ϢⲦⲞⲢⲦⲢ̄ ⲈⲘⲀⲦⲈ ϨⲒϪⲘ̄ ⲠⲈϤⲘⲀ Ⲛ̄ Ⲛ̄ⲔⲞⲦⲔ̄, ⲀⲨⲰ Ⲛ̄ ⲦⲈⲒϨⲈ ⲀϤⲈϢ-ⲠⲈⲒⲚⲞϬ Ⲛ̄ ⲀϢ-ⲀϨⲞⲘ, ⲀⲨⲰ ⲀϤⲢⲰϨⲦ̄ Ⲛ̄ ⲚⲈϤϬⲒϪ ⲈϪⲚ̄ ⲚⲈⲨⲈⲢⲎⲨ Ⲛ̄ ϢⲞⲘⲚ̄Ⲧ Ⲛ̄ ⲤⲞⲠ, ⲀϤⲰϢ ⲈⲂⲞⲖ ϨⲚ̄ ⲞⲨⲚⲞϬ Ⲛ̄ ϢⲦⲞⲢⲦⲢ̄ ⲘⲚ̄ ⲞⲨⲚⲞϬ Ⲛ̄ ϨⲂⲀ[38] ϪⲈ

16장

(1) "ⲞⲨⲞⲒ ⲚⲀⲒ[39] Ⲙ̄ ⲠⲞⲞⲨ. ⲞⲨⲞⲒ Ⲙ̄ ⲠⲈϨⲞⲞⲨ Ⲛ̄ⲦⲀ-ⲦⲀⲘⲀⲀⲨ ϪⲠⲞⲒ Ⲛ̄ϨⲎⲦϤ̄. (2) ⲞⲨⲞⲒ Ⲛ̄ ⲚⲈⲔⲒⲂⲈ[40] Ⲛ̄ⲦⲀⲒⲦⲤⲚ̄ⲔⲞ[41] Ⲛ̄ϨⲎⲦⲞⲨ. (3) ⲞⲨⲞⲒ Ⲛ̄ Ⲙ̄-ⲠⲀⲦ Ⲛ̄ⲦⲀⲒϨⲘⲞⲞⲤ ϨⲒϪⲰⲞⲨ. (4) ⲞⲨⲞⲒ Ⲛ̄ ⲚⲈϬⲖⲞⲞⲦⲈ[42] Ⲛ̄ⲦⲀⲨϨⲖⲞⲞⲖⲈ[43] Ⲙ̄ⲘⲞⲒ ϢⲀⲚⲦⲈⲒⲈⲒ Ⲉ ⲠⲦⲈ[44] Ⲛ̄ⲦⲀⲘⲈⲦⲈⲬⲈ[45] Ⲉ ⲠⲚⲞⲂⲈ. (5) ⲞⲨⲞⲒ Ⲙ̄ ⲠⲀⲖⲀⲤ ⲘⲚ̄ ⲚⲀ-ⲤⲠⲞⲦⲞⲨ, ϪⲈ ⲀⲨϬⲖⲞⲘⲖⲘ̄[46] Ⲛ̄ ⲞⲨⲘⲎⲎϢⲈ Ⲛ̄ ⲤⲞⲠ ϨⲘ̄ ⲠϪⲒⲚϬⲞⲚⲤ̄ ⲘⲚ̄ ⲦⲔⲀⲦⲀⲖⲀⲖⲒⲀ ⲘⲚ̄ ⲦⲘⲚ̄ⲦⲖⲀⲤ ⲤⲚⲀⲨ[47] ⲘⲚ̄ ϢⲀϪⲈ ⲚⲒⲘ Ⲛ̄ ⲂⲰⲖ ⲈⲂⲞⲖ. (6) ⲞⲨⲞⲒ Ⲛ̄ ⲚⲀⲂⲀⲖ, ϪⲈ ⲀⲨϬⲰϢⲦ̄ ϨⲚ̄ ⲞⲨⲤⲔⲀⲚⲆⲀⲖⲞⲚ[48] ⲀⲨⲰ

---

33. ὁ τεχνίτης 장인, 기술자; ⲘⲚ̄ⲦⲦⲈⲬⲚⲒⲦⲎⲤ 전문적 기술.
34. ⲔⲞⲦ⸗ Ⲉ ~로 바뀌다, 되다.
35. Ⲧ.ⲤⲞⲢⲘⲈⲤ 오류, 실수.
36. ἄτοπος 이상한, 낯선, 기묘한; ⲘⲚ̄ⲦⲀⲦⲞⲠⲞⲚ 혼란, 불합리(성).
37. ⲤⲰⲢ, ⲤⲈⲢ-, ⲤⲞⲢ⸗, Q ⲤⲎⲢ tr. 및 intr. (±ⲈⲂⲞⲖ) 뿌리다, 흩다, 펴다.
38. ⲠⲈ.ϨⲂⲀ 어려움, 곤란, 곤경.
39. ⲞⲨⲞⲒ ⲚⲀ⸗ ~에게 화가 있을 것이다.
40. Ⲧ.ⲈⲔⲒⲂⲈ 가슴, 유방.
41. ⲦⲤⲚ̄ⲔⲞ tr. 젖 먹이다, 젖을 빨리다(Ⲙ̄ⲘⲞ⸗); 여기서는 intr. 젖을 주다.
42. ϬⲖⲞⲞⲦⲈ 일반적으로 '내장 (기관)'이라는 의미.
43. ϨⲖⲞⲞⲖⲈ tr. 젖 먹이다, 기르다(~을: Ⲙ̄ⲘⲞ⸗).
44. ⲈⲒ Ⲉ ⲠⲦⲈ 자라나다, 성장하다; Ⲡ.ⲦⲈ 시간, 때, 시기, 계절.
45. μετέχω 함께 하다(~을: Ⲉ).
46. ϬⲖⲞⲘⲖⲘ̄, ϬⲖⲘ̄ⲖⲰⲘ⸗, Q ϬⲖⲘ̄ⲖⲰⲘ intr. 뒤틀리다, 얽히다, 말려들다.
47. ⲘⲚ̄ⲦⲖⲀⲤ ⲤⲚⲀⲨ 속임, 거짓 (lit. 두 혀로 말함).
48. τὸ σκάνδαλον 방해, 장애(물): 완전에 이르는 길에 장애물로 여겨지는 모든 행동이

ⲁⲩⲙⲉⲣⲉ-ⲧⲙⲛ̄ⲧⲣⲉϥⲉⲓⲣ̄-ⲃⲟⲟⲛⲉ[49]. (7) ⲟⲩⲟⲓ ⲛ̄ ⲛⲁⲙⲁⲁϫⲉ, ϫⲉ ⲁⲩⲙⲉⲣⲉ-ⲛ̄ϣⲁϫⲉ ⲛ̄ ⲕⲁⲥⲕⲥ̄ ⲙⲛ̄ ⲛ̄ϣⲁϫⲉ ⲧⲏⲣⲟⲩ ⲙ̄ ⲡⲱⲙⲥ̄[50]. (8) ⲟⲩⲟⲓ ⲛ̄ ⲛⲁϭⲓϫ, ϫⲉ ⲁⲩϩⲱⲃⲧ̄[51] ⲛ̄ ⲛⲉⲧⲉ ⲛⲟⲩⲓ ⲁⲛ ⲛⲉ. (9) ⲟⲩⲟⲓ ⲛ̄ ⲙ̄ⲙⲁϩⲧ̄[52] ⲙⲛ̄ ⲑⲏ, ⲛⲁⲓ ⲉⲧ ⲉⲡⲉⲓⲑⲩⲙⲉⲓ[53] ⲉ ϩⲉⲛⲧⲣⲟⲫⲏ[54] ⲛ̄ ⲛⲟⲩⲓ ⲁⲛ ⲛⲉ, ⲁⲩⲱ ϩⲟⲇⲁⲛ ⲉⲩϣⲁⲛϭⲛ̄-ⲛ̄ⲕⲁ ⲛⲓⲙ, ϣⲁⲩⲣⲟⲕϩⲟⲩ[55] ⲛ̄ ϩⲟⲩⲟ ⲉⲩⲧⲣⲓⲣ[56] ⲛ̄ ⲕⲱϩⲧ̄. (12)[57] ⲉⲓⲛⲁⲣ̄-ⲟⲩ ⲧⲉⲛⲟⲩ? ⲁⲓⲱⲣⲃ̄[58] ⲉϩⲟⲩⲛ ⲛ̄ ⲥⲁ ⲥⲁ ⲛⲓⲙ. (13) ⲁⲗⲏⲑⲱⲥ[59] ⲟⲩⲟⲓ ⲟⲩⲟⲓ ⲛ̄ ⲣⲱⲙⲉ ⲛⲓⲙ ⲉⲧ ⲛⲁⲣ̄-ⲛⲟⲃⲉ. (14) ϯϫⲱ ⲙ̄ⲙⲟⲥ ⲛⲏⲧⲛ̄, ⲱ ⲛⲁϣⲏⲣⲉ ⲙⲛ̄ ⲛⲁϣⲉⲉⲣⲉ, ϫⲉ ⲡⲛⲟϭ ⲛ̄ ϩⲃⲁ ⲛ̄ⲧⲁⲓⲛⲁⲩ ⲉⲣⲟϥ ϩⲓⲧⲙ̄ ⲡⲁⲉⲓⲱⲧ ⲓⲁⲕⲱⲃ ⲉϥⲛⲏⲩ ⲉⲃⲟⲗ ϩⲛ̄ ⲥⲱⲙⲁ ⲛ̄ⲧⲟϥ ⲡⲉ ⲡⲁⲓ ⲛ̄ⲧⲁϥⲧⲱⲙⲛ̄ⲧ ⲉⲣⲟⲓ ϩⲱ ⲙ̄ ⲡⲟⲟⲩ, ⲁⲛⲟⲕ ⲡⲉⲓⲉⲃⲓⲏⲛ ⲛ̄ ⲧⲁⲗⲁⲓⲡⲱⲣⲟⲥ[60] ⲁⲩⲱ ⲛ̄ ϩⲏⲕⲉ. (15) ⲁⲗⲗⲁ ⲡϫⲟⲉⲓⲥ ⲡⲁⲛⲟⲩⲧⲉ ⲡⲉ ⲡⲙⲉⲥⲓⲧⲏⲥ[61] ⲛ̄ ⲧⲁⲯⲩⲭⲏ ⲙⲛ̄ ⲡⲁⲥⲱⲙⲁ ⲙⲛ̄ ⲡⲁⲡⲛ̄ⲁ̄.

17장

(1) ⲛⲁⲓ ⲇⲉ ⲉϥϫⲱ ⲙ̄ⲙⲟⲟⲩ ⲛ̄ϭⲓ ⲡⲁⲙⲉⲣⲓⲧ ⲛ̄ ⲉⲓⲱⲧ ⲓⲱⲥⲏⲫ, ⲁⲓⲧⲱⲟⲩⲛ,

나 상황에 적용되는 용어.

49. ⲙⲛ̄ⲧⲣⲉϥⲉⲓⲣ̄-ⲃⲟⲟⲛⲉ 탐욕, 욕심. 사전에서 ⲃⲟⲟⲛⲉ, ⲉⲓⲁ항목 참조.
50. ⲛ̄ϣⲁϫⲉ ⲙ̄ ⲡⲱⲙⲥ̄ lit. 가라앉음의 말(the words of sinking); 이 유별난 표현은 '멸망의 말'을 의미하는 시편 52:4, τὰ ῥήματα καταποντισμοῦ (칠십인역 51:6—옮긴이)에서 나왔다.
51. ϩⲱⲃⲧ̄ = ϩⲱϥⲧ̄, ϩⲉϥⲧ̄-, ϩⲟϥⲧ⸗ tr. 훔치다, 도둑질하다(ⲙ̄ⲙⲟ⸗).
52. ⲡ.ⲙⲁϩⲧ̄ 창자, 내장.
53. ἐπιθυμέω 원하다, 탐하다, 열망하다(~을: ⲉ).
54. ἡ τροφή 음식, 음식물.
55. ⲣⲱⲕϩ̄, ⲣⲟⲕϩ⸗ '먹어 치우다'라는 의미.
56. ⲧⲉ.ⲧⲣⲓⲣ 용광로, 화덕.
57. 이 필사본에는 (보하이르어 사본에 있는) 10-11절이 누락되어 있다.
58. ⲱⲣⲃ̄, ⲉⲣⲃ̄-, ⲟⲣⲃ⸗, Q ⲟⲣⲃ̄ tr. 둘러싸다, 가로막다(ⲙ̄ⲙⲟ⸗); intr. 가두어져 있다.
59. ἀληθῶς adv. 정말, 참으로.
60. ταλαίπωρος, 비참한, 불행한.
61. ὁ μεσίτης 중재자, 중개자, 중보자.

ⲁⲓⲙⲟⲟϣⲉ ⲉⲣⲟϥ ⲉϥⲛ̄ⲕⲟⲧⲕ̄ ⲉϥϣⲧⲣ̄ⲧⲱⲣ ϩⲛ̄ ⲧⲉϥⲯⲩⲭⲏ ⲙⲛ̄ ⲡⲉϥⲡⲛ̄ⲁ̄. ⲡⲉϫⲁⲓ ⲛⲁϥ ϫⲉ, "ⲭⲁⲓⲣⲉ, ⲡⲁⲙⲉⲣⲓⲧ ⲛ̄ ⲉⲓⲱⲧ, ⲡⲁ-ⲧⲙⲛ̄ⲧϩⲗ̄ⲗⲟ ⲉⲧ ⲛⲁⲛⲟⲩⲥ." (2) ⲁϥⲧⲁϣⲉ-[62]ⲟⲩⲱϣⲃ̄ ⲛⲁⲓ ϩⲛ̄ ⲟⲩⲛⲟϭ ⲛ̄ ϣⲧⲟⲣⲧⲣ̄ ⲙⲛ̄ ⲟⲩϩⲃⲁ ⲙⲛ̄ ⲟⲩϩⲟⲧⲉ ⲛ̄ⲧⲉ ⲡⲙⲟⲩ, ⲉϥϫⲱ ⲙ̄ⲙⲟⲥ ϫⲉ, "ⲭⲁⲓⲣⲉ ⲛ̄ ⲟⲩⲙⲏⲏϣⲉ ⲛ̄ ⲥⲟⲡ, ⲡⲁⲙⲉⲣⲓⲧ ⲛ̄ ϣⲏⲣⲉ. ⲁ-ⲧⲁⲯⲩⲭⲏ ⲙ̄ⲧⲟⲛ ⲉⲣⲟⲓ ⲛ̄ ⲟⲩⲕⲟⲩⲓ ⲛ̄ⲧⲉⲣⲉ-ⲧⲉⲕⲥⲙⲏ ⲉⲧ ⲛⲟⲧⲙ̄[63] ⲧⲁϩⲟⲓ. (3) ⲓ̄ⲥ̄ ⲡⲁϫⲟⲉⲓⲥ, ⲓ̄ⲥ̄ ⲡⲁⲣ̄ⲣⲟ ⲙ̄ ⲙⲉ, ⲓ̄ⲥ̄ ⲡⲁⲥⲱⲧⲏⲣ, ⲓ̄ⲥ̄ ⲡⲁⲣⲉϥⲧⲟⲩϫⲟ[64], ⲓ̄ⲥ̄ ⲡⲁⲣⲉϥⲛⲟⲩϩⲙ̄, ⲱ ⲓ̄ⲥ̄ ⲡⲉⲧ ⲥⲕⲉⲡⲁⲍⲉ[65] ⲙ̄ ⲡⲧⲏⲣϥ̄, ⲱ ⲓ̄ⲥ̄ ⲡⲉⲧ ⲁⲙⲁϩⲧⲉ ⲙ̄ ⲡⲧⲏⲣϥ̄ ϩⲙ̄ ⲡⲟⲩⲱϣ ⲛ̄ ⲧⲉϥⲙⲛ̄ⲧⲁⲅⲁⲑⲟⲥ, ⲱ ⲓ̄ⲥ̄ ⲡⲉⲧⲉⲣⲉ-ⲡⲉϥⲣⲁⲛ ⲕⲛ̄ⲛⲉ[66] ⲁⲩⲱ ⲉϥⲕⲓⲱⲟⲩ[67] ⲉⲙⲁⲧⲉ, ⲱ ⲓ̄ⲥ̄ ⲡⲉⲓⲃⲁⲗ ⲉⲧ ⲛⲁⲩ, ⲡⲓⲙⲁⲁϫⲉ ⲉⲧ ⲥⲱⲧⲙ̄, ⲥⲱⲧⲙ̄ ⲉⲣⲟⲓ ϩⲱⲱⲧ ⲙ̄ ⲡⲟⲟⲩ, ⲁⲛⲟⲕ ⲡⲉⲕϩⲙ̄ϩⲁⲗ ⲉⲓⲥⲟⲡⲥ̄ ⲙ̄ⲙⲟⲕ ⲁⲩⲱ ⲉⲓⲡⲱϩⲧ̄ ⲛ̄ ⲛⲁⲣ̄ⲙⲉⲓⲟⲟⲩⲉ ⲙ̄ ⲡⲉⲕⲙ̄ⲧⲟ ⲉⲃⲟⲗ. (4) ϫⲉ ⲛ̄ⲧⲟⲕ ⲡⲉ ⲡⲛⲟⲩⲧⲉ ϩⲛ̄ ⲟⲩⲙⲉ ⲙⲛ̄ ⲟⲩϫⲱⲕ ⲕⲁⲧⲁ ⲑⲉ ⲛ̄ⲧⲁ-ⲡⲉⲕⲁⲅⲅⲉⲗⲟⲥ ⲧⲟⲩⲛ-ⲓⲁⲧ ⲉⲃⲟⲗ[68] ⲛ̄ ϩⲁϩ ⲛ̄ ⲥⲟⲡ, ⲛ̄ ϩⲟⲩⲟ ⲇⲉ ⲡⲉϩⲟⲟⲩ ⲛ̄ⲧⲁ-ⲡⲁϩⲏⲧ ⲙ̄ⲕⲁϩ ⲉⲣⲟⲓ ⲉⲧⲃⲉ ⲟⲩⲙⲉⲉⲩⲉ ⲙ̄ ⲙⲛ̄ⲧⲣⲱⲙⲉ ⲉⲧⲃⲉ ⲧⲉⲧ ⲥⲙⲁⲙⲁⲁⲧ ⲙⲁⲣⲓⲁ ⲧⲡⲁⲣⲑⲉⲛⲟⲥ, ⲁⲓⲡⲉⲣⲉⲓⲉⲣⲕⲁⲍⲉ[69] ϫⲉ ⲁⲥⲱⲱ, ⲁⲩⲱ ⲛⲉⲓϫⲱ ⲙ̄ⲙⲟⲥ ϫⲉ, 'ⲉϩⲣⲁⲓ ϩⲛ̄ ⲧⲉⲓⲟⲩϣⲏ, ϯⲛⲁⲛⲟϫⲥ̄ ⲉⲃⲟⲗ ⲛ̄ ϫⲓⲟⲩⲉ.' (5) ⲛⲁⲓ ⲇⲉ ⲉⲓⲙⲉⲉⲩⲉ ⲉⲣⲟⲟⲩ, ⲁ-ⲡⲁⲅⲅⲉⲗⲟⲥ ⲟⲩⲱⲛϩ̄ ⲛⲁⲓ ⲉⲃⲟⲗ ϩⲛ̄ ⲟⲩⲣⲁⲥⲟⲩ, ⲉϥϫⲱ ⲙ̄ⲙⲟⲥ ⲛⲁⲓ ϫⲉ, 'ⲓⲱⲥⲏⲫ ⲡϣⲏⲣⲉ ⲛ̄ ⲇⲁⲩⲉⲓⲇ,

62. ⲧⲁϣⲉ- + inf. ~을 많이 하다; ⲧⲁϣⲉ-ⲟⲩⲱϣⲃ̄ 충분히 대답하다.

63. ⲛⲟⲩⲧⲙ̄, Q ⲛⲟⲧⲙ̄ intr. 즐겁다, 기분이 좋다.

64. ⲧⲟⲩϫⲟ, ⲧⲟⲩϫⲉ-, ⲧⲟⲩϫⲟ, Q ⲧⲟⲩϫⲏⲩ tr. 온전하게 하다(ⲙ̄ⲙⲟ⸗); 구조하다, 구하다; n.m. 안전, 구원, 구조.

65. σκεπάζω 덮다, 가리다, 보호하다.

66. ⲕⲛ̄ⲛⲉ intr. 기름지게 되다, 살지게 되다.

67. ⲕⲓⲱⲟⲩ Q (기본형은 ⲕⲛ̄ⲛⲉ—옮긴이) 기름지다, 살지다, 결실이 많다, 비옥하다.

68. ⲧⲟⲩⲛ-ⲓⲁⲧ⸗ ⲉⲃⲟⲗ 알리다, 지시하다.

69. περιεργάζομαι 지나치게 근심하다; 지나치게 간섭하다.

ⲙ̄ⲡⲣ̄ⲣ̄-ϩⲟⲧⲉ <ⲉ> ϫⲓ ⲙ̄ ⲙⲁⲣⲓⲁ ⲧⲉⲕⲥϩⲓⲙⲉ, ⲟⲩⲇⲉ ⲙ̄ⲡⲣ̄ϯⲥⲧⲁⲍⲉ[70] ⲉϫⲛ̄ ⲧⲉⲥϭⲓⲛⲱⲱ, ϫⲉ ⲛ̄ⲧⲁⲥⲱⲱ ⲅⲁⲣ ⲉⲃⲟⲗ ϩⲛ̄ ⲟⲩⲡⲛ̄ⲁ̄ ⲉϥⲟⲩⲁⲁⲃ. (6) ⲥⲛⲁϫⲡⲟ ⲇⲉ ⲛ̄ ⲟⲩϣⲏⲣⲉ ⲛⲅ̄ⲙⲟⲩⲧⲉ ⲉ ⲡⲉϥⲣⲁⲛ ϫⲉ ⲓ̄ⲥ̄.' (7) ⲧⲉⲛⲟⲩ ⲇⲉ, ⲡⲁϫⲟⲉⲓⲥ, ⲡⲥⲱⲧⲏⲣ ⲛ̄ ⲧⲁⲯⲩⲭⲏ ⲙⲛ̄ ⲡⲁⲡⲛ̄ⲁ̄, ⲙ̄ⲡⲣ̄ϭⲛ̄-ⲁⲣⲓⲕⲉ ⲉⲣⲟⲓ, ⲁⲛⲟⲕ ⲁⲛⲅ̄-ⲡⲉⲕϩⲙ̄ϩⲁⲗ ⲁⲩⲱ ⲡϩⲱⲃ ⲛ̄ ⲛⲉⲕϭⲓϫ. ⲛ̄ⲧⲁⲓⲡⲉⲣⲉⲓⲉⲣⲕⲁⲍⲉ ⲁⲛ[71], ⲱ ⲡⲁϫⲟⲉⲓⲥ, (8) ⲁⲗⲗⲁ ⲙ̄ⲡⲁϯⲥⲟⲩⲛ̄-ⲡⲉⲟⲟⲩ ⲙ̄ ⲡⲉⲓⲛⲟϭ ⲙ̄ ⲙⲩⲥⲧⲏⲣⲓⲟⲛ, ⲉⲧⲉ ⲡⲉⲕϫⲡⲟ ⲉⲧ ⲟⲩⲁⲁⲃ ⲡⲉ, ⲟⲩⲇⲉ ⲟⲛ ⲙ̄ⲡⲉⲓⲥⲱⲧⲙ̄ ⲉⲛⲉϩ ϫⲉ ϣⲁⲣⲉ-ⲥϩⲓⲙⲉ ⲱⲱ ⲉϫⲛ̄[72] ϩⲟⲟⲩⲧ. (9)[73] ⲱ ⲡⲁϫⲟⲉⲓⲥ ⲁⲩⲱ ⲡⲁⲛⲟⲩⲧⲉ, ⲉⲛⲉ ⲡⲧⲱϣ ⲙ̄ ⲡⲉⲓⲛⲟϭ ⲙ̄ ⲙⲩⲥⲧⲏⲣⲓⲟⲛ ⲁⲛ ⲡⲉ, ⲛ̄ⲧⲉⲓⲛⲁⲡⲓⲥⲧⲉⲩⲉ ⲉⲣⲟⲕ ⲁⲛ ⲡⲉ ⲙⲛ̄ ⲡⲉⲕϫⲡⲟ ⲉⲧ ⲟⲩⲁⲁⲃ, ⲧⲁϯ-ⲉⲟⲟⲩ ⲛ̄ ⲧⲉⲛⲧⲁⲥϫⲡⲟⲕ, ⲙⲁⲣⲓⲁ, ⲧⲉⲓⲉϩⲁⲓⲃⲉ[74] ⲙ̄ ⲙⲉ. (10) ϯⲉⲓⲣⲉ ⲙ̄ ⲡⲙⲉⲉⲩⲉ ⲙ̄ ⲡϩⲟⲟⲩ ⲛ̄ⲧⲁ-ⲧⲕⲉⲣⲁⲥⲧⲏⲥ[75] ⲟⲩⲱⲙ[76] ⲙ̄ ⲡϣⲏⲣⲉ ϣⲏⲙ ⲉ ⲧⲉϥⲟⲩⲉⲣⲏⲧⲉ, ⲁϥⲙⲟⲩ. (11) ⲁ-ⲛⲉϥⲣⲱⲙⲉ[77] ⲥⲱⲟⲩϩ̄ ⲉⲣⲟⲕ ⲉⲩⲟⲩⲱϣ ⲉ ϭⲟⲡⲕ̄ ⲛ̄ⲥⲉⲧⲁⲁⲕ ⲛ̄ ϩⲏⲣⲱⲧⲏⲥ ⲡⲡⲁⲣⲁⲛⲟⲙⲟⲥ[78]. (12) ⲁⲩⲱ ⲁⲓϩⲉ ⲉⲣⲟⲥ, ⲁ-ⲧⲉⲕⲙⲛ̄ⲧⲛⲟⲩⲧⲉ ⲧⲁϩⲟϥ[79], ⲁϥⲱⲛϩ̄, ⲁⲩⲱ ϩⲙ̄ ⲡⲧⲣⲉⲕⲧⲟⲩⲛⲟⲥϥ̄ ⲉ ⲛⲉϥⲉⲓⲟⲧⲉ ⲁⲩⲛⲟϭ ⲛ̄ ⲣⲁϣⲉ ϣⲱⲡⲉ ⲛⲁⲩ. (13) ⲁⲓϫⲛⲟⲩⲕ ⲇⲉ, ⲱ ⲡⲁⲙⲉⲣⲓⲧ ⲛ̄ ϣⲏⲣⲉ, ϫⲉ ⲉⲥⲩⲭⲁⲍⲉ[80] ⲙ̄ⲙⲟⲕ ϩⲛ̄ ϩⲱⲃ ⲛⲓⲙ. ⲁⲓⲁⲙⲁϩⲧⲉ ⲙ̄

---

70. διστάζω 망설이다, 주저하다, 의심하다.
71. ⲁⲓⲡⲉⲣⲉⲓⲉⲣⲕⲁⲍⲉ ⲁⲛ 중간에 생략 또는 누락이 있다: '나는 (어떠한 다른 이유로) 아직 알지 못했다는 것에 대해 지나치게 걱정하지 않게 되었다'.
72. ⲁϫⲛ̄ 대신에 ⲉϫⲛ̄.
73. 이 절의 의미는 모호하다. 만일 ⲉⲛⲉ가 반대-사실 조건절을 도입한다면, 귀결절은 ⲛⲉⲓⲛⲁⲡⲓⲥⲧⲉⲩⲉ이어야 한다. 비슷한 문제에 대해 아래 14절을 참조하라.
74. ⲧⲉⲓϩⲁⲓⲃⲉ 대신에 ⲧⲉⲓⲉϩⲁⲓⲃⲉ; ⲧ.ϩⲁⲓⲃⲉ 어린 양.
75. ἡ κεραστής 뿔 달린 (뱀).
76. ⲟⲩⲱⲙ 여기서는: 물다.
77. ⲛⲉϥⲣⲱⲙⲉ 여기서는: 그의 친척들.
78. παράνομος 무법의, 부당한.
79. 아마 ⲧⲁϩⲟϥ 대신에 ⲧⲁⲛϩⲟϥ로 읽어야 할 것이다.
80. ἡσυχάζω 고요하다, 조용하다; ⲙ̄ⲙⲟⲕ는 재귀용법이다.

ⲡⲉⲕⲙⲁⲁϫⲉ ⲛ̄ ⲟⲩⲛⲁⲙ, ⲁⲓⲥⲟⲕϥ̄. (14) ⲁⲕⲟⲩⲱϣⲃ̄ ⲉⲕϫⲱ ⲙ̄ⲙⲟⲥ ⲛⲁⲓ ϫⲉ, 'ⲛ̄ⲥⲁⲃⲏⲗ ϫⲉ ⲛ̄ⲧⲟⲕ ⲡⲉ ⲡⲁⲉⲓⲱⲧ ⲕⲁⲧⲁ ⲥⲁⲣⲝ, ⲉⲡⲉⲓ ϯⲛⲁⲧⲁⲙⲟⲕ[81] ϫⲉ ⲁⲕⲥⲉⲕⲥⲉⲕ-[82]ⲡⲁⲙⲁⲁϫⲉ ⲛ̄ ⲟⲩⲛⲁⲙ.' (15) ⲧⲉⲛⲟⲩ ⲇⲉ, ⲱ ⲡⲁⲙⲉⲣⲓⲧ ⲛ̄ ϣⲏⲣⲉ, ⲡⲁϫⲟⲉⲓⲥ ⲁⲩⲱ ⲡⲁⲛⲟⲩⲧⲉ, ⲉϣⲱⲡⲉ ⲛ̄ⲧⲁⲕϥⲓ-ⲗⲟⲅⲟⲥ ⲛⲙ̄ⲙⲁⲓ[83] ⲉⲧⲃⲉ ⲡⲉϩⲟⲟⲩ ⲉⲧ ⲙ̄ⲙⲁⲩ, ⲁⲕⲧⲣⲉ-ⲛⲉⲓⲙⲁⲉⲓⲛ ⲛ̄ ϩⲟⲧⲉ ⲉⲓ ⲉϩⲣⲁⲓ ⲉϫⲱⲓ, ϯⲡⲁⲣⲁⲕⲁⲗⲉⲓ ⲙ̄ⲙⲟⲕ, ⲱ ⲡⲁϫⲟⲉⲓⲥ ⲛ̄ ⲁⲅⲁⲑⲟⲥ, ⲕⲱ ⲛⲁⲓ ⲉⲃⲟⲗ ⲛⲅ̄ⲧⲙ̄ϥⲓ-ⲱⲡ ⲛⲙ̄ⲙⲁⲓ. (16) ⲁⲛⲟⲕ ⲅⲁⲣ ⲁⲛⲅ̄-ⲡⲉⲕϩⲙ̄ϩⲁⲗ, ⲁⲛⲟⲕ ⲡϣⲏⲣⲉ ⲛ̄ ⲧⲉⲕϩⲙ̄ϩⲁⲗ. (17) ⲉⲕϣⲁⲛⲥⲱⲗⲡ̄[84] ⲛ̄ ⲛⲁⲙⲉⲣⲣⲉ[85], ϯⲛⲁϣⲱⲱⲧ[86] ⲛⲁⲕ ⲛ̄ ⲟⲩⲑⲩⲥⲓⲁ[87] ⲛ̄ ⲥⲙⲟⲩ, ⲉⲧⲉ ⲧⲁⲓ ⲧⲉ ⲧϩⲟⲙⲟⲗⲟⲅⲉⲓⲁ[88] ⲛ̄ ⲧⲉⲕⲙⲛ̄ⲧⲛⲟⲩⲧⲉ, ϫⲉ ⲛ̄ⲧⲕ̄-ⲟⲩⲛⲟⲩⲧⲉ ϩⲛ̄ ⲟⲩⲙⲉ, ⲁⲩⲱ ⲛ̄ⲧⲕ̄-ⲟⲩϫⲟⲉⲓⲥ ϩⲛ̄ ⲟⲩϫⲱⲕ."

18장

(1) ⲛⲁⲓ ⲇⲉ ⲉϥϫⲱ ⲙ̄ⲙⲟⲟⲩ ⲛ̄ϭⲓ ⲡⲁ-ⲧⲙⲛ̄ⲧϩⲗ̄ⲗⲟ ⲉⲥⲕⲓⲱⲟⲩ ⲡⲁⲉⲓⲱⲧ ⲉⲓⲱⲥⲏⲫ, ⲙ̄ⲡⲉⲓⲉϣϭⲱ ⲛ̄ⲟⲩⲉϣ[89] ⲣⲓⲙⲉ ⲉⲓⲛⲁⲩ ⲉⲣⲟϥ ⲉ-ⲁϥⲟⲩⲱ ⲉϥϫⲓ[90]

81. ⲉⲡⲉⲓ ϯⲛⲁⲧⲁⲙⲟⲕ는 아마도 ⲛⲉⲓⲛⲁⲙⲟⲟⲩⲧ ⲙ̄ⲙⲟⲕ로 읽어야 할 것이다: '당신이 육신으로 내 아버지가 아니라면 내가 당신을 죽일 것입니다'. 또는 ⲛⲉⲓⲛⲁⲉⲡⲉⲓϯⲙⲁ ⲛⲁⲕ로: '내가 당신을 책망할 것입니다'. 요셉은 분명히 지금 자신의 병이 이 사건의 결과라고 믿고 있다.
82. ⲥⲟⲕⲥⲕ̄, ⲥⲉⲕⲥⲉⲕ-, ⲥⲉⲕⲥⲱⲕ⸗ tr. 당기다, 펴다, 늘리다.
83. ϥⲓ-ⲗⲟⲅⲟⲥ ⲙⲛ̄ 책임을 묻다(~에 대해: ⲉⲧⲃⲉ); ϥⲓ-ⲱⲡ ⲙⲛ̄ idem.
84. ⲥⲱⲗⲡ̄, ⲥⲗ̄ⲡ-, ⲥⲟⲗⲡ⸗, Q ⲥⲟⲗⲡ̄ tr. 끊다, 자르다, 꺾다.
85. ⲧ.ⲙⲉⲣⲣⲉ 속박, 족쇄.
86. ϣⲱⲱⲧ, ϣⲉⲉⲧ-, ϣⲁⲁⲧ⸗, Q ϣⲁⲁⲧ tr. 자르다, (제물로) 도살하다.
87. ἡ θυσία 제물, 희생양.
88. ἡ ὁμολογία 고백, 동의.
89. ⲛ̄ⲟⲩⲉϣ (ⲛ̄) prep. ~이 없이; ϭⲱ ⲛ̄ⲟⲩⲉϣ의 최선의 번역은, '(울음을) 참다'; 4절 이하 참조.
90. ϫⲓ는 Q ϫⲏⲩ'잡혀있다' 대신에 사용되었다.

ϩⲉⲛ ⲛ̄ϩⲁϭⲉ[91] **ⲙ̄ ⲡⲙⲟⲩ ⲁⲩⲱ ⲉⲓⲥⲱⲧⲙ̄ ⲛ̄ϣⲁϫⲉ**[92] **ⲙ̄ ⲙⲛ̄ⲧⲉⲃⲓⲏⲛ ⲉⲧⲉϥϫⲱ ⲙ̄ⲙⲟⲟⲩ ⲛⲁⲓ.** (2) **ⲙⲛ̄ⲛ̄ⲥⲁ ⲛⲁⲓ ⲁⲓⲣ̄-ⲡⲙⲉⲉⲩⲉ ⲙ̄ ⲡⲉϩⲟⲟⲩ ⲙ̄ ⲡⲁⲙⲟⲩ, ⲙ̄ ⲡⲛⲁⲩ ⲉⲧⲉⲣⲉ-ⲛⲉⲓⲟⲩⲇⲁⲓ**[93] **ⲛⲁⲧⲁⲗⲟⲓ**[94] **ⲉ ⲡⲉⲥⲧ̄ⲟ̄ⲥ̄ ϩⲁ ⲡⲟⲩϫⲁⲓ ⲙ̄ ⲡⲕⲟⲥⲙⲟⲥ ⲧⲏⲣϥ̄.** (3) **ⲛ̄ ⲧⲉⲩⲛⲟⲩ ⲁⲓⲃⲱⲕ ⲉ ⲡⲉⲑⲣⲓⲟⲛ**[95] **ⲉⲧ ϩⲓ ⲃⲟⲗ, ⲁⲩⲱ ⲁⲥⲧⲱⲟⲩⲛ ⲛ̄ϭⲓ ⲙⲁⲣⲓⲁ ⲧⲁⲙⲁⲁⲩ, ⲁⲥⲉⲓ ⲉⲃⲟⲗ ⲉ ⲡⲙⲁ ⲉⲧⲉⲓⲛ̄ϩⲏⲧϥ̄, ⲡⲉϫⲁⲥ ⲛⲁⲓ ϩⲛ̄ ⲟⲩⲛⲟϭ ⲛ̄ ⲗⲩⲡⲏ ⲙⲛ̄ ⲟⲩⲱⲗ̄ⲥ̄ ⲛ̄ ϩⲏⲧ**[96] **ϫⲉ, "ⲟⲩⲟⲓ ⲛⲁⲓ, ⲡⲁⲙⲉⲣⲓⲧ ⲛ̄ ϣⲏⲣⲉ, ⲁⲣⲏⲩ**[97] **ⲉϥⲛⲁⲙⲟⲩ ⲛ̄ϭⲓ ⲡⲁ-ⲧⲙⲛ̄ⲧϩⲗ̄ⲗⲟ ⲉⲧ ⲛⲁⲛⲟⲩⲥ ⲓⲱⲥⲏⲫ, ⲡⲉⲕⲉⲓⲱⲧ ⲕⲁⲧⲁ ⲥⲁⲣⲝ."** (4) **ⲡⲉϫⲁⲓ ⲛⲁⲥ ϫⲉ, "ⲱ ⲧⲁⲙⲉⲣⲓⲧ ⲙ̄ ⲙⲁⲁⲩ, ⲛⲓⲙ ⲉⲛⲉϩ ϩⲙ̄ ⲡⲅⲉⲛⲟⲥ**[98] **ⲛ̄ ⲛ̄ⲣⲱⲙⲉ ⲛ̄ⲧⲁⲩⲫⲟⲣⲉⲓ ⲛ̄ ϯⲥⲁⲣⲝ ⲡⲉⲧ ⲛⲁϭⲱ ⲛ̄ⲟⲩⲉϣ ⲙⲟⲩ?** (5) **ⲡⲙⲟⲩ ⲅⲁⲣ ⲡⲉ ⲡⲁⲣⲭⲱⲛ**[99] **ⲙ̄ ⲡⲕⲟⲥⲙⲟⲥ ⲧⲏⲣϥ̄ ⲙⲉⲭⲣⲓ**[100] **ⲛ̄ⲧⲟ, ⲱ ⲙⲁⲣⲓⲁ ⲧⲁⲙⲁⲁⲩ ⲉⲧ ⲥⲙⲁⲙⲁⲁⲧ.** (6) **ⲧⲁⲛⲁⲅⲕⲏ**[101] **ⲧⲉ ⲉⲣⲟ ⲛ̄ⲧⲉⲙⲟⲩ ϩⲱⲱⲧⲉ ⲛ̄ ⲑⲉ ⲛ̄ ⲣⲱⲙⲉ ⲛⲓⲙ.** (7) **ⲁⲗⲗⲁ ⲉⲓⲧⲉ ⲡⲁⲙⲉⲣⲓⲧ ⲛ̄ ⲉⲓⲱⲧ ⲓⲱⲥⲏⲫ ⲉⲓⲧⲉ**[102] **ⲛ̄ⲧⲟ, ⲱ ⲧⲁⲙⲉⲣⲓⲧ ⲙ̄ ⲙⲁⲁⲩ, ⲛ̄ ⲟⲩⲙⲟⲩ ⲁⲛ ⲡⲉ ⲡⲉⲧⲛ̄ⲙⲟⲩ, ⲁⲗⲗⲁ ⲟⲩⲱⲛϩ̄ ϣⲁ ⲉⲛⲉϩ ⲡⲉ.** (8) **ⲁⲗⲗⲁ ⲁⲛⲟⲕ ϩⲱⲱⲧ ϯⲛⲁϫⲡⲓ-**[103]**ⲙⲟⲩ ϩⲁ ⲡⲧⲏⲣϥ̄ ⲉⲧⲃⲉ**

---

91. **ⲡ.ϩⲁϭⲉ** 덫, 함정.
92. **ⲛ̄ϣⲁϫⲉ** 앞에 **ⲉ**가 필요하다.
93. **ⲛ̄ⲉⲓⲟⲩⲇⲁⲓ** 유대인들.
94. **ⲧⲁⲗⲟ, ⲧⲁⲗⲉ-, ⲧⲁⲗⲟ⸗**, Q **ⲧⲁⲗⲏⲩ** tr. 올리다, 드리다, 바치다.
95. τὸ αἴθριον 안마당, 뜰.
96. **ⲡ.ⲟⲩⲱⲗ̄ⲥ̄ ⲛ̄ ϩⲏⲧ** 낙심, 낙담, 좌절.
97. **ⲁⲣⲏⲩ** 아마, 어쩌면; 종종 여기에서와 같이 단순히 질문을 나타낸다: '그가 죽을 것인가?' 제2미래형에 주목하라.
98. τὸ γένος 민족, 종족.
99. ὁ ἄρχων 통치자, 지배자, 아르콘.
100. μέχρι prep. (심지어) ~까지, (심지어) ~을 포함하여.
101. ἡ ἀνάγκη 필요(성); **ⲧⲁⲛⲁⲅⲕⲏ ⲧⲉ ⲉⲣⲟ⸗** + 접속사, 이것은 비인칭 구문이다: '(당신)도 죽어야만 한다'.
102. εἴτε. . . εἴτε ~이든(지) ~이든(지).
103. **ϫⲡⲓ-** 조동사. ~해야 한다(must); 일반적으로 여기에서처럼 부정사에 접두사로 붙는다.

ⲧⲥⲁⲣⲝ ⲛ̄ⲧⲁⲓⲫⲟⲣⲉⲓ ⲙ̄ⲙⲟⲥ. (9) ⲧⲉⲛⲟⲩ ϭⲉ, ⲱ ⲧⲁⲙⲉⲣⲓⲧ ⲙ̄ ⲙⲁⲁⲩ, ⲧⲱⲟⲩⲛ̄ ⲛ̄ⲧⲉⲃⲱⲕ ⲉϩⲟⲩⲛ ϩⲁϩⲧⲛ̄ ⲡϩⲗ̄ⲗⲟ ⲉⲧ ⲥⲙⲁⲙⲁⲁⲧ ⲛ̄ⲧⲉⲛⲁⲩ ⲉ ⲡⲧⲱϣ ⲡⲉⲉⲃⲟⲗ[104] ϩⲛ̄ ⲧⲡⲉ."

19장

(1) ⲁⲩⲱ ⲁⲓⲧⲱⲟⲩⲛ̄, ⲁⲓⲃⲱⲕ ⲉϩⲟⲩⲛ ⲉ ⲡⲉⲑⲣⲓⲟⲛ ⲉⲧϥ̄ⲛ̄ⲕⲟⲧⲕ̄ ⲛ̄ϩⲏⲧϥ̄, ⲁⲓϩⲉ ⲉⲣⲟϥ ⲉ-ⲁ-ⲡⲙⲁⲉⲓⲛ ⲙ̄ ⲡⲙⲟⲩ ⲟⲩⲱⲛ̄ϩ ⲉⲃⲟⲗ ⲛ̄ϩⲏⲧϥ̄. (2) ⲁⲛⲟⲕ ⲇⲉ ⲁⲓϩⲙⲟⲟⲥ ϩⲁϩⲧⲛ̄ ⲧⲉϥⲁⲡⲉ, ⲁ-ⲧⲁⲙⲉⲣⲓⲧ ⲙ̄ ⲙⲁⲁⲩ ϩⲙⲟⲟⲥ ϩⲁϩⲧⲛ̄ ⲛⲉϥⲟⲩⲉⲣⲏⲧⲉ. (3) ⲁϥϥⲓ ⲛ̄ ⲛⲉϥⲃⲁⲗ ⲉϩⲣⲁⲓ ϩⲁ ⲡⲁϩⲟ, ⲙ̄ⲡⲉϥⲉϣϭⲙ̄ϭⲟⲙ ⲉ ϣⲁϫⲉ ⲛⲙ̄ⲙⲁⲓ ⲉⲃⲟⲗ ϫⲉ ⲁ-ⲧⲙⲛ̄ⲧⲙ̄ⲡⲟ[105] ⲙ̄ ⲡⲙⲟⲩ ⲣ̄-ϫⲟⲉⲓⲥ ⲉϩⲣⲁⲓ ⲉϫⲱϥ. (4) ⲁϥϥⲓ ⲛ̄ ⲧⲉϥϭⲓϫ ⲛ̄ ⲟⲩⲛⲁⲙ, ⲁϥⲉϣ-ⲡⲉⲓⲛⲟϭ ⲛ̄ ⲁϣ-ⲁϩⲟⲙ ⲉϥⲛⲁϣⲧ̄. (5) ⲁϥϭⲱ ⲉϥⲁⲙⲁϩⲧⲉ ⲛ̄ ⲧⲁϭⲓϫ ⲛ̄ ⲟⲩⲛⲁⲙ ⲉϥⲉⲓⲟⲣⲙ̄ ⲛ̄ⲥⲱⲓ ⲛ̄ ⲟⲩⲛⲟϭ ⲛ̄ ⲛⲁⲩ ϩⲱⲥ ⲉϥⲕⲱⲣϣ̄ ⲉⲣⲟⲓ ϫⲉ, "ⲱ ⲡⲁϫⲟⲉⲓⲥ, ⲙ̄ⲡⲣ̄ⲕⲁⲁⲩ ⲉ ϥⲓⲧ." (6) ⲁⲓⲧⲉⲓ ⲛ̄ ⲧⲁϭⲓϫ ⲉϩⲟⲩⲛ ϩⲁ ⲡⲉϥⲥⲧⲏⲑⲟⲥ[106], ⲁⲓϩⲉ ⲉ ⲧⲉϥⲯⲩⲭⲏ ⲉ-ⲁⲥⲧⲁϩⲉ-ⲧⲉϥϣⲟⲩⲱⲃⲉ[107] ϫⲉ ⲉⲩⲛⲁⲉⲛⲧⲥ̄ ⲉϩⲣⲁⲓ, ⲁⲩⲱ ⲉⲣⲉ-ⲛⲉⲃⲁⲓ-ϣⲓⲛⲉ[108] ⲙ̄ ⲡⲙⲟⲩ ϭⲱϣⲧ̄ ⲉⲃⲟⲗ ϩⲏⲧϥ̄ ⲉⲧⲣⲉϥⲉⲓ ⲉⲃⲟⲗ ϩⲛ̄ ⲥⲱⲙⲁ, ⲁⲗⲗⲁ ⲙ̄ⲡⲉ-ⲑⲁⲏ ⲛ̄ ⲟⲩⲛⲟⲩ ϫⲱⲕ ⲉⲃⲟⲗ, ϫⲉⲕⲁⲥ[109] ⲉϥϣⲁⲛⲉⲓ ⲛ̄ϭⲓ ⲡⲙⲟⲩ, ⲙ̄ⲙⲛ̄ⲧϥ̄-ⲁⲛⲟⲭⲏ[110] ⲙ̄ⲙⲁⲩ, ϫⲉ ⲉⲣⲉ-ⲡⲉϣⲧⲟⲣⲧⲣ̄ ⲟⲩⲏϩ ⲛ̄ⲥⲱϥ ⲁⲩⲱ ⲡⲣⲓⲙⲉ ⲙⲛ̄ ⲡⲧⲁⲕⲟ ⲛ̄ⲛⲉⲧ[111] ⲙⲟⲟϣⲉ ϩⲁ ⲧⲉϥϩⲏ.

104. ⲡⲉ.ⲉⲃⲟⲗ에 대해서는 §27.2(마지막 부분)를 참조.
105. ⲙⲛ̄ⲧⲙ̄ⲡⲟ 말 없음, 소리 없음.
106. τὸ στῆθος 가슴, 유방.
107. ⲧ.ϣⲟⲩⲱⲃⲉ 목구멍.
108. ⲃⲁⲓ-ϣⲓⲛⲉ = ϥⲁⲓ-ϣⲓⲛⲉ 사자(使者), 전령.
109. ϫⲉⲕⲁⲥ는 ϫⲉ로 읽어야 한다.
110. ἡ ἀνοχή 기다림, 지체.
111. ⲛ̄ⲛⲉⲧ = ⲛⲉⲧ.

20장

(1) ⲁ-ⲧⲁⲙⲁⲁⲩ ⲛ̄ ⲃⲁⲗ-ϩⲏⲧ ⲛⲁⲩ ⲉⲣⲟⲓ ⲉⲓϭⲟⲙϭⲙ̄[112] ⲉ ⲡⲉϥⲥⲱⲙⲁ, ⲁⲥϭⲟⲙϭⲙ̄ ϩⲱⲱⲥ ⲛ̄ϭⲟⲡ[113] ⲛ̄ ⲛⲉϥⲟⲩⲉⲣⲏⲧⲉ, ⲁⲩⲱ ⲁⲥϩⲉ ⲉⲣⲟⲟⲩ ⲉ-ⲁ-ⲡⲛⲓⲃⲉ[114] ⲙ̄ ⲡⲉϩⲙⲟⲙ[115] ⲕⲁⲁⲩ. (2) ⲡⲉϫⲁⲥ ⲛⲁⲓ ϩⲛ̄ ⲟⲩⲙⲛ̄ⲧⲁⲧⲥⲟⲟⲩⲛ̄ ϫⲉ, "ⲡⲉⲕϩⲙⲟⲧ ϣⲏⲡ[116] ⲧⲉⲛⲟⲩ, ⲱ ⲡⲁⲙⲉⲣⲓⲧ ⲛ̄ ϣⲏⲣⲉ, ϫⲉ ϫⲓⲛ ⲧⲉⲩⲛⲟⲩ ⲛ̄ⲧⲁⲕϫⲉ-ⲧⲉⲕϭⲓϫ ⲉⲃⲟⲗ[117] ϩⲙ̄ ⲡⲉϥⲥⲱⲙⲁ, ⲁ-ⲡⲕⲱϩⲧ̄ ⲉⲣ-ϩⲟⲧⲉ, ⲁϥⲁⲛⲁⲭⲱⲣⲉⲓ ⲛⲁϥ. (3) ⲉⲓⲥ ⲛⲉϥϭⲟⲧ ⲙⲛ̄ ⲛ̄ⲥⲏⲃⲉ ⲛ̄ ⲣⲁⲧϥ̄[118] ⲁⲩⲱϭⲃ̄[119] ⲁⲩⲱ ⲁⲩⲕⲃⲟ[120] ⲛ̄ ⲑⲉ ⲛ̄ ⲟⲩⲕⲗⲩⲥⲧⲁⲗⲗⲟⲥ[121] ⲙⲛ̄ ⲟⲩⲭⲓⲱⲛ[122]." (4) ⲁⲓⲕⲓⲙ ⲉ ⲧⲁⲁⲡⲉ ⲁⲩⲱ ⲁⲓⲙⲟⲩⲧⲉ ⲉ ⲛⲉϥϣⲏⲣⲉ ⲉⲓϫⲱ ⲙ̄ⲙⲟⲥ ϫⲉ, "ⲧⲱⲟⲩⲛ̄ ⲛ̄ⲧⲉⲧⲛ̄ϣⲁϫⲉ ⲙⲛ̄ ⲡⲉⲧⲛ̄ⲉⲓⲱⲧ ⲉⲧ ⲥⲙⲁⲙⲁⲁⲧ ϫⲉ ⲡⲉⲟⲩⲟⲉⲓϣ ⲛ̄ ϣⲁϫⲉ ⲡⲉ ⲡⲁⲓ ⲙ̄ⲡⲁⲧⲉ-ⲧⲧⲁⲡⲣⲟ ⲉⲧ ϣⲁϫⲉ ⲉⲃⲟⲗ ϩⲛ̄ ⲧⲥⲁⲣⲝ ⲛ̄ ⲉⲃⲓⲏⲛ ⲧⲱⲙ." (5) ⲧⲟⲧⲉ ⲁⲩⲧⲱⲟⲩⲛ̄ ⲛ̄ϭⲓ ⲛ̄ϣⲏⲣⲉ ⲙⲛ̄ ⲛ̄ϣⲉⲉⲣⲉ ⲙ̄ ⲡⲁⲙⲉⲣⲓⲧ ⲛ̄ ⲓⲱⲧ ⲉⲓⲱⲥⲏⲫ, ⲁⲩⲉⲓ ϣⲁ ⲡⲉⲩⲉⲓⲱⲧ, ⲁⲩϩⲉ ⲉⲣⲟϥ ⲉϥⲕⲓⲛⲇⲩⲛⲉⲩⲉ[123] ⲉ ⲡⲙⲟⲟⲩ ⲉ-ⲁϥϩⲱⲛ ⲉϩⲟⲩⲛ ⲉ ⲡⲱⲗϭ̄[124] ⲉⲃⲟⲗ ⲙ̄ ⲡⲃⲓⲟⲥ. (6) ⲁⲥⲟⲩⲱϣⲃ̄ ⲛ̄ϭⲓ ⲗⲩⲥⲓⲁ ⲧⲉϥⲛⲟϭ ⲛ̄ ϣⲉⲉⲣⲉ, ⲉⲧⲉ ⲧⲥⲁ ⲛ̄ ϫⲏϭⲉ ⲧⲉ, ⲡⲉϫⲁⲥ ⲛ̄ ⲛⲉⲥⲥⲛⲏⲩ ϫⲉ, "ⲟⲩⲟⲓ ⲛⲁⲓ,

---

112. ϭⲟⲙϭⲙ̄, ϭⲙ̄ϭⲱⲙ⸗ tr. 만지다, 접촉하다(ⲉ).
113. ⲛ̄ϭⲟⲡ 앞에 ⲉ가 필요하다. ⲧ.ϭⲟⲡ 발바닥.
114. ⲡ.ⲛⲓⲃⲉ = ⲡ.ⲛⲓϥⲉ.
115. ⲡⲉϩⲙⲟⲙ 열, 열기, 따뜻함, 온기.
116. ⲡⲉⲕϩⲙⲟⲧ ϣⲏⲡ 당신에게 감사한다; ϣⲡ̄-ϩⲙⲟⲧ에 해당하는 상태동사.
117. ϫⲟ, ϫⲉ-, ϫⲟ⸗ ⲉⲃⲟⲗ tr. (팔 등을) 뻗다, 펴다, 늘이다(ⲙ̄ⲙⲟ⸗).
118. ⲥⲏⲃⲉ ⲛ̄ ⲣⲁⲧ⸗ 정강이뼈.
119. ⲱϭⲃ̄ tr. 차가워지다, 추워지다.
120. ⲕⲃⲟ, Q ⲕⲏⲃ tr. 차게 만들다; intr. 차가워지다, 식어지다.
121. ὁ κρύσταλλος 얼음.
122. ἡ χιών 눈.
123. κινδυνεύω 위험에 처하다(~의: ⲉ).
124. ⲡⲱⲗϭ̄, ⲡⲗ̄ϭ-, ⲡⲟⲗϭ⸗ tr. ~에서 벗어나다; intr. 자유롭게 되다, 해방되다(ⲉ, ⲛ̄, ϩⲛ̄).

ⲚⲀⲤⲚⲎⲨ, ⲠⲀⲒ ⲠⲈ ⲠϢⲰⲚⲈ ⲚⲦⲀϤϢⲰⲠⲈ Ⲛ̄ ⲦⲀⲘⲈⲢⲒⲦ Ⲙ̄ ⲘⲀⲀⲨ, ⲀⲨⲰ ϢⲀ ⲦⲈⲚⲞⲨ Ⲙ̄ⲠⲈⲚⲔⲞⲦⲚ̄ Ⲉ ⲚⲀⲨ ⲈⲢⲞⲤ. (7) ⲠⲀⲒ ⲞⲚ ⲦⲈⲚⲞⲨ ⲠⲈⲦ ⲚⲀϢⲈⲈⲚⲈ-[125]ⲠⲈⲚⲈⲒⲰⲦ ⲈⲢⲞⲚ Ⲉ ⲦⲘ̄ⲚⲀⲨ ⲈⲢⲞϤ ϢⲀ ⲈⲚⲈϨ." (8) ⲦⲞⲦⲈ ⲀⲨϤⲒ-ϨⲢⲀⲨ ⲈⲂⲞⲖ, ⲀⲨⲢⲒⲘⲈ ϨⲒ ⲞⲨⲤⲞⲠ Ⲛ̄ϬⲒ Ⲛ̄ϢⲎⲢⲈ ⲘⲚ̄ Ⲛ̄ϢⲈⲈⲢⲈ Ⲙ̄ ⲠⲀⲈⲒⲰⲦ ⲈⲒⲰⲤⲎⲪ, ⲀⲨⲰ ⲀⲚⲞⲔ ϨⲰⲰⲦ ⲞⲚ ⲘⲚ̄ ⲘⲀⲢⲒⲀ ⲦⲀⲘⲀⲀⲨ Ⲙ̄ ⲠⲀⲢⲐⲈⲚⲞⲤ ⲚⲈⲚⲢⲒⲘⲈ ⲚⲘ̄ⲘⲀⲨ ⲠⲈ, ⲈⲚⲤⲞⲞⲨⲚ̄ ϪⲈ Ⲁ-ⲦⲈⲨⲚⲞⲨ Ⲙ̄ ⲠⲘⲞⲨ ⲈⲒ.

21장

(1) ⲦⲞⲦⲈ ⲀⲒϬⲰϢⲦ̄ Ⲙ̄ ⲠⲤⲀ Ⲙ̄ ⲠⲢⲎⲤ[126] Ⲙ̄ ⲠⲢⲞ, ⲀⲒⲚⲀⲨ Ⲉ ⲠⲘⲞⲨ, ⲀϤⲈⲒ ⲈⲢⲈ-ⲀⲘⲚ̄ⲦⲈ ⲞⲨⲎϨ Ⲛ̄ⲤⲰϤ, ⲈⲦⲈ ⲠⲀⲒ ⲠⲈ ⲠⲈⲦ ⲞⲚ Ⲛ̄ ⲤⲨⲘⲂⲞⲨⲖⲞⲤ[127] ⲀⲨⲰ ⲠⲠⲀⲚⲞⲨⲢⲄⲞⲤ[128], ⲠⲆⲒⲀⲂⲞⲖⲞⲤ ϪⲒⲚ ⲦⲈϨⲞⲨⲈⲒⲦⲈ[129], ⲈⲢⲈ-ⲞⲨⲘⲎⲎϢⲈ Ⲛ̄ ϢⲀⲂ-Ⲛ̄-ϨⲞ[130] Ⲛ̄ ⲦⲈⲔⲀⲚⲞⲤ[131] ⲞⲨⲎϨ Ⲛ̄ⲤⲰϤ, ⲈⲨϪⲒ-ϨⲰⲔ Ⲛ̄[132] ⲔⲰϨⲦ̄ ⲦⲎⲢⲞⲨ, Ⲉ-ⲘⲚ̄-ⲎⲠⲈ[133] ⲈⲢⲞⲞⲨ, ⲈⲢⲈ-ⲞⲨⲐⲎⲚ[134] ⲘⲚ̄ ⲞⲨⲔⲀⲠⲚⲞⲤ Ⲛ̄ ⲔⲰϨⲦ̄ ⲚⲎⲨ ⲈⲂⲞⲖ ϨⲚ̄ ⲦⲈⲨⲦⲀⲠⲢⲞ. (2) Ⲁ-ⲠⲀⲈⲒⲰⲦ ⲈⲒⲰⲤⲎⲪ ϬⲰϢⲦ̄, ⲀϤⲚⲀⲨ Ⲉ ⲚⲈⲚⲦⲀⲨⲈⲒ Ⲛ̄ⲤⲰϤ ⲈⲨⲞ Ⲛ̄ ⲐⲨⲘⲞⲤ[135]

125. ϢⲰⲰⲚⲈ, ϢⲈⲈⲚⲈ-, ϢⲞⲞⲚ⸗ tr. 제거하다 없애다(Ⲙ̄ⲘⲞ⸗; from: Ⲉ); 빼앗다(Ⲉ) ~에게서(Ⲙ̄ⲘⲞ⸗).

126. Ⲡ.ⲢⲎⲤ 남쪽, 남부.

127. ὁ σύμβουλος 상담자, 충고자, 조언자.

128. ὁ πανοῦργος 악인, 악한 자.

129. ⲦⲈ.ϨⲞⲨⲈⲒⲦⲈ 처음, 시작.

130. ϢⲀⲂ-Ⲛ̄-ϨⲞ 무서운, 무시무시한(lit. 얼굴이 바뀌는).

131. οἱ δεκανοί (단수는 δεκανός—옮긴이) 황도대를 다스리는 36 신(또는 데몬/악령)들의 그룹; 원래는 시간 계산을 위한 이집트의 천문학적 분할이었지만, 나중에는 점성술로 전락했다.

132. ϪⲒ-ϨⲰⲔ Ⲛ̄ ~을 (몸에) 두르다, ~을 (~으로) 둘러싸다.

133. Ⲧ.ⲎⲠⲈ 수, 숫자.

134. ⲠⲈ.ⲐⲎⲚ 황, 유황.

135. Ⲣ̄-ⲐⲨⲘⲞⲤ (Q Ⲟ Ⲛ̄ ⲐⲨⲘⲞⲤ) 격노하다, 분노하다.

ⲉⲙⲁⲧⲉ ⲕⲁⲧⲁ ⲑⲉ ⲉϣⲁⲩⲙⲟⲩϩ ⲉⲛ[136] ⲟⲣⲅⲏ ϩⲓ ϭⲱⲛ̄ⲧ̄ ⲉϩⲟⲩⲛ ⲉ ⲯⲩⲭⲏ ⲛⲓⲙ ⲛ̄ ⲣⲱⲙⲉ ⲉⲧ ⲛⲏⲩ ⲉⲃⲟⲗ ϩⲛ̄ ⲥⲱⲙⲁ, ⲛ̄ ϩⲟⲩⲟ ⲇⲉ ⲛ̄ ⲣⲉϥⲣ̄-ⲛⲟⲃⲉ, ⲉϣⲱⲡⲉ ⲉⲩϣⲁⲛϭⲓⲛⲉ ⲛ̄ ⲟⲩⲙⲁⲉⲓⲛ ⲉ-ⲡⲱⲟⲩ ⲡⲉ[137] ⲛ̄ϩⲏⲧϥ̄. (3) ⲛ̄ⲧⲉⲣⲉ-ⲡⲁ-ⲧⲙⲛ̄ⲧϩⲗ̄ⲗⲟ ⲉⲧ ⲛⲁⲛⲟⲩⲥ ⲛⲁⲩ ⲉ ⲛⲉⲛⲧⲁⲩⲉⲓ ⲛ̄ⲥⲱϥ, ⲁϥϣⲧⲟⲣⲧⲣ̄ ⲁⲩⲱ ⲁ-ⲛⲉϥⲃⲁⲗ ϯ-ⲣ̄ⲙⲉⲓⲏ. (4) ⲁ-ⲧⲉⲯⲩⲭⲏ ⲙ̄ ⲡⲁⲉⲓⲱⲧ ⲓⲱⲥⲏⲫ ⲟⲩⲱϣ ⲉⲓ[138] ⲉⲃⲟⲗ ϩⲛ̄ ⲟⲩⲛⲟϭ ⲛ̄ ϩⲃⲁ, ⲁⲩⲱ ⲉⲥϣⲓⲛⲉ ⲛ̄ⲥⲁ ⲙⲁ ⲛ̄ ϩⲟⲡⲥ̄ ⲛ̄ϩⲏⲧϥ̄[139] ⲙ̄ⲡⲉⲥϩⲉ ⲙⲁ. (5) ⲛ̄ⲧⲉⲣⲉⲓⲛⲁⲩ ⲇⲉ ⲉ ⲡⲛⲟϭ ⲛ̄ ϣⲧⲟⲣⲧⲣ̄ ⲛ̄ⲧⲁϥⲧⲁϩⲉ-ⲧⲉⲯⲩⲭⲏ ⲙ̄ ⲡⲁⲉⲓⲱⲧ ⲉⲓⲱⲥⲏⲫ, ⲁⲩⲱ ϫⲉ ⲁϥⲑⲉⲱⲣⲉⲓ[140] ⲛ̄ ϩⲉⲛⲙⲟⲣⲫⲏ[141] ⲉⲩϣⲟⲃⲉ ⲉⲙⲁⲧⲉ ⲉ-ⲟⲩ-ϩⲟⲧⲉ ⲡⲉ ⲛⲁⲩ ⲉⲣⲟⲟⲩ, ⲁⲓⲧⲱⲟⲩⲛ̄ ⲛ̄ ⲧⲉⲩⲛⲟⲩ, ⲁⲓⲉⲡⲉⲓϯⲙⲁ ⲙ̄ ⲡⲉⲧ ⲟ ⲛ̄ ⲟⲣⲕⲁⲛⲟⲛ[142] ⲙ̄ ⲡⲇⲓⲁⲃⲟⲗⲟⲥ ⲙⲛ̄ ⲛ̄ⲧⲁⲝⲓⲥ ⲉⲧ ⲟⲩⲏϩ ⲛ̄ⲥⲱϥ. (6) ⲁⲩⲡⲱⲧ ϩⲛ̄ ⲟⲩⲛⲟϭ ⲛ̄ ϣⲓⲡⲉ. (7) ⲁⲩⲱ ⲙ̄ⲡⲉ-ⲗⲁⲁⲩ ⲛ̄ ⲣⲱⲙⲉ ϩⲛ̄ ⲛⲉⲧ ⲥⲟⲟⲩϩ̄ ⲉ ⲡⲁⲉⲓⲱⲧ ⲉⲓⲱⲥⲏⲫ ⲉⲓⲙⲉ, ⲟⲩⲇⲉ ⲙⲁⲣⲓⲁ ⲧⲁⲙⲁⲁⲩ. (8) ⲛ̄ⲧⲉⲣⲉϥⲛⲁⲩ ⲇⲉ ⲛ̄ϭⲓ ⲡⲙⲟⲩ ϫⲉ ⲁⲓⲉⲡⲉⲓϯⲙⲁ ⲛ̄ ⲛⲉⲝⲟⲩⲥⲓⲁ ⲙ̄ ⲡⲕⲁⲕⲉ ⲉⲧ ⲟⲩⲏϩ ⲛ̄ⲥⲱϥ, ⲁⲓⲛⲟϫⲟⲩ ⲉⲃⲟⲗ, ⲁⲩⲱ ϫⲉ ⲙⲛ̄ⲧⲁⲩ ⲗⲁⲁⲩ ⲛ̄ ⲉⲝⲟⲩⲥⲓⲁ ⲉϩⲟⲩⲛ ⲉ ⲡⲁⲙⲉⲣⲓⲧ ⲛ̄ ⲉⲓⲱⲧ ⲓⲱⲥⲏⲫ, ⲁϥⲣ̄-ϩⲟⲧⲉ ⲛ̄ϭⲓ ⲡⲙⲟⲩ, ⲁϥⲡⲱⲧ, ⲁϥϩⲟⲡϥ̄ ϩⲓ ⲡⲁϩⲟⲩ ⲙ̄ ⲡⲣⲟ. (9) ⲁⲓⲧⲱⲟⲩⲛ̄ ⲛ̄ ⲧⲉⲩⲛⲟⲩ, ⲁⲓϫⲱ ⲛ̄ ⲟⲩⲡⲣⲟⲥⲉⲩⲭⲏ[143] ⲉ ⲡⲁⲉⲓⲱⲧ ⲛ̄ ⲁⲅⲁⲑⲟⲥ, ⲉⲓϫⲱ ⲙ̄ⲙⲟⲥ ϫⲉ,

---

136. ⲛ̄ 대신에 ⲉⲛ.

137. ⲟⲩⲙⲁⲉⲓⲛ ⲉ-ⲡⲱⲟⲩ ⲡⲉ 그들 자신의(lit. 그들의 것인) 징표.

138. ⲉⲓ 대신에 ⲉ ⲉⲓ로 읽어야 한다.

139. ⲙⲁ ⲛ̄ ϩⲟⲡⲥ̄ ⲛ̄ϩⲏⲧϥ̄ '숨을 곳'.

140. θεωρέω 보다, 살펴보다.

141. ἡ μορφή 형태, 형상, 모양.

142. τὸ ὄργανον 기구, 도구, 기관; 앞잡이.

143. ἡ προσευχή 기도.

22장

(1) "ⲡⲁⲉⲓⲱⲧ, ⲧⲛⲟⲩⲛⲉ[144] ⲧⲏⲣⲥ̅ ⲛ̅ ⲧⲙ̅ⲛⲧⲁⲅⲁⲑⲟⲥ, ⲡⲉⲓⲱⲧ ⲛ̅ ⲧⲙⲉ,
ⲡⲓⲃⲁⲗ ⲛ̅ ⲣⲉϥⲛⲁⲩ, ⲡⲓⲙⲁⲁϫⲉ ⲛ̅ ⲣⲉϥⲥⲱⲧⲙ̅, ⲥⲱⲧⲙ̅ ⲉ ⲡⲉⲕϣⲏⲣⲉ ⲙ̅
ⲙⲉⲣⲓⲧ ⲉⲧⲉ ⲁⲛⲟⲕ ⲡⲉ, ⲉⲓⲥⲟⲡⲥ̅ ⲙ̅ⲙⲟⲕ ⲉⲧⲃⲉ ⲡϩⲱⲃ ⲛ̅ ⲛⲉⲕϭⲓϫ ⲉⲧⲉ
ⲡⲁⲉⲓⲱⲧ ⲓⲱⲥⲏⲫ ⲡⲉ, ⲛⲅⲧⲛ̅ⲛⲟⲟⲩ ⲛⲁⲓ ⲛ̅ ⲟⲩⲛⲟϭ ⲛ̅ ⲭⲁⲓⲣⲟⲩⲃⲓⲛ[145] ⲙⲛ̅
ⲡⲉⲭⲟⲣⲟⲥ[146] ⲛ̅ ⲛⲁⲅⲅⲉⲗⲟⲥ ⲙⲛ̅ ⲙⲓⲭⲁⲏⲗ, ⲡⲟⲓⲕⲟⲛⲟⲙⲟⲥ[147] ⲛ̅ ⲛⲁⲅⲁⲑⲟⲛ,
ⲙⲛ̅ ⲅⲁⲃⲣⲓⲏⲗ ⲡⲃⲁⲓ-[148]ϣⲙ̅-ⲛⲟⲩϥⲉ[149] ⲛ̅ ⲛⲁⲓⲱⲛ ⲉ ⲡⲟⲩⲟⲉⲓⲛ, ⲛ̅ⲥⲉⲣⲟⲉⲓⲥ[150]
ⲉ ⲧⲉⲯⲩⲭⲏ ⲙ̅ ⲡⲁⲉⲓⲱⲧ ⲉⲓⲱⲥⲏⲫ, ⲛ̅ⲥⲉϫⲓ-ⲙⲟⲉⲓⲧ ϩⲁ ⲧⲉⲥϩⲏ
ϣⲁⲛⲧⲉⲥⲟⲩⲱⲧⲃ̅[151] ⲙ̅ ⲡⲥⲁϣϥ̅ ⲛ̅ ⲁⲓⲱⲛ ⲛ̅ ⲕⲁⲕⲉ, ⲁⲩⲱ ⲛ̅ⲥⲉⲡⲁⲣⲁⲅⲉ ⲛ̅
ⲛⲉϩⲓⲟⲟⲩ ⲉⲧ ϩⲧⲙ̅ⲧⲱⲙ[152], ⲛⲁⲓ ⲉⲩⲛⲟϭ ⲛ̅ ϩⲟⲧⲉ ⲡⲉ ⲙⲟⲟϣⲉ ⲛ̅ϩⲏⲧⲟⲩ
ⲁⲩⲱ ⲟⲩⲛⲟϭ ⲛ̅ ϩⲃⲁ ⲡⲉ ⲛⲁⲩ ⲛ̅ⲇⲩⲙⲓⲟⲥ[153] ⲉⲧ ϩⲓϫⲱⲟⲩ. ⲙⲁⲣⲉ-
ⲡⲉⲓⲉⲣⲟ ⲛ̅ ⲕⲱϩⲧ̅ ⲉⲣ-ⲑⲉ ⲛ̅ ⲟⲩⲙⲟⲟⲩ ⲁⲩⲱ ⲛ̅ⲧⲉ-ⲑⲁⲗⲁⲥⲥⲁ ⲛ̅
ⲣⲉϥϣⲁⲁⲣ[154] ⲟⲩⲱ ⲉⲥⲉⲛⲟⲭⲗⲉⲓ[155]. (2) ⲙⲁⲣⲉϥϣⲱⲡⲉ ϩⲛ̅
ⲟⲩⲙⲛ̅ⲧϩⲏⲙⲉⲣⲟⲥ[156] ⲉϩⲟⲩⲛ ⲉ ⲧⲉⲯⲩⲭⲏ ⲙ̅ ⲡⲁⲉⲓⲱⲧ ⲓⲱⲥⲏⲫ, ϫⲉ ⲧⲁⲓ
ⲧⲉ ⲧⲉⲩⲛⲟⲩ ⲉⲧϥ̅ⲣ̅-ⲭⲣⲓⲁ ⲙ̅ ⲡⲛⲁ ⲛ̅ϩⲏⲧⲥ̅." (3) ϯϫⲱ ⲙ̅ⲙⲟⲥ ⲛⲏⲧⲛ̅, ⲱ
ⲛⲁⲙⲉⲣⲟⲥ[157] ⲉⲧ ⲟⲩⲁⲁⲃ, ⲛⲁⲁⲡⲟⲥⲧⲟⲗⲟⲥ ⲉⲧ ⲥⲙⲁⲙⲁⲁⲧ, ϫⲉ ⲣⲱⲙⲉ

---

144. ⲧ.ⲛⲟⲩⲛⲉ 뿌리.
145. ⲭⲁⲓⲣⲟⲩⲃⲓⲛ 그룹들[커룹들]. (히브리어 כרוב의 복수형—옮긴이)
146. ὁ χορός 합창대, 합창단.
147. ὁ οἰκονόμος 집사, 청지기, 관리인.
148. ⲃⲁⲓ- = ϥⲁⲓ-.
149. ϣⲙ̅-ⲛⲟⲩϥⲉ 좋은 소식, 복음.
150. ⲣⲟⲉⲓⲥ tr. 지키다, 감시하다(ⲉ).
151. ⲟⲩⲱⲧⲃ̅, ⲟⲩⲉⲧⲃ̅-, ⲟⲩⲟⲧⲃ⸗, Q ⲟⲩⲟⲧⲃ̅ tr. 지나가다, 통과하다(ⲙ̅ⲙⲟ⸗).
152. ϩⲧⲟⲙⲧⲙ̅, Q ϩⲧⲙ̅ⲧⲱⲙ 어두워지다, 어둡게 되다.
153. ὁ δήμιος 처형자, 집행인.
154. ⲣⲉϥϣⲁⲁⲣ 데몬, 악령, 사탄(lit. 치는 자—옮긴이).
155. ἐνοχλέω 괴롭히다, 방해하다, 어지럽히다.
156. ἥμερος 온화한, 순한, 온순한; ⲙⲛ̅ⲧϩⲏⲙⲉⲣⲟⲥ 고요, 잠잠함, 평온.
157. τὸ μέρος 부분, 일부; 여기서는 그리스도의 지체로서의 사도들에게 비유적으로 사

ⲛⲓⲙ ⲉⲧⲟⲩⲛⲁϫⲡⲟϥ ⲉ ⲡⲕⲟⲥⲙⲟⲥ ⲁϥⲉⲓⲙⲉ ⲉ ⲡⲡⲉⲧ ⲛⲁⲛⲟⲩϥ ⲙⲛ̄ ⲡⲡⲉⲑⲟⲟⲩ. ⲉϥϣⲁⲛⲣ̄-ⲡⲉϥⲟⲩⲟⲉⲓϣ ⲧⲏⲣϥ̄ ⲉϥⲁϣⲉ[158] ⲉϩⲣⲁⲓ ⲛ̄ⲥⲁ ⲛⲉⲗⲟⲟⲩⲉ[159] ⲛ̄ ⲛⲉϥⲃⲁⲗ, ⲉϥϣⲁⲛⲉⲓ[160] ⲉϥⲛⲁⲙⲟⲩ, ϥⲣ̄-ⲭⲣⲓⲁ ⲙ̄ ⲡⲛⲁ ⲙ̄ ⲡⲁⲉⲓⲱⲧ ⲉⲧ ϩⲛ̄ ⲙ̄ⲡⲏⲩⲉ ⲉ ⲧⲉⲩⲛⲟⲩ ⲙ̄ ⲡⲙⲟⲩ ⲙⲛ̄ ⲧϭⲓⲙⲡⲁⲣⲁⲅⲉ[161] ⲛ̄ ⲛⲉϩⲓⲟⲟⲩⲉ ⲁⲩⲱ ⲧϭⲓⲛⲁⲡⲟⲗⲟⲅⲓⲍⲉ[162] ϩⲙ̄ ⲡⲃⲩⲙⲁ[163] ⲉⲧ ϩⲁ ϩⲟⲧⲉ[164]. (4) ⲡⲗⲏⲛ[165] ϯ-ⲛⲁⲕⲧⲟⲓ ⲉϩⲣⲁⲓ ⲉϫⲛ̄ ⲧϭⲓⲛϫⲱⲕ ⲉⲃⲟⲗ ⲙ̄ ⲡⲁⲉⲓⲱⲧ ⲓⲱⲥⲏⲫ, ⲡⲁ ⲡⲉⲓⲉⲣ-[166] ⲡⲙⲉⲉⲩⲉ ⲉⲧ ⲛⲁⲛⲟⲩϥ.

23장

(1) ⲁⲥϣⲱⲡⲉ ⲇⲉ, ⲛ̄ⲧⲉⲣⲉⲓϫⲱ ⲙ̄ ⲡϩⲁⲙⲏⲛ[167], ⲉⲣⲉ-ⲙⲁⲣⲓⲁ ⲧⲁⲙⲉⲣⲓⲧ ⲙ̄ ⲙⲁⲁⲩ ⲟⲩⲱϩⲙ̄[168] ⲛ̄ⲥⲱⲓ ⲛ̄ ⲧⲁⲥⲡⲉ[169] ⲛ̄ ⲛⲁ-ⲙ̄ⲡⲏⲩⲉ, (2) ⲁⲩⲱ ⲛ̄ ⲧⲉⲩⲛⲟⲩ ⲉⲓⲥ ⲙⲓⲭⲁⲏⲗ ⲙⲛ̄ ⲅⲁⲃⲣⲓⲏⲗ ⲙⲛ̄ ⲡⲉⲭⲟⲣⲟⲥ ⲛ̄ ⲛⲁⲅⲅⲉⲗⲟⲥ ⲁⲩⲉⲓ ⲉⲃⲟⲗ ϩⲛ̄ ⲧⲡⲉ, ⲁⲩⲉⲓ, ⲁⲩ<ⲁ>ϩⲉⲣⲁⲧⲟⲩ ⲉϫⲙ̄[170] ⲡⲥⲱⲙⲁ ⲙ̄ ⲡⲁⲉⲓⲱⲧ ⲓⲱⲥⲏⲫ. (3) ⲁⲩⲱ ⲛ̄ ⲧⲉⲩⲛⲟⲩ ⲁ-ⲧϩⲉⲗϩⲓⲗⲉ[171] ⲙⲛ̄ ⲡⲉϫⲉⲗϩⲏⲥ[172]

용되었다.

158. ⲉⲓϣⲉ, ⲉϣⲧ̄-, ⲁϣⲧ⸗, Q ⲁϣⲉ tr. 매달다, 걸다(ⲙ̄ⲙⲟ⸗); Q + ⲛ̄ⲥⲁ: ~에 사로잡혀 있다.
159. ⲉⲗⲟⲟⲩⲉ 아마도 ⲉⲗⲱ, ⲁⲗⲱ '덫, 함정'의 복수.
160. ⲉⲓ + 상황절: 막 ~하려는 참이다, 곧 ~하려고 하다.
161. ⲧ.ϭⲓⲙⲡⲁⲣⲁⲅⲉ 통로, 통과.
162. ⲧ.ϭⲓⲛⲁⲡⲟⲗⲟⲅⲓⲍⲉ 방어, 수비.
163. ⲡ.ⲃⲩⲙⲁ = ⲡ.ⲃⲏⲙⲁ.
164. ⲉⲧ ϩⲁ ϩⲟⲧⲉ 두려워하는, 무시무시한.
165. πλήν 여기서는 접속사로: 그러나, 하지만.
166. ⲡⲉⲓⲣ̄- 대신에 ⲡⲉⲓⲉⲣ-.
167. ⲡ.ϩⲁⲙⲏⲛ 아멘, 동의.
168. ⲟⲩⲱϩⲙ̄ intr. 되풀이하다, 대답하다, 응답하다(~에: ⲉ, ⲉϫⲛ̄, ⲛⲁ⸗, ⲛ̄ⲥⲁ).
169. ⲧ.ⲁⲥⲡⲉ 혀, 말, 언어.
170. ⲉϫⲛ̄ 종종 서 있거나 멈추는 동사와 함께 '~옆에, 곁에'를 의미한다.
171. ⲧ.ϩⲉⲗϩⲓⲗⲉ (임종시) 가래 끓는 소리.
172. ⲡⲉϫⲉⲗϩⲏⲥ 숨이 참, 헐떡임, 기진맥진, 고갈.

ⲧⲱⲟⲩⲛ ⲉϫⲱϥ ⲉⲙⲁⲧⲉ, ⲁⲩⲱ ⲁⲓⲉⲓⲙⲉ ϫⲉ ⲁ-ⲧⲉⲩⲛⲟⲩ ⲉⲧ ϫⲏϥ[173] ⲉⲓ. (4) ⲁⲩⲱ ⲁϥϭⲱ ⲉϥϯ-ⲛⲁⲁⲅⲉ[174] ⲛ̄ ⲑⲉ ⲛ̄ ⲧⲉⲧ ⲛⲁⲙⲓⲥⲉ, ⲉⲣⲉ-ⲡϩⲁϫ[175] ϯ ⲛ̄ⲥⲱϥ[176] ⲛ̄ ⲑⲉ ⲛ̄ ⲟⲩⲧⲏⲩ[177] ⲉϥⲛⲁϣⲧ̄ ⲙⲛ̄ ⲟⲩⲕⲱϩⲧ̄ ⲉϥⲟϣ ⲉϥⲟⲩⲱⲙ ⲛ̄ⲥⲁ ⲟⲩϩⲏⲗⲏ[178] ⲉⲥⲟϣ. (5) ⲡⲙⲟⲩ ⲇⲉ ϩⲱⲱϥ ⲙ̄ⲡⲉ-ⲑⲟⲧⲉ ⲕⲁⲁϥ ⲛ̄ ⲉⲓ ⲉϩⲟⲩⲛ ⲉϫⲙ̄ ⲡⲥⲱⲙⲁ ⲙ̄ ⲡⲁⲙⲉⲣⲓⲧ ⲛ̄ ⲓⲱⲧ ⲓⲱⲥⲏⲫ ⲛϥ̄ⲡⲟⲣϫϥ̄ ⲉⲃⲟⲗ, ϫⲉ ⲉϥϭⲱϣⲧ̄ ⲉϩⲟⲩⲛ ⲉϥⲛⲁⲩ ⲉⲣⲟⲓ ⲉⲓϩⲙⲟⲟⲥ ϩⲁϩⲧⲛ̄ ⲧⲉϥⲁⲡⲉ, ⲉⲓⲁⲙⲁϩⲧⲉ ⲉϫⲛ̄ ⲛⲉϥⲥⲙⲁⲩ[179]. (6) ⲁⲩⲱ ⲛ̄ⲧⲉⲣⲉⲓⲉⲓⲙⲉ ϫⲉ ⲁϥⲣ̄-ϩⲟⲧⲉ ⲛ̄ϭⲓ ⲡⲙⲟⲩ ⲛ̄ ⲉⲓ ⲉϩⲟⲩⲛ ⲉⲧⲃⲏⲏⲧ, ⲁⲓⲧⲱⲟⲩⲛ̄, ⲁⲓⲃⲱⲕ ⲉ ⲡⲥⲁ ⲛ̄ ⲉⲃⲟⲗ ⲙ̄ ⲡⲙⲁ ⲙ̄ ⲡⲣⲟ, ⲁⲓϭⲛ̄ⲧϥ ⲉϥϭⲉⲉⲧ ⲙⲁⲩⲁⲁϥ ϩⲛ̄ ⲟⲩⲛⲟϭ ⲛ̄ ϩⲟⲧⲉ. (7) ⲁⲩⲱ ⲛ̄ ⲧⲉⲩⲛⲟⲩ ⲡⲉϫⲁⲓ ⲛⲁϥ ϫⲉ, 'ⲱ ⲡⲉⲛⲧⲁϥⲉⲓ ⲉⲃⲟⲗ ϩⲛ̄ ⲛ̄ⲧⲟⲡⲟⲥ ⲙ̄ ⲡⲥⲁ ⲙ̄ ⲡⲣⲏⲥ, ⲃⲱⲕ ⲛⲁⲕ ⲉϩⲟⲩⲛ ⲧⲁⲭⲏ[180] ⲛⲅ̄ϫⲱⲕ ⲉⲃⲟⲗ ⲙ̄ ⲡⲉⲛⲧⲁ-ⲡⲁⲉⲓⲱⲧ ⲟⲩⲉϩ-ⲥⲁϩⲛⲉ ⲙ̄ⲙⲟϥ ⲛⲁⲕ. (8) ⲁⲗⲗⲁ ⲣⲟⲉⲓⲥ ⲉⲣⲟϥ ⲛ̄ ⲑⲉ ⲙ̄ ⲡⲟⲩⲟⲉⲓⲛ ⲛ̄ ⲛⲉⲕⲃⲁⲗ, ϫⲉ ⲛ̄ⲧⲟϥ ⲡⲉ ⲡⲁⲉⲓⲱⲧ ⲕⲁⲧⲁ ⲥⲁⲣⲝ, ⲁⲩⲱ ⲁϥϣⲡ̄-ϩⲓⲥⲉ ⲛⲙ̄ⲙⲁⲓ ϩⲉⲛ ⲛⲉϩⲟⲟⲩ ⲛ̄ ⲧⲁⲙⲛ̄ⲧϣⲏⲣⲉ ϣⲏⲙ, ⲉϥⲡⲏⲧ ⲛⲙ̄ⲙⲁⲓ ⲉⲃⲟⲗ ϩⲛ̄ ⲟⲩⲙⲁ ⲉⲩⲙⲁ[181] ⲉⲧⲃⲉ ⲧⲉⲡⲉⲓⲃⲟⲩⲗⲏ[182] ⲛ̄ ϩⲩⲣⲱⲧⲏⲥ, ⲁⲩⲱ ⲁⲓϫⲓ-ⲥⲃⲱ ⲛ̄ⲧⲟⲟⲧϥ̄ ⲛ̄ ⲑⲉ ⲛ̄ ⲛ̄ϣⲏⲣⲉ ⲧⲏⲣⲟⲩ, ⲉϣⲁⲣⲉ-ⲛⲉⲩⲉⲓⲟⲧⲉ ⲧⲓ-ⲥⲃⲱ ⲛⲁⲩ ⲉ ⲧⲉⲩⲱⲫⲉⲗⲓⲁ[183]. (9) ⲧⲟⲧⲉ

---

173. ϫⲏϥ Q (맛이) 쓰다. (기본형은 ϫⲟⲩϥ—옮긴이)
174. ϯ-ⲛⲁⲁⲅⲉ 산고를 겪다; ⲧ.ⲛⲁⲁⲕⲉ 산고(産苦).
175. ⲡ.ϩⲁϫ 불확실한 의미 (병; 질병의 일종—옮긴이); 아마도 ϩⲱϫ '곤경에 빠져 있다, 죽어가고 있다'에 관련된 것일 것이다.
176. ϯ ⲛ̄ⲥⲁ 뒤쫓다, 추격하다.
177. ⲡ.ⲧⲏⲩ 바람.
178. ἡ ὕλη 숲, 삼림.
179. ⲡⲉ.ⲥⲙⲁⲩ 관자놀이.
180. τάχα adv. 신속히, 즉시.
181. ⲉⲃⲟⲗ ϩⲛ̄ ⲟⲩⲙⲁ ⲉⲩⲙⲁ 한 곳에서 다른 곳으로.
182. ἡ ἐπιβουλή 음모, 책략.
183. ἡ ὠφελία 이익, 이점, 이득.

ⲁⲃⲃⲁⲧⲟⲛ[184] ⲁϥⲃⲱⲕ ⲉϩⲟⲩⲛ, ⲁϥϫⲓ ⲛ̄ ⲧⲉⲯⲩⲭⲏ ⲙ̄ ⲡⲁⲉⲓⲱⲧ ⲉⲓⲱⲥⲏⲫ,
ⲁϥⲉⲓⲛⲉ ⲙ̄ⲙⲟⲥ ⲉⲃⲟⲗ ϩⲛ̄ ⲥⲱⲙⲁ ⲙ̄ ⲡⲛⲁⲩ ⲙ̄ ⲡⲣⲏ ⲉϥⲛⲁϣⲁ ϩⲛ̄
ⲧⲉϥⲃⲁⲥⲓⲥ[185], ⲛ̄ ⲥⲟⲩ-ϫⲟⲩⲧⲁⲥⲉ ⲙ̄ ⲡⲉⲃⲟⲧ ⲉⲡⲏⲡ ϩⲛ̄ ⲟⲩⲉⲓⲣⲏⲛⲏ. (10)
ⲛⲉϩⲟⲟⲩ ⲧⲏⲣⲟⲩ ⲙ̄ ⲡⲱⲛϩ̄ ⲙ̄ ⲡⲁⲙⲉⲣⲓⲧ ⲛ̄ ⲉⲓⲱⲧ ⲓⲱⲥⲏⲫ ⲥⲉⲉⲓⲣⲉ ⲛ̄
ϣⲉ ⲙⲛ̄ⲧⲟⲩⲉⲓ ⲛ̄ ⲣⲟⲙⲡⲉ. (11) ⲁ-ⲙⲓⲭⲁⲏⲗ ⲁⲙⲁϩⲧⲉ ⲙ̄ ⲡⲧⲟⲡ[186] ⲥⲛⲁⲩ ⲛ̄
ⲟⲩⲙⲁⲡⲡⲁ[187] ⲛ̄ ϩⲟⲗⲟⲥⲓⲗⲓⲕⲟⲛ[188] ⲉⲥⲧⲁⲉⲓⲏⲩ, ⲁ ⲅⲁⲃⲣⲓⲏⲗ ⲁⲙⲁϩⲧⲉ ⲙ̄
ⲡⲕⲉⲧⲟⲡ ⲥⲛⲁⲩ. ⲁⲩⲁⲥⲡⲁⲍⲉ ⲛ̄ ⲧⲉⲯⲩⲭⲏ ⲙ̄ ⲡⲁⲙⲉⲣⲓⲧ ⲛ̄ ⲉⲓⲱⲧ
ⲉⲓⲱⲥⲏⲫ, ⲁⲩⲧⲁⲁⲥ ⲉⲡⲉⲥⲏⲧ ⲉ ⲧⲙⲁⲡⲡⲁ. (12) ⲙⲡⲉ-ⲗⲁⲁⲩ ⲇⲉ ϩⲛ̄
ⲛⲉⲧ ϩⲙⲟⲟⲥ ϩⲁϩⲧⲏϥ ⲉⲓⲙⲉ ϫⲉ ⲁϥⲙⲟⲩ, ⲟⲩⲇⲉ ⲧⲕⲉⲙⲁⲣⲓⲁ ⲧⲁⲙⲁⲁⲩ
ⲙ̄ⲡⲉⲥⲉⲓⲙⲉ. (13) ⲁⲩⲱ ⲁⲓⲧⲣⲉ-ⲙⲓⲭⲁⲏⲗ ⲙⲛ̄ ⲅⲁⲃⲣⲓⲏⲗ ⲣⲟⲉⲓⲥ ⲉ ⲧⲉⲯⲩⲭⲏ ⲙ̄
ⲡⲁⲙⲉⲣⲓⲧ ⲛ̄ ⲉⲓⲱⲧ ⲓⲱⲥⲏⲫ ⲉⲧⲃⲉ ⲛ̄ⲣⲉϥⲧⲱⲣⲡ̄[189] ⲉⲧ ϩⲓ ⲛⲉϩⲓⲟⲟⲩⲉ,
ⲁⲩⲱ ⲁⲓⲧⲣⲉ-ⲛⲁⲅⲅⲉⲗⲟⲥ ⲛ̄ ⲁⲥⲱⲙⲁⲧⲟⲥ[190] ϭⲱ ⲉⲩϩⲩⲙⲛⲉⲩⲉ[191] ϩⲁ
ⲧⲉϥϩⲏ ϣⲁⲛⲧⲟⲩϫⲓⲧϥ̄ ⲉ ⲙ̄ⲡⲏⲩⲉ ϣⲁ ⲡⲁⲉⲓⲱⲧ ⲛ̄ ⲁⲅⲁⲑⲟⲥ.

24장

(1) ⲁⲩⲱ ⲁⲓⲕⲧⲟⲓ ⲉϫⲙ̄ ⲡⲥⲱⲙⲁ ⲉϥⲛⲏϫ ⲉⲃⲟⲗ ⲛ̄ ⲑⲉ ⲛ̄ ⲟⲩⲕⲟⲩⲫⲟⲛ[192], ⲁⲓϩⲙⲟⲟⲥ, ⲁⲓⲉⲓⲛⲉ ⲛ̄ ⲛⲉϥⲃⲁⲗ ⲉⲡⲉⲥⲏⲧ, ⲁⲓϭⲱϣⲧ̄ ⲉⲡⲉⲥⲏⲧ ⲉϫⲱϥ ⲛ̄ ⲟⲩⲛⲟϭ ⲛ̄ ⲛⲁⲩ, ⲉⲓⲣⲓⲙⲉ ⲉⲣⲟϥ. (2) ⲡⲉϫⲁⲓ . . . (파편 III의 끝).

---

184. ⲁⲃⲃⲁⲧⲟⲛ 죽음, 사망; 파괴자. (원래 히브리어로부터 온 그리스어) (אבדון → ἀβαδδών = ἀββαδών—옮긴이)
185. ἡ βάσις 여기서는: 행로, 경로.
186. ⲡ.ⲧⲟⲡ 가장자리, 끝.
187. ⲧ.ⲙⲁⲡⲡⲁ 천, 옷감, 손수건.
188. ὁλοσηρικός 비단으로 만든.
189. ⲣⲉϥⲧⲱⲣⲡ̄ 약탈자; ⲧⲱⲣⲡ̄, ⲧⲉⲣⲡ̄-, ⲧⲟⲣⲡ⸗ tr. 강탈하다, 빼앗다(ⲙ̄ⲙⲟ⸗).
190. ἀσώματος 육체가 없는, 영적인.
191. ὑμνέω 찬송을 부르다.
192. τὸ κοῦφον (빈) 용기, 그릇.

부록

| 그리스어 어휘집 |

* 그리스어 동사는 일반적인 사전 형태로 인용된다: 1인칭 단수 직설법 능동태 또는 중간태.

A

ἀγαθόν n. 좋은[선한] 것[사람].
ἀγαθός 선한, 좋은
ἀγαπή f. 사랑.
ἀγγεῖον n. 용기(容器), 그릇.
ἄγγελος n. 천사.
ἀγορά f. 시장, 광장.
ἀήρ m. 공기, 대기.
ἀθετέω 무시하다.
αἴθριον n. 마당, 안뜰.
αἰσθητήριον n. 감각 기관.
αἰτέω 묻다, 요청하다.
αἰχμάλωτος m. 죄수, 포로.
αἰών m. 기간, 세대; 영원; 세상.
ἀκαθαρσία f. 불결(함), 부정함.
ἀκάθαρτος 더러운, 불결한, 부정한.
ἀκατάληπτος 이해할 수 없는.
ἀκτίς, -ῖνος f. 빛, 광선.
ἀλλά 그러나, 하지만.
ἀληθῶς 정말로, 진실로, 참으로.
ἀμήν 아멘; 진실로, 참으로.
ἀνάγκη f. 필요, 필요성.
ἀναστροφή f. 삶의 방식.
ἀναχωρέω 물러나다, 사막에 가서 은둔자로 살다.
ἀναχωρητής m. 은자, 은둔자, 수도자.
ἀνομία f. 무법, 불법.
ἀνοχή f. 인내, 참음.
ἀπαντάω 만나다, 직면하다.
ἀπαρχή f. 첫 열매, 맏물.
ἄπιστος 믿지 않는, 신앙심이 없는.
ἁπλοῦς 간결한, 순결한, 속임 없는.
ἀπογραφή f. 인구 조사, 등록, 신고.
ἀπογράφω 등록하다, 기록하다.
ἀποθήκη f. 저장소, 창고, 헛간.
ἀπόστολος m. 사도.
ἀποτακτικός m. 은자, 은둔자.
ἀποτάσσω 단념하다, 포기하다.
ἆρα ~인가? (질문을 도입한다).
ἀρετή f. 우수(함), 선량(함), 덕.
ἀρχή f. 처음, 시작.
ἄρχω 시작하다.
ἀρχιεπίσκοπος m. 대주교.
ἀρχιερεύς m. 대제사장.
ἄρχων m. 통치자, 지배자; 아르콘.
ἀσεβής 경건하지 못한, 불경한.
ἀσθενής 약한. 힘이 없는.
ἀσκός m. 가죽 부대, 포도주 부대.
ἀσπάζομαι 인사하다.
ἀσπασμός m. 인사.
ἀσώματος 형체가 없는.
ἄτοπος 이상한, 낯선.
αὐξάνω 자라다, 성장하다.
ἀφελής 간결한, 소박한.

B

βαλλάντιον n. 전대, 지갑.
βαπτίζω 물에 담그다, 세례를 주다.
βάπτισμα n. 세례.
βάσανος f. 고문, 고통, 괴로움.

βάσις f. 진로, 걸음.
βῆμα n. 연단, 심판석.
βίος m. 삶.
βλάπτω 상처를 입히다, 해치다.
βοήθεια f. 도움, 지원.

Γ

γάρ 왜냐하면, 그러므로, 그래서.
γενεά f. 세대.
γένος n. 종족.
γραμματεύς m. 서기관, 율법학자.
γραφή f. 문서, 성경.

Δ

δαιμόνιον n. 악령; 귀신 들린 사람.
δαίμων m. 악령.
δέ 그러나, 그리고.
δεκανοί m.pl. 십분각(10分角).
δήμιος m. 사형집행인.
διάβολος m. 마귀.
διαθήκη f. 계약, 언약.
διακονέω 시중들다, 섬기다.
δίκαιος 올바른, 의로운.
δικαιοσύνη f. 의로움, 정의, 의.
δικαίωμα n. 법령.
διστάζω 망설이다, 주저하다.
δόγμα n. 법령, 명령.
δοκιμάζω 평가하다, 조사하다.
δυνάστης m. 통치자.
δῶρον n. 선물.

Ε

ἔαρ n. 봄철.
ἑβδομάς f. 주(週).
ἔθνος n. 민족, 종족.
εἰ μή τι 그렇지 않다면. §30.11 참조.
εἶδος n. 종류, 유형, 부류.
εἰκών f. 형상. 화상(畫像), 닮은 것.
εἰρήνη f. 평화.
εἴτε ... εἴτε ~든지 또는 ~든지.
ἐκκλησία f. 교회, 회중.
ἕλος n. 습지, 하천의 저지대.
ἐλπίζω 바라다, 기대하다.
ἐλπίς f. 소망, 희망.
ἐνέργεια f. 기능, 활동.
ἐνοχλέω 휘젓다, 혼란을 일으키다; 괴롭히다.
ἐντολή f. 계명, 명령.
ἐξομολογέω 자백하다, 인정하다.
ἐξουσία f. 힘, 권세.
ἐπεί ~이므로, ~때문에.
ἐπειδή ~이므로, ~때문에.
ἐπειδήπερ ~이므로.
ἐπιβουλή f. 음모.
ἐπιθυμέω 바라다, 열망하다.
ἐπίσκοπος m. 감독, 주교.
ἐπιστολή f. 편지, 서신.
ἐπιτιμάω 몹시 비난하다, 꾸짖다.
ἔρημος 사막, 황야.
ἐτάζω 시험하다.
ἔτι 여전히, 아직.
εὐαγγέλιον n. 좋은 소식, 복음.
εὐχαριστέω 감사하다, 감사를 표하다.

Η

ἤ 또는, 혹은.
ἡγεμονία f. 통치, 치세.
ἡγεμών m. 통치자.
ἡδονή f. 즐거움, 기쁨, 쾌락.
ἡλικία f. 나이, 연령..
ἥμερος 온화한, 순한.

ἡσυχάζω 조용하다, 잠잠하다.

Θ

θάλασσα f. 바다.
θεωρέω 관찰하다, 보다.
θλίβω 압박하다, 괴롭히다.
θρόνος m. 보좌, 왕좌.
θυσία f. 희생, 제사.
θυσιαστήριον n. 제단.

Ι

ἰδιώτης m. 비전문가, 지식이 없는 자.

Κ

καθαρός 깨끗한, 순수한.
καθηγέομαι 가르치다, 알리다.
καθολικός 보편적인, 전 세계의,
καίτοι ~에도 불구하고, ~일지라도.
κακία f. 악, 악함.
καλῶς 잘. 좋게, 제대로.
κἄν ~라 하더라도.
καπνός m. 연기.
καρπός m. 열매.
κατά ~에 따라. §30.10 참조.
καταλαλέω 중상하다. 비방하다.
καταλαλιά f. 중상, 비방.
κελεύω 명령하다, 지시하다.
κέραμος m. 타일, 기와.
κεράστης f. 뿔이 달린.
κηρύσσω 알리다, 선포하다.
κινδυνεύω 위험에 처하다.
κλάσμα n. 조각, 파편.
κλῆρος m. 부분, 몫, 상속(받은 것).
κοινωνός m. 동료, 협력자.
κόλασις f. 벌, 처벌, 징계.
κοσμικός 세상에 속한, 세속적인.
κόσμος m. 세상.
κοῦφον n. (빈) 그릇.
κράτιστος 가장 훌륭한.
κρίνω 판단하다, 심판하다.
κρύσταλλος m. 수정(水晶).
κτίσις f. 창조, 창조물, 세상.
κυριακή f. 일요일(?).

Λ

λαός m. 사람들, 백성.
λύπη f. 비통, 슬픔.

Μ

μαθητής m. 제자, 문하생.
μακαρίζω 축복하다, 행운을 빌다.
μακάριος 복받은, 행복한.
μάλιστα 특히.
μέν ... δέ 한편으로는 ... 그러나 다른 한편으로는. §30.10 참조.
μερίς f. 몫, 부분.
μέρος n. 부분, 일부, 일원.
μεσίτης m. 중재자, 조정자.
μετανοέω 회개하다, 뉘우치다.
μετάνοια f. 회개, 뉘우침.
μετέχω 함께 하다, 나누다.
μέχρι ~하기까지. ~도 포함하여.
μή (질문을 도입한다; §30.10 참조).
μήποτε ~하지 않도록.
μήπως ~하지 않도록.
μήτι = μή.
μόγις 간신히, 겨우; 좀처럼 ~않다.
μοναχός m. 수도사.
μόνον 단지, 오직.
μορφή f. 형상, 모습.
μυστήριον n. 신비, 비밀.

N

νηστεία f. 단식, 금식.
νηστεύω 단식하다, 금식하다.
νοέω 생각하다.
νομοδιδάσκαλος m. 율법 교사.
νόμος m. 율법, 법률.
νοῦς m. 마음, 생각.

O

οἰκονόμος m. 관리자, 집사, 청지기.
οἰκουμένη f. 세상.
ὁλοκόττινος m. 금화.
ὁλοσηρικός 비단으로 된.
ὁμοίως 똑같이; 비슷하게.
ὁμολογία f. 고백.
ὄργανον n. 도구.
ὀργή f. 분노, 노여움.
ὀρεινή f. 산지.
ὀρφανός m. 고아.
ὅσον ~하는 한, ~하는 동안.
ὅταν ~할 때, ~할 때마다.
οὐδέ ~도 또한 아니다.
οὖν 그래서, 그러므로.
οὔτε ... οὔτε ~도 아니고 ~도 아니다.
ὀψώνιον n. 임금, 급료, 삯.

Π

πάθος n. 욕망; 고통.
πανοῦργος m. 악당, 교활한 자.
παντοκράτωρ m. 전능자.
πάντως 전적으로, 틀림없이; 완전히.
παραβολή f. 비유.
παραγγέλλω 명령하다, 지시하다.
παράγω 지나가다, 떠나다.
παράδεισος m. 낙원, 에덴.
παρακαλέω 초청하다, 부르다; 강하게 권하다.
παράνομος 무법의, 부당한.
παρθένος f. 처녀, 젊은 여자.
παρρησία f. 솔직함.
πάσχα n. 유월절.
πατριά f. 가족, 일족.
πείθω 설득하다.
πειράζω 유혹하다, 시험하다.
πειρασμός m. 유혹.
περιεργάζομαι 참견하다.
περίχωρος f. 부근 지역.
πίναξ m. 판(板); 접시, 쟁반.
πιστεύω 믿다, 신뢰하다.
πίστις f. 믿음, 신뢰.
πιστός 충실한, 진실한.
πλανάω 실수하다, 잘못을 범하다.
πλάνη f. 실수, 그릇됨.
πλάσσω 만들다, 빚다, 짓다.
πλήν 제외하고; 그러나, 그런데.
πνεῦμα n. 영, 영혼; 바람.
πνευματικά n. 영적인 것[일].
πόλις f. 도시.
πονηρός 나쁜, 사악한.
πόρνη f. 창녀, 매춘부.
ποτήριον n. 잔, 컵.
πρεσβύτερος m. 노인, 연장자, 장로.
προάστιον n. 근교, 주위.
προκόπτω 진전하다, 발전하다.
πρός ~을 향하여.
προσευχή f. 기도.
προφητεύω 예언하다.
πύλη f. 문.
πῶς 어떻게?

Σ

σάββατον n. 안식일.

σαΐτιον n. 작은 통.
σάρξ f. 살, 육체.
σεμνός 고결한, 위엄 있는.
σίκερα n. 술, 독주.
σκάνδαλον n. 장애, 방해; 죄를 짓게 하는 유혹.
σκεπάζω 덮다, 보호하다.
σκηνή f. 장막, 성막.
σοφία f. 지혜.
σπέρμα n. 씨, 씨앗, 자손.
σπήλαιον n. 동굴.
σταυρός m. 십자가.
στῆθος n. 가슴.
στιγμή f. 순간.
στρατιά f. 군대.
συγγενής m. 친족, 친지.
συγκλητικός 귀족 계급의.
σύμβολον n. 징조, 표시.
συμβουλεύω 조언하다, 충고하다.
σύμβουλος m. 조언자.
συναγωγή f. 회당.
σχῆμα n. (보여지는) 외모; 수도자의 의복.
σῶμα n. 몸, 신체.
σωτήρ m. 구원자. 구속자.

T

ταλαίπωρος 비참한. 절망적인.
τάξις f. 순서, 질서, 계급.
τάφος m. 무덤.
τάχα 아마, 어쩌면.
τέλειος 완전한, 완벽한.
τελώνης m. 세리, 세관원.
τελώνιον n. 세관, 세무서.
τετραάρχης m. 분봉왕, 군주.
τεχνίτης m. 장인, 공예가.
τιμή f. 값, 가치.
τότε 그 다음에, 그래서.
τράπεζα f. 탁자.
τροφή f. 음식, 양식.

Y

ὕλη f. 숲.
ὑμνέω 찬송가를 부르다.
ὑπηρέτης m. 조력자, 관리인.
ὑπομένω 머무르다, 견디다.
ὑπομονή f. 인내, 참을성.

Φ

φαρισαῖοι m. 바리새인들, 바리사이파 사람들.
φθόνος m. 시샘, 질투.
φορέω (옷을) 입다.
φυλή f. 종족, 민족.
φύσει 선천적으로, 본래.
φύσις f. 본질, 본성.

X

χαῖρε 평안하라!
χαλάω 내려보내다.
χαλινός m. 재갈, 굴레.
χάρις f. 호의, 은혜.
χήρα f. 과부.
χιών f. 눈[雪].
χορός m. 춤추기, 춤.
χράομαι 사용하다, 이용하다.
χρεία f. 필요, 필요물.
χρῆμα n. 소유물, 돈.
χρηστός 도움이 되는, 이로운.
Χριστός m. 그리스도, 기름부음을 받은 자.
χώρα f. 지역, 땅, 장소.

Ψ

ψάλλω 찬양의 노래를 부르다.
ψαλμός m. 시편.
ψυχή f. 영혼, 생명.

Ω

ὦ 오! (감정을 나타내는 감탄사.)
ὡς ~처럼. (§30.10 참조.)
ὥστε 그러므로, 그래서. (§30.10 참조.)
ὠφέλεια f. 이익, 이득, 장점.

| 문법 색인 |

* 모든 참조 번호는 레슨의 단락 번호다.

| 주제별 색인 |

* 페이지가 지정되지 않은 표제어는 레슨의 단락 번호다.

| 주요 동사 활용표 |

제1 현재형		제1 현재형의 관계절		상황절(Circumstantial)[1]	
ϯ	ⲧⲛ̄	ⲉϯ	ⲉⲧⲛ̄	ⲉⲓ	ⲉⲛ
ⲕ	ⲧⲉⲧⲛ̄	ⲉⲧⲕ̄	ⲉⲧⲉⲧⲛ̄	ⲉⲕ	ⲉⲧⲉⲧⲛ̄
ⲧⲉ(ⲣ), ⲧⲣ̄		ⲉⲧⲉ		ⲉⲣ(ⲉ)	
ϥ	ⲥⲉ, ⲥⲟⲩ	ⲉⲧϥ̄	ⲉⲧⲟⲩ	ⲉϥ	ⲉⲩ
ⲥ		ⲉⲧⲥ̄		ⲉⲥ	
zero-N		ⲉⲧⲉⲣⲉ-N		ⲉⲣⲉ-N	

미완료형(Imperfect)		제1 미래형(Fut. I)		제2 미래형(Fut. II)	
ⲛⲉⲓ	ⲛⲉⲛ	ϯⲛⲁ	ⲧ‘ⲛ̄’(ⲛ)ⲁ	ⲉⲓⲛⲁ	ⲉⲛⲛⲁ
ⲛⲉⲕ	ⲛⲉⲧⲉⲧⲛ̄	ⲕⲛⲁ	ⲧⲉⲧ‘ⲛ̄’(ⲛ)ⲁ	ⲉⲕⲛⲁ	ⲉⲧⲉⲧ‘ⲛ̄’(ⲛ)ⲁ
ⲛⲉⲣⲉ		ⲧⲉⲛⲁ, ⲧⲉⲣⲁ		ⲉⲣⲉⲛⲁ	
ⲛⲉϥ	ⲛⲉⲩ	ϥⲛⲁ	ⲥⲉⲛⲁ	ⲉϥⲛⲁ	ⲉⲩⲛⲁ
ⲛⲉⲥ		ⲥⲛⲁ		ⲉⲥⲛⲁ	
ⲛⲉⲣⲉ-N		zero-N ⲛⲁ-		ⲉⲣⲉ-N ⲛⲁ-	

제3 미래형(Fut. III)		제3 미래형의 부정		미래 미완료형	
ⲉⲓⲉ	ⲉⲛⲉ	ⲛ̄ⲛⲁ	ⲛ̄ⲛⲉⲛ	ⲛⲉⲓⲛⲁ	ⲛⲉⲛⲛⲁ
ⲉⲕⲉ	ⲉⲧⲉⲧⲛⲉ	ⲛ̄ⲛⲉⲕ	ⲛ̄ⲛⲉⲧⲛ̄	ⲛⲉⲕⲛⲁ	ⲛⲉⲧⲉⲧⲛ̄ⲛⲁ
ⲉⲣⲉ		ⲛ̄ⲛⲉ		ⲛⲉⲣⲉⲛⲁ	
ⲉϥⲉ	ⲉⲩⲉ	ⲛ̄ⲛⲉϥ	ⲛ̄ⲛⲉⲩ	ⲛⲉϥⲛⲁ	ⲛⲉⲩⲛⲁ
ⲉⲥⲉ		ⲛ̄ⲛⲉⲥ		ⲛⲉⲥⲛⲁ	
ⲉⲣⲉ-N		ⲛ̄ⲛⲉ-N		ⲛⲉⲣⲉ-N ⲛⲁ-	

제1 완료형(Perfect I)		제1 완료형의 부정		제2 완료형(Perfect II)[2]	
ⲁⲓ	ⲁⲛ	ⲙ̄ⲡⲓ	ⲙ̄ⲡⲛ̄	ⲛ̄ⲧⲁⲓ	ⲛ̄ⲧⲁⲛ
ⲁⲕ	ⲁⲧⲉⲧⲛ̄	ⲙ̄ⲡⲉⲕ	ⲙ̄ⲡⲉⲧⲛ̄	ⲛ̄ⲧⲁⲕ	ⲛ̄ⲧⲁⲧⲉⲧⲛ̄
ⲁⲣ(ⲉ), ⲁ		ⲙ̄ⲡⲉ(ⲣ), ⲙ̄ⲡⲟⲩ		ⲛ̄ⲧⲁⲣⲉ, ⲛ̄ⲧⲁ(ⲣ)	
ⲁϥ	ⲁⲩ	ⲙ̄ⲡⲉϥ	ⲙ̄ⲡⲟⲩ	ⲛ̄ⲧⲁϥ	ⲛ̄ⲧⲁⲩ
ⲁⲥ		ⲙ̄ⲡⲉⲥ		ⲛ̄ⲧⲁⲥ	
ⲁ-N		ⲙ̄ⲡⲉ-N		ⲛ̄ⲧⲁ-N	

1. 제2 현재형 = 상황절.
2. 제1 완료형의 관계절 = 접두사 ⲉ-가 있거나 없는 제2 완료형.

관습형(Habitual)		관습형 부정		간접명령형(Injunctive)	
ϣⲁⲓ	ϣⲁⲛ	ⲙⲉⲓ	ⲙⲉⲛ	ⲙⲁⲣⲓ	ⲙⲁⲣⲛ̄
ϣⲁⲕ	ϣⲁⲧⲉⲧⲛ̄	ⲙⲉⲕ	ⲙⲉⲧⲉⲧⲛ̄	——	——
ϣⲁⲣ(ⲉ)		ⲙⲉⲣⲉ		——	
ϣⲁϥ	ϣⲁⲩ	ⲙⲉϥ	ⲙⲉⲩ	ⲙⲁⲣⲉϥ	ⲙⲁⲣⲟⲩ
ϣⲁⲥ		ⲙⲉⲥ		ⲙⲁⲣⲉⲥ	
ϣⲁⲣⲉ-N		ⲙⲉⲣⲉ-N		ⲙⲁⲣⲉ-N	

조건절(Conditional)		접속법(Conjunctive)		결과의 미래 접속법[3]	
ⲉⲓϣⲁⲛ	ⲉⲛϣⲁⲛ	(ⲛ̄)ⲧⲁ	ⲛ̄ⲧⲛ̄	——	ⲧⲁⲣⲛ̄
ⲉⲕϣⲁⲛ	ⲉⲧⲉⲧⲛ̄ϣⲁⲛ	ⲛ̄ⲅ, ⲛⲅ̄	ⲛ̄ⲧⲉⲧⲛ̄	ⲧⲁⲣⲉⲕ	ⲧⲁⲣⲉⲧⲛ̄
ⲉⲣⲉϣⲁⲛ		ⲛ̄ⲧⲉ		ⲧⲁⲣⲉ	
ⲉϥϣⲁⲛ	ⲉⲩϣⲁⲛ	ⲛ̄ϥ, ⲛϥ̄	ⲛ̄ⲥⲉ	ⲧⲁⲣⲉϥ	ⲧⲁⲣⲟⲩ
ⲉⲥϣⲁⲛ		ⲛ̄ⲥ, ⲛⲥ̄		ⲧⲁⲣⲉⲥ	
ⲉⲣϣⲱⲛ-N		ⲛ̄ⲧⲉ-N		ⲧⲁⲣⲉ-N	

시간절 Temporal		제한절 "Until"		미완결절 "Not yet"	
ⲛ̄ⲧⲉⲣⲓ	ⲛ̄ⲧⲉⲣⲛ̄	ϣⲁⲛϯ[4]	ϣⲁⲛⲧⲛ̄	ⲙ̄ⲡⲁϯ	ⲙ̄ⲡⲁⲧⲛ̄
ⲛ̄ⲧⲉⲣⲉⲕ	ⲛ̄ⲧⲉⲣⲉⲧⲛ̄	ϣⲁⲛⲧⲕ̄	ϣⲁⲛⲧⲉⲧⲛ̄	ⲙ̄ⲡⲁⲧⲕ̄	ⲙ̄ⲡⲁⲧⲉⲧⲛ̄
ⲛ̄ⲧⲉⲣⲉ		ϣⲁⲛⲧⲉ		ⲙ̄ⲡⲁⲧⲉ	
ⲛ̄ⲧⲉⲣⲉϥ	ⲛ̄ⲧⲉⲣⲟⲩ	ϣⲁⲛⲧϥ̄	ϣⲁⲛⲧⲟⲩ	ⲙ̄ⲡⲁⲧϥ̄	ⲙ̄ⲡⲁⲧⲟⲩ
ⲛ̄ⲧⲉⲣⲉⲥ		ϣⲁⲛⲧⲥ̄		ⲙ̄ⲡⲁⲧⲥ̄	
ⲛ̄ⲧⲉⲣⲉ-N		ϣⲁⲛⲧⲉ-N		ⲙ̄ⲡⲁⲧⲉ-N	

사역부정사(Inflected Infinitive)	
ⲧⲣⲁ	ⲧⲣⲉⲛ
ⲧⲣⲉⲕ	ⲧⲣⲉⲧⲉⲧⲛ̄
ⲧⲣⲉ	
ⲧⲣⲉϥ	ⲧⲣⲉⲩ
ⲧⲣⲉⲥ	
ⲧⲣⲉ-N	

3. 접두사 ⲛ̄-이 있을 수 있다.

4. 또는 ϣⲁⲛⲧⲁ.

| 참고 문헌 |

콥트어 연구 분야는 꾸준히 연구되고 있었는데, 최근 마니교와 영지주의 문서의 발견으로 인해 관심이 되살아나면서 이 분야의 참고 문헌 목록이 엄청나게 늘었다. 여기에서는 콥트어 공부를 계속하고자 하는 학생이 친숙해져야 하고 반드시 필요한 몇 가지 비블리오그라피, 문법서, 사전에 대해서 언급하고자 한다.

A. 비블리오그라피(Bibliography) 저서

Kammerer, W. *A Coptic Bibliography.* Ann Arbor, 1950.

Mallon, A. *Grammaire copte.* 4th ed. revised by M. Malinine; Beirut: Imprimerie catholique, 1956. 귀중한 bibliography가 pp. 254-398에 수록되어 있다.

Scholer, D. M. *Nag Hammadi Bibliography 1948-1969.* Leiden: E. J. Brill, 1971. 매년 *Novum Testamentum*에서 업데이트되고 있다.

Simon, J. "Contribution à la bibliographie copte des années 1940-45", *Bulletin de la Société d'archéologie copte* (Cairo) 11 (1945), 187-200.

_______. "Bibliographie copte", 1949년부터 *Orientalia*에 정기적으로 나온다.

B. 문법서(방언 연구 포함)

Jernstedt, P. "Die koptische Praesens und die Anknüpfungsarten des näheren Objekts", *Doklady Akademii Nauk S. S. R.* 1927, pp. 69-74.

Kahle, P. E. *Balaʿizah.* 2 vols.; London: Oxford University Press. 1954.

Plumley, J. M. *An Introductory Coptic Grammar (Sahidic Dialect).* London. 1948.

Polotsky, H. J. *Études de syntaxe copte.* Cairo: Publications de la Société d'archéologie copte, 1944.

_______. "Modes grecs en copte?" *Coptic Studies in Honor of W. E. Crum.* Boston, 1950.

_______. Review of W. Till, *Koptische Grammatik,* in *Orientalistische Literaturzei-*

tung 52 (1957), 219-34.

_______. "The Coptic Conjugation System", *Orientalia* 29 (1960), 392-422. 이 논문을 포함한 그 외 논문들이 *Collected Papers* (H. J. Polotsky, Jerusalem: Magnes Press, 1971.)에 다시 실렸다.

Steindorff, G. *Lehrbuch der koptischen Grammatik.* Chicago: University of Chicago Press. 1951.

Stern, L. *Koptische Grammatik.* Leipzig, 1880.

Till, W. C. *Koptische Grammatik (Saïdischer Dialekt).* 2nd ed.; Leipzig: Harrassowitz, 1961.

_______. *Koptische Dialektgrammatik.* 2nd ed.; Munich, 1961.

Vergote, J. *Phonétique historique de l'égyptien: Les consonnes.* Louvain: Bureaux du Muséon, 1945.

_______. *Grammaire copte, vol. Ia, Ib.* Louvain: Edit. Peeters, 1973.

Wilson, M. R. *Coptic Future Tenses: Syntactical Studies in Sahidic.* The Hague: Mouton, 1970

Worrell, W. H. *Coptic Sounds.* Ann Arbor: University of Michigan Press, 1934.

C. 사전 및 용어 색인

Crum, W. E. *A Coptic Dictionary.* Oxford: Clarendon Press, 1939.

Spiegelberg, W. *Koptisches Handwörterbuch.* Heidelberg: C. Winters, 1912.

Wilmet, M. *Concordance du nouveau testament sahidique, II. Les mots autochtones. Corpus scriptorium christianorum orientalium; Subsidia,* vol. 11. Louvain, 1957.

| 옮긴이의 참고 문헌 |

A. 사전류

Azevede, Joaquim. *A Simplified Coptic Dictionary (Sahidic Dialect)*. Peruvian Union University, 2013.

Crum, W. E. *A Coptic Dictionary*. Oxford University Press, 1939.

Smith, Richard. *A Concise Coptic-English Lexicon*. Society of Biblical Literature, 1999.

권영흠. 『통합 곱트어 사전』. 스틸로그라프, 2008.

이정민·배영남. 『언어학사전』. 박영사, 1990.

B. 논문

유병우. "도마복음의 언어분석," 한영신학대학교 「교수논문집」 Vol. 8 No.- (2004): 94-100.

C. 문법서류

Layton, Bentley. *A Coptic Grammar*. Harrassowitz Verlag, 2011.

________. *Coptic in 20 Lessons*. Peeters, 2007.

Brankaer, Johanna. *A Learning Grammar (Sahidic)*. Harrassowitz Verlag 2010.

Plumley, John Martin. *An Introductory Coptic Grammar (Sahidic Dialect)*. London Home & van Thai, 1948.

D. 일반 문헌

강범모. 『언어: 풀어쓴 언어학 개론』. 한국문화사, 2021.

고쿠분 고이치로. 『중동태의 세계』. 박성관 옮김. 동아시아, 2019.

베네딕타 와드. 『사막 교부들의 금언』. 이후정·엄성옥 공저. 은성, 2005.

이규호. 『나그함마디 문서』. 동연, 2022.

이동진 편역. 『제2의 성서』. 해누리, 2018.

* 크럼(Crum)의 콥트어 사전 웹사이트: Coptic Dictionary Online: https://corpling.uis.georgetown.edu/coptic-dictionary/